LAS MALAS LENGUAS

Barbarismos, desbarres, palabros, redundancias,
sinsentidos y demás barrabasadas

JUAN DOMINGO ARGÜELLES

LAS MALAS LENGUAS

Barbarismos, desbarres, palabros, redundancias, sinsentidos y demás barrabasadas

OCEANO

LAS MALAS LENGUAS
Barbarismos, desbarres, palabros, redundancias, sinsentidos
y demás barrabasadas

Diseño de portada: Ivonne Murillo
Fotografía del autor: cortesía Archivo de la FIL de Guadalajara, 2016

D. R. © 2018, Editorial Océano de México, S.A. de C.V.
Eugenio Sue 55, Col. Polanco Chapultepec
C.P. 11560, Miguel Hidalgo, Ciudad de México
Tel. (55) 9178 5100 • info@oceano.com.mx

Primera edición: 2018

ISBN: 978-607-527-502-4

Impreso en México / Printed in Mexico

ÍNDICE

Si la principal finalidad del lenguaje es comunicar, las palabras no la cumplen bien, ni en el discurso civil ni en el filosófico, cuando una palabra no suscita en el oyente la misma idea que representa en la mente del hablante.

JOHN LOCKE

Hombres sabios como Confucio y Sócrates sabían que, para entender algo, debes llamarlo por su justo nombre.

ROB RIEMEN

No eran aquellos tiempos, como los nuestros, en que la lengua es campo mostrenco en que todo el mundo echa basura y hace lo no decible. Fea han hecho la lengua con galicismos, anglicismos, germanías y, para decirlo con sus nombres propios, con argot y slang. *Y las academias, tan contentas en sus sitiales.*

ÁNGEL MARÍA GARIBAY

PRÓLOGO

Podemos decir con corrección, aunque también con malsonancia, que alguien "se apendejó", pues el verbo "apendejarse" es pronominal que significa "desprevenirse" o "tornarse pendejo" ("tonto, estúpido"). Ejemplo: ***Me apendejé** y perdí el tren*. Pero no debemos decir, en cambio, que alguien "se alentó" porque se tornó lento, pues "alentar" es un verbo transitivo que significa "animar o infundir aliento a alguien o algo" y, en su uso pronominal ("alentarse"), "darse ánimo". Nada tienen que ver "alentar" y "alentarse" con hacer las cosas con lentitud o hacerse lento alguien o algo, es decir "lentificar" o "ralentizar", verbos transitivos que significan "imprimir lentitud a alguna operación o proceso, disminuir su velocidad".

Sin embargo, hoy los mejores maestros del peor idioma son quienes tienen un micrófono y, desde la radio y la televisión, la zurran diciendo cosas como las siguientes: "El partido **se alentó** en la segunda parte y ya no hubo más emociones". Obviamente se trata de una futbolejada, y quien tal cosa dijo, para otros miles que le creen, quiso dar a entender que el partido se tornó lento y sin emociones. Esto ha hecho escuela, y ahora hay quienes afirman, por ejemplo, no en el futbol, sino en otro campo aun más amplio (el de los internautas), que "mi laptop **se alenta** cuando pongo algún juego". Quiere decir el discípulo de los locutores del futbol que su computadora portátil se pone lenta, se lentifica, cuando descarga en ella un programa de juegos. Así hablamos hoy, y así escribimos.

Cabe precisar que "apendejarse" (tornarse pendejo, descuidarse, distraerse) no es lo mismo que "hacerse pendejo", locución verbal coloquial y malsonante que significa aparentar alguien que no advierte algo de lo que no le conviene darse por enterado. Ejemplo: *Le mencioné sus deudas, pero **se hizo pendejo** y cambió la conversación*. Cabe señalar también que, si usamos la lógica, decir que un pendejo **se apendejó** o **se hizo pendejo**, más que redundancia es contrasentido, pues ¿cómo poder distinguir estas acciones en alguien que no puede **tornarse** en lo que ya de suyo es y que, por serlo, no tiene siquiera la malicia o la lucidez para **hacerse**? Medítelo el lector y piense también en lo siguiente:

¿Se puede "lucir" mal, muy mal o, lo que es peor, de la chingada? ¿Tiene sentido que alguien le diga a otro (o a otra): "luces de la chingada"? Aunque lo escuchemos todo el tiempo, nada de esto tiene sentido, ni lógico ni gramatical, pues el verbo intransitivo "lucir" significa, antes que cualquier cosa, "brillar, resplandecer; sobresalir, aventajar".

De ahí que uno pueda decir y escribir que alguien o algo "luce imponente" o "luce maravillosa", pero no, por supuesto, que "luce horrible o espantosa". Con un sentido lógico, ¡nadie puede "lucir" del carajo!, pues algo así no es "lucir", sino por el contrario "no lucir" o "deslucir". ¿Cómo podría alguien, entonces, "lucir de la chingada"?

El uso del idioma sin lógica, sin ortografía, sin la buena sintaxis que exige la semántica, sin pleno sentido gramatical, no sirve de mucho para expresarnos y hacernos entender; se presta a la confusión y nos impide la clara comunicación. Por ello es necesario que nuestro idioma sea preciso. Bien decía el sabio padre Ángel María Garibay que debemos hablar con propiedad y limpieza, pues "la lengua hablada es imagen y vehículo. Como habla uno, así piensa". Por ello, "hablar limpio es pensar seguro".

Se necesita leer muy bien, y buenos libros, para saber distinguir, en sus contextos, las diferencias que hay entre las expresiones "haz lo posible" y "hazlo posible" y entre "por venir" y "porvenir". Ejemplos: *Haz lo posible por venir*; *El porvenir puede ser maravilloso: hazlo posible*. Y una frase puede significar cosas distintas, según se desee. Ejemplo: *Ve más allá*. Dependiendo del contexto y de la intencionalidad, podemos *ir* o *ver* más lejos, más profundo. "Ir" y "ver" son ideas contenidas en esta misma frase. Las personas distinguen las diferencias cuando leen a conciencia. Rosario Castellanos supo lo propio y lo dijo poéticamente, insuperablemente: "Y luego, ya madura, descubrí/ que la palabra tiene una virtud:/ si es exacta es letal/ como lo es un guante envenenado". Así de exacta es la palabra, para que sepamos distinguir "ya madura" de "llama dura". Quienes leen a los mejores escritores acaban sabiéndolo, pues no hay mejor manera de aprender a escribir que leyendo a los mejores escritores.

Se aprende a escribir escribiendo, pero sobre todo leyendo, y no leyendo cualquier cosa, sino a quienes saben escribir porque, por principio, saben leer. Es verdad que se aprende a dialogar dialogando, pero no menos cierto es que, para meter la cuchara en la conversación, también hay que aprender a escuchar (en silencio) lo que los otros dicen y no únicamente nuestro monólogo. Y, por cierto, no lo que dice cualquiera, sino lo que dicen los mejores. Así es, exactamente, el aprendizaje de nuestra lengua, hablada y escrita. Hay que escuchar (no únicamente oír) y hay que leer (leer realmente y no pasar las páginas al vuelo) a los más capaces y diestros en nuestro idioma.

Así como quien habla mal, piensa mal, también escribe mucho peor. Siendo la lengua un ente vivo y no un fósil, se renueva constantemente. Lo malo es echarla a perder con tonterías y barrabasadas, muchas de ellas calcadas de otros idiomas, y muy especialmente hoy del inglés, y del peor inglés de los peores angloparlantes, hoy también imitados por los peores y más serviles anglicistas y anglófilos. Aunque el préstamo léxico es natural en todas las lenguas, especialmente cuando nombran realidades hasta entonces ajenas a la lengua que adopta el préstamo, como muy bien lo advirtió

José Manuel Blecua, cuando fue director de la Real Academia Española, "los anglicismos son hoy [y desde hace ya algunas décadas] un peligro para el castellano". Esto se debe al prestigio que mucha gente hispanohablante descastada le atribuye al inglés, y al desprestigio y desprecio con el que trata su propia lengua. Es como tratar mal a la madre que nos parió e idolatrar a la madre de otros que, por lo demás, es despreciativa con la nuestra. Esto es exactamente lo que ocurre con los enfermos de anglicismo, con los anglicistas patológicos.

Lo más extraordinario es que justamente en el ámbito de la academia y de las profesiones, esto es de las carreras universitarias, es donde más se utilizan los anglicismos idiotas e innecesarios que minan, que socavan nuestro idioma: ¡en el ámbito que debería proteger, con mayor celo, el patrimonio cultural de la lengua! Que los estudiantes de licenciaturas y posgrados reciban becas y se vayan a estudiar a los países anglosajones, y que para esto deban aprender y usar el inglés, ello no debería implicar que se olviden de su madre y, lo que es peor, que la traten con las patas, es decir con patanería. Debe renovarse la lengua, y lo está haciendo constantemente, pero —lo enfatizaba el padre Garibay hace ya sesenta años— "no tomando modos ajenos, ni inventando al tuntún lo que cada uno quiera. Y si en otros campos la invasión es reprobable, mucho más en el de la lengua que es el medio de conservación de la cultura propia". Ningún universitario merece título alguno si antes no demuestra que conoce y sabe utilizar perfectamente su idioma. ¡Y bien sabemos que muchísimos de ellos no son capaces de escribir sus tesis! Pagan por ellas.

Nuestra lengua es nuestro patrimonio cultural más valioso. Cuando hablamos y escribimos también pensamos, y si hablamos mal y escribimos mal, pensamos peor. El idioma, nuestro idioma, es identidad y pertenencia. Y si echamos basura en él es como ensuciar nuestra casa o, lo que es peor, nuestra boca. No le importa esto a mucha gente, pero que nos importe a nosotros: a los que deseamos tener la lengua limpia y el pensamiento ordenado, tal como nuestra casa, igual que nuestra cabeza.

En febrero de 2017, el Centro de Estudios Pew, con sede en Washington, dio a conocer los resultados de una investigación que realizó entre más de catorce mil ciudadanos de catorce países, mediante la cual se concluyó que el factor que más influye en la formación de la identidad nacional (por encima del país de nacimiento, las costumbres y las tradiciones) es el idioma. No deja de ser significativo que en España, arrasada cada vez más por el anglicismo, sólo el 62 por ciento de los entrevistados considera el factor lingüístico como el más importante, debajo del 84 por ciento de los holandeses, el 81 por ciento de los húngaros y los ingleses, el 79 por ciento de los alemanes, el 70 por ciento de los japoneses y los estadounidenses y el 69 por ciento de los australianos.

El mal uso del idioma obedece muchas veces a la ausencia de lógica y a la infeliz ignorancia. Más allá de quienes confunden un tsunami con un surimi y el sida con el VIH, si juzgamos por lo que leemos en internet, hay personas que creen, de veras, que pueden cumplir un compromiso el 31 de abril (o el 31 de junio, septiembre o noviembre) o bien el 30 de febrero; otras hay que suponen que se puede llegar por tierra a Australia, Cuba, Filipinas o Japón. Y las hay también que creen que existen palabras esdrújulas de dos sílabas. La cultura general y la lógica están extraviadas o de plano perdidas para muchas personas, y la educación escolar no ayuda mucho en esto.

Los cronistas radiofónicos y televisivos del futbol afirman, por ejemplo, que "el árbitro hace sonar su ocarina". Pero qué ocarina ni qué ojo de hacha; lo que el árbitro hace sonar es un simple silbato, algo muy diferente a una ocarina. Dirán o pensarán los retóricos futboleros (*metafóricos estáis*) que se trata de un símil, pero en todo caso muy idiota, pues una "ocarina", al igual que una flauta, produce sonidos dulces, es decir música, en tanto que un silbato produce silbidos o silbos, es decir sonidos o ruidos especialmente agudos o estridentes: ¡nada que ver con la música! La "ocarina" (del italiano *ocarina*), explica el diccionario, es el instrumento musical de timbre muy dulce y de forma ovoide "con ocho agujeros que modifican el sonido según se tapan con los dedos". Pero bastó que un primer bruto dijera, ante un micrófono abierto a miles de oyentes y espectadores, que "el árbitro hizo sonar su ocarina", para que esta idiotez en el español (mal) hablado, para que esta burrada, invadiera también la escritura de reporteros y cronistas del futbol en las publicaciones impresas. Lo que hace sonar el árbitro es un elemental "silbato". ¡Qué ocarina ni qué nada!

Otro ejemplo de tontería difundida al aire en México: un comentarista radiofónico que participa en un programa de deportes no sabe distinguir entre "amordazar" y "amarrar" o "atar", pues dice lo siguiente, según él con mucho humor (además, repetido una y otra vez en el anuncio promocional del programa): "¡Me tienes aquí **amordazado**! ¿Por qué me traes, por qué me obligas a venir? ¡Yo no me dedico a los deportes!". Quiso decir, en broma, como un mal chiste, que a ese programa lo llevan "atado", a la fuerza, obligado, ¡pero no por cierto "amordazado"!, pues si estuviera realmente "amordazado" no podría hablar, no podría decir al aire sus malos chascarrillos. Lo que ocurre es que él es de los que creen, al igual que los reporteros de nota roja, que a la gente se le puede "**amordazar de pies y manos**", y todo porque no saben que el sustantivo "mordaza" viene del verbo "morder" y que es el "objeto que se pone en la boca para impedir hablar". La mordaza no puede ir en los pies ni en las manos ni en las nalgas. Únicamente en la boca, puesto que es "mordaza".

La radio y la televisión e internet, por sus amplísimos alcances e influencias, son los medios que más daño causan al idioma cuando difunden barrabasadas que otros repiten. Pero también las publicaciones impresas (diarios, revistas, libros) dejan, cada vez más, mucho que desear. Todos sabemos que los muertos no cumplen años, pero leemos en los periódicos informaciones como la siguiente: "Frank Sinatra cumple hoy, 12 de diciembre, 100 años de nacido" o, peor aún: "Frank Sinatra cumple 100 años". No, no los cumple ni los cumplió: dejó de cumplirlos cuando se murió. Con entera razón, el editor Mario Muchnik lamenta "el empobrecimiento lento e imparable de la lengua castellana, cuya culpa recae por entero en los medios de comunicación de masas, la tele y la prensa" y advierte que "los políticos suelen acuñar barrabasadas que, en caracteres de molde o flotando en las ondas hertzianas, penetran en las tiernas mentecitas del público hasta ganar una aceptación inmerecida". Mucho antes, en 1962, Jorge Luis Borges dijo, para el caso de Argentina: "Si *La Nación* y *La Prensa* prohibieran a sus cronistas decir 'el titular de la cartera" por 'el ministro', 'el primer mandatario' por 'el presidente'... en seis meses mejoraría el idioma".

El uso del español cada vez es más equívoco y a muy poca gente le sorprende esto porque se ha acostumbrado a que el absurdo sea la regla. Hoy, en los aviones, las empresas aéreas ponen a decir lo siguiente a los pilotos al final del viaje: "Deseamos que haya disfrutado el vuelo y que todo haya sido placentero". Se necesita ser muy caradura para expresar semejante tontería. Los vuelos, casi invariablemente, salen tarde, la espera es tediosa cuando no desesperante, y ya en el avión no hay atenciones, sino desatenciones. Y este lugar común que utilizan todas las líneas aéreas en el sentido de disfrutar el vuelo y que todo haya sido placentero lo emplean incluso las empresas particularmente desatentas, morosas y que cobran aparte al pasajero lo mismo por una maletita rodante que por un vaso de agua. Hemos perdido el verdadero significado de las palabras. El verbo transitivo "disfrutar" (gozar el fruto) significa "percibir o gozar los productos y utilidades de algo" y "gozar, sentir placer". El adjetivo "placentero" se aplica a lo "agradable, apacible, alegre". ¿Quién podría decir, realmente, que "disfruta" el vuelo y que todo en el avión es grato, apacible y alegre? Sólo alguien que haya viajado todo el tiempo borracho.

Una escuela de idiomas se anuncia del siguiente modo: "ESTUDIE CON NOSOTROS Y SEA EXPERTO EN INGLES". En su anuncio no pone la tilde que, en español, exige la palabra aguda terminada en "s": **INGLÉS**. Lo cierto es que una cosa es ser experto en ingles y otra muy distinta ser experto en inglés. Para ser experto en "ingles" (plural del sustantivo que significa "parte del cuerpo en que se junta el muslo con el vientre") no se requiere dominar el idioma de Dickens.

Otros casos patéticos son los de las personas denominadas "figuras públicas" que, por ser muy conocidas y lenguaraces, pueden extender su ignorancia entre quienes las escuchan o las leen. Vicente Fox Quesada, profesor de altos estudios en gramática y ortografía, asegura que las MAYÚSCULAS no llevan acentos y, por ello, escribe "CARNE" en lugar de "CARN**É**", "ESPECTACULO" en lugar de "ESPECT**Á**CULO", "TOMATE" en lugar de "T**Ó**MATE" y "REVOLVER" en lugar de "REV**Ó**LVER", entre otras muchas anfibologías. Y tiene alumnos aventajados que no sólo le creen sino que lo admiran. Por su parte, el futbolista Javier *El Chicharito* Hernández piensa que ni siquiera son necesarios los acentos o las tildes en las minúsculas, pues envió el siguiente tuit de carácter anfibológico: "**Me toco** solo en el cuarto". He aquí el presente de indicativo del verbo pronominal "tocarse": *yo me toco, tú te tocas, él se toca, nosotros nos tocamos, ustedes se tocan, ellos se tocan.* Lo que dijo, y que todo lector entendió perfectamente, es que, en su soledad o cuando está solo, en el cuarto, **se toca** (adivinen qué). Muy distinto es decir: "Me tocó [en suerte estar] solo en el cuarto", con la tilde de rigor en el pretérito. Esto revela los estragos que ocasiona la ignorancia del idioma, desde el ex presidente del país hasta el más famoso futbolista de México. En internet, un avispado lector sentenció: "las tildes sí importan", y ejemplificó: "No es lo mismo ***Me toco** el nabo por la mañana* que ***Me tocó** el nabo por la mañana*". Es imposible contradecirlo.

Sin embargo, tampoco carguemos la tinta en quienes, ostensiblemente, muestran su ignorancia del idioma incluso si pretenden dar clases, muy orondos y necios, como el obstinado don Vicente Fox. Hay otros casos reveladores de la poca importancia que se le da al idioma incluso en los escritos de personas que se dedican, justamente, al ejercicio profesional de la comunicación. Articulistas hay de indudable formación académica que escriben y publican cosas como "esporádica asiduidad". ¿Puede ser "esporádica" (es decir, ocasional) la "asiduidad" (frecuencia, puntualidad o aplicación constante a algo)? Si lo dijera Fox no nos extrañaría, pero lo dicen, lo escriben y lo publican profesionales de la comunicación. Esto demuestra que todos podemos embarrar la lengua.

Hoy, y no sólo en México, hasta las instituciones públicas maltratan el idioma en forma reiterada. Así **la ciudad** de México pasó a ser, oficialmente, **Ciudad** de México y terminó en un logotipo ilegible e impronunciable de marca registrada: "CDMX", y en la Universidad Nacional Autónoma de México (la UNAM) se pretende que CU (se pronuncie "ceú") cuando es del todo obvio que esa sílaba sólo la podemos leer, en español, como "ku", a menos que se le impongan los puntos de rigor: C. U. (representación gráfica de "ciudad universitaria") que separan una letra de otra, y, con ello, los nombres de dos letras del alfabeto: "ce" y "u". ¿Pero qué se puede esperar si otra institución del gobierno, el Instituto Mexicano del Seguro Social (IMSS, por sus siglas), lanzó un programa con la aberración "CHKT" como equivalente a "chécate", imperativo del mexicanismo pronominal "checarse" (en España, "chequearse")? Hoy, en las instituciones públicas, el uso del idioma lo determinan los *cultísimos* "creativos publicitarios", a quienes los gobiernos les pagan un dineral para hacer gruñir a la gente.

Sumémosle a esto el desacertado uso de los desdoblamientos, las duplicaciones y los sinsentidos del denominado lenguaje "no sexista", "incluyente" o "con perspectiva de género", donde la fórmula "las/los" y la entremetida arroba (@), que no forma parte del abecedario español, hacen de las suyas, con el agravante de confundir "género" con "sexo". ¡En español las palabras tienen "género" (masculino o femenino), y las personas, "sexo" (varón o mujer)!, pero hoy hasta en el gobierno existen manuales de uso de este recurso idiomático disparatado. Cabe decir que en la Constitución Política de los Estados Unidos Mexicanos (Querétaro, 31 de enero de 1917) se advierte, desde la primera línea, que esta ley rige para "todo individuo". Luego de diversas reformas, en la redacción se afirma que ampara a "todas las personas", pero en años recientes "**las** legislad**oras** y **los** legislad**ores**" de la "Cámara de Diputad**os** y Diputad**as**" y la "Cámara de Senador**es** y Senador**as**" metieron en la máxima ley mexicana el siguiente despropósito: "Queda prohibida toda discriminación motivada por origen étnico o nacional, **el género**, la edad, las discapacidades, la condición social", etcétera. ¡Pero no; no es el "género": es el "sexo"!

Pero, además (otro pero y otro además), la Real Academia Española (RAE) y sus hermanas o hermanastras de Hispanoamérica, Estados Unidos y Filipinas no ayudan mucho que digamos. Si el diccionario de la RAE, el famoso DRAE, ya tiene entradas para "almóndiga", "almondiguilla", "armatroste", "amigovio", "cagaprisas" y "papichulo", entre otras lindezas de sumo *trascendentales*, parece que ya no hay impedimento para que una de las aportaciones de la Academia Mexicana de la Lengua, al mamotreto de la RAE, sea el mexicanísimo mexicanismo "gamborimbo". ¿Por qué no? Después de todo, cualquier cosa se puede echar en un bote de basura.

En *Las malas lenguas* el lector encontrará lo mismo anglicismos que pochismos, barbarismos y sinsentidos, disparates y pendejadas, redundancias y barrabasadas, y en fin toda clase de desbarres y dislates que, en cualquier momento, todos (prácticamente sin excepción) estamos expuestos a cometer y a acometer. Lo importante es que también tengamos buena disposición para evitar tales burradas, luego de saber que lo son. De otro modo no tendremos remedio y nuestra lengua seguirá llenándose de porquería y media. Con sinceridad devastadora, que comprueba el dicho de Borges según el cual el español es un idioma arduo especialmente para los españoles, la escritora y académica de la lengua Soledad Puértolas confiesa: "Dudo a veces con la *g* y la *j*. Con palabras como 'cojo' o 'recoger' tengo que pararme y pensar. Una palabra como 'aguja' se me hace dificilísima". ¡Y éste es el tipo de especialistas que la RAE acoge en su seno!

Uno de los desbarres en los que pongo mucho énfasis en este tomo es el que corresponde a las tautologías, las redundancias (o rebuznancias) y los malos pleonasmos. Diré muy ampliamente por qué. Las tautologías, las redundancias y los pleonasmos que abundan en la lengua española, son en general, salvo en los casos de intencionalidad literaria, esto es estética, formas viciosas en el habla y en la escritura. Sustancialmente, no hay diferencia entre unas y otros, salvo cuando tenemos el deliberado uso retórico, y además efectivo, en el arte literario; solamente así dichas formas viciosas adquieren relevancia virtuosa. En casi todo lo demás (ya sea en el habla o en la escritura), lo que tenemos son disparates pleonásticos o redundantes, pues un pleonasmo, contra lo que pudiera suponerse de manera simplista, no es mejor que una redundancia si carece de buen efecto estético o de eficaz énfasis retórico.

Es necesario explicar esto a detalle. De manera general, se le conceden virtudes al pleonasmo (como figura retórica), contraponiéndolo a la redundancia o tautología (como vicio del lenguaje oral o escrito). Y, sin embargo, incluso importantes especialistas en retórica no encuentran una fácil delimitación entre una cosa y otra. Lo cierto es que somos demasiado indulgentes con los pleonasmos de sentido enfático o literario, pese a que muchos de ellos, aun con su intencionalidad, resultan chocantes cuando no chabacanos. Es el caso de "bésame con el beso de tu boca", del poeta romántico mexicano Manuel M. Flores, a pesar de su premeditación y del hecho mismo de que tal verso sea imitación textual (o plagio literal) del inicio del bíblico *Cantar de los cantares*: "¡Oh, si él me besara con besos de su boca!" o "¡Que me bese con los besos de su boca!".

Solemos perdonar el poético pleonasmo, al diferenciarlo de la tosca redundancia, remitiéndonos a ejemplos modélicos de la antigüedad del idioma español. Pero se nos olvida que en el cantar del *Mio Cid* (pleno de pleonasmos, tautologías y redundancias) lo que tenemos son los balbuceos de la lengua española. Ejemplos: "De los sos ojos tan fuerte mientre lorando", "plorando de los ojos tanto avien el dolor", "lora de los ojos tan fuerte mientre sospira", "loravan de los ojos las dueñas de Alvar Fañez", "de las sus bocas todos dizian une razon", "de la su boca compeço de fablar", "diziendo de la boca: ¡Non vere Carrión!", "sonrisando se la boca hívalo abraçar", etcétera. Igualmente en el gran Gonzalo de Berceo encontramos este carácter redundante y pleonástico que es consustancial, como ya dijimos, de las raíces idiomáticas de lo que luego será el frondoso árbol del castellano. Ejemplo: "Daban olor soveio las flores bien olientes,/ refrescavan en omne las caras e las mientes,/ manavan cada canto fuentes claras corrientes,/ en verano bien frias, en yvierno calientes". En un conocido romance viejo leemos: "Un sueño soñaba anoche", y "te echaré cordón de seda/ para que subas arriba". En otras lenguas, como el hebreo, es el mismo caso, y un ejemplo claro es la traducción de la Biblia al castellano por Casiodoro de Reina en el siglo XVI. He aquí unos ejemplos redundantes o pleonásticos que encontramos desde los primeros versículos del Génesis: "y sean por lumbreras en la expansión de los cielos para alumbrar sobre la tierra", "y se dijeron unos a otros: vamos, hagamos ladrillo y cozámoslo con fuego", "entonces Jehová hizo llover sobre Sodoma y sobre Gomorra azufre y fuego de parte de Jehová desde los cielos", "y aborreció Esaú a Jacob por la bendición con que su padre le había bendecido", etcétera. Intentar justificar hoy el uso anacrónico del pleonasmo, la tautología y la redundancia es no comprender la historia y la evolución de nuestra lengua.

Al definir el pleonasmo y, de paso, la redundancia, Helena Beristáin, quien fuera una de las máximas conocedoras de la retórica, expresó lo siguiente en su invaluable *Diccionario de retórica y poética* (1985): "El pleonasmo resulta de la redundancia o insistencia repetitiva del mismo significado en diferentes significantes total o parcialmente sinónimos y, en ocasiones, de naturaleza parafrástica: *lo vi con mis propios ojos*. Produce un efecto enfático (de energía, pasión, frenesí) y es muy usual en el habla (*superiorísimo, mucho muy altísimo, entren para adentro*). A veces proviene de la ignorancia de la etimología de una palabra (*tuvo una hemorragia de sangre, es un melómano de la música*). En las expresiones en que la repetición es enteramente superflua se llama redundancia, o macrología (cuando se agrega toda una oración); perisología, cuando la oración agregada (una perífrasis) es viciosa, y también batología o datismo, cuando se repite por torpeza, y tautología, cuando se repite el concepto innecesariamente".

Resulta obvio que, sean ya pleonasmos o redundancias, en la poesía suenan extraordinariamente las combinaciones "**temprano madrugó** la **madrugada**", del gran poeta español Miguel Hernández, y "el lloro de **recientes recentales**" y "el **amor amoroso** de las **parejas pares**" (del vate mexicano Ramón López Velarde), porque hay intencionalidad estética en busca de música, y afán deliberado de sorpresa y énfasis expresivo, pero no menos obvio resulta que hay otros (pleonasmos o redundancias, también) que suenan afectados cuando no ridículos, como "lo vi con mis propios ojos" y "lo hizo con sus propias manos". En México quizá ya no sea posible vivir sin nuestra célebre y prehispánica "red de agujeros" (¿existe acaso una red que no tenga agujeros?), pero no hay que creer demasiado en la buena prensa que tiene el pleonasmo. La eficacia depende del contexto, la intencionalidad y la estética, pues un pleonasmo no es otra cosa que una redundancia pero con un nombre ilustre o un pasado prestigioso.

En su *Diccionario de retórica, crítica y terminología literaria* (1986), Angelo Marchese y Joaquín Forradellas definen el pleonasmo como "expresión redundante que, estilísticamente, puede servir para subrayar una expresión o evitar un ruido en la comunicación", y ponen como ejemplo una frase de un libro de Camilo José Cela: *yo lo he visto con estos ojos que se ha de comer la tierra*, "frase en la que todos los elementos, excepto *lo he visto*, son pleonásticos", es decir, son redundantes, pues Marchese y Forradellas, cuando se refieren específicamente a la "redundancia" afirman que "se podría decir que un mensaje es redundante cuando contiene elementos que no son necesarios para su correcta decodificación, pero que son útiles —si no indispensables— para que la comunicación tenga lugar". Y el ejemplo que ponen es también literario: "bien oiréis lo que dijo" (*Mio Cid*). Por supuesto, casi invariablemente, cuando se justifican los pleonasmos (literarios) y las redundancias (intencionales), los especialistas ponen ejemplos para lo cual recurren a la escritura con fines estéticos o a la oratoria clásica o, en su defecto, a la antigua oralidad. Pero lo que hoy tenemos en gran parte de nuestros usos pleonásticos y redundantes (incluso en la literatura) son más bien clichés y formas viciosas producto de la ignorancia de los significados.

En este tema llama la atención cómo en España hasta las personas más sensatas se esfuerzan en torcer la lógica para justificar su disparatada forma cotidiana de hablar y escribir. En *Las 500 dudas más frecuentes del español* (2013), la Real Academia Española justifica algunas barbaridades del habla castellana. Ahí leemos: "¿Está bien dicho *Sube para arriba*?", y ésta es la respuesta: "Sí, aunque se trata de una expresión redundante. Estas expresiones: *subir para arriba, bajar para abajo, entrar adentro, salir afuera,* son admisibles en el uso oral y coloquial de la lengua, donde se utilizan generalmente con valor expresivo o enfático, pero debemos evitarlas en los textos escritos". Lo que pasa es que, neciamente, se niegan a decir que hablan y escriben desaseadamente, y que si en el uso oral o coloquial utilizan las expresiones "subir para arriba", "bajar para abajo", "entrar adentro" y "salir afuera", la fuerza de la costumbre hace también que lo pongan por escrito. Hasta María Moliner, generalmente sensata, necea con esto. En el segundo apéndice de su *Diccionario de uso del español* (DUE), al referirse a la "redundancia" escribe lo siguiente: "Hay redundancias realmente viciosas y que dan tosquedad a la expresión, como 'una bola hueca por dentro'; en algunos casos, la aparente redundancia no lo es: en 'subimos arriba' y 'bajamos abajo', por ejemplo, 'arriba' y 'abajo' pasan a tener valor sustantivo y designar lugares". ¡O sea que, en estos casos, las redundancias ni siquiera son redundancias! ¡Vaya manera de justificar, *científicamente*, una forma disparatada de hablar y de escribir! ¿Por qué no admitir, simplemente, que esas son barrabasadas ya muy fijas en España? Porque cuando a ciertos españoles conservadores se les toca el nacionalismo y la costumbre, pareciera que se les está tocando la prosapia, la heráldica y el antifonario.

Para la misma RAE, la diferencia entre una redundancia y un pleonasmo no es tan fácil de identificar. Según el diccionario académico, el sustantivo femenino "redundancia" (del latín *redundantia*) tiene tres acepciones: "Sobra o demasiada abundancia de cualquier cosa o en cualquier línea"; "repetición o uso excesivo de una palabra o concepto"; y "cierta repetición de la información contenida en un mensaje, que permite, a pesar de la pérdida de una parte de este, reconstruir su contenido". Para empezar, no deja de ser gracioso, pero también sintomático de la españolidad, que la Real Academia Española defina la redundancia con otra redundancia: ¡"demasiada abundancia"!, y antes, al definir el sustantivo masculino "pleonasmo" (del latín tardío *pleonasmus*), la primera de dos acepciones se refiere exclusivamente al ámbito retórico ("empleo en la oración de uno o más vocablos, innecesarios para que tenga sentido completo, pero con los cuales se añade expresividad a lo dicho, como en *en fuga irrevocable huye la hora*"), en tanto que la segunda es tan simple como esto: "demasía o redundancia viciosa de palabras". Siendo así, si una redundancia es ¡"demasiada abundancia"! y un pleonasmo es "demasía o redundancia viciosa", no hay diferencia alguna entre una cosa y otra, con la pequeña salvedad del arte retórico que acomete la redundancia (denominada pleonasmo) de manera deliberada y con efecto estético, porque no es lo mismo ser Francisco de Quevedo y escribir, maravillosamente, "en **fuga** irrevocable **huye** la hora", que ser Venancio Pérez y decir "**¡callaos la boca**, chaval!".

Hay que distinguir. Y, si distinguimos, veremos que los pleonasmos poéticos o retóricos no son otra cosa que redundancias, pero empleadas con arte, en tanto que todo lo demás (pleonasmos y redundancias sin distingo) son vicios del lenguaje mediante la repetición innecesaria de palabras o conceptos equivalentes, gramatical o semánticamente. ¡Pero nada de esto último dice el DRAE! En cambio pregona, viciosamente, la "demasiada abundancia", la "repetición o uso excesivo de una palabra o concepto" y la "demasía o redundancia viciosa de palabras", como para que nadie entienda nada o se quede en las mismas al tiempo que justifica su *demasiada abundancia.*

Digámoslo claramente: no todos los pleonasmos son virtuosos, pero sí todas las redundancias son viciosas, incluidos muchos pleonasmos, pues por supuesto hay pleonasmos fallidos, aun con una intención estética. Lo difícil es hacer el distingo, pues hasta la Real Academia Española admite una sinonimia en los términos "pleonasmo" y "redundancia". Pongámoslo así, para no darle demasiadas vueltas al asunto ya de suyo confuso: si no hay intención retórica y poética (con fines expresivos y estilísticos) en el uso de las repeticiones de palabras o conceptos equivalentes, ¿quién distingue los límites entre una redundancia y un pleonasmo? ¡No hay modo! Porque lo mismo pleonasmos que redundancias se hacen con vocablos innecesarios que, en su repetición o en sus equivalencias, demuestran el pobre o nulo conocimiento del significado de las palabras. ¿Valga la redundancia? No. ¡Que no valga! Que valga el buen uso del idioma.

El filólogo y periodista español Álvaro Peláez escribe, en medio de tanta confusión y mareo, la siguiente precisión: "En muchas ocasiones, la redundancia se produce por un proceso semántico de pérdida de significado de una de las palabras que hace que el hablante necesite el apoyo de otra", como en "acceso de entrada", "accidente fortuito", "colofón final", "crespón negro", "nexo de unión" "puño cerrado" y demás barbaridades que se llaman redundancias únicamente porque no hay intencionalidad del hablante en construir una figura retórica (con expresividad y estilo), pero igual podrían llamarse pleonasmos, de acuerdo con la segunda acepción que para el término "pleonasmo" ofrece el DRAE: "redundancia viciosa de palabras". Para Peláez, si en algo queremos distinguir una cosa de otra, debe tomarse en cuenta que "la redundancia aparece como un error, en muchos casos fruto del desconocimiento", en tanto que "el pleonasmo adquiere la categoría de figura retórica, caracterizada por la intencionalidad del hablante", aunque, después de todo, y esto es lo mejor y lo que puede zanjar o ahondar más la discusión, "un pleonasmo no es más que una redundancia bien vestida", incluso si lo encontramos en el *Quijote*, como cuando Cervantes describe a Sancho "con **lágrimas en los ojos**".

En un anuncio comercial, transmitido con bastante frecuencia en la televisión mexicana, un personaje femenino, en un aeropuerto, dice: "No voy a volar a Roma con **sabor** a café **en mi boca**". ¿Y en dónde, si no en la boca, podría tener alguien el sabor a café o a cualquier otra cosa? Considérese que el anuncio publicitario pretende vender goma de mascar contra el mal aliento y, supuestamente, "para dientes limpios y sanos". Es decir, si es goma de mascar, ésta se "masca" o se "mastica" en la boca, justamente donde tenemos la lengua que es el órgano en el que reside el sentido del gusto que llamamos "sabor". ¡No podríamos percibir el sabor mediante las orejas o los pies! En consecuencia, "sabor en mi boca" es una bárbara redundancia publicitaria. En el anuncio comercial bastaba con hacer decir al personaje: "No voy a volar a Roma con sabor a café" o, aún mejor: "No voy a volar a Roma con aliento a café".

Por supuesto, como ya advertimos, además de redundancias y pleonasmos, este volumen incluye barbarismos, anglicismos y galicismos mal empleados y pochismos ridículos, así como otros desbarres, dislates, palabros y demás barrabasadas del español hablado y escrito. La gente que suele decir que no hay que ser *puristas* en el idioma es justamente la que habla y escribe con *puros* disparates y barbarismos, y suele embarrar la lengua (¡y no sólo la suya!) en los peores lugares. No se necesita ser *purista* para saber que nuestro idioma es patrimonio, pertenencia e identidad. Estropearlo no es precisamente algo digno, sino todo lo contrario. Es como descuidar el jardín y dejar que se arruine y llene de maleza sin que nos importe en absoluto. Ya lo dijimos, pero hay que repetirlo: nuestra lengua es nuestra casa y es también nuestro pensamiento. Las malas lenguas favorecen la invasión de alimañas en nuestra casa. Para hablar pulcramente hay que tener la lengua limpia y la casa aseada. Sólo así nuestro idioma puede conseguir esplendor o, más exactamente, resplandor.

Extensión y complemento de *Pelos en la lengua* (2013) y *El libro de los disparates* (2016), *Las malas lenguas* recoge cientos de tonterías ni más ni menos graves que las incluidas en esos libros; simplemente se trata de otras que se agregan a la muy larga lista de atropellos al idioma. En el ancho mundo de las malas lenguas, o de lo que dicen las malas lenguas, algunos casos son tan absurdos que podría decirse, en un sentido figurado, que hay quienes hablan con faltas de ortografía: "venistes", "dejastes", "comistes", etcétera, pero hay errores menos evidentes que suelen cometer (incluso con la seguridad que da el prestigio profesional) personas ilustradas o al menos con formación académica que escriben como hablan: "afiguraba", "agarofobia", "desfenestrar", "disgresión", "financía", "juridicción", "pederastía", "resilencia" y miles de desbarres, disparates, vicios redundantes, pleonasmos ridículos y otras malas hierbas en el jardín de la lengua.

En su *Diccionario de uso del español,* María Moliner consigna y define la expresión "mala lengua". Explica que "se dice de la lengua de la persona maldiciente y se aplica como expresión calificativa a esa persona". También dice que "malas lenguas" se refiere a "la gente maldiciente o murmuradora". Ejemplo: *Según las malas lenguas o dicen las malas lenguas que...* En este libro nosotros escuchamos y volteamos a ver otro tipo de malas lenguas: a la gente que habla y escribe mal, desatinada y redundantemente, con barbarismos, desbarres, dislates, palabros, redundancias, sinsentidos y demás barrabasadas. En realidad, todos cabemos en este costal, pero algunos podemos y queremos salir de él, mientras que otros están ahí con despreocupación y hasta con necia arrogancia. Para los que quieren limpiar su lengua es este libro.

Ya explicado su propósito, hago mías unas palabras de Émile Zola: "Solicito el perdón de las personas inteligentes que, para ver claro, no necesitan que les enciendan un farol en pleno día". Pero es obvio que, de vez en cuando, las personas inteligentes también se duermen en sus laureles y, quizá por excesiva confianza más que por ignorancia, meten la pata.

Además de la explicación sobre cada desbarre, incluimos siempre ejemplos, malos y buenos, y ponemos el número de resultados de estas torpezas del idioma que aparecen en el motor de búsqueda de Google, siempre delimitando entre comillas los términos de esa búsqueda, para desambiguarlos y para evitar dudas en relación con otros idiomas. Hoy internet, que tanto ha contribuido a echar a perder la lengua, también nos puede ayudar a ver cuán desastroso es el panorama del mal uso del idioma, un mal uso que, por cierto, es consecuencia de la gran pereza intelectual y cultural con la que proceden muchísimos internautas.

Agradezco a Rogelio Villarreal Cueva, director general de Editorial Océano de México, y a Guadalupe Ordaz, coordinadora editorial, que hayan acogido este libro con el que continúo este proyecto de investigación filológica y lexicográfica de suyo extenuante, pero también muy satisfactorio. También a Adriana Cataño por la limpia formación y el esmerado diseño de páginas y por su apoyo en el cuidado de la edición, y a Miliett Alcántar, cuya minuciosa revisión ha sido de gran ayuda para salvarme de los yerros tipográficos con los que suele abatirnos el tan ubicuo y célebre duende de los libros.

Al final, pero no al último, gracias también a Rosy, con quien me disculpo por el muchísimo tiempo que he destinado a este proyecto absorbente y obsesivo, ocioso y a la vez necesario, pero —espero— de ningún modo necio.

Dicho está.

CONCEPTOS Y SIGLAS FRECUENTES EN ESTE LIBRO

CONCEPTOS

acento (prosódico). SUSTANTIVO MASCULINO. Relieve que en la pronunciación se da a una sílaba distinguiéndola de las demás por una mayor intensidad, una mayor duración o un tono más alto.

adjetivo. SUSTANTIVO MASCULINO. (Del latín *adiectīvus.*) Clase de palabra cuyos elementos modifican a un sustantivo o se predican de él, y denotan cualidades, propiedades y relaciones de diversa naturaleza. Ejemplo: "disparatado", en la frase "término **disparatado**".

adverbio. SUSTANTIVO MASCULINO. (Del latín *adverbium.*) Clase de palabras cuyos elementos son invariables y tónicos, están dotados generalmente de significado léxico y modifican el significado de varias categorías, principalmente de un verbo, de un adjetivo, de una oración o de una palabra de la misma clase. Ejemplo: "disparatadamente", en la frase "escribe **disparatadamente**".

afijo. ADJETIVO Y SUSTANTIVO. Dicho de un morfema: que aparece ligado en una posición fija con respecto a la base a la que se adjunta. Ejemplos: "**orto**grafía", "anglo**filia**".

anfibología. SUSTANTIVO FEMENINO. Vicio de la palabra, cláusula o manera de hablar que desembocan en un doble sentido o en un equívoco de interpretación, como en "el dulce lamentar de dos pastores" (Garcilaso de la Vega), "lo disfrutó mucho veinte años atrás", "me confundí yo" y "me gusta la Merlos". En retórica es el empleo voluntario de voces o cláusulas de doble sentido, como en "y mi voz que madura/ y mi voz quemadura/ y mi bosque madura/ y mi voz quema dura" (Xavier Villaurrutia). Con un uso coloquial, festivo y escarnecedor, pero igualmente retórico, en México se le denomina "albur" ("juego de palabras de doble sentido con connotación sexual"), deformación de "calambur" (del francés *calembour*: "agrupación de varias sílabas de modo que alteren el significado de las palabras a que pertenecen: *Este es conde y disimula*"), como en "el coyote cojo de las nalgas pintas", "Alma Marcela Rico Silva", "¿te gusta a ti eso?", "Salomé Terán Doblado", "Élber Galarga a sus órdenes" y "Élber González para servirle". Cabe advertir que, en este tipo de construcciones verbales del ingenio vulgar son indispensables un contexto y un código comunes para lograr el efecto deseado. Inofensiva es en España la frase "cogí el yate", que, sin embargo, al cambiar el orden de los factores (esto es, de la sintaxis) altera su sentido (la semántica) y se convierte, en México, en un escarnio machista de muy eficaz ofensa sexual: "el yate cogí".

anfibológico. ADJETIVO. Que tiene o implica anfibología.

anglicismo. SUSTANTIVO MASCULINO. (De *ánglico* e *-ismo*.) Giro o modo de hablar propio de la lengua inglesa. Vocablo o giro de la lengua inglesa empleado en otra.

anglicista. ADJETIVO Y SUSTANTIVO. Que emplea anglicismos.

anglofilia. SUSTANTIVO FEMENINO. (De *anglo* y *-filia*.) Simpatía o admiración por lo inglés.

anglófilo. ADJETIVO Y SUSTANTIVO. Que simpatiza con lo inglés o lo admira.

antónimo. ADJETIVO Y SUSTANTIVO. Dicho de una palabra: que, respecto de otra, expresa una idea opuesta o contraria, como "prefijo" frente a "sufijo", "correcto" frente a "incorrecto".

átono. ADJETIVO. Que no tiene acento prosódico, como en los pronombres *me*, *te* y *se*.

barbaridad. SUSTANTIVO FEMENINO. Dicho o hecho necio o temerario.

barbarismo. SUSTANTIVO MASCULINO. (Del latín *barbarismus*, y éste del griego *barbarismós*.) Incorrección lingüística que consiste en pronunciar o escribir mal las palabras, o en emplear vocablos impropios para lo que se desea dar a entender. También, extranjerismo no incorporado totalmente al idioma.

barrabasada. SUSTANTIVO FEMENINO COLOQUIAL. Desaguisado, disparate, acción que produce gran daño o perjuicio.

chabacano. ADJETIVO. Grosero o de mal gusto.

contrasentido. SUSTANTIVO MASCULINO. Despropósito, disparate.

desbarre. SUSTANTIVO MASCULINO. Acción y efecto de desbarrar: discurrir fuera de razón.

diéresis. SUSTANTIVO FEMENINO. (Del latín *diaerĕsis*, y éste del griego *diaíresis*: división.) Signo ortográfico (¨) que se sitúa sobre la "u" en las sílabas *gue*, *gui*, para indicar que dicha vocal debe pronunciarse, como en "cig**ü**eña" y "ping**ü**ino".

dislate. SUSTANTIVO MASCULINO. Disparate.

disparatado. ADJETIVO. Dicho de una persona: que disparata. Contrario a la razón.

disparatar. VERBO INTRANSITIVO. Decir o hacer algo fuera de razón o regla.

disparate. SUSTANTIVO MASCULINO. Hecho o dicho disparatado.

enclítico. ADJETIVO. Dicho de una palabra átona, especialmente de un pronombre personal: que se pronuncia formando grupo acentual con la palabra tónica precedente, como en "dí**selo**" y "torno**se**".

etimología. SUSTANTIVO FEMENINO. (Del latín *etymologĭa*, y éste del griego *etymología*.) Origen de las palabras, razón de su existencia, de su significación y de su forma. Ejemplo: La etimología latina de la palabra "aguijón" es *aculeus*, derivada de *acus*, "aguja".

extranjerismo. SUSTANTIVO MASCULINO. Préstamo lingüístico, especialmente el no adaptado.

extranjerizante. ADJETIVO. Que tiende a lo extranjero o lo imita.

fonética. SUSTANTIVO FEMENINO. Conjunto de los sonidos de un idioma. También, parte de la gramática que estudia los mecanismos de producción, transmisión y percepción de la señal sonora que constituye el habla.

galicismo. SUSTANTIVO MASCULINO. (Del francés *gallicisme.*) Giro o modo de hablar propio de la lengua francesa. Vocablo o giro de la lengua francesa empleado en otra.

galicista. ADJETIVO y SUSTANTIVO. Persona que incurre frecuentemente en galicismos, hablando o escribiendo.

galimatías. SUSTANTIVO MASCULINO COLOQUIAL. Lenguaje oscuro por la impropiedad de la frase o por la confusión de las ideas.

hiato. SUSTANTIVO MASCULINO. (Del latín *hiātus.*) Secuencia de dos vocales que se pronuncian en sílabas distintas, como en "maíz" y "raíz": *ma-íz, ra-íz.*

homofonía. SUSTANTIVO FEMENINO. Cualidad de homófono.

homófono. ADJETIVO y SUSTANTIVO. Dicho de una palabra: que suena igual que otra, pero que tiene distinto significado y puede tener distinta grafía, como "incipiente" e "insipiente", "tu**b**o" y "tu**v**o".

imperativo. ADJETIVO y SUSTANTIVO. Se aplica al modo verbal empleado para expresar mandato, como en "canta", "corre", "salta".

indicativo. ADJETIVO y SUSTANTIVO. Se aplica al modo verbal propio de la forma enunciativa, asertiva o aseverativa, como en "yo canto", "tú corres", "él salta".

jerigonza. SUSTANTIVO FEMENINO. (Del occitano *gergons.*) Lenguaje especial de algunos gremios. Lenguaje de mal gusto, complicado y difícil de entender.

mamarrachada. SUSTANTIVO FEMENINO COLOQUIAL. Acción desconcertada y ridícula.

ortoepía. SUSTANTIVO FEMENINO. Arte de pronunciar correctamente. Ejemplos de faltas de ortoepía: decir "v**á**yamos" en lugar de "v**a**yamos", "entendist**es**" en lugar de "entendist**e**", "l**er**" en lugar de "l**eer**".

ortografía. SUSTANTIVO FEMENINO. Conjunto de normas que regulan la escritura de una lengua. También, forma correcta de escribir respetando las normas de la ortografía. Ejemplos de faltas de ortografía: escribir "infla**cc**ión" en lugar de "inflación", "iva" en vez de "i**b**a", "**cocreta**" en lugar de "**croqueta**".

palabra. SUSTANTIVO FEMENINO. (Del latín *parabŏla*, "comparación, proverbio", y éste del griego *parabolḗ.*) Unidad lingüística, dotada generalmente de significado, que se separa de las demás mediante pausas potenciales en la pronunciación y blancos en la escritura. Ejemplos: "a", "es", "uno", "casa", "salir, "comida", "molinos", "página", "cuéntamelo".

palabra átona. Aquella inacentuada, generalmente de significado gramatical y no léxico, como el artículo, la preposición y la conjunción: "a", "al", "de", "del", "la", "los", "mis", "o", "para", "por", "y", etcétera.

palabra aguda u oxítona. Aquella cuya sílaba tónica es la última, como en "a**diós**", "a**mor**", "ba**lón**", coli**brí**", "des**liz**", "espa**ñol**", "to**mar**".

palabra llana o grave o paroxítona. Aquella cuya sílaba tónica es la penúltima, como en "**án**gel", "**ár**bol", "**be**lla", "**car**ne", "**fo**ca", "**Jai**me", "**li**ma", "re**si**na", "sen**ten**cia", "taqui**car**dia", "ulti**má**tum".

palabra esdrújula o proparoxítona. Aquella cuya sílaba tónica es la antepenúltima (y, siendo así, siempre tendrá más de dos sílabas e invariablemente lleva tilde), como en "**án**geles", "antepe**núl**timo", "car**dú**menes", "**clá**sico", "**pá**gina", "pe**núl**timo", "**téc**nico", "**tí**pico", "**ú**nico", "**zó**calo".

palabra sobreesdrújula o superproparoxítona. Aquella cuya sílaba tónica es anterior a la antepenúltima sílaba (y, en consecuencia, tiene más de tres sílabas e invariablemente lleva tilde), como en "**có**maselo", "co**rrí**gemelo", "**cuén**tamelo", "**dán**domelo", "de**mués**tramelo", "**dí**ganoslo", "ima**gí**neselo", "rom**pién**dosela", "**trá**emelo", "**sá**caselo".

palabra tónica. Aquella que se pronuncia con acento y que, en general, tiene significado léxico, como el adjetivo, el sustantivo, el verbo y gran parte de los adverbios: "**be**lla" (adjetivo), "car**te**ro" (sustantivo), "defen**der**" (verbo), "**mu**cho" (adverbio).

palabro. SUSTANTIVO MASCULINO COLOQUIAL. Palabra o expresión rara o mal dicha, como "**agaro**fobia" en lugar de "**agora**fobia", "**apoyar el cáncer**" en lugar de "**apoyar la lucha** contra el cáncer", "**areo**puerto" en lugar de "**aero**puerto", "eru**p**to" y "eruto" en lugar de "eru**c**to", "co**s**telación" en lugar de "co**ns**telación", "cosmop**ó**lita" en lugar de "cosmop**o**lita", "c**u**artada" en lugar de "c**o**artada", "erudi**cc**ión" en lugar de "erudición", "infla**cc**ión" en lugar de "infla**c**ión".

paráfrasis. SUSTANTIVO FEMENINO. (Del latín *paraphrăsis*, y éste del griego *paráphrasis*.) Explicación o interpretación amplificativa de un texto para ilustrarlo o hacerlo más claro o inteligible. También, traducción en verso en la cual se imita el original, sin verterlo con escrupulosa exactitud. Asimismo, frase que, imitando en su estructura otra conocida, se formula con palabras diferentes, como en "Parafraseando a Julio César que dijo vine, vi, vencí; yo vine, vi y perdí". [No confundir con "perífrasis".]

pendejada. SUSTANTIVO FEMENINO COLOQUIAL. Tontería: dicho o hecho tonto.

pendejismo. SUSTANTIVO MASCULINO COLOQUIAL. Burrada: dicho o hecho necio o brutal.

perífrasis. SUSTANTIVO FEMENINO. (Del latín *periphrăsis*, y éste del griego *periphrasis*.) Expresión pluriverbal cuyo significado se asimila parcialmente al de una unidad léxica, como "echar una conversada" en vez de "conversar". También, expresión, por medio de un rodeo verbal, de algo que se habría podido decir con menos palabras o con una sola, como en "**lo que viene siendo** la Fórmula Uno", en lugar de "la Fórmula Uno". [No confundir con "paráfrasis".]

perogrullada. SUSTANTIVO FEMENINO COLOQUIAL. Verdad o certeza que, por notoriamente sabida, es necedad o simpleza decirla, como en "los viejos ya no son niños".

Perogrullo. SUSTANTIVO MASCULINO. Personaje ficticio a quien se atribuye presentar obviedades de manera sentenciosa. Una verdad de Perogrullo es, por ejemplo, "ha amanecido porque es de día".

pleonasmo. SUSTANTIVO MASCULINO. (Del latín tardío *pleonasmus*. y éste del griego *pleonasmós*.) En retórica, empleo en la oración de uno o más vocablos, innecesarios para que tenga sentido completo, pero con los cuales (a veces; no siempre) se añade expresividad a lo dicho.

pochismo. SUSTANTIVO MASCULINO. Modo de pensar o de actuar propio de un pocho. También, anglicismo introducido al español por los pochos.

pocho. ADJETIVO Y SUSTANTIVO. Dicho de un mexicano: que adopta costumbres o modales de los estadounidenses.

prefijo. ADJETIVO Y SUSTANTIVO. (Del latín *praefixus*: colocar delante.) Dicho de un afijo: que va antepuesto principalmente a la raíz, como en "**sin**sentido", "**ultra**corrección".

proclítico. ADJETIVO. Dicho de una palabra átona, especialmente de un pronombre personal: que se pronuncia formando grupo acentual con la palabra tónica que la sigue, como en ***se lo** dices, **se** volvió*.

pronombre. SUSTANTIVO MASCULINO. (Del latín *pronōmen*.) Clase de palabras cuyos elementos hacen las veces del sustantivo o del sintagma nominal y que se emplean para referirse a las personas, los animales o las cosas sin nombrarlos. Ejemplo: "ésta", en la frase "entre todas las redundancias, **ésta** es la peor".

rebuznancia. SUSTANTIVO FEMENINO. (De "rebuznar": "dar rebuznos".) Redundancia, pero a lo bestia.

redundancia. SUSTANTIVO FEMENINO. (Del latín *redundantia*.) Uso vicioso de la lengua. Repetición innecesaria o excesiva de una palabra o concepto, sin aportar nada al sentido de lo expresado y que, por el contrario, demuestra ignorancia en el significado del concepto principal.

semántica. SUSTANTIVO FEMENINO. (Del griego *sēmantikós*: significativo.) Significado de una unidad lingüística.

sinalefa. SUSTANTIVO FEMENINO. (Del latín tardío *synaloepha*, y éste del griego *synaloiphḗ*: confundir, mezclar.) Unión en una única sílaba de dos o más vocales contiguas, pertenecientes a una misma palabra o a palabras diferentes, como en "cal**ei**doscopio" o en "mut**uo in**terés".

sinónimo. ADJETIVO y SUSTANTIVO. (Del latín *synonȳmus*, y éste del griego *synónymos*.) Dicho de una palabra o de una expresión: que, respecto de otra, tiene el mismo significado o muy parecido, como "desbarre" y "dislate".

sinsentido. SUSTANTIVO MASCULINO. Cosa absurda y que no tiene explicación.

subjuntivo. ADJETIVO y SUSTANTIVO. (Del latín *subiunctīvus*.) Se aplica al modo verbal empleado para expresar la acción como dudosa, posible, deseada o necesaria, como en *que yo cante, que tú corras, que él salte*.

sufijo. ADJETIVO y SUSTANTIVO. (Del latín *suffixus*: fijar por debajo.) Dicho de un afijo: que va pospuesto a la base léxica, como en "adverbi**al**", "gramatica**l**", "nomin**al**", "mamarrach**ada**".

sustantivo. SUSTANTIVO MASCULINO. Nombre. Ejemplo: "disparate", en la frase "lo que está diciendo es un **disparate**".

tautología. SUSTANTIVO FEMENINO. (Del griego *tautología*.) Acumulación innecesaria e inútil de una palabra o expresión a otra cuyo significado ya se aportó desde el primer término de la enunciación, como en "**justicia justa** y **recta**". Redundancia, repetición. A decir de María Moliner, "significa lo mismo que 'pleonasmo', pero se emplea con significado más despectivo". También: "frase en que se comete tautología, y, en lógica, proposición verdadera independientemente del valor de su contenido", como en "el **triángulo** tiene **tres ángulos**", "los **solteros** son las personas **no casadas**", "Dios **existe** o **no existe**".

tautológico. ADJETIVO. Perteneciente o relativo a la tautología, o que la incluye.

tilde (acento ortográfico). SUSTANTIVO FEMENINO. Acento. Signo ortográfico español (´) para marcar el relieve en el sonido de una sílaba o para diferenciar monosílabos homófonos, como en "ba**ú**l", "Ra**ú**l", "m**í**" y "t**é**".

tónico. ADJETIVO. Que tiene acento prosódico, como en "**á**ngel", "cam**i**no", "murci**é**lago".

ultracorrección. SUSTANTIVO FEMENINO. Deformación de una palabra por equivocado prurito de corrección, según el modelo de otras, como en *inflacción* en vez del correcto "infl**a**ción", por influjo de "transa**cc**ión".

verbo. SUSTANTIVO MASCULINO. (Del latín *verbum*: palabra.) Clase de palabras cuyos elementos pueden tener variación de persona, número, tiempo, modo y aspecto, como "disparatar" y "desbarrar": *yo disparato, tú disparatas, él disparata, nosotros disparatamos, ustedes disparatan, ellos disparatan; yo desbarré, tú desbarraste, él desbarró, nosotros desbarramos, ustedes desbarraron, ellos desbarraron.*

verbo auxiliar. El que se usa para formar los tiempos de otros verbos, como "ser", "estar" y "haber". Ejemplos: "**Estar disparatando** todo el tiempo", "**Haber desbarrado** ayer".

verbo impersonal. El que se emplea generalmente en tercera persona del singular de todos los tiempos y modos, simples y compuestos, y en infinitivo y gerundio, sin referencia ninguna a sujeto léxico elíptico o expreso. Ejemplo: "**Había** muchos disparates en su texto".

verbo intransitivo. El que se construye sin complemento directo y cuya acción realizada por el sujeto no recae sobre un objeto o persona, como "nacer", "morir", "correr", "ir", "yacer". Ejemplo: "Ese camino **va** hasta el pueblo".

verbo irregular. El que sufre variaciones en la raíz, en las terminaciones o en ambas, como "acertar", "coger" y "contar". Ejemplos: "Yo a**cier**to, ellos a**cer**taron"; "yo co**jo**, ellos co**gie**ron"; "yo **cuen**to, ustedes **con**taron".

verbo pronominal. Aquel en el que el infinitivo termina con el pronombre reflexivo "se", como "amar**se**", "equivocar**se**", "peinar**se**". Ejemplo: "**Se** equivocó y, después, volvió a equivocar**se**".

verbo reflexivo. Aquel en el que la acción del sujeto recae sobre él mismo, y en su conjugación se incluye al menos, invariablemente, un pronombre reflexivo (*me, te, se, lo, los, la, las, le, les, nos*). Ejemplo: "**Se tornó** (o **tornose**) cada vez más huraño".

verbo regular. Aquel en el que la raíz permanece invariable y toma las terminaciones de los verbos modelo. Ejemplo: *Yo canto, tú cantas, él canta, nosotros cantamos, ustedes cantan, ellos cantan.*

verbo transitivo. El que se construye con complemento directo y cuya acción realizada por el sujeto recae sobre otra persona o cosa, como "amar", "decir", "leer", "escribir", "cantar". Ejemplos: "Jorge **leyó un libro** horrible", "Agustín Lara **componía y cantaba boleros**", "Rosy **ama a sus hijos**".

zarandaja. SUSTANTIVO FEMENINO COLOQUIAL. Cosa menuda, sin valor, o de importancia muy secundaria.

zoquete. SUSTANTIVO MASCULINO COLOQUIAL. Persona tarda en comprender.

SIGLAS

AML. Academia Mexicana de la Lengua.

DRAE. Diccionario [de la lengua española] de la Real Academia Española.

DUE. Diccionario de uso del español, de María Moliner.

RAE. Real Academia Española.

A

1. *a* no es lo mismo que *ha*

"A" es la primera letra del abecedario español, "que representa el fonema vocálico abierto central" (DRAE). Es también preposición que "precede al complemento directo cuando éste es de persona determinada o está de algún modo personificado". Ejemplo del diccionario académico: *Respeta **a** los ancianos*. También puede preceder al complemento indirecto. Ejemplo: *A ese presidente le decían Roto el Chucho, pues robaba **a** los pobres para enriquecer más **a** los ricos*. Tiene otros usos, además de estos dos principales. En cambio, "ha", del verbo "haber" ("ser, existir"), es una partícula auxiliar que sirve para formar los tiempos compuestos de los verbos. Ejemplos: ***Había** llegado*; ***Ha** corrido*; ***He** sabido*. Es un disparate muy extendido en la escritura inculta utilizar la preposición "a" en vez del auxiliar verbal "ha". Abunda en internet, pero también aparece ya con profusión en las publicaciones impresas.

Hoy, cuando hasta los analfabetos publican libros con gran éxito de ventas, no resulta extraño leer en alguno de ellos cosas como la siguiente:

☟ "Hay ya varias familias esperando por sus compañeros, Federico no **a** llegado".

La sintaxis es un horror de principio a fin, pero lo que la autora del libro quiso decir y escribir es que el tal Federico:

☝ no **ha** llegado.

✎ He aquí una muestra surtida de esta barbaridad inculta que, a diferencia de Federico, ha llegado a las publicaciones impresas y tiene su reino en internet: "el olvido no **a** llegado", "mi compra no **a** llegado", "aún no **a** llegado", "el libro no me **a** llegado", "no **a** podido asistir", "no **a** podido olvidarlo", "la revolución no **a** terminado", "la sequía no **a** terminado", "no **a** corrido con suerte", "ella nunca **a** sufrido por amor", "¿quien de ustedes nunca **a** sufrido por amor?", "nunca **a** podido hallar la felicidad", "nunca **a** podido cumplir con su obligación", etcétera. El colmo es el de un individuo que descalifica a otro en un foro de internet porque, según él, "¡nunca **a** escrito bien!". Suponemos que supone que él sí escribe de maravilla.

☞ Google: 374 000 resultados de "no a llegado"; 211 000 de "no a tenido"; 104 000 de "no a podido"; 74 500 de "no a terminado"; 33 000 de "no a sufrido"; 31 600 de "no a comido"; 15 600 de "nunca a podido". ☒

2. *¿a día de hoy?, ¿al día de hoy?*

Pésimo calco del francés *aujourd'hui* que, literalmente puede traducirse "a día de hoy" o "al día de hoy", pero que en francés simplemente significa "hoy", estas locuciones temporales que han infestado e infectado la lengua española son las muletillas preferidas de los periodistas y leedores de noticias de la radio y la televisión, así como de los redactores de los diarios impresos y de internet y hasta del mismo presidente de México. Ejemplo en un boletín oficial: *El presidente informó* que ***al día de hoy** 26 obras viales están en curso de realización.* ¿Por qué demonios decir y escribir los galicismos "a día de hoy" y "al día de hoy" si, en buen español, se puede decir y escribir simplemente **hoy**? Porque los cursis y afectados creen que es más elegante. Claro que si desean ponerse elegantes, ahí están las locuciones perfectamente españolas "en la actualidad", "hasta ahora", "hasta este momento" u "hoy en día". Pero basta y sobra, para darse a entender, el adverbio "actualmente". El único uso correcto que acepta el DRAE de la secuencia "al día de hoy" está en ejemplos como los siguientes: *Esa simpatía se fue diluyendo **hasta llegar al día de hoy**; Desde un principio careció de apoyo **hasta llegar al día de hoy**.*

Es obvio que, en estas expresiones, la secuencia "al día de hoy" tiene bastante sentido, pero no la tiene en absoluto en el uso vicioso y analfabeto que pretende darle a "al día de hoy" un sentido temporal, muy utilizado por locutores y políticos. En el diario mexicano *El Financiero*, leemos que el secretario de Gobernación afirmó que

👎 "**al día de hoy** más de 150 mil mujeres han sido beneficiadas".

Quiso decir que

👍 **hasta ahora** más de 150 mil mujeres han sido beneficiadas.

✎ He aquí otros ejemplos de publicaciones impresas que se dan vuelo con estas tonterías: "**al día de hoy** 8 matrimonios entre personas del mismo sexo", "**al día de hoy** se tienen 38 proyectos", "**al día de hoy**, Atleti es más rival que el Real", "Japón: su economía **al día de hoy**", "las 10 películas de zombies más absurdas **al día de hoy**", "**a día de hoy** nadie puede decir que estamos fuera de las semifinales", "**a día de hoy** no hay dinero", "los diez jugadores más caros del mundo **a día de hoy**", "**a día de hoy** no tengo ningún indicio", etcétera.

☞ Google: 8 960 000 resultados de "a día de hoy"; 5 160 000 de "al día de hoy". ☒

3. *¿abajo suscribe?, ¿abajo suscrito?*

"Suscribir" (del latín *suscribĕre*) es verbo transitivo cuya principal acepción es "firmar al pie o al final de un escrito" (DRAE). De ahí el participio "suscrito": "el que suscribe, el que firma al pie o debajo de un escrito". Ejemplo: *Los **suscritos** declaran decir verdad.* Es por tanto una gorda redundancia (como "hemorragia de sangre" y "cardumen de peces") decir y escribir "el abajo suscrito", "los abajo suscritos" o "los que abajo suscriben". Si suscriben, lo hacen, por supuesto, abajo; si firman al pie o al final de un documento no son "los abajo suscritos", sino, simplemente, "los suscritos". Es frecuente que en los ámbitos legal, político, empresarial ¡y hasta en el académico! los que suscriben delaten que no suelen consultar jamás un diccionario de la lengua española, pues no saben que suscribir significa firmar al pie o al final de un escrito y por eso se sienten en la obligación de acompañar la acción de "suscribir" con el innecesario adverbio "abajo". Creen, seguramente, que hay quien puede suscribir "arriba".

En documentos oficiales, en cartas abiertas de intelectuales, en proclamas de políticos, en impresos y en internet, son abundantes "los abajo suscritos" y "los que abajo suscriben". Por ejemplo, en un comunicado del Parlamento del Mercosur leemos lo siguiente:

☞ "Los Parlamentarios del MERCOSUR que **abajo suscriben**, en representación de nuestra identidad parlamentaria dentro de este Alto Cuerpo Regional, reafirmamos nuestro apoyo al ejercicio de la Presidencia del Parlamento del Mercosur por parte de Jorge Taiana, ex Canciller de la Argentina".

Más allá de que los que suscriben (por supuesto abajo, porque no hay modo de suscribir arriba) no se pongan de acuerdo en cómo escribir Mercosur (que es un acrónimo), lo correcto es:

☞ Los Parlamentarios del Mercosur que **suscriben**, etcétera.

✎ He aquí unos pocos ejemplos más de esta redundancia a la que son tan afectos muchísimos hablantes y escribientes del español: "32 organizaciones de derechos humanos que **abajo suscriben**", "los que **abajo suscriben** declaran", "el conjunto de parlamentarios que **abajo suscriben**", "los que **abajo suscriben** dan fe", "las personas que **abajo suscriben** la presente acta", "entre los **abajo suscritos**", "los **abajo suscritos** protestan enérgicamente", "aprobación conjunta de los **abajo suscritos**", "el que **abajo suscribe** ha sido coronel", "la empresa ofertante que **abajo suscribe**" y, peor aún, "los/as concejales/as que **más abajo suscriben**".

☞ Google: 6 700 resultados de "abajo suscriben"; 6 160 de "abajo suscritos"; 5 120 de "los abajo suscritos"; 1 900 de "abajo suscribe"; 1 870 de "los que abajo suscriben"; 1 810 de "abajo suscrito". ☒

4. *¿abducieran?, ¿abducieron?, ¿abdució?*

Ya bastante tenemos con que el DRAE dedique una acepción del verbo transitivo "abducir" (del latín *abducĕre*: arrebatar, apartar) a la acción de apoderarse de alguien "una supuesta criatura extraterrestre", como para que, además, los creyentes de esta tontería no sepan utilizar el idioma e ignoren que "abducir" es verbo irregular cuyo modelo de conjugación es "conducir", y que, en consecuencia, lo correcto es decir y escribir "abdujeran", "abdujeron" y "abdujo" y no "abducieran", "abducieron" y "abdució", disparates éstos no menos vergonzosos que la burrada de creer en platillos voladores extraterrestres que vienen desde los confines de la galaxia o de otras galaxias remotísimas a llevarse a los más babotas seres humanos (generalmente gringos) y no a Newton ni a Einstein ni a Stephen Hawking. Según el DRAE, otras acepciones del verbo "abducir" son las siguientes: "Alejar un miembro o una región del cuerpo del plano medio que divide imaginariamente el organismo en dos partes simétricas" y "dicho de una persona o de una creación humana: suscitar en alguien una poderosa atracción". Para esta acepción el diccionario académico ofrece el siguiente ejemplo: *Conseguía* ***abducir*** *a los lectores con sus novelas.* De ahí el sustantivo femenino "abducción" (del latín tardío *abductio, abductiōnis*: "separación"): "acción de abducir" y, además, en filosofía, "silogismo cuya premisa mayor es evidente y la menor menos evidente o sólo probable, lo que hace que la conclusión sea poco probable". María Moliner, en su *Diccionario de uso del español,* no incluye el verbo "abducir", pero sí el sustantivo femenino "abducción", acerca del cual añade una acepción que el DRAE no precisa: "en el ámbito del derecho, rapto". Además de "supuesto secuestro perpetrado por extraterrestres". Ejemplo: *Dice un Fulano que sólo recuerda haber visto unas luces muy brillantes durante la* ***abducción*** *que sufrió* (que no era otra cosa que una mala borrachera). Sea como fuere, los creyentes de los raptos y secuestros de seres humanos por extraterrestres deben saber que el verbo "abducir" es irregular y que se conjuga como "conducir". Si no anduvieran derramando la baba con esas creencias, tal vez podrían abrir un diccionario.

Las barrabasadas que cometen con la conjugación del verbo "abducir" los ufólogos y demás creyentes de ovnis y extraterrestres o alienígenas aparecen lo mismo en publicaciones impresas que en internet. En un portal de internet donde se dan vuelo con este tipo de jaladas, una mujer expone el siguiente testimonio:

♀ "El 17 de febrero del 2012 **me abducieron**, estando yo durmiendo, y en la misma cama estaba mi esposo y mi hijo".

La sintaxis es pavorosa (suponemos que su cerebro fue dañado en la abducción), pero, más allá de esto, lo que quiso decir esta señora mitómana es que

☝ la **abdujeron.**

✎ He aquí más ejemplos de esta payasada, unida a la barrabasada de no saber conjugar el verbo abducir: "anoche **me abducieron**", "lo **abducieron** los aliens", "creo que **me abducieron**", "a mí **me abducieron**, no les miento", "el día que **me abducieron**", "cuando **abducieron** a Betty y a Barney Hill", "la **abducieron** seres reptilianos" (¡ah, entonces eran diputados!), "afirman que los extraterrestres las **abducieron** para quitarles sus óvulos fecundados", "cuando lo **abducieron** recuerda que serían las 20:00 horas" (pero no está seguro porque la borrachera aún no se le quitaba), "la **abducieron** los ovnis", "me **abdució** por unos instantes", etcétera.

☞ Google: 8 360 resultados de "abducieron"; 2 380 de "lo abducieron"; 1 770 de "abdució"; 1 100 de "me abducieron"; 1 000 de "abducieran". ☒

5. *absolber* no es lo mismo que *absolver*

"Absolber" es una palabra que no significa nada en español. Lo más cercano a este término es "absorber", verbo transitivo que denota "ejercer atracción", "atraer", "recibir" o "aspirar", entre otros sinónimos. Ejemplo: *Los rayos solares son esenciales para* ***absorber*** *la vitamina D.* "Absolver", en cambio, es un verbo transitivo que significa "declarar libre de responsabilidad al acusado de un delito o bien perdonarle sus culpas o pecados en confesión". Ejemplo: *Luego de la confesión, el sacerdote procedió a* ***absolver*** *los pecados del condenado a muerte.* Quizá por la casi homofonía que existe entre "absorber" y "absolver", el híbrido "absolber", que es un barbarismo, se fue abriendo paso en nuestro idioma.

La diferencia entre "absolber" y "absolver" no es únicamente una "b" o una "v", sino la falta de comprensión de lo que se dice o escribe y la confusión de quien lee. En el periódico *La Voz de Galicia* leemos lo siguiente, a propósito de un narcotraficante:

♡ "Tan inadvertido pasó que hasta el tribunal le **absolbió**".

Lo que el periódico gallego quiso informar es que

♂ tan inadvertido pasó que hasta el tribunal lo **absolvió**.

✎ Probablemente el tribunal no lo dejó, precisamente, en libertad, por falta de pruebas, sino que lo "absorbió", es decir lo atrajo a su seno o lo recibió como integrante suyo, cosa que no sería extraña en los tribunales. He aquí unos ejemplos más de este disparate: "hay que **absolber** despacio", "**absolber** es declarar un juez a una persona inocente", "**absolber** de los cargos imputados", "la audiencia ha acordado **absolber** de todos los cargos al acusado", "no puedo ni **absolber** ni culpar a nadie", "**absolbieron** al médico acusado de abandono de persona", "en México lo **absolbieron** de un desfalco", "**absolbió** a cuatro y condenó a uno".

☞ Google: 6 000 resultados de "absolber". ☒

6. *absolvido* no es lo mismo que *absuelto*

En español, "absolvido" es falso participio del verbo "absolver". Lo correcto es "absuelto". El modelo de conjugación de "absolver" es "resolver": de ahí el participio irregular "resuelto", pero de ningún modo "resolvido". En portugués "absolvido" es correcto, pero no así en español. Se trata de un barbarismo no únicamente del español inculto, sino también del habla y de la escritura de personas con cierta escolarización. Es posible hallarlo hasta en profesionistas.

En la revista militante *Redacción Popular* leemos el siguiente encabezado de un artículo de opinión firmado por una periodista hondureña:

♡ "Chávez **absolvido** por la historia".

Ajá, ¡cómo no! Lo adecuado sería decir que el susodicho fue **absorbido** por la historia, pero lo que en realidad quiere decir y escribir su apologista es que el comandante venezolano Hugo Rafael Chávez Frías fue

👍 **absuelto** por la historia.

✎ Recordemos el título de uno de los documentos políticos más famosos: *La historia me absolverá*, de Fidel Castro. Inspirados en tal título, los redactores de la revista mencionada intentan hacer un paralelismo entre Chávez y Castro. Con tan mal tino político y tan grande ignorancia de la lengua española que escriben "absolvido" en vez de "absuelto". Seguramente han de decir y escribir "volvido" en vez de "vuelto" y "revolvido" en vez de "revuelto". He aquí más ejemplos de este desbarre, tomados de publicaciones impresas y de internet: "ex jefe paramilitar es **absolvido** de delito de injuria", "el acusado es **absolvido** porque no se encontró el arma homicida", "fue **absolvido** de todo cargo el ex director municipal de Protección Civil", "el líder indígena fue **absolvido** de todos los cargos", "fue **absolvido** por el tribunal", "fue **absolvido** por el beneficio de la duda", y lo peor de todo: en una información sobre futbol (¡tenía que ser sobre futbol!), un portal electrónico español (*Sport*) asegura que "Messi se vio **absolvido** por la cerrada defensa colchonera, que impidió que el 10 alargara su idilio con la portería". ¡Hostias, tío, casi un poema! Pero seguramente la autora de esta disparatada redacción quiso decir y escribir "absorbido" en vez de "absuelto".

☞ Google: 180 000 resultados (sólo en español) de "absolvido"; 18 800 (sólo en español) de "ser absolvido"; 1 780 de "fue absolvido". ☒

7. *¿abusado?*

El término "abusado" (con su femenino y sus respectivos plurales) es un disparate que ya tiene rango de mexicanismo. Con este uso local es un adjetivo que significa "listo", "perspicaz", "hábil", "astuto", "sagaz" e incluso "inteligente". Ejemplo: *Fulano de Tal es muy* ***abusado***. En realidad, es la deformación de "aguzado", participio del verbo transitivo "aguzar": "sacar punta o filo a algo", y, en las personas, "estimular, despabilar y afinar el entendimiento o el sentido para conseguir perspicacia o prestar más atención". El DRAE pone el siguiente ejemplo: ***Aguzar*** *la vista o el oído*. Seguramente, por ultracorrección, y por total ignorancia de la lengua española, en México a alguien se le ocurrió que "aguzado" debía decirse y escribirse "abusado", y a partir de entonces se generalizó esta barbaridad que ya no tiene remisión, pero que estrictamente nació como un barbarismo aunque hoy esté legitimado como mexicanismo. Cuando alguien exclama, dirigiéndose a otro, *¡Ponte* ***abusado****, güey!*, lo que en realidad solicita no es **abuso** sino un sentido despierto o espabilado, que es lo mismo que perspicacia y sagacidad. Lo cierto es que el verbo intransitivo "abusar" significa "hacer uso excesivo, injusto o indebido de algo o de alguien" (DRAE) y nada tiene que ver con "aguzar".

Ejemplo: *¡Está bien el encaje, pero no hay que* ***abusar****!* El término "abusado" es, estrictamente, el participio pasivo del verbo "abusar" y, como adjetivo, se aplica a la víctima de abuso (acción y efecto de abusar). Ejemplo: *Desde hace años, los adolescentes eran* ***abusados*** *por el pederasta.* En conclusión, aunque ya sea imposible revertir el uso y el abuso del barbarismo "abusado", en vez del correcto "aguzado", los mexicanos debemos saber que el "¡Ponte **buzo**!" y el "¡Ponte **abusado**!" surgieron de la ignorancia en el idioma. En las lenguas, cualquier idiotez que se generalice puede marcar la pauta y sentar precedente. Pero los mexicanos no tenemos por qué esperar que en otros países comprendan lo que queremos decir con nuestras incapacidades idiomáticas.

A propósito de cierto funcionario, un colega suyo afirma lo siguiente en una entrevista de la revista mexicana *Proceso*:

☞ "Santiago tiene buena imagen y buena relación con todos los partidos. Es **muy abusado**".

En realidad, quiso decir que el tal Santiago

☞ es **muy listo**, aunque, estrictamente, tendría que haber dicho que es **muy aguzado**.

✎ Si fuese **muy abusado** es obvio que sería víctima de mucho abuso. Pero su colega no se refiere a esto, sino a que es bastante avispado, hábil y astuto. En el diario argentino *Clarín*, encontramos el uso correcto de este adjetivo, en un encabezado que en México se interpretaría de una manera totalmente distinta: "Mundos íntimos: De chico, fui **abusado**". Se trata de un reportaje que refiere y denuncia el abuso sexual que sufrieron dos muchachos en los años ochenta en Argentina. Para decirlo con claridad, un niño **abusado sexualmente** no es un niño muy hábil o muy listo en cuestiones sexuales, sino uno que ha sufrido abuso sexual. Por eso nuestro mexicanismo posee una enorme torpeza léxica y semántica. He aquí otros ejemplos, tomados de los medios de información, de este barbarismo mexicano que ya es imposible evitar en el habla y en la escritura, pero que estaría muy bien que sustituyéramos por "inteligente", "perspicaz", "listo", "sagaz", "hábil", "astuto" y otros sinónimos: "Ponte **abusado**, corazón", "el coyote es matrero y **abusado**", "¡ponte **abusado**, chavo, **abusado**!", "se puso **muy abusado**", "es **muy abusado** para hacer crucigramas", "es **muy abusado** para las ciencias", "uno sale **muy abusado**", "Felipe salió **bastante abusado**", etcétera.

☞ Google: 64 900 resultados de "es más abusado"; 24 700 de "ponte abusado"; 4 390 de "es muy abusada"; 3 730 de "es muy abusado".

8. *¿acceso de entrada?, ¿acceso de salida?*

El sustantivo masculino "acceso" (del latín *accessus*) tiene tres acepciones principales: "acción de llegar o acercarse"; "entrada o paso"; "entrada al trato o comunicación con alguien" (DRAE). Ejemplo: *Se le permitió el* ***acceso*** *por la puerta 9.* El sustantivo femenino "entrada" tiene, a su vez, las siguientes acepciones principales: "espacio por donde se entra a alguna parte"; "acción de entrar en alguna parte"; "acto de ser alguien recibido en un consejo, comunidad, religión, etc., o de empezar a gozar de una dignidad, empleo, etc." (DRAE). Ejemplos: *Se le permitió la* ***entrada*** *por la puerta 9; Su* ***entrada*** *causó mucho júbilo*. En este sentido, "acceso" y "entrada" son términos sinónimos, hermanos también del sustantivo masculino "ingreso" (del latín *ingressus*): "acción de ingresar"; "espacio por donde se entra"; "acción de entrar"; "acto de ser admitido en una corporación o de empezar a gozar de un empleo u otra cosa" (DRAE). Ejemplos: *Se le permitió el* ***ingreso*** *por la puerta 9; Su* ***ingreso*** *causó mucho júbilo*. Dicho todo lo anterior, no hay duda de que la expresión "acceso de entrada" es redundante y, por tanto, errónea, pues para una sola idea se emplean, innecesariamente, dos sustantivos que son sinónimos o equivalentes. Basta con decir "acceso", basta con decir "entrada"; basta con decir "ingreso".

"Acceso de entrada" es una forma viciosa no únicamente en el habla, sino también en el español escrito. Está lo mismo en publicaciones impresas que en internet, y en todos los ambientes, lo mismo cultos que incultos. En internet leemos la siguiente noticia:

☞ "Bloquean **acceso de entrada** principal al palacio municipal".

Se quiso informar que algunas personas

☞ bloquearon el **acceso** principal (o la **entrada** principal) de las oficinas municipales (que, por cierto, casi nunca están en palacio alguno, sino en cualquier construcción deprimente).

✎ Aunque parezca un mal chiste, abundan las personas que dicen y escriben "acceso de entrada" porque están seguras que también hay "accesos de salida". ¡Eso les pasa por decir y escribir "entrar adentro" y "salir afuera"! (No olvidemos que, el 11 de mayo de 2012, Enrique Peña Nieto, entonces candidato priista a la Presidencia de la República Mexicana, en su visita a la Universidad Iberoamericana, repudiado por los estudiantes al grito de "¡Atenco no se olvida!" y protegido por sus guardaespaldas en un área de sanitarios, preguntó con inquietud visible: "¿**Afuera** hay **salidas para salir**?". Antes, por supuesto, lo único que sabía es que ¡**adentro** había **entradas para entrar**!) El significado del verbo intransitivo "salir" es "pasar de dentro afuera". ¡Y, si se sale, no se ingresa: **se sale, no se entra**! Y al no haber, desde un punto de vista lógico, ni accesos ni entradas ni ingresos "de salida", entonces los accesos y los ingresos sólo pueden ser "de entrada" y es innecesario, y ridículo, "precisar" que los accesos son de entrada. He aquí otros ejemplos de este desbarre ridículamente redundante: "ruta de **acceso de entrada**", "control de **acceso de entrada**", "portal de **acceso de entrada**", "gente bloquea **acceso de entrada** a Sisal", "**acceso de entrada** a la habitación", "el principal **acceso de entrada** a las excavaciones de Pompeya", "ha mejorado el **acceso de entrada** al Ayuntamiento", "la basura se acumula en el **acceso de entrada** al barrio", "conoce los **accesos de entrada** al nuevo estadio de Monterrey", "transportistas bloquean los **accesos de entrada** a la ciudad", "el Camp Nou mejora los principales **accesos de entrada**" (lo realmente extraordinario sería que en el Camp Nou, estadio del equipo de futbol Barcelona, se mejorasen los ¡"accesos de salida"!).

☞ Google: 1 220 000 resultados de "acceso de entrada"; 703 000 de "acceso de salida"; 228 000 de "accesos de entrada"; 108 000 de "accesos de salida". ☒

9. *acertivo* no es lo mismo que *asertivo*

El término "acertivo" carece de significado alguno en español. En cambio, "asertivo" es un adjetivo que equivale a "afirmativo", pues en nuestro idioma el sustantivo "aserto" se refiere a la "afirmación de la certeza de algo" (DRAE). En el ámbito de la psicología se dice que una persona es "asertiva" cuando "expresa su opinión de manera firme" (DRAE). Ejemplo: *Fulano siempre ha sido muy* ***asertivo***. De ahí el sustantivo femenino "asertividad": cualidad de asertivo. Ejemplo: *La* ***asertividad*** *de Fulano es notable*. Es casi seguro que, en la construcción del barbarismo "acertivo", muchos escribientes estén afectados por la influencia del sustantivo femenino "certeza": "conocimiento seguro y claro de algo", "firme adhesión de la mente a algo conocible, sin temor a errar" (DRAE) y el sustantivo masculino "acierto": "acción y efecto de acertar". Pero lo único cierto de todo esto es que "acertivo" (con "c") es un disparate, y suele utilizarse en el ámbito culto de la lengua. Abunda entre profesionistas que suelen ser tan "asertivos" que carecen de toda duda y, por ello, jamás ven, ni siquiera de reojo, las páginas de un diccionario.

En el diario mexicano *Zócalo*, de Saltillo, Coahuila, una nota nos asegura que un conferencista motivacional

☟ "enseña a ser más **acertivo**".

Quiso informar el diario que el conferencista

☝ enseña a ser más **asertivo**.

✎ En internet, en un blog especializado, todo el tiempo se escribe sobre "la comunicación **acertiva**". El desbarre está por todos lados e inunda las publicaciones impresas y las páginas de internet. He aquí unos pocos ejemplos: "ser **acertivo** es cuestión de dignidad", "se **acertivo** al momento de corregir", "ser persuasivo y **acertivo**", "Boy acepta que les faltó ser más **acertivos**" (este pobre hombre del futbol cree que ser **acertivos** es **acertar**, y no **aceptar**, goles), "padres **acertivos**, hijos felices", "trabajo de comunicación **acertiva**", "comunicación **acertiva** para mejores ventas", "la directiva celeste espera haber sido **acertiva**" (otra jalada del futbol que sólo entienden los fanáticos de un equipo cuyo uniforme es azul), "20 ejemplos de publicidad **acertiva** y exitosa", "características de personas **acertivas**", "comience el 2016 con decisiones **acertivas**", "qué es la **acertividad** y cómo aplicarla", "desarrolle su **acertividad**", "despliegue sus **acertividades**", "cómo comunicar afectiva y **acertivamente**", etcétera.

☞ Google: 84 300 resultados de "acertiva"; 68 400 de "acertivo"; 61 400 de "acertivas"; 43 700 de "ser acertivos"; 32 000 de "acertividad"; 6 190 de "acertivamente". ☒

10. *¿addenda?, ¿adenda final?*

El término latino *addenda* se traduce, literalmente, como "lo que ha de añadirse". Pero en español ya no es necesario utilizar el latín, puesto que esta palabra está perfectamente castellanizada o españolizada: "adenda" (adaptación con una sola "d"), y es un sustantivo femenino que el DRAE define confusa, tacaña e incompletamente del siguiente modo: "apéndice, sobre todo de un libro". La verdad es que un "apéndice" no siempre es una "adenda" ni siquiera en un libro. Hay libros que traen apéndice o apéndices (más de uno) y, además de ello, alguna adenda (una posdata o *post scriptum*, locución latina que se traduce literalmente como "después de lo escrito"). ¿Y qué es un apéndice? En la entrada correspondiente, el mismo DRAE lo informa: "cosa adjunta o añadida a otra, de la cual es como parte accesoria o dependiente"; por ejemplo, la prolongación delgada y hueca en la parte final del intestino grueso del ser humano. María Moliner, en su *Diccionario de uso del español*, define con más acierto el término "adenda": "cosas que se añaden después de terminada una obra escrita, y se emplea generalmente como encabezamiento para esas cosas". Al tratarse, en general, de obras escritas o simplemente de documentos escritos, una "adenda" se puede poner lo mismo en un libro que en cualquier otro tipo de texto, como un contrato, por ejemplo. Su plural es "adendas" y no "addendas". Ejemplos: *En su ensayo puso una* ***adenda***; *Fue necesario incluir dos* ***adendas*** *al contrato ya firmado*. En su *Diccionario de dudas y dificultades de la lengua española* (1961), Manuel Seco escribió: "Esta palabra es en su origen un adjetivo latino sustantivado en neutro plural, que significa literalmente 'las cosas que han de ser añadidas'. Su uso en español —con la doble *d* de la grafía latina, que puede españolizarse en la forma *adenda*— sólo se da en ambientes cultos. Sin embargo, se ha olvidado la noción del plural; a lo sumo, se le considera un sustantivo colectivo". Este plural de origen latino fue lo que llevó a escribir, durante mucho tiempo, la discutible construcción en español "las *addenda*", similar a "las currícula". Sea como fuere, lo correcto hoy es "adenda", con su plural "adendas", e indiscutiblemente es, en español, sustantivo femenino, nunca masculino. Ejemplo: *Puso* ***una adenda*** *explicativa*, pero no *Puso* ***un adenda*** *explicativo*.

Siendo término utilizado sobre todo en el ámbito culto, los desbarres de escribirlo en español con doble "d", como plural invariable y como palabra del género masculino, son también desbarres cultos. En México, en un documento oficial del Instituto del Fondo Nacional de la Vivienda para los Trabajadores (Infonavit), publicado, además, en el *Diario Oficial de la Federación* leemos lo siguiente:

♀ "Los modelos de escritura requieren ser complementados con **el addendum** o **los addenda** que se indiquen en la Carta de Instrucción Notarial".

Este documento y su publicación son de 2008, pero desde hace varios años (al menos desde la edición de 1992), el diccionario de la RAE mantiene la misma definición de "adenda" que hoy podemos consultar en la vigesimotercera edición (2014), con la única salvedad de que en 1992 aceptaba lo mismo el género femenino que masculino. Lo correcto es, y debió ser desde entonces, decir y escribir

☝ **la adenda** y **las adendas**.

✎ Históricamente, el presunto género masculino de "adenda" se originó, muy probablemente, de una falta de ortoepía (arte de pronunciar correctamente) muy común en España: "un adenda" (pronunciada *unadenda*, con sinalefa), en vez de "una adenda" (*una adenda*, pronunciada con el necesario hiato). Las conclusiones son simples: en español, "adenda" (y no *addenda*, que es latín) es sustantivo femenino y no masculino, y su plural es "adendas". He aquí algunos ejemplos de los desbarres que se cometen con esta palabreja: "**la addenda** se integró correctamente", "podrás agregar **la addenda** de modo manual", "**la addenda** contiene datos específicos", "integrar la información comercial en **la addenda** de la factura", "mi cliente me está solicitando **una addenda**", "existen dos maneras de agregar **una addenda**", "al final hemos incorporado **un addenda**", "segunda edición, revisada, con **un addenda**", "**las addendas** son un conjunto de información adicional", "**las addendas** se incorporan al CFDI", "periodo de revisión de **los adendas**", "entregó los contratos sin **los adendas**", "publicación de **los adendas** en la página Web", "formalizaron **un adenda** al convenio", "decidirán si se firma **un adenda** al contrato original". Por lo demás, si "adenda" significa literalmente "lo que ha de añadirse", es recomendable no utilizar la expresión "añadir una adenda", que es como decir "añadir lo que ha de añadirse". Cualquier otro verbo (que no sea sinónimo de "añadir" o de "agregar") es mucho mejor. Por ejemplo, "poner una adenda", o bien "hacer una adenda". También, "redactar una adenda" o "introducir una adenda". Una última cosa: la frase "una adenda final" (o "una adenda al final") es otro disparate, pues todas las "adendas" se ponen, se hacen o se redactan y se introducen por último o al final. En un sentido lógico, no hay manera de que una "adenda" se haga al principio. He aquí un ejemplo de esta barbaridad redundante: "**Agregó una adenda al final** del libro esclareciendo algunos datos". Bastaba con decir: puso una adenda en el libro para esclarecer algunos datos. Pero aunque parezca increíble el mismísimo *Diccionario panhispánico de dudas* (de la RAE y de la Asociación de Academias de la Lengua Española), que define "adenda" como "conjunto de adiciones al final de un escrito", pone el siguiente ejemplo en la entrada correspondiente a "adenda": *Testigo de este cambio de visión es su volumen de poesías* Oda a la urna electoral, *con la adenda final* (Gamboa, 1998). Se trata de un muy buen ejemplo de redundancia inadvertida por la RAE, lo que demuestra su torpeza y la de sus parientas, más allá de la de los autores con los que pretenden ejemplificar la escritura modélica.

☞ Google: 72 300 resultados de "la addenda"; 65 900 de "una addenda"; 17 200 de "un addenda"; 11 300 de "las addendas"; 3 940 de "los adendas"; 2 820 de "un adenda"; 2 450 de "los addenda"; 1 980 de "adenda final"; 1 530 de "los adenda"; 1 420 de "las adenda"; 1 100 de "las addenda". ☒

II. *¿adulto en plenitud?, ¿adulto mayor?*

La moda de lo "políticamente correcto" hace estragos en el idioma, con eufemismos que tuercen la lógica y maltratan el significado de las palabras. Ahora el flaco ya no es flaco y el gordo ya no es gordo. Al primero se le dice "delgado" cuando no "esbelto", y al segundo "robusto" cuando no "corpulento". Siguiendo esta forma hipócrita de hablar y escribir, el viejo ya no es "viejo" ni "anciano", sino que ahora es "adulto mayor" o "adulto en plenitud". Hay que ser de veras hipócritas para torcer de este modo el idioma, pues estrictamente el eufemismo es una mentira, una forma ridícula de disfrazar de cortesía la falsedad, con la mayor de las hipocresías. En el caso de "adulto mayor", la pregunta lógica es la siguiente: Si hay "adultos mayores", ¿cuáles son los "adultos menores"? De acuerdo con el DRAE, el adjetivo y sustantivo "adulto" (del latín *adultus*) posee el siguiente significado: "Dicho de un ser vivo: que ha llegado a la plenitud de crecimiento o desarrollo". Ejemplos: *Fulano de Tal ya es un* ***adulto***; *Esta película tiene clasificación "C": sólo para* ***adultos***. El adjetivo "mayor" (del latín *maior, maiōris*) significa, entre otras acepciones, "dicho de una persona: entrada en años, de edad avanzada" (DRAE). Ejemplo: *Fulano de Tal es un hombre* ***mayor***. Ahora bien, si "Fulano de Tal es un hombre **mayor**", debe darse por descontado que se trata de un "adulto" y no de un niño ni de un adolescente ni de un joven. Así de simple y así de claro. Por ello, definir a un individuo maduro, anciano o de avanzada edad como "adulto mayor" o "adulto en plenitud" es una tontería mayúscula por redundante, pues el adjetivo y sustantivo "adulto" ya conlleva el concepto de "plenitud de crecimiento o desarrollo". La gran ventaja de llamar al pan, pan, y al vino, vino, es poder distinguir, con mucha claridad, las etapas de desarrollo de las personas: niñez (hasta los 12 años), adolescencia (entre los 12 y los 20 años), juventud (entre los 20 y los 25), adultez (entre los 25 y los 60) y ancianidad o vejez (después de los 60). Es obvio que no es lo mismo un hombre adulto de 40 años que un anciano, pues éste puede tener ya sea 65 o 72 u 84 años, dentro de este rango y, en algunos casos, incluso más de 100. Denominar "adulto mayor" y "adulto en plenitud" a quien ya es anciano o viejo es falsear el idioma, pues el sustantivo femenino "ancianidad" significa último período de la vida del ser humano, en tanto que el adjetivo y sustantivo "viejo" es definido del siguiente modo por el DRAE: "Dicho de un ser vivo: de edad avanzada". En prácticamente todas las culturas clásicas los "ancianos" o los "viejos" (con estos términos tan precisos) poseen una dignidad que los eufemismos redundantes "adultos mayores" o "adultos en plenitud" les restan. Las autoridades aprueban hoy los "Derechos de las Personas Adultas Mayores" y leyes para la "Protección de los Adultos en Plenitud", y hay ministerios, agencias e institutos "Para las Personas Adultas Mayores" y "Para la Atención de los Adultos en Plenitud". No caigamos en estas falsedades del lenguaje. Digamos "viejos", digamos "ancianos", de la misma manera que decimos "niños", "adolescentes", "jóvenes" y "adultos".

☞ Google: 11 000 000 de resultados de "adultos mayores"; 595 000 de "adulto mayor"; 440 000 de "adultas mayores"; 395 000 de "adulta mayor"; 56 600 de "adultos en plenitud"; 14 100 de "adulto en plenitud"; 11 400 de "adulta en plenitud"; 5 010 de "adultas en plenitud".

☞ Google: 24 800 000 resultados de "ancianos"; 21 300 000 de "anciano"; 9 180 000 de "anciana"; 5 390 000 de "ancianas"; 1 020 000 de "los viejos"; 252 000 de "mi querido viejo". ☑

12. *aféresis* y *apócope* son sustantivos femeninos

Aféresis es un sustantivo femenino que designa la "supresión de una o más letras al principio de una palabra" (*Diccionario de uso del español*). Ejemplo: "ñero" por "compañero". Apócope es un sustantivo femenino que designa la acción contraria: "supresión de una o más letras al fin de una palabra" (DUE). Ejemplo: "compa" por "compañero". De ambos, el más utilizado es la apócope, no únicamente en los sustantivos, sino también en los adjetivos ("buen" por "bueno, "san" por "santo") y en los adverbios ("muy" por "mucho", "tan" por "tanto"). En los sustantivos son muy populares los usos "auto" por "automóvil", "bici" por "bicicleta", "foto" por "fotografía", "mini" por "minifalda", "profe" por "profesor", "refri" por "refrigerador" y "tele" por "televisión" o "televisor". Pero son incorrectos los usos masculinos de "aféresis" y "apócope", pues el género invariable de ambos sustantivos es el femenino. Ejemplos: ***La aféresis** de señora es ñora*; ***La apócope** de señora es seño*. Seguramente, por las enormes y persistentes fallas de ortoepía de los hablantes y escribientes del español, poco a poco "aféresis" y "apócope" se han ido convirtiendo, erróneamente, tanto en el habla como en la escritura, en sustantivos masculinos. Esto se evidencia cuando van acompañados de los artículos determinados e indefinidos: "el" por "la", "los" por "las", "un" por "una". Hablantes y escribientes, tal como si siguieran la regla, que obedece a razones de fonética histórica, de decir y escribir "el agua" y "un agua" en vez de "la agua" y "una agua" (porque el sustantivo femenino "agua" inicia con vocal tónica) dicen y escriben erróneamente "el aféresis", "el apócope", "los aféresis", "los apócopes", "un aféresis" y "un apócope", en vez de "la aféresis", "la apócope", "las aféresis", "las apócopes", "una aféresis" y "una apócope", que son las formas correctas. Por lo demás, la mayor parte de los sustantivos de carácter erudito terminados en "is" o en "e" son femeninos: "aféresis" y "apócope", pero también "apódosis" y "catarsis", "sílfide" y "sinécdoque".

En su *Diccionario de dudas y dificultades de la lengua española*, Manuel Seco es muy preciso al respecto de "apócope". Escribe: "El género de este nombre es femenino, *la apócope*, a pesar de que algunos —incluso profesores— digan *el apócope*". Dichos desbarres son obviamente cultos, pues tanto "aféresis" como "apócope" son términos especializados del ámbito gramatical y lingüístico y, en particular, de la retórica y la poética. Siendo así, son las personas cultas quienes han alterado el género de ambos sustantivos. En un portal educativo español de internet (*Saberia*) leemos lo siguiente:

☹ "tanto **los apócopes** como **los aféresis** y las palabras síncopas pertenecen al grupo de los metaplasmos, figuras de dicción cuya característica principal es que alteran su escritura o pronunciación significando lo mismo".

Quiso informar este portal didáctico que

☺ **las apócopes**, **aféresis** y **síncopas** pertenecen al grupo de las figuras de dicción llamadas metaplasmos.

✎ He aquí otros ejemplos de estos desbarres cultos, tomados todos ellos de publicaciones impresas y de internet: "se hubiera permitido **el apócope**", "**el apócope** proviene literalmente del griego: cortar o separar", "**un apócope** metafórico del devenir de la religión", "**un apócope** es una figura retórica", "metro es **un apócope** del adjetivo metropolitano", "tano es **un apócope** de napolitano" (doble desbarre, porque en este caso sería una aféresis y no una apócope), "la palabra don es **un apócope** de *dóminum*", "**los apócopes** provienen de la mala gana de hablar bien", "a los japoneses les encantan **los apócopes**", "la mayoría de **los aféresis** se llevan a cabo por comodidad y economía" (la mayoría de las pendejadas, también), "**los aféresis** como muestras de cariño son comunes", "**el aféresis** es un fenómeno lingüístico", "**el aféresis** debe su aparición al uso del lenguaje de manera popular", "inventaron **un aféresis** que sigue vivo", "moto es **un aféresis** de motocicleta" (doble desbarre, porque en este caso "moto" es una apócope y no una aféresis). Resulta curioso que a veces en una misma palabra en la que se presentan lo mismo la aféresis que la apócope, el matiz de ambas sea muy diferente. En el caso de "compañero" (persona que se acompaña con otra para algún fin), la apócope "compa" tiene un sentido de fraternidad, en tanto que la aféresis "ñero" posee una carga despectiva. Ejemplos: *Es un **compa** muy leal*; *Es un **ñero** muy ojete*. En el caso de "señora" (mujer que gobierna en un ámbito determinado) ocurre lo mismo: la apócope "seño" tiene un sentido más respetuoso que la aféresis "ñora", un tanto desdeñoso e incluso despectivo. Ejemplos: *La **seño** es muy amable*; *Esa **ñora** es de lo más vulgar*. Lo que no debe olvidarse nunca es que tanto "aféresis" como "apócope" son sustantivos femeninos.

☞ Google: 46 500 resultados de "el apócope"; 15 600 de "un apócope"; 1 350 de "los apócopes"; 381 de "el aféresis". ☒

☞ Google: 11 300 resultados de "la apócope"; 10 800 de "la aféresis"; 3 570 de "una aféresis"; 1 780 de "una apócope"; 1 090 de "las aféresis"; 1 000 de "las apócopes". ☑

13. *agarofobia* no es lo mismo que *agorafobia*

El sustantivo femenino compuesto por los nombres "ágora" (plaza pública, espacio abierto) y "fobia" (temor, aversión exagerada a alguien o algo), "agorafobia", significa "sensación anormal de angustia ante los espacios abiertos y, especialmente, en calles y plazas amplias" (DUE). Resulta obvio que "ágora" siempre remite al espacio público o abierto. Pero se escribe "agorafobia" y no "agarofobia" ni "agarafobia". Estos últimos son disparates en los que incurren incluso personas cultivadas o de buen nivel de escolarización. Profesionistas hay que dicen y escriben "agarofobia" o "agarafobia", quizá porque les resulta de más difícil pronunciación el término correcto "agorafobia".

En publicaciones impresas y en internet hallamos estos palabros por miles, y podemos oírlos con mucha frecuencia de los labios de profesionistas descuidados. En internet, en un foro de ansiedad, se ofrece información

☞ "sobre la **agarofobia**". Y una persona que padece dicho mal le escribe a otra lo siguiente: "Por favor si eres **agarofobico** contactame para crear un grupo de apoyo y salir adelante ayudandonos mutuamente".

Obviamente, el foro mencionado debería informar

☞ sobre la **agorafobia**, y la persona dispuesta a crear un grupo de apoyo es "agorafóbica" y no **agarofóbica**.

✎ Por supuesto, ser "agorafóbico" o padecer "agorafobia" no disculpa a nadie de cometer tantas faltas ortográficas y sintácticas. Si a alguien le da miedo estar en espacios abiertos, bien puede resguardarse y abrir un diccionario o una gramática. He aquí otros ejemplos, tomados de internet y de publicaciones impresas, de este desbarre: "criterios para el diagnóstico de **agarofobia**", "**agarofobia** y ataques de pánico", "trastornos de ansiedad y **agarofobia**", "**agarofobia**: mucho más que fobia social", "**agarofobia** desde la adolescencia", "taller psicopedagógico para crisis de ansiedad y **agarofobia**", "tratamiento de depresión y **agarofobia**", "trastorno **agarofóbico** con pánico", "el terror **agarofóbico**", "personalidad **agarofóbica**", etcétera.

☞ Google: 15 000 resultados de "agarofobia"; 1 150 de "agarafobia". ☒

14. *¿ágora pública?*

¿Hay ágoras que no sean públicas? Hay quienes piensan que sí, pero es porque no han acudido jamás a consultar el diccionario de la lengua. Si alguna vez hubieran hecho esto, habrían leído lo siguiente en la entrada correspondiente al sustantivo femenino "ágora" (del griego *agorá*): "En las antiguas ciudades griegas, plaza pública", "asamblea celebrada en el ágora", "lugar de reunión o discusión" (DRAE). Esta última acepción del DRAE es equívoca y no la incluye María Moliner en su *Diccionario de uso del español*. En la entrada correspondiente del DUE, Moliner ofrece la siguiente información: "Plaza en donde se reunían las asambleas públicas en las ciudades de la antigua Grecia", "la misma asamblea". En conclusión, no hay ágoras que no sean públicas, pues el sustantivo "ágora" se traduce, literalmente, como "plaza pública" o "espacio público". Basta con decir "ágora" para saber que se trata de un espacio abierto al público. Decir y escribir "ágora pública" es, pues, una redundancia que cometen especialmente las personas cultas, puesto que el sustantivo "ágora" no es utilizado en los ambientes incultos.

Está lo mismo en publicaciones impresas (incluidos libros) que en internet. En un libro de filosofía leemos lo siguiente:

☹ "Aquella breve sentencia sitúa a nuestro filósofo en un contexto esencialmente práctico: es el escenario de la persuasión, del **ágora pública**, de la asamblea y los tribunales".

Sin redundancia, el autor quiso referirse al

☺ **ágora.**

✎ Pero obviamente no sabe que, por definición, toda **ágora** es **pública**. Aquí tenemos otros ejemplos del mismo desatino culto: "el museo como **ágora pública**", "el teatro se convierte en un **ágora pública**", "toda la información sobre **Ágora Pública**", "discusión pormenorizada en el **ágora pública**", "un despertar social en las calles y el **ágora pública**", "nada conecta nuestros espacios íntimos con las **ágoras públicas**", "los condenados a muerte en las **ágoras públicas**".

☞ Google: 49 600 resultados de "ágora pública"; 7 670 de "el ágora pública"; 6 950 de "en el ágora pública"; 1 000 de "ágoras públicas". ☒

15. *al través de* no es lo mismo que *a través de*

Cuando el hablante y escribiente culto del español se quiere poner exquisito se saca de la manga o de la chistera latinajos y formas rebuscadas del idioma, las más de las veces con gran desatino. Es el caso de la locución preposicional "al través de", forma afectada de la locución preposicional "a través de". El término "través" es sustantivo masculino que significa "inclinación o torcimiento de una cosa hacia algún lado"; también, dirección perpendicular. En el caso de la locución preposicional "a través de", su significado es "que pasa, se comunica o atraviesa de un lado a otro". Ejemplo: *La sangre de la herida se filtró* ***a través de*** *la ropa.* El "al través de" (que usan hasta los académicos de la lengua cuando se quieren poner exquisitos) es una afectación para mostrar que se habla y se escribe con mucha elegancia, aunque sea todo lo contrario. María Moliner es muy precisa y atinada al respecto. En su *Diccionario de uso del español* explica: "**Al través.** Es la misma expresión 'a través de' usada en forma absoluta, o sea, sin la preposición y su término y, por tanto, adverbialmente". Y pone un ejemplo: *Se da una puntada en la dirección del dobladillo y otra* ***al través.*** De ahí que sea un disparate y no una elegancia de estilo decir y escribir "al través de" en vez de "a través de".

Puesto que es un disparate culto, libros, revistas, periódicos y, en general, publicaciones impresas y electrónicas, rebosan de "al través de", en uso de cultos exquisitos pero zopencos que no saben explicar por qué ponen "al" en vez de "a". Una muy famosa obra mexicana de referencia lleva por título *México* ***a través de*** *los siglos* (y no México "al través de" los siglos), pero hay un libro seguramente muy interesante que tiene por desacertado título:

"*El Códice Florentino **al través de** sus cuadros*".

Tan fácil y tan claro que es decir y escribir en buen español:

*El Códice Florentino **a través de** sus cuadros.*

Un libro de poesía se intitula "***Al través de** la bruma*"; otro, "***Al través de** mi vida*". Hay un ensayo que lleva por título "**Al través de** mis nervios", y hay una grabación musical que se intitula "**Al través de** mi ventana". Para nuestra sorpresa, nos encontramos con un uso acertado; un libro que tiene por título: *Madrid **al través*** (el ejemplo perfecto del uso en forma absoluta que señala Moliner: "sin la preposición y su término"), es decir la única forma correcta que admite "al través". Pero, a cambio de un uso acertado, tenemos cientos de miles de disparates como "productos **al través de** catálogo", "democracia participativa **al través de** los medios", "el arte **al través de** la historia", "información **al través de** su navegador" y muchísimas más barbaridades.

Google: 248 000 resultados de "al través de". ☒

16. *alcalde* no es lo mismo que *alcaide*

El sustantivo masculino "alcalde" (su femenino es "alcaldesa") proviene del árabe hispánico *alqádi* (juez) y designa a la "autoridad municipal que preside un ayuntamiento y que ejecuta los acuerdos de esta corporación" (DRAE). Ejemplo: *El **alcalde** de San Blas, Nayarit, dice que robó poquito.* No debe confundirse "alcalde" con "edil" (del latín *aedīlis*), sustantivo que designa al concejal o miembro de una corporación municipal y que, entre los antiguos romanos, era el "magistrado a cuyo cargo estaban las obras públicas, y que cuidaba del reparo, ornato y limpieza de los templos, casas y calles de la ciudad de Roma" (DRAE). Pero menos debe confundirse "alcalde" con "alcaide" (del árabe hispánico *alqáyid*, conductor de tropas), sustantivo masculino y femenino que designa a la "persona que tiene a su cargo el gobierno de una cárcel" (DRAE). Ejemplo: *El **alcaide** de la prisión de San Blas debería encerrar al **alcalde** de San Blas para que se deje de payasadas.*

Confundir "alcalde" con "alcaide" no es errata sino error de personas que creen que un alcalde es el director de una cárcel. (Más bien muchos alcaldes deberían estar en la prisión, pero no dirigiéndola o gobernándola, sino como reclusos.) En muchas publicaciones impresas y electrónicas leemos acerca, por ejemplo, de

"el **alcalde** de la prisión de San Quintín".

Es obvio que se quieren referir al

alcaide de la prisión de San Quintín.

He aquí otros ejemplos de este desbarre: "convencieron al **alcalde de la prisión**", "suspenden al **alcalde de la prisión**", "**alcalde de la prisión** ordenó dar de comer a los reos", "el **alcalde**

de la prisión fue asesinado", "el **alcalde de la prisión** se zafó de sus captores", "negocios turbios del **alcalde de la prisión**", etcétera.

☞ En Google: 757 000 resultados de "alcalde de la prisión"; 293 000 "el alcalde de la prisión". ☒

17. *algorritmo* no es lo mismo que *algoritmo*

El término "algorritmo", que en español carece por completo de significado, es disparate especialmente de la escritura más que del habla. Este palabro se usa, erróneamente, en lugar de "algoritmo", sustantivo masculino que tiene dos acepciones: "conjunto ordenado y finito de operaciones que permite hallar la solución de un problema" y "método y notación de las distintas formas del cálculo" (DRAE). Ejemplo: *Crean un* ***algoritmo*** *capaz de predecir los ataques epilépticos.* De ahí el sustantivo femenino "algoritmia" ("ciencia del cálculo aritmético y algebraico"; "teoría de los números") y el adjetivo "algorítmico" ("perteneciente o relativo al algoritmo"). Siendo básicamente un disparate de la escritura, incluso cuando las personas escriben "algorritmo" suelen leer y pronunciar "algoritmo". Su problema es que no saben distinguir entre la "r" simple, de sonido débil, y la "rr" (vibrante múltiple) de sonido fuerte. Todo el mundo sabe que no es lo mismo "pe**r**o" que "pe**rr**o", pero a muchas personas les cuesta trabajo distinguir, en la escritura, entre "algo**r**itmo" y "algo**rr**itmo". Hay quienes sostienen, infundadamente, que antes se decía y escribía "algorritmo" y que ahora se dice y escribe "algoritmo". Suponen que "algoritmo" es palabra compuesta formada por dos términos: **algo** y **ritmo**. Nada más lejos de la verdad. Una persona afirma, al consultar esta duda en el diario argentino *La Nación*, que "los más viejos estamos acostumbrados a pronunciarla con la *rr* fonéticamente fuerte (*algorritmo*) como palabra compuesta cuya última parte comienza con *r*; los más jóvenes pronuncian *algoritmo* con la *r* suave". Lo cierto es que esto nada tiene que ver con cuestiones generacionales. "Algoritmo" es palabra simple y no compuesta, al igual que todas las demás de origen árabe en nuestro idioma, cuya raíz es "al-": albahaca, albañal, albañil, albarda, albaricoque, albayalde, alberca, albóndiga, alcahuete, alcalde, algodón, almohada, etcétera. Si en la escuela a alguien le enseñaron (o le siguen enseñando) que la pronunciación y la escritura es "algorritmo" en vez de "algoritmo", sus profesores vivieron en el error y los actuales deben regresar a los parvularios. Por lo demás, no deja de ser absurdo que los escribientes del español impongan la "rr" donde no se necesita y, en cambio, la omitan donde es necesaria. La ponen en "algorritmo" (en lugar del correcto "algoritmo) para crear un disparate, y dejan de ponerla, por ejemplo, en "tabla**r**oca" (en lugar del correcto "tabla**rr**oca") para crear otro dislate. Es obvio que no conocen las reglas ortográficas ni tienen idea de los sonidos. Siendo lo correcto "algoritmo", ningún vínculo hay con "algo" ni con "ritmo", pues el término "algoritmo", según especula el DRAE, proviene del latín tardío *algobarismus*, que es abreviatura del árabe clásico *ḥisābu lgūbār*, que significa "cálculo mediante cifras arábigas".

El disparate "algorritmo" y su plural abundan en internet, pero aparecen ya, también, con bastante frecuencia, en publicaciones impresas, y especialmente en textos y libros científicos. Un texto académico de un especialista de la Clínica Universitaria de Navarra, España, lleva por título

☟ "**Algorritmo** de protección renal".

Quiso escribir

☝ **Algoritmo** de protección renal.

✎ He aquí otros ejemplos de este desbarre de la escritura: "**algorritmo** para el trastorno de ansiedad generalizada", "**algorritmo** diagnóstico del derrame pleural", "**algorritmo** del diagnóstico de comas en diabéticos", "diseñan un **algorritmo** contra el cambio climático", "**algorritmo** asimétrico", "ajustes del **algorritmo**", "complicado **algorritmo** matemático", "**algorritmo** diagnóstico y terapéutico", "con **algorritmos** detectan fraudes", "los **algorritmos** de Internet", "**algorritmos** para ayudar a los ordenadores a pensar", "**algorritmos** básicos de cálculo numérico".

☞ Google: 20 500 resultados de "algorritmo"; 10 800 de "algorritmos"; 2 300 de "un algorritmo"; 1 880 de "el algorritmo". ☒

18. *¿alien?, ¿aliens?*

La voz inglesa *alien* es adjetivo y sustantivo cuya primera traducción al español corresponde a "extranjero" o "extraño". A partir de 1979, con la película estadounidense *Alien* y otras obras cinematográficas fantasiosas posteriores que dieron auge al cine cuyo tema es la lucha de los seres humanos con criaturas invasoras del espacio exterior comenzó a aplicarse, muy especialmente y casi de manera exclusiva, al "extraterrestre", adjetivo y sustantivo que el DRAE define del siguiente modo: "Dicho de un objeto o de un ser: supuestamente venido desde el espacio exterior a la Tierra". Ejemplo: *Es alguien que cree en los* ***extraterrestres***. En español el equivalente a la voz inglesa *alien*, con la acepción de "extranjero", pero especialmente de "extraterrestre", es el adjetivo y sustantivo "alienígena" (del latín *alienigĕna*): ser "supuestamente venido desde el espacio exterior" (DRAE). Ejemplo: *Le fascinan las películas sobre* ***alienígenas***. De ahí el adjetivo "alienígeno" (del latín *alienigĕnus*): extraño, no natural. Ejemplo: *Es un fanático de lo* ***alienígeno***. Debe entonces saberse que "alien" y su plural ("aliens") no son términos que pertenezcan al español, sino voces inglesas, extranjerismos que nada tienen que hacer en nuestro idioma puesto que contamos con sus equivalentes castellanizados: "alienígena" y "alienígenas". Seguramente porque el título de la película *Alien* jamás se tradujo, y en español únicamente se le agregó el subtítulo *El octavo pasajero*, muchas personas a partir de entonces se refieren a "el alien", "un alien" y "los aliens", dislates todos ellos producto de la ignorancia de nuestro idioma y, al mismo tiempo, del idioma inglés que muchos se enorgullecen de conocer como si fueran de cuna inglesa o gringa. Lamentamos decirles que no saben ni español ni inglés y que, en la lengua castellana, lo que muchos llaman, erróneamente, "un alien", no es otra cosa que "un alienígena".

El cine, la radio, la televisión e internet han expandido el extranjerismo "alien" lo mismo en el habla que en la escritura. Las publicaciones impresas y las páginas de internet se dan vuelo con él, y muy poca gente se asoma a los diccionarios de la lengua inglesa y de la lengua española. En el diario mexicano *Excélsior* leemos el siguiente encabezado:

☟ "La confesión de un científico antes de morir: los **aliens** existen".

Quiso informar el diario, en buen español, lo siguiente:

☝ La confesión de un científico poco antes de su muerte: los **alienígenas** existen. (¡Y habría que ver qué científico era ese!)

✎ He aquí más ejemplos de este extranjerismo: "¿quiénes son los **aliens** y de dónde vienen?", "evidencias de que los **aliens** no vienen en son de paz", "en el cine EE.UU. une al mundo contra los **aliens**", "los **aliens** llegaron a la tierra para invadirla", "interrogatorio a un **alien** en Área 51", "Da Vinci ocultó un **alien** en la Mona Lisa", "impresionantes imágenes de un **alien**", "el **alien** asesino", "el **alien** y la astronauta", "el enemigo absoluto es el **alien**", etcétera.

☞ Google: 1 690 000 resultados de "los aliens"; 473 000 de "un alien"; 245 000 de "el alien"; 12 400 de "unos aliens"; 4 580 de "esos aliens". ☒

19. *amargo* no es lo mismo que *ácido* o *agrio*

Mucha gente suele decir que algo es "amargo" cuando en realidad es "ácido" o "agrio". No es lo mismo. Aunque el poeta español Miguel Hernández, en mala hora, se haya referido a un limón "amargo", en realidad este fruto no es "amargo" sino "ácido" o "agrio" cuando no "agridulce". Veamos la diferencia. El adjetivo "amargo" es definido del siguiente modo por el diccionario académico: "Que tiene el sabor característico de la hiel, de la quinina y otros alcaloides; cuando es especialmente intenso, produce una sensación desagradable y duradera". Ejemplo: *Sintió el sabor* ***amargo*** *de la bilis.* De ahí el sustantivo masculino "amargor": "sabor o gusto amargo". Ejemplo: *Sintió el* ***amargor*** *de la bilis.* De ahí también el adjetivo "amargoso": "amargo o que tiene el sabor de la hiel". Ejemplo: *Sintió lo* ***amargoso*** *de la bilis.* En cambio, el adjetivo "ácido" (del latín *acĭdus*) se aplica a lo "que tiene sabor agrio o de vinagre" (DRAE). Ejemplo: *Sintió el sabor* ***ácido*** *del limón.* De ahí el sustantivo femenino "acidez": "cualidad de ácido". Ejemplo: *Sintió la* ***acidez*** *del limón.* Como sustantivo masculino, el término "ácido cítrico" designa al "sólido de sabor agrio, muy soluble en agua, contenido en varios frutos, como el limón, del cual se obtiene" (DRAE). Ejemplo: *Sintió el **ácido cítrico** en toda su intensidad.* El adjetivo y sustantivo "agrio" se aplica a lo "que actuando sobre el gusto o el olfato produce sensación de acidez" (DRAE). Ejemplo: *Sintió el sabor **agrio** del limón.* Sus sinónimos son "acre" y "áspero". Ahora bien, ¿cómo define el sustantivo masculino "limón" el diccionario académico? Del siguiente modo: "Fruto del limonero, de forma ovoide [...], frecuentemente de color amarillo, pulpa amarillenta dividida en gajos, comestible, jugosa y de sabor ácido". Por su parte, María Moliner, en el DUE, da la siguiente definición: "Fruto de la misma familia que la naranja, de forma ovoide, con corteza de un color amarillo característico, de sabor ácido y muy aromático". En ningún lado se afirma que el limón tenga sabor "amargo", sino "ácido" o "agrio". En cuanto a su color, los españoles pueden decir con frecuencia "amarillo limón", pero en América es más frecuente decir "verde limón". La razón es simple: los limones europeos son generalmente amarillos; en América, en cambio, tienen una corteza de un *color verde característico*, para decirlo en los mismos términos que Moliner y, además, no siempre tienen forma ovoide: algunas variedades son más bien esferoides. Aparentemente, el color amarillo del limón europeo es lo que ha llevado al equívoco de decir y escribir que los limones son amargos, pues el adjetivo y sustantivo "amarillo" proviene del latín *amārus* (amargo) y en particular del diminutivo *amarĕllus*, en el bajo latín hispánico, que significaría "amarillento". El DRAE lo define del modo más torpe y bárbaro: "Dicho de un color: semejante al del oro o al de la yema de huevo, y que ocupa el tercer lugar en el espectro luminoso". ¿Saben los académicos de Madrid que el huevo puede tener una yema más anaranjada que amarilla? No lo saben, obviamente; por ello definen el color amarillo como lo definiría el niño menos aventajado del primer grado escolar. María Moliner, en cambio, lo dice mucho mejor: "Se aplica al color que está en tercer lugar en el espectro solar, que es, por ejemplo, el de la cáscara del limón, y a las cosas que lo tienen". Ejemplo: *En el mercado, compró **limones amarillos**.* Pero el hecho de que, en ciertas variedades, los limones sean "amarillos", esto no quiere decir que sean "amargos" o que se caractericen por su "amargor". Por lo general son "ácidos" o "agrios" y "agridulces", pero no amargos. Ya no debería asombrarnos el hecho de que la confusión, en español, entre "amargo" y "ácido", provenga del mal uso del inglés. ¡Somos anglicistas a ojos cerrados! El escritor británico Lawrence Durrell escribió un libro intitulado *Bitter Lemons* (1957), y en una edición posterior *Bitter Lemons of Cyprus*, que ha sido traducido a la lengua española (por españoles), literal y tontamente, como *Limones amargos* y *Limones amargos de Chipre*. Se trata de burradas. La traducción correcta es *Limones agrios* (no es redundancia, puesto que hay limones dulces), pues en inglés el adjetivo *bitter* significa lo mismo "amargo" que "ácido" o "agrio", e incluso "cortante" y "penetrante". Ejemplos: *Bitter almonds* (almendras amargas); *Very bitter lemon* (un limón muy ácido); *Bitter cold* (frío penetrante). Para nuestro infortunio, el poeta español Miguel Hernández escribió un célebre soneto perteneciente a su libro *El silbo vulnerado*, que poetiza un hecho real (Josefina Manresa le tiró efectivamente, al poeta, un limón a la cara) y que dice así: "Me tiraste un limón, y tan amargo,/ con una mano cálida, y tan pura,/ que no menoscabó su arquitectura/ y probé su amargura sin embargo./ Con el golpe amarillo, de un letargo/ dulce pasó a una ansiosa calentura/ mi sangre, que sintió la mordedura/ de una punta de seno duro y largo./ Pero al mirarte y verte la sonrisa/ que te produjo el limonado hecho,/ a mi voraz malicia tan ajena,/ se me durmió la sangre en la camisa,/ y se volvió el poroso y áureo pecho/ una picuda y deslumbrante pena". Ese limón "tan amargo" del que habla el poeta es, en realidad, un limón muy ácido, muy agrio o, quizá más poéticamente, muy amarillo. El soneto, en sus rimas, no podrá vivir sin su "amargor", pero en nuestro idioma tendría que ser justamente una licencia poética y nada más. En su *Diccionario del origen de las palabras*, Alberto Buitrago y J. Agustín Torijano explican lo siguiente: "El nombre del color del limón, el que se encuentra entre el verde y el naranja en la gama cromática, parece derivar del bajo latín hispánico *amarellum*, amarillento, pálido; esto muy probablemente por el parecido cromático entre el 'humor *amargo*' o bilis (que es 'amarga y amarilla') y el tono que toman la piel y el blanco de los ojos de los enfermos de ictericia, que padecen alguno de los trastornos de la hiel. Puede ser interesante saber que en alemán el nombre de esta enfermedad es *Gelbsucht*, compuesto por la palabras *gelb*, que significa, exactamente, 'amarillo', y *sucht*, 'enfermedad'". Esta explicación tiene bastante sentido, pues el sustantivo femenino "ictericia" significa "coloración amarilla de la piel y las mucosas, debida a un incremento de pigmentos biliares en la sangre" (DRAE). En conclusión, los limones pueden ser verdes o amarillos, pero, en cuanto a su sabor, su cualidad es la de ser "ácidos" o "agrios", pero no amargos. En una lengua, las licencias poéticas forman parte de las excepciones. En correcto español debemos decir y escribir "limones agrios o ácidos" (puesto que los hay "agridulces"), pero no "amargos". En español, "amargor" no es sinónimo de "acidez". De hecho, en México distinguimos entre la "naranja dulce" y la "naranja agria" que, por supuesto, no se llama "naranja amarga".

Un considerable número de personas confunde el sabor agrio con el sabor amargo. Supone que se trata de lo mismo. Se equivoca de todas todas. Las páginas de internet y de las publicaciones impresas están llenas de un equívoco "amargor". En la traducción española de un libro de John Connolly (*Las puertas del infierno están a punto de abrirse*) leemos lo siguiente:

♀ "la esposa del señor Abernaty, a veces, daba la impresión de que le hubieran dado una rodaja de **limón muy amargo** y buscase un sitio donde escupirla discretamente".

El autor escribió en inglés *very bitter lemon*, porque, como ya dijimos, en este idioma el adjetivo *bitter* significa lo mismo "amargo" que "ácido" o "agrio", pero no así en español. El incompetente traductor debió escribir en buen español

☝ rodaja de **limón muy agrio** (o **muy ácido**), pues esto significa, en nuestro idioma, *very bitter lemon.*

✎ He aquí más ejemplos de esta inexactitud que nos deja con un amargo sabor: "cómo neutralizar el **sabor amargo del limón**", "intenso aroma a **limón amargo** y algo picante", "aceite con notas cítricas de **limón amargo**", "ralladuras de un **limón amargo**", "entre **limones amargos**", "sus árboles produjeron **limones amargos**", "**limones amargos** maduros", "**amargo limón** amarillo", "en tu boca, el **amargo limón**", "el humor argentino, **amargo como un limón**" y, como siempre hay algo peor, "**tan amargo** como un **limón ácido**".

☞ Google: 223 000 resultados de "limón amargo"; 18 200 de "amargo limón"; 9 990 de "limones amargos"; 4 680 de "amargo como un limón"; 1 850 de "limón más amargo". ☒

20. *¿antecedente previo?, ¿precedente previo?*

El término "antecedente" es un adjetivo cuyo significado es "que antecede" y proviene del verbo transitivo "anteceder" (del latín *antecedĕre*), que significa "preceder" (del latín *praecedĕre*), verbo transitivo cuya acepción principal es la siguiente: "Ir delante en tiempo, orden o lugar". De ahí el adjetivo "precedente": "que precede o es anterior y primero en el orden de la colocación o de los tiempos". Ejemplos: *Le explicó los **antecedentes** del asunto; Ese **precedente** es muy grave.* El término "previo" (del latín *praevius*) es también adjetivo y significa "anticipado" o "que va delante o que sucede primero" (DRAE). De ahí el adverbio "previamente": "con anticipación o antelación". Por todo lo anterior, es un disparate redundante decir y escribir "antecedente previo" (usado mucho en plural), pues se trata de dos términos equivalentes o sinónimos. Dicho de otro modo: un "antecedente" siempre es "previo", ya que nunca puede ser "posterior" (que ocurre o viene después). Basta, pues, con decir y escribir "antecedente", y sobra de un modo ridículo el adjetivo "previo".

Este dislate redundante salió del ámbito oral y se ha incrustado como un tumor en el español escrito, lo mismo en publicaciones impresas que en internet; y no se trata únicamente de un yerro inculto, pues muchos profesionistas o personas medianamente ilustradas lo utilizan sin darse cuenta de su absurdidad. En un libro español leemos lo siguiente:

☟ "El resultado electoral tiene un **antecedente previo** que el Gobierno popular ha tratado de minimizar".

Lo increíble sería que tuviese un "antecedente posterior". Bastaba con escribir que

☝ el resultado electoral tiene un **antecedente** que el Gobierno popular ha tratado de minimizar.

✎ Gemelo de este disparate redundante es "precedente previo", menos utilizado que "antecedente previo", pero no menos torpe, pues el adjetivo "precedente" (anterior o primero en el orden de colocación) es sinónimo de "antecedente". He aquí otros ejemplos de esta tontería: "certificado de **antecedentes previos**", "delincuente sin **antecedentes previos**", "explica cuáles fueron los **antecedentes previos**", "**antecedentes previos** de desintoxicación", "**antecedente previo** de inmunización", "el **precedente previo** a la final" (¡el futbol, desde luego!), "sólo existe un **precedente previo** en nuestra ciudad" y, peor aún, "**antecedente previo** de **pretérmino anterior**". ¡Estamos (*previamente*) perdidos!

☞ Google: 92 000 resultados de "antecedentes previos"; 30 200 de "antecedente previo"; 10 900 de "precedente previo"; 2 150 de "precedentes previos". ☒

21. *¿anticipo por adelantado?*

¿Puede haber anticipos que no sean por adelantado? Hay quienes creen que sí, porque no reparan en la lógica ni suelen consultar los diccionarios. El sustantivo "anticipo" tiene una acepción técnica muy específica y precisa: "dinero anticipado" (DRAE), porque el verbo transitivo "anticipar" posee también la acepción correspondiente: "entregar una cantidad de dinero antes de la fecha estipulada para ello". Ejemplos: *Le pagaron el trabajo* ***por anticipado****; Cuando lo contrataron le dieron un* ***anticipo***. De ahí también la locución adverbial "por adelantado", que significa "con antelación", pues el verbo transitivo "adelantar" tiene, entre sus acepciones, la de "anticipar" (especialmente la paga) o dar un "adelanto" (sustantivo masculino que es sinónimo de "anticipo"). En conclusión, la frase "anticipo por adelantado" es una redundancia que atenta contra la lógica y contra el buen uso del idioma. No hay anticipos que no sean por adelantado y no hay adelantos que no sean anticipados. Entre España y México nos disputamos el campeonato de la redundancia, que consiste en emplear vocablos innecesarios en una reiteración viciosa de palabras y conceptos equivalentes, como "salir afuera", "entrar dentro", "hemorragia de sangre" y barbaridades parecidas.

Este disparate del "anticipo por adelantado" es típico de los ámbitos laborales y está en boca y escritos de profesionistas que no tienen la menor idea de la lógica. En el portal electrónico *eHow en Español* (un español maltratado, cabe aclarar) leemos lo siguiente en un artículo:

♀ "Las empresas legales más pequeñas podrán solicitar un **anticipo por adelantado** para garantizar el suministro de los fondos".

Lo realmente novedoso sería que esas empresas solicitaran un anticipo por atrasado. Lo correcto es simplemente decir y escribir que tales empresas

☝ podrán solicitar un **anticipo** o **adelanto**.

✐ He aquí unos pocos ejemplos más de esta tontería redundante: "50% de **anticipo por adelantado**", "no solicitar dinero en **anticipo por adelantado**", "otorgar **anticipo por adelantado**", "ya pagaron un **anticipo por adelantado**", "el pedido en firme o el **anticipo por adelantado**", "no cobramos **anticipos por adelantado**", "aún no han terminado las obras a pesar de haber recibido **anticipos por adelantado**", "mediante **anticipos por adelantado**", "**adelantándose un anticipo**", "le **adelantó un anticipo**", "les **adelantan un anticipo**".

☞ Google: 20 800 resultados de "anticipo adelantado"; 14 300 de "anticipos por adelantado". ☒

22. *antisonante* no es lo mismo que *altisonante* ni *malsonante*

No existen las palabras "antisonantes", existen los discursos "altisonantes" que, por lo demás, también hay que distinguir de las palabras o expresiones "malsonantes". El término "antisonante" carece por completo de significado en español; en cambio, el adjetivo "altisonante" significa "dicho del lenguaje, del estilo o de lo expresado con ellos: muy sonoro y elevado, especialmente si va acompañado de afectación" (DRAE). Ejemplo: *Cursi y **altisonante**, su discurso fue aburrido y vacío*. Quienes no acostumbran consultar el diccionario cometen el barbarismo de denominar lenguaje "antisonante" al lenguaje "altisonante", pero, además, suelen ser los mismos que confunden lo "altisonante" (que ellos llaman "antisonante") con lo "malsonante". No nos confundamos. "Malsonante" es adjetivo que significa "dicho especialmente de una expresión o de una palabra: que ofende al pudor, al buen gusto o a la religiosidad" (DRAE). Esto último de la ofensa a la religiosidad es una jalada franquista de la RAE, y seguramente está señalado en su mamotreto por la facundia con la que los españoles exclaman "¡hostias!" y "¡me cago en Dios!", pero en todo caso se trata de blasfemias, sacrilegios y maldiciones y no sólo de palabras o expresiones malsonantes. Ejemplos de palabras y expresiones malsonantes son las exclamaciones: "¡hijos de la chingada!", "¡mierda!", "¡que te den por culo!" y "¡ve y chinga a tu madre!".

En conclusión, no existen las palabras ni las expresiones "antisonantes"; lo que existen son los discursos "altisonantes" (grandilocuentes) que poco o nada tienen que ver con las palabras y las expresiones "malsonantes". Muchos hablantes y escribientes del español no distinguen una cosa de otra y cometen un desbarre tras otro. También es una confusión en publicaciones impresas presuntamente serias. En la revista mexicana *Contenido* leemos lo siguiente en un artículo que lleva por título "Las personas que dicen groserías son más felices":

☟ "La clave está en no confundir groserías con ENOJO. En ese caso las palabras **antisonantes** NO JUSTIFICAN LA VIOLENCIA".

Quisieron escribir en la revista *Contenido* que

☝ las palabras **malsonantes** no justifican la violencia.

✎ Porque, además, en el artículo se habla de groserías, o sea de **palabras malsonantes**, y no de discurso afectado, es decir de **expresiones altisonantes**. Una cosa es "¡mierda!" (palabra malsonante) y otra muy distinta es "¡hijos preclaros de honra y prez de nuestra patria piurana!" (discurso altisonante, ridículo, cursi e idiota pronunciado, quizá, por una autoridad peruana de Piura). Lo "altisonante" nada tiene que ver con pegar alaridos y decir maldiciones e improperios, sino en ser grandilocuente, pomposo o afectado. He aquí otros ejemplos de estos desbarres: "chingar es **palabra antisonante**", "le dijo una **palabra antisonante**", "pendejo en México es una **palabra antisonante**", "caga es **palabra altisonante**", "se disculpó por la **palabra altisonante**", "las vulgaridades y groserías son **palabras altisonantes**", "Messi y Luis Enrique intercambiaron **palabras altisonantes**", "multan en Saltillo por decir **palabras altisonantes**" (tendrían que multar al presidente municipal por cada discurso demagógico que pronuncie), "**palabras altisonantes** y ofensas personales", "**palabras altisonantes**, humillantes y ofensivas", "algo sobre las groserías o **palabras altisonantes**".

☞ Google: 144 000 resultados de "palabras altisonantes"; 25 100 de "palabras antisonantes"; 20 300 de "palabra altisonante". ☒

☞ Google: 584 000 resultados de "palabras malsonantes"; 22 300 de "palabra malsonante"; 14 000 de "discursos altisonantes"; 8 520 de "términos malsonantes"; 6 160 de "discurso altisonante". ☑

23. *¿aperitivo final?, ¿postre inicial?*

El adjetivo y sustantivo "aperitivo" (del latín tardío *aperitīvus*) tiene tres acepciones: "que sirve para abrir el apetito"; "bebida que se toma antes de una comida principal"; "comida que suele acompañar al aperitivo" (DRAE). Ejemplo: *Sirvieron un* ***aperitivo*** *bastante nauseabundo.* Por definición, el "aperitivo" es para abrir o empezar, y es por ello una tontería decir y escribir "aperitivo final", pues no hay "aperitivos" con los que se cierre o concluya nada. En las comidas, a lo que se sirve, para concluirlas o darlas por terminadas, se le llama "postre" (del latín *poster, postĕri*: que viene después), pues "postrero" significa lo último. Ejemplo: *El* ***postre*** *estuvo delicioso.* De ahí el sustantivo "postrimería" (período final de algo) que muchos confunden con el sustantivo "albor" (comienzo o principio de algo), confusión propia de quienes no consultan el diccionario y que, por lo mismo, dicen y escriben también "postre de inicio".

Estas barbaridades son cada vez más numerosas, lo mismo en el habla que en la escritura, y aunque su reino está en internet no es raro encontrarlas en publicaciones impresas. En un portal argentino de internet se anuncia la World Ducati Week y se afirma que en el Tour San Marino Happy Hour:

♀ "el coste por participante es de 20 euros, incluyendo un **aperitivo final**".

Quisieron decir y escribir los organizadores que por esos 20 euros

☝ incluyen un **coctel de despedida**.

✎ En otra página de internet leemos que "en la oficina el aroma a **postre inicial** puede resultar intrusivo y poco profesional". Es obvio que no se trata de un "postre inicial", sino de un "aperitivo" o, como se dice y escribe en México, de una "botana". He aquí otros ejemplos de estos disparates: "**aperitivo final** (con costo adicional)", "el **aperitivo final** con tres nuevas películas", "visita guiada en traje de época y **aperitivo final**", "jarras de chicha de maíz es el **aperitivo final**", "un **aperitivo final** para acabar el acto", "aquí tienes el **aperitivo final**", "el **postre inicial** enviado por Manuel Gómez", "por debajo del costo del **postre inicial**", "**postre inicial** de boniato asado", "podéis poner el **postre inicial** para seguir el tema", etcétera.

☞ Google: 278 000 resultados de "aperitivo final"; 1 000 de "postre inicial". ☒

24. *¿aplicar para el crédito?, ¿aplicar para el empleo?, ¿aplicar para el puesto?*

El verbo transitivo "aplicar" (del latín *aplicāre*) tiene las siguiente acepciones en el diccionario de la RAE: "poner algo sobre otra cosa o en contacto de otra cosa"; "emplear, administrar o poner en práctica un conocimiento, medida o principio, a fin de obtener un determinado efecto o rendimiento en alguien o algo"; "referir a un caso particular lo que se ha dicho en general, o a un individuo lo que se ha dicho de otro"; "atribuir o imputar a alguien algún hecho o dicho"; "destinar, adjudicar, asignar"; "adjudicar bienes o efectos". Tiene también uso pronominal ("aplicarse"), referido a "poner esmero, diligencia y cuidado en ejecutar algo, especialmente en estudiar". El DRAE incluye ejemplos cuando los académicos de Madrid están de buenas, y no los incluye si los señores andan de mal humor. Tal es su criterio científico en un diccionario cuyas entradas carecen de homogeneidad o de estructura lógica. Con el verbo "aplicar" andaban muy de malas, pues no hay un solo ejemplo en ninguna de las acepciones. Tenemos que recurrir al *Diccionario de uso del español*, de María Moliner, quien sí se "aplicaba" realmente en su trabajo, para obtener estos ejemplos: ***Aplicar** una compresa; **Aplicar** un acento a una palabra; El agua que sale de las turbinas **se aplica** al riego; Lo dicho de la literatura puede **aplicarse** a las demás artes.* Y, para el uso pronominal, dos ejemplos perfectos: *Si sigues **aplicándote**, pronto serás un buen oficial; El niño **se aplica** más este año.* Existe también el sustantivo femenino "aplicación": acción de aplicar o aplicarse. Ejemplo: *Los derivados del petróleo tienen muchas **aplicaciones** en la industria.* Y hay dos adjetivos derivados: "aplicable" ("susceptible de ser aplicado a cierta cosa") y "aplicado" ("dicho de la persona que se aplica en el estudio, en el trabajo", etcétera). Ejemplos: *Esta comparación es **aplicable** a Fulano; En la Real Academia Española no parece haber mucha gente **aplicada**.* El disparate que suele cometerse con el verbo "aplicar" es el resultado de las muchas tonterías que provienen del inglés y se incrustan en el español por culpa del pochismo. En la lengua inglesa existen el verbo *to apply* (aplicar) y el sustantivo *applicant*, que se traduce como solicitante, aspirante, pretendiente o candidato a un puesto o a un beneficio. Y dado que en español carecemos del sustantivo "aplicante", los anglófilos inventaron la jalada de que *Fulano o mengano **aplica** para tal crédito o **aplica** para tal examen o **aplica** para tal puesto laboral*. Es un disparate del ámbito profesional y, muy especialmente, del académico. En buen español la gente no ***aplica** para esto o para lo otro*, sino que tiene méritos, cualidades o aptitudes para esto o para lo otro, y en caso de tenerlos, o de creer que los tiene, ***solicita** un empleo, **pretende** un puesto, **se postula** para una plaza*, etcétera, pues ésta es la manera correcta en nuestro idioma.

Este disparate se utiliza lo mismo en España que en los países hispanoamericanos, pero en el caso de México es del todo probable que los académicos que han estudiado en las universidades gringas o inglesas lo trajeran (muy orondos ellos) para incrustarlo en nuestro idioma. Se encuentra en publicaciones impresas y, por supuesto, abunda en internet. En la sección de economía y negocios del diario venezolano *El Mundo* leemos lo siguiente:

♀ "Muchas personas proyectan que no están listas o calificadas o no son una buena opción, ¡incluso antes de **aplicar para el trabajo**!"

Tan fácil que es decir, en buen español, que

☝ muchas personas revelan no estar listas o calificadas incluso antes de **pedir el empleo** o de **solicitar el trabajo.**

✎ He aquí otros ejemplos de este disparate que, en México, es un relamido pochismo del ámbito académico y empresarial: "¿usted desea **aplicar para el trabajo** estacional en Dinamarca?", "vas a tener que pagar si querés **aplicar para el trabajo**", "cómo **aplicar para el trabajo** en Canadá", "lo que necesitas saber antes de **aplicar para el trabajo**", "requisitos documentales al **aplicar para el trabajo**", "se acepta a cualquier persona que **aplica para el empleo**", "puedes **aplicar para el empleo**", "personas interesadas en **aplicar para el empleo**", "¡trabaja con nosotros!, ¡**aplica para el puesto**!", "sí **aplico para el crédito**", "motivos por los que le interesa **aplicar para la plaza**", "quiero **aplicar para la plaza**", "se limitó a **aplicar para la plaza** vacante", "**aplicar para el departamento** de ingeniería", "me gustaría **aplicar para un puesto** de alguna área legal", "puedes **aplicar para un puesto** de mayor jerarquía".

☞ Google: 1 990 000 resultados de "aplica para el trabajo"; 1 460 000 de "aplicar para el trabajo"; 536 000 de "aplica para el empleo"; 300 000 de "aplica para el puesto"; 295 000 de "aplicar para el empleo"; 262 000 de "aplica para un trabajo"; 193 000 de "aplicar para el puesto"; 164 000 de "aplica para el crédito"; 161 000 de "aplicar para la plaza"; 125 000 de "aplica para un crédito"; 124 000 de "aplica para un empleo"; 54 500 de "aplica para un puesto"; 44 400 de "aplicar para la vacante"; 43 500 de "aplica para la vacante"; 35 500 de "aplica para un préstamo"; 21 700 de "aplico para un empleo"; 7 340 de "aplicó para un préstamo"; 7 300 de "aplico para un préstamo"; 4 500 de "aplicó para un crédito". ☒

25. *¿apoyar el cáncer?, ¿apoyar la discapacidad?, ¿apoyar la enfermedad?*

Las tres principales acepciones del verbo transitivo "apoyar" son las siguientes: "hacer que algo descanse sobre otra cosa"; "basar, fundar"; "favorecer, patrocinar, ayudar". ¿Tiene algún sentido lógico aplicar estas acepciones, o alguna de ellas, a las frases "apoyar el cáncer", "apoyar la discapacidad", "apoyar la enfermedad", entre otras con esta misma construcción semántica? Si suponemos que la vinculación lógica es con la tercera de ellas, la pregunta sería: ¿Se favorece el cáncer, se patrocina la discapacidad, se ayuda la enfermedad? Obviamente, no. Lo cierto y lo lógico, además de la intención benéfica, es "apoyar la lucha contra el cáncer", "apoyar a los discapacitados", "apoyar los esfuerzos y las investigaciones contra la enfermedad (de Parkinson, de Alzheimer, etcétera)". Por tanto resulta ilógico y absurdo decir y escribir que hay que apoyar el cáncer, la discapacidad y la enfermedad. Lo que se apoya, realmente, es el esfuerzo o la lucha para combatir el cáncer, la discapacidad y la enfermedad. Se trata de dos cosas muy diferentes. Y en todos los casos de esas construcciones erróneas (que las hay por cientos de miles), existe una abundancia de hablantes y escribientes del español que no suele consultar un diccionario y que reprobó en la escuela la materia de lógica. Se apoya **al enfermo**, no a la enfermedad; se apoya **al discapacitado**, no a la discapacidad; se apoya **a quien padece cáncer**, no al cáncer. (Muy diferente, y del todo correcto, es decir o escribir, por ejemplo: "La base **sobre la que se apoya la enfermedad** de la adicción es el miedo, el miedo irracional que impide cualquier tipo de razonamiento". Lo que se dice es que la adicción se apoya en el miedo.) Estos descalabros semánticos están tan ampliamente difundidos en nuestro idioma, lo mismo en el habla que en la escritura, que ya casi nadie repara en su falta de sentido lógico y en su incongruencia gramatical. En publicaciones impresas y en internet, en la radio y en la televisión, en anuncios incluso oficiales, esta enfermedad del mal uso del idioma, con construcciones tan desafortunadas como las ya referidas, infesta nuestra lengua. He aquí unos pocos ejemplos: "famosos se ofrecen para **apoyar la enfermedad**", "lo recaudado será para **apoyar la enfermedad**", "una carrera para **apoyar la enfermedad**", "asociaciones y entidades que **apoyan la enfermedad**", "**se apoya la enfermedad** de manera grupal", "arte para **apoyar el cáncer de mama**", "lazos para **apoyar el cáncer de hígado**", "hombres **apoyan el cáncer de mama**", "**apoyan el cáncer de próstata**", "invitan a nadar para **apoyar la discapacidad**", "una campaña para **apoyar la discapacidad**", "el Teletón **apoya la discapacidad**", "Claro y Samsung **apoyan la discapacidad**". Excelentes intenciones, pero pésimo sentido de la lógica y absoluta incongruencia gramatical.

☞ Google: 588 000 resultados de "apoyar la enfermedad"; 441 000 de "apoya la enfermedad"; 289 000 de "apoyan la enfermedad"; 253 000 de "apoyar el cáncer"; 154 000 de "apoyan el cáncer"; 89 800 de "apoyar las enfermedades"; 81 200 de "apoyar la discapacidad"; 79 000 de "apoya el cáncer"; 36 000 de "apoyan la discapacidad"; 35 900 de "apoya la discapacidad"; 31 700 de "apoyan las enfermedades"; 27 800 de "apoyando las enfermedades"; 24 900 de "apoyando el cáncer"; 24 100 de "apoyando la discapacidad". ☒

26. *¿archipiélago de islas?*

Como ya hemos visto y dicho, la mayor parte de las redundancias e incluso de ciertos pleonasmos, aparentemente deliberados, enfáticos o retóricos, se produce por la ignorancia del significado de las palabras. El hecho de que las personas jamás consulten el diccionario de la lengua española, lleva a decir y escribir tonterías. Es el caso de "archipiélago de islas". ¿Hay "archipiélagos" que no sean de "islas"? La gente puede suponer cualquier cosa, pero si consulta el diccionario sabrá que el sustantivo masculino "archipiélago" (del italiano *arcipelago*) significa "conjunto, generalmente numeroso, de islas agrupadas en una superficie más o menos extensa de mar" (DRAE). Ejemplo: *El **archipiélago** de las Azores.* Pero decir y escribir "el **archipiélago de las islas** Azores" es cometer una rebuznancia.

Se trata de un gran desbarre culto y abunda lo mismo en publicaciones impresas (y científicas) que en internet. La Wikipedia está llena de esta torpeza, como cuando leemos su entrada archirredundante:

♀ "**Islas del archipiélago de las islas** Galápagos".

Es como darse de topes contra la pared y derrumbarla por ser ésta menos dura que nuestra cabezota. Lo correcto es decir y escribir:

♂ **Archipiélago** de las Galápagos.

✎ En internet se difunde la más grande y pegajosa incultura. En el portal *Definición ABC: Tu Diccionario Hecho Fácil* leemos la siguiente tontería también archirredundante sobre las Galápagos: "Este **archipiélago de islas** está conformado por **numerosas islas**". Ya sólo les faltó añadir a los brutos que redactaron tal cosa que se trata de "islas aisladas en medio del mar". Aun si se deseara calificar a las islas que conforman un archipiélago es una tontería decir y escribir, por ejemplo, "un **archipiélago de islas volcánicas**". Si ya sabemos que un "archipiélago" es un conjunto de islas, lo correcto es decir y escribir "un **archipiélago volcánico**". He aquí más ejemplos de esta tontería tan abundante que incluso los profesionistas dicen y escriben con entera seguridad: "geografía del **archipiélago de las islas** Baleares", "el **archipiélago de las islas** Marías es ahora un área protegida", "localización del **archipiélago de las islas** Kuriles", "el **archipiélago de las islas** Malvinas", "las **islas** Aleutianas es un **archipiélago de islas** volcánicas", "las **islas** del Golfo son un **archipiélago de islas** costeras", "las **islas** Mentawai son un pequeño **archipiélago de islas** volcánicas de Indonesia", "Japón es un **archipiélago de islas**", "un **archipiélago de islas** tropicales", "el **archipiélago de Islas** Canarias", "el **archipiélago de islas** semitropicales", "este **archipiélago de islas** está situado a 43 kilómetros al oeste", "este **archipiélago de islas** pétreas", etcétera.

☞ Google: 419 000 resultados de "archipiélago de las islas"; 372 000 de "archipiélago de islas"; 263 000 de "el archipiélago de islas"; 223 000 de "el archipiélago de las islas"; 120 000 de "un archipiélago de islas"; 113 000 de "este archipiélago de islas"; 46 300 de "archipiélagos de islas"; 15 300 de "los archipiélagos de islas". ☒

27. *aereopuerto* y *areopuerto* no son lo mismo que *aeropuerto*

"Aereopuerto" y "areopuerto" carecen por completo de significado en español. Son evidentes palabros de "aeropuerto", sustantivo masculino que designa el "área destinada al aterrizaje y despegue de aviones dotada de instalaciones para el control del tráfico aéreo y de servicios a los pasajeros" (DRAE). Ejemplo: *El **aeropuerto** internacional de Cancún.* Podría pensarse que, las más de las veces, "aereopuerto" y "areopuerto" son palabras que incluyen erratas en su escritura, pero lo cierto es que no es así, pues también en la lengua hablada es frecuente escuchar "aereopuerto" y "areopuerto" en vez de "aeropuerto". No son tampoco barbarismos exclusivos del español inculto; muchísimas personas no carentes de estudios superiores no saben decir ni escribir "aeropuerto". (En no pocos casos, algunas erratas paradójicamente certeras darían como resultados "aereopuerco" y "aeropuerco", para nombrar, con tino, a ciertos aeropuertos mugrosos de México y el extranjero.)

Lo mismo en publicaciones impresas que en internet los barbarismos "aereopuerto" y "areopuerto" son bastante frecuentes. En el portal electrónico de la firma de arquitectura Rebecca Ellis leemos la siguiente información:

♀ "Inaugurada la ampliación del **Areopuerto** Internacional de Kuala Lumpur".

Obviamente, se quiso informar que fue inaugurada la ampliación del

☝ **Aeropuerto** Internacional de Kuala Lumpur.

✎ Más ejemplos de estos barbarismos que muy pocas veces se deben a erratas: "hombre muere en el **aereopuerto** internacional de Orlando", "escala con cambio de **aereopuerto**", "tienen servicio de traslado hacia el **aereopuerto**", "transporte desde el **aereopuerto** de Montevideo", "**aereopuertos** de Guatemala", "**aereopuertos** del Perú", "filtro de seguridad del **areopuerto** de Chihuahua", "cambios en el **areopuerto** de Los Cabos", "llegada de Obama al **Areopuerto** José Martí", "nuevo **areopuerto** de Boao", "**Areopuerto** Internacional El Dorado", "**Areopuerto** El Dorado estrena nueva torre de control", "spa resort cerca del **areopuerto**", "traslados en el **areopuerto** de Asjabad", "detenida venezolana con pasaporte falso en el **areopuerto**", "**areopuerto** de Neuquen suspende vuelos", "**areopuerto** Jorge Chávez", "**areopuerto** de Guararé", etcétera.

☞ Google: 648 000 resultados de "aereopuerto"; 210 000 de "areopuerto"; 106 000 de "el aereopuerto"; 37 900 de "aereopuertos"; 25 900 de "el areopuerto"; 6 600 de "areopuertos". ☒

28. *¿aroma desagradable?, ¿aroma fétido?, ¿aroma nauseabundo?, ¿aroma repugnante?*

No hay "aromas" desagradables, fétidos, nauseabundos o repugnantes; lo que hay son "olores" desagradables, fétidos, nauseabundos, repugnantes, repulsivos, etcétera. Y la razón es muy simple: "aroma fétido" es un involuntario oxímoron (combinación de dos palabras o expresiones de significado opuesto, como "ladrón honrado" o "diputado honesto"), pues por definición el sustantivo masculino "aroma" designa al "perfume u olor muy agradable" (DRAE) o bien al "olor o fragancia que causa placer" (DUE). Ejemplos: *El suave* ***aroma*** *de los azahares; El dulce* ***aroma*** *de los melocotones.* De ahí el adjetivo "aromático" (del latín *aromătĭcus*): que tiene aroma u olor agradable. Ejemplo: *La canela y la vainilla son* ***aromáticas.*** No debemos confundir "aroma" con "olor". Este último es un sustantivo masculino (del latín vulgar *olor, olōris*) cuyo significado es "impresión que los efluvios producen en el olfato" (DRAE). Ejemplos: *Nos deleitaba el* ***olor*** *a pan recién salido del horno; El repugnante* ***olor*** *a orina y mierda invadía la cantina.* Siendo así, los olores pueden ser gratos o ingratos, fuertes o delicados, deliciosos o fétidos, etcétera; pero un aroma, por definición, siempre es grato, y su sinónimo es el sustantivo femenino "fragancia" (del latín *fragrantia*): "olor suave y delicioso" (DRAE), cuyo hermano es "perfume": "buen olor". De ahí el adjetivo "fragante": "que tiene fragancia", es decir que despide un olor suave y delicioso. La "fragancia" puede ser incluso rara o exótica (suave y deliciosa, como coinciden el DRAE y María Moliner), pero no por supuesto fétida, nauseabunda o repugnante. Si admiten cualquiera de estos adjetivos, ya no estaríamos hablando de "aroma" ni de "fragancia", sino simplemente de "olor". Incluso los escritores encallan en el disparate de confundir aroma y fragancia con olor. Es un desbarre culto, especialmente, y la narrativa moderna exhala con frecuencia este olor a disparate que nada tiene de aromático o fragante.

Lo encontramos en libros y otras publicaciones impresas (diarios, revistas) y desde luego en internet. En el diario mexicano *El Debate*, de Sinaloa, leemos el siguiente encabezado:

☹ "Les dio un **aroma fétido**, era una mujer muerta".

Este reportero de nota roja bien podría ya escribir novelas policíacas, pues tiene la mala redacción y los clichés necesarios para ello, y quizá hasta obtenga premios literarios. Pero lo cierto es que quiso informar que

☺ un **olor fétido** delató, en un domicilio, la muerte de una mujer.

✎ En una novela leemos que "en los pasillos desaparecía ese **desagradable aroma**". Si era desagradable, no era aroma; era olor. En un libro de medicina, al describir la "halitosis" (mal aliento o pestilencia de la boca), el autor asegura que "la halitosis es el **aroma fétido y desagradable** que emana de la boca". Entonces no es aroma, sino olor. He aquí más ejemplos de este desbarre de escritores y periodistas: "un **desagradable aroma** sulfuroso", "entonces sintieron el **desagradable aroma**", "el **desagradable aroma** a vómito", "el **desagradable aroma** que salía de su nariz", "un **desagradable aroma** a drenaje", "las náuseas que le producía el **aroma fétido**", "un **aroma fétido y putrefacto**", "lo que expelía era un **aroma fétido**", "la cadaverina tiene un **aroma nauseabundo**", "flor con **aroma a mierda**", "un **aroma a mierda** fresca", "repentinamente me llegó un fuerte **aroma a mierda**", "**repugnante aroma** a pescado podrido", "la **fétida fragancia** de los pantanos" (sí, es de un libro), "el **aroma putrefacto** que ha invadido el pueblo" (sí, es de otro libro), "**fétida fragancia** a hombre sudoroso y cagado" (sí, es de una novela), "era completamente asqueroso y su **fétida fragancia** quedaba impregnada" (sí, es de otra novela). Todos estos desbarres y los miles que diariamente se cometen con los términos "aroma" y "fragancia" se resolverían de la forma más fácil si los hablantes y escribientes del español consultaran el diccionario, para saber, de una vez por todas, que "aroma" y "fragancia" no son equivalentes a "olor".

☞ Google: 14 100 resultados de "desagradable aroma"; 11 500 de "aroma desagradable"; 7 680 de "aromas desagradables"; 4 090 de "aroma fétido"; 3 240 de "aroma nauseabundo"; 2 870 de "fétido aroma"; 2 720 de "aroma a mierda"; 2 540 de "nauseabundo aroma"; 2 510 de "aroma putrefacto"; 2 140 de "asqueroso aroma"; 1 840 de "aromas fétidos"; 1 730 de "repugnante aroma"; 1 690 de "apestoso aroma"; 1 150 de "fétidos aromas"; 1 110 de "desagradables aromas"; 1 050 de "aroma asqueroso"; 1 050 de "aroma repugnante"; 1 000 de "aromas nauseabundos". ☒

29. *arrenda* no es lo mismo que *arrienda*

El verbo transitivo "arrendar" tiene tres diferentes significados, pero para todos ellos su conjugación es irregular: sigue el modelo del verbo "acertar". Así, en el presente de indicativo, la conjugación de dicho modelo es la siguiente: *yo acierto, tú aciertas, él acierta, nosotros acertamos, ustedes aciertan, ellos aciertan*; y en el presente de subjuntivo: *que yo acierte, que tú aciertes, que él acierte, que nosotros acertemos, que ustedes acierten, que ellos acierten*. Sus imperativos: *acierta (tú), acierte (usted), acierten (ustedes)*. De tal modo, y siguiendo puntualmente este modelo, el verbo "arrendar" se conjuga del siguiente modo en presente de indicativo: *yo arriendo, tú arriendas, él arrienda, nosotros arrendamos, ustedes arriendan, ellos arriendan*; y en presente de subjuntivo: *que yo arriende, que tú arriendes, que él arriende, que nosotros arrendemos, que ustedes arrienden, que ellos arrienden*. Y sus respectivos imperativos: *arrienda (tú), arriende (usted) y arrienden (ustedes)*. En su primer significado, el verbo transitivo "arrendar" (de *renta*) significa "ceder o adquirir por precio el goce o aprovechamiento temporal de cosas, obras o servicios" (DRAE). Ejemplo: *Pese a la crisis económica, hay una oficina pública que* ***arrienda*** *un edificio de lujo*. De ahí el sustantivo masculino "arrendamiento": "acción de arrendar y contrato por el cual se arrienda". También, "el precio en que se arrienda". Ejemplo: *Voy a cambiarme de casa: me subieron el **arrendamiento**.* En su segundo significado, el verbo transitivo "arrendar" (de *rienda*) significa "atar y asegurar por las riendas una caballería" (DRAE). Ejemplo: *No quiero que **arriende** su caballo en mi propiedad.* Un tercer significado del verbo transitivo "arrendar" significa, según el DRAE, "remedar la voz o las acciones de alguien". Esto quizá sea en España, como barbarismo de "arremedar" y como consecuencia de la falta de ortoepía, pues sólo quienes no pronuncian correctamente las palabras pueden decir "arrendar" en vez de "arremedar". Como quiera que sea, abundan los hablantes y escribientes que no saben conjugar los presentes de indicativo y de subjuntivo del verbo "arrendar", ya sea que "arrienden" un departamento o una casa (es decir, que la renten) o que "arrienden" un caballo (es decir, que lo amarren de las riendas). Estos hablantes y escribientes disparatados conjugan el verbo "arrendar" del siguiente modo: *yo **arrendo**, tú **arrendas**, él **arrenda**, nosotros **arrendamos**, ustedes **arrendan**, ellos **arrendan**.* En la primera persona del plural no hay problema, pero en todas las demás se trata de barbarismos, del mismo modo que en el presente de subjuntivo: *que yo **arrende**, que tú **arrendes**, que él **arrende**, que nosotros **arrendemos**, que ustedes **arrenden**, que ellos **arrenden**.* Los mismos hablantes y escribientes disparatados creen, equivocadamente, que los imperativos de este verbo son ***arrenda** (tú), **arrende** (usted) y **arrenden** (ustedes).*

Todas estas conjugaciones constituyen disparates, que abundan lo mismo en la lengua hablada que escrita, y son frecuentes lo mismo en publicaciones impresas (libros, revistas, periódicos) que en internet. En el diario mexicano *El Universal* leemos el siguiente encabezado:

♀ "Para ordeña, la delincuencia **arrenda** tomas clandestinas".

Quiso informar el diario que la delincuencia organizada

☝ **arrienda** tomas clandestinas de combustible.

✎ Unos pocos ejemplos de estas disparatadas conjugaciones del verbo "arrendar": "municipio de San Juan del Río **arrenda** patrullas", "Infonavit **arrenda** primera vivienda recuperada en SLP", "**arrenda** ayuntamiento camiones viejos como si fueran nuevos", "Amazon **arrenda** aviones para agilizar entregas", "**arrenda** municipio propiedad de familiares de regidora", "se **arrenda** habitación", "**se arrenda** apartamento en La Plata", "**se arrenda** cabaña Valle Las Trancas", "**se arrenda** o alquila terreno", "no **se arrendan** unidades para recolectar basura", "microbodegas **se arrendan** a corto o largo plazo", "**arrendo** apartamentos", "**arrendo** habitación", "**arrendo** establecimiento", "**arrendan** 170 patrullas a Seguridad Pública", "se **arrendan** dos habitaciones en el barrio", "se **arrendan** irregularmente en DF 20 mil casas", "**arrende** un departamento en Florida", "cualquier inmueble que **se arrende**", "compañías que **arrenden** muchos equipos", "cualquier inmueble que **arrenden**", "que sólo **se arrenden** vehículos híbridos", "va siendo hora de que **arrendes** un departamento", "el riesgo de que **arrendes** una parcela ejidal", etcétera.

☞ Google: 5 584 000 resultados de "arrenda"; 2 850 000 de "arrendo"; 1 780 000 de "arrende"; 320 000 de "se arrenda"; 20 000 de "arrendan"; 10 100 de "que arrenda"; 5 530 de "se arrende"; 4 690 de "se arrendan". ☒

30. *¿arsenal de armas?*

Son muchos los españoles y no pocos los americanos hispanohablantes que gritan y alegan que "arsenal de armas" no es una tautología. Les tenemos noticias: sí lo es. El hecho de que el sustantivo masculino "arsenal" no tenga la misma etimología que el sustantivo femenino "arma" (del latín *arma, armōrum*: "utensilio que sirve para atacar, herir, matar o defenderse"), no autoriza al hablante y escribiente del español a decir y escribir "arsenal de armas" y quedarse muy orondo, pues una de las acepciones de "arsenal" (del italiano *arsenale*) es, justamente, "depósito de armas y municiones". Ciertamente, como lo documenta Guido Gómez de Silva en su *Breve diccionario etimológico de la lengua española*, el término "arsenal" es familiar de "atarazana" ("cobertizo o taller donde trabajan los que producen diversos objetos") y "dársena" ("casa de la industria") y también es verdad que, en su primera acepción, significa "taller donde se construyen o reparan barcos" (DUE), pero dado que existe una acepción específica y explícita en relación con las armas ("depósito o almacén general de armas y otros efectos de guerra", DRAE), resulta obvio que la expresión "arsenal de armas" es una burrada redundante. Ello sin importar que también tenga una acepción para el sentido figurado, como lo informa María Moliner en el DUE: "Se aplica a un conjunto numeroso de ciertas cosas útiles, herramientas, datos, noticias o conocimientos, o al sitio donde están o de donde se obtienen". Ejemplo del DUE: *Este libro es un **arsenal de ideas***. No importa, entonces, que posea este sentido figurado ni que su acepción principal sea taller, fábrica o industria; lo que importa es que el solo hecho de decir y escribir "arsenal" ya lleva implícito el sustantivo plural "armas", a menos que se precise lo contrario: un "arsenal de ideas", un "arsenal de datos", un "arsenal de pensamientos", etcétera. Incluso en las expresiones "arsenal de armas biológicas", "arsenal de armas de destrucción masiva", "arsenal de armas estratégicas ofensivas", "arsenal de armas letales", "arsenal de armas nucleares" y "arsenal de armas químicas" hay redundancias evidentes, innegables, pues bien podría decirse y escribirse, sin lugar a la confusión, "arsenal biológico", "arsenal de destrucción masiva", "arsenal estratégico ofensivo", "arsenal letal", "arsenal nuclear" y "arsenal químico". Los españoles ya no deberían meter tanta bulla con esto: "arsenal de armas" es, siempre, a su pesar, gruesa redundancia, pues hasta la Fundéu BBVA (que cándidamente se enorgullece de estar "asesorada por la Real Academia Española") así lo admite sin dejar lugar a la duda: "*arsenal de armas* es expresión redundante".

Pero el periodismo español no se resigna a dejar de usar esta tontería. Los diarios españoles y los periodistas americanos que los imitan sienten que no son ellos sin su "arsenal de armas". Así, en el diario español *El Mundo* leemos el siguiente titular:

☞ "La Policía descubre **un arsenal de armas**".

¿Y en dónde está la noticia? Noticia sería que la policía descubriera un arsenal de ideas. Bastaba con que el redundante diario informara a sus lectores, en buen español, de la siguiente manera:

☞ La policía descubre **un arsenal.**

✎ Así informado, sin el añadido redundante, ¿quién se preguntaría si ese "arsenal" que descubrió la policía (que atiende asuntos criminales) sería por ejemplo de herramientas o, peor aún, de metáforas? Hay que estar tontos para dudar siquiera sobre la naturaleza del "arsenal" que descubre la policía si, además de todo se le informa, en un sumario, que "El seguimiento de un atentado yihadista en Bruselas permite detectar [a] la organización criminal". ¿O acaso sería una organización criminal en posesión de un arsenal de antiguos villancicos? Para no quedarse atrás, el diario *El País*, también español, nos regala el siguiente titular: "Líder norcoreano ordena preparar **arsenal de armas nucleares**". Bien hubiera podido informar el diario, en buen español, lo siguiente: "Líder norcoreano ordena preparar **arsenal nuclear**". Así están las cosas en España con esta necedad a la que no quieren renunciar. He aquí otros ejemplos de esta barrabasada, tomados todos ellos de publicaciones españolas y de algunos periódicos de América que las imitan servilmente: "decomisan **arsenal de armas** por accidente", "Argelia localiza un importante **arsenal de armas**", "**arsenal de armas** y explosivos fueron encontrados en una vivienda", "OPAQ anuncia destrucción del 100% del **arsenal de armas químicas** de Siria", "Libia envía su **arsenal de armas químicas** a Alemania", "Trump dice en Twitter que EEUU debe expandir el **arsenal de armas nucleares**", "Corea del Norte aumentó su **arsenal de armas nucleares**", "Rusia destruirá sus **arsenales de armas químicas**", "esfuerzos internacionales para la destrucción de **arsenales de armas químicas**", "grandes reducciones por los Estados Unidos de América y la Federación de Rusia de sus **arsenales de armas estratégicas ofensivas**", "Irán insiste en la destrucción total de los **arsenales de armas químicas**", "el bombardeo de **arsenales de armas biológicas** podría liberar agentes letales en lugar de destruirlos, advirtieron expertos".

☞ Google: 480 000 resultados de "arsenal de armas"; 70 300 de "arsenal de armas químicas"; 66 900 de "arsenales de armas"; 45 300 de "arsenal de armas nucleares"; 15 400 de "arsenal de armas letales"; 13 400 de "arsenales de armas nucleares"; 13 000 de "arsenales de armas químicas"; 6 330 de "arsenal de armas biológicas"; 5 130 de "arsenales de armas biológicas". ☒

☞ Google: 691 000 resultados de "arsenales"; 547 000 de "el arsenal"; 438 000 de "un arsenal"; 286 000 de "arsenal nuclear"; 107 000 de "arsenal químico"; 62 900 de "arsenales nucleares"; 18 900 de "arsenales de destrucción masiva"; 10 500 de "arsenales químicos"; 2 500 de "arsenal letal"; 1 840 de "arsenal biológico". ☑

31. *asar* y *azar* no son lo mismo que *azahar*

"Azar" (del árabe hispánico *azzahár*, y éste del árabe clásico *zahr*, "dado" y también "flores") es un sustantivo masculino con tres acepciones principales: "casualidad, caso fortuito"; "desgracia imprevista"; "en los juegos de naipes o dados, carta o dado que tiene el punto con que se pierde" (DRAE). Ejemplos: *Por un* ***azar*** *se involucró con las peores personas*; *Los* ***juegos de azar*** *fueron su perdición*. Su plural es "azares". Ejemplo: *Los* ***azares*** *lo fueron llevando a una existencia sórdida*. "Asar" (del latín *assāre*) es verbo transitivo con las siguientes acepciones: "hacer comestible un alimento por la acción directa del fuego, o la del aire caldeado, a veces rociando aquel con grasa o con algún líquido"; "tostar, abrasar" (DRAE). Ejemplo: *Cuando las brasas ya no despedían humo puso la carne a* ***asar***. En su uso pronominal ("asarse"), este verbo significa sentir extremado ardor o calor. Ejemplo: *Al mediodía sintió que* ***se asaba***. "Azahar" es un sustantivo masculino que tiene, exactamente, el mismo origen de "azar", pero es casi una transcripción exacta del árabe hispánico *azzahár* cuyo significado es "flor blanca" y, especialmente, la de ciertos cítricos, como el naranjo y el limonero. Su plural es "azahares". Ejemplos: *El aroma de los* ***azahares*** *del naranjo perfumaba el jardín*; *Pidió un té de* ***azahar***. Aunque los sustantivos "azar" y "azahar" provengan de la misma raíz árabe, en español una cosa es "azar" y otra muy distinta "azahar". Abundan los hablantes y escribientes que suelen confundirlos y, peor aún, agregar a esta confusión el verbo "asar" al que dan también el incorrecto uso equivalente a "azahar".

Es sobre todo un desbarre del español inculto, pero no falta en publicaciones impresas: diarios, revistas, libros. Su más amplia difusión está en internet. En una página electrónica leemos el siguiente consejo para calmar a las mascotas que se asustan e inquietan con los estampidos que producen los juegos pirotécnicos:

♀ "darles **agua de azar** o valeriana para relajarlos".

Quiso expresar la persona que escribió esto que, para mitigar el estrés que producen los estampidos de los juegos artificiales en las mascotas, es aconsejable:

☝ darles **agua de azahar** o valeriana.

✎ Peor es el caso de quien afirma lo siguiente: "Estuve viviendo de **agua de asar** y valeriana hasta que vi a un psicologo". Obviamente, además de escribir mal, exagera. Nadie vive de "agua de azahar"; tomaba ésta (aunque no supiera su ortografía) para tranquilizarse en tanto consultaba a un psicólogo. He aquí otros ejemplos de estos desbarres: "recetas de **agua de azar**", "directorio de mayoristas de **agua de azar**", "**agua de azar** y algodones en las orejas", "cómo hacer **agua de asar**", "**agua de asar** de naranja", "pasiflora con **flor de azar**", "ganar en **juegos de asar** y lotería", "entre **flores de asar**", etcétera.

☞ Google: 721 000 resultados de "juegos de asar"; 383 000 de "agua de asar"; 336 000 de "flor de asar"; 265 000 de "té de azar"; 237 000 de "agua de azar"; 235 000 de "flor de azar"; 222 000 de "flores de azar"; 190 000 de "flores de asar". ☒

32. *¿así misma?, ¿asimisma?*

En español es del todo erróneo el término "asimisma", pues no hay femenino (ni otro tipo de accidente gramatical) para "asimismo", adverbio que significa "también" ("como indicación de igualdad, semejanza, conformidad o relación", DRAE). En el caso de la locución "a sí misma" no estamos obviamente ante un adverbio, sino ante una frase reiterativa y, las más de las veces, innecesaria. Ejemplo: *Stephen Hawking afirma que la humanidad* ***se destruirá a sí misma*** *en los próximos 100 años.* Podemos perfectamente omitir dicha locución reiterativa y la frase tendrá el mismo sentido: *Stephen Hawking afirma que la humanidad* ***se destruirá*** *en los próximos 100 años.* Otro ejemplo, tomado de la sección deportiva *La Afición* del diario mexicano *Milenio*: "El equipo rojiblanco se superó de nuevo **a sí mismo**, desde una reacción rotunda". La frase proviene de una información de la agencia de noticias EFE, refiriéndose al equipo de futbol Atlético de Madrid. Pleonásticos, redundantes y exagerados como suelen ser los cronistas españoles del futbol, en este caso no comprenden que dicen exactamente lo mismo si eliminan el vicioso "a sí mismo" ("el equipo rojiblanco se superó de nuevo", y punto), pero tampoco entienden que es una jalada decir que ese equipo de futbol "se superó" y además "desde una reacción rotunda", pues el Atlético de Madrid (equipo al que ensalzan) ni siquiera ganó, sino que perdió por dos goles contra uno ante el alemán Bayern de Múnich. Vaya manera de superarse con rotundidad: ¡perdiendo el partido! Tanto el "a sí mismo" como el "a sí misma" son elementos reiterativos que suelen pecar de redundancia, porque en general no es posible no identificar al sujeto en una oración con verbo pronominal. Ejemplos: *Encabronado,* ***se dijo a sí mismo*** *que ya no volvería a ese empleo; Enfurecida,* ***se prometió a sí misma*** *que esa noche lo mandaría mucho a la chingada.* Probemos a eliminar estos usos viciosamente reiterativos y veremos que el significado es el mismo, sin ninguna posibilidad de equívoco, tanto por el contexto como por el uso pronominal del verbo: *Encabronado,* ***se dijo*** *que ya no volvería a ese empleo; Enfurecida,* ***se prometió*** *que esa noche lo mandaría mucho a la chingada.* En conclusión, "asimisma" (y su variante "así misma") es un disparate que se utiliza en vez de "a sí misma" (para ella misma) y también suele ser redundancia cuando el enunciado, con un verbo pronominal, es del todo claro y preciso.

Tanto en publicaciones impresas como en internet su uso erróneo y vicioso es abundante. No se trata únicamente de un yerro de la escritura inculta. Mucha gente que ha pasado por las universidades comete tanto el error ortográfico como la redundancia. En el portal electrónico de la Iglesia de Perú se cita de *Corintios* la siguiente frase:

☹ "El valorar a su esposo es valorarse **asimisma**".

La transcripción es pésima. Se quiso citar que

☺ el valorar a su esposo es valorarse **a sí misma**.

✎ En esta frase el uso de la locución "a sí misma" es del todo correcto y no peca de redundancia sino que tiene la virtud de la precisión. El error es más bien ortográfico, pues no es lo mismo "asimisma" que "a sí misma". Pero las más de las veces, el abusivo uso del "a sí mismo" y el "a sí misma" no sólo es redundante sino también un desbarre cuando se confunde con el adverbio "asimismo" y con la atrocidad "asimisma". He aquí algunos ejemplos, tomados todos ellos de publicaciones impresas y de internet: "se ama **asimisma**", "Miley Cyrus se cortaría **asimisma**", "conocerse **asimisma** para superar debilidades", "casi ciega y sin poder caminar o alimentarse **asimisma**", "se describió **asimisma** en una entrevista", "eso hace que ella se odie **asimisma**", "gente ayudando a gente a ayudarse **asimisma**", "una estudiante se graba **así misma** teniendo sexo", "la autora se identifica **así misma** al tomar la pluma", "la señorita Ogilvy se encuentra **así misma**", "serpiente que se muerde **así misma**", "la esposa de Kim Sung Min se culpa **así misma** por los últimos cargos", "la ciencia tiende a corregirse **así misma**", "me gusta la gente que se quiere **así misma**", "Movistar se piratea **así misma**", "estas mujeres se describen **así mismas**", "para entenderse **así mismas**", "ellas se programan **así mismas**", "las personas hipócritas se engañan más **así mismas**", "estas personas se desafiaron **así mismas**", "que se reconstruyan **así mismas**", "mentiras estúpidas que las mujeres se dicen **así mismas**", etcétera.

☞ Google: 328 000 resultados de "así misma"; 107 000 de "asimisma"; 67 100 de "así mismas". ☒

33. *¿aterido de frío?*

El verbo transitivo "aterir" significa "pasmar de frío" (DRAE) o, mucho mejor, "poner a alguien rígido o paralizado el exceso de frío" (DUE). Ejemplo: *Apenas había escalado media montaña y ya estaba* ***aterido***. Tiene también uso pronominal: "aterirse". Ejemplo: *Temió* ***aterirse*** *y se guareció en una cueva en donde encendió una fogata*. De ahí el participio adjetivo "aterido", que significa entelerido o pasmado de frío. Ejemplo del DUE: *Me quedé* ***aterido*** *esperando el autobús*. Por todo lo anterior, la expresión "aterido de frío" resulta redundante, pues no se puede estar "aterido" si no es de frío, a diferencia, por ejemplo, de "entelerido", adjetivo que significa "sobrecogido de frío o de pavor" (DRAE). Ejemplos: *Estaba* ***entelerido*** *de frío; Quedó* ***entelerido*** *por el miedo*. Cada vez que digamos o escribamos el adjetivo "aterido" es innecesario, por redundante, agregar "de frío".

La expresión "aterido de frío" más las formas verbales (menos frecuentes) de esta misma especie ("aterirse de frío", "aterir de frío", etcétera) son todas redundancias del ámbito culto y, especialmente, literario y, por esto, habrá quienes incluso les den la dudosa dignidad de "pleonasmo", entendido éste como una redundancia con sentido retórico o estético. Pero lo cierto es que carecen de toda gracia. Aparecen en publicaciones impresas (libros, en particular) y en internet. En una novela española leemos lo siguiente en su primera página:

☹ "Ahora, que mis días tocaban a su fin, **aterido de frío** en la cama, tembloroso, envuelto en el aura de la muerte, recordaba los brillos y las sombras de aquel frío mes de diciembre".

Bastaba con que el autor escribiese:

☺ **aterido** en la cama, tembloroso, etcétera.

✎ Incluso escritores y traductores muy patentes, como Sergio Pitol, utilizan la redundancia "aterido de frío" que muy poco tiene de sentido pleonástico con carácter de figura retórica. "Estaba frente a la ventana y parecía **aterido de frío**", traduce Pitol a Chéjov (*Un drama de caza*). ¿Hay en esta redundancia, acaso, intencionalidad retórica, deliberado estilo? No lo parece, aun admitiendo, con Álvaro Peláez, que "un pleonasmo no es más que una redundancia bien vestida". En todo caso, ésta parece muy mal vestida. ¿Qué le aporta, literariamente, al adjetivo "aterido" la redundancia "de frío"? Absolutamente nada; es decir, nada bueno. He aquí otros ejemplos de este desbarre culto (todos ellos tomados de libros): "Dov estaba medio muerto de hambre y **aterido de frío**", "tenía la frente perlada, la boca seca y se hallaba **aterido de frío**", "rebosante de orgullo y dignidad y algo **aterido de frío**", "encontró todo tipo de obreros, marginados, hambrientos, **ateridos de frío**", "tenía los labios demasiado secos, demasiado agrietados y demasiado **ateridos de frío**", "con sus olmos raquíticos, **ateridos de frío**", "la cuerda de presos empapados y **ateridos de frío** se acercó", "al anochecer estaba **aterida de frío**", "amaneció sumamente hambrienta y **aterida de frío**", "es también bastante amable, aunque está **aterida de frío**", "llegaste y te acercaste a la que yacía allí **aterida de frío**", "la niña estaba tan **aterida de frío** que ni siquiera era capaz de hablar", "en nuestras manos **ateridas de frío**", "deambulaban por el pueblo **ateridas de frío**", "su deseo de no **aterirse de frío**", "era imposible permanecer mucho tiempo dentro sin **aterirse de frío**", "donde se deja **aterir de frío** mientras se le crispan los dedos y la mirada". Y a todos estos, que constituyen sólo una pequeña muestra, hay que agregar los miles de ejemplos que hay en revistas, periódicos y otras publicaciones impresas y electrónicas. Queda realmente uno helado y entelerido ante tanta gente culta e incluso muy culta que no suele consultar el diccionario y que, por ello, ignora el exacto significado de las palabras.

☞ Google: 33 900 resultados de "aterido de frío"; 30 000 de "ateridos de frío"; 14 900 de "aterida de frío"; 7 400 de "ateridas de frío". ☒

34. *¿audicionar?*

"Audicionar" no es un verbo que exista en español. Lo que existe en español es el sustantivo "audición": "acción de oír"; "concierto o lectura en público" y "prueba que hace un actor, cantante o intérprete de un instrumento musical ante el empresario o el director de un espectáculo". Acudir a una "audición" significa realizar la prueba que algunos llaman "*casting*" (en inglés, *reparto*). Ejemplo: *Para representar al personaje principal de la obra, fueron muchos los actores que acudieron a la* ***audición****.* El problema con el falso verbo "audicionar" es que la Real Academia Española no lo admite (aunque su uso sea generalizado), pero, incongruentemente, legitima el verbo "versionar" cuya naturaleza es muy parecida a la de "audicionar", pues ambos parten de un sustantivo: "audición" y "versión" (traducción).

En la vigesimotercera edición (2014) de su *Diccionario de la lengua española*, la RAE incorpora el verbo "versionar" y lo define del siguiente y equívoco modo: "Hacer una versión nueva de una obra artística, especialmente musical". ¿Por qué "versionar" sí y "audicionar" no? Simplemente por nacionalismo que no es otra cosa que provincianismo. Las revistas y los periódicos en América Latina están llenos del falso verbo "audicionar", lo mismo que los diarios españoles están repletos del horrible "versionar", éste sí legitimado por la provinciana RAE. La única diferencia es que "versionar" se usa mucho en España, y "audicionar" es más utilizado en América. Siendo así, a la sacrosanta Real Academia Española le importa un pepino el español de América. En el portal electrónico del Consejo Nacional para la Cultura y las Artes, en México, leemos el siguiente anuncio:

☟ "Continúan abiertas las inscripciones para **audicionar** en la Escuela Superior de Música".

La RAE, que incongruentemente reprueba este uso, únicamente admitiría la siguiente construcción:

☝ Continúan abiertas las inscripciones para **presentar audiciones** en la Escuela Superior de Música.

✎ Convengamos en que tanto "audicionar" como "versionar" son verbos horribles, y tan bárbaro es uno como el otro, aunque el segundo cuente ya con el beneplácito de la RAE nada más porque en España es muy utilizado. Pero admitamos también que ya ninguno de estos verbos podrá eliminarse de la lengua española, debido a su frecuente uso en los más diversos países y estratos sociales. En este sentido, es una idiotez de la RAE omitir en su mamotreto el feo "audicionar" e incluir únicamente el horrible "versionar". ¿Por qué lo hace? Muy simple: porque los diarios españoles están llenos de titulares del verbo "versionar". En *El Comercio* leemos: "Para **versionar** una canción hay que olvidar la original y extraer su ADN"; en *El Mundo*: "Liberados los seis jóvenes iraníes arrestados por **versionar** *Happy*"; en *El Faro*: "Lo mismo nos da **versionar** a Sinatra que a Guns'n'Roses". Conclusión: aunque el DRAE no lo incluya en sus páginas, "audicionar" es neologismo tan válido como "versionar".

☞ Google: 1 050 000 resultados de "versiona"; 481 000 de "versionar"; 187 000 de "audicionar"; 164 000 de "versionan"; 78 000 de "audicionó"; 77 900 de "versionó"; 57 400 de "audiciona"; 30 800 de "versionaron"; 29 700 de "audicionaron"; 25 700 de "audicioné"; 14 900 de "audicionan". ☑

35. *¿autoconvocar?*

Según la prensa escrita y electrónica, algunos se "autoexilian" mientras que otros se "autosuicidan"; pero también están los que se "autoconvocan". Son tonterías. "Autoconvocar" es un disparate en vez del correcto "convocar" (del latín *convocāre*), verbo transitivo que tiene las siguientes acepciones: "citar, llamar a una o más personas para que concurran a lugar o acto determinado"; "anunciar, hacer público un acto, como un concurso, unas oposiciones, una huelga, etc., para que pueda participar quien esté interesado"; "aclamar (dar voces en honor y aplauso de alguien)" (DRAE). ¿Autoconvocar? Es como decir que alguien ha citado a su propia persona a acudir a algún sitio o a participar en alguna actividad. Es una memez. Basta con decir "convocar". Tontería muy de políticos y de periodistas, también es uso de académicos y profesionistas diversos, pues no se trata de un disparate del español inculto, sino, por el contrario, de un desbarre de gente culta o, por lo menos, escolarizada.

En general, la encontramos en declaraciones de políticos y en las notas de los periódicos, incluso en comentarios editorializados. En particular, es muy usual en Argentina. En el portal electrónico *Terra* leemos el siguiente encabezado:

☞ "Diputados del FPV le pedirán a Macri que retire los pliegos de la Corte y analizan **autoconvocar** a la Cámara".

¿Y por qué diablos no, simplemente, la convocan? En realidad, lo que analizan es, sencilla pero correctamente:

☝ **convocar** a la Cámara.

✎ Es entendible que sean los argentinos los de las "autoconvocatorias" y los "autoconvocados", pues son también los mismos incapaces de autocontrolarse cuando se refieren a los "autoexilios", aunque no tengan, por cierto, entre sus patrimonios exclusivos el "autosuicidio" que comparten con todos los países de habla española. He aquí unos pocos ejemplos de esta tontería surgida en Argentina y que ya invade la lengua española en diversos países: "un grupo de **autoconvocados** protestó contra Mauricio Macri", "**autoconvocados** de todo el país salieron a respaldar a Scioli", "científicos y universitarios **autoconvocados**", "importante fallo sobre asamblea **autoconvocada**", "asamblea **autoconvocada** de Quito", "asamblea constituyente **autoconvocada** de mujeres indígenas", "yo estuve en el encuentro de mujeres **autoconvocadas**", "¿quién **convoca** a las mujeres **autoconvocadas**?" (¡vaya pregunta!; es como preguntar quién suicidó al autosuicida), "dura respuesta de Mujeres **Autoconvocadas** a Altolaguirre", "mujeres **autoconvocadas** del sudeste enviaron una carta a Schiaretti", "modelos de acta de **autoconvocatoria**", "**autoconvocatoria** de asamblea de sociedades anónimas" y, lo más increíble (en Honduras), "**autoconvocatoria** de **autoconvocatorias**". Estamos perdidos.

☞ Google: 627 000 resultados de "autoconvocados"; 40 500 de "autoconvocada"; 39 500 de "autoconvocatoria"; 37 400 de "autoconvocadas"; 33 400 de "autoconvocaron"; 32 600 de "autoconvocado"; 16 700 de "autoconvocan"; 12 100 de "autoconvoca"; 7 780 de "autoconvocó"; 6 730 de "autoconvoque"; 6 250 de "autoconvocar"; 4 130 de autoconvocatorias". ☒

36. *¿autogol en propia meta?, ¿autogol en propia puerta?*

"Autogol" es un sustantivo masculino que el DRAE define del siguiente modo: "en el fútbol, gol que marca un jugador en su propia puerta". El sustantivo masculino "gol" (del inglés *goal*, "meta") tiene la siguiente acepción en el DRAE: "en el fútbol y otros deportes, entrada del balón en la portería". No dice el mamotreto de la RAE cuáles son los otros deportes, además del futbol, en los que se llama "gol" a la entrada del balón en la portería, pero uno de ellos es el balonmano. Como es obvio, si en estos deportes se llama "gol" o "tanto" a la entrada del balón en la portería, un "autogol" sólo puede darse en propia puerta o en propia portería, por lo que son pendejismos (del futbol, obviamente) decir y escribir que alguien *metió un* ***autogol en propia puerta*** o que alguien *la cagó con un* ***autogol en propia meta***. Con decir o escribir "autogol" todo está dicho y lo demás es innecesario. Es una redundancia del ámbito futbolístico, y muy española por cierto, de la misma familia de "entrar dentro" y "salir fuera". El "autogol", por definición, sólo puede ser en propia puerta; de otro modo no es autogol, sino simplemente gol.

Podría pensarse que un desbarre tan bárbaro sólo se da en el habla de fanaticazos futboleros de bronco analfabetismo, pero no es así: incluso entre periodistas y comentaristas de futbol este dislate se dice y se escribe. En el diario peruano *El Comercio*, donde también se las gastan con mucho primor en estas cosas de la patada, un cronista futbolero escribió lo siguiente:

♀ "La primera ocasión de gol no pudo ser conectada por Irven Ávila tras un centro de Calcaterra, la segunda fue el **autogol en propia puerta** de Yair Yglesias, en la tercera —la más clara— quizás Ross se esté lamentando tras el término del partido".

La redacción es un horror, pero además de este galimatías está ese desbarre del "autogol en propia puerta", cuando lo que debió decir el cronista que patea el idioma español es que

☝ la segunda fue el **autogol**, etcétera.

✎ Las páginas de internet y las secciones impresas de diarios y revistas que se ocupan del futbol están llenas de *autogoles en propia puerta y en propia meta*. He aquí unos pocos ejemplos: "Da Silva marca **autogol en propia puerta**", "un **autogol en propia puerta** de Domínguez", "**autogol en propia puerta** de Kolasinac", "evitar cualquier **autogol en propia puerta**", "Varane hacía un **autogol en propia puerta**", "un **autogol en propia puerta** de los locales", "**autogol en propia meta** de Jordi", "el partido fue sentenciado por un **autogol en propia meta**", "Jong Kwang Sok marcó un **autogol en propia meta** para dar la ventaja al Tri", "los mejores **autogoles en propia**

meta", "el defensa de Emelec, Jefferson Camacho, marcó dos **autogoles en propia meta** en la derrota de su equipo 1-3 ante Universidad Católica", etcétera.

☞ Google: 5 440 resultados de "autogol en propia puerta"; 1 400 de "autogol en propia meta". ☒

37. *automotriz* no es lo mismo que *automotor*

Si se tiene la más mínima noción de la diferencia que existe entre los sexos de las personas y los géneros gramaticales, nadie dirá que Leonardo DiCaprio es "actriz" y, en cambio, sí lo dirá si se refiere, por ejemplo, a Meryl Streep. La Streep es "actriz"; DiCaprio es "actor", tal como lo exige la concordancia de género en las palabras en correspondencia con el sexo de las personas. Siguiendo esta lógica elemental, "automotriz" es adjetivo y sustantivo femenino ("perteneciente o relativo a los vehículos automotores, especialmente los automóviles", DRAE) cuyo sinónimo (menos usado) es "automotora"; su masculino es "automotor". Ejemplo: *La **industria automotriz** tuvo en 2015 un importante incremento en sus ventas.* En español, la desinencia "-triz" caracteriza a ciertos adjetivos y sustantivos femeninos: "actriz" (masculino: "actor"), "adoratriz" (masculino: "adorador"), "dominatriz" (masculino: "dominador"), "electromotriz" (masculino: "electromotor"), "emperatriz" (masculino: "emperador"), "institutriz" (masculino: "institutor"). Terminado en "-iz", pero no precisamente en "-triz", el caso del sustantivo "aprendiz", que designa lo mismo al masculino que al femenino y cuya forma femenina perfecta es "aprendiza", no pertenece a este grupo de palabras. Uno de los peores barbarismos consiste en decir y escribir "mercado automotriz", "mundo automotriz", "negocio automotriz", etcétera, pues tanto "mercado" como "mundo" y "negocio" son sustantivos masculinos a los cuales únicamente pueden corresponderles adjetivos masculinos: "mercado automotor", "mundo automotor" y "negocio automotor". Diferentes son los casos de los sustantivos "compañía", "fábrica", "industria" o "instalación", todos ellos femeninos, que no sólo admiten sino que exigen, en concordancia de género, el adjetivo "automotriz" o su sinónimo "automotora". Ejemplo: *La **compañía automotora** Equis falseó su contabilidad.*

El desbarre de creer que "automotriz" puede aplicarse lo mismo a sustantivos masculinos que femeninos está muy ampliamente extendido en la lengua hablada y escrita, y el periodismo se ha encargado de su mayor difusión. En el diario mexicano *El Economista* leemos el siguiente encabezado:

♀ "**Mercado automotriz** alemán prevé fuerte competencia en Irán".

Quiso informar el diario, en correcto español, que

♂ el **mercado automotor** de Alemania prevé fuerte competencia en Irán.

✐ No saben en ese diario que "automotriz" es un adjetivo femenino y que "mercado" es un sustantivo masculino y que, por lo mismo, no hay concordancia de género si "automotriz" modifica a "mercado". Pero tampoco lo saben en el mismo ámbito de la fabricación y venta de automotores. He aquí unos ejemplos de este desbarre, todos ellos tomados de publicaciones impresas y de internet (incluidos los propios portales de negocios automotores): "tendencias mundiales del **mercado automotriz**", "abren **mercado automotriz** de 21,576 millones de dólares", "principales competidores del **mercado automotriz**", "**Mundo Automotriz**, La Revista", "novedades del **mundo automotriz**", "inicia tu **negocio automotriz**", "entra al **negocio automotriz**", "Brasil quiere liberar **comercio automotriz** con México", "México y Argentina logran pacto de comercio **automotriz**", "analizan nuevos modelos de **negocios automotrices**", "promueve Tailandia **negocios automotrices** en México" (lo que muy pocos promueven es el buen uso del idioma).

☞ Google: 442 000 resultados de "técnico automotriz"; 431 000 de "mercado automotriz"; 361 000 de "taller automotriz"; 353 000 de "mecánico automotriz"; 290 000 de "centro automotriz"; 259 000 de "mundo automotriz"; 56 100 de "comercio automotriz"; 33 300 de "negocio automotriz"; 16 400 de "almacén automotriz"; 10 300 de "mercados automotrices"; 8 770 de "programa automotriz"; 7 780 de "negocios automotrices"; 7 110 de "emporio automotriz"; 6 850 de "programa automotriz"; 2 970 de "universo automotriz"; 2 730 de "tráfico automotriz". ☒

38. *¿autopostular?*

Los que se "autopostulan" se parecen mucho a los que se "autoconvocan", se "autoexilian" y se "autosuicidan"... seguramente dentro de su auto. Pronto oiremos hablar de los "autoencabronados" o los "autoapendejados". El caso es que "postular" (del latín *postulāre*) es verbo transitivo que tiene varios significados, pero uno muy particular para los contextos político y académico que es donde más se usan: "proponer un candidato para un cargo electivo". Y, en su uso pronominal ("postularse"): "proponerse como candidato para un cargo electivo". Ejemplos: *La* RAE ***postuló** al Excelentísimo de las Conchas y las Redondas para ocupar la silla principal de la sacrosanta institución detersoria que limpia, fija y da esplendor y deja su lengua rechinando de tan pulida; Otro Excelentísimo y Eminentísimo **se postuló** para lo mismo, pero el trono ya estaba ocupado y tuvo que conformarse con la dirección de la Real Academia de la Repostería*. "Autopostular" y, peor aún, "**auto**postular**se**", son disparates que pueden traducirse, disparatadamente, como "postular**se a sí mismo**", aberrante construcción en nuestro idioma, pues si el uso pronominal ("postularse") ya incluye implícitamente el sujeto, ¿a qué viene la redundancia "a sí mismo"? Incluso escritores importantes salen con la jalada de que *Fulano de Tal **se postuló a sí mismo** para equis cargo*, cuando basta decir simplemente que "se postuló" y punto. En cuanto al "autopostular", mucho más bárbaro, profesionistas diversos lo usan con gran alegría y soltura.

Se trata de un disparate culto, obviamente, y aparece lo mismo en publicaciones impresas que en internet. En el diario mexicano *Excélsior* leemos el siguiente encabezado:

☞ "Justin **se autopostula** para el Oscar".

Quiso informar, correctamente, el diario que

☞ Justin Timberlake **se postula** para el Oscar.

✎ He aquí otros ejemplos de esta barrabasada: "**se autopostula** para integrar el directorio", "Graco **se autopostula** para presidente de México" (esto sí es para carcajearse), "**se autopostula** como posible candidato", "**se autopostula** para magistrada", "**se aupostulan** como discípulos de Artaud", "**se autopostulan** y son elegidos por unanimidad", "también están los que **se autopostulan**", "son muchos los nombres que **se autopostulan**", "**se autopostuló** para integrar la Corte Suprema", "**se autopostuló** como ministro de Economía", "el pervertido **se postula a sí mismo**", "**se postula a sí mismo** para la elección del consejo", "**se postuló a sí mismo** orador oficial" (Gabriel García Márquez en uno de sus textos periodísticos), "**se postuló a sí mismo** como director" (Ricardo Monti, dramaturgo argentino), etcétera.

☞ Google: 22 400 resultados de "se postula a sí mismo"; 6 340 de "se autopostula"; 3 930 de "se postuló a sí mismo"; 3 690 de "se autopostuló"; 2 780 de "autopostularse"; 1 950 de "se autopostularon"; 1 930 de "se autopostulan"; 1 000 resultados de "autopostular". ☒

39. *¿autoproclamarse?*

Los que se "autopostulan" también se "autoproclaman", se "autoconvocan", se "autoexilian" y, en una de esas, se "autosuicidan". Lo que no hacen jamás es consultar el diccionario, pues, en todo caso, es de suponerse que se "autoconsultan". El verbo transitivo "proclamar" (del latín *proclamāre*) posee cinco acepciones muy precisas: "publicar en voz alta algo para que se haga notorio a todos"; "declarar solemnemente el principio o inauguración de un reinado u otra cosa"; "dicho de una multitud: dar voces en honor de alguien"; "conferir, por unanimidad, algún cargo"; "dar señales inequívocas de un afecto, de una pasión, etc." (DRAE). Ejemplos: ***Proclaman** el bando de buen gobierno*; ***Proclamó** a los cuatro vientos su complicidad con el PRI*. En su uso pronominal ("proclamarse") tiene una única acepción, también muy precisa: "dicho de una persona: declararse investida de un cargo, autoridad o mérito" (DRAE). Ejemplo: ***Se proclamó** el mejor entre los mejores, aunque bien sabemos que es el peor entre los peores.* Siendo "proclamarse" un verbo pronominal, en sí mismo ya contiene el sujeto: "proclamar**se**", o sea *él* **se** proclama. Por ello es una redundancia decir y escribir "**auto**proclamar**se**", tan reprochable gramaticalmente como "**auto**convocar**se**", "**auto**exiliar**se**", "**auto**postular**se**" y "**auto**suicidar**se**".

Es un desbarre hablado y escrito del español culto, muy utilizado entre políticos, politicólogos, escritores y periodistas, y aparece lo mismo en publicaciones impresas que en internet. En *El Periódico de Aragón* leemos el siguiente encabezado:

☹ "Mariano Rajoy **se autoproclama** el mejor para dirigir el PP".

Sabemos que tal individuo es el peor, pero lo que quiso informar, hace ya varios años, *El Periódico de Aragón* es que el impresentable Mariano Rajoy

☺ **se proclamó** el mejor o el idóneo para encabezar a esa punta de corruptos del Partido Popular, en España.

✎ El pronombre "se" en el verbo "proclamar**se**" equivale a la tercera persona del singular: él *se* proclama. Por tanto, el "**auto**proclamar**se**" es una cacofónica redundancia que, como es obvio, se inventó en el paraíso de las redundancias, en España, pero que se ha ido extendiendo a todas las demás naciones de lengua española, con democrática idiotez. He aquí más ejemplos de esta tontería: "Trump **se autoproclama** ganador", "**se autoproclama** candidato de los pobres", "**se autoproclama** novia de la Liga MX" (qué tan bajo puede caer la gente), "América **se autoproclama** campeonísimo", "candidato a alcalde **se autoproclama** ganador", "El PP **se autoproclama** como el partido del mundo rural", "Kylie Jenner **se autoproclama** feminista", "Michael Jackson **se autoproclamó** el Rey del Pop", "**se autoproclamó** gobernador", "**se autoproclamó** reina del mar", "PP critica a Sánchez por **autoproclamarse** candidato", "cualquiera puede **autoproclamarse** intelectual", "se defiende ante los ataques del público por **autoproclamarse** la Nueva Reina del Jaripeo" (lo dicho: qué tan bajo puede caer la gente).

☞ Google: 195 000 resultados de "se autoproclama"; 118 000 de "se autoproclamó"; 113 000 de "autoproclamarse". ☒

40. *¿autopsia al cadáver?, ¿autopsia del cadáver?, ¿autopsia de un cadáver?, ¿necropsia del cadáver?*

Si es autopsia, invariablemente se realiza en un cadáver. Por tanto, son groseras redundancias decir y escribir "autopsia al cadáver", "autopsia del cadáver" y "autopsia a un cadáver"; muy parecidas en su torpeza a "cadáver del muerto" y "hemorragia de sangre". El sustantivo femenino "autopsia" (del latín científico *autopsia*, y éste del griego *autopsía*) significa, exactamente, "examen anatómico de un cadáver" (DRAE) o, mucho mejor, "examen de un cadáver para investigar las causas de la muerte" (DUE). Ejemplo: *Les entregaron el cuerpo a los familiares luego de haberle practicado la **autopsia**.* Su sinónimo es "necropsia" (del latín científico *necropsia*, y éste del griego *nekrós*, cadáver, y *-opsía*, vista), sustantivo femenino que significa, literalmente, "examen del interior de un cadáver" (DUE). Ejemplo: *El cuerpo fue entregado a sus familiares luego de que le practicaran la **necropsia**.* Tanto "autopsia al cadáver" como "necropsia del cadáver" y sus variantes son entonces bárbaras redundancias, pues en los sustantivos "autopsia" y "necropsia" ya se halla implícito el significado de realizarse exámenes en un cadáver.

Con estas redundancias encallan incluso profesionistas, pues no se trata únicamente de gruesos dislates del español inculto, sino también de los ámbitos cultos de la lengua, entre ellos ni más ni menos que el médico y el jurídico. Por supuesto, abundan en el habla cotidiana y en la escritura informal, pero no son escasas en las publicaciones impresas. Los periodistas, especialmente, les dan vuelo con ganas, y ni se diga los internautas. En *El Periódico de Aragón* (español, obviamente) leemos el siguiente encabezado:

☞ "EEUU hace la **autopsia al cadáver** de Zarqaui".

Quiso informar el diario que

☝ Estados Unidos practicó la **autopsia al cuerpo** del terrorista jordano Abú Musab al Zarqaui.

✎ Si el terrorista no hubiese muerto, así lo abriesen en canal (vivo, se entiende), esto no sería una "autopsia" o una "necropsia", sería una tortura, incluso tratándose de un terrorista. Toda autopsia se practica, necesariamente, en un cadáver, y es innecesario decir "autopsia al cadáver" y sus variantes. He aquí otros ejemplos de esta rebuznancia: "practican una **autopsia al cadáver** del hermano de Juan de los Santos", "practican la **autopsia al cadáver** hallado en el maletero de un vehículo", "practican **autopsia al cadáver** devorado por caimanes", "**autopsia al cadáver** de Claudio Nasco", "**autopsia del cadáver** en avanzado estado de descomposición", "los médicos practican este jueves la **autopsia del cadáver**", "no creyó el Juzgado necesaria la **autopsia del cadáver**", "le pedía que estuviera presente en la **autopsia de un cadáver**", "realizar con el escalpelo la **autopsia de un cadáver**", "**necropsia de un cadáver** no identificado" (¡pero bien muerto, finado y difunto!), "la **necropsia de un cadáver** debe de ser completa" (como lo es la completa burrada de esta redundancia), "se llevó a cabo la **necropsia de un cadáver** fresco", "realizar primero las **necropsias de los cadáveres**", "esperan el resultado de las **necropsias de los cadáveres**", "protocolos de las **necropsias de los cadáveres**", "comienzan las **autopsias de los cadáveres**", "fiscalía analiza resultados de las **autopsias de los cadáveres**", "practican **autopsia al cadáver** de Soanny, pero aún no establecen causa de muerte" y, como siempre hay algo peor, he aquí este singularísimo titular: "Se practicará la **autopsia al cadáver** del guardia civil **muerto** en La Bisbal" (*El País*, de España, ni más ni menos).

☞ Google: 37 900 resultados de "autopsia al cadáver"; 37 300 de "autopsia del cadáver"; 17 000 de "autopsia de un cadáver"; 9 840 de "autopsias de los cadáveres"; 7 790 de "necropsias de los cadáveres"; 6 770 de "necropsia del cadáver"; 5 090 de "autopsia a un cadáver"; 5 110 de "necropsia al cadáver"; 4 680 de "autopsias a los cadáveres"; 3 200 de "necropsias a los cadáveres"; 1 540 de "necropsia a un cadáver". ☒

41. *¿autosustentabilidad?, ¿autosustentable?, ¿sustentabilidad?, ¿sustentable?*

Si el término "sustentable" es un horrible anglicismo en lugar de "sostenible", peor aún es "autosustentable" en lugar de "autosuficiente". Quien vaya al diccionario de la lengua española podrá saber que "sustentable" es un adjetivo cuyo único significado en español es el siguiente: "que se puede defender con razones". Ejemplo: *Mi propuesta es **sustentable***. Por el contrario, "sostenible" es un adjetivo que en la lengua española se aplica a un determinado proceso que puede mantenerse con autonomía. Ejemplo: *Esa empresa comunitaria es **sostenible***. Ya es un error prácticamente irreversible decir y escribir que algo es "sustentable" cuando en realidad lo que se quiere expresar es que es "sostenible", o "autosuficiente": "que se basta solo". "Sustentable", en el contexto ya descrito, es calco y mala traducción que proviene de la jerga anglosajona. La voz inglesa *sustain* puede traducirse lo mismo como mantener, sustentar y sostener. Pero *sustainable* sólo admite una traducción: "sostenible". La anglicista RAE acabará incluyendo el término en su mamotreto, de esto no debemos tener duda, puesto que su lógica es la de incluir en él los anglicismos que se utilizan mucho en nuestro idioma, aunque sean disparates o se tengan equivalentes perfectamente castellanos. Hoy existen secretarías, comisiones, institutos, centros y ministerios de "desarrollo sustentable", cuando en realidad tendrían que ser secretarías, comisiones, institutos, centros y ministerios de "desarrollo sostenible". Hay leyes que dicen favorecer "el desarrollo **sustentable**" y hay quienes han merecido el Premio Nobel en reconocimiento a sus estudios sobre "economía y desarrollo **sustentable**". Ya no hay remedio con esto: los tecnócratas y los políticos, que jamás asoman la nariz en un diccionario, han torcido una vez más el idioma español. Pero, como siempre hay algo peor, ya es frecuente en nuestra lengua el uso de los también anglicismos "autosustentabilidad" y "autosustentable": falso sustantivo el primero, falso adjetivo el segundo, pues se trata de redundancias construidas sobre los ya de por sí usos erróneos de "sustentabilidad" y "sustentable". Según los tecnócratas, estos términos se refieren a la "capacidad para generar recursos propios que permitan sostener actividades y darle continuidad en el tiempo a un sistema". Pero si vamos al DRAE, podemos leer, en la entrada correspondiente al adjetivo "sostenible" que éste se aplica, "especialmente en ecología y economía, [a lo] que se puede mantener durante largo tiempo sin agotar los recursos o causar grave daño al medio ambiente". Y en el caso del sustantivo femenino "autosuficiencia", éste se refiere al "estado o condición de quien se basta a sí mismo" (DRAE). Ejemplos: *El proyecto es **autosuficiente***; *Tenemos **autosuficiencia** alimentaria*. Lo que los tecnócratas (incluidos muchos académicos) denominan errónea y redundantemente "desarrollo **auto**sustentable", en buen español es "desarrollo sostenible" (y de ningún modo, tampoco, "**auto**sostenible"). Por ello, sólo hay algo peor en español que el anglicismo "sustentable", y esto es el anglicismo redundante "**auto**sustentable".

Ni "sustentable" ni mucho menos "autosustentable" son admitidos, hasta hoy, por el DRAE como sinónimos de "sostenible". Sin embargo, en los ámbitos académico, económico y político se usan alegremente con este sentido. En el diario mexicano *El Economista* leemos que empresas apoyan a algunas comunidades para lograr:

♀ "un desarrollo **autosustentable**".

Quiso informar el diario, en buen español, acerca de

☝ un desarrollo **sostenible**.

✎ He aquí otros ejemplos de estos horribles anglicismos: "inauguran la Feria de la **Sustentabilidad**", "**sustentabilidad ambiental**" (tontería y a la vez rebuznancia), "el compromiso con la **sustentabilidad**", "Cepal llama a los gobiernos latinoamericanos a promover el **desarrollo sustentable**", "Mérida presenta su plan de **desarrollo sustentable** para 2040", "ingeniero en **Desarrollo Sustentable**", "tu empresa **autosustentable**", "energía eléctrica limpia y **autosustentable**", "albergue animal **autosustentable**", "proyectos **autosustentables**", "construcción de edificios **autosustentables**", "viviendas ecológicas y **autosustentables**", "**autosustentabilidad** alimentaria y financiera", "apuesta HP por la **autosustentabilidad**", "Ciudad del Deporte: ejemplo de **autosustentabilidad**", "el desafío de lograr la **autosustentabilidad** es enorme", etcétera.

☞ Google: 11 600 000 resultados de "sustentabilidad"; 2 540 000 de "desarrollo sustentable"; 764 000 de "autosustentable"; 198 000 de "autosustentables"; 45 500 de "autosustentabilidad. ☒

☞ Google: 38 200 000 resultados de "sostenible"; 19 300 000 de "sostenibilidad"; 11 200 000 de "sostenibles"; 10 600 000 de "desarrollo sostenible"; 2 570 000 de "autosuficiencia"; 1 970 000 de "autosuficiente". ☑

42. *¿aveniencia?, ¿desaveniencia?*

El término "aveniencia" carece de significado en español. "Avenencia", en cambio, es un sustantivo femenino que significa "convenio o transacción" y "conformidad o unión". Ejemplo: *Más vale mala **avenencia** que buena sentencia.* Proviene, obviamente, del verbo transitivo "avenir" (del latín *advenīre,* llegar, presentarse), que significa "concordar, ajustar las partes discordes" (DRAE) y que en su uso pronominal ("avenirse") equivale a "componerse o entenderse bien con alguien o algo". Ejemplo: *Fulano aceptó **avenirse** a las condiciones del negocio.* De ahí, también, sus contrarios "desavenencia", sustantivo femenino que significa oposición o discordia, y "desavenir", verbo transitivo que equivale a desconvenir. Ejemplo: *Tuvieron una gran **desavenencia** al grado de perder la amistad.* En conclusión, tanto "aveniencia" como "desaveniencia" son barbarismos. Los términos correctos son "avenencia" y "desavenencia".

Son barbarismos del ámbito culto, especialmente del medio jurídico, lo mismo en publicaciones impresas que en internet. En un libro leemos que

♀ "se convocó a los comuneros de los pueblos en conflicto para realizar una junta de **aveniencia**".

Obviamente, a lo que se convocó es a

☝ una junta de **avenencia**.

✐ Leemos también en otro libro acerca de "la **desaveniencia** conyugal". Quiso escribir el autor acerca de la "desavenencia conyugal". He aquí más ejemplos de este doble desbarre: "junta de **aveniencia** en el divorcio incausado", "audiencia de **aveniencia**", "procedimiento de **aveniencia**", "**desaveniencia** de intereses", "**desaveniencia** mercantil", "**desaveniencia** personal".

☞ Google: 16 200 resultados de "desaveniencia"; 11 600 de "aveniencia". ☒

43. *¿aviso previo?, ¿sin previo aviso?*

Si decimos o escribimos que alguien llegó a nuestra casa "sin avisar" (de improviso, de manera imprevista), ¿es necesario que precisemos que lo hizo "sin avisar **previamente**"? No, por supuesto, ya que dicho adverbio ("previamente") está de más, sobra y, por lo tanto, es innecesario. Se "avisa" anticipadamente, previamente: con la indispensable anticipación. En esto no hay lugar para la duda o no debería haberlo. Sería absurdo que nos dieran aviso posteriormente, por ejemplo de la siguiente manera: *Ayer fui a tu casa* ***sin avisar*** *y me di cuenta de que mi visita inesperada te incomodó; perdóname que* ***hasta ahora te lo avise.*** No sería un aviso, sería una idiotez. De hecho, la locución adverbial "de improviso" significa "de manera imprevista o sin avisar" (DRAE). No dice el DRAE que "sin avisar **previamente**". Ejemplo: *Le caí en su casa* ***de improviso*** *y lo encontré en calzones.* Tal es el sentido lógico y gramatical del idioma, por más que la Academia Mexicana de la Lengua (AML) nos diga lo siguiente en su portal electrónico: "La expresión *dar previo aviso* es correcta y no es redundante. La voz *aviso* se refiere a una 'noticia o advertencia que se comunica a alguien' sin precisiones sobre el momento en que esto se hace; por tanto, *previo* sirve para dar información acerca del momento en que es dado o se debe dar dicho aviso". Tal razonamiento es, por decir lo menos, un sofisma mediante el cual se pretende negar la impertinencia de una expresión a todas luces redundante. En realidad, la precisión y la lógica del idioma se extravían en las expresiones "aviso previo", "dar previo aviso", "sin aviso previo" y "sin previo aviso". Veamos por qué. El verbo transitivo "avisar" (del francés *aviser*) tiene cuatro acepciones en el DRAE: "Dar noticia de algún hecho"; "advertir o aconsejar"; "llamar a alguien para que preste un servicio"; "prevenir a alguien de algo". Ejemplos: ***Avisó*** *que en la autopista ocurrió un accidente;* ***Le avisaron*** *de lo ocurrido para que tomara precauciones.* En todas las acepciones del verbo destacan las nociones de advertencia y prevención; es decir, la acción de "avisar" implica advertir ("prevenir") y prevenir ("advertir, informar o avisar a alguien de algo", DRAE). De ahí que el sustantivo masculino "aviso" sea, además de la acción y el efecto de avisar, "indicio, señal"; "precaución, atención, cuidado" (DRAE). Ejemplo: *Le envió un* ***aviso*** *para decirle que iría a su casa, a fin de no llegar de improviso y quizá resultar inoportuno.* Miguel Delibes, quien fuera miembro de la RAE, pero que sabía utilizar perfectamente el idioma, escribió lo siguiente en un artículo: "Se presentó **sin aviso**". Jamás hubiese escrito "se presentó **sin previo aviso**". ¿Qué ganancia, en lógica y precisión, obtenemos si a la oración anterior le añadimos el adjetivo "previo"? ¡Ninguna! Simplemente cometemos una redundancia. Decir y escribir "se presentó sin aviso" es lo mismo que decir y escribir "se presentó sin avisar". En este caso el adjetivo "previo" no sirve para nada. No seamos necios: una cosa es calificar un aviso como "importante" u "oportuno" (que posee importancia o que llega con oportunidad) y otra muy diferente es agregarle el concepto reiterativo de "previo", pues por definición un "aviso" no sirve para nada si carece de anticipación. El adjetivo "previo" (del latín *praevius*) significa "anticipado, que va delante o que sucede primero". Ejemplo: *El ambiente* ***previo*** *al concierto fue de gran expectación.* Si un "aviso" no es "previo" simplemente no es "aviso". Los académicos de Madrid concuerdan por supuesto en que las expresiones "aviso previo", "dar previo aviso", "sin aviso previo" y "sin previo aviso" carecen de redundancia. Y cómo no habría de ser esto si España es el centro mundial de la redundancia, a grado tal que incluso María Moliner en el DUE asegura que la locución adverbial "de improviso" equivale a ¡"sin previo aviso"! En realidad, no; simplemente significa "sin aviso". Se llega "de improviso" porque se llega "sin avisar". Decir que se llega "sin aviso previo", "sin previo aviso" o "sin avisar previamente" es lo más cercano a rizar el rizo, oficio en el que los académicos de Madrid son especialistas y han conseguido alumnos muy avanzados en las academias americanas y filipina.

☞ Google: 9 870 000 resultados de "sin previo aviso"; 548 000 de "aviso previo"; 423 000 de "sin aviso previo". ☒

44. *¿azalia?*

¿Es "azálea" un mexicanismo? Sí, como lo puede ser también "bugambilia" en vez de "buganvilla" o "buganvilia". En un principio fueron barbarismos; hoy se aceptan como mexicanismos, pero es obvio que se originaron a partir del error. El sustantivo "buganvilla" se refiere al arbusto de flores tan abundantes como coloridas que el navegante francés Louis Antoine, conde de Bougainville, llevó a Europa procedente de América. De ahí "buganvilla" o "buganvilia" que se ha transformado en "bugambilia". El sustantivo "azalea" que designa a otro arbusto de hermosas flores es una palabra cuatrisílaba que no requiere tilde, y proviene del latín *azalea*. Su representación fonética sería: *a-za-le-a*. Pero en México se pronuncia en tres sílabas: *a-zá-lea*. Esta pronunciación dominó en México donde prácticamente nadie pronuncia "azalea". Sin embargo, el barbarismo está en escribir y pronunciar "azalia". Y como tal es abundante y se ha vuelto incluso nombre propio de persona: Azalia Herrera, Azalia Robles, Azalia Ramírez, etcétera.

Una hermosísima canción muy popular en México es la de Manuel Esperón que, según mucha gente, lleva por título:

☟ "Flor de **azalia**".

Pero lo cierto es que se intitula:

☝ Flor de **azalea** o, al menos, Flor de **azálea**.

✎ En rigor tendría que ser "Flor de azalea". Que se escriba y se diga "azálea", pasa, pero "azalia" ya es otra cosa; aunque en cientos de miles de publicaciones periódicas se hable y se escriba de "la azalia" y de "las azalias" en lugar de "la azalea" y "las azaleas" o bien "la azálea" y "las azáleas".

☞ Google: 4 140 000 resultados de "azalia"; 75 800 de "azalias"; 5 740 de "flor de azalia"; 4 190 de "las azalias". ☒

B

45. *¿bajo la base de?, ¿con base a?, ¿en base a?*

"Bajo la base de" es una incongruencia semántica y un disparate en lugar de "sobre la base de", locución preposicional mediante la cual "se da por supuesta la cosa que se indica" (DUE) y significa "con apoyo o fundamento en". El término "bajo" (del latín *bassus*) es adjetivo, pero también preposición que significa "debajo de" o "en lugar inferior a". Ejemplo: *Encontró un lugar* ***bajo*** *techo para no mojarse con la lluvia*. El término "sobre" (del latín *super*) indica superposición y significa "encima". Ejemplo: *Llegó y puso las viandas* ***sobre*** *la mesa*. La locución preposicional "sobre la base de" que, como bien la define María Moliner, da por supuesta la cosa que se indica, se utiliza para reafirmar o reiterar algo, con un sentido de consecuencia enfática. Ejemplo: *Tenemos que construir el cambio* ***sobre la base de*** *la Constitución*. Son equivalentes a esta expresión las siguientes construcciones: "con base en", "basado en", "basándose en", pero de ningún modo "con base a" ni "en base a" (que son también disparates) ni mucho menos "bajo la base de" que es un desbarre absoluto porque con la expresión "sobre la base de" se quiere indicar que algo se hace "apoyándose en" o "con el apoyo en". En consecuencia, por lógica elemental, si algo está bajo la base, es obvio que no se está apoyando en la base. Ésta es verdad de Perogrullo que no entiende mucha gente, incluso del ámbito académico y profesional. Por otra parte, "con base a" y "en base a" son igualmente expresiones disparatadas porque no poseen correspondencia semántica con lo que se pretende decir: "con apoyo o fundamento en", por lo cual también hay que sacarlas de nuestro vocabulario.

Estos desbarres son frecuentes en los ámbitos profesionales y cultos, lo mismo en la lengua hablada que escrita e igualmente en las publicaciones impresas que en internet. En un libro de antropología leemos que

☹ "la familia se constituyó **bajo la base del** matrimonio".

Obviamente no fue así, sino al contrario:

☺ la familia se constituyó **sobre la base del** matrimonio.

✎ He aquí otros ejemplos de este disparate culto tan ampliamente difundido en nuestra lengua a todos los niveles: "un modelo **en base a** capacidades", "forja arte **en base a** chatarra", "consolidan su campaña **en base a** propuestas", "es posible gobernar **en base a** principios y valores", "representación popular **bajo la base de** la división de poderes", "una relación funciona

bajo la base de saber dar y recibir", "trabajar juntos **bajo la base de** las experiencias", "la paz está soportada **bajo la base de** la justicia", "elaboración propia **con base a** resultados", "clasificación **con base al** nivel de riesgos", "zonificación **con base a** indicadores ambientales".

☞ Google: 34 800 000 resultados de "en base a"; 3 300 000 de "bajo la base de"; 2 090 000 de "con base a". ☒

46. *¿base básica?, ¿base fundamental?*

El sustantivo femenino "base" (del latín *basis*) significa "fundamento o apoyo principal de algo". Ejemplo: *La armonía es la **base** de la familia.* De ahí el adjetivo "básico" que se aplica a lo que "tiene carácter de base o constituye un elemento fundamental de algo" (DRAE). Ejemplo: *El carácter armónico es **básico** en la familia.* El adjetivo "fundamental" se aplica a lo "que sirve de fundamento o es lo principal en algo" y el sustantivo masculino "fundamento" (del latín *fundamentum*) significa "principio y cimiento en que estriba y sobre el que se apoya un edificio u otra cosa". Ejemplos: *La armonía es lo **fundamental** en la familia; El **fundamento** de la familia es la armonía.* Por todo lo anterior, son disparates redundantes decir y escribir "base básica" y "base fundamental", pues en ambos casos se modifica el sustantivo "base" con dos adjetivos ("básico" y "fundamental") que, estrictamente, significan lo mismo, con el agravante de que "base básica" y su plural repiten el término de origen o raíz del cual deriva el sustantivo. Basta con decir "base", basta con decir "básico" y "básica", basta con decir "fundamento".

Estos disparates son propios de los ámbitos político y tecnocrático, y abundan en la jerga especializada de profesionistas en sociología, economía, política y comunicación. No son, por supuesto, disparates del ámbito inculto, sino del profesional, y los encontramos lo mismo en publicaciones impresas que en internet. En la publicación nicaragüense *La Voz del Sandinismo*, el impresentable "Presidente de la República, Comandante Daniel Ortega" (reencarnación de Anastasio Somoza Debayle) rebuzna del siguiente modo:

♀ "El trabajador es la **base fundamental** de la economía".

Quiso decir el infortunado (aunque más infortunados son sus gobernados) que

☝ el trabajador es la **base**, o el **fundamento**, de la economía.

✎ En una página oficial de la Universidad de Alicante, en España, se anuncia la asignatura "Biología: bases celulares de la enfermedad" y en la descripción de la metodología se afirma que "en las primeras sesiones se introducirá al alumno en las **bases básicas** de la experimentación y nociones sobre metodología científica". Bastaba con decir y escribir, en correcto español, "las **bases** de la experimentación". Está visto que, incluso en las universidades, alumnos y docentes pueden estar reñidos con el diccionario y, especialmente, con la lógica. He aquí otros ejemplos de quienes aporrean la lengua y apalean la lógica con estas brutales redundancias:

"la educación es la **base fundamental** para evitar la exclusión", "la familia es la **base fundamental** de la sociedad", "el municipio **base fundamental** del federalismo en México", "protección de la familia, **base fundamental** de la sociedad", "el desarrollo infantil, **base fundamental** para un adulto exitoso", "la relación humano-animal, **base fundamental** para la supervivencia", "ética como **base fundamental** de las organizaciones", "el deporte como **base fundamental** de nuestra salud", "las **bases fundamentales** de la economía", "**bases fundamentales** de derecho ambiental", "**bases fundamentales** de derecho administrativo", "**bases fundamentales** del aprendizaje", "los derechos lingüísticos, una **base fundamental** para la sociedad", "los rebeldes sirios toman una **base fundamental**", "**una base fundamental** para el éxito", "mejor será que sentemos algunas **bases básicas**", "sentará las **bases básicas** para la elaboración de proyectos futuros", "te mostraremos las **bases básicas** para hacerlo", "cimentar las **bases básicas** y necesidades de las personas", "conocer las **bases básicas** de una alimentación saludable", "la ruptura no le impide ser una de las **bases básicas**", "plantear unas **bases básicas** sobre exploración" y, como siempre hay algo peor, "con una **base básica fundamental** sólida" y "es la **base básica fundamental**".

☞ Google: 568 000 resultados de "base fundamental"; 441 000 de "la base fundamental"; 281 000 de "bases fundamentales"; 198 000 de "las bases fundamentales"; 149 000 de "una base fundamental"; 30 100 de "base básica"; 16 500 de "esa base fundamental"; 3 990 de "bases básicas". ☒

47. *¿bastante excelente?*

Una de las tantas "metereólogas" que salen en la televisión y a quienes los productores y conductores del programa les indican que se pongan invariablemente de perfil, para que contemplemos sus prominentes implantes, informa que el clima en la ciudad de México estará "bastante excelente". ¿Puede estar algo "bastante excelente"? Veamos. "Excelente" es adjetivo (del latín *excellens, excellentis*) cuyo significado es "que sobresale por sus óptimas cualidades" (DRAE). El adjetivo "óptimo" (del latín *optĭmus*) se aplica a lo "sumamente bueno o que no puede ser mejor" (DRAE). En consecuencia, no hay nada que pueda ser "bastante excelente" si ya es "excelente", pero ni las "metereólogas" ni muchas otras personas lo saben; de ahí que digan y escriban "bastante excelente", redundancia que se usa porque se ignora también que el adjetivo "bastante" significa que basta, que es suficiente o numeroso o abundante. Lo que es "excelente" ya es "óptimo", y si lo es ya no puede ser mejor. Entonces, lo diga quien lo diga, "bastante excelente" es un disparate.

No sólo es desbarre del habla, sino también de la escritura, y está lo mismo en publicaciones impresas que en internet. Justamente un internauta escribe lo que sigue:

♀ "Como las computadoras son una de mis cosas favoritas, el poder combinar mi creatividad con mi amor por la tecnología es **bastante excelente**.

Quiso decir que combinar su creatividad con su amor por la tecnología le resulta ☝ **excelente**, y punto.

✎ He aquí otros ejemplos de esta barbaridad redundante: "la privacidad es **bastante excelente**", "la ubicación estaba **bastante excelente**", "un programa **bastante excelente**", "sabemos que él es **bastante excelente**", "particularmente me pareció **bastante excelente** y de mucha utilidad", "en Didáctica Universitaria es **bastante excelente**", "chistes **bastante excelentes**", "disposiciones **bastante excelentes**", "tiene algunas **bastante excelentes** críticas".

☞ Google: 54 200 resultados de "bastante excelente"; 4 310 de "bastante excelentes". ☒

48. *¿bato?, ¿vato?*

El DRAE tiene dos entradas para el sustantivo masculino "bato". La primera (de origen incierto) se refiere al "hombre tonto, o rústico y de pocos alcances". (Con ella coincide María Moliner en su *Diccionario de uso del español.*) La segunda (del caló *bato*) designa al "padre", justamente el significado que encontramos en el *Diccionario del argot español* (1994), de Víctor León, quien lo remite al argot de los marginados. El *Diccionario del español usual en México* añade a estas acepciones las de "persona", "muchacho", "joven" y, más específicamente, "persona digna de confianza" (pero cabe precisar que, en todo caso, será *digna de confianza* pero entre sus iguales, es decir entre batos). Por su significado tan preciso, carece de femenino. Ejemplo: *Me encontré con ese* ***bato*** *y me pareció muy buena onda; No te fíes de ese pinche* ***bato****; puede ser bien ojete; ¿Qué hay,* ***bato****, cómo estás?* Sus sinónimos pueden ser "amigo", "carnal", "compañero", "compinche", "cuate", "ñero" (de compañero), "morro", "tipo" y otros más del español coloquial en México. Pero el término también admite el sentido contrario: "bato" puede ser "adversario", "enemigo", "rival". Ejemplo: *Ese pinche* ***bato*** *culero me la pela.* La grafía "vato", que algunos defienden empeñosamente con el argumento de que proviene de "chi**vato**" (soplón, en el ambiente del hampa), es errónea. No hay elementos filológicos al respecto. Se trata de una simple suposición entre quienes necean con el uso de la "v" en lugar de la "b" por el solo hecho de así preferirlo. "Vato" es un término que no registra el DRAE pero, más allá de esto que puede ser irrelevante (si tomamos en cuenta las muchas cosas que no registra el diccionario académico), se trata de una falta ortográfica, por ignorancia, de quienes jamás se informan sobre el origen de las palabras.

Siendo término del español coloquial en México y de ciertos sectores marginales (como bien lo advierte Víctor León, para el caso de España), no puede esperarse que los "batos" sean muy rigurosos en su ortografía. Por ello, cuando representan gráficamente su habla, escriben, erróneamente, "vato". En el diario *El Universal* leemos el siguiente encabezado:

☟ "¿López Dóriga ya renunció?... Me la peló el **vato**: Marcos Martínez".

Obviamente, el error no es del declarante, sino del diario que hace la representación gráfica del habla. Debió escribirse:

☝ Me la peló el **bato**.

✎ He aquí otros ejemplos del mal empleo de la grafía de dicho término: "inicia la producción de la serie ***El Vato***", "la serie ***El Vato*** se estrenó el mes pasado", "el **Vato** González", "El Dasa nos cuenta cómo vivió el éxito de ***El Vato***", "el **vato** jalapeño", "canciones completas de ***El Vato***", "ese **vato** loco", "esos **vatos** locos", "**vatos locos** película completa", "pinches **vatos** presumidos", "pinches **vatos** ya no digan mamadas", "pinches **vatos** amarrense a la vida y los zapatos", "pinches **vatos** pendejos".

☞ Google: 7 110 000 resultados de "vato"; 3 400 000 de "vatos". ☒

☞ Google: 25 900 000 resultados de "bato"; 1 080 000 de "batos". ☑

49. *¿beber líquidos?*

La acepción principal del verbo intransitivo "beber" (del latín *bibĕre*) es "ingerir un líquido". Ejemplo: ***Beber** agua en exceso es perjudicial para la salud.* Una de sus acepciones específicas se refiere a "ingerir bebidas alcohólicas" (DRAE). Ejemplo: ***Beber** en exceso es dañino para el hígado.* Por el contexto y la intención, en este ejemplo se sobreentiende que el verbo "beber" se refiere a ingerir bebidas alcohólicas. Está también el sustantivo masculino "beber", como la acción de ingerir un líquido. Ejemplo: *El **beber** todo el día gaseosas lleva a muchos a la tumba.* Si, por definición, "beber" ya significa ingerir un "líquido" (del latín *liquĭdus*), sustantivo y adjetivo que "se aplica al estado de las sustancias que, como el agua, no tienen forma propia y se adaptan a la cavidad que las contiene" (DUE), entonces es un disparate redundante decir y escribir "beber líquidos". Lo correcto, en todo caso, para evitar este dislate, es decir y escribir "ingerir o tomar líquidos", pues el verbo transitivo "ingerir" (del latín *ingerĕre*) tiene un significado más amplio: "introducir por la boca la comida, bebida o medicamentos", en tanto que el verbo transitivo "tomar" tiene como una de sus acepciones "comer o beber".

"Beber líquidos" es una redundancia de quienes ignoran que el verbo "beber" ya conlleva el concepto "líquido". Es abundante en los ámbitos clínicos, médicos y nutricionales, pero se ha extendido al idioma en general, lo mismo en el habla que en la escritura. Sus evidencias escritas aparecen tanto en las publicaciones impresas como en internet. En el portal del Fondo de la Naciones Unidas para la Infancia (Unicef) leemos lo siguiente:

☟ "Algunas personas piensan que **beber líquidos** puede empeorar la diarrea".

Lo correcto es decir y escribir que

👍 equivocadamente, algunas personas piensan que **ingerir líquidos** puede empeorar la diarrea.

✎ He aquí otros ejemplos de esta redundancia que se produce, básicamente, por ignorar la definición del verbo "beber" y a causa de no abrevar nunca en las fuentes del diccionario: "efectos de **beber líquidos** fríos", "cuidado con **beber líquidos** muy fríos", "la importancia de **beber líquidos** durante el periodo de lactancia", "procurar **beber líquidos** suficientes", "**beber líquidos** muy calientes causa cáncer", "la importancia de **beber líquidos**", "**beber líquidos** es una necesidad orgánica", "la verdad sobre **beber líquidos**", "**beber líquidos** reduce los riesgos de piedras en el riñón", "**beber líquidos** aunque no se tenga sed", "es importante **beber líquidos**", "**beber muchos líquidos** puede generar múltiples males".

☞ Google: 154 000 resultados de "beber líquidos". ☒

☞ Google: 130 000 resultados de "tomar líquidos"; 128 000 de "ingerir líquidos". ☑

50. *begoña* no es lo mismo que *begonia*

En español, "Begoña" (con "ñ") es nombre propio femenino de origen vasco, proveniente de la Virgen de Begoña, patrona de Vizcaya (en el buscador de Google hay más de diez millones de resultados del sustantivo propio "Begoña") y es también el nombre de un distrito administrativo de Bilbao, también en España. Proviene del latín *Vecunia*, nombre latino original del primer asentamiento que hoy ocupa Begoña. Ejemplos: *El 11 de octubre es el día de Nuestra Señora de* ***Begoña***; *Vanessa Huppenkothen acusa a* ***Begoña*** *Narváez de buscar hombres casados*. En cambio, "begonia" (con "n") es el sustantivo común de una planta originaria de América cuyas flores son muy apreciadas no sólo por su belleza sino también por su sabor, pues son comestibles en la llamada alta cocina. Este sustantivo femenino proviene del francés *bégonia*, derivado del nombre del gobernador francés de Santo Domingo, M. Bégon, promotor de la botánica americana. De ahí el adjetivo "begoniáceo" ("perteneciente a la begonia"). Es por tanto un barbarismo decir y escribir "begoña" al referirse a la planta y a la flor cuyo nombre correcto es "begonia".

Internet es el paraíso de este barbarismo que suele pasar inadvertido. En una página de botánica se describe:

👎 "la parte interior de una flor de **begoña**"

Obviamente, lo que se desea describir es:

👍 el interior de una flor de **begonia**.

✎ En internet todo el tiempo se habla y se escribe de "cómo cuidar una **begoña**", "mis **begoñas**", "ramo de **begoñas**", "plantar **begoñas**", "variedad de **begoñas**", etcétera, pero a lo que se quieren referir los internautas es a las "begonias". En el municipio mexicano de San Miguel de

Allende (en el estado de Guanajuato) hay una localidad que lleva por nombre **Flores de Begoña**. Quienes así la bautizaron debieron consultar antes el diccionario, pues la localidad tendría que llamarse propiamente **Flores de Begonia**, pues es seguro que nada tiene que ver con el topónimo vasco **Begoña**.

☞ Google: 155 000 resultados de "flor de begoña"; 43 500 de "flores de begoña"; 25 700 de "begoñas". ☒

51. *¿Belem?, ¿Belém?, ¿Jerusalem?, ¿Jerusalém?, ¿Matusalem?, ¿Matusalém?*

En español, los nombres propios de lugares y de personas "Belén", "Jerusalén" y "Matusalén" se escriben con "n" final y con tilde en la última sílaba, puesto que son palabras agudas. Es un error escribirlos con "m" final y es doble yerro añadirles la tilde en la última sílaba, pues en nuestro idioma las palabras agudas terminadas en "m" no requieren tildarse: son los casos de "Balam", "islam" y "harem", pero no así los de "álbum", "médium", "quórum", "referéndum", "réquiem", "tándem", "tótem" y "ultimátum", que llevan tilde en la penúltima sílaba por tratarse de palabras llanas o graves. Excepcional es la admisión de la doble grafía para "harem" y "harén" ("conjunto de mujeres que viven bajo la dependencia de un jefe de familia, entre los musulmanes"): ambas correctas; pero los topónimos "Belén" y "Jerusalén" no admiten en español las grafías "Belem" ni "Jerusalem", ni el nombre propio bíblico de persona "Matusalén" admite la grafía "Matusalem". Es verdad que la variante "Belem" (e incluso "Belém") suele usarse como nombre propio de persona y, con ello, sustraerse, en parte, a las reglas gramaticales, pero esto se origina también del barbarismo de escribir con "m" final el topónimo que sólo es correcto en portugués (*Belém*, capital del estado brasileño de Pará), idioma en el que también es correcta la grafía "Matusalém". En español, la ciudad palestina se llama "Belén" del mismo modo que se llama "Jerusalén" y no "Jerusalem" la ciudad que se encuentra a unos pocos kilómetros de "Belén". La grafía *Jerusalem* (pronunciada, aproximadamente, *yerúsalem* o *yerúsalim*) es propia del inglés.

Estos yerros abundan en internet y en las publicaciones impresas, y son propios de personas que jamás dudan de lo que están diciendo o escribiendo. Por supuesto, también la publicidad influye. Un conocido ron cuyo eslogan es "vivir más es imposible" lleva la denominación:

☞ "**Matusalem**".

En correcto español debió ser:

☞ **Matusalén**, puesto que se refiere al personaje bíblico (hijo de Enoc, padre de Lamec y abuelo de Noé) que vivió 969 años, según la historia bíblica. Por cierto, Matusalén no es el único gran longevo bíblico, pues en el Génesis leemos que Jared vivió 962 años, Noé 950, Adán 930 años, Set 912, Cainán 910 y Enós 905.

✐ He aquí otros ejemplos de estas erróneas grafías en español: "¿quién fue **Matusalem**?", "el ron **Matusalem** y su historia" (se creó en 1872 en Santiago de Cuba, y los hermanos españoles Benjamín y Eduardo Camp, así como su socio Evaristo Álvarez, quienes lo lanzaron al mercado, sabían mucho de destilados de caña, pero muy poco de historia y ortografía), "edición limitada de **Matusalem** Gran Reserva", "el **Matusalém** de Sevilla", "eso es más viejo que **Matusalém**", "ese cuento es más viejo que **Matusalém**", "sonido de trompetas en **Jerusalem**", "un día de mercado en **Jerusalem**", "hoteles en **Jerusalem**", "visita **Jerusalém**", "templo sagrado en **Jerusalém**", "pasteles de **Belem**", "la antigua Cárcel de **Belem**", "los mejores sitios que ver en **Belém**", "la estrella de **Belém**", "Papelera Estrella de **Belém**", "fenómeno natural conocido como Estrella de **Belém**", etcétera.

☞ Google: 1 230 000 resultados de "Matusalem"; 396 000 de "en Jerusalem"; 386 000 de "en Jerusalém"; 181 000 de "en Belém"; 85 100 de "ir a Jerusalém"; 64 800 de "ir a Jerusalem"; 61 400 de "Matusalém" (sólo en español); 47 500 de "estrella de Belem"; 28 100 de "estrella de Belém"; 13 200 de "viajar a Belém"; 13 100 de "viajar a Belem". ☒

☞ Google: 41 300 000 resultados de "Belén"; 10 900 000 de "Jerusalén"; 212 000 de "Matusalén". ☑

52. *¿belleza estética?*

¿Es posible que exista una belleza que no sea estética? Hay quienes creen que sí, puesto que suelen utilizar la redundancia "belleza estética". Pero se trata justamente de esto, de una redundancia y, además, de una falta de lógica. Veamos por qué. "Bello" (del latín *bellus*) es adjetivo que califica a aquello que "por la perfección de sus formas, complace a la vista o al oído y, por extensión, al espíritu" (DRAE). Ejemplo: *Cuán **bello** era mi pueblo antes de que el Fonatur le partiera la madre*. De ahí el sustantivo femenino "belleza": "cualidad de bello", y "persona o cosa notable por su hermosura". Ejemplo: *La **belleza** de mi tierra natal fue arrasada por los gobernantes y empresarios que sembraron hoteles y negocios por todos lados (para turistas gringos descerebrados)*. En cuanto al término "estética", forma femenina del adjetivo "estético" (del latín moderno *aestheticus* y éste del griego *aisthētikós*), su principal acepción es la siguiente: "perteneciente o relativo a la estética, disciplina que estudia la belleza" (DRAE). Ejemplo: *Las ideas **estéticas** en la obra de Octavio Paz* (típico título para una tesis de grado). Otra acepción, que es la que más nos importa en este caso, es la siguiente: "perteneciente o relativo a la percepción o apreciación de la belleza" (DRAE). Ejemplo: *El placer **estético** nos llena de satisfacción*. Por todo lo anterior, es obvio que la belleza siempre es estética y que la estética remite invariablemente a la belleza, y en este sentido es una tontería culta decir y escribir "belleza estética" puesto que no hay forma de que la belleza no sea estética (aun en la representación de lo grotesco) ni de que ésta no aluda a la belleza, pues sería tanto como admitir que puede haber algo (una mujer, un paisaje, una obra de arte) que tiene una belleza horrible o, peor aún, de la chingada.

Por supuesto, es un disparate culto que se ha extendido a todos los ámbitos y que encontró su hogar en los salones de afeites y maquillaje. Abunda en publicaciones impresas y superabunda en internet. En el libro *Historia de la estética*, del filósofo polaco Tatarkiewicz, leemos lo siguiente:

♡ "la palabra *kalós* tenía un sentido muy amplio y de variados matices y significaba no sólo la **belleza estética** sino también la moral así como todo lo que debía ser reconocido como digno de admiración".

Quiso decir y escribir el autor (o quisieron decir y escribir los traductores del libro) que la palabra griega *kalós* (bello o hermoso, generalmente con connotación erótica) ♢ significaba no sólo la **belleza** sino también la moral, etcétera.

✐ He aquí más ejemplos de esta redundancia muy culta: "la **belleza estética** tolera nuevos adjetivos", "**belleza estética**: un mundo de posibilidades", "procedimientos y tratamientos de **belleza estética**", "la **belleza estética** en el desamparo", "el concepto de **belleza estética**", "la **belleza estética** se logra de múltiples formas", "**belleza estética** o estupidez socializada", "la **belleza estética** de la marabunta", "realismo social pero sin renunciar a la **belleza estética**", "salud y **belleza estética**", etcétera.

☞ Google: 495 000 resultados de "belleza estética". ☒

53. *¿berga?, ¿vergante?*

"Berga" tiene un solo significado en el idioma español: es nombre propio del municipio de la provincia de Barcelona, en Cataluña, y capital de la comarca del Berguedá, en España. (El escritor Ramón Vinyes, exiliado en Colombia, en el cual se inspiró Gabriel García Márquez para su personaje del *sabio catalán* de *Cien años de soledad*, era natural de Berga.) "Verga", en cambio, es sustantivo común (demasiado común) que significa "vara, percha, palo largo, mástil de las embarcaciones" y, muy específicamente, "pene o miembro viril". Proviene del latín *virga*: "bastón, vara, rama y fusta o látigo". Puede ser también apellido de persona, especialmente en Italia. Uno de los más grandes escritores italianos es Giovanni Verga (1840-1922). También un notable psiquiatra y neurólogo italiano lleva este ilustre apellido: Andrea Verga (1811-1895). Y no falta su uso como topónimo: Verga es una localidad en el estado de Marañón, en Brasil; y Vergas, otra en el condado de Otter Tail, en el estado de Minnesota, en Estados Unidos. Lo cierto es que el barbarismo "berga", que hoy se utiliza muy ampliamente para referirse a la "verga", pertenece a la escritura de bergantes (pícaros, sinvergüenzas) que no paran de mentar "vergas" sin saber siquiera su muy elemental ortografía. Paradójicamente, deben ser los mismos, o sus pares, que escriben "vergante" en lugar del correcto sustantivo "bergante" (del gótico *brĭkan*: "golpear, pelear"): "persona pícara o sinvergüenza". Si usaran la lógica (que no conocen), de la errónea grafía "berga" tendrían que derivar la correcta grafía "bergante".

"Berga", para referirse al pene, es un barbarismo escrito que ha encontrado su paraíso en internet. Y es el mismo caso de "vergante" en lugar del correcto "bergante". En las redes sociales todo es "berga" y, al nombrarla, nadie quiere quedarse atrás, con la tan desatinada "b" que la falsea. Y no falta quien dice que "berga" se escribe con "b" de burro por obvias razones que no es indispensable explicar. Un bergante (que no "vergante") le manda el siguiente mensaje a otro:

☟ "Súbete a la **berga** y vete mucho a la chingada".

Obviamente, le quiso decir:

☝ móntate en la **verga** y vete mucho a la chingada.

✎ Tampoco esperemos que personas tan finísimas se preocupen por cuidar su ortografía si ni siquiera cuidan su lengua. El hecho es que la "berga" se ha convertido en ama y señora de los diálogos en internet. "A la **berga** con los sentimientos", dice uno, y otro le responde: "¡Vete a la **berga**!". Otro más presume, sin que nadie le pregunte: "Yo también tengo la **berga** como un caballo". Una internauta aconseja a otra: "¡Ya mándalo mucho a la **berga**!". Y uno que se las da de erudito afirma: "Da pena ese pinche **vergante**". Otro aconseja: "No contestes las preguntas de esos **vergantes**". Y alguien más, en Facebook, conmina filosóficamente a su adversario con la siguiente admonición: "¡Vete a la **berga** gateando y de reversa!" Si todos los "vergantes" que, en internet, se mandan a la "berga", realmente fueran a parar a la capital del Berguedá, ya no habría lugar para nadie en Berga.

☞ Google: 305 000 resultados de "la berga"; 128 000 de "¡a la berga!"; 77 700 de "les gusta la berga"; 69 000 de "váyanse a la berga"; 20 400 de "le gusta la berga"; 18 600 de "las bergas"; 17 000 de "me pelan la berga"; 14 900 de "bergotas"; 8 990 de "pura berga"; 8 230 de "le meto la berga"; 7 730 de "cara de mi berga"; 6 120 de "vete a la berga"; 5 130 de "bien bergas"; 2 430 de "un vergante". ☒

54. *bimensual* y *trimensual* no son lo mismo que *bimestral* y *trimestral*

Mucha gente no lo entiende, pero "bimensual" no es lo mismo que "bimestral". Basta con consultar el diccionario y con usar la lógica para comprender a la perfección esta diferencia. El adjetivo "bimensual" se aplica a lo "que se hace u ocurre dos veces al mes" (DRAE). Ejemplo: *Los empleados reciben su pago* ***bimensualmente***. Esto quiere decir que cobran cada catorce días ("catorcena") o cada quince días ("quincena"): dos veces al mes, invariablemente. Otro ejemplo: *En el trabajo tiene derecho a permisos* ***bimensuales***; lo cual indica que, aunque no sea en intervalos fijos o precisos, este derecho se cumple cuando la persona obtiene dos permisos en un mes: no más de dos, únicamente dos: de ahí el adjetivo "bimensual". El adjetivo "bimestral", en cambio, se aplica a aquello "que sucede o se repite cada bimestre" o lo "que dura un bimestre" (DRAE); es decir, cada dos meses, invariablemente. Ejemplos: *Esta es una revista* ***bimestral***; *En el trabajo tiene derecho a permisos* ***bimestrales***. Se trata, entonces, de un número cada bimestre, en el caso de la revista: seis números al año, y de un permiso cada dos meses, en el caso del trabajo: seis permisos al año, y no más de uno por bimestre. Por supuesto, quienes cobran por "catorcena" o por "quincena" en su trabajo lo dicen exactamente así y no se andan por las ramas afirmando que cobran "bimensualmente": dos veces por mes. Pero quienes suelen decir que publican una revista "bimensual" o "bimensualmente", casi con seguridad no saben el significado de este adjetivo y este adverbio, pues si lo supieran dirían simplemente que publican una revista "catorcenal" o "catorcenalmente", "quincenal" o "quincenalmente", cada catorce días o cada quince días: dos números al mes; 24 en un año. Lo más probable es que confundan el término "bimensual" con "bimestral" y supongan (porque nunca consultan el diccionario) que "bimensual" quiere decir cada dos meses. No, por favor, "cada dos meses" es el significado de "bimestral", y "cada tres meses" es el significado de "trimestral", no de "trimensual" que se aplica a lo que ocurre tres veces en un mes. En conclusión, una revista "mensual" es la que se publica cada mes (doce números en un año), y una "bimestral" es la que aparece cada dos meses, con cada bimestre (seis números en un año). Pero si hablamos y escribimos de "bimensual", debemos tener muy claro y preciso que es lo que ocurre dos veces en un mes, quizá en intervalos fijos (cada catorce o cada quince días), pero igualmente quizá también sin esa exactitud pero, de cualquier modo, dos veces en un mes: 24 veces en un año. Por ello es ilógico decir y escribir que una revista o una publicación es "bimensual"; lo lógico es decir y escribir que se trata de una publicación "catorcenal" o "quincenal". En toda esta confusión y en este embrollo que llevan a las personas a no saber distinguir entre "bimensual" y "bimestral, mucho tiene que ver la vieja Real Academia Española que, con absurdidad, define el adjetivo "bisemanal" lo mismo para lo "que se hace u ocurre dos veces por semana" que para aquello "que se hace u ocurre cada dos semanas". La anciana es incapaz de guiar con buen paso al hablante y escribiente si le da lo mismo esto que lo otro. Sería tanto como decir que "bisecar" es lo mismo que "disecar" o que "difamar" es lo mismo que "defecar". Lo cierto es que, cada vez que vemos que una revista se anuncia como "bimensual" no es porque aparezca dos veces por mes o 24 veces al año, sino cada dos meses, es decir "bimestralmente": seis veces al año. Aunque existe la posibilidad de que sea "bimensual" porque la hacen dos mensos. Hay quienes hablan y escriben también de publicaciones "trimensuales" en lugar de "trimestrales", por ignorancia y confusión: no saben que el adjetivo "trimensual" se aplica a lo que sucede o se repite tres veces al mes, en tanto que el adjetivo "trimestral" se refiere a lo que sucede o se repite cada tres meses (cada trimestre) y a lo que dura tres meses (un trimestre). Hasta personas del ámbito cultural yerran en esto. Por ejemplo, la revista literaria *Ultraversal* se anuncia en internet como

☹ "revista **bimensual** de literatura".

Sin embargo, su número uno es de julio y su número 2 corresponde a septiembre. Si fuese realmente "bimensual", únicamente entre julio y septiembre ya habría publicado seis números: dos por mes. Obviamente, no es "bimensual" sino

☺ **bimestral**.

✎ He aquí otros ejemplos de este desbarre culto: "Revista **bimensual** de orientación psicopedagógica, número 447, noviembre-diciembre de 1996", "Revista **bimensual** de propiedad intelectual", "Arma Blanca, revista **bimensual**", "El Público, revista **bimensual**", "Reflexión, revista **trimensual**", "Revista **trimensual** de bellas artes", "Revista **trimensual** de arte y fotografía", "Revista **trimensual** de filosofía", "Revista **trimensual** ArtexArte", etcétera.

☞ Google: 43 700 resultados de "revista bimensual"; 29 700 de "publicación bimensual"; 4 820 de "periódico bimensual"; 1 100 de "revista "trimensual"; 1000 de "publicación "trimensual". ☒

☞ Google: 1 400 000 resultados de "revista mensual"; 376 000 de "publicación mensual"; 297 000 de "revista trimestral"; 142 000 de "publicación trimestral"; 135 000 de "revista quincenal"; 106 000 de "revista bimestral"; 79 400 de "publicación bimestral"; 56 500 de "publicación quincenal"; 10 700 de "periódico trimestral"; 6 710 de "revista catorcenal"; 5 290 de "periódico bimestral"; 4 950 de "publicación catorcenal"; 2 290 de "libro-revista trimestral". ☑

55. *¿biscuit?, ¿bísquet?, ¿dona?*

El término inglés *biscuit* (pronunciado, aproximadamente, *bísket*) es un sustantivo que se traduce al español como "bizcocho", "bollo" o "galleta". De ahí, por calco y deformación, el mexicanismo "bísquet", sustantivo masculino que el *Diccionario del español usual en México* (1996) define del siguiente modo: "bizcocho que tiene forma de dos círculos superpuestos, más o menos gruesos, de sabor ligeramente salado, con un centro de la misma masa, a veces cubierto de huevo". De este mismo diccionario es el ejemplo: *Desayunamos* ***bísquets*** *con mermelada y café con leche*. Es obvio que, por influencia del inglés, el sustantivo *biscuit* dio como resultado nuestro "bísquet" (*biscotto*, en italiano), que no es otra cosa que un bollo o bizcocho, con ciertas características que nada tienen que ver con una galleta. Se trata de un pan redondeado, ni dulce ni salado, firme por fuera y suave por dentro, que usurpa la denominación genérica del *biscuit* inglés. Ya es una especial forma en la variedad del pan mexicano, y aunque se trata de un pochismo o adaptación gráfica de la voz inglesa *biscuit* (no incluido en el DRAE, pero sí en su hermanastro el *Diccionario panhispánico de dudas*) será imposible desterrarlo del español de México, pues ya tiene un sentido muy específico y una historia muy propia. Lo errado está en escribir "biscuit", voz inglesa, como si de un término en español se tratara, cuando perfectamente se puede traducir como "bollo" o "galleta". El caso del sustantivo femenino "dona", en el español de México, es parecido. El sustantivo inglés *doughnut* (pronunciado, aproximadamente, *dónat*), que significa "rosquilla", se adaptó gráficamente en México como "dona" (del mismo modo que los españoles adaptaron y adoptaron del inglés su "interviú"), pero ni el DRAE ni su hermanastro el *Diccionario panhispánico de dudas* lo registran ni, por supuesto, lo admiten. En México, no se habla de "rosquillas", se habla de "donas", porque incluso las "rosquillas" y las "roscas" (ambas, variedades de pan) son muy distintas a las "donas" en su significado inglés. Ejemplo: *Fulano de Tal se comió media docena de* ***donas***. Son chistosos los académicos madrileños: en España, menos de 47 millones de personas dicen y escriben "interviú" (del inglés *interview*, "entrevista"; pronunciado *ínterviu*), "jersey" (del inglés *jersey*, prenda de vestir, sudadera; pronunciado *yersi*) y "váter" (del inglés *water-closet*, inodoro, cuarto de baño; pronunciado *woderclóset*) y prestos y veloces incluyen, por supuesto, estos términos en el mamotreto de la RAE, pero en México más de 120 millones de mexicanos decimos y escribimos "dona" (del inglés *doughnut*, pronunciado *dónat*) para referirnos a cierto tipo de rosquilla (particularmente, la que engulle Homero Simpson), y también para nombrar un aditamento de tela, con la misma forma del pan, pero que sirve para fijar o atar el cabello, aunque quienes confeccionan el DRAE y el *Diccionario panhispánico de dudas* se hacen los desentendidos, en medio del silencio de los académicos mexicanos.

☞ Google: 106 000 resultados de "biscuit de frutas"; 72 000 de "biscuits de vainilla"; 53 800 de "biscuits de chocolate"; 27 000 de "biscuit de chocolate"; 17 200 de "receta de biscuits"; 11 800 de "recetas de biscuits"; 11 200 de "biscuit de fresa"; 9 520 de "biscuit de vainilla". ☒

☞ Google: 527 000 resultados de "una dona"; 387 000 de "las donas"; 218 000 de "dona de chocolate"; 99 800 de "donas de chocolate"; 33 400 de "donas de azúcar"; 26 400 de "donas de canela"; 24 800 de "dona para el cabello"; 21 600 de "deliciosas donas"; 17 700 de "donas de colores"; 17 400 de "donas para el cabello"; 17 300 de "donas de sabores"; 6 590 resultados de "bísquets"; 5 910 de "donas para el pelo"; 4 280 de "bísquet"; 4 120 de "dona para el pelo". ☑

56. *bisón* no es lo mismo que *visón*

El término "bisón" carece de significado en la lengua española, aun si con él se pretendiese nombrar al "bisonte" (del latín *bison, bisontis*, de origen germánico), sustantivo masculino que el DRAE define, hilarantemente, del siguiente modo: "bóvido salvaje, parecido al toro, con la parte anterior del cuerpo, hasta la cruz, muy abultada, cubierto de pelo áspero y con cuernos poco desarrollados". El diccionario *Clave* ofrece una definición menos cómica: "Mamífero rumiante bóvido, de cuerpo grande, robusto y más elevado hacia la cabeza, con cuernos pequeños y separados, con barba y con la frente y el cuello cubiertos por una larga melena". Ejemplo (del propio *Clave*): *Los **bisontes** eran la base alimenticia de los indios de las praderas.* Al bisonte americano también se le conoce como búfalo. Lo cierto es que aunque su nombre científico sea *Bison bison* (el americano) o *Bison bonasus* (el europeo), su nombre común en español es "bisonte" y no "bisón" ni "bison", aunque en el diario ecuatoriano *El Comercio* se salgan con la puntada, en un encabezado, de que "DiCaprio comió hígado de **bisón** crudo en su último papel". Lo que ocurre es que, en general, hablantes y escribientes del español suelen confundir al "bisonte" (que llaman "bisón") con el "visón" (del francés *vison*), nombre del "mamífero carnicero semejante a la nutria, de cuerpo alargado, patas cortas y color pardo oscuro, que habita en el norte de América y es apreciado por su piel" DRAE). Se llama también "visón" a la piel de este mamífero y a la prenda hecha con piel de visón. La homofonía entre el erróneo "bisón" y el correcto "visón" confunde a quienes creen que se hacen abrigos de "bisón", es decir de "bisonte" cuando, en realidad, aunque pudiesen hacerse, a lo que quieren referirse es a las prendas hechas con la muy fina piel de los "visones".

En internet hay miles de anuncios como el siguiente:

♀ "**Abrigo de bisón** auténtico".

En realidad lo que se quiere vender por medio de estos anuncios son:

☝ **abrigos de visón**, sean auténticos o no.

✎ He aquí otros ejemplos de este desbarre: "pensaba que el **abrigo de bison** era de piel de bisonte", "moda y belleza: **abrigos de bisón**", "**abrigo de bisón original**, de señora, "precioso **abrigo de bisón** talla 44", "**abrigo de bisón** de lomos de hembra", "**abrigo de bisón** y abrigo de lomos de nutria", "vendo precioso **abrigo de bisón** salvaje", "**abrigo de piel de bisón**", "hermoso **abrigo de piel de bison**", "estola de **piel de bisón** original", "cubrecama de imitación de **piel de bisón**", "**abrigo de piel de bisón** auténtico".

☞ Google: 48 200 resultados de "bisón"; 7 900 de "abrigo de bison"; 7 870 de "bisones"; 7 860 de "abrigo de bison"; 6 170 de "piel de bisón"; 4 540 de "piel de bison"; 2 880 de "abrigos de "bison"; 2 870 de "abrigos de bisón"; 1 850 de "pieles de bison"; 1 840 de "pieles de bisón". ☒

57. *bizarro: ¿extraño?, ¿extravagante?, ¿gallardo?, ¿ridículo?, ¿valiente?*

Los términos "bizarro" y "bizarría" poseen significados equívocos en la lengua española. Se trata de italianismos a los cuales se dio en español connotaciones siempre positivas o virtuosas, a pesar de que sus significados originales no tienen únicamente estas connotaciones, sino también otras de carácter irónico cuando no francamente burlesco o humorístico. Veamos. Según el DRAE, el adjetivo "bizarro" (del italiano *bizzarro*, "iracundo") significa "valiente, arriesgado" y también "generoso, lúcido, espléndido". Ejemplo: *Era un general muy* ***bizarro***. De ahí el sustantivo femenino "bizarría", con tres acepciones en el DRAE: "Gallardía, valor"; "generosidad, lucimiento, esplendor"; y, en la pintura, "colorido o adorno exagerado". Ejemplo: *El general mostraba mucha* ***bizarría***. De ahí el verbo intransitivo "bizarrear": ostentar bizarría, obrar con bizarría. Ejemplo: ***Bizarreando****, el general pasó revista a sus tropas*. De ahí también el adverbio "bizarramente": "con bizarría". Ejemplo: *El general arengó* ***bizarramente*** *a sus tropas*. El problema es que, en español, la generalidad de los hablantes y escribientes da un sentido irónico y burlesco a estos términos, dotándolos del carácter de extravagancia y ridiculez, entre otras connotaciones estigmáticas. Ejemplos: *Japoneses imitan a Maradona en un concurso muy* ***bizarro***; *Fue una fiesta muy loca y* ***bizarra***. Es obvio que en estos ejemplos no hay referencia alguna a valentía, gallardía, generosidad, lucidez y esplendidez. Mas no se equivocan estos hablantes y escribientes, pues en el *Diccionario italiano-español, spagnuolo-italiano*, el sustantivo femenino *bizzarría* se traduce como "extravagancia, rareza, capricho", en tanto que el adjetivo *bizzarro* tiene tres acepciones, traducidas al español del siguiente modo: "extravagante, raro, caprichoso, extraño"; "valeroso"; "iracundo, arrebatado". Siendo así, el sinónimo "valeroso" (o "gallardo") es secundario: en su primera acepción, como ya vimos, "bizarro" corresponde a "extravagante, raro, caprichoso o extraño", justamente como se utiliza con gran frecuencia en español, y por si fuera poco en la tercera acepción, la "iracundia" y el "arrebato" tampoco pueden considerarse de carácter positivo o virtuoso: son insensateces o faltas de templanza. Ahora bien, ¿por qué en español el diccionario académico no incluye estas connotaciones negativas perfectamente válidas (desde su origen) para "bizarramente", "bizarrear", "bizarría" y "bizarro"? Porque no se les pega la gana a los académicos madrileños y a sus hermanastros americanos y filipinos. Pero hay algo peor: ¿de dónde diablos salieron los adjetivos "generoso", "lúcido" y "espléndido" que valida el DRAE como sinónimos de "bizarro"? ¡De sus polainas!, porque incluso en inglés el adjetivo *bizarre* (pronunciación aproximada: *bizár*) equivale únicamente a "extraño, curioso, estrafalario y excéntrico". Y si nos vamos al francés, es lo mismo: el adjetivo *bizarre* (pronunciación: *bizár*) equivale a "raro o extravagante" y el sustantivo *bizarrerie* (pronunciación: *bizarrí*) se traduce simplemente como "extravagancia". Este recto significado es el que la Real Academia Española estigmatiza hoy en nuestra lengua. María Moliner, más avispada que los académicos madrileños, admite en su *Diccionario de uso del español* que este adjetivo tiene un carácter irónico, de "epíteto humorístico", dice, incluso cuando se califica con él a un militar, y valida las acepciones de "extravagante" y "sorprendente" sobre las cuales la

Real Academia Española pasa de noche. Ejemplo de la propia Moliner: *¡Bizarra idea!* La RAE no sólo es bizarra en el sentido más negativo, sino en especial neciamente bizarra. Y para que la cuña apriete tiene que ser de la misma necedad. En el "buscador urgente de dudas" de la Fundéu BBVA (orgullosamente "asesorada por la Real Academia Española") se afirma con similar necedad, terminantemente, que "*bizarro* no significa 'raro' sino 'valiente'". ¡Pues qué valientes o, más bien, qué osados! Ésta es la explicación que ese buscador de dudas le da a sus lectores: "La palabra *bizarro*, según el Diccionario académico, tiene dos acepciones tradicionales en español: por un lado, 'valiente', y por el otro, 'generoso, espléndido, gallardo, lúcido'. Sin embargo, en muchos medios de comunicación se ha extendido su uso con el sentido de 'raro, extraño, estrambótico o sórdido', que proviene de las acepciones francesa e inglesa del término *bizarre*." ¡Pues no! Ya vimos que el sentido de "raro, extraño, estrambótico o sórdido" no proviene necesariamente de las acepciones francesa e inglesa, ¡sino del término original italiano *bizzarro*, que es de donde lo adoptan todas las demás lenguas, incluida la española! (En lugar de investigar, los especialistas de EFE-Fundéu BBVA repiten lo que afirma la vieja RAE, ¡y además se enorgullecen de ello!) En conclusión, a despecho de la RAE y de su asesorada EFE-Fundéu BBVA, hay razones más que suficientes para legitimar en nuestra lengua el uso de "bizarro", "bizarría" y "bizarramente" con connotaciones negativas, irónicas y humorísticas, en el sentido de rareza, extravagancia, excentricidad y ridiculez, y de paso habría que regresarles a los académicos sus presuntos sinónimos "generoso", "lúcido" y "espléndido" para que hagan con ellos algo más útil que incluirlos en su mamotreto en la entrada correspondiente a "bizarro". Por lo demás, el uso de "bizarro" con equivalencia a "valiente" o "gallardo" ya prácticamente nadie lo usa, aunque los académicos madrileños aún no se hayan dado cuenta, del mismo modo que no se dan cuenta de muchísimas otras cosas. En el 99% de ocasiones que se utiliza este término tiene connotaciones negativas o irónicas. No nos dejemos impresionar por la supuesta autoridad de la Real Academia Española. En los siguientes ejemplos, las connotaciones irónicas de "bizarro", "bizarría" y "bizarramente" son del todo correctas: "*México **bizarro***", "Papá Noel nos muestra su lado más **bizarro**", "en defensa de lo **bizarro** y la **bizarría**", "arte tétrico y **bizarro**", "mundo **bizarro**", "fiesta **bizarra**", "la **bizarra** boda de Shia LaBeouf", "la fiesta más **bizarra**", "los diez deportes más **bizarros** y locos", "los 15 sucesos más **bizarros** en la historia", "los diez videos **bizarros** que se volvieron virales", "historias **bizarramente** paralelas", "una historia **bizarramente** idiota".

☞ Google: 2 160 000 resultados de "mundo bizarro"; 374 000 de "fotos bizarras"; 228 000 de "el más bizarro"; 219 000 de "imágenes bizarras"; 99 100 de "videos bizarros"; 84 000 de "los más bizarros"; 56 200 de "las más bizarras"; 36 600 de "momentos bizarros"; 21 000 de "tipos bizarros"; 18 000 de "la más bizarra"; 17 400 de "momento más bizarro"; 12 800 de "gente bizarra"; 10 900 de "momentos más bizarros"; 6 050 de "inventos bizarros"; 5 500 de "ideas bizarras"; 3 000 de "¡bizarra idea!"; 4 000 de "locos y bizarros". ☑

58. *blandir* no es lo mismo que *exhibir* o *mostrar*

A decir del DRAE, el verbo transitivo "blandir" (del francés *brandir*, espada) significa "mover con la mano algo, especialmente un arma, con movimiento trémulo o vibratorio". En su *Diccionario de uso del español*, María Moliner corrige a la RAE en cuanto a la etimología de la palabra, pues precisa que el francés *brandir* proviene de *brand*, "brasa" (y no "espada" u "hoja de espada") y ofrece una definición mucho mejor: "Sostener en la mano una cosa tal como un palo o un arma, agitándola o haciéndola vibrar en el aire, como amenazando con ella". Ejemplo: *Esa mañana, muy lozana, la toledana doña Ana* ***blandió*** *con mucha gana la macana*. Una segunda acepción del diccionario de la RAE es para los usos intransitivo y pronominal: "Moverse con agitación trémula o de un lado a otro", con la cual coincide Moliner, pero ni ella ni los académicos de la RAE ponen ejemplos. No tiene por qué asombrarnos que la definición del *Diccionario de la lengua castellana compuesto por la Real Academia Española* en 1770 haya sido mucho mejor, por más exacta, hace ya tantos años. Ahí leemos: "**Blandirse**: Moverse un cuerpo con agitación trémula a un lado y a otro". Y el ejemplo que da esta vieja edición es perfecto: *Un súbito relámpago* ***blandiéndose***. Todo esto demuestra que el diccionario de la RAE ha empeorado significativamente. El disparate, generalmente culto, que se comete con el verbo "blandir" es suponer que posee sinonimia con "exhibir" ("manifestar, mostrar en público") o "mostrar" ("manifestar o poner a la vista algo"). Con este sentido es un desbarre y un feo palabro, pues "blandir" nada tiene que ver con simplemente enseñar, exhibir o mostrar una cosa. Cabe decir que un antiguo verbo "blandir" (del latín *blandīri*), hoy en desuso, significaba "adular, elogiar o lisonjear". Ni el DRAE actual ni el DUE ponen ejemplo alguno, pero sí la edición de 1770 del diccionario de la RAE, en el que leemos: *Creeme tú Juan de Mena, no es oficio de buen servidor* ***blandir*** *al señor con mentirosos loores*. Con este ejemplo nos damos cuenta de que el "blandir" de origen francés nada tiene que ver con el "blandir" de origen latino. No hay modo siquiera de confundirnos con esto. Siendo así, ni siquiera cabe la posibilidad de que "blandir" ("agitar con la mano algo con movimiento trémulo o vibratorio") hubiese podido contaminarse, con el paso del tiempo, con el otro "blandir" ("adular, lisonjear"). Se trata simple y sencillamente de un barbarismo.

"Blandir", con el sentido de "mostrar", "exhibir" o "enseñar", es un disparate culto, y lo que exhibe es que hoy ni siquiera los escritores exitosos consultan el diccionario, pues podemos leer barbaridades como la siguiente, desde la segunda página del gran éxito literario *La sombra del viento* del novelista español Carlos Ruiz Zafón:

☹ "Insinuó mi padre **blandiendo una sonrisa** enigmática que probablemente había tomado prestada de algún tomo de Alejandro Dumas".

¿Blandiendo una sonrisa y además enigmática? Es una tontería. No hay modo de blandir una sonrisa. Ruiz Zafón debió escribir en correcto español:

☺ **mostrando una sonrisa.**

✎ Ante esto, yo leí veinte páginas más de este libro tan desaseado, que trae cosas como "bien venido" y "a mis ojos de diez años", entre otras muchas zonceras, y lo abandoné para siempre. Hay que imaginar de qué modo se puede "blandir" una sonrisa o una expresión, y hay hasta quienes hablan y escriben de "blandir" sus dientes. Esto sí es algo digno del Museo de Ripley. He aquí otros ejemplos de este desbarre de escritores: "Eleanor **blandió una sonrisa**", "**blandió una sonrisa** de desprecio", "ella **blandió una sonrisa** pícara", "la chica **le blandió una sonrisa**", "el hecho de **blandir una sonrisa** logra el muy loable objetivo de mejorar notablemente la comunicación entre personas", "debe **blandir una sonrisa**", "quiero **blandir una sonrisa** precisa", "podemos **blandir una sonrisa** de cortesía", "**blandiendo una sonrisa** en la que ella se perdió", "acudía a mi encuentro **blandiendo una sonrisa**", "se me acercaban **blandiendo una sonrisa**", "**blandiendo una sonrisa** amarilla y mellada", "**blandiendo una sonrisa** encantadora", "**blandiendo mi risa** sin miedo", "**blandí una sonrisa** pequeña" y, lo peor, "qué os pongo, dijo **blandiendo los dientes**". En cambio, lo mismo Apollinaire, autor de *Las once mil vergas*, que su traductor al español sabían usar el verbo "blandir" para aplicar la acción a otra parte del cuerpo. Leemos ahí: "El príncipe **blandió su enorme verga**, gritando". Aunque sin duda exagera el autor, hay cosas que se pueden blandir, pero, definitivamente, entre ellas no están ni la sonrisa ni la risa ni los dientes. En el caso de los novelistas, poetas, ensayistas, dramaturgos, etcétera, hay que ser de veras muy malos escritores para suponer que "blandir una sonrisa" o "blandir los dientes" constituyen afortunadas *fanopeas* (recurso retórico que consiste en la capacidad de crear imágenes a través de las palabras). En cambio, como lo supo Apollinaire, "blandir la verga" (en caso de que tenga el suficiente tamaño para blandirla) puede ser un símil muy afortunado con la imagen de blandir una espada, un tolete, un garrote, un bastón, un machete o algo por el estilo. Muchos escritores, incluso aquellos o especialmente aquellos que triunfan en el ámbito editorial y venden cientos de miles de ejemplares, no sólo necesitan consultar de vez en cuando el diccionario de la lengua, sino también volver a la escuela primaria. En tanto esto no ocurra, los lectores deberán acostumbrarse a que sigan blandiendo su sonrisa… y su ignorancia.

☞ Google: 21 300 resultados de "blandiendo una sonrisa"; 2 470 de "blandir una sonrisa". ☒

59. *¿bono extra?, ¿prima extra?*

En español, el sustantivo masculino "bono" tiene tres acepciones principales de acuerdo con el DRAE: "Tarjeta o medalla que puede canjearse por comestibles u otros artículos de primera necesidad, y a veces por dinero"; "tarjeta de abono que da derecho a la utilización de un servicio durante cierto tiempo o un determinado número de veces"; en economía, "título de renta fija emitido por una empresa privada o por una institución pública". Ejemplos: *En su trabajo le dieron un* ***bono*** *para canjearlo por productos comestibles; Su* ***bono*** *le permite únicamente usar el transporte público no concesionado; Los* ***bonos*** *emitidos por el gobierno están respaldados por el tesoro general de la nación.* En México y en otros países hispanohablantes, el término "bono" se sustituye por su sinónimo "abono" de acuerdo con la segunda acepción del DRAE para ese sustantivo, pues "abono" es, también, "documento, resguardo o conjunto de entradas que acreditan el derecho que tiene a hacer uso de un servicio quien está abonado a él" (DRAE). Ejemplo: *Adquirió un* ***abono*** *para toda la temporada taurina en la Plaza México.* Todo lo anterior tiene sentido. El problema se da cuando el término "bono" sustituye al sustantivo masculino "bonus" (del inglés *bonus*, y éste del latín *bonus*: bueno) cuya única acepción es la siguiente: "Prima vinculada, en el ámbito económico o empresarial, al logro de determinados objetivos" (DRAE). Ejemplo: *Obtuvo un* ***bonus*** *por su eficiencia en el trabajo.* Lo cierto es que, en español, casi nadie dice y escribe "bonus" con este significado, sino simplemente "bono". Quizá la Real Academia Española no se ha dado cuenta de ello, afanada como está en fatigar los ambientes de la farándula a fin de incluir zarandajas en su diccionario. Lo malo de esto es que, a partir del término "bono" (como sinónimo de "bonus"), se ha generado la redundancia "bono extra", a pesar de que un "bonus" es, por definición, extraordinario. Veamos por qué. Si "bonus" es sinónimo de "prima", todo "bonus" es "extra", pues el sustantivo femenino "prima" es la "cantidad extra de dinero que se da a alguien a modo de recompensa, estímulo, agradecimiento, etc." (DRAE). Ejemplo: *Le dieron una* ***prima*** *muy buena por su eficiencia en el trabajo.* (Y, por cierto, esa prima tan buena no era la hija de su tía o de su tío, sino otro tipo de prima igualmente muy buena.) El DRAE debería incluir en la entrada correspondiente a "bono" la acepción que hoy incluye exclusivamente en "bonus". Esto permitiría saber a los hablantes y escribientes del español que "bono" y "prima" son sinónimos y que, por tanto, no hay prima (con este sentido) ni "bono" (con esta acepción) que no sean "extras". Si tanto la "prima" como el "bono" significan "cantidad extra de dinero", resulta claro que decir y escribir "bono extra" y "prima extra" es incurrir en horribles redundancias.

Los académicos madrileños y sus parientes de América y Filipinas tal vez estén esperando jugosos "bonos" o jugosas "primas" para ponerse a trabajar en serio. En tanto eso ocurre, los hablantes y escribientes siguen dándole vuelo a la redundancia con el "bono extra" y la "prima extra" que llenan las páginas de internet y saturan las publicaciones impresas. Así, en la sección deportiva del diario argentino *La Nación* leemos que

☞ "Smarty Jones consiguió varios triunfos en uno ayer, al imponerse en el Derby de Kentucky ante Lion Hart. Además de ganar la más célebre carrera de los Estados Unidos, se mantiene invicto en siete actuaciones y obtuvo un **bono extra** de 5 millones de dólares".

La sintaxis es horrorosa: "consiguió varios triunfos en uno ayer" (más bien, *consiguió ayer varios triunfos en uno*); "al imponerse ante Lion Hart" (más bien, *al imponerse a Lion Hart*). Pero lo peor es lo del "bono extra". Por supuesto que es "extra" si es "bono". El redactor quiso decir y escribir que el propietario de Smarty Jones (éste es el nombre de un caballo de carreras):

☞ obtuvo un **bono** de cinco millones de dólares por los triunfos del equino.

✎ He aquí otros ejemplos de esta redundancia: "aceptan proyectos con el **bono extra**", "retiran propuesta de **bono extra**", "tendrá un **bono extra** por su victoria", "benefician a ferrocarrileros con **bono extra**", "piden un aumento del 39% y un **bono extra**", "pagarán un **bono extra** a empleados municipales", "**bonos extras** a jugadores de Chivas si ganan", "no habrá **bonos extras** ni autos para maestros en Querétaro", "Google pagará **bonos extras** a sus empleados gays" (siendo así, todos dirán que lo son), "piden a diputados regresar **bonos extras**", "iniciativa ciudadana para eliminar **bonos extra** de los diputados", "renuncian a **bonos extra**", "Pumas tendrá una **prima extra** si vence al América", "la plantilla del Barça arrancó una **prima extra** por el triplete", "**prima extra** de Ranieri por salvar al equipo", "**prima extra** de 300.000 euros para los jugadores del Barça", "el Madrid se inventa un partido para justificar la **prima extra**", "**primas extra** para la plantilla", "TVE favoreció a una empresa de medios con **primas extra**", "una empresa desde que se creó ha pagado **primas extra**".

☞ Google: 121 000 resultados de "bono extra"; 47 400 de "bonos extras"; 32 300 de "bonos extra"; 27 800 de "prima extra"; 4 640 de "primas extra"; 2 440 de "primas extras". ☒

60. *¿buen sabor de boca?, ¿mal sabor de boca?*

"Dejar algo mal sabor de boca a alguien" es una locución verbal que el DRAE define del siguiente modo: "Dejar un mal recuerdo o producir un disgusto, por haber sido triste, desagradable, etc." Parecida es la definición de María Moliner en el DUE: "Dejar una cosa mal sabor de boca a alguien: Dejarle un disgusto íntimo por haberla hecho o dicho, por haber ocurrido o por la manera de ocurrir". Ejemplo: *Aquella primera experiencia le dejó un muy **mal sabor de boca**.* De algún modo se emparienta con el sustantivo masculino "sinsabor" (en una sola palabra): "disgusto", "impresión causada en el ánimo por una pérdida material o moral" (DUE); "pesar, desazón moral, pesadumbre" (DRAE). Ejemplo (del *Diccionario panhispánico de dudas*): *Pronto conoció el **sinsabor** de la derrota.* Ni el DRAE ni el DUE ni el *Panhispánico de dudas* consignan la locución contraria: "Dejar algo buen sabor de boca a alguien". No hay explicación al respecto, pero resulta obvio que casi toda palabra o expresión admite su antónima y, en este caso, tiene entera lógica si con dicha locución se da a entender que el recuerdo es feliz y agradable. Ejemplo: *Su amabilidad me dejó un* ***buen sabor de boca***. Ahora bien, tanto la una como la otra, lo mismo la admitida por el DRAE que la no registrada, son expresiones pleonásticas, semejantes a "lo vi con mis propios ojos". El sustantivo masculino sabor (del latín *sapor, sapōris*) se define como la "sensación que ciertos cuerpos producen en el órgano del gusto" y la "impresión que algo produce en el ánimo" (DRAE). Siendo así, es obvio que si el sabor se experimenta en la boca es innecesario acompañar las expresiones "mal sabor" y "buen sabor" con el sustantivo femenino "boca": "cavidad donde están colocados la lengua y los dientes" y lugar donde se localiza el sentido del gusto. Si algo tiene mal sabor o buen sabor, lo sabemos por medio de la boca y, especialmente, de las papilas gustativas que tenemos en la lengua. De ahí el adjetivo "sabroso" (del latín *saporōsus*): "sazonado y grato al sentido del gusto; deleitoso, gustoso, deleitable al ánimo" (DRAE). Ejemplos: *La comida estuvo muy* ***sabrosa***; *Cogimos muy* ***sabroso***. Más aún: si la locución verbal "dejar algo mal sabor de boca a alguien" se define como dejar un mal recuerdo o producir un disgusto, estrictamente este mal sabor ni siquiera es de boca sino de ánimo, y siendo así es un doble disparate, ya sea que lo admita o no el DRAE. Con la expresión "mal sabor de boca" no se alude ni siquiera a un desagradable alimento, sino a un lamentable estado de ánimo. Resulta claro que ya no es posible evitar estas expresiones, estén legitimadas o no por la RAE. La gente las seguirá utilizando, pero en lugar de decir y escribir que algo nos ha dejado con un **mal sabor de boca** o con un **buen sabor de boca**, es más que suficiente decir y escribir un **mal sabor** o un **buen sabor** y punto; porque, además, como ya vimos, ese sabor ni siquiera es de boca, sino de ánimo. Algún día la Real Academia Española tendrá que ocuparse de este tema, en vez de andar perdiendo el tiempo en zarandajas.

☞ Google: 38 500 resultados de "dejó un mal sabor de boca"; 11 700 de "me dejó un mal sabor de boca"; 7 310 de "dejar un mal sabor de boca"; 3 450 de "dejaron un mal sabor de boca"; 2 940 de "dejan un mal sabor de boca".

☞ Google: 84 300 resultados de "deja un buen sabor de boca"; 73 100 de "dejó un buen sabor de boca"; 62 800 de "me dejó un buen sabor de boca"; 48 800 de "dejar un buen sabor de boca"; 38 900 de "les dejó un buen sabor de boca"; 28 200 de "le dejó un buen sabor de boca"; 24 400 de "dejan un gran sabor de boca"; 14 400 de "nos dejó un buen sabor de boca"; 13 200 de "dejó un gran sabor de boca"; 11 200 de "deja un gran sabor de boca".

61. *¿bufé?, ¿bufet?, ¿bufete?*

El término francés *buffet* posee dos adaptaciones gráficas válidas en español: "bufé" y "bufet", sustantivos masculinos que se refieren a la "comida compuesta de una diversidad de alimentos fríos y calientes, dispuestos a la vez sobre una o varias mesas, y ofrecidos generalmente en hoteles y actos sociales" (DRAE). En España es más habitual "bufé", mientras que en México se prefiere "bufet". Ejemplos: Sirvieron *un **bufé** de comida internacional*; *Les sirvieron un **bufet** de comidas típicas*. "Bufé" es también la primera persona del singular del pretérito perfecto simple de indicativo del verbo intransitivo "bufar": *yo bufé*: "dicho de un animal: resoplar con ira y furor"; "dicho de una persona: manifestar su ira o enojo extremo de algún modo" (DRAE). Entre el sustantivo "bufé" y la conjugación verbal "bufé" es casi imposible que se dé la anfibología. Ésta se presenta, en cambio, producto del barbarismo que significa confundir el sustantivo "bufet" con otro sustantivo masculino del mismo origen francés: "bufete", que en español denomina al "estudio o despacho de un abogado" (DRAE). Ejemplo: *El primer robot abogado trabajará en un **bufete** atendiendo casos de quiebra*. Aunque ambos galicismos ("bufet" y "bufete") provengan de la misma raíz (*buffet*, aparador), no hay que confundir el "bufet" o "bufé" del restaurante de un hotel con el "bufete" de un abogado ni tampoco decir o escribir que los abogados realizan sus actividades en los "bufets" de los hoteles, aunque pueda haber algunos que así lo hagan.

Es un desbarre inculto que abunda en internet, pero que no falta en las publicaciones impresas. En el mexicano *Diario de Tuxpan*, en Veracruz, un reportero informa que ciertas notificaciones se enviarán:

☞ "para que sean firmadas y reenviadas al **bufet de abogados** en el estado de Texas".

Quiso informar el diario que dichas notificaciones:

☞ serán reenviadas a un **bufete de abogados** en Texas.

✎ Si los documentos les llegan a los abogados tejanos cuando éstos están dando cuenta de su "bufet" es probable que ni siquiera los vean. Más les vale a los interesados cerciorarse de que les lleguen a su despacho, es decir a su "bufete". Hay otros que dicen que en el restaurante de un hotel "sirvieron un **bufete** mexicano y exquisitos postres". Dicho "bufete" tal vez constaba de "abogado a las yerbas finas", "abogado en salsa de chipotle" y "abogado en su jugo". He aquí otros ejemplos de este desbarre: "Chávez Asociados **Bufet de Abogados**", "**Bufet de Abogados** Gerard Salom", "**Bufet de Abogados** Penalistas", "gestión administrativa en **bufet de abogados**", "**delicioso bufete**", "nuestro **delicioso bufete** los domingos", "desayuno **delicioso bufete**", "todos los viernes **exquisito bufete**", "ven y disfruta de nuestro **rico bufete** del día", "los asistentes degustaron diversos platillos que integraron un **sabroso bufete**, además de pastel", "buen **bufete de comida** asiática", "**bufete de comida** china", "lunes de **bufete de comida** internacional", "ya está listo el **bufé de abogados** para iniciar la defensa", "**Bufé de Abogados** Nuñez y Ledesma", "el **bufé de abogados** pertenece al alemán Jürgen Mossack y al panameño Ramón Fonseca" y, como siempre hay algo peor, "**Bufe** de Abogados Nuñez & Ledezma". (Si quiere usted "bufar", consúltelos.)

☞ Google: 99 500 resultados de "bufete de comida"; 25 900 de "bufet de abogados"; 10 900 de "delicioso bufete"; 9 940 de "bufé de abogados"; 8 040 de "rico bufete"; 1 890 de "exquisito bufete". ☒

62. *¿Bundesliga?, ¿Bundesliga alemana?*

En cuestiones del idioma no es extraño que quienes pretendamos corregir nos equivoquemos también. Es el caso, por ejemplo, del *Libro de estilo* del diario español *El País*, que en la entrada correspondiente a "Bundesliga" sentencia: "Se prefiere el empleo de 'Liga alemana', pero si se usa [Bundesliga], a título excepcional, no debe escribirse 'Bundesliga alemana'; es redundante". La verdad es que, en esta ocasión, los especialistas del *Libro de estilo* de *El País* se equivocan de todas todas. Por supuesto que es preferible decir en español "liga alemana" ["de futbol", añadiríamos nosotros], pero para los cronistas, narradores y redactores futboleros que gozan con los extranjerismos, renunciar al término "Bundesliga" es casi como renunciar a su condición humana. Para asombro general, los que se equivocan en este caso no son únicamente los especialistas idiomáticos del diario *El País*, sino todos los que, para referirse, a la "liga alemana de futbol" o "liga de futbol de Alemania", dicen y escriben "Bundesliga" sin calificarla, sin acotarla. Parten de un equívoco por demás inocente. Con seguridad, se preguntan e ironizan del siguiente modo: "¿Bundesliga alemana?, ¿acaso hay otra "Bundesliga" que no sea la alemana?; ¿tal vez alguna en Japón o en Chipre: la Bundesliga japonesa o la Bundesliga chipriota?". La ironía peca de ingenuidad y se vuelve como bumerán contra los ironistas; porque, en efecto, sí hay otra "Bundesliga": la "Bundesliga austriaca". Ignoran en *El País* y, con ello, extienden su ignorancia a muchos hispanohablantes, que el término "Fußball-Bundesliga" es la denominación oficial de la competición entre los equipos de futbol de la máxima categoría en Alemania (y, por lo general, es de la que se habla en todo el mundo futbolístico), pero también existe la "Österreichische Fußball-Bundesliga", nombre oficial de la liga de futbol en la que compiten los equipos de la máxima categoría de Austria. Dicho lo anterior se impone la pregunta: ¿es redundante decir "Bundesliga alemana" o "Bundesliga de Alemania"? La respuesta es no. No lo es, puesto que existe la "Bundesliga austriaca" o "Bundesliga de Austria". Que los futboleros supongan que cuando se habla de "Bundesliga" todo el mundo debe entender que se refieren a la "alemana", ello no quiere decir que estén en lo correcto. En el idioma no se debe dar nada por supuesto. La precisión es indispensable. Es verdad que, comercialmente, en el mundo, la liga de futbol austriaca no tiene demasiada presencia, pero esto no quiere decir que no sea también "Bundesliga": lo es, como ya vimos, desde su denominación oficial, e incluso desde su denominación comercial: "Tipico Bundesliga". ¿Quiénes se equivocan, entonces? Los que dicen y escriben simple y llanamente "Bundesliga" dando por supuesto que todo el mundo debe entender que se refieren a la liga alemana de futbol, y no por cierto los que dicen y escriben "Bundesliga alemana", con toda precisión, para distinguirla de la "Bundesliga austriaca". Si en el ámbito del futbol la gente estuviera acostumbrada a usar la cabeza, el sentido común y el buen idioma español, diría simplemente "liga alemana de futbol", "liga italiana de futbol", "liga inglesa de futbol", etcétera, pero a esta gente le encantan los extranjerismos, como cuando dice y escribe *hat trick* en lugar de "tripleta" o "triplete". Si lo dicen en español sienten que no son ellos. Pero si se usa el extranjerismo, al menos que se use con un sentido lógico y preciso. "Bundesliga alemana" o "Bundesliga de Alemania" y no simplemente "Bundesliga". Cabe señalar, además, que en alemán el sustantivo masculino *Bund* significa unión, alianza, liga, confederación, y *Bundes*, aliado o confederado.

Por supuesto, es mayor el número de personas que dice y escribe "Bundesliga" (sin acotación) que el de las personas que acota perfectamente "Bundesliga alemana" o "Bundesliga de Alemania" y "Bundesliga austriaca" o "Bundesliga de Austria". Las páginas de internet y de las publicaciones impresas están repletas de esta inexactitud. En el diario mexicano *Excélsior* leemos el siguiente encabezado:

☞ "Gol de CH14 entre los mejores de la historia de la **Bundesliga**".

Debió informar el diario que

☝ un gol del *Chicharito* Hernández fue seleccionado entre los mejores de la historia de la **Bundesliga alemana** (o bien de la **liga alemana de futbol**).

✎ He aquí más ejemplos de este dislate del ámbito futbolístico: "calendario de la **Bundesliga**", "horarios de la **Bundesliga** por jornada", "Leipzig, el flamante puntero de la **Bundesliga**", "Hernández ganó el premio al mejor gol latino de la **Bundesliga**", "el odiado Leipzig es líder en la **Bundesliga**", "¿Bolt a la **Bundesliga**?", "fecha seis de la **Bundesliga**", "la **Bundesliga**: actor global del fútbol", etcétera.

☞ Google: 2 480 000 resultados de "de la Bundesliga"; 1 620 000 de "en la Bundesliga"; 887 000 de "para la Bundesliga". ☒

☞ Google: 476 000 resultados de "liga alemana"; 182 000 de "Bundesliga de Alemania"; 169 000 de "Bundesliga alemana"; 118 000 de "Bundesliga austriaca"; 37 500 de "liga austriaca"; 25 800 de "liga alemana de futbol"; 19 400 de "Bundesliga de Austria". ☑

63. *¿buró de crédito?*

En español, el término "buró" proviene de la voz francesa *bureau*, que se pronuncia, aproximadamente, *biurró*. Este sustantivo masculino tiene la acepción principal de "mueble para escribir", es decir "escritorio", aunque con especiales características. En el DUE María Moliner lo describe del siguiente modo: "Mesa para escribir, con cajones; particularmente, la que tiene un cuerpo de ellos sobre el tablero, los cuales, así como éste, pueden quedar cerrados con una persiana". Ejemplo: *En la segunda mitad del siglo* XIX, *en España y América, los más afrancesados y pudientes adquirían muebles como el* ***buró*** *y el secreter, que se pusieron de moda.* Admite el sinónimo de "bufete" (del francés *buffet*, aparador), sustantivo masculino que significa "mesa de escribir con cajones, particularmente de las que se cierran con persianilla" (DUE). Ejemplo: ***Bufete*** *antiguo de madera tallada.* De ahí derivó al significado de estudio, despacho o firma de abogados. Ejemplo: ***Bufete*** *de Abogados Herrera y Asociados.* En México, la elegancia francesa del "buró" y del "bufete" devino simplemente en "mesa de noche", y le decimos "buró" a un mueble más bien austero, sencillo, generalmente pequeño (colocado a un lado de la cabecera de la cama), que nada tiene que ver con el *bureau* y el *buffet*. Y, como ya vimos, hoy le damos también a *buffet* el significado de "comida compuesta por una diversidad de alimentos fríos y calientes, dispuestos a la vez sobre una o varias mesas, y ofrecidos generalmente en hoteles y actos sociales" (DRAE), con la correcta grafía en español "bufé", y su plural "bufés". Por otra parte, en español, se conoció como "buró" y más exactamente como "politburó" (del ruso *politbiuró*: oficina política) al comité en el que residía la autoridad política en los órganos partidarios y de gobierno de la antigua Unión Soviética y en otras naciones con regímenes comunistas. Ejemplo: *En 1919, en la* URSS, *se creó el* ***Politburó*** *del Comité Central del Partido Comunista como máximo órgano político y sus primeros miembros fueron Lenin, Trotsky, Kámenev, Stalin y Krestinsky.* Es obvio que el sustantivo femenino "burocracia" (del francés *bureaucratie*) es una palabra compuesta: de *bureau* ("escritorio", que luego significó también "despacho", "oficina", ¡porque en las oficinas había por supuesto escritorios obviamente ocupados por empleados públicos!) y *-cratie* ("-cracia", del griego *-kratía, krátos*, "fuerza", elemento compositivo que significa "gobierno, dominio o poder" (DRAE). Literalmente, *el poder de los escritorios (o de las oficinas de gobierno)*. Si "democracia" es el poder o el gobierno del pueblo, si "gerontocracia" es el gobierno o dominio ejercido por los viejos y "plutocracia" es el gobierno ejercido por los ricos; de manera literal "burocracia" es el poder de las oficinas públicas, ese poder que tan extraordinariamente reflejó en su obra el gran escritor checo Franz Kafka. Éste es el origen de "buró" con el significado de "oficina", "despacho" o "departamento" que no está admitido por el DRAE y que no incluye María Moliner en el DUE. Lo que es más, en el *Clave, diccionario de uso del español actual* se recomienda lo siguiente: "No debe emplearse con el significado de 'oficina'". Es bastante probable que el empleo de "buró" con el significado de "oficina", "despacho" e incluso "agencia" sea más un anglicismo que un galicismo, pues en inglés el sustantivo *bureau* (pronunciado lo mismo *biuréu* que *biuráu*) significa "escritorio", pero especialmente "oficina", raras veces "despacho" y casi nunca "agencia" o "departamento", pues para estos últimos sustantivos existen en inglés *agency* y *department*. Afectos al pochismo, ¡y originalísimos como somos!, en México calcamos los términos gringos *Credit Bureau* y *Bureau of Credit* como "buró de crédito". Absurdamente, burdamente. ¿Y por qué no "oficina de crédito" u "oficina de créditos" o, sencillamente, pero con mayor lógica, "mesa de crédito" (como se dice y se escribe en portugués)? ¿Por qué no? Muy simple: porque hablar y escribir en buen español nos avergüenza, y hablar y escribir en mal inglés nos enorgullece. En conclusión, "buró de crédito" es una burrada, pues en español a lo único que debemos llamar "buró" es a un escritorio, a una mesa o, en el peor de los casos, a la mesita de noche. Dígase y escríbase "mesa de crédito" u "oficina de crédito". Es lo correcto.

☞ Google: 478 000 resultados de "buró de crédito"; 46 600 de "burós de crédito". ☒

☞ Google: 154 000 000 de resultados (en español y portugués) de "mesa de crédito"; 14 000 000 de "oficina de crédito"; 5 100 000 de "oficinas de crédito". ☑

64. *¿bypass?*

La voz inglesa *bypass* (verbo que se pronuncia aproximadamente *baipás* y que, literalmente, se traduce como "desviar o evitar") ya está castellanizada o españolizada. Se dice y se escribe "baipás" y es un sustantivo masculino que define del siguiente modo en su acepción principal el DRAE: "en medicina, conducto alternativo por el que, mediante una operación quirúrgica, se desvía toda la corriente sanguínea o parte de ella para facilitar la circulación". Ejemplo: *Para salvarle la vida le practicaron un* ***baipás*** *coronario*. Una segunda acepción del mismo diccionario académico se refiere al "desvío hecho en un circuito, una vía de comunicación, etc., para salvar una interrupción o un obstáculo". Ejemplo: *Harán un* ***baipás*** *en la carretera central*. Ocupados como están los académicos madrileños en incluir en el DRAE zarandajas como "amigovio" y "papichulo", olvidaron incluir en esta entrada la acepción del denominado "baipás gástrico" que consiste en una cirugía en casos de obesidad mórbida, la cual restringe la absorción de los alimentos mediante la reducción del estómago y la parte inicial del intestino delgado o duodeno. Ejemplo: *El* ***baipás*** *gástrico es la técnica quirúrgica más utilizada para tratar la obesidad mórbida*. El plural de "baipás" es "baipases". Ejemplo: *En el hospital han tenido muchas complicaciones con los* ***baipases*** *coronarios*. Dado que el término inglés ya ha sido castellanizado o españolizado, ha dejado de tener sentido utilizarlo en nuestro idioma así sea en cursivas: *bypass*; del mismo modo, es un error decir y escribir "los bypass": lo correcto es "los baipases".

El hablante y escribiente del español tendrá que irse acostumbrando a esto, porque en general tiende a utilizar el anglicismo y ni siquiera lo distingue en *cursivas* dentro de la escritura, como debe corresponder a un término en otro idioma. Es abundante en las publicaciones periódicas y en internet, en tanto que el uso castellanizado o españolizado es minoritario pese a su corrección. La mayor parte de las publicaciones impresas y de internet informan, por ejemplo, que

"el **bypass** coronario es una cirugía que restablece la circulación sanguínea de las arterias del corazón mediante un injerto".

Lo correcto, en español, es escribir que

el **baipás** coronario es una cirugía, etcétera.

Peor aún es por supuesto escribir "baypass", extraño compuesto que nada tiene que ver con el "bypass" ni con el "baipás". He aquí otros ejemplos de este uso en inglés ya no recomendable en el español: "cirugía de **bypass** coronario", "tiempo de recuperación de una cirugía de **bypass**", "cuidados de enfermería en pacientes con **bypass**", "fue operado con éxito de un cuádruple **bypass**", "conozca los riesgos en la operación de **bypass** gástrico", "el **bypass** gástrico laparoscópico", "desventajas del **bypass** gástrico" y, como siempre puede haber algo peor, "Maradona recibió el alta tras el **baypass** gástrico". El *Pibe* salió muy bien luego de que le hicieron una **bahía** en el estómago, pues esto significa la voz inglesa *bay*: bahía.

☞ Google: 280 000 resultados de "un bypass"; 199 000 de "el bypass"; 19 100 de "los bypass"; 6 080 de "un baypass"; 5 920 de "el baypass". ☒

☞ Google: 93 200 resultados de "baipás"; 4 020 de "baipases". ☑

C

65. *cada uno* es singular, no plural

"Cada uno" es locución pronominal que, según la define el DRAE, "denota un conjunto cuyos miembros se consideran uno a uno". Del mismo DRAE son los siguientes ejemplos: *Hizo muchos regalos y eligió* ***cada uno*** *con cuidado; Estudió* ***cada uno*** *de los expedientes.* También se utiliza para denotar cada persona, pues el término "uno" designa coloquialmente a un individuo o persona. Ejemplo del mismo DRAE: ***Cada uno*** *vive como puede.* Es una locución pronominal porque el término "uno" hace las veces de pronombre, y equivale a "quien". Ejemplo: ***Cada quien*** *vive como puede.* Lo importante es saber que tanto "uno" como "quien" son pronombres personales indefinidos en singular (sus plurales son "unos" y "quienes"); por ello, es un disparate gramatical utilizar verbos en plural para modificar sujetos en singular. Lo correcto es decir y escribir que cada **uno** o cada **quien** "**se fue** por su lado", no que cada **uno** o que cada **quien** "**se fueron** por su lado".

Este desbarre está ampliamente extendido en el habla popular y en la escritura cotidiana, pero no falta en publicaciones impresas (diarios, revistas, libros) y su paraíso es internet. El siguiente es un ejemplo de la "literatura" que se practica en internet. En un relato leemos que

☹ "**cada uno se fueron** por su lado y **habían dos personas** oyendo en el pasillo".

Se trata de un atentado contra la lógica y contra el idioma. Quiso decir el narrador internauta que

☺ **cada uno se fue** por su lado y que **había dos personas** oyendo en el pasillo.

✎ En esta frase, el verbo "ir" es singular ("fue") porque concuerda con "cada uno" (singular), y el verbo "haber" también es singular ("había" y no "habían") porque se trata de un verbo impersonal, carente de sujeto, y siendo así lo mismo podemos decir que "**había** dos sillas" o que "**había** dos personas", pero no que "**habían** dos sillas" ni que "**habían** dos personas". Son muchos los hablantes y escribientes del español que tienen problemas con las concordancias en singular y plural. Lo que no deben olvidar es que "cada uno" y "cada una" son siempre locuciones pronominales en singular. He aquí algunos ejemplos de este desbarre que se produce al no saber distinguir entre el singular y el plural: "luego **cada uno se fueron** por su lado", "cuando terminaron **cada uno se fueron** por su lado", "por espacio de cuatro horas **cada uno se fueron** sometiendo a una serie de pruebas", "**cada uno se fueron** convencidos de que son alguien", "después de esto **cada una se fueron** por caminos separados", "de ahí **cada una se fueron** a cada cama", etcétera.

☞ Google: 1 280 000 resultados de "cada uno se fueron"; 397 000 de "cada una se fueron"; 72 800 de "cada uno fueron"; 6 950 de "cada uno tuvieron"; 5 680 de "cada uno llegaron"; 3 530 de "cada una llegaron". ☒

66. *¿cadáver del difunto?, ¿cadáver del fallecido?, ¿cadáver del finado?, ¿cadáver del muerto?*

En el diario español *El Mundo*, que es una mina inagotable de disparates, leemos lo siguiente: "En al menos dos ocasiones a lo largo de este año los agentes **encontraron a la fallecida muy bebida y con dificultades para caminar**, por lo que la pararon". La noticia no es cómica, sino realmente trágica: la de una niña de doce años de edad que falleció en Madrid a consecuencia de un coma etílico. Pero, con horrible anfibología, el redactor de la noticia nos lleva a pensar que la fallecida (es decir, la niña muerta) caminaba con dificultades debido a que había bebido mucho. ¡Una niña muerta que camina! Por ello, uno pensaría que sólo en broma alguien podría decir y escribir las barrabasadas redundantes "cadáver del difunto", "cadáver del fallecido", "cadáver del finado", "cadáver del muerto". La realidad nos demuestra que no es cosa de broma: muchísimos hablantes y escribientes del español dicen y escriben, en serio, y en serie, estas burradas. Y no sólo en el ámbito inculto. Luego de ver y saber esto, ya nada debe resultar impensable en relación con las tonterías tan abundantes en nuestra lengua, producto de la ignorancia de los significados de las palabras. Veamos. El sustantivo masculino "cadáver" (del latín *cadāver*) significa "cuerpo muerto" (DRAE). Ejemplo: *El **cadáver** de Lenin fue embalsamado para su exhibición.* Si decimos y escribimos el término "cadáver" nos referimos, como es obvio, a un cuerpo muerto. Tal es la precisa definición. Sin embargo, cientos de miles de personas se refieren al "cadáver del difunto", al "cadáver del fallecido", al "cadáver del finado" y al "cadáver del muerto". Es una de las más grandes barbaridades redundantes, sólo igualada, quizá, por "hemorragia de sangre", pues "cadáver", "difunto", "fallecido", "finado" y "muerto" son términos equivalentes. El adjetivo y sustantivo "difunto" (del latín *defunctus*) significa "cadáver" y "dicho de una persona: muerta, que está sin vida" (DRAE). Ejemplo: *El **difunto** Lenin fue embalsamado para su exhibición.* El adjetivo y sustantivo "fallecido" es el participio del verbo intransitivo "fallecer" cuyo significado es "morir"; de tal forma que el "fallecido" es "el que ha muerto, el difunto". Ejemplo: *El **fallecido** Lenin fue embalsamado para su exhibición.* Equivalente es el caso del adjetivo y sustantivo "finado" (participio del verbo "finar"), cuyo significado es "persona muerta", pues "finar" es verbo intransitivo que significa "fallecer, morir" (DRAE). Ejemplo: *El **finado** Lenin fue embalsamado para su exhibición.* ¿Y qué decir del término "muerto"?

Pues casi lo mismo. Que es adjetivo y sustantivo (del latín *mortuus*), participio del verbo "morir", con el significado "que está sin vida" (DRAE), pues "morir" (del latín vulgar *morīre*) es un verbo intransitivo que significa "llegar al término de la vida" (DRAE). Ejemplo: *El* ***muerto*** *Lenin fue embalsamado para su exhibición.* ¿Cómo es posible que la gente, incluso de cierta cultura o con preparación profesional, pierda de vista las equivalencias y sinonimias de los términos "cadáver", "difunto", "fallecido", "finado" y "muerto" y sea capaz de producir redundancias tan groseras como "cadáver del difunto", "cadáver del fallecido", "cadáver del finado" y "cadáver del muerto"? Es posible porque la gente no suele reflexionar en el sentido de lo que dice y escribe.

Tales barrabasadas redundantes llenan las páginas de internet y de las publicaciones impresas, no sólo en la escritura informal, sino también, y esto es lo grave, en libros, diarios y revistas, y no se crea que únicamente en el periodismo de nota roja, aunque sea en este ámbito donde se dan lecciones a domicilio. En el diario mexicano *Zócalo*, de Saltillo, Coahuila, leemos el siguiente encabezado:

☞ "Entregan el **cadáver del muerto** en parcela".

Quiso informar el diario que

☞ entregaron a sus familiares **el cuerpo de una persona que falleció** en una parcela.

✎ En la Wikipedia leemos lo siguiente en el artículo dedicado a "Mictlán": "Itztépetl o Montaña de Obsidiana era la región donde se encontraba un gigantesco cerro cubierto de filosos pedernales que desgarraban a los **cadáveres de los muertos** cuando éstos tenían que atravesarlo para cumplir su trayectoria". Más bien desgarraban a los muertos o desgarraban los cuerpos de los muertos. He aquí más ejemplos de estas cómicas pero a la vez vergonzosas rebuznancias: "mezclándose entre los **cadáveres de los muertos**", "amenazan con dejar en las calles los **cadáveres de los muertos** por ébola" (la amenaza es dejar en las calles los cuerpos de los muertos por ébola), "los perros se comen los **cadáveres de los muertos** por ébola" (lo que devoran los perros son los cuerpos de los muertos por ébola), "fotos de los supuestos **cadáveres de los muertos** ayer en La Villa", "los **cadáveres de los fallecidos** en accidente" (se trata de los cuerpos o de los restos de los fallecidos en accidente), "hoy serán trasladados los **cadáveres de los fallecidos**", "el **cadáver del fallecido** será repatriado a Bulgaria" (¡susto que les va a pegar si el cadáver llega vivo!), "agentes de la policía retiran el **cadáver del fallecido** en Cuenca", "los **cadáveres de los difuntos** fueron enterrados" (¡menos mal que no se trataba de difuntos vivos!), "los **cadáveres de los difuntos** fueron incinerados", "el **cadáver del difunto** debía ser cuidadosamente lavado", "un salvoconducto para trasladar el **cadáver del fallecido**" (¡el salvoconducto es para trasladar el cuerpo del fallecido!), "para rescatar el **cadáver del fallecido** del interior del vehículo", "reclaman **cadáver del muerto** de las vías", "hay regiones en las que el **cadáver del muerto** se echa a los pájaros para que se lo coman", "entre los dos hombres esconden el **cadáver del muerto**" y, como siempre hay algo peor, éstos se llevan las palmas: "ayer por la mañana se practicó la **autopsia al cadáver del fallecido**" y "**hacer autopsia de los cadáveres de los muertos** y descubrir las partes íntimas para hacer prácticas". Lo realmente sorprendente es que alguien hiciera la autopsia de los cadáveres de los vivos, pues, como ya hemos documentado, el sustantivo "autopsia" (del latín científico *autopsia*, y éste del griego *autopsía*) significa "examen anatómico de un cadáver". ¡Qué porquería hacemos de nuestro idioma! Por ello algunos samaritanos bromistas se han burlado, en internet, con muy buen humor sobre estas burradas, con frases tan dignas de recordarse y aquilatarse como las siguientes: "El cadáver del muerto difunto ya no está con vida" y "Encuentran muerto el cadáver del difunto que se murió porque lo mataron". Hay hispanohablantes que todavía tienen conocimiento del idioma y sentido del humor. ¡Aleluya!

☞ Google: 311 000 resultados de "cadáveres de los muertos"; 86 800 de "cadáver de la difunta"; 81 300 de "cadáveres de los fallecidos"; 80 700 de "el cadáver de la difunta"; 79 100 de "cadáver del fallecido"; 56 300 de "cadáveres de los difuntos"; 54 000 de "cadáver de la muerta"; 51 100 de "el cadáver del difunto"; 50 400 de "cadáver de la fallecida"; 47 100 de "el cadáver de la muerta"; 41 900 de "el cadáver de la fallecida"; 35 400 de "el cadáver del fallecido"; 35 200 resultados de "cadáver del muerto"; 28 100 de "cadáver del difunto": 17 000 de "cadáver del finado"; 15 700 de "el cadáver del muerto"; 14 300 de "el cadáver del finado"; 13 900 de "cadáver de la finada"; 12 000 de "el cadáver de la finada"; 4 990 de "cadáveres de las fallecidas"; 4 390 de "los cadáveres de las fallecidas". ☒

67. *calcamonía* no es lo mismo que *calcomanía*

El término "calcamonía" es un abundante palabro muy extendido en México y en otros países de América, en lugar del correcto "calcomanía" (del francés *décalcomanie*), sustantivo femenino con las siguientes tres acepciones en el DRAE: "Procedimiento que consiste en pasar de un papel a objetos diversos de madera, porcelana, seda, etc., imágenes coloridas preparadas con trementina"; "imagen obtenida por calcomanía"; "papel o cartulina que contiene la calcomanía, antes de transportarla". Ejemplo bobo del DRAE: *La **calcomanía** no figura entre las bellas artes.* ¡Pues claro que no! En español, la raíz de este sustantivo proveniente del francés es el sustantivo masculino "calco", cuyos significados son "acción de calcar (imitar, copiar o reproducir)"; "copia que se obtiene calcando"; "imitación o reproducción muy próxima al original". Ejemplo: *El cuento de Fulano es un visible **calco** de un gran relato clásico.* De ahí el término "calco semántico" que en lingüística significa la "adopción de un significado extranjero para una palabra ya existente en una lengua". El DRAE pone como ejemplo el sustantivo "ratón" en su acepción de aparato manual conectado a una computadora, el cual es calco semántico del sustantivo en inglés *mouse* (literalmente, *ratón*). "Calcomanía" es una palabra que comparte la raíz con "calcografía" (del griego *chalkós*: bronce o cobre, y *-grafía*), cuyos significados son "arte de grabar en láminas metálicas, con objeto de conseguir mediante estampación lo grabado" y "estampa obtenida mediante calcografía" (DRAE). Ejemplo: *La **calcografía** se conoce también como grabado en metal.* Dicho todo lo anterior, "calcamonía" no debe considerarse americanismo en general o mexicanismo en particular; simplemente es un barbarismo que hay que desterrar del habla y de la escritura. Lo correcto es "calcomanía", cuyo sinónimo en algunos lugares es "pegatina".

Su uso es abundante en el habla, pero también en la escritura. Las páginas de internet están llenas de "calcamonías", pero igualmente las publicaciones impresas, incluidos diarios, libros y revistas. Profesionistas y escritores hay que creen que este dislate es un término correcto. En el diario mexicano *La Crónica*, de Mexicali, Baja California, leemos lo siguiente:

♀ "Al realizar el donativo, se le entrega a los donantes una pulsera conmemorativa de la Fundación Teletón, así como una **calcamonía**".

Debió informar el diario, en buen español, que

☝ a la persona que hace un donativo se le entrega una pulsera y una **calcomanía** de la Fundación Teletón.

✎ En un libro español leemos lo siguiente: "Me pegué como una **calcamonía** a la pared". He aquí otros ejemplos de este desbarre que no es exclusivo del ámbito inculto de la lengua: "La **calcamonía**" (letra de una canción), "parecer una **calcamonía**", "busque la **calcamonía**", "las **calcamonías** mortales", "recibe una **calcamonía**", "porta una **calcamonía** del equipo de futbol", "este artista del tatuaje le pone una **calcamonía**", "es una **calcamonía** de gran nitidez y durabilidad", "un candidato pretendía inducir el voto a través de una **calcamonía** donde aparece sonriendo", "es tan fácil como pegar una **calcamonía**", "pegan **calcamonías** racistas", "Beyoncé quiere poner de moda las **calcamonías**", "autos que ya no tendrán la **calcamonía** cero".

☞ Google: 77 100 resultados de "calcamonía"; 47 400 de "una calcamonía"; 34 700 de "calcamonías"; 8 170 de "las calcamonías"; 6 090 de "la calcamonía"; 2 020 de "unas calcamonías". ☒

68. *¿calidad?, ¿cualidad?*

El término "calidad" (de latín *qualĭtas, qualitātis*) es un sustantivo femenino que el DRAE define del siguiente modo: "Propiedad o conjunto de propiedades inherentes a algo, que permiten juzgar su valor". Lo que no dice ni por asomo el DRAE, en esta entrada, es que dicho sustantivo es gemelo (más que sinónimo) de "cualidad" (también del latín *qualĭtas, qualitātis*), sustantivo femenino que define el "elemento o carácter distintivo de la naturaleza de alguien o de algo" (DRAE). En ambas entradas se refiere, como segunda acepción, a conceptos positivos: "buena **calidad**, superioridad o excelencia" y "**cualidad** positiva, especialmente de una persona". Y pone los siguientes ejemplos: *La **calidad** de ese aceite ha conquistado los mercados; Una mujer con muchas **cualidades**.*

Por regla elemental una definición no debe contener el término que define y, siendo así, en la segunda acepción de la entrada "calidad" el DRAE debió referirse a "buena **cualidad**, superioridad o excelencia" y en la segunda acepción de "cualidad", debió referirse a "**calidad** positiva, especialmente de una persona". No es asunto menor, pues así como se habla, por una deformación general del uso, de "calidad" y "cualidad" con un sentido implícitamente positivo o favorable, estos sustantivos también admiten el sentido negativo o desfavorable, como en la expresión "mala calidad" o en las definiciones que da el diccionario académico, por ejemplo, de los sustantivos "brutalidad" ("cualidad de bruto") o "idiotez" ("cualidad de idiota"). ¡Y vaya si tienen cualidades los brutos y los idiotas! ¿No será, más bien, que la "brutalidad" (sustantivo de carácter negativo) es la "**condición** de bruto" y que la "idiotez" (sustantivo de igual negatividad) es la "**condición** de idiota"? El DRAE mismo es muy claro al respecto. El sustantivo femenino "condición" (del latín *condicio, condiciōnis*) tiene dos acepciones principales: "índole, naturaleza o propiedad de las cosas" y "natural, carácter o genio de las personas". Es probable, aunque remoto, que se pueda ser un bruto y un idiota con muchas **cualidades**, pero especialmente con las **cualidades** propias del bruto y del idiota: la brutalidad y la idiotez. ¿Se trata de cualidades? El DRAE dice que sí, y si así lo dice, entonces debe admitir que ni la "calidad" ni la "cualidad" son, por definición, opuestos de "mala calidad" y "mala cualidad", sino que éstos se oponen, más razonablemente, a los conceptos obvios de "buena calidad" y "buena cualidad". La calidad puede ser buena o mala; la cualidad, también. Para retomar los ejemplos del DRAE, es más lógico decir y escribir que *La **buena calidad** de ese aceite ha conquistado los mercados*, que simplemente decir y escribir que esa conquista de los mercados ha sido por "la calidad" de dicho aceite. Del mismo modo, resulta más razonable referirse a *Una mujer con **muy buenas cualidades***, que reducir las cosas a *Una mujer con **muchas cualidades***, puesto que ya vimos que, para la RAE, hasta los brutos y los idiotas tienen cualidades, lo cual, en todo caso, es admitir también que poseen "atributos" (los atributos propios de los brutos y los idiotas), pues el sustantivo masculino "atributo" (del latín *attribūtum*) designa "cada una de las cualidades o propiedades de un ser". En conclusión, todo el mundo tiene calidades, cualidades y atributos, pero no necesariamente se trata de propiedades o características positivas: así como hay buenas y malas calidades y cualidades, hay buenos y malos atributos. Por ello, en la novela de Robert Musil *El hombre sin atributos* (o *sin cualidades*, como también se traduce al español), no es que el protagonista (el matemático idealista Ulrich) carezca por completo de alguno, sino que se quiere dar a entender que no tiene "buenos atributos", "buenas cualidades". Sería imposible que no tuviera ninguno si, como ya vimos, hasta los brutos y los idiotas tienen cualidades, como lo admite y lo divulga la RAE. Aunque el uso general admita el sentido positivo implícito en los sustantivos "atributo", "calidad" y "cualidad", lo mejor será siempre calificar esos atributos, esas calidades, esas cualidades. La lógica nos lo exige.

☞ Google: 8 950 000 resultados de "comida de calidad"; 709 000 de "aceite de calidad"; 688 000 de "libros de calidad"; 315 000 de "pura calidad"; 208 000 de "mercancía de calidad"; 138 000 de "hombre de cualidades"; 74 600 de "mujer de cualidades"; 34 200 de "hombre sin atributos"; 4 740 de "mujer sin atributos"; 4 590 de "hombre sin cualidades". ☑

☞ Google: 29 600 000 resultados de "buena calidad"; 11 900 000 de "excelente calidad"; 10 400 000 de "gran calidad"; 702 000 de "buenas cualidades"; 591 000 de "mala calidad"; 427 000 de "libros de muy buena calidad"; 424 000 de "libros de buena calidad"; 399 000 de "pésima calidad"; 398 000 de "libros de mala calidad"; 162 000 de "excelentes cualidades"; 26 200 de "mujer de buenas cualidades"; 25 100 de "malas cualidades"; 22 000 de "libros de pésima calidad". ☑☑

69. *¿callar la boca?*

Si el antónimo del verbo intransitivo "hablar" (del latín *fabulāri*: emitir palabras) es "callar" (del latín *callāre*), verbo intransitivo que, dicho de una persona, significa no hablar o guardar silencio, la locución verbal "callar la boca" (o "callar la boca a alguien") de carácter enfático y coloquial, no deja de ser una redundancia que, con la anuencia de la RAE, se utiliza frecuentemente lo mismo en el habla que en la lengua escrita. Ejemplo: *¡Les voy a* ***callar la boca*** *a todos!* Si callar es guardar silencio o no emitir palabras, ¿qué otra cosa se calla si no es la boca? Se dirá que hay otras partes del cuerpo con las que se emiten ruidos o sonidos (las manos cuando se palmea, se aplaude o se percute; los pies cuando se patea o se zapatea; la nariz, el ano), pero en cualquier caso es mejor decir *Les ordenó* ***callarse*** que *Les ordenó* ***callarse la boca***, o bien *Les ordenó* ***guardar silencio***. Lo correcto es "tapar la boca" (o "tapar la boca a alguien"), locución verbal que significa, en este contexto, "citarle un hecho o darle una razón tan concluyente [a alguien] que no tenga que responder" (DRAE). Ejemplo: *¡Les voy a* ***tapar la boca*** *a todos!* Se les callará; ya sea que se les mande guardar silencio o que se queden sin palabras (sin nada que decir) ante razones o acciones que se suponían difíciles o imposibles en quien las ofrece o realiza. "Tapar la boca a alguien" es lo correcto. En cambio, "callar la boca" o "callar la boca a alguien" son locuciones verbales propias del reino del pleonasmo cuya corona está en España. Existe también el verbo transitivo "acallar" (en una sola palabra: a+callar), que tiene dos acepciones: "hacer callar" y "aquietar, aplacar o sosegar" (DRAE). Al igual que otras expresiones pleonásticas y redundantes ("lo vi con mis propios ojos", "me dije a mí mismo", etcétera), "callar la boca" tiene un sentido enfático innecesario. Surgió, seguramente, en el habla popular, por deformación de "tapar la boca", pero ya se ha extendido al español escrito como un cliché o un fácil lugar común hasta en la literatura. Es un facilismo de escritores y periodistas ignaros que utilizan expresiones como "blanco como la nieve", "pavoroso accidente" y "brutal asesinato".

Del español coloquial saltó a la lengua escrita y, como hemos advertido, ahora es lugar común de escritores y periodistas. Obviamente, si abunda en las publicaciones impresas, es más abundante aun en internet. En *El Nuevo Diario*, de República Dominicana, leemos el siguiente encabezado:

☟ "Dwight Howard manda **a callar la boca** a los críticos".

En buen español, no pleonástico (ni cacofónico), debió escribirse lo siguiente:

☝ Dwight Howard mandó **callar** a los críticos.

✎ He aquí otros ejemplos de esta expresión redundante y ridícula: "cómo **callar la boca** de los aficionados racistas", "ningún sindicato se va a **callar la boca**", "para **callar la boca** a los incrédulos están los hechos", "es imposible **callar la boca** a Blatter", "habla mucho y le voy a **callar la boca**", "dice que le **callará la boca** a Maduro", "**cállate la boca** y sigamos con el programa", "yo vine a trabajar, no a **callar bocas**", "Chivas buscará **callar bocas**", "no trabajo para **callar bocas**", "este equipo siempre está dispuesto a **callar bocas**", "el dinero sirve para **callar bocas**", "a **callar bocas** otra vez", "Benzema sale a **callar bocas**", "**le calló la boca** a todos", "Piedad Córdoba **le calló la boca** a Uribe", "**le calló la boca** a Mauricio Macri", "por fin **le callaron la boca**", "así **les callaron la boca**".

☞ Google: 289 000 resultados de "callar la boca"; 159 000 de "cállate la boca"; 101 000 de "callar bocas"; 31 100 de "a callar bocas"; 23 900 de "le calló la boca"; 4 020 de "le callaron la boca"; 1 850 de "acallar bocas".

☞ Google: 176 000 resultados de "les tapó la boca"; 135 000 de "tapar la boca"; 97 300 de "me tapó la boca"; 19 500 de "taparles la boca"; 11 900 de "tapando bocas"; 7 930 de "taparles la boca a todos"; 5 220 de "les tapa la boca"; 4 810 de "nos tapó la boca"; 3 510 de "les tapé la boca". ☑

70. *¿calumnia falsa?, ¿falsas calumnias?, ¿verdadera calumnia?, ¿verdadera falsedad?*

Se puede hablar y escribir de "imputaciones falsas" y "falsas imputaciones", pero no así de "calumnias falsas" y "falsas calumnias". Lo primero es correcto; lo segundo, un sinsentido como consecuencia de un vicio redundante. Veamos por qué. El verbo transitivo "calumniar" (del latín *calumniāri*) tiene dos acepciones principales. La primera, de carácter general, significa "atribuir falsa y maliciosamente a alguien palabras, actos o intenciones deshonrosos". La segunda, del ámbito legal, implica "imputar falsamente un delito" (DRAE). Ejemplos: *Afirmó que lo* ***calumnian****; Lo* ***calumniaron*** *y se defenderá legalmente.* El sustantivo femenino "calumnia" (del latín *calumnia*) se aplica a la "acusación falsa, hecha maliciosamente para causar daño" y a la "imputación de un delito hecha a sabiendas de su falsedad" (DRAE). Ejemplos: *Afirmó que lo que dicen son **calumnias**; Enfrentará legalmente las **calumnias**.* El verbo transitivo "imputar" (del latín *imputāre*) significa "atribuir a alguien la responsabilidad de un hecho reprobable" (DRAE), y en este sentido sí puede haber, desde luego, "imputaciones falsas" e "imputaciones verdaderas". Ejemplos: *Se comprobó que la **imputación es falsa**; Las **imputaciones** que se le hicieron **resultaron ciertas**.* Asimismo, el verbo transitivo "acusar" (del latín *acusāre*) significa "señalar a alguien atribuyéndole la culpa de una falta, de un delito o de un hecho reprobable" (DRAE), habiendo también la posibilidad de que la "acusación" sea falsa o verdadera. Ejemplos: *La **acusación resultó falsa**; Se comprobó la **veracidad de las acusaciones**.* Si, por definición, una "calumnia" es una imputación falsa o maliciosa, resulta obvio que está de más calificarla como "falsa" y no deja de ser ridículo si, por el contrario, la calificamos de "verdadera". Una "**verdadera** calumnia" es, simplemente, una "calumnia", pues se trata de una imputación que carece de veracidad, y una "falsa calumnia" es un sinsentido producto de la redundancia, pues toda "calumnia" es, estrictamente, una "falsedad" (del latín *falsĭtas, falsitātis*), sustantivo femenino que significa "falta de verdad o autenticidad". Ejemplo: *Afirmó que lo que dicen de él es una **falsedad**.* Por ello mismo, es también una idiotez decir y escribir, con énfasis impropio, que algo es una "**auténtica** falsedad" o una "**verdadera** falsedad". No hay "falsedades" auténticas o verdaderas. Hay simplemente "falsedades". Podemos calificarlas de grandes (*grandes falsedades*), odiosas (*odiosas falsedades*), etcétera, pero no de auténticas o verdaderas. No seamos necios al hablar y al escribir.

Estas barrabasadas son propias del español culto de la lengua y han ido ganando terreno en todos los ámbitos. Han pasado del habla a la escritura y están lo mismo en internet que en las publicaciones impresas. Una nota de Europa Press informa sobre la pelea judicial entre el torero Rafa Camino y su ex mujer Natalia Álvarez. Más allá de que esto no le importe a nadie, salvo a ellos, la chismosa nota afirma que

♀ "la historia judicial podría continuar si el torero decidiera presentar una denuncia por **falsas calumnias**".

Quisieron decir y escribir los redactores que el chisme dará para más notas como ésta si el torero decidiera:

♂ presentar una denuncia por **calumnias**.

✎ En el portal electrónico de Telemundo entrevistan a un político argentino, quien asegura que "todas esas fábulas que se han tejido en la sociedad son una **verdadera falsedad** y va a quedar demostrado en el plano judicial". En realidad, bastaba con que dijera que lo que le imputan es una "falsedad" y punto. Otros ejemplos de estos disparates: "el candidato del PP condena las **falsas calumnias** e injurias", "no lanzar **falsas calumnias**", "la Iglesia Anglicana contra las **falsas calumnias** y difamaciones", "calificó de **falsas calumnias** las acusaciones en su contra", "a mí no me asustan las **falsas calumnias**", "Alfonso Rojo tendrá que pagar 20.000 euros a Pablo Iglesias por **falsas calumnias**", "una **verdadera calumnia** de tamaño colosal", "todo eso es una **verdadera calumnia**", "la película era una **verdadera calumnia**", "es una total y **verdadera calumnia**", "una **verdadera falsedad** fue la reubicación de comerciantes", "el informe era una **verdadera falsedad** y vergüenza", "ésta es una **verdadera falsedad**", "una auténtica y **verdadera falsedad** de la comisión", "solamente están mostrando su **verdadera falsedad**", "ese libro es una **verdadera falsedad**".

☞ Google: 9 900 resultados de "falsas calumnias"; 3 770 de "falsa calumnia"; 2 560 de "verdadera falsedad"; 2 350 de "calumnias falsas"; 1 940 de "verdadera calumnia"; 1 900 de "verdaderas calumnias"; 1 540 de "auténtica calumnia"; 1 280 de "auténticas falsedades"; 1 150 de "auténtica falsedad"; 1 050 de "calumnia falsa". ☒

71. *¿campus universitario?*

El sustantivo masculino "campus" (del inglés *campus*, y éste del latín *campus*, "llanura") posee un significado muy específico: "conjunto de terrenos y edificios pertenecientes a una universidad" (DRAE). Ejemplo del *Clave, diccionario de uso del español actual*: *La biblioteca universitaria y el rectorado están en el centro del* ***campus***. Es invariable en número, por tanto su plural es "los campus". Siendo así, es una redundancia cultísima (del ámbito profesional y académico) decir y escribir "campus universitario". Por definición, no existe un "campus" que no sea universitario. Esto demuestra que incluso los profesionistas no son afectos a consultar el diccionario de la lengua española. Pero igual si consultaran el diccionario del idioma inglés sabrían que "campus" es definido, como "recinto universitario" o "ciudad universitaria".

Que los propios universitarios ignoren esto demuestra a qué grado la educación no sólo está anémica de lecturas, sino también de la consulta de obras de referencia. En el portal electrónico de la Universidad de Castilla-La Mancha leemos la siguiente información:

♀ "Toledo cuenta con un **campus universitario** dinámico y emprendedor, que preserva toda una tradición histórica y artística".

Quiso informar dicha universidad española que

☝ Toledo cuenta con un **campus** dinámico y emprendedor, etcétera.

✎ Decir y escribir "campus universitario" es como decir y escribir "erario público" o "hemorragia de sangre", pues ni hay erarios que no sean públicos ni hay hemorragias que no sean de sangre, del mismo modo que no hay campus que no sean universitarios. Por supuesto, muy diferente, y correcto, es decir y escribir *El* ***campus*** *de la Universidad de Salamanca* o *el* ***campus*** *de la* UNAM. He aquí otros ejemplos de este desbarre culto, tomados todos ellos de los propios ámbitos universitarios: "**Campus Universitario** Siglo XXI", "**Campus Universitario** Europeo",

"**Campus Universitario** Bahía de Banderas", "**Campus Universitario** Valladolid", "**Campus Universitario** y Parque Científico-Tecnológico", "**Campus Universitario** Sevilla", "**Campus Universitario** de Espinardo", "**Campus Universitario** de la Universidad Javeriana", "el **campus universitario** de Cartuja-Granada", "el **campus universitario** de Manresa", "**campus universitario** de Oviedo", "**campus universitario** de Badajoz", "**Campus Universitario**-Universidad Blas Pascal-Córdoba", "**Campus Universitario**-Universidad de Otavalo", "Bienvenida a nuestro **campus universitario**-Universidad de San Buenaventura", etcétera.

☞ Google: 2 960 000 resultados de "campus universitario"; 444 000 de "el campus universitario"; 274 000 de "campus universitarios"; 140 000 de "los campus universitarios". ☒

72. *¿camuflageado?*

A diferencia del *Diccionario de uso del español* de María Moliner, el mamotreto de la Real Academia Española (que no es necesariamente un diccionario de uso, sino más bien de desuso) incluye el verbo "camuflajear" como sinónimo del verbo transitivo y pronominal "camuflar" (del francés *camoufler*) que significa "disimular la presencia de armas, tropas, material de guerra, barcos, etc., dándoles apariencia que pueda engañar al enemigo" y, en un sentido general, "disimular dando a algo el aspecto de otra cosa". Ejemplo: *Los soldados lograron **camuflarse** a tiempo*. Según el DRAE, "camuflajear" es un americanismo (aunque en realidad sea un barbarismo), pues se usa en Cuba, Guatemala, Honduras, México, Nicaragua, Panamá, Puerto Rico y Venezuela. Ya incluido en el DRAE, este barbarismo adquiere legitimidad académica, lo mismo que sus derivados; de ahí "camuflajeado", deformación del participio adjetivo "camuflado": dicho de alguien o algo: que se camufla. Ejemplo: *Pasó **camuflado** toda la noche para no ser advertido por el enemigo*. Si la blandengue RAE ya ha admitido el verbo "camuflajear" y el adjetivo "camuflajeado", no sería nada extraño que pronto admita "camuflage" (en lugar del correcto sustantivo masculino "camuflaje": "acción y efecto de camuflar"), "camuflagear" (en lugar del correcto "camuflar") y "camuflageado" (en vez del correcto "camuflado"), pues lo que hace con mayor denuedo la Real Academia Española es legitimar disparates y dinamitar los cimientos del idioma. Lo cierto es que estas variantes con "g" (que son barbarismos desprendidos de otros barbarismos) cada vez se abren mayor camino en la escritura e infestan nuestro pobre idioma en gran medida por la blandenguería de una academia que legitima "camuflajear" y "camuflajeado".

Especialmente el adjetivo "camuflageado" (no menos feo que "camuflajeado") llena las páginas de escritores, cantantes y periodistas chambones que usan la lengua (la suya desde luego, pero también la de todos) para trapear el piso. Está lo mismo en publicaciones impresas que en internet, y el filósofo cursi de la canción (el Paulo Coelho de la música), el cantautor guatemalteco Ricardo Arjona, es autor de la siguiente joya en su cancioncita intitulada "Dime que no":

☟ "Dime que no/ y lánzame un sí **camuflageado**".

Quiso decir y escribir:

☝ Dime que no/ y lánzame un sí **camuflado.**

✎ Dan grima las canciones de Arjona, y bien se dice que la mala letra no es exclusiva de los médicos, pues también hay muestras de sobra en las canciones de este cantautor que, sintomáticamente, es el favorito de algunos de los peores gobernantes y ex gobernantes de América Latina. He aquí otros ejemplos de esta barbaridad: "código de afiliado **camuflageado**", "paneles con un diseño **camuflageado**", "militares con atuendo **camuflageado**", "chamarra **camuflageada**", "ropa **camuflageada** para cacería", "descubren en colonia Juárez casa de citas **camuflageada** como despacho contable", "la droga estaba **camuflageada**", "encuentran cocaína en seis bultos **camuflageados**", "binoculares **camuflageados**", "escopetas **camuflageadas**", "artistas **camuflageadas**".

☞ Google: 62 800 resultados de "camuflageado"; 44 200 de "camuflageada"; 36 000 de "camuflageados"; 21 500 de "camuflageadas". ☒

73. *¿cáncer benigno?, ¿cáncer maligno?*

Podemos hablar y escribir de "tumores benignos" y "tumores malignos", pero no así de "cánceres benignos" y "cánceres malignos", puesto que no hay cáncer alguno que sea "benigno". El sustantivo masculino "cáncer" (del latín *cancer*) designa a la "enfermedad que se caracteriza por la transformación de las células, que proliferan de manera anormal e incontrolada" (DRAE). También se aplica al "tumor del cáncer". Ejemplos: *El **cáncer** de mama es uno de los más frecuentes; Tiene un **cáncer** que ya hizo metástasis.* Por definición, ningún cáncer es "benigno", adjetivo éste del latín *benignus* que, para las acepciones del ámbito médico, tiene los siguientes significados: "Dicho de una enfermedad o de una lesión: que no reviste gravedad; dicho de un tumor: no canceroso, formado por células muy semejantes a las normales que permanecen en su localización sin extenderse" (DRAE). Ejemplo: *La varicela es una **enfermedad benigna**; La biopsia demostró que su **tumor** es **benigno**.* Si bien las enfermedades pueden dividirse en "graves" y "benignas", y los tumores en "cancerosos" y "benignos", resulta claro, por definición, que el cáncer nunca es "benigno", sino grave, y que, en consecuencia, los tumores cancerosos nunca son "benignos". El adjetivo "grave" (del latín *gravis*) significa "grande, de mucha entidad o importancia". Por todo lo anterior el oxímoron "cáncer benigno" es un sinsentido, un disparate, en tanto que "cáncer maligno" es otra expresión disparatada pero, en este caso, por redundancia. Incluso si pensáramos en un "cáncer" menos grave que otros, de todos modos es grave: un "carcinoma", por ejemplo, es un "tumor maligno derivado de estructuras epiteliales", y un "epitelioma" es el "cáncer formado por células epiteliales, derivadas de la piel y del revestimiento mucoso" (DRAE). Si por "cáncer benigno" alguien se refiere al que aún no ha derivado en metástasis ("propagación de un foco canceroso en un órgano distinto de aquel en que se inició") y por "cáncer maligno" al que ha producido metástasis, tampoco esto tiene sentido, pues el cáncer es siempre una enfermedad grave y, por tanto, maligna; jamás benigna.

En el periodismo e incluso en el ámbito científico es frecuente escuchar y leer tales desbarres. Las páginas de internet, lo mismo que las publicaciones impresas, están llenas de "cánceres benignos" y "cánceres malignos", y estas barrabasadas están haciendo metástasis en nuestro idioma por culpa de quienes jamás consultan un diccionario. En el libro *Química ambiental* de Colin Baird, publicado en Barcelona, el autor y el traductor (médicos ambos) dicen lo siguiente:

☞ "por cada disminución de 1% de ozono se produce un aumento en la incidencia de **cáncer maligno** de entre un 1 y un 2%".

Más allá de la mala redacción, lo que quisieron decir es que

☞ el aumento en la incidencia del **cáncer** es directamente proporcional a la disminución de la capa de ozono.

✎ En otro libro, *La importancia de la nutrición en el paciente oncológico*, de Luisa Cejas, también publicado en Barcelona, leemos no sin asombro, la siguiente afirmación: "Existen **dos tipos de cáncer: benigno y maligno**". ¿Con qué autoridad científica puede decir alguien semejante tontería? ¿Quién revisa estos libros antes de mandarlos a la imprenta? ¡No existe el "cáncer benigno"! ¡Y todo "cáncer", por definición, es grave, de tal forma que no hace falta calificarlo de "maligno"! He aquí otros ejemplos de estas barbaridades unas veces como sinsentidos y otras como redundancias, pero siempre malignas para el idioma: "descripción del **cáncer maligno**", "reveló que sufrió un **cáncer maligno**", "tenía un **cáncer maligno**", "**cáncer maligno** de próstata" (o sea que existe otro, el **benigno**, que si te da es buenísimo, como para que hagas fiesta), "enferma de **cáncer maligno** se curó orando", "a Lula le diagnosticaron un **cáncer maligno**" (seguramente el de la corrupción en su gobierno), "probabilidades de desarrollar un **cáncer maligno**", "Hugh Jackman tiene **cáncer benigno** de la piel", "**cáncer benigno** de origen vascular", "probablemente se trate de un **cáncer benigno**", "**cánceres malignos** del tejido epitelial", "tratamiento quirúrgico de los **cánceres malignos**", "también pueden existir los **cánceres benignos**", "los **cánceres benignos** pueden terminar siendo **malignos**" (¡estos cánceres sí que son hipócritas!).

☞ Google: 56 900 resultados de "cáncer maligno"; 7 200 de "cánceres malignos"; 5 810 de "cáncer benigno"; 1 360 de "cánceres benignos". ☒

☞ Google: 532 000 resultados de "enfermedad grave"; 379 000 de "tumor benigno"; 139 000 de "tumor canceroso"; 51 400 de "enfermedad benigna". ☑

74. *¿cardumen de peces?*

Si no es en sentido figurado, referido a una abundancia de cosas, el sustantivo masculino "cardumen" (conjunto de peces), sólo puede aplicarse a los peces. Por tanto es una redundancia decir y escribir "cardumen de peces". Lo correcto es "banco de peces", cuyo sinónimo es, simplemente, "cardumen". Ejemplo: *Desde el barco se podía ver un gran* ***banco de peces****; el* ***cardumen*** *estaba quieto*. A diferencia de la "piara" que puede ser de cerdos, pero también de yeguas o mulas, en el caso de "cardumen" éste no puede ser sino de peces, tal como lo define el DRAE en su entrada correspondiente. Así como es innecesario, por redundante, decir y escribir "campus universitario", del mismo modo es innecesario y redundante decir y escribir "cardumen de peces". En sentido estricto, al referirnos a un conjunto de peces, basta con decir y escribir "cardumen", pues no hay cardumen de caballos, de gatos o de perros. Diferente, y correcto, es por supuesto decir y escribir ***cardumen*** *de sardinas,* ***cardumen*** *de corvinas,* ***cardumen*** *de abadejos*, etcétera, porque en estos casos se precisan los nombres de las especies.

La redundancia "cardumen de peces" la podemos encontrar lo mismo en el español inculto que en el uso culto de la lengua. Abunda en publicaciones impresas y en internet. En *Noticias 24*, de Venezuela, leemos el siguiente encabezado:

☟ "**Cardumen de peces** forman una misteriosa imagen en el océano".

En correcto español debió escribirse:

☝ **Cardumen forma** una maravillosa imagen en el océano.

✎ La acotación referente al océano es pertinente porque igual podría estar el cardumen en un lago o en un río, pero es obvio que el cardumen siempre estará en un medio líquido. Redundancia sobre la redundancia sería decir y escribir "cardumen de peces en el agua", pues si es cardumen es de peces y si los peces no están en el agua es obvio que no son un cardumen, sino un simple montón de pescados, por ejemplo, sobre la cubierta de un barco o en el mostrador de un mercado. He aquí más ejemplos de esta redundancia: "como un **cardumen de peces**", "un buzo se encontró este impresionante **cardumen de peces**", "ballena se traga un **cardumen de peces**", "impresionante imagen de tiburones atacando **cardumen de peces**", "estructura y función de los **cardúmenes de peces**", "**cardúmenes de peces** bajo el agua", "**cardúmenes de peces** a contraluz", "**cardúmenes de peces** moviéndose majestuosamente", "grandes **cardúmenes de peces** llegaron a la costa de Acapulco".

☞ Google: 97 300 resultados de "cardumen de peces"; 43 700 de "cardúmenes de peces"; 38 500 de "un cardumen de peces"; 25 400 de "los cardúmenes de peces". ☒

75. *¿cellista?*

El término "cellista" carece por completo de significado en nuestro idioma. Lo correcto es "celista" o "chelista", sustantivos ambos que son acortamientos de los sustantivos "violoncelista" y "violonchelista", sinónimos que, en español, designan al músico que toca el "violoncelo", el "violonchelo" o el "chelo", nombres que se dan al "instrumento musical de cuerda tocado con arco, más grande que la viola y más pequeño que el contrabajo y con un registro intermedio entre ambos". Ejemplos: *El **chelista** Yo-Yo Ma es uno de los intérpretes más virtuosos; En sus manos, el **chelo** tiene un sonido prodigioso.* El erróneo término "cellista" en español ni siquiera lo adoptamos del italiano, sino del inglés *cellist*, otro más de los anglicismos innecesarios, puesto que en español tenemos los sustantivos "violoncelista" y "violonchelista" con sus acortamientos "celista" y "chelista". Por supuesto, se trata de un desbarre culto y muy especializado: del ámbito de la música.

Por ser un desbarre culto es frecuente en publicaciones impresas (diarios, revistas, libros) y en páginas y textos de internet dedicados a la música. En las *Obras selectas* de un destacado narrador y ensayista venezolano, leemos lo siguiente:

☟ "El **cellista** me complace; parece acariciar las clavijas y, como en sueños, pasa el arco sobre un sonido terso y profundo [...] El **cellista** da la entrada: un toque hondo y sinuoso en cuyos meandros se pierde y se reconoce el violín [...] Marin Marais, un viejo fantasma. Qué curiosa y exacta elección decidió el **cellista**".

En todos los casos, el escritor debió decir, en correcto español:

☝ el **celista**, o bien el **chelista**, dado que optó por un acortamiento de **violoncelista** o **violonchelista**.

✎ He aquí otros ejemplos de este desbarre culto: "el **cellista** es uno de los ganadores del Primer Concurso Nacional de Violonchelo", "el **cellista** Julio Mata", "el **cellista** alemán Kurt Gerull", "*El **cellista** de Sarajevo*", "el **cellista** Carlos Prieto", "el **cellista** norteamericano Daniel Levin", "la **cellista** polaca Anna Wróbel", "la **cellista** chilena Carla Nahuelhua", "la **cellista** Rachel Lander cuenta su historia", "los **cellistas** ingleses", "los **cellistas** más importantes de la última década", "Prieto es un **cellista** de gran talento", "*Romances de una **cellista***", "una **cellista** mallorquina", "un **cellista** cubano con un futuro grande".

☞ Google: 61 400 resultados de "el cellista"; 25 800 de "la cellista"; 23 700 de "una cellista"; 8 250 de "los cellistas"; 6 550 de "un cellista". ☒

76. *cemental* no es lo mismo que *semental*

En español el término "cemental" carece de todo significado, y si algo pudiera significar tendría que derivarse del sustantivo masculino "cemento" (del latín *caementum*): "mezcla formada de arcilla y materiales calcáreos, sometida a cocción y muy finamente molida, que mezclada a su vez con agua se solidifica y endurece" (DRAE). "Semental", en cambio, del latín *sementis* (simiente) es un adjetivo que se refiere a la siembra, y como adjetivo y sustantivo masculino "se aplica al animal macho que se destina a la reproducción" (DUE). Ejemplo de María Moliner: *Un toro **semental***. Hablantes y escribientes poco cuidadosos y nada interesados en la ortografía, escriben "cemental" cuando quieren referirse al "semental". ¡Son capaces de confundir el "cemento" con el "semen"! El sustantivo masculino "semen" (del latín *semen*) designa al "conjunto de espermatozoides y sustancias fluidas que se producen en el aparato genital masculino de los animales y de la especie humana" (DRAE) ¡y nada tiene que ver con el "cemento"!

Es un barbarismo inculto, pero también es frecuente en publicaciones impresas relacionadas con la ganadería. Su reino está en internet. Son abundantes los anuncios que ponen en venta o en alquiler:

☞ "toros **cementales**".

En realidad, los incultos anunciantes quieren vender o alquilar:

☞ toros **sementales**.

✎ Hay casos más extremos, como para el psicólogo: por ejemplo, el anuncio de "Productos **Cementales** Actuados del Caribe", en Santo Domingo, cuyos encargados ofrecen "cemento, construcción y diseño". He aquí otros ejemplos de este barbarismo insólito: "cruzando al **cemental**", "**cemental** listo para servir", "Agroservicios **El Cemental**", "Farmacia Veterinaria **El Cemental**", "Lienzo Charro **El Cemental**", "venta de toros **cementales**", "cerdos **cementales**", "**cementales** de la lujuria", "los **cementales** salvajes", "nuevos materiales **cementales**", "todo un **cemental**" y, lo peor, "**mugeres** con un **cemental**".

☞ Google: 137 000 resultados de "cemental"; 26 600 de "cementales"; 7 150 de "el cemental"; 6 210 de "un cemental". ☒

77. *cerbal, serbal* y *serval* no son lo mismo que *cerval*

"Cerval" es un adjetivo que el DRAE define del siguiente modo: "perteneciente al ciervo o de características propias de él". Ejemplo: *El lobo **cerval** es el más común en España.* Una acepción muy específica tiene que ver con cierta calificación del miedo: "miedo cerval": muy grande o excesivo; en alusión a las características notoriamente nerviosas del ciervo. Ejemplo: *Tenía un **miedo cerval** a la oscuridad.* Otros sustantivos que van acompañados del adjetivo "cerval" son los siguientes: "espino cerval", "gato cerval", "jara cerval" y "lengua cerval". El disparate es escribir "cerbal", "serbal" y "serval" en vez de "cerval", al referirse al miedo. "Cerbal" es un término que carece de significación alguna en español. "Serbal" (con "s" y "b") es un sustantivo masculino que se refiere a un árbol de la familia de las rosáceas cuyo fruto es la "serba". El galicismo "serval" (con "s" y "v") es sustantivo con el que, por influencia del francés *serval*, se denomina también al lince o gato cerval, "félido africano de pelaje ocre moteado" (DUE). En conclusión, el término que definitivamente no tiene significación alguna en español es "cerbal" (con "c" y "b"), en tanto que "serbal" designa a un árbol y no al felino "cerval" o "serval". Y muy específicamente, al calificar el miedo, éste sólo puede ser "cerval", en alusión al nerviosismo extremo del ciervo. Cuando en este contexto específico se utiliza "cerbal", "serbal" o "serval", estamos ante disparates, y en el caso de la grafía "cerbal" (cuando la vemos en libros) es posible que se trate de una errata, aunque las más de las veces no sea más que un desbarre.

Por ejemplo, en la página 41 de la edición española y mexicana del *Prometeo encadenado*, de Esquilo, de la colección Penguin Clásicos (Random House) leemos lo siguiente:

☟ "Mas un **miedo cerbal** ha agitado mis entrañas".

El traductor y el editor quisieron decir y escribir lo siguiente:

☝ Mas un **miedo cerval** ha agitado mis entrañas.

✎ Por supuesto, se trata de un disparate culto, el cual aparece en publicaciones impresas (diarios, revistas, libros) y en artículos de internet. He aquí algunos ejemplos: "ya se ha liberado del **miedo cerbal**", "tenían un **miedo cerbal** a las excomuniones", "le daban un **miedo cerbal** los hombres", "es verdad que les tengo un **miedo cerbal** a las arañas", "sigue teniendo este **miedo cerbal** a las personas", "el **miedo serbal** debió ser terrorífico", "un **miedo serbal** te deja mudo", "la esperanza puede estar acompañada de **miedo serval**", "son invadidos por el **miedo serval**", etcétera.

☞ Google: 77 100 resultados de "cerbal"; 1 200 de "cerbales"; cientos de "miedo cerbal", "miedo serbal" y "miedo serval". ☒

78. *¿cérvico uterino?, ¿cérvico-uterino?, ¿cérvicouterino?, ¿cérvix?*

"Cervicouterino" es una palabra compuesta de dos adjetivos (cérvico" y "uterino") que a su vez provienen de dos sustantivos masculinos: "cerviz" (cuello o parte dorsal del cuello) y "útero" ("órgano muscular hueco de las hembras de los mamíferos, situado en el interior de la pelvis, donde produce la hemorragia menstrual y se desarrolla el feto hasta el parto", DRAE). Literalmente significa "cuello del útero" o "cuello uterino", pero según el DRAE, y según la utilización cotidiana en el ámbito médico y clínico, el sustantivo "cérvix" (con tilde y "x" final"), que puede usarse como masculino o femenino (el cérvix, la cérvix), ya significa eso mismo de manera específica, y afirma que procede del latín científico *cervix, cervicis*, traducción del griego *auchén*, "cuello" y, especialmente, "cuello del útero". Sin embargo, el *Diccionario ilustrado latino-español, español-latino* (Biblograf) nada dice de esto en la entrada correspondiente a *cervix, -īcis*. Tampoco María Moliner incluye dicha información en el DUE. Más aún: el *Diccionario enciclopédico de las ciencias médicas* (McGraw-Hill), en la entrada "cérvix" ofrece la siguiente información: "una porción estrecha o cuello. Adjetivo: *cervical*". Pero, además, este diccionario no sólo incluye el adjetivo compuesto "cervicouterino" ("de, o relativo al cuello del útero"), sino también otros de la misma familia: cervicolingual, cervicorrectal, cervicotorácico, cervicovaginal, etcétera, e informa que la expresión "cuello del útero" aparece en la *Nómina Anatómica* (de París), literalmente en latín, como *cervix uteri*. Entonces, no es para nada claro que el término "cérvix" signifique en sí mismo "cuello del útero", sino, simplemente, "cuello", y, por tanto, no es en absoluto un pleonasmo decir o escribir "cérvix uterino" (como lo hacen muchos profesionales de la medicina), dado que "cérvix" (del latín *cervix, cervīcis*) se traduce, literalmente, como "cuello" y, de acuerdo con la definición del *Diccionario enciclopédico de las ciencias médicas*, "cuello" es sinónimo de "porción estrecha". Esto tiene mucho sentido: Ejemplos: ***cuello** de botella*; ***cuello** de camisa*. De hecho, en la entrada correspondiente al sustantivo masculino "cuello" (del latín *collum*), el DRAE ofrece, entre otras, la siguiente acepción: "parte más estrecha y delgada de un cuerpo, especialmente si es redondo, como el palo de un buque". Y basta con ver una ilustración anatómica del aparato reproductor femenino para constatar que el "cuello del útero" es justamente donde éste se estrecha (se hace más delgado) y se conecta con la vagina. En conclusión, aunque "cérvix" pueda utilizarse como sinónimo de "cuello uterino" o de "cuello del útero", es perfectamente válido el adjetivo compuesto "cervicouterino", pues, por todo lo anterior, es obvio que no se trata de una redundancia. Más aún: el *Libro de estilo* del diario español *El País* desaconseja, muy razonablemente, el uso de la expresión "cáncer cervical", pues "cervical" es adjetivo que se refiere a lo "perteneciente o relativo a la cerviz" y en especial a la vértebra cervical. Sugiere el uso "cáncer de cuello del útero", y nada dice respecto del "cáncer de cérvix". Todo este enredo es culpa de los académicos de Madrid y de sus hermanastros americanos y filipinos, y ello produce, además, otras confusiones. Se equivocan, por ejemplo, quienes escriben "cérvicouterino" (con tilde), pues estamos ante una palabra compuesta llana o grave cuyo acento prosódico cae en la penúltima sílaba. Por tanto es innecesaria la tilde, pues se escribe y se pronuncia "cervicouterino". El acento cae en el sonido más fuerte: en la segunda "i". Lo correcto es "cervicouterino" (sin tilde), adjetivo que significa perteneciente o relativo a la cérvix del útero o al cuello del útero. Ejemplo: *Hacen falta más recursos para combatir el cáncer* ***cervicouterino***. También es erróneo escribir el concepto en dos palabras: "cérvico uterino", pues tanto "cérvico" como "uterino" son adjetivos, y en un sentido lógico de la lengua deben unirse para modificar un sustantivo, como se hace en el caso de "cáncer cervicouterino" (sustantivo+adjetivo). Podría emplearse la grafía de dos vocablos con un guión intermedio, como en "crónico-degenerativo" cuyos términos se pronuncian en dos instancias cada una con su propia acentuación, y en tal caso el adjetivo "cérvico" llevaría su tilde correspondiente a palabra esdrújula: "cérvico-uterino". Lo absurdo es que el DRAE (ocupados como están los académicos de Madrid incorporando ahí zarandajas como "amigovio", "cagaprisas" y "papichulo") no incluya en sus páginas ni el adjetivo simple "cérvico" ni el compuesto "cervicouterino", a pesar de su amplio y acertado uso en la lengua cotidiana y ya no sólo científica.

El hecho de que el DRAE no incorpore estos términos es lo que ha propiciado la falta ortográfica en la errónea grafía con tilde "cérvicouterino" y en la no menos errónea expresión "cérvico uterino" (en dos palabras). Seguramente este dislate partió del ámbito médico y ahora se ha extendido a publicaciones impresas y, por supuesto, a las páginas de internet. En una página electrónica del Seminario El Ejercicio Actual de la Medicina, de la Facultad de Medicina de la UNAM, cuatro investigadores desarrollan un estudio que lleva por título:

☞ "Cáncer **Cérvico Uterino**", en el que afirman que "el cáncer **cérvico uterino** continúa siendo un problema importante de salud pública en el mundo".

Lo correcto, y sin las innecesarias mayúsculas, es intitular el estudio:

☞ Cáncer **cervicouterino** y referirse al cáncer **cervicouterino** como un problema grave de salud pública.

✎ En el portal electrónico del Instituto de Salud del Estado de México se habla indistintamente del "Cáncer **Cérvico Uterino**" (también con mayúsculas y si unir los adjetivos) y del "cáncer **cérvicouterino**" (uniendo los adjetivos, pero con una tilde innecesaria y, por lo tanto, errónea). No sólo esto; se afirma que "el cáncer **cérvicouterino** es un tipo frecuente de cáncer en mujeres". (¡Pues claro que en mujeres! Dado que los varones carecemos de útero, es imposible que algún día presentemos cáncer **cervicouterino**.) He aquí otros ejemplos de este desbarre: "8 verdades y mitos del cáncer **cérvico uterino**", "¿qué es el cáncer **cérvico uterino** y por qué se da?", "cáncer **cérvico uterino**, principal causa de muerte de la mujer", "Honduras busca prevenir el cáncer **cérvico uterino**", "epidemiología del cáncer **cérvicouterino**", "experiencia en el tratamiento del cáncer **cérvicouterino**", "cáncer de mama y **cérvicouterino**", "protegen a 22 mil niñas contra el cáncer **cérvicouterino**", "validación de la citología **cérvico uterina**", "manual de citología **cérvico uterina**", "relación entre displasia **cérvico uterina** y virus del papiloma humano".

☞ Google: 367 000 resultados de "cáncer cérvicouterino"; 316 000 de "cérvico uterino"; 261 000 de "cáncer cervical"; 244 000 de "cáncer cérvico uterino"; 36 700 de "cérvicouterino"; 10 900 de "cérvico uterina". ☒

☞ Google: 467 000 resultados de "cuello uterino"; 410 000 de "cuello del útero"; 406 000 de "cáncer de cuello uterino"; 377 000 de "cervicouterino"; 294 000 de "cáncer de cérvix"; 234 000 de "cáncer cervicouterino"; 243 000 de "cáncer cérvico-uterino"; 89 900 de "cérvix uterino"; 59 000 de "cáncer de cuello del útero"; 17 600 de "cánceres de cérvix"; 13 800 de "cervicouterina"; 11 700 de "cáncer de cérvix uterino"; 5 860 de "cervicouterinas"; 2 290 de "cánceres cervicouterinos"; 1 200 de "cánceres cérvico-uterinos". ☑

79. *cha-cha-cha y chachacha* no son lo mismo que *chachachá*

El término "chachachá" es un sustantivo masculino que designa al baile, la música y el ritmo originarios de Cuba y, según dice el DRAE, "derivados de la rumba y el mambo". Es una palabra simple y, como tal, no debe llevar guiones entre sus sílabas así sean las dos últimas repeticiones de la primera. Aunque María Moliner incluya en su *Diccionario de uso del español* el término con guiones intermedios, es obvio que se trata de un disparate ortográfico, pues las palabras simples no llevan, en español, estos apéndices. (Es similar a **zigzag**, palabra simple que es absurdo escribir como **zig-zag**.) Además, como toda palabra aguda terminada en vocal, exige la tilde en la última sílaba: "chachachá" y no "chachacha", pues esta última representación gráfica, al no llevar tilde, es palabra llana o grave. Se dice y se escribe *Bailamos* ***chachachá***, no *Bailamos* ***chachacha*** *o* ***cha-cha-cha***. Lo lamentable es que la forma correcta sea la menos utilizada, pero la lógica de nuestro idioma escrito es muy clara: todas las palabras simples se escriben como una unidad.

☞ Google: 16 000 000 de resultados de "cha-cha-cha"; 2 100 000 de "chachacha". ☒
☞ Google: 348 000 resultados de "chachachá". ☑

80. *¿chamoy?, ¿chamoyada?, ¿gamborimbo?*

Los académicos de Madrid incluyen en el mamotreto de la RAE zarandajas como "amigovio", "cagaprisas" y "papichulo", porque "cagaprisas" es españolismo frecuente y, porque, le hacen el caldo gordo a los localismos "amigovio" y "papichulo" afirmando, con falsedad, que se utilizan en México. Se utilizan en Puerto Rico y Sudamérica, ¡pero no en México! Por lo demás, son idioteces que no merecen una entrada en el diccionario, si partimos del hecho de que no incluyen tampoco términos como "chamoy" (compuesto agridulce, ácido y picante, líquido o en polvo, hecho de fruta deshidratada, chile, sal, azúcar y agua), "chamoyada" (bebida elaborada con chamoy) o "gamborimbo" (partícula de excremento adherido al ano o al vello de la zona anal), mexicanismos sin duda, al igual que "armaño" (para referirse a la verga, el pene, la reata). Pero veamos: el motor de búsqueda de Google ofrece 184 000 resultados de "amigovio", 20 800 de "cagaprisas" y 419 000 de "papichulo", contra 2 350 000 de "chamoy", 167 000 de "chamoyadas" y 36 900 de "gamborimbo". Nadie dice que sea fundamental que el DRAE cree entradas para estos mexicanismos, pero, como podemos darnos cuenta, su uso es tanto o más amplio (si partimos de las evidencias de Google) que los coloquialismos "amigovio", "cagaprisas" y "papichulo". ¿Por qué el DRAE incluye entradas para esas tonterías? Porque unas se usan mucho en España y otras en algunas regiones de Sudamérica y el Caribe, y porque, con el pretexto del "panhispanismo", los españoles incluyen regionalismos y localismos americanos al tuntún y, por supuesto, aprovechan para colar sus localismos que sólo tienen sentido para ellos y para nadie más. ¿Tiene esto alguna lógica? No. Ninguna. Parten de ocurrencias y sanseacabó.

☞ En Google: 2 350 000 resultados de "chamoy"; 167 000 de "chamoyadas"; 108 000 de "chamoyada"; 36 900 de "gamborimbo"; 5 490 de "gamborimbos". ☑

81. *¿chica it girl?*

La subordinación del español al inglés es a tal grado patológica que los hispanohablantes ya ni siquiera reparan en las formas redundantes y absurdas que utilizan. Ejemplo de esto es la expresión "chica *it girl*", tontería con la cual la gente de los espectáculos y la moda pretende darse "tono", aplicándolo, además, de forma desacertada a cualquier mujer joven y famosa de la farándula. "Chica *it girl*" es una rebuznancia, pues la voz inglesa *girl* es sustantivo femenino que se traduce en español precisamente como "chica", "joven" o "muchacha", en tanto que la expresión *It girl*, literalmente es "chica que tiene **eso**", entendiéndose por "eso" no únicamente el atractivo físico y la sensualidad, sino también un especial magnetismo sexual e intelectual. La expresión inglesa *It girl* se hizo popular en 1927 cuando la actriz Clara Bow protagonizó la película muda *It*. Bow encarna a la humilde dependienta de almacén Betty Lou Spence que tiene "eso" o "ello" (ese atractivo sexual y ese raro magnetismo) que cautiva al hijo del propietario de la tienda (Cyrus Waltham Jr., interpretado por Antonio Moreno). El término *It* para referirse a este magnetismo sensual e intelectual lo acuñó la novelista inglesa Elinor Glyn, autora de la novela del mismo título y de la adaptación para la película dirigida por Clarence G. Badger y Josef von Sternberg. Glyn utilizó insistentemente este concepto en sus novelas "románticas" que tienen una mezcla de sentimentalismo y sensualidad "escandalosa" para la época. Ese especial magnetismo de una chica es lo que, a partir de entonces, se conoce como *It*, "eso" o "ello", que Dorothy Parker dictaminó que indudablemente poseía Clara Bow ("¡*It*, demonios! Ella lo tenía"). Pero decir y escribir mitad en español y mitad en inglés "chica *it girl*" es una barbaridad redundante. Lo más aproximado, en todo caso, es "chica *it*", pero no "chica *it girl*" que equivale a decir y escribir "chica *it* chica". Ya teniendo todos los antecedentes, es obvio que no cualquiera es una *It girl*, y menos aún las mujeres jóvenes del ámbito de los espectáculos y la moda a quienes hoy se les aplica. El 99.99% de las hoy denominadas "celebrities" y "socialités" no se equipara con Betty Lou Spence ni, por supuesto, con Clara Bow. Tener dinero, fama, cuerpo esbelto y belleza con cirugías y maquillaje no es tener *It*, si se lo preguntaran a Elinor Glyn, Dorothy Parker e incluso al escritor británico Rudyard Kipling, quien en 1904, en uno de sus relatos, escribió lo siguiente: "No es la belleza, por así decirlo, ni una buena charla necesariamente. Es sólo *It*". Para una definición más precisa, Glyn diría: "*It* es esa cualidad que poseen algunos que atraen a todos los demás con su fuerza magnética, descaradamente, con autoconfianza, indiferente al efecto que produce. *It* puede ser una cualidad de la mente, así como la atracción física".

Por todo lo anterior, la expresión "chica *it girl*" es, además de una torpe redundancia un equívoco cuando se aplica simplemente a una mujer joven y famosa. Es una burrada de los ámbitos del espectáculo y la moda. En internet y en publicaciones impresas suele ser utilizada con absoluta ignorancia. En la página de internet de Televisión Azteca, leemos la siguiente burrada que es el titular de un reportaje:

♀ "Conviértete en la **chica 'it girl'** del momento".

Quisieron decir y escribir lo siguiente:

☝ Conviértete en la **chica *it*** del momento.

✎ Por supuesto, nada de lo que se habla en ese reportaje tiene relación alguna con el correcto significado del término *It*. He aquí otros ejemplos de esta redundancia y a la vez mala aplicación del término: "cómo es un **chica it girl**", "Mary Kay tiene ganadora del concurso La **Chica It Girl**", "Christina Aguilera es una **chica it girl**", "Claudia de la Maza, **chica it girl**", "tú también puedes ser una **chica it girl**", "una **chica it girl** internacional repleta de tatuajes", "tiene una legión de seguidores, pero ella no se considera una **chica it girl**" (hace bien, porque no lo es en absoluto), "las **chicas it girl** viven el día a día sumergidas en el mundo de la moda" (éstas no son "chicas *it*", son simplemente consumistas de ropa), "diseñadora fetiche de las **chicas it girl** más cool", "las **chicas it girl** lo llevan", "las más famosas **chicas it girl** de las socialites" (podemos estar seguros que ninguna de las denominadas *socialités* es "chica *it*"), "Kendall es una de las **chicas it girl** del momento" (ella menos que nadie), "las **chicas it girl** nos muestran sus looks".

☞ Google: 490 000 resultados de "chica it girl"; 217 000 de "chicas it girl". ☒

☞ Google: 266 000 resultados de "chica *it*"; 158 000 de "chicas *it*". ☑

82. *chinga tu madre* no es lo mismo que *chinga a tu madre*

Aunque parezca lo mismo, no es en absoluto lo mismo: la expresión "chinga tu madre" es todo lo contrario de "chinga a tu madre", y lo son en general todos los derivados de esta misma oración tan mexicana y tan utilizada todos los días. Si decimos o escribimos "chinga tu madre" la acción y el efecto del verbo transitivo "chingar" ("molestar, importunar, joder", "coger en el sentido de practicar el coito") no recae sobre la madre, sino que ésta ejerce o practica el acto de "chingar". Es muy fácil saberlo si invertimos el orden de las palabras: "tu madre chinga". Esto es exactamente lo que decimos o escribimos en la frase "chinga tu madre". La que chinga es la madre, y no a la que se chinga. Diferente, y contrario, es en cambio, la expresión "chinga **a** tu madre", en la cual la simplísima preposición "a", que "precede al complemento directo cuando este es de persona determinada o está de algún modo personificado" (DRAE), revela a un sujeto que ejerce sobre su madre la acción de "chingar". No deja de ser lamentable que incluso en la utilización más frecuente de las expresiones, nuestro idioma español, en México, adolezca de ignorancia e incapacidad en el uso adecuado de la gramática y la sintaxis. ¡Incluso para injuriar! Si de veras queremos injuriar a alguien con expresiones tan irritantes y ofensivas como todas las que involucran al verbo "chingar" y al sustantivo femenino "madre" deberíamos al menos conocer el uso correcto de la lengua.

La mayor parte de los hablantes y escribientes en México no sabe utilizar el idioma ni siquiera para ofender. Según informaciones periodísticas, durante una marcha pública antigubernamental, los manifestantes coreaban lo siguiente:

☞ "¡Sí que sí, sí que sí! ¡Que **chingue su madre** el PRI!".

No seremos nosotros quienes defendamos al PRI ni a la madre que parió al PRI, pero es obvio que los manifestantes tendrían que haber coreado lo siguiente, para que tuviera sentido su lépera consigna:

☞ ¡Sí que sí, sí que sí! ¡Que **chingue *a* su madre** el PRI!

✎ No faltarán quienes digan que, para el caso, da lo mismo, pero no da lo mismo para el idioma. Pudiera incluso suponerse que, en la lengua hablada, dicha expresión coloquialmente ofensiva no tiene por qué cuidar el sentido y la elegancia de la gramática si no cuida siquiera las formas corteses o cívicas, pero habrá que insistir en que el uso correcto de la preposición "a" en el complemento directo de una oración es indispensable para expresar una cosa que sin dicha preposición no expresa en absoluto. Si decimos o escribimos "que chingue su madre" lo que expresamos es que "que su madre chingue", o sea que la madre ejerza la acción de chingar. En el habla, en internet y en publicaciones impresas la mayor parte de las personas no sabe utilizar siquiera la agresión verbal más usada de México. El grupo musical Molotov tiene una canción que se intitula "Chinga tu madre" y que usa como incansable estribillo el "chinga tu madre", cuando lo correcto sería decir, escribir y cantar "chinga **a** tu madre". He aquí otros pocos ejemplos de esta forma errónea de insultar: "¡Chinga tu madre, pinche asalariado!", le dijo llena de ira una "actriz" de Televisa a un policía; "Chinga tu madre racista de mierda, dicen niños a Donald Trump" (según reporta *La Jornada San Luis*); "Chinga tu Madre" se llama un restaurante de comida mexicana en San Juan, Argentina; "chinga tu madre por grosero e irrespetuoso", le dice en un foro de internet un sujeto a otro; "chingue su madre el América", escribe más de un futbolero en internet; "y al que no le guste que chingue su madre" leemos y escuchamos en la letra de una canción de una banda norteña.

☞ Google: 470 000 resultados de "chinga tu madre"; 132,000 de "chingue su madre"; 46 300 de "que chingue su madre"; 41 400 de "chinguen su madre"; 9 070 de "que vaya y chingue su madre"; 7 160 de "que chinguen su madre". ☒

☞ Google: 229 000 resultados de "chingue a su madre"; 142 000 de "chinguen a su madre"; 132 000 de "chinga a tu madre"; 115 000 de "que chingue a su madre"; 50 000 de "que chinguen a su madre"; 4 530 de "que vaya y chingue a su madre"; 1 450 de "que vayan y chinguen a su madre". ☑

83. *¿chingonsazo?, ¿chingonzazo?*

Tal como señala el DRAE, "chingón" es un adjetivo y sustantivo malsonante propio de México: "dicho de una persona: competente en una actividad o rama del saber". Ejemplo: El Chicharito *Hernández es un **chingón***. En español, los sufijos "-ón" y "-ona" sirven, entre otros usos, para formar sustantivos y adjetivos (derivados de verbos, sustantivos y adjetivos) con valor aumentativo, intensivo o despectivo. De "cagar", "cag**ón**" y "cag**ona**"; de "llorar", "llor**ón**" y "llor**ona**"; de "mamar", "mam**ón**" y "mam**ona**"; de "puto", "put**ón**"; de "puta", "put**ona**". Según sea el contexto en el que se utilicen los términos, será el valor que adquieran. En el caso del adjetivo y sustantivo "chingón" (derivado del verbo "chingar", que significa muchas más cosas que "importunar y molestar"), el valor es ponderativo y elogioso. Ejemplo: *Es **el más chingón** de todos*. Y ser *el más chingón* se traduce en ser *el chingonazo*, pues cabe señalar que en español el sufijo "-azo" tiene también valor aumentativo con un claro sentido de ponderación en muchos casos: de "cuerpo", "cuerp**azo**"; de "culo", "cul**azo**"; de "gol", "gol**azo**". Ejemplo: *¡El de Messi fue un **golazo**!* No deja de llamar la atención que, en el caso de "chingón", ya en sí mismo aumentativo y ponderativo, se parta de este término para duplicar o multiplicar su intensidad (con valor admirativo) y producir el adjetivo y sustantivo "chingonazo": dicho de una persona, no sólo competente en la actividad, sino *el más competente*. Superlativamente, "chingonazo" es el más chingón entre los chingones. Ejemplos: *¡Ese sí que es un **chingonazo**!*; *¡De todas, ésa es la **chingonaza**!* Pero debe decirse y escribirse "chingonazo" y "chingonaza" (con los correctos sufijos "-azo" y "-aza") y no "chingon**sazo**" ni "chingon**saza**" ni "chingon**zazo**" ni "chingon**zaza**", que son desbarres del idioma, pues más allá de su malsonancia o no, todos los términos, en nuestro idioma, deben ajustarse a las reglas gramaticales y ortográficas. Dígase y escríbase, entonces, "chingonazo", "chingonaza", "chingonazos", "chingonazas".

☞ Google: 49 600 resultados de "chingonazo"; 4 600 de "un chingonazo"; 2 340 de "chingonazos"; 2 340 de "el chingonazo"; 1 660 de "chingonaza"; 1 030 de "los chingonazos". ☑

84. *¿chipocle?, ¿chipocles?, ¿chipocludo?, ¿chipotle?, ¿chilpocle?*

El término "chipotle" es un sustantivo masculino que, según informa el DRAE, proviene del náhuatl *chilpoctli* (chile ahumado) y designa la "variedad de chile picante, de color rojo ladrillo, que se usa secado al humo". Tiene las variantes "chilpotle" y "chipocle", menos utilizadas. El *Diccionario del náhuatl en el español de México* precisa lo siguiente: "**Chipotle** o **chipocle**. 1. Variedad de chiles rojos, secos, encurtidos, ahumados y sazonados con diversos condimentos. 2. El tonalchile o chile cuaresmeño una vez ahumado. *Chil-poctli*. De *chilli*, chile, *poctli*, humo". Ejemplo: *La pierna de cerdo al* ***chipotle*** *estuvo deliciosa*. La variante "chilpotle" es más bien resultado de la ultracorrección; no se desautoriza, pero resulta chocante. En tanto, la grafía "chipocle" es absolutamente minoritaria, en comparación con "chipotle", pero de la primera se deriva el adjetivo mexicano "chipocludo" que el *Diccionario del náhuatl en el español de México* define del siguiente modo: "Excelente, el mejor, muy bueno", y se aplica a cosas y a personas, pero especialmente a estas últimas; dicho de alguien: que es el principal, el jefe, el más importante, el más nalga, el más verga, el más chingón, el chingonazo, a quien también se le suele denominar "el chipocles". Ejemplos: *Nos atendió el* ***chipocludo*** *de la oficina*; *Ese cabrón es el más* ***chipocles***. Aunque se utilicen las variantes minoritarias "chilpotle" y "chipocle" para referirse al chile ya descrito, lo relevante es que de este último sustantivo deriva el adjetivo "chipocludo" que equivale al adjetivo y sustantivo (preferentemente) en plural "chipocles", no para referirse al chile, sino a la persona de importancia jerárquica o del más alto nivel en su especialidad o tarea.

☞ Google: 45 800 000 resultados de "chipotle"; 1 410 000 de "chipotles". ☑☑

☞ Google: 45 700 resultados de "chilpotle"; 23 300 de "chilpotles"; 11 600 de "chipocle". ☑

☞ Google: 81 200 resultados de "chipocles"; 36 200 de "chipocluda"; 28 500 de "chipocludo"; 23 700 de "bien chipocles"19 400 de "chipocludos"; 11 000 de "el chipocles"; 10 100 "chipocludas". ☑

85. *¿chirria?*

Cuando alguna cosa, generalmente al rozar con otra, produce un ruido agudo, continuado y desagradable, ¿se dice y se escribe que "chirria" o que "chirría"? Hay mucha gente que cree que es lo primero, pero lo correcto es lo segundo. Ejemplo: *Llevé a revisión el coche porque los frenos* ***chirrían***. "Chirriar" (voz onomatopéyica) es un verbo intransitivo cuyo modelo de conjugación es "enviar": *envía, envían, chirría, chirrían*. De ahí el sustantivo masculino "chirrido": voz o sonido agudo o desagradable. Ejemplo: *Era verano y las cigarras producían un* ***chirrido*** *ensordecedor*. A diferencia del verbo "agriar", que admite dos modelos de conjugación (como "anunciar" y como "enviar": *agria* y *agría*), "chirriar" únicamente admite el modelo de "enviar". Por tal razón es falta ortográfica y desbarre del habla y de la escritura decir y escribir "chirria" en lugar de "chirría" y "chirrian" en vez de "chirrían". Se trata de desbarres frecuentes que lo mismo están en el español culto que en el inculto y, como es obvio, únicamente aparecen en los presentes de indicativo y de subjuntivo (pues en los otros tiempos verbales no hay lugar a la duda): *chirría, chirrían, chirríe, chirríen.*

Están lo mismo en el habla que en publicaciones impresas y en internet, y no distinguen niveles culturales. Son sobre todo frecuentes en el ámbito automotor. Un internauta dice lo siguiente en un foro:

☟ "Me **chirrian** los discos de freno".

Quiso decir y escribir que los discos del freno de su automóvil:

☝ **chirrían.**

✎ Más ejemplos de este desbarre: "mi PC nuevo **chirria**", "la rueda de delante **chirria**", "me **chirria** la dirección", "me **chirria** el freno trasero", "el freno de tambor **chirria**", "los frenos de mi coche **chirrian**", "mis dientes **chirrian** al apretar", "pastillas nuevas **chirrian** al frenar", "silencia las bisagras que **chirrian**", "las puertas del ascensor **chirrian**", "¿cómo evitar que el parquet **chirrie** cuando pisas?", "¿qué hago para que no **chirrie** los dientes?", "¿es normal que el freno trasero **chirrie**?", "truco para evitar que las puertas **chirrien**", "¿algún truco para que no **chirrien** los discos?", "el calor hace que las ruedas **chirrien**".

☞ Google: 64 500 resultados de "chirria"; 46 300 de "chirrian"; 36 300 de "chirrie"; 6 480 de "chirrien". ☒

86. *¿chupapollas?, ¿chupavergas?*

El diccionario de la Real Academia Española es desconcertante por incoherentemente absurdo, pues oscila entre la chambonada y la moralina, no sabiéndose a ciencia cierta si quienes lo redactan o simplemente lo dictan a sus secretarias son más haraganes que franquistas o más tontos que santurrones. ¿Por qué demonios los académicos de Madrid incluyen en su mamotreto entradas muy específicas para el sustantivo compuesto "chupachups" ("caramelo de forma esférica, con un palito que sirve de mango para poder chuparlo", DRAE), los adjetivos "lameculos" (persona aduladora y servil) y "soplapollas" (persona tonta o estúpida) y los también sustantivos y adjetivos "chupalámparas" (persona beata o santurrona) y "chupamedias" (persona aduladora y servil), pero pasan de noche ante los sustantivos y adjetivos malsonantes (tan malsonantes como "lameculos" o "soplapollas") "chupapollas", "chupavergas" y "soplavergas"? Con excepción de "chupachups" (que es marca registrada y cuya cómica e inocente definición la habrá escrito el hijito más listo de alguno de los académicos madrileños), todos los demás son despectivos y, en los casos de "lameculos", "chupapollas", "chupavergas", "soplapollas" y "soplavergas" son también injuriosos, y en todos los casos se trata de términos compuestos que deben escribirse con grafía simple y no, erróneamente, en dos palabras. Es obvio que quienes hacen un diccionario de la lengua tienen la obligación de incluir todos los términos, aun si son malsonantes, en tanto tengan un uso amplio y acertado en el idioma, tal como ocurre con los términos mencionados. ¿Por qué "lameculos" y "soplapollas" sí, pero "chupapollas", "chupavergas" y "soplavergas" no? Es un misterio. Lo cierto es que incluso resulta una ociosidad destinar una entrada para "chupalámparas", que apenas rebasa un millar de resultados en el buscador de Google, y saltarse, como si nada, "chupapollas", "chupavergas" (este último también utilizado en singular), y "soplavergas" que tienen cientos de miles de resultados en Google y que se utilizan con especial vigor y alegría entre los hablantes del español, lo mismo españoles que americanos. Lo gracioso de todo esto es que los términos malsonantes "chupapollas", "chupaverga", "chupavergas" y "soplavergas" han perdido en gran medida su carga sexual (de "chupar", succionar; "soplar", despedir aire por la boca, y "polla" y "verga": pene, miembro viril) y ahora se utilizan para referirse a las personas serviles, justamente como "chupamedias" y "lameculos", de ahí que también existan las variantes "lamepollas" y "lamevergas", similares de "lamebotas". Gran culpa tiene la Real Academia Española en el hecho de que los escribientes del español no utilicen la correcta grafía simple para estos términos, en vez de las formas erróneas en dos palabras. Los académicos de Madrid se estacionaron en el franquismo, y cada vez que revisan su mamotreto olvidan que Franco ya murió. Hay que avisarles que el viejo dictador ya estiró la pata y que ya pueden dejar de autocensurarse, y ponerse a trabajar como Dios manda. ¿De qué sirve una academia de la lengua española o de qué sirven tantas academias de la lengua española (incluidas las americanas y la filipina) si son incapaces de consignar la realidad idiomática? Esta forma de proceder, entre incoherente y moralina, hace escuela entre los filólogos españoles, pues las autoras del *Diccionario Akal del español coloquial* (2000) incluyen en su indispensable obra casi mil quinientas expresiones, pero omiten algunas de las más castellanas: "dar por culo", "irse a tomar por el culo", "mandar a tomar por culo" y otras variantes de lo mismo, lo cual revela, escandalosamente, que hay filólogos y lexicógrafos (y entre ellos, por supuesto, filólogas y lexicógrafas) que les tienen miedo a las palabras. Que se dediquen, entonces, a otra cosa.

☞ Google: 537 000 resultados de "chupa verga"; 380 000 de "chupa pollas"; 105 000 de "chupa vergas"; 48 300 de "sopla verga". ☒

☞ Google: 1 540 000 resultados de "chupachups"; 379 000 de "chupapollas"; 217 000 de "lameculos"; 165 000 de "chupamedias"; 161 000 de "soplapollas"; 68 800 de "chupaverga"; 23 800 de "chupavergas"; 1 430 de "chupalámparas". ☑

87. *¿cien pies? ¿cienpies?, ¿cienpiés?, ¿mil pies?, ¿milpies?*

No conocer las reglas ortográficas y gramaticales lleva a muchas personas a escribir "cien pies", "cienpies" y "cienpiés", las tres formas incorrectas para referirse al "ciempiés", sustantivo masculino siempre en plural con el que se nombra a "diversos artrópodos con el cuerpo dividido en numerosos anillos provistos de otros tantos pares de patas" (DUE). Ejemplo: *La escolopendra es un **ciempiés** venenoso.* Es obvio que "ciempiés" es un sustantivo compuesto de otros dos sustantivos simples: "cien", es decir, ciento, y "pies", plural de "pie": "extremidad inferior del ser humano y de los animales" (en este caso, también se le llama "pata"). En "ciempiés", el sustantivo "cien" (diez veces diez) se modifica en su terminación ("m" por "n") porque es regla del español que en una palabra antes de "b" y de "p" se escriba siempre "m", como en "ca**mb**io", "cu**mb**ia", "ca**mp**o", "tie**mp**o", "tí**mp**ano", etcétera. Asimismo, si se trata de palabras agudas terminadas en "n" o "s" (no precedidas de otra consonante) o en vocal, éstas deben llevar forzosamente tilde: es el caso de "ciempiés", aunque los monosílabos "pie" y "pies" no lo requieran. Por lo demás, el primer elemento de "ciempiés", el término "cien", no debe entenderse en su sentido estricto sino en su sentido hiperbólico o retórico, y es exactamente el mismo caso de "milpiés" (que no "mil pies" ni "milpies"), que designa a la cochinilla de tierra: no implica que dichos artrópodos posean exactamente cien o mil patas, sino que tienen muchas. Tanto las formas "cienpies" como "cienpiés" y "milpies" son desbarres, por todo lo antes dicho, pero también lo son "cien pies" y "mil pies" (en dos palabras) cuando se refieren a los artrópodos, pues los sustantivos compuestos no admiten ser escritos en elementos separados, sino con grafía simple.

Puesto que es mucha la gente que no conoce las reglas ortográficas y gramaticales, estos desbarres están ampliamente difundidos lo mismo en publicaciones impresas que en internet. En el portal electrónico de TV Azteca Sonora leemos el siguiente encabezado, digno del analfabetismo de la televisión comercial:

👎 "Piden tener cuidado por plaga de **cienpies**".

Quisieron informar acerca de

👍 una plaga de **ciempiés**.

✎ En un blog se nos informa que la escolopendra es "un **cienpies** venenoso". Quien esto escribió (un biólogo, por cierto), quiso disertar sobre la escolopendra o **ciempiés** venenoso. Otros muchos escriben la palabra con su correcta tilde, pero olvidan cambiar la "n" por "m", y hay quienes hacen este correcto cambio de letras y sonidos pero olvidan la tilde y de todos modos desbarran al escribir "ciempies". He aquí unos pocos ejemplos de estos dislates: "danza del **cienpies**", "El **Cienpies** humano, película", "el **cienpies** azul", "el **ciempies** venenoso", "el **ciempies** asesino", "los **ciempies** y **milpies**", "**milpies** gigante africano", "el juego del **cienpiés**", "el

cien pies: dinámicas grupales", "el **cien pies** humano", "un **cien pies** que caminaba en un bosque", "los **mil pies** son pequeños artrópodos".

☞ Google: 1 660 000 resultados de "cienpies"; 356 000 de "ciempies"; 77 400 de "cienpiés"; 52 800 de "milpies"; 24 300 de "el cien pies"; 23 500 de "un cien pies"; 9 900 de "los mil pies"; 5 370 de "los cien pies". ☒

88. *ciervo* no es lo mismo que *siervo*

"Ciervo" (del latín *cervus*) es un sustantivo que designa al animal mamífero rumiante conocido también como "venado" (del latín *venātus*, caza). Ejemplo: *La intensa caza del* ***ciervo*** *salvaje mermó a su población en Estados Unidos.* "Siervo" (del latín *servus*) es sustantivo que significa "esclavo de un señor" o "persona sometida a alguien o algo" (DRAE). En un sentido más amplio es la persona que profesa alguna idea o religión y se entrega a "servir" en nombre de esa idea o esa religión, pues un "siervo" es quien "sirve". Ejemplos: *Morelos, el* ***siervo*** *de la nación; El Papa, el* ***siervo*** *de los* ***siervos*** *de Dios* (en latín, *Servus servorum Dei*). "Siervo" deriva de "servicio" (*servitium*, en latín: esclavitud), sustantivo masculino que significa acción y efecto de "servir" (del latín *servīre*), verbo intransitivo que significa "estar al servicio de alguien o estar sujeto a alguien por cualquier motivo haciendo lo que él quiere o dispone" (DRAE). Términos homófonos (que suenan igual pero que tienen distintos significados y grafías), "ciervo" y "siervo" se prestan a confusión para muchos hablantes y escribientes del español. Es frecuente que atribuyan a la persona las características del animal.

Es disparate inculto, pero no es extraño encontrarlo en el ámbito culto de la lengua, lo mismo en publicaciones impresas que en las páginas de internet. El *Diario 21* del estado mexicano de Guerrero informa que el gobernador develó una placa conmemorativa con motivo del bicentenario del primer Congreso de Anáhuac y que, en la ceremonia, la directora de un museo se refirió a

☟ "los nobles ideales que desbordaba el **ciervo de la nación**, Don José María Morelos y Pavón".

Los reporteros entrecomillan las declaraciones de la funcionaria, y es bastante probable que dicha persona no sepa distinguir entre un "ciervo" y un "siervo", pero tampoco los reporteros lo saben. De saberlo, hubieran ayudado a la funcionaria a decir que

☝ Morelos, el **siervo de la nación**, desbordaba nobles ideales.

✎ "Siervo de la nación" es una manera sublime de decir esclavo al servicio de la patria, que así se denominaba Morelos para mostrar cuán grande era su compromiso con México. "Ciervo de la nación", en cambio, es decirle rumiante al patriota. Y todo esto a causa de no consultar un diccionario. He aquí otros ejemplos de este depravado disparate: "calle **Ciervo de la**

Nación", "casas en venta en **Ciervo de la Nación**", "Avenida **Ciervo de la Nación**, Colonia Lomas del Valle, en Morelia", "se nos viene a la mente la figura del **ciervo de la nación** con su paliacate blanco", "el homenaje que el día de hoy rendimos al **ciervo de la nación**", "Morelos era en efecto el **Ciervo de la Nación**", "documentos que fueron escritos de puño y letra por el denominado **ciervo de la nación**" (un venado, por cierto, muy letrado), "el **Ciervo de la Nación** vino al mundo el 30 de septiembre de 1765, en Valladolid, hoy Morelia", "Escuela Primaria **Ciervo de la Nación**, en Tijuana", "Deportivo **Ciervo de la Nación**", "Autopista **Ciervo de la Nación**", "cualidades de un verdadero **ciervo de Dios**", "vidas y virtudes del venerable **ciervo de Dios**", "Amaury Rodriguez el **ciervo de Dios**", "Clínica **El Ciervo de Dios**" y mil burradas más.

☞ Google: 74 200 resultados de "ciervo de Dios"; 48 000 de "ciervo de la nación"; 19 000 de "el ciervo de la nación"; 17 300 de "el ciervo de Dios". ☒

89. *¿cita previa?*

La expresión "cita previa" es otra más de las múltiples redundancias que utilizamos en el idioma español, especialmente por ignorancia, es decir por el desconocimiento del significado de las palabras. No hay citas que no sean previas, pues el sustantivo femenino "cita" se refiere al "señalamiento, asignación de día, hora y lugar para verse y hablarse dos o más personas", o bien a la "reunión o encuentro entre dos o más personas, previamente acordado" (DRAE). Ejemplos del DRAE: *La enfermera me ha dado **cita** para mañana; Trabajaron mucho en su primera **cita***. Por otra parte, el adjetivo "previo" (del latín *praevius*) significa "anticipado, que va delante o que sucede primero" o, mucho mejor, como dijera María Moliner, "se aplica a lo que precede y sirve de preparación a algo". Ejemplo: *No asistió a la reunión **previa** y por ello carecía de información*. En conclusión, no hay cita que no sea previa. Basta con decir y escribir "cita".

"Cita previa" es expresión redundante muy extendida en nuestra lengua y es utilizada incluso por profesionistas o, mejor dicho, especialmente por profesionistas, pues resulta obvio que no se trata de un disparate del español inculto, sino del uso culto de la lengua. Con toda seguridad, pasó del habla a la escritura, y hoy está en publicaciones impresas y tiene su reino en internet y muy especialmente en las páginas de los servicios públicos. En el portal electrónico de la Agencia Tributaria del Gobierno de España se informa que

♀ "la Agencia Tributaria ha habilitado un servicio de **cita previa** para la atención a los contribuyentes que deseen acudir a alguna de sus oficinas".

Bastaba con haber dicho que esta oficina:

♂ ha habilitado un servicio de **citas** para la atención a los contribuyentes.

✎ Como hemos dicho, es obvio que las citas son previas. ¡Ni modo que no! Las instituciones públicas de prácticamente todos los países de habla española cometen este disparate redundante, pero es en España donde se utiliza con más alegría. He aquí otros ejemplos, casi todos españoles: "se facilita **cita previa** para consulta médica", "**cita previa** sanitaria", "**cita previa** con su centro de salud", "**cita previa** en centros de salud", "los usuarios del Sistema Público de Salud pueden solicitar **cita previa** para las consultas", "seleccione la provincia donde desea solicitar la **cita previa**", "bienvenido al portal de **cita previa**", "agotadas las **citas previas** de mayo", "denuncian la venta ilegal de **citas previas**" (¿quiere decir esto que existe una venta que es legal?), "quejas por los retrasos en las **citas previas** para renovar el DNI", "concluyen módulos del IFE sus labores con **citas previas**", "con **citas previas** se busca agilizar procesos", etcétera.

☞ Google: 933 000 resultados de "cita previa"; 713 000 de "con cita previa"; 691 000 de "citas previas". ☒

90. *coces* no es lo mismo que *cueces*

El término "coces" es plural del sustantivo femenino "coz" (del latín *calx, calcis*: talón) y se refiere a la "sacudida violenta que hacen las bestias con alguna de las patas" y "golpe dado con una coz" (DRAE). Nada tiene que ver con el verbo "cocer" (del latín *coquĕre*): "hacer comestible un alimento crudo sometiéndolo a ebullición o a la acción del vapor" (DRAE). Lo correcto de la segunda persona del singular del presente de indicativo del verbo "cocer" es "tú cueces" y no "tú coces". Con entera seguridad, la anfibología es producto de la homofonía entre el verbo "cocer" y el verbo "coser" (del latín *consuĕre*): unir con hilo dos o más pedazos de tela, cuero u otra materia. La segunda persona del singular del presente de indicativo del verbo "coser" es, efectivamente, "tú coses"; pero no hay que confundir "coces" con "coses".

Es barbarismo del español inculto, preferentemente del habla, pero no es extraño encontrarlo en publicaciones impresas y, por supuesto, en internet. En un libro, a propósito de un trozo de carne, se da la siguiente recomendación:

♀ "lo **coces** con vino, vinagre y especias varias y la carne queda muy suave".

Quiso recomendar el autor que

☝ la carne **se cuece** con vino, vinagre y especias, etcétera.

✎ He aquí otros ejemplos de este disparate: "el bacalao lo **coces** antes de agregarlo a la salsa", "lo sellas bien con sal y pimienta y lo **coces**", "lo **coces** en agua y sal", "lo metes al microondas y lo **coces** durante 20 minutos", "lo **coces** hasta que esté blandito", "entre más lo **coces**, mejor", "si los **coces** de esta manera puedes estar seguro que los huevos quedarán bien cocidos", "no sé si los vas a freír o los **coces** al vapor", "mientras los **coces**, haz el caramelo", etcétera.

☞ Google: 62 100 resultados de "los coces"; 5 220 de "lo coces". ☒

91. *¿coda final?*

¿Hay "codas" que no sean finales o que no vayan al final? Por definición, no las hay. Veamos. El sustantivo femenino "coda" (del italiano *coda*: "cola", y éste del latín *cauda*: "cola") posee tres acepciones principales en el diccionario de la RAE: "Conjunto de versos que se añaden como remate a ciertos poemas"; "adición brillante al período final de una pieza de música"; "repetición final de una pieza bailable". Ejemplos: *La* ***coda*** *de su poema resultó sin gracia*; *Nada brillante fue la* ***coda*** *de su pieza musical*. Se les olvida a los académicos, y por cierto también a María Moliner en su *Diccionario de uso del español* que, de manera general, se llama "coda" también al remate de cualquier texto y no únicamente de ciertos poemas. Ejemplo: *En la* ***coda*** *de su ensayo lo único que hace es repetir sin énfasis algo ya sabido*. Siendo la principal acepción del sustantivo masculino "remate" (del verbo transitivo "rematar") "fin o cabo, extremidad o conclusión de algo", es obvio que una "coda" siempre va al final, jamás al principio ni en el intermedio. Tanto el latín *cauda* como el italiano *coda* se traducen literalmente como "cola"; de ahí que el adjetivo "caudado" (del latín medieval *caudatus*) se aplique a "lo que tiene cola". Dicho todo lo anterior, la expresión "coda final" representa una redundancia más que viciosa. Basta con decir y escribir "coda", puesto que toda "coda" (y toda "cola") es final o se usa como remate.

Por supuesto, se trata de una redundancia culta, pues el término "coda" es exclusivo del ámbito culto del idioma. Aparece lo mismo en publicaciones impresas que en internet. Muy española y muy de españoles, pero ya imitada por los demás países hispanohablantes, esta redundancia aparece del siguiente modo en un encabezado del diario *El Mundo*:

☹ "Los Panero, **coda final**".

Aun si el autor (Luis Antonio de Villena) así lo escribió, los editores tendrían que haber puesto simple y sencillamente:

☺ Los Panero, **coda**.

✎ Más ejemplos de esta redundancia culta: "**coda final**: sección final de carácter conclusivo", "usos específicos de la pintura expresionista: **coda final**", "exagerar la caída o **coda final**", "**coda final**: el último año de Michael Kamen", "en posición de **coda final**", "notas en **coda final**", "obras sobre las que meditar: **coda final**", "**coda final** acto de las sombras", "*Coppélia*. **Coda final**", etcétera.

☞ Google: 31 000 resultados de "coda final"; 1 180 de "codas finales". ☒

92. *¿colofón final?*

El sustantivo masculino "colofón" (del latín tardío *colŏphon, colophōnis*: "cumbre, término, fin") posee dos acepciones: "anotación al final de los libros, que indica el nombre del impresor y el lugar y fecha de la impresión, o alguna de estas circunstancias" y "remate, final de un proceso" (DRAE). Ejemplos: *En el **colofón** del libro hay una curiosa errata*; *La velada tuvo como **colofón** el soporífero discurso del presidente de la academia*. Si el sustantivo "colofón" ya contiene implícitamente el significado de "fin" o "final" ("término, remate o consumación de algo"), es una tontería redundante decir y escribir "colofón final", pues no hay colofón que esté o vaya al principio. Basta con decir "colofón", y eliminar el añadido superfluo. Pero los españoles no se resignan a ello. Lo que ocurre en España es que allá se cree que en una actividad puede haber varios colofones: al principio, poco después, en medio, poco antes del final y al final, y no es remoto que supongan que hay un colofón del colofón: el rey de los colofones. Incluso los correctores españoles de la lengua se muestran tímidos para no herir susceptibilidades, incluidas las propias. Es el caso del buscador urgente de dudas Fundéu BBVA, que explica con claridad que el término "colofón" por sí solo "ya expresa con rotundidad el final de un proceso, su culminación", y sin embargo el encabezado de esta explicación es el siguiente: "*colofón*, mejor que *colofón final*". ¿A cuento de qué el comparativo "mejor"? ¿Por qué no dice, simplemente, y sin ambages, que "colofón final" es una idiotez? Obviamente, porque lo usan con mucho salero en España.

Al igual que "campus universitario" y "cita previa", el disparate redundante "colofón final" pertenece al uso culto del idioma, lo mismo hablado que escrito. Abunda en publicaciones impresas y en internet, y es en España, como ya advertimos, donde se utiliza con mayor ánimo y feliz ignorancia. En el diario español *La Voz de Galicia* leemos el siguiente encabezado:

☹ "Al brillante curso del CT Foz solo le faltó el **colofón final**".

Debió informarse que al curso mencionado:

☺ únicamente le faltó el **colofón**.

✎ Aquí tenemos otros ejemplos de esta tontería redundante, típicamente española, como "subir para arriba" y "bajar para abajo": "**colofón final** en los actos del 20 aniversario", "**colofón final** en Oslo", "**colofón final** para despedir las fiestas", "**colofón final** de medallas", "la cena será el **colofón final**", "victoria como **colofón final**", "¿**colofón final** para Zidane?", "brillante **colofón final** de la Pasarela Flamenca", "**colofón final** a un espléndido año de afición", "**colofón final** multitudinario a la semana de puertas abiertas", "Mojácar celebra sus fiestas para dar el **colofón final** al verano", etcétera.

☞ Google: 118 000 resultados de "colofón final". ☒

93. *¿collarín en el cuello?, ¿collarín para el cuello?*

¿En dónde más se puede poner un collarín si no es en el cuello? Así como una "mordaza" sólo puede ponerse en la boca (justamente para que sea "mordaza", que deriva de "morder"), un "collarín" sólo puede ponerse en el cuello (para que sea "collarín"); si circuye el brazo será quizá pulsera y si circunda el abdomen tal vez sea faja, pero de ningún modo "collarín". Por tanto, cuando decimos o escribimos que a una persona le fue colocado un collarín, inmediatamente sabemos que se le aplicó en el cuello, y no esperamos que le haya sido colocado en el abdomen o en las nalgas. Es obvio que se le coloca en el cuello, pues el sustantivo masculino "collarín" (diminutivo de "collar"; del latín *collāre*, de *collum*: "cuello") tiene entre sus acepciones principales la siguiente: "aparato ortopédico que se ajusta en torno al cuello y sirve para proteger las vértebras cervicales". De ahí que sea una redundancia decir o escribir que a alguien le fue colocado un **collarín en el cuello.** ¿Pues dónde más?

Es una redundancia frecuente de personas que ignoran que los sustantivos "collar" y "collarín" son derivados del sustantivo masculino "cuello": "parte del cuerpo que une la cabeza con el tronco". Basta con decir y escribir "collarín" para expresar que va en el cuello. En el diario mexicano *El Universal*, cierto especialista taurino escribe a propósito de la muerte de un torero que fue cogido en Durango, y asegura que hubo errores en la forma en que "fue levantado, trasladado e introducido bruscamente en una ambulancia tras el desdichado percance que sufrió". Añade:

♀ "Expertos afirman que, encontrándose con la médula espinal afectada y tres vértebras cervicales fracturadas, se le tenía que haber asistido de otra manera colocándole, para empezar, **un collarín en el cuello**".

Quiso decir y escribir el comentarista que a ese torero que sufrió tal lesión se le debió colocar,

👍 para empezar, **un collarín.**

✎ ¡Obviamente en el cuello! Donde deben ir los collarines. ¡Y ay de aquel que quisiera ponerle el collarín en los pies! El collarín que se coloca a una persona no puede ser sino el aparato ortopédico, y no el "reborde que rodea el orificio de la espoleta de las bombas, y sirve para facilitar su manejo" (DRAE), que es otra de las acepciones específicas de este sustantivo, referida exclusivamente a la parte de una herramienta o artilugio mecánico. Por ello, también, decir y escribir "collarín para el cuello" es otra forma del mismo disparate. He aquí más ejemplos de esta barrabasada: "chica con **collarín en el cuello**", "mujer hermosa con un **collarín en el cuello**", "el loco lleva un **collarín en el cuello**", "golpeada del rostro y con un **collarín en el cuello**", "colocar el **collarín en el cuello**", "terminó con un **collarín en el cuello**", "salió del hospital con un **collarín en el cuello**", "procedieron a colocarle un **collarín en el cuello**", "**collarín para el cuello**", "**collarín para el cuello** de tu bebé", "de vez en cuando me pongo un **collarín para el cuello**".

☞ Google: 40 300 resultados de "collarín en el cuello"; 4 730 de "collarín para el cuello"; 3 010 de "el collarín en el cuello"; 2 880 de "un collarín en el cuello"; 1 790 de "con collarín en el cuello". ☒

94. *combiene* no es lo mismo que *conviene*

El término "combiene" carece por completo de significado en nuestra lengua; "conviene", en cambio, es la tercera persona del singular del presente de indicativo del verbo intransitivo "convenir" (del latín *convenīre*): ser de un mismo parecer o ser conveniente. Ejemplo: ***Conviene** a los mexicanos que sus autoridades no sean analfabetas.* La conjugación "conviene" equivale a "es conveniente". Pero el verbo "convenir" se escribe con "v" (de **v**enado) y no con "b" (de **b**urro), además de que antes de "v" es correcta la "n" y, por tanto, resulta una atrocidad idiomática escribir "co**mb**iene": con "m" y con "b". Sorprende la cantidad de personas que utilizan esta barrabasada, y más sorprendente es aun que abunde en las publicaciones impresas y especialmente en los periódicos. Conviene realmente que los escribientes del español consulten de vez en cuando el diccionario y repasen las lecciones de conjugación.

El diario mexicano *Milenio* publicó una entrevista con el ex presidente Vicente Fox, que parece que él mismo redactó, o "corrigió", no sólo por todas las tonterías que ahí leemos, sino también por las preguntas mismas que, supuestamente, el periodista le formula. Por ejemplo:

☟ "¿**Combiene** al electorado candidatos como *El Bronco*?"

Este "combiene" es absolutamente foxiano. Lo correcto es preguntar si

☝ **convienen** al electorado candidatos tan pedestres como *El Bronco* y *El Bato con Botas*. Y la respuesta inmediata es, por supuesto, que no; aunque sea *El Bato con Botas* mismo quien lo pregunte a fin de denostar a un individuo (*El Bronco*) tan pedestre como él. ¿O acaso alguien piensa que son diferentes? Son tan incultos, presuntuosos, arrogantes, intemperantes, ignorantes, bocazas, desenfrenados e incontinentes el uno como el otro.

✎ Si Fox mismo no redactó la pregunta en el cuestionario, probablemente el entrevistador de Fox se contagió de su analfabetismo a la hora de interrogarlo. Conviene, por ello, no escucharlo demasiado, y hacerse una limpieza del aparato auditivo luego de estar algún tiempo atentos a su verborrea. He aquí otros ejemplos de esta atrocidad: "nadie se muere por un amor que no le **combiene**", "me **combiene** comprar", "ayudan a quien les **combiene**", "nomas cuando te **combiene**", "no te **combiene**", "que posición me **combiene**", "no me **combiene** este amor", "qué nos **combiene** comer", "nos **combiene** a todos", "¿que adaptador usb me **combiene** mas?", "oye lo que te **combiene**", "me **combiene** ser socio". Y a todos estos, y a cientos de miles más, les conviene volver a la escuela primaria.

☞ Google: 363 000 resultados de "combiene". ☒

95. *¿complejizar?*

Afortunadamente el DRAE no incluye en sus páginas el falso verbo "complejizar" que muchas personas suelen utilizar para referirse a lo que se hace complejo. El adjetivo "complejo" (del latín *complexus*) tiene dos acepciones principales: "que se compone de elementos diversos" y "complicado, enmarañado, difícil" (DRAE). Ejemplo: *Esa obra de teatro es* ***compleja*** *y, conforme transcurre,* ***se complica más***. Es por tanto un desbarre culto decir, por ejemplo, que *la obra* ***se complejiza***. Si queremos referirnos a la calidad compleja de algo, el verbo correcto es "complicar" (del latín *complicāre*), verbo transitivo que tiene dos acepciones: "mezclar o unir cosas diversas entre sí" y "enredar, dificultar o confundir algo". Ejemplo: *La obra* ***se va complicando*** *cada vez más.* Este verbo también puede usarse como pronominal. Ejemplo: *No quiero* ***complicarme*** *las cosas,* pero nunca, por supuesto, "complejizarme", pues es un disparate. El adjetivo sinónimo de "complejo" es "complicado" que significa "enmarañado, de difícil comprensión"; "compuesto de gran número de piezas"; o, "dicho de una persona: de carácter o conducta difíciles de entender" (DRAE). De ahí el sustantivo femenino "complicación" (¡nunca "complejización"!) que significa "acción y efecto de complicar o complicarse"; "dificultad o enredo procedentes de la concurrencia y encuentro de cosas diversas", y "complejidad" (DRAE). También está el perfecto sustantivo femenino "complejidad": "cualidad de complejo". Ejemplo: *¡En qué gran* ***complicación*** *me metí; nunca imaginé que las cosas fueran tan* ***complejas****!* El falso verbo "complejizar" y sus derivados son barbarismos cultos de gente que se complica la vida con el uso del idioma, ¡y todo porque es incapaz de abrir un diccionario!

Gente del teatro, el cine, la literatura, el periodismo, la sociología, la música, la psicología, la historia, la ciencia y, por supuesto, la política, se da gran vuelo con "complejizar" y sus derivados. Las publicaciones impresas e internet están llenas de estos disparates cultos. En un libro (*Psicología del desarrollo*) leemos lo siguiente a manera de inciso:

☟ "¿Por qué se **complejiza** la problemática familiar con el envejecimiento?"

En ese inciso de su libro, la autora quiso preguntar lo siguiente, en buen español:

☝ ¿Por qué se **complica** la problemática familiar con el envejecimiento?

✎ Hay que desterrar de nuestro vocabulario el falso verbo "complejizar" junto con todos sus derivados y hermanitos. No los necesitamos. Existe el perfecto verbo "complicar", y si no queremos usarlo porque no se nos antoja decir y escribir "complicar", podemos utilizar la paráfrasis "hacerse complejo", pero esto también es hacernos tontos pues "hacerse algo complejo" no es otra cosa que "complicarse". Tan simple como esto. He aquí otros ejemplos de estos desbarres cultos desprendidos del falso verbo "complejizar" que, ¡asombrosamente!, ni siquiera es calco del inglés (porque, en inglés, "complicado", "complicar" y "complejo" se escriben *complicate*): "**se complejiza** la crisis en Brasil", "coyuntura electoral **complejiza** firma de contratos", "el conflicto que **se complejiza**", "**se complejiza** el tema de seguridad", "**complejizar** no es mejorar", "**complejizar** la priorización" (¡sopas!), "**complejizar** nuestras miradas sobre los otros" (¡más sopas!), "**complejizan** la sociedad", "los rumbos de la industria **se complejizan**", "**se complejizan** la primarias republicanas", "**se complejizan** las paritarias de Alimentación", "la situación es compleja y se sigue **complejizando**". ¿Por qué nos complicamos más la vida si decir y escribir "complicar" es menos complicado que decir y escribir "complejizar", "complejizando" y demás parientes de este falso verbo en español?

☞ Google: 181 000 resultados de "complejiza"; 119 000 de "complejizar"; 83 000 de "se complejiza"; 80 500 de "complejizan"; 65 600 de "complejizando"; 47 300 de "se complejizan"; 45 100 de "complejizado"; 18 100 de "complejizó"; 16 600 de "complejizaron"; 14 200 de "complejizarse". ☒

96. *¿concenso?, ¿concenso general?, ¿consenso general?, ¿consenso generalizado?*

Las expresiones "consenso general" y "consenso generalizado" son gruesas tautologías del ámbito culto de nuestra lengua, y lo son porque un "consenso", por definición, es siempre "general" o "generalizado". El sustantivo masculino "consenso" (del latín *consensus*) tiene el siguiente significado en el DRAE: "Acuerdo producido por consentimiento entre todos los miembros de un grupo o entre varios grupos". María Moliner, en el DUE, enfatiza: "con el consentimiento de todos", y pone un ejemplo: *Las fuerzas políticas han logrado el* ***consenso*** *para afrontar los graves problemas económicos.* Al definir el adjetivo "general" (del latín *generālis*), Moliner explica que "se aplica por oposición a 'especial' o 'particular', a lo que es de todo o todos o para todos". Ejemplo: *Es un asunto de interés* ***general***. Para el DRAE, el adjetivo "general" se aplica a lo que es "común a todos los individuos que constituyen un todo". Su sinónimo "generalizado" es un adjetivo participio del verbo transitivo "generalizar", que significa "considerar y tratar de manera general cualquier punto o cuestión". Ejemplo: *Hubo acuerdo* ***generalizado*** *en las conclusiones de la reunión.* Siendo así, es suficiente decir y escribir "consenso" para expresar que el acuerdo alcanzado entre los miembros de un grupo o de varios grupos es "general", en oposición a "especial" o "particular" e incluso a "parcial". Simplemente, no hay consensos que no sean generales, dado que no serían consensos. Sólo hay algo peor que decir y escribir "consenso general" y "consenso generalizado", y es escribir "con**c**enso general" y "con**c**enso generalizado". El sustantivo "consenso" nada tiene que ver con "censo" (del latín *census*), sustantivo masculino cuya acepción principal es "padrón o lista de la población o riqueza de una nación o pueblo" (DRAE). Ejemplo: *Se realizó el nuevo* ***censo*** *de población en México.* Quienes escriben "concenso" suponen que el "consenso" es una especie de "censo" que se lleva a cabo en una reunión para tomar acuerdos "consensados" como suelen decir no pocos hispanohablantes con otro grueso barbarismo, pues lo correcto es "consensuados", adjetivo participio plural del verbo transitivo "consensuar" (que no "consensar" ni mucho menos "concensar", disparates ambos), cuyo modelo de conjugación es "actuar": "adoptar una decisión de común acuerdo entre dos o más partes". Aunque en el *Diccionario panhispánico de dudas* (en el que el DRAE arroja la basura de la Calle de la Academia) se informe que "en México y el área centroamericana se usa con cierta frecuencia, y es válida, la variante *consensar*", no hay que darle mayor crédito, pues si tan válida es dicha grafía ¿por qué demonios no está en el DRAE? Muy simple: porque el *Panhispánico* es algo así como un chiste que no toman en serio ni los académicos.

Estos barbarismos y estas tautologías que pertenecen al ámbito culto de la lengua se producen justamente porque los hablantes y escribientes que las cometen ignoran la definición y la ortografía de "consenso". Pueden ser muy cultos o muy instruidos, pero ni por asomo han visto en el diccionario el significado ni la representación gráfica de este sustantivo. Abundan en publicaciones impresas y en internet, y habitan muy a sus anchas en el periodismo. En el diario español *El Economista* leemos el siguiente titular:

☞ "De Guindos entiende que hay **consenso general** en la UE para no multar a España".

La información es de la agencia EFE, la misma que, "asesorada por la RAE" (como si esto significara un orgullo decirlo), patrocina, junto con BBVA, la "Fundación del español urgente" (Fundéu BBVA), "cuyo objetivo es el buen uso del español en los medios de comunicación". En el despacho noticioso leemos: "El ministro de Economía y Competitividad en funciones, Luis de Guindos, ha insistido en que no habrá multa a España por el incumplimiento del déficit porque es la economía de la zona euro que más crece y que más reformas ha realizado, algo sobre lo que entiende que hay un **consenso general** en Europa". Si EFE considera importante precisar que De Guindos es "ministro en funciones" será porque habrá otro que no esté "en funciones", pero, además, en los entrecomillados de lo que declara dicho "ministro en funciones" jamás aparece el término "consenso general", el cual debemos entender como una interpretación que hace el redactor. Lo cierto es que, en buen español, sin tautología, EFE debió informar que

☞ "De Guindos entiende que hay **consenso** en la Unión Europea para no multar a España".

✎ Reino de la redundancia, la tautología y el pleonasmo, España se esmera en mantener su imperio y expande sus dominios hacia los demás países hispanohablantes que imitan y adoptan sus barrabasadas. He aquí otros ejemplos españoles y americanos, tomados todos ellos de libros y diarios impresos y digitales: "**consenso general** en la Comisión de Estudios Estratégicos de la FIFA", "existe un **consenso general** que reconoce los derechos humanos", "el **consenso general** como fundamento del Derecho natural", "una sociedad asentada sobre un **consenso general**", "lo que realmente importa es el **consenso general** de los Estados", "la existencia de un **consenso general** en torno a los valores", "existe **consenso general** para aumento del salario mínimo", "existe un **consenso generalizado** respecto de la calidad y la equidad", "en ausencia de **consenso generalizado**, toda operación de la ciencia pierde su sentido", "para que no tengan que depender de un improbable **consenso generalizado**", "destaca el **consenso generalizado** en las noticias científicas", "**aumento del consenso generalizado**" (¿cómo demonios podría aumentar un consenso que ya es generalizado?), "decisiones por **concenso**", "mesa de trabajo y **concenso**", "lineamiento del **concenso** de expertos" (expertísimos han de ser si llegaron a un **concenso**), "el **concenso general** es que sí se puede", "ha sido apoyada por **concenso general**", "hay un **concenso general** de que ese comentario está errado" (al igual que el concenso), "fue un **concenso general**", "por **concenso general** del grupo que elaboró la norma" (¡ya podemos imaginar la norma!). No hay "consensos" que no sean generales, porque tampoco existen los "consensos" parciales o incompletos. Hay algunos acuerdos que no son "consensos", sino más bien con zonzos.

☞ Google: 323 000 resultados de "consenso general"; 106 000 de "consenso generalizado"; 45 800 de "consensar"; 39 000 de "consensado"; 2 570 de "consensos generales"; 1 830 de "consensos generalizados". ☒

☞ Google: 166 000 resultados de "concenso"; 5 090 de "concenso general"; 2 310 de "concensar"; 1 000 de "concenso generalizado". ☒☒

97. *concertan* no es lo mismo que *conciertan*

El verbo transitivo y pronominal "concertar", "concertarse" (del latín *concertāre*) es irregular y su modelo de conjugación es el verbo "acertar": *yo acierto, tú aciertas, él acierta, nosotros acertamos, ustedes aciertan, ellos aciertan* y, en consecuencia, *yo concierto, tú conciertas, él concierta, nosotros concertamos, ustedes conciertan, ellos conciertan.* Las tres principales acepciones de "concertar" son: "componer, ordenar o arreglar las partes de una cosa, o varias cosas"; "acordar el precio de algo" y "pactar, ajustar, tratar o acordar un negocio" (DRAE). Ejemplos: *Productores de café* ***conciertan*** *el nuevo precio; Los países de la Unión Europea* ***conciertan*** *dar apoyos económicos a Grecia.* El dislate es conjugar el verbo "concertar" como regular y, especialmente, decir y escribir "concertan" en lugar de "conciertan" (segunda y tercera personas del plural del presente de indicativo). Asimismo, aunque con menos frecuencia en su uso, conjugar también erróneamente el presente de subjuntivo: *que yo concerte, que tú concertes, que él concerte, que ellos concerten,* y los imperativos (no menos erróneos) *concerta, concerte* y *concerten.* El verbo "concertar" se conjuga exactamente como su contrario, también transitivo y pronominal, "desconcertar"; "desconcertarse" ("pervertir, turbar, deshacer el orden, concierto y composición de algo", DRAE). Sin embargo, es desconcertante que, con él, muy pocas personas yerren en su conjugación irregular, pues no suele decirse y escribirse "desconcertan" y "desconcerten" en vez de las formas correctas "desconciertan" y "desconcierten". Esto es algo que causa perplejidad o desconcierto.

Dado que el verbo "concertar" pertenece al ámbito culto, estos desbarres en su conjugación se producen entre profesionistas, académicos, periodistas, escritores inclusive. Como ya hemos dicho, el desbarre más extendido está en la segunda y en la tercera personas del plural del presente de indicativo, lo mismo en publicaciones impresas (y especialmente en el periodismo) que en internet. En el diario mexicano *Excélsior* leemos el siguiente encabezado:

☟ "Colombia abraza la paz: FARC y gobierno **concertan** fin del conflicto".

El diario mexicano quiso informar, en buen español, que

☝ las FARC (Fuerzas Armadas Revolucionarias de Colombia) y el gobierno de Colombia **conciertan** el fin del conflicto armado.

✎ En el diario peruano *El Comercio* también se las gastan con el siguiente titular: "Empresas que **concerten** precios resarcirían a consumidores". Obviamente, lo correcto es "concierten". En el Sistema de Administración Tributaria de México se le recomienda al contribuyente que "**concerte** una cita". Lo que quieren decirle es que la "concierte". He aquí más ejemplos de este desbarre culto: "parlamentarios de la región **concertan** camino para erradicar el hambre", "**concertan** nuevo contrato colectivo de trabajo", "Bolivia y Chile **concertan** fechas en juicio", "el Eurogrupo y el FMI **se concertan** sobre el alivio de la deuda de Grecia", "Angola y Noruega **concertan** consultas políticas", "**concertan** nuevas pautas para superar la crisis", "**concerta** una cita hoy mismo", "joven cambia apariencia y **concerta** una cita", "**concerta** una cita y obtén un boleto", "**concerte** una cita con nuestros expertos", "yo no sé si para que **concerten** conmigo debo tener un fusil" (un fusil quizá no, pero sí un diccionario de la lengua), "reunir a las empresas para que **concerten** un acuerdo de coinversión", "multas a empresas que **concerten** precios", "que **concerten** temas fundamentales: Alan García".

☞ Google: 57 700 resultados de "concertan"; 28 700 de "concerta una cita"; 20 600 de "concerte una cita"; 3 490 de "que concerten". ☒

98. *¿concienzar?, ¿conscientizar?*

"Concienzar" y "conscientizar" son términos que carecen de significado en español. "Concienciar", en cambio, es verbo transitivo que significa "hacer que alguien sea consciente de algo". Tiene también uso pronominal: "concienciarse". Se utilizan especialmente en España, y sus equivalentes en América son "concientizar" y "concientizarse". Ejemplos: *La campaña tiene como propósito* ***concienciar*** *a la opinión pública; Es* *importante que el ciudadano* ***se conciencie*** *del problema; La campaña tiene como propósito* ***concientizar*** *a la opinión pública; Es importante que el ciudadano se* ***concientice*** *del problema.* Por tanto, son barbarismos "concienzar", "concienzarse", "conscientizar" y "conscientizarse". En el caso de "conscientizar" se trata de la grafía del verbo en portugués.

Son disparates restringidos al ámbito académico de la lengua, en el habla y en la escritura, pero su uso se ha ido extendiendo en el periodismo lo mismo impreso que electrónico. En el diario mexicano *El Debate*, de Sinaloa, leemos el siguiente encabezado:

☟ "Buscan **conscientizar** sobre delitos cibernéticos".

Quiso escribir el redactor:

☝ Buscan **concientizar** o **concienciar** sobre delitos cibernéticos.

✎ En cuanto a la variante "concienzar", no menos disparatada, en el diario venezolano *El Tiempo* leemos el siguiente encabezado: "**Concienzar** a los motorizados es algo primordial". Quiso informar el diario que es necesario **concienciar** o **concientizar** a los conductores de motocicletas, pero en realidad lo primordial es concientizar o concienciar a los periodistas para que consulten el diccionario de la lengua española. Si los periodistas consultaran de vez en cuando los diccionarios, o dudaran un ápice de lo que dicen y escriben, no andarían propagando la ignorancia entre los lectores. He aquí otros ejemplos de estos dislates: "urge **conscientizar** a todos los productores", "medio millón será destinado a **conscientizar** sobre el agua", "importante **conscientizar** a las futuras generaciones", "Mancera se vacuna contra influenza para **conscientizar** a la población", "lanzan una campaña para **conscientizar** a los votantes", "exposición de fotografías busca **concienzar** a comunidad sobre fauna y flora en vías de extinción", "la confesión de Charlie Sheen contribuiría a **concienzar** sobre el VIH", "Fundación Mapfre organiza un concurso internacional para **concienzar** a los jóvenes sobre la importancia de la educación", "formar a la gente y **concienzar** a los elementos gobernantes del país", "¿cómo se puede **concienzar** a la comunidad universitaria?" (en primer lugar, con un curso de ortografía).

☞ Google: 158 000 resultados de "conscientizar" (sólo en español); 21 400 de "concienzar"; 6 140 de "conscientizarse"; 1 440 de "concienzarse". ☒

99. *conclusión final* no es lo mismo que *conclusión general*

Cuatro son las principales acepciones del sustantivo femenino "conclusión" (del latín *conclusĭo, conclusiōnis*): "acción y efecto de concluir", "idea a la que se llega después de considerar una serie de datos o circunstancias", "fin y terminación de algo" y "resolución que se ha tomado sobre una materia después de haberla ventilado" (DRAE). Ejemplos: *Luego de abordar el tema, llegó a la* ***conclusión*** *de que aquello estaba de la chingada; Escribió entonces la* ***conclusión*** *del ensayo.* Como es obvio, el sustantivo "conclusión" proviene del verbo transitivo "concluir" (del latín *concludĕre*), que significa "acabar o finalizar algo". Ejemplo del DRAE: ***Concluí** mi exposición.* Dicho lo cual, resulta redundante decir y escribir "conclusión final" y "conclusiones finales", pues no hay conclusión que no tenga el propósito de acabar o finalizar algo. Muy diferente es decir y escribir "conclusión general", en el entendido de que, en una exposición o en un escrito, pueda haber "conclusiones particulares o específicas". Todas las conclusiones son finales, aunque muchísimas personas no lo sepan y estampen las leyendas "conclusión final" o "conclusiones finales", especialmente en sus escritos académicos.

Se trata de vicios cultos de la lengua y, al parecer, saltaron de la escritura al habla. Lo cierto es que el ámbito profesional está lleno de "conclusiones finales". Incluso en un ensayo de lingüística (los lingüistas no son la excepción), escrito por investigadores españoles, leemos el siguiente encabezado en una de las últimas páginas:

☟ "**Conclusiones finales**".

Son lingüistas los expositores, y sin embargo no saben que se trata en realidad de

☝ **conclusiones generales**, en el entendido de que, con otra redundancia, argumentan lo siguiente: "no creemos necesario **volver a repetir** en esta sección las conclusiones y discusiones parciales expuestas en los capítulos anteriores".

✎ He aquí algunos ejemplos de esta abundante redundancia, todos ellos del ámbito universitario o de autores profesionistas: "capítulo 9, **conclusiones finales**", "capítulo 8, **conclusiones finales** y recomendaciones", "**conclusiones finales**, tribunal ciudadano", "**conclusiones finales** del seminario", "**conclusiones finales** del grupo de trabajo", "presentación de las **conclusiones finales**", "**conclusiones finales**: Instituto Nacional Electoral", "**conclusiones finales** del Tercer Congreso Iberoamericano", "**conclusiones finales** y bibliografía", "**conclusiones finales**: Encuentro Internacional de Educación", "**conclusión final** de procesos contables", "**conclusión final** del proyecto educativo", "**conclusión final** de semestre", "**conclusión final** de curso", etcétera. Por lo demás, hay que decir que un proyecto, un semestre y un curso "finalizan" o bien "concluyen" (si queremos decir que han terminado): o uno o lo otro, que son sinónimos; pero es una tontería decir y escribir "conclusión final" (de proyecto, de semestre, de curso), si es tan fácil, y tan lógico, en nuestro muy preciso idioma, decir y escribir "final o fin de proyecto", "final o fin de semestre", "final o fin de curso" o bien "conclusión de proyecto", "conclusión de semestre", "conclusión de curso". El suelo de nuestro idioma es muy parejo como para andar dando brincos.

☞ Google: 393 000 resultados de "conclusión final"; 381 000 de "conclusiones finales". ☒

☞ En Google: 405 000 resultados de "conclusiones generales"; 216 000 de "conclusión general"; 138 000 de "conclusiones del capítulo"; 20 400 de "conclusiones específicas"; 18 000 de "conclusiones particulares". ☑

100. *¿conducí?, ¿deducí?, ¿inducí?, ¿introducí?, ¿producí?, ¿reducí?, ¿seducí?, ¿traducí?*

Los verbos "conducir", "deducir", "inducir", "introducir", "producir", "reducir", "traducir" y "seducir" son irregulares. Esto significa que tienen cambios en sus formas según sean sus tiempos y modos de conjugación. "Conducir" y "conducirse" (del latín *conducĕre*), transitivo, intransitivo y pronominal, significa lo siguiente: "Transportar a alguien o algo de una parte a otra"; "guiar o dirigir a alguien o algo hacia un lugar"; "guiar o dirigir a alguien o algo a un objetivo o a una situación"; "guiar o dirigir un negocio o la actuación de una colectividad"; "guiar un vehículo automóvil"; "manejarse, portarse, comportarse, proceder de una u otra manera, bien o mal" (DRAE). Ejemplos: *Tiene la responsabilidad de* ***conducir*** *los destinos del país;* ***Conduce*** *el negocio con muy poca idea; Tomó el curso para* ***conducir*** *automóviles;* ***Se conduce*** *de la peor manera.* Siendo un verbo irregular, varía en la terminación de algunas conjugaciones: la primera persona del singular del presente de indicativo, así como todo el pretérito perfecto simple, también de indicativo, y todo el presente, el pretérito imperfecto y el futuro simple de subjuntivo, y dos formas imperativas. En especial muchos hablantes y escribientes suelen cometer el barbarismo de conjugar la primera y la segunda persona del singular y la primera y tercera del plural del pretérito perfecto simple de indicativo de la siguiente manera: "cond**u**c**í**", "cond**u**c**i**ste", "cond**u**c**i**mos" y "cond**u**c**i**eron", en vez de las formas correctas: "condu**je**", "condu**ji**ste" "condu**ji**mos" y "condu**je**ron". Cabe señalar que "conducimos" no es una incorrección si se utiliza en la primera persona del plural del presente de indicativo, y la Real Academia Española acepta el uso coloquial "conducí" pero únicamente en el imperativo del voseo, como en Argentina: "conducí vos", que equivale a "conduce tú". Ejemplo: ***Conducí vos*** *que yo no suelo hacerlo en carretera* (***Conduce tú****, que yo no suelo hacerlo en carretera*). Similar es el caso del verbo transitivo e intransitivo "inducir" (del latín *inducĕre*), cuyas dos principales acepciones son las siguientes: "Mover a alguien a algo o darle motivo para ello"; "provocar o causar algo" (DRAE). Ejemplos del diccionario académico: *Todo* ***me induce*** *a pensar que no vendrá; Su conducta* ***indujo*** *a sospecha; El médico decidió* ***inducir*** *el parto.* También es el caso del verbo transitivo y pronominal "introducir", "introducirse" (del latín *introducĕre*) con los siguientes significados: "Conducir a alguien al interior de un lugar"; "meter o hacer entrar algo en otra cosa"; "hacer que alguien sea recibido o admitido en un lugar, o granjearle el trato, la amistad, la gracia, etc., de otra persona"; "entrar en un lugar". Ejemplos del diccionario académico: *El criado* ***me introdujo*** *en la sala;* ***Introducir*** *la mano en un agujero;* ***Introducir*** *a alguien en un negocio;* ***Introducirse*** *en casa ajena.* Lo mismo podemos decir del verbo transitivo "producir" (del latín *producĕre*) que significa "engendrar, procrear, criar". Ejemplo: ***Produjo*** *una obra muy notable en el siglo XIX.* El verbo transitivo "reducir" (del latín *reducĕre*) está en la misma situación que los anteriores. Su conjugación es irregular y significa lo siguiente en sus tres primeras acepciones: "Volver algo al lugar donde antes estaba o al estado que tenía"; "disminuir o aminorar"; "estrechar o ceñir". Ejemplos del DUE: ***Redujo** el caos al orden*; *La policía **redujo** a los amotinados*; ***Reducir** la casa a escombros*. El verbo transitivo "seducir" (del latín *seducĕre*) se encuentra en la misma situación. Su conjugación es irregular y tiene los siguientes significados en el DRAE: "Persuadir a alguien con argucias o halagos para algo, frecuentemente malo"; "atraer físicamente a alguien con el propósito de obtener de él una relación sexual"; "embargar o cautivar el ánimo de alguien". Ejemplos: *Lo **sedujo** su encanto*; *Su propósito fue **seducirla** desde el primer momento*; *Quedó **seducido** con sus atenciones*. También es el caso del verbo transitivo "traducir" (del latín *traducĕre*: "hacer pasar de un lugar a otro"), que el diccionario académico define del siguiente modo: "Expresar en una lengua lo que está escrito o se ha expresado antes en otra" y "convertir, mudar, trocar". Ejemplos: ***Tradujeron** la obra de Rulfo al rumano*; *La agitación política **se tradujo** en caos social*. Los mismos errores en los tiempos y modos de conjugación que hemos señalado para "conducir" se producen con bastante frecuencia en los verbos "deducir", "inducir", "introducir", "producir", "reducir", "seducir", "traducir" y otros de la misma familia ("coproducir", "reproducir", por ejemplo), pues todos ellos tienen, justamente, el mismo modelo de conjugación e idénticas irregularidades. De tal forma, la gente yerra especialmente en las conjugaciones "dedu**cí**", "dedu**ci**ste", "dedu**ci**mos" y "dedu**ci**eron", en vez de los correctos "dedu**je**", "dedu**ji**ste", "dedu**ji**mos" y "dedu**je**ron"; "indu**cí**", "indu**ci**ste", "indu**ci**mos" e "indu**ci**eron", en lugar de "indu**je**", "indu**ji**ste", "indu**ji**mos" e "indu**je**ron"; "introdu**cí**", "introdu**ci**ste", "introdu**ci**mos" e "introdu**ci**eron", en vez de "introdu**je**", "introdu**ji**ste", "introdu**ji**mos" e "introdu**je**ron"; "produ**cí**", "produ**ci**ste", "produ**ci**mos" y "produ**ci**eron", en vez de "produ**je**", "produ**ji**ste", "produ**ji**mos" y "produ**je**ron"; "redu**cí**", "redu**ci**ste", "redu**ci**mos" y "redu**ci**eron" en lugar de los correctos "redu**je**", "redu**ji**ste", "redu**ji**mos" y "redu**je**ron"; "sedu**cí**", "sedu**ci**ste", "sedu**ci**mos" y "sedu**ci**eron", en lugar de "sedu**je**", "sedu**ji**ste", "sedu**ji**mos" y "sedujeron", y, finalmente, "tradu**cí**", "tradu**ci**ste", "tradu**ci**mos" y "tradu**ci**eron", en vez de los correctos "tradu**je**", "tradu**ji**ste", "tradu**ji**mos" y "tradu**je**ron". Al igual que en el caso de "conducimos", las conjugaciones "deducimos", "inducimos", "introducimos", "producimos", "reducimos", "seducimos" y "traducimos" no son incorrectas si corresponden a la primera persona del plural del presente de indicativo, y asimismo los imperativos "deducí", "inducí, "introducí", "producí", "reducí", "seducí" y "traducí" son aceptables en el uso coloquial del voseo, como en Argentina: "deducí vos" que equivale a "deduce tú", "inducí vos" que corresponde a "induce tú", "introducí vos" que es igual a "introduce tú", "producí vos" que equivale a "produce tú", "reducí vos" que corresponde a "reduce tú", "seducí vos" que es igual a "seduce tú" y "traducí vos" que equivale a "traduce tú".

Ejemplos: ***Deducí vos*** *las conclusiones* (***Deduce*** *las conclusiones*); ***Inducí vos*** *la conversación* (***Induce*** *la conversación*); ***Introducí vos*** *la mano* (***Introduce*** *la mano*); ***Producí vos*** *la película* (***Produce*** *la película*); ***Reducí vos*** *la velocidad del auto* (***Reduce*** *la velocidad del auto*); ***Seducí vos*** *a la chica* (***Seduce tú*** *a la chica*) y ***Traducí vos*** *el texto* (***Traduce*** *el texto*).

Los barbarismos de esta familia de conjugaciones pertenecen al español inculto, pero no faltan en otros ámbitos, incluidos los del habla y la escritura de alta escolarización. En las publicaciones impresas no son escasas, y menos aún en internet. En la publicación electrónica *Hola Ciudad!* leemos el siguiente encabezado:

☞ "Natalie Morales y Andy Cohen **conducieron** el programa en inglés".

Debió informarse que estas lectoras de noticias:

☞ **condujeron** el programa en inglés.

✎ En un blog filosófico alguien dice: "Todo esto es como si lo **deduciera** a ciegas". Y así es: a ciegas, porque no consulta el diccionario; si lo hiciese sabría que lo correcto es decir y escribir "todo esto es como si lo **dedujera**". Otro internauta dice lo siguiente, con mucho orgullo: "Esto de leer libros y apasionarme con ellos fue nuevo y motivante porque yo **inducí** a personas a leer también". Es obvio que la lectura, en su caso, es algo nuevo. Le falta leer más para saber que no se dice ni se escribe "yo **inducí**", sino "yo **induje**". Alguien se queja, también en internet, de que ha tenido problemas porque en su cuenta "**introducieron** un código erróneo", pero lo erróneo no sólo es el código sino también introducir en la frase la conjugación "**introducieron**" siendo que lo correcto es "**introdujeron**". En un portal electrónico venezolano de noticias deportivas leemos que "Gregorio Petit y Rafael Ortega **producieron** carreras para Angelinos". Quiso informar el portal que "Petit y Ortega **produjeron** carreras". Una internauta afirma, a propósito de ciertos servicios, que "todo estaría bien si **reducieran** sus tarifas". Quiso decir que "todo estaría bien si **redujeran** sus tarifas". Un conquistador internauta lanza la siguiente pregunta: "¿Cómo te gustaría que te **seducieran**?" Alguien podría responderle que, por principio, aceptaría ser seducido por una persona que supiera conjugar el verbo "seducir", y que dijera y escribiera correctamente "**sedujeran**" y no incorrectamente "**seducieran**". Alguien más se queja porque "**traducieron** mal el discurso en español". En realidad, el problema es que "lo **tradujeron** mal". He aquí otros pocos ejemplos de estos barbarismos tan ampliamente difundidos en nuestra lengua en los más diversos estratos y ámbitos, lo mismo cultos que incultos: "antes **conducí** el nuevo Ford Mustang", "accidentalmente **conducí** un poco con el freno de mano echado" (ojalá que accidentalmente cayera en sus manos un diccionario), "**conducí** toda la noche", "libres los catalanes que **conducieron** un camión con cocaína", "robaron un auto y **conducieron** en reversa", "autoridades no permitieron que **conduciera** su auto", "no sería un problema si **conducieran** con prudencia", "¿recuerdas la primera vez que **conduciste**?", "me **conduciste** hasta un paraíso", "**deducí** que los Reyes Magos eran mis padres", "las personas que me atendieron **deducieron** que la falla era de la batería", "¿ya **deduciste** quién soy?", "lo **inducí** a que se acostara y obedeció", "yo me **inducí** el aborto", "tú me **induciste** al error", "me dolió el estómago y me **inducí** el vómito", "le **inducieron** el parto", "Joe Jonas confesó que Miley Cyrus y Demi Lovato le **inducieron** a fumar marihuana", "el jugador del Barcelona llegó a pedir que le **inducieran** el coma", "sería una lástima que alguien la **induciera** al perreo", "me **introducí** primeramente en el yoga", "me **introducieron** una camarita en el estómago", "me dijeron que **introduciera** la contraseña y la confirmara", "me **introduciste** a un infierno", "todas las mañanas que **producí**", "yo **producí** una película", "me **producí** una hernia discal", "en lo que va del año se **producieron** 61 incendios", "se **producieron** 9.3 millones de unidades", "dice que la falta de normas **producieron** el colapso de edificaciones", "en el caso de que se **produciera** algún error tipográfico", "en caso de que se **producieran** incumplimientos", "lo que hiciste y **produciste** ya está hecho", "cómo **reducí** el miedo a volar", "por qué **reducí** mis productos de limpieza", "yo **reducí** a la mínima expresión el pan, la pasta y el arroz", "**reducieron** el tiempo de espera", "me **reducieron** el sueldo", "le **reducieron** su gasto", "les dije que **reducieran** el tamaño de los celulares", "ayudaría mucho que los políticos se **reducieran** el sueldo", "si el dióxido de carbono se **reduciera**", "¿ya lo **reduciste** a su mínima expresión?", "le va a decir que yo lo **seducí**", "sería imposible que no nos **seduciera** el poder", "como si nos **seducieran** las diosas", "me **seduciste** y yo me dejé seducir", "primero engañaste a tu mujer, luego me **seduciste**", "lo **traducí** yo mismo para ustedes", "lo **traducieron** pero muy mal", "quisiera que alguien me **traduciera** esto en inglés", "¿por qué no lo **traduciste**?".

☞ Google: 779 000 resultados de "introducí"; 129 000 de "reducí"; 34 400 de "producí"; 28 400 de "producieron"; 24 400 de "traducí"; 22 300 de "conducí"; 18 300 de "reducieron"; 17 500 de "deducí"; 10 500 de "conducieron"; 10 300 de "produciera"; 9 540 de "introducieron"; 9 020 de "conduciera"; 8 890 de "producieran"; 8 500 de "inducí"; 8 250 de "traduciera"; 8 190 de "inducieron"; 7 340 de "traducieron"; 7 170 de "introduciera", 5 760 de "traduciste"; 5 220 de "introduciste"; 4 630 de "reducieran"; 4 580 de "seducí"; 4 340 de "reduciera"; 3 290 de "conducieran"; 2 760 de "seducieron"; 2 710 de "seduciste"; 2 500 de "conduciste"; 2 470 de "conduciste"; 2 310 de "produciste"; 2 210 de "traducieran"; 2 180 de "deducieron"; 1 880 de "reduciste"; 1 620 de "inducieran"; 1 600 de "introducieran"; 1 530 de "induciera"; 1 310 de "seduciera"; 1 240 de "deduciste"; 1 130 de "deduciera"; 1 000 de "induciste". ☒

101. *¿conseguir derrotas?, ¿lograr derrotas?*

¡Tenía que ser el futbol! De ahí justamente surgieron estos bárbaros desbarres mellizos: "conseguir derrotas" y "lograr derrotas". No saben los cronistas, narradores y comentaristas de futbol (porque no suelen abrir un diccionario de la lengua española) que el verbo transitivo "conseguir" (del latín *consĕqui*) significa "alcanzar, obtener o lograr lo que se pretende o desea" (DRAE). Ejemplo: ***Consiguió derrotar** a un adversario que opuso muchísima resistencia.* El caso del verbo transitivo "lograr" (del latín *lucrāri*, ganar) es parecido. Significa "conseguir o alcanzar lo que se intenta o desea" (DRAE).

Ejemplo: *Tuvieron que poner muchísimo empeño, pero* ***lograron derrotar*** *a su rival.* ¿Puede desear un equipo de futbol "**obtener derrotas**" o "**lograr derrotas**", una tras otra, a pesar de que juega para no perder? Los futbolíricos piensan que sí. Pero lo cierto es que las derrotas no se consiguen ni se logran, sino que se sufren o se padecen, pues el sustantivo femenino "derrota", que tiene su origen en el ámbito militar, significa "vencimiento por completo de tropas enemigas, seguido por lo común de fuga desordenada", pues el verbo transitivo "derrotar" tiene dos acepciones principales: "vencer y hacer huir con desorden al ejército contrario" y "vencer o ganar en enfrentamientos cotidianos" (DRAE). En resumidas cuentas, ¡nadie compite o se enfrenta con otro para "conseguir o lograr derrotas"!, sino todo lo contrario: para "conseguir o lograr victorias", es decir para "vencer", verbo transitivo (del latín *vincĕre*) que significa "sujetar, derrotar o rendir al enemigo" (DRAE). Hay que ser muy idiota (o muy corrupto: metido en apuestas y amaños de partidos) como para decirle al equipo que entrenas: "¡Muchachos, pongan atención: mañana vamos a salir a dar todo nuestro esfuerzo para **conseguir la derrota**, para **lograr** la más humillante **derrota**!"

El ámbito deportivo y, como ya advertimos, especialmente el del futbol, está lleno de esta idiotez. Abunda lo mismo en publicaciones impresas que electrónicas, y es en los periódicos y en las revistas donde con más donaire se utiliza. En el diario mexicano *El Siglo de Torreón* leemos que

♀ "Santos Laguna **consiguió una derrota** más en el torneo".

Tal parece que este equipo de futbol se esfuerza mucho por alcanzar lo que intenta o desea: ¡perder! Lo cierto es que el diario debió informar a sus lectores que

☝ Santos Laguna **sufrió una derrota** más en el torneo.

✎ Este disparate pasó del futbol a otros deportes. Y, así, en el diario peruano *El Comercio* leemos que "la selección ecuatoriana de baloncesto masculino, en su participación en el Sudamericano de Venezuela 2016 **consiguió cuatro derrotas** consecutivas". Podemos inferir, entonces, que se habrán esforzado tenazmente esos ecuatorianos para alcanzar su deseo de perder ¡no una vez, sino cuatro veces! ¡No ha de ser cosa fácil! He aquí otras barbaridades similares del mundo futbolístico y de otros deportes: "**consiguió una derrota** ante el León", "en esa gira, Argentina **consiguió una derrota** 2 a 0 ante el Mónaco", "**consiguió una derrota** por 3-1 en los cuartos de final", "no **se consiguió una derrota** tan abultada como la de USA a Túnez", "Real Madrid **logró una derrota**", "**logró una derrota** histórica ante Bolivia", "resistió y **logró una derrota** de 0-1", "también **consiguieron una derrota**", "**logrando una derrota** en su último encuentro", "está **logrando una derrota** para este instituto político".

☞ Google: 129 000 resultados de "logró una derrota"; 104 000 de "consiguió una derrota"; 32 600 de "lograron una derrota"; 30 900 de "logrando una derrota"; 22 500 de "consiguieron una derrota"; 15 600 de "consiguiendo una derrota". ☒

☞ Google: 150 000 resultados de "sufrió una derrota"; 34 300 de "sufrieron una derrota"; 6 380 de "padeció una derrota". ☑

102. *¿constelación de estrellas?, ¿constelación estelar?*

Las expresiones "constelación de estrellas" y "constelación estelar" son tan redundantes como "archipiélago de islas" o "cardumen de peces", pues del mismo modo que un "archipiélago" es obviamente de "islas" y un "cardumen" es, por definición de "peces", asimismo una "constelación" es invariablemente de "estrellas". El sustantivo femenino "constelación" (del latín *constellatio, constellatiōnis*) se aplica al "conjunto de estrellas que, mediante trazos imaginarios, forman un dibujo que evoca una figura determinada" (DRAE). Ejemplo: *La **constelación** de Orión*. De ahí el adjetivo "constelado" (del latín *constellātus*): "estrellado, lleno de estrellas". Ejemplo: *Podía ver un cielo **constelado***, que no es otra cosa que decir *Podía ver un cielo **estrellado***. El sustantivo femenino "estrella" (del latín *stela*) es definido erróneamente por el DRAE del siguiente modo: "Cada uno de los cuerpos celestes que brillan en la noche, excepto la Luna". Ejemplo: *Una solitaria **estrella** lanzaba tenues brillos en la madrugada*. Y es que, si somos algo observadores, veremos que algunos cuerpos celestes no sólo brillan en la noche, sino también por la mañana, como el denominado popularmente lucero del alba (o estrella del alba), o sea Venus, segundo planeta del sistema solar. Por ello, la definición del DRAE es inexacta cuando se refiere a las estrellas como cuerpos celestes que brillan en la noche o, para decirlo claramente, es una definición de párvulos: muy poco científica, hecha por ganapanes. Las estrellas brillan incluso si no es de noche. El adjetivo "estelar" (del latín tardío *stellāris*) posee dos acepciones en el diccionario académico: "Perteneciente o relativo a las estrellas" y "extraordinario, de gran categoría". Ejemplos: *Las galaxias son sistemas **estelares***; *El Madrid enfrentará al Barcelona con su cuadro **estelar***. Sea como fuere, las constelaciones están hechas de estrellas y por ello es torpe redundancia decir y escribir "constelación de estrellas"; "constelación estelar" o "constelaciones de estrellas". Las constelaciones no pueden ser sino de estrellas. Por ello basta con decir "constelación" o "constelaciones". La incorregible falta de ortoepía española y, específicamente, académica, legitima también el palabro "costelación", pero se trata de otra burrada de la RAE, como cuando admite "eruto" en vez del correcto "eructo". Ahora bien, si en un sentido figurado, el mismo DRAE admite que otra de las acepciones del sustantivo "estrella" se aplica a la "persona que sobresale extraordinariamente en su profesión, especialmente en el mundo del espectáculo" (ejemplos: *Bob Dylan es una **estrella** de la música*; *Cristiano Ronaldo es una **estrella** del futbol*), resulta incongruente, por decir lo menos, que no defina en la entrada "constelación" el sentido figurado de una reunión de estrellas de la música, del deporte y, en general del espectáculo, que suele ser muy empleado tanto en publicaciones impresas como electrónicas. Ejemplo (tratándose de futbol): *El Barcelona tiene una **constelación** en su delantera.* Lo que ocurre con la Real Academia Española, y esto debemos repetirlo, es que se dedica, muy quitada de la pena, a la pereza.

Las redundancias "constelación de estrellas", su plural y "constelación estelar" están ampliamente extendidas en el habla y en la escritura. Lo mismo en el ámbito inculto de la lengua, que en el ambiente culto e incluso científico, estos vicios redundantes hacen de las suyas. Al igual que las publicaciones impresas, las páginas de internet están llenas de "constelaciones de estrellas". En el diario colombiano *El Mundo* leemos el siguiente titular:

☟ "**Constelación de estrellas** en Colombia".

Se refiere el diario a estrellas futbolísticas. Lo correcto hubiera sido informar de una:

☝ **reunión de estrellas** del futbol en Colombia o de una **constelación futbolística**.

✎ He aquí más ejemplos de estos dislates redundantes: "**constelación de estrellas** configuradas en forma de V", "la **Constelación de estrellas** Orión en el cielo nocturno", "**constelación de estrellas** de Osa", "**constelación de estrellas** juega por la paz", "LeBron lidera la **constelación de estrellas**", "**constelación de estrellas** en Acapulco", "descubrir la **constelación de estrellas**", "el equipo de la **constelación de estrellas**", "tipos de **constelaciones de estrellas**", "nombres de **constelaciones de estrellas**", "**constelaciones estelares** más comunes", "aprende sobre **constelaciones estelares**", "cual **constelación estelar** del firmamento", "David Bowie tendrá su propia **constelación estelar**".

☞ Google: 557 000 resultados de "constelaciones de estrellas"; 458 000 de "constelación de estrellas"; 407 000 de "la constelación de estrellas"; 111 000 de "una constelación de estrellas"; 86 600 de "las constelaciones de estrellas"; 14 900 de "constelaciones estelares"; 8 790 de "constelación estelar". ☒

103. *¿contenido al interior?, ¿contenido dentro?, ¿contenido en el interior?*

Recurrentes en el léxico informativo de la radio y la televisión son las expresiones "contenido al interior", "contenido dentro" y "contenido en el interior" que no son otra cosa que disparates redundantes, pues el sustantivo masculino "contenido" significa "cosa que se contiene dentro de otra" (DRAE). Ejemplo: *El líquido **contenido en la botella***, que se convierte en horrible redundancia cuando se dice o escribe *El líquido **contenido al interior** de la botella, **dentro** de la botella **o en el interior** de la botella.* La primera acepción del verbo transitivo "contener" (del latín *continēre*) es la siguiente: "Dicho de una cosa: Llevar o encerrar dentro de sí a otra" (DRAE). Ejemplo: *Los alimentos pueden **contener** bacterias nocivas.* Es obvio que si algo está contenido siempre será dentro o en interior, jamás afuera. ¿O cómo acaso podría algo estar contenido en el exterior? Y, sin embargo, este disparate es favorito de la Real Academia Española, como cuando define del siguiente modo, en la entrada "aire", el concepto "aire ocluso": "aire que a modo de burbujas **está contenido en el interior** de una masa sólida, como el hormigón". ¡Hostias! ¡Si está contenido dicho aire (además, "ocluso", esto es, encerrado), es por demás obvio que está en el interior de la masa y no fuera de ella! Basta con decir, en buen español, que el "aire ocluso es aquel que, a modo de burbujas, se encuentra en una masa sólida", puesto que, como ya advertimos, el adjetivo "ocluso" significa "cerrado" o "encerrado". Si la misma RAE, en su mamotreto, comete esta burrada redundante, cualquier hablante o escribiente del español supondrá que es del todo correcto decir y escribir "contenido al interior", "contenido dentro" o "contenido en el interior". Pero no dejarán de ser disparates.

Son burradas cultas que han pasado al ámbito general de la lengua hablada y escrita, y están lo mismo en publicaciones impresas que en internet. En el capítulo 17 ("Termodinámica") del libro *Iniciación a la física* leemos que

☞ "el combustible **contenido en el interior de un cohete** constituye un sistema", etcétera.

No podría, por cierto, estar contenido en el exterior del cohete; por tanto, bastaba con escribir que

☞ el combustible **contenido en un cohete** constituye un sistema, etcétera.

✎ A los académicos de Madrid, tan habituados a las redundancias, esto no les produce ningún escalofrío, pues son también los del "baja para abajo" y el "sube para arriba". He aquí más ejemplos de esta torpeza idiomática: "el aire **contenido en el interior** de los depósitos", "el encéfalo, **contenido en el interior** del cráneo" (¿será que haya alguien que tenga el encéfalo contenido en el exterior del duro cráneo?), "**contenido en el interior** de un PDF", "**contenido en el interior** del cerebelo", "**contenido en el interior** del bolígrafo", "**contenidos en el interior** de la circunferencia", "**contenidos en el interior** del sitio", "**contenidos en el interior** del tronco", "**contenido dentro** de la etiqueta", "**contenido dentro** de la celda", "**contenido dentro** del bloque", "**contenidos dentro** del entorno educativo", "**contenidos dentro** de una estrategia", "**contenidos dentro** del currículo", "**contenido al interior** de la célula", "**contenido al interior** de la uretra", "**contenidos al interior** del vehículo", "**contenidos al interior** de cada uno de ellos", etcétera. ¡Tan fácil que es decir y escribir, en buen español, "contenido en" y "contenidos en"!: "**contenido** en el cráneo", "**contenido** en un PDF", "**contenido** en el cerebelo", "**contenido** en el bolígrafo", "**contenido** en la circunferencia", "**contenido** en la etiqueta", "**contenidos** en el currículo", "**contenidos** en el vehículo", "**contenidos** en cada uno de ellos", etcétera.

☞ Google: 1 220 000 resultados de "contenido en el interior"; 866 000 de "contenidos en el interior"; 375 000 de "contenido dentro"; 343 000 de "contenidos dentro"; 126 000 de "contenido al interior"; 89 700 de "contenidos al interior"; 7 080 de "contenido adentro". ☒

104. *¿contingencia posible?, ¿posible contingencia?*

Las expresiones "contingencia posible" y "posible contingencia" son sin duda redundantes. La razón es la siguiente: el sustantivo femenino "contingencia" (del latín *contingentia*) significa, literalmente, "posibilidad de que algo suceda o no suceda" y "cosa que puede suceder o no suceder" (DRAE); en el DUE, María Moliner es más precisa: "Cualidad de contingente (posible, o no seguro)"; "eventualidad, posibilidad"; "suceso posible". Ejemplo del mismo DUE: *No hay que descartar la **contingencia** de una guerra.* El adjetivo "posible" (del latín *possibĭlis*) se aplica a "lo que puede ser o suceder". Ejemplo: *Es **posible** que enfrentemos una guerra.* Siendo así, toda contingencia es posible, puesto que puede suceder, y es un disparate redundante calificar la "contingencia" (posibilidad de que algo suceda) de "posible" (que puede suceder). Basta con decir y escribir "contingencia", pues ya de suyo la "contingencia" implica "posibilidad". En cambio, una "contingencia" admite ser calificada de "probable", pues el adjetivo "probable" (del latín *probabĭlis*) tiene la siguiente acepción, entre otras: "Dicho de una cosa: que hay muy buenas razones para creer que se verificará o sucederá" (DRAE). Ejemplo: *No hay que descartar la **contingencia, bastante probable,** de una guerra.* En este caso no hay redundancia, pues si bien la contingencia posee el significado de "posible", no incluye el sentido de "probable" (que hay razones para creer que sucederá). En conclusión, toda contingencia es posible, pero no necesariamente probable. Por tanto es un vicio redundante calificarla de "posible" (puesto que toda contingencia lo es), pero no así calificarla de "probable". La clave está en saber que no es lo mismo "posible" que "probable".

Las redundancias "contingencia posible" y "posible contingencia" más sus plurales pertenecen al ámbito culto de la lengua. Son habituales entre profesionistas, y el periodismo les da gran vuelo. Abundan en el habla y en internet, lo mismo que en publicaciones impresas. En el portal electrónico *Terra Noticias* leemos el siguiente encabezado:

☞ "Modifican Ley de Protección Civil ante **posibles contingencias**".

En buen español, lo que debió informar *Terra Noticias* es que

☞ modifican la Ley de Protección Civil ante **contingencias.**

✎ En cambio es del todo correcto el siguiente encabezado de otro portal de noticias: "Reunión interministerial por **probables contingencias** climáticas". Quiere esto decir que hay fundadas razones para creer que se producirán contingencias. He aquí algunos ejemplos de las formas redundantes: "**posibles contingencias** medioambientales", "Protección Civil en alerta para atender **posibles contingencias**", "alerta ante **posibles contingencias** por las lluvias", "capacitarán a brigadistas ante **posibles contingencias**", "autoridades pendientes ante **posibles contingencias**", "albergues se preparan ante **posible contingencia**", "se alistan para una **posible contingencia**", "planean acciones por **posible contingencia**", "existen dos tipos de **contingencias posibles**", "ensayar las respuestas para todas las **contingencias posibles**" y, como siempre hay algo peor, "**el posible rango de contingencias posibles** no lo reduce suficientemente" (en el libro español *La gestión de la innovación y la tecnología en las organizaciones*).

☞ Google: 110 000 resultados de "posibles contingencias"; 21 600 de "posible contingencia"; 11 100 de "contingencias posibles"; 3 280 de "contingencia posible". ☒

☞ Google: 3 900 resultados de "probables contingencias"; 3 450 de "contingencias probables"; 1 780 de "probable contingencia"; 1 420 de "contingencia probable". ☑

105. *contrareloj* no es lo mismo que *contrarreloj*

El término "contra**r**eloj" es un desbarre escrito, con falta ortográfica, de "contra**rr**eloj". Ignoran los escribientes de este desbarre que, entre vocales, la "r" (simple) siempre tiene sonido débil, como en "ca**r**o", "ce**r**o" y "pe**r**o", y que para pronunciar (entre vocales) el sonido vibrante es indispensable la "rr" (múltiple), como en "ca**rr**o", "ce**rr**o" y "pe**rr**o". En las palabras compuestas, como es el caso de "contra**rr**eloj" (de *contra* y *reloj*), la "r" del segundo término pasa a ser "rr" por estar justamente entre vocales. Es una regla ortográfica que no admite excepción, pero en México, por ejemplo, hay tontos que tienen una empresa a la que denominan "Tecno**r**adio" cuando debiera llamarse "Tecno**rr**adio": de *tecno* más *radio*, como en los términos compuestos "contrarreforma" y "contrarrevolución", de *contra* más *reforma* y *revolución*. Lo correcto, entonces, es "contrarreloj", adjetivo y sustantivo que el DRAE define del siguiente modo: "Dicho de una carrera, generalmente ciclista: En que los participantes salen de uno en uno a intervalos regulares, y se clasifican según el tiempo invertido por cada uno para llegar a la meta". Ejemplo: *Triunfó en la carrera* ***contrarreloj***. Muy parecida a ésta es la definición de María Moliner, pero a diferencia del DRAE, Moliner no acepta la forma opcional "contra reloj" (en dos palabras) y hay una muy buena razón para ello: "contra-" es elemento prefijo "que forma palabras que designan cosas que son una rectificación o respuesta a la designada por la palabra primitiva, o que se oponen a ella" (DUE). Al ser "contra-" elemento prefijo debe ir unido al término que modifica y ni siquiera es necesario el guión intermedio, como en "contraatacar", "contraataque", "contrabando", "contrabarrera", "contrabloqueo", "contracarril", "contramarcha", "contrarreforma", "contrarréplica", "contrarrestar", "contrarrevolución", etcétera. Es obvio que Moliner tiene razón y no la tiene el DRAE, pues si se acepta escribir en dos palabras "contra reloj" (como sustantivo y adjetivo), tendría que aceptarse (absurda e incorrectamente) la escritura en dos palabras de los sustantivos compuestos mencionados arriba, en las siguientes formas disparatadas: "contra ataque", "contra reforma", "contra réplica", "contra revolución", etcétera. De ahí que la forma opcional "contra reloj" para el sustantivo y el adjetivo sea una idiotez del DRAE. Por otra parte, ni el DRAE ni el DUE consignan la acepción metafórica, incluso más utilizada que la específica, la cual el DRAE deja como tarea menor al *Diccionario panhispánico de dudas*, que la registra del siguiente modo: "Es frecuente su empleo metafórico con el sentido de 'con suma urgencia o con un plazo de tiempo perentorio'". He aquí el ejemplo del propio *Panhispánico*: *Los cancilleres trabajan* ***contra reloj*** *para tratar de alcanzar un acuerdo antes del mediodía de hoy*. Acota el *Panhispánico* que "mientras que el adjetivo y el sustantivo pueden escribirse en una o en dos palabras [pueden porque el DRAE lo autoriza, pero es una tontería], la locución adverbial es *contra reloj*, escrita siempre en dos palabras" y aclara también que "no debe usarse esta locución precedida de la preposición *a*: *a contra reloj*". En cuanto a la aclaración sobre la locución adverbial es del todo certera, pero no así, como ya dijimos, en cuanto al adjetivo y al sustantivo, pues éstos deben escribirse en una sola palabra, es decir con grafía simple.

El desbarre común es escribir "contrareloj" (con "r" simple) y ya si, además de todo, se le hace caso al DRAE en sus demás incongruencias, los escribientes del español están perdidos. La primera obligación de un diccionario es ayudar al lector, no confundirlo, pero la Real Academia Española y sus hermanastras de América y Filipinas se empeñan en perderlo más que en encaminarlo. Los disparates escritos "a contrarreloj", "a contrareloj" y "contrareloj" son numerosos lo mismo en publicaciones impresas que en internet, y en las secciones deportivas de los diarios los cronistas se dan vuelo con ellos. En el diario *El Heraldo*, de Colombia, leemos el siguiente titular:

♀ "La marcha **contrareloj** para crear el Túnel de la Ciencia".

Quiso informar el diario, a sus pobres lectores, acerca de

☝ la marcha **contrarreloj** para concluir el Túnel de la Ciencia.

✎ Puede ser peor, desde luego. Por ejemplo, en el diario mexicano *Tabasco Hoy* el siguiente encabezado supera al del diario colombiano: "Conagua reconstruye las obras **a contrareloj**". He aquí más ejemplos de este disparate escrito: "equipos chinos trabajan **a contrarreloj** para rescatar a 20 mineros", "PP y Ciudadanos ultiman **a contrarreloj** los detalles del acuerdo", "debate **a contrarreloj** en el gobierno", "ganó la prueba **contrareloj**", "últimos kilómetros de la **contrareloj**", "negociaciones **contrareloj**", "carrera **contrareloj** para rescatar a las víctimas", "no soy especialista en **contrareloj**", "22 equipos de filmación haciendo cortos **a contrareloj**", "**a contrareloj** los vecinos buscan fondos", "60 minutos **a contrareloj**", "Venecia trabaja **a contrareloj** para protegerse de la marea alta", "**a contrareloj** la vuelta ciclista", "están **a contrareloj**", "un parto **a contrareloj**", "PRD se suma a la exigencia de combatir la opacidad **a contrareloj**" (¡y, además de brutos, mentirosos!).

☞ Google: 438 000 resultados de "contra reloj"; 316 000 de "a contrarreloj"; 302 000 de "contrareloj"; 43 400 de "en contrarreloj"; 42 000 de "a contrareloj"; 6 020 de "en contrareloj". ☒

☞ Google: 2 110 000 resultados de "contrarreloj". ☑

106. *¿convalescencia?, ¿convalesciente?*

"Convalescencia" es un término incorrecto de "convalecencia". Aunque es un sustantivo femenino que proviene del latín *convalescentia*, en español no conserva la combinación intermedia "sc" y se dice y escribe "convalecencia", del mismo modo que el verbo es "convalecer" y no "convalescer", y el adjetivo "convaleciente" y no "convalesciente". El verbo intransitivo "convalecer" significa "recobrar las fuerzas perdidas por enfermedad" y "dicho de una persona o de una colectividad: salir del estado de postración o peligro en que se encuentran" (DRAE). Ejemplos: *El enfermo tuvo una* ***convalecencia*** *bastante prolongada; Hubo de* ***convalecer*** *con escaso apoyo familiar; El* ***convaleciente*** *soldado regresó a su casa y nadie lo esperaba.* Quizá porque el hablante y escribiente del español se remite a "adolescencia" y "adolescente", suele escribir "convalescencia", pero hay que considerar que otros derivados de "adolescencia" son el verbo "adolecer" (y no "adolescer") y el adjetivo "adoleciente", es decir que "adolece" (y no "adolesciente"). En resumen, "convalescencia" y "convalesciente" son disparates.

Abundan lo mismo en publicaciones impresas que en internet, y hasta escritores de prestigio los utilizan en sus escritos. Donde es más frecuente encontrarlo es en el ámbito de la medicina. En el libro *Apuntes de pediatría* leemos que

☹ "en la fase de **convalescencia** desaparecen las manifestaciones clínicas".

Quiso decir y escribir el autor que

☺ en la fase de **convalecencia** desaparecen las manifestaciones clínicas.

✎ He aquí otros ejemplos de este disparate: "esta novela relata la **convalescencia** del monárquico Capitán Veneno", "**convalescencia** de enfermedades agudas", "período de **convalescencia** con remisión clínica", "aprovechó la pausa de la **convalescencia** para reprenderlo", "después de recuperarse de una etapa de **convalescencia**", "anticuerpos de **convalescientes** para tratar ébola", "personas **convalescientes** o enfermas", "alimentos para enfermos **convalescientes**", "camisón especial para **convalescientes**", etcétera.

☞ Google: 78 800 resultados de "convalescencia"; 17 800 de "convalescientes"; 14 000 de "convalesciente"; 9 060 de "convalescencias". ☒

107. *¿convenzca?, ¿convezca?*

El verbo transitivo "convencer" (del latín *convincĕre*) se conjuga exactamente siguiendo el modelo del también transitivo "vencer" (del latín *vincĕre*). Ambos, por tanto, son irregulares, pero únicamente presentan accidentes en la primera persona del singular del presente de indicativo, en todo el presente de subjuntivo y en dos formas imperativas. Así como se conjuga *yo venzo, que yo venza, que tú venzas, que él venza, que nosotros venzamos, que ustedes venzan, que ellos venzan, venza (usted) y venzan (ustedes)*, de esta misma manera se conjuga *yo convenzo, que yo convenza, que tú convenzas, que él convenza, que nosotros convenzamos, que ustedes convenzan, que ellos convenzan, convenza (usted) y convenzan (ustedes).* En ningún otro modo, tiempo ni persona los verbos "convencer" y "vencer" presentan irregularidades. "Convencer" significa "incitar, mover con razones a alguien a hacer algo o a mudar de dictamen o de comportamiento". Ejemplo: *Por más que insisto, no lo* ***convenzo*** *para que acepte (el muy torpe) que no se dice* ***convezco***. "Vencer" significa "sujetar, derrotar o rendir al enemigo" (DRAE). Ejemplo: *No creo que en esta ocasión lo* ***venza***. Así como prácticamente nadie dice o escribe "vezco" en lugar de "venzo", o "venzca" en vez de "venza", así también nadie tendría por qué decir y escribir "convezco" o "convenzca" en lugar de las formas correctas "convenzo" y "convenza". Y sin embargo no son pocos los que no saben conjugar las formas irregulares del verbo "convencer".

Se trata de disparates incultos de la lengua, producto de la suposición de que el modelo del verbo "convencer" es el mismo de "agradecer" (*agradezco, agradezca*). Y aunque provienen de la ignorancia y de la falta de consulta de los diccionarios, no es nada sorprendente encontrarlos en el ámbito profesional y académico inclusive. En el diario venezolano *El Universal* leemos la siguiente joya en una nota distribuida por la Agencia Alemana de Prensa (DPA por sus siglas en alemán):

☹ "se estima que el líder costarricense quiere que su par cubano **convezca** a su aliada Nicaragua de abrir sus fronteras".

Quisieron informar la agencia y el diario que

☺ se estima que el líder costarricense quiere que su par cubano **convenza** a su aliada Nicaragua, etcétera.

✎ Más ejemplos de estos disparates: "que alguien me **convezca**", "es mejor que les **convezca** de su conveniencia", "habla de él para que me **convezca**", "que nadie te **convezca** de que no puedes", "¿necesitas motivos para que te **convezcan**?", "no dejes que las mentes pequeñas te **convezcan**", "siempre me **convezco** de que la poesía es un botiquín infinito", "a ver si con el artículo la **convezco**", "voy a ver si **convezco** a mis padres", "no creo que les **convezcamos**", "que no os **convenzca** el de la calle", "necesito que alguien me **convenzca**", "es muy difícil que incluso eso **convenzca** al técnico".

☞ Google: 214 000 resultados de "convezca"; 13 200 de "convenzca"; 9 690 de "convezcan"; 8 950 de "convezco"; 2 460 de "convenzco"; 1 610 de "convenzcan"; 1 310 de "convezcamos". ☒

108. *copia* no es lo mismo que *ejemplar*

El sustantivo *copy*, del inglés, significa, en español, literalmente, "copia" (reproducción, duplicado), pero cuando se trata de un libro el término específico en inglés es *copy of book*, que no debe traducirse como "copia" sino como "ejemplar". Es una tontería, muy de anglófilos y pochos, decir y escribir que de tal o cual libro se han vendido miles o millones de "copias". No se trata de "copias", ¡se trata de "ejemplares"! Veamos por qué. El sustantivo femenino "copia" (del latín *copia*: "abundancia"; de ahí "copioso": "abundante, cuantioso") tiene las siguientes acepciones principales en el DRAE: "Acción de copiar"; "muchedumbre o abundancia de algo"; "reproducción literal de un escrito o de una partitura"; "en los tratados de sintaxis, lista de nombres y verbos, con los casos que rigen"; "obra de arte que reproduce fielmente un original"; "reproducción exacta de un objeto por medios mecánicos"; "imitación de una obra ajena, con la pretensión de que parezca original". Ejemplos: *La* ***copia*** *de obras de arte está legislada; La* ***copia*** *de la partitura es defectuosa; Mandó hacer una* ***copia*** *de la llave; La* ***copia*** *del cuadro es espantosa*. En español, en ninguna de las acepciones del sustantivo "copia" puede acomodarse como equivalente el término inglés *copy of book*, porque, como ya dijimos, éste se traduce en nuestro idioma como "ejemplar" (del latín *exemplar, exemplāris*), sustantivo que, en la tercera acepción del DRAE, significa "escrito, impreso, dibujo, grabado, reproducción, etc., sacado de un mismo original o modelo". Ejemplos del mismo DRAE: *De este libro se han tirado 1000* ***ejemplares****; Ayer compré dos* ***ejemplares*** *de aquella estampa*. Padecemos, en el idioma español, la invasión de anglicismos introducidos por personas que no saben inglés ni saben tampoco español, y que sólo imitan o repiten, es decir copian: calcan aquello que les parece de mucho prestigio, elegante y refinado en inglés, y cuyo equivalente en español les "suena" muy poco exquisito. Estamos rodeados de anglófilos en el peor sentido y, por supuesto, de pochos, de gente que se avergüenza de su idioma materno y se vanagloria de su cosmopolitismo y, especialmente, de su "dominio" del idioma inglés, aunque por supuesto no domine nada: ni su propia lengua. Es una barrabasada decir y escribir "copia" para referirse al "ejemplar" de un libro e incluso de un disco o de un video.

Obviamente se trata de un desbarre moderno, que introdujo el periodismo por medio de las agencias informativas extranjeras y de los traductores ineptos. Hoy las páginas de los diarios, las revistas y los libros están llenas de esta palabra cuyo significado correcto es muy otro en español. "Copia", para referirse al "ejemplar", tiene su reino en internet, pero extiende sus dominios en las publicaciones impresas. En el diario mexicano *Excélsior* leemos el siguiente encabezado:

☞ "Obra de Harry Potter vende **más de 2 millones de copias**".

Quiso informar el diario que

☞ en sólo dos días, el nuevo libro de J. K. Rowling, *Harry Potter y el niño maldito*, vendió **más de dos millones de ejemplares** en Estados Unidos.

✎ Y aunque se trata de una obra de teatro, es anfibológico informar acerca de una "obra de Harry Potter"; la obra es de Rowling y en ella retoma a su personaje Harry Potter. Pero en el periodismo ya ni siquiera parece importante que los mensajes sean claros. En fin. He aquí más ejemplos de esta barrabasada anglicista: "guión de Potter vende más de 2 millones de **copias** en 2 días", "Adele vende más de 2 millones de **copias**", "Charlie Hebdo prevé tiraje de hasta 3 millones de **copias**", "Legión vende 3.3 millones de **copias**", "Charlie Hebdo imprimirá 7 millones de **copias**", "la saga Assassin's Creed supera los 100 millones de **copias** vendidas", "Minecraft supera las 100 millones de **copias** vendidas", "se vendieron cientos de miles de **copias** del libro", "cientos de miles de **copias** del libro sagrado musulmán", "durante la época nazi se imprimieron cerca de 12 millones de **copias** de *Mi lucha*", "más de 13 millones de **copias** de la Biblia en unos 100 idiomas", "China fabrica 13 millones de **copias** de la Biblia al año", "Bible Society, una organización cristiana, ha distribuido casi 60 millones de **copias** de la Biblia en más de 65 países".

☞ Google: 243 000 resultados de "millones de copias vendidas"; 16 100 de "miles de copias del libro"; 15 400 de "ha vendido millones de copias"; 13 500 de "millones de copias de la Biblia"; 11 500 de "millones de copias de *Harry Potter*"; 2 430 de "cien millones de copias vendidas"; 1 120 de "millones de copias del Corán". ☒

109. *corniza* no es lo mismo que *cornisa*

El término "corniza" carece de significado en nuestra lengua. "Cornisa", en cambio, es un sustantivo femenino del que el DRAE proporciona las siguiente tres acepciones: "Conjunto compuesto de molduras que sirve de remate de una construcción"; "parte superior del entablamento de un pedestal, edificio o habitación"; "faja horizontal estrecha que corre al borde de un precipicio o acantilado". Le falta al incompleto y burdo diccionario de la Real Academia Española una acepción principalísima que encontramos en el *Diccionario de tipografía y del libro*, de José Martínez de Sousa: "Cabecera, título de libro, capítulo o parte, que se imprime en cabeza de cada página". Es cierto que Martínez de Sousa acota que "se usa en México", pero su sinónimo es "capitel" o "cabezada", como bien lo señala el autor del *Diccionario de tipografía y del libro* y como, muy mal, omite registrarlo el DRAE en las respectivas entradas de "cabezada" y "capitel". Se puede decir, por ejemplo, *Se derrumbó la* ***cornisa*** *del edificio*, pero también *Las* ***cornisas*** *del libro son muy grandes*. Sea como fuere, lo correcto es escribir "cornisa" y no "corniza", como frecuentemente lo hacen arquitectos, ingenieros y empresarios del ámbito de la construcción, cuando se refieren a los edificios, y como también lo hacen no pocos escritores, editores y diseñadores cuando se refieren a los libros.

Es, por supuesto, un disparate culto, y está lo mismo en publicaciones impresas que electrónicas. En internet leemos que el Ministerio de Salud de Panamá adjudicó un contrato para el suministro de

♀ "cortinas y **cornizas** para el Distrito de Salud de Penonomé, en la provincia de Coclé".

Obviamente se trata de un contrato para el suministro de
☝ cortinas y **cornisas**.

✎ He aquí más ejemplos de este disparate de la escritura: "**cornizas** de yeso", "**cornizas** y accesorios para **cornizas**", "**cornizas** de cantera", "Quito: sus balcones y **cornizas**", "Avenida Las **Cornizas**, Concón, Valparaíso", "letra de En la **corniza** de Pablo Olivares", "La Casa de la **Corniza**", "La **corniza** del tiempo", "trozo de **corniza** cae sobre transeúnte".

☞ Google: 155 000 resultados de "corniza"; 124 000 de "cornizas"; 19 200 de "la corniza"; 14 300 de "las cornizas". ☒

110. *cortez* no es lo mismo que *cortés*

"Lo cortez no quita lo valiente". Así repiten muchos el conocido refrán. Pero escribirlo de este modo no es valentía sino ignorancia, pues "cortez" es un disparate en lugar de "cortés", adjetivo que significa "atento, comedido, afable, urbano" (DRAE). Ejemplo: *Fue muy **cortés** en su trato*. De ahí el sustantivo femenino "cortesía", que significa "demostración o acto con que se manifiesta la atención, respeto o afecto que tiene alguien a otra persona" (DRAE). Ejemplo: *Todo el tiempo le mostró su **cortesía***. El término "cortez" (escrito con "z" final) es un error ortográfico y sólo es admisible como variante del apellido "Cortés" que también tiene la grafía "Cortez", obviamente por deformación de la escritura. El conquistador español se llamó Hernán Cortés; de ahí el adjetivo "cortesiano": "aplicado o referido a lo relacionado con Hernán Cortés". Ejemplo: *Documentos cortesianos*. Pero hay personas a quienes, erróneamente, en el registro civil les impusieron la grafía "Cortez" en su apellido, y algunos, por ignorancia, se lo colgaron, muy campantes, como seudónimo, entre ellos el cantautor argentino José Alberto García Gallo, mejor conocido como Alberto Cortez porque así lo adoptó. En su *Diccionario etimológico comparado de los apellidos españoles, hispanoamericanos y filipinos*, Gutierre Tibón documenta las variantes Corte, Cortes, Cortés, Cortella, Cortelles, Corts, pero no por cierto "Cortez", todo lo cual demuestra que esta variante es producto de la ignorancia. En resumen, lo correcto es "cortés" y no "cortez", a menos que sea apellido (y se escribe con mayúscula inicial) maltratado en el registro civil.

Como falta ortográfica en el adjetivo aparece lo mismo en publicaciones impresas que en internet. Un internauta asegura que en Mazatlán:

☟ "la gente es muy **cortez** y amable".

Quiso escribir que en esa ciudad:

☝ la gente es muy **cortés** y amable.

✎ He aquí otros ejemplos de este disparate: "soy muy **cortez**", "fue muy **cortez** de su parte", "se comportan de manera muy **cortéz**" (y además con tilde), "la atención fue muy **cortez** y amable", "su personal es muy ineficiente y muy poco **cortez**", "es muy arrogante y poco **cortez**", "desagradable y poco **cortez**", "Hotel El **Cortéz**" (y con tilde también, para acentuar seguramente la "cortezía").

☞ Google: 78 100 000 resultados de "cortez"; 16 000 de "muy cortez"; 12 400 de "amable y cortez"; 6 530 de "lo cortez no quita lo valiente"; 4 500 de "poco cortez"; 1 000 de "lo cortez no quita lo caliente". ☒

III. *¿cosmopólita?, ¿cosmopólitas?*

Escribe Augusto Monterroso: "Entre más tontos, más audaces". Ello es seguro; de una seguridad casi científica. La prueba es que en una página española de internet (*llevatilde.es*) se hace tropezar a quienes suelen consultarla, transmitiéndoles la siguiente tontería de la mayor audacia: "La palabra **cosmopólita**, con vocal tónica en la tercera 'o', lleva tilde. La razón: Las palabras esdrújulas siempre llevan tilde". La verdad es que la grafía "cosmopólita" no pertenece al idioma español ni tiene, por tanto, significado alguno. Existe en nuestro idioma el adjetivo y sustantivo "cosmopolita" (del griego *kosmopolítēs*), palabra llana o grave (¡no esdrújula!) que significa "ciudadano del mundo" y que es un término cuya creación se atribuye al filósofo cínico Diógenes. Quien diga y escriba "cosmopólita", al igual que los españoles de la página *llevatilde.es*, están en un error. El sustantivo masculino "cosmopolitismo" se usa para designar la "doctrina y género de vida de los cosmopolitas". Del adjetivo y sustantivo "cosmopolita", el DRAE ofrece las siguientes acepciones: "Dicho de una persona: Que se ha movido o se mueve por muchos países y se muestra abierta a sus culturas y costumbres"; "dicho de un lugar o de un ambiente: donde confluyen personas de diversas naciones, costumbres etcétera". Ejemplos: *Carlos Fuentes presumía ser un escritor* ***cosmopolita****; París es una de las ciudades más* ***cosmopolitas***. Las voces inglesas *cosmopolitan* y *cosmopolite*, que se pronuncian aproximadamente *kosmopóliten* y *kosmópolait*, significan, en español, "cosmopolita", pero de ningún modo "cosmop**ó**lita", aberración ésta que debemos seguramente a la influencia de la revista femenina estadounidense de moda y espectáculos *Cosmpolitan*, que tiene ediciones en español lo mismo en España que en varios países de Hispanoamérica. En conclusión, es una tontería decir y escribir "cosmop**ó**lita" y "cosmop**ó**litas". Nada tienen que hacer en nuestro idioma estos esdrújulos. Se dice y se escribe "cosmopolita" y "cosmopolitas", palabras llanas o graves.

El desbarre de escribir y pronunciar estos términos con acentuación esdrújula abunda en los ambientes del espectáculo, la moda y el turismo, pero ya se ha ido extendiendo a otros espacios, en particular al periodismo escrito y radiofónico por influencia directa de internet. Justamente en una página española de internet dedicada al turismo internacional, leemos que

☹ "Barcelona es una ciudad abierta y **cosmopólita**".

Quisieron escribir los redactores que

☺ Barcelona es una ciudad abierta y **cosmopolita**.

✎ He aquí otros ejemplos de este horrible palabro: "ciudad **cosmopólita** con rascacielos", "Dubái, la urbe más **cosmopólita** del mundo vista desde las alturas", "la mirada **cosmopólita** o la guerra es la paz", "Cartagena, ciudad **cosmopólita** y turística", "Orquesta **Cosmopólita**", "memoria de una visión **cosmopólita**", "Panamá y su cara **cosmopólita**", "Londres: fascinante ciudad **cosmopólita**", "Guadalajara, rancho **cosmopólita**", "nuevas ideas **cosmopólitas**", "intereses económicos **cosmopólitas**", etcétera.

☞ Google: 35 000 resultados de "cosmopólita"; 3 440 de "cosmopólitas". ☒

112. *¿credencializar?, ¿credencializarse?*

El término "credencializar" no está en las páginas del DRAE. Se trata de un mexicanismo que hace las veces de verbo, y surgió en las oficinas públicas con el significado de "emitir credenciales". Ejemplo: *Inicia campaña para **credencializar** a los ciudadanos.* Este verbo llegó para quedarse en México, porque no tiene un equivalente. El término "credencial" puede ser un adjetivo (cuyo significado es "que acredita") y un sustantivo femenino que designa al "documento que acredita a una persona para desempeñar una determinada función" (DRAE). Ejemplo: *La embajadora de Estados Unidos en México presentó oficialmente sus **cartas credenciales**.* Esto quiere decir que se acreditó, ante el gobierno mexicano, como la persona que representa a Estados Unidos en nuestro país. Lo que ocurre es que en México llamamos "credencial" al documento de identidad que en otros países hispanohablantes llaman, con mucho más tino, "carné" (del francés *carnet*), sustantivo masculino que se aplica al "documento expedido a favor de una persona, generalmente en forma de tarjeta y provisto de su fotografía, que sirve para acreditar su identidad, su pertenencia a un colectivo o su facultad para realizar una actividad". En España se le denomina, muy precisamente, "carné de identidad" que, como el nombre ya indica, es el "carné destinado a acreditar oficialmente la identidad del titular". Ejemplo: *Para disipar dudas, exhibió su **carné de identidad**.* En México, la "credencial" (en su uso de sustantivo femenino) acredita a la persona como estudiante, trabajador o representante de alguna empresa pública o privada. Si partimos de la definición del DRAE ("documento que acredita a una persona para desempeñar una determinada función"), la credencial nos acredita para el estudio o el trabajo, en particular para efectos de control en los centros de estudio y en los centros de trabajo respectivos. Lo que llamamos en México "credencial de elector" o "credencial para votar" (y anfibológicamente, "credencial para votar con fotografía", en lugar de "credencial electoral con fotografía") nos acredita justamente para realizar la actividad de elegir en las urnas a los representantes populares, pero también sirve, oficialmente (al igual que el documento del pasaporte), para probar nuestra identidad. En este sentido es un "carné de identidad" con el que, además, quedamos facultados para votar. El caso es que si existen, en español, y en las páginas del DRAE, los verbos transitivos "diplomar" (conceder a alguien un diploma) y "pasaportar" (dar o expedir pasaporte), no hay razón alguna para que no exista el verbo transitivo "credencializar", mexicanismo que, como ya dijimos, significa: "dar, emitir o expedir credenciales". Ejemplo: *El Instituto Nacional Electoral* ***credencializó*** *ya al 95 por ciento de los potenciales votantes.* Siendo así, aunque los mexicanismos "credencializar", como verbo transitivo, y "credencializarse", como pronominal, no estén en las páginas del DRAE, son del todo correctos. Podemos conjugarlos, oralmente y por escrito, sin caer en incorrección. He aquí algunos ejemplos perfectamente válidos: "INE y SRE firman acuerdo para **credencializar** a mexicanos en el extranjero", "INE trabaja en **credencializar** a mexicanos en el extranjero", "analiza INE ruta para **credencializar** en el extranjero", "contempla Rayados **credencializar** a su afición", "quiere IMSS **credencializar** a 70% de derechohabientes", "capacita y **credencializa** Profepa a comités de vigilancia", "Gobierno de la Ciudad de México **credencializa** a prostitutas para ejercer oficio", "**credencializa** el INE en EU", "IEDF invita a capitalinos en EU a **credencializarse** y votar", "más de 29 mil estudiantes han acudido a **credencializarse**", "Chivas invita a sus porras a **credencializarse**", etcétera.

☞ Google: 15 200 resultados de "credencializar"; 4 920 de "credencializa"; 3 600 de "credencializarse"; 1 540 de "credencializan"; 1 260 de "credencializando"; 1 250 de "credencializó"; 1 016 de "credencializarán". ☑

113. *¿crespón negro?*

¿Hay crespones rojos, verdes o amarillos? La definición dice que no. "Crespón" es sustantivo masculino cuyo significado es el siguiente: "Tela negra que se usa en señal de luto" (DRAE). Siendo así es una redundancia decir y escribir "crespón negro", pues todo "crespón", por definición, es negro. Ejemplo: *En la fachada de la casa colocaron un* ***crespón*** *en señal de duelo.* El disparate redundante "crespón negro" es resultado de ignorar la definición del sustantivo, y revela que muchas personas no abren jamás un diccionario de la lengua. Que en el reino de la redundancia y el pleonasmo (España) digan y escriban todo el tiempo "crespón negro" porque suponen que los hay rojos, verdes, amarillos y multicolores, no implica que debamos imitarlos. Es verdad que, en no pocos casos, el "crespón" que las personas colocan en las fachadas de sus casas en señal de duelo por la muerte de un familiar no es necesariamente negro sino de tela oscura, especialmente morado, pero siendo así lo que el DRAE debe modificar es su definición para indicar que el "crespón" es el moño o lazo de tela oscura que se usa en señal de luto. De cualquier forma, no es necesario calificar el sustantivo: basta con decir y escribir "crespón".

"Crespón negro" es un disparate redundante del ámbito culto e incluso ilustrado. En México es más frecuente usar el sinónimo "moño" (sustantivo masculino), en su segunda acepción: "lazo de cintas" (DRAE), y en este sentido los moños, a diferencia de los crespones, admiten el calificativo, no reiterativo, referente al color. No es lo mismo decir y escribir un "moño negro" que un "crespón negro". Lo primero es correcto; lo segundo es viciosamente redundante y aparece con frecuencia en publicaciones impresas (libros, revistas, diarios) y en internet. En el periodismo español es abundante. En el diario *La Opinión de Murcia* leemos el siguiente encabezado:

♀ "La bandera de Francia con **crespón negro** preside el minuto de silencio en la Asamblea".

Quiso informar el diario que

☝ Con un **crespón**, la bandera de Francia presidió el minuto de silencio en la Asamblea.

✎ He aquí otros ejemplos de este disparate redundante: "Google se pone el **crespón negro** en memoria de las víctimas", "funciones gratis de la obra El **Crespón Negro** en Museo de la Memoria", "Ferrari luce **crespón negro** por las víctimas del terremoto en Italia", "un **crespón negro** en el corazón", "un **crespón negro** luce en la torre de Hércules de La Coruña", "el torero Juan de Álamo luce un **crespón negro** en memoria del fallecido torero Víctor Barrio", "la Virgen sale con **crespón negro** en duelo por Fran Santana", "**crespones negros** por la muerte de Scotti", "**crespones negros** y banderas a media asta", "no colguéis **crespones negros** en el firmamento", "**crespones negros** en Madrid", "**crespones negros** en Facebook por la muerte de dos jóvenes", "médicos marchan con **crespones negros** en Oruro", "goleada del Barça con **crespones negros** por Cruyff", "velas y **crespones negros** en todo el mundo".

☞ Google: 82 800 resultados de "crespón negro"; 38 700 de "crespones negros"; 30 700 de "un crespón negro". ☒

114. *cuanto mucho* no es lo mismo que *cuando mucho*

La locución adverbial "cuando mucho" significa "a lo más" y es hermana de "cuando más", también locución adverbial. Ejemplo: *No ganará ese partido; **cuando mucho** evitará que lo goleen; ya con algo de fortuna podrá conseguir un empate **cuando más**.* Son también equivalentes a "cuando mucho" las locuciones "a lo mucho", "a lo sumo" y "como mucho". Ejemplo: ***A lo sumo**, logrará empatar; mi pronóstico es que el partido terminará en un aburrido empate **a lo mucho**.* Hay hablantes y escribientes que suelen utilizar "cuanto mucho" en vez de "cuando mucho", lo cual es un disparate pues no existe, en español, la locución adverbial "cuanto mucho", sino la locución adverbial y conjuntiva "cuanto más", con otra connotación y utilizada en diferente contexto, pues se usa "para contraponer a lo que ya se ha dicho lo que se va a decir, denotando en este segundo miembro de la frase idea de encarecimiento o ponderación" (DRAE). Ejemplo del diccionario académico: *Se rompen las amistades antiguas, **cuanto más** las recientes.* "Cuando" es adverbio de relativo, conjunción y preposición, en tanto que "cuanto" es adjetivo de relativo, pronombre, adverbio y conjunción, según sean sus contextos.

Evitemos el "cuanto mucho" como equivalente a "cuando mucho". No son expresiones equivalentes, a pesar de que "cuando mucho" signifique "a lo más" o "al máximo". Es yerro del ámbito culto, especialmente por ultracorrección. Un comentarista político mexicano afirmó lo siguiente:

☹ "El PRI creo que **cuanto mucho** conseguirá 180 diputados".

Quiso decir que

☺ **a lo sumo** o **cuando mucho** el PRI conseguiría 180 diputados.

✎ He aquí otros ejemplos de este yerro que se produce por ultracorrección: "era una mocita que **cuanto mucho** andaría por los veinte años", "usado pocas veces: quince **cuanto mucho**", "ya quiero conocerlo, sólo faltan dos semanas **cuanto mucho**", "me gasta aproximadamente seis, **cuanto mucho** siete litros", "me queda una semana **cuanto mucho**", "te esperaré **cuanto mucho** 30 minutos", "**cuanto mucho** levantará un poco de temperatura", "basta con sembrar unas cinco semillas **cuanto mucho**".

☞ Google: 41 000 resultados de "cuanto mucho". ☒

☞ Google: 843 000 resultados de "cuando más"; 842 000 de "a lo sumo"; 668 000 de "a lo mucho"; 395 000 de "cuando mucho". ☑

115. *cuartada* no es lo mismo que *coartada*

El palabro "cuartada" no está registrado ni en el diccionario de la RAE ni el *Diccionario de uso del español* de María Moliner. Es una incorrección de "coartada", que el DRAE define del siguiente modo: "Argumento de inculpabilidad de un reo por hallarse en el momento del crimen en otro lugar"; "pretexto, disculpa". Ejemplo: *El sospechoso del asesinato tenía una muy buena **coartada**.* La sustitución de la "o" por "u" da como resultado un disparate del habla y de la escritura.

Es un dislate inculto, pero no es extraño encontrarlo en publicaciones impresas. Obviamente, su reino está en internet donde se asegura que la siguiente es una frase célebre del cantante Arjona:

☹ "El destino es la **cuartada** sigilosa de quien lo pretende todo y nunca acierta".

¿Será que así escribe Arjona? Es bastante probable, pero lo que quiso realmente decir y escribir es que

☺ el destino es la **coartada** sigilosa, etcétera.

✎ He aquí otras "cuartadas" de mentes disparatadas: "esto es una **cuartada** del régimen castrista", "te falló la **cuartada**", "no tiene **cuartada**", "no tienes **cuartada**, no tienes palabra", "capitán de navío no tiene **cuartada** del crimen", "las **cuartadas** de Luis Bernardo Nava", "*Las siete* ***cuartadas*** de Edgar Morin", "tengo más **cuartadas** que un mago", "desarrollan mejores **cuartadas** cuando están por ser descubiertas", "nos daba la **cuartada** perfecta para no abandonar el juego", "sería una **cuartada** perfecta para que no sospechen".

☞ Google: 32 900 resultados de "cuartada"; 9 810 de "cuartadas"; 1 750 de "cuartada perfecta". ☒

116. *¿cubrido?, ¿descubrido?*

El verbo transitivo "cubrir" (del latín *cooperīre*: "ocultar y tapar algo con otra cosa") se conjuga con el modelo de "subir", pero a diferencia de éste tiene un participio irregular; por tanto se debe decir y escribir "cubierto" y no "cubrido". Ejemplos: *El estadio* ***cubierto*** *más grande del mundo está en Filipinas*; *Los gastos de envío quedan* ***cubiertos*** *en el precio*. Su opuesto, el verbo transitivo "descubrir" (del latín tardío *discooperīre*) también tiene como modelo de conjugación el verbo "subir", y su participio es irregular: "descubierto" y no "descubrido". Sus acepciones principales en el diccionario académico son las siguientes: "Manifestar, hacer patente"; "destapar lo que está tapado o cubierto"; "hallar lo que estaba ignorado o escondido, principalmente tierras o mares desconocidos"; "registrar o alcanzar a ver". Ejemplos: ***Descubrió*** *que su empleado se quedaba con parte de las ganancias*; *Vasco Núñez de Balboa* ***descubrió*** *el Mar del Sur, hoy océano Pacífico*. Uno pensaría que nadie, salvo un niño pequeño, cometería los disparates de decir "cubrido" y "descubrido" en lugar de "cubierto" y "descubierto", pero la verdad es que hay bastantes personas ya grandecitas que cometen estas atrocidades idiomáticas, incluso desde los más altos puestos del gobierno (las presidencias y los ministerios). Son dislates incultos, pero han invadido otros ámbitos de nuestra lengua, y aparecen en el periodismo y en el habla y la escritura cotidianas de personas con cierta preparación académica.

Están también en publicaciones impresas y, por supuesto, abundan en internet. El ministro argentino de Educación Esteban Bullrich (o Borrico), cuyo jefe es el impresentable Mauricio Macri, declaró muy ufano:

☟ "Hemos **cubrido** toda la demanda de cuatro y cinco años en toda la ciudad de Buenos Aires".

Muchos de sus compatriotas ya le han sugerido al ministro que aproveche la cobertura educativa que tanto presume y se inscriba en el primer grado de la educación primaria, pues debió decir que

☝ ha **cubierto** toda la demanda, etcétera.

✎ Pero no sólo él. Ya antes, en 2011, el presidente chileno Sebastián Piñera, quien "también vende piñas", declaró lo siguiente en su discurso, mientras izaba una gran bandera (tan grande como su ignorancia): "Es la misma bandera con que hemos **cubrido** tantas veces los féretros de nuestros mártires". Y después de lo cual se quedó muy campante recibiendo vítores y aplausos. Y en 2012, el futuro presidente de México, el priista Enrique Peña Nieto declaró lo siguiente a la prensa: "Como lo marca el estatuto del partido... habiendo **cubrido** este requisito habré de presentar mi solicitud de registro". Ya como presidente, durante un discurso en el seno de la OCDE, en diciembre de 2017, afirmó, en París, que "México se ha **volvido** un referente". Si hasta parece que los políticos latinoamericanos asistieron a la misma escuela de borricos. En cuanto al otro disparate, "descubrido", en la Wikipedia leemos que "ese aspecto fue **descubrido**". Y es que con bastante frecuencia descubrimos que en la Wikipedia les hace falta un poco de gramática y ortografía a los redactores. Resulta incluso penoso siquiera ironizar acerca de un internauta que escribió lo siguiente: "He **descubrido** un emoticono que representa a un retrasado mental". Debió decir y escribir tan fina persona: "he **descubierto**", etcétera. He aquí más burradas "descubridas" en la prensa escrita y en internet: "periodista asesinado en Oaxaca, después de haber **cubrido** disturbios", "gracias por haberlo **cubrido**", "cable **cubrido** en nylon", "sobre un asiento **cubrido** por una tela", "**cubrido** por el arcoiris", "un manto blanco ha **cubrido** el césped", "excelente fotógrafo ha **cubrido** todos nuestros eventos", "Francisco Lugo ha **cubrido** la ausencia", "me he **cubrido** la cara para que no me volviera a golpear", "siempre he **cubrido** los gastos de educación", "cuerpo **cubrido** de pelos", "la zona fue inmediatamente **cubrida**", "**cubrida** con una gran capucha", "tengo mis gastos **cubridos**", "**cubridos** con un tejido de microfibra", "muros **cubridos** de hiedra", "las mujeres musulmanas todo el tiempo están **cubridas** y tapadas", "los estudiantes en Venezuela no tienen sus necesidades **cubridas**", "tener las necesidades básicas del ser humano **cubridas**", "he **descubrido** que se puede" (¡por supuesto que se puede decir y escribir barbaridades!), "el fosforo (sic) fue **descubrido** por Henning Brandt", "hemos **descubrido** un nuevo método", "fue **descubrido** por pura casualidad", "inventos **descubridos** por accidente" (por accidente es que algunos escriben en español), "es el más liviano de todos los exoplanetas **descubridos**", "vestido **descubrido** de la espalda", "el secreto **descubrido**", "fósil de dinosaurio **descubrido** al cavar un túnel", "nuevo animal **descubrido**", "10 animales **descubridos** recientemente", "mapa de los primeros países **descubridos**", "remedios antiguos y **descubridos** hace 50 años", "la obra de Diego Velázquez es **descubrida** a partir de 1865", "Elodia ha sido **descubrida**", "fue **descubrida** por Artista Records", "algunos mensajes subliminales con más cosas **descubridas**", "mentiras **descubridas** a tiempo", "las tierras **descubridas**", "especies que no son **descubridas** se pierden".

☞ Google: 30 900 resultados de "descubrido"; 27 800 de "fue descubrido"; 15 000 de "cubrido"; 14 000 de "descubridos"; 6 390 de "cubridos"; 5 720 de "cubrida"; 4 000 de "ha cubrido"; 3 000 de "descubrida"; 2 060 de "cubridas"; 1 470 de "descubridas". ☒

117. *culero, esquite, fodonguería, fundillo, macuache, ojete*: mexicanismos idiotas en el DRAE

Mexicanismos idiotas en el DRAE son casi todos los que en sus páginas incluye, y son idiotas no por ser mexicanismos, desde luego, sino por la forma idiota en que el mamotreto de la Real Academia Española los define sin que, al parecer, se den por enterados los académicos mexicanos de la lengua. Y, en caso de que se den por enterados, ¿por qué no hacen nada para reparar esos engendros del DRAE? Darse por enterados quizá es peor aún que no enterarse, porque implícitamente avalan las idioteces del DRAE, en el entendido de que éste es un diccionario no sólo de la Real Academia Española, sino del consenso de la Asociación de Academias de la Lengua Española a la que pertenece, por supuesto, la Academia Mexicana de la Lengua. Si casi todos los mexicanismos que hay en el DRAE están definidos con idiocia, hay unos más idiotas que otros. Entre los más tontos están "culero", "esquite", "fodonguería", "fundillo", "macuache" y "ojete". Veamos. Para el adjetivo "culero" (derivado, obviamente, de *culo*), el DRAE sólo tiene una palabra para equipararlo: "miedoso". Es verdad que ésta es una de las acepciones de esta voz malsonante (en su *Diccionario breve de mexicanismos*, Guido Gómez de Silva agrega un sinónimo: "cobarde"), pero no agota su sentido. "Culero" se le dice a la persona que se acobarda y, por ello, se le frunce el culo; le da "cuscús", otro mexicanismo que significa arrugársele a uno el ano (más de lo arrugado que ya está) a causa del miedo. Pero, añadida a esta cobardía, está también la mala intención del cobarde; no es nada más miedoso, a la hora de tomar, por ejemplo, una decisión, sino también malintencionado; es decir, que busca beneficiarse o beneficiar a otro, quedar bien con alguien, mediante su acción, en perjuicio de otros muchos. Ejemplo: *Lo ideal hubiera sido suspender de por vida a ese árbitro* ***culero***. Quien esto dice se refiere al árbitro estadounidense de futbol Mark Geiger, a quien la FIFA le impuso una suspensión de medio año por haber beneficiado a México en la Copa Oro 2015, en perjuicio de su rival Panamá. Expulsó muy pronto y rigoristamente a un jugador panameño y, cuando Panamá le ganaba a México, casi al final del partido marcó un injustificado penalti a favor del equipo mexicano para que el partido se empatara y se fuera a tiempos extras, y luego en lo tiempos extras volvió a marcar otro dudoso penalti para que México derrotara injustamente a Panamá. Cuando medio estadio, a coro, le grita al árbitro "¡Culeeeeeeeeeeeeeeeeeeero!" no sólo le está diciendo "miedoso" o "cobarde", sino también "injusto, malintencionado, cabrón e hijo de la chingada". En su novela *Ciudades desiertas*, José Agustín escribe: "ni siquiera le pasó por la cabeza la posibilidad de que Susana reincidiera con ese **culero** y mucho menos que se largara con él". El personaje califica a otro de "culero", pero no quiere decirle únicamente "cobarde", sino también "ventajoso", porque ha obrado en su perjuicio. En cuanto al mexicanismo "esquite", el DRAE se lo despacha con el sinónimo "roseta (grano de maíz)". ¡Falso! La "roseta" (conocida en México como "palomita") es el "grano de maíz que al tostarse se abre en forma de flor" (DRAE). Pero el "esquite" no es esto. Se usa en plural, "esquites", y es un guiso o botana que se prepara con granos de maíz hervidos o fritos con epazote y sazonados con ajo, cebolla, chile, mantequilla, mayonesa, jugo de limón, etcétera. ¡Nada que ver con el *popcorn*, voz inglesa que se traduce al español como "rosetas" y, especialmente en México, "palomitas de maíz"! El siguiente mexicanismo para ejemplificar la idiotez del DRAE es "fodonguería"; según los académicos madrileños y sus hermanastros americanos, se trata de un sustantivo femenino coloquial que significa "machaconería". ¿Y qué es "machaconería"? Vamos a la entrada correspondiente del DRAE y leemos que es un sustantivo femenino coloquial que significa "pesadez, importunidad". ¡Falso también! En México, el adjetivo "fodongo" (con su femenino "fodonga") significa, como bien lo informa Guido Gómez de Silva y como todos los mexicanos lo sabemos: "sucio, desaseado, perezoso", porque "pereza", "descuido", "desaseo" y "desarreglo" en la persona (que se extienden a los lugares que habita) suelen ir de la mano. Ejemplo: *Rubén es un* ***fodongo****: nunca sale de su cuarto, y cuando lo hace anda en pijama.* De ahí el sustantivo "fodonguería" al que se refiere el DRAE, pero que en realidad también inventa, porque a decir verdad en México se emplea el sustantivo "fodonguez": característica de fodongo o de fodonga. Ejemplo: *La* ***fodonguez*** *en su máxima expresión.* Como podemos observar, lo que hace el DRAE es tratar de "traducir" los mexicanismos y demás americanismos para que los entiendan los españoles en términos castellanos. Por ello en su entrada "fodonguería" envía a los lectores a su entrada "machaconería", ¡que nada absolutamente tiene que ver con "fodonguez"! ¿Y los académicos mexicanos y de otros países americanos? Ahí están sus nombres, en las páginas preliminares del DRAE, avalando el engendro. Porque no vamos a ser tan ingenuos como para creer que únicamente los mexicanismos están mal comprendidos y definidos. Esto debe pasar también con los argentinismos, los colombianismos, los hondureñismos, los peruanismos, etcétera. Según el mamotreto, en Honduras, México, Nicaragua, República Dominicana y Venezuela, el sustantivo masculino "fundillo" (de *fondillo*) significa "trasero, nalgas". Sí, desde luego, pero en México al menos también significa "ano", "ojo del culo". Hace ya muchos años, Raúl Prieto escribió, a propósito de esto: "A diferencia de Pita Amor, desconoce Marujita, la planchadora de la Madre Academia, el mexicanismo *fundillo* (ano). Al suyo se refirió tiempo ha la poetisa cuando, en el teatro de Bellas Artes y a media función de ópera, dibujando en el rostro angelical la mejor de sus sonrisas se volvió al vecino de atrás, que había intentado ponerse cómodo, y le espetó la siguiente delicadeza: 'Óigame, don cabrón, ¿no podría dejar de estarme picando con la punta de su cochino zapato el **fundillo**?'". Fin de la anécdota y principio de la lección: En México le decimos "fundillo" al trasero (que se compone de las dos nalgas), pero también, y más específicamente, al "ano", al "ojete", al quevediano "ojo del culo". Ejemplo de una canción del grupo Molotov: *Mama, con el dedo en el gatillo/ le metí seis balas al cabrón por el* ***fundillo***. En sus *Estudios de lingüística*, Margit Frenk Alatorre recoge el giro muy mexicano: *Ser (o estar) feo con F de* fundillo. De alguien que escribe mal o con mucho desaseo se dice que *Escribe con el* ***fundillo***. ¿Y qué decir del pareado popular de revancha política: *A José López Portillo/ le apesta el* ***fundillo***? ¿O bien del conocido refrán: *Cuando la partera es mala le echa la culpa al* ***fundillo***? Sin embargo, entre todos los mexicanismos idiotas del DRAE no puede haber uno más tonto y anacrónico que el sustantivo masculino "macuache". Según los académicos madrileños y sus hermanastros de la Asociación de Academias de la Lengua Española, este terminajo se aplica al "indio mexicano que no ha recibido instrucción alguna". ¿De veras? En realidad, es término en desuso que se fusilaron del *Diccionario general de americanismos* de Francisco J. Santamaría: "**Macuache** o **macuachi** (voz azteca), en algunas partes **macuche**: mal hecho, de pobre apariencia; indio miserable, sin elementos de vida ni instrucción alguna". Pero esto debió ser hace cientos de años; sólo que en Madrid todavía no se enteran de que ya no existe la Nueva España. Por ello, Raúl Prieto preguntó con sorna hace décadas: "¿Qué indio mexicano es el *macuache*? ¿Algún miembro de la Academia Mexicana de la Lengua? Bien, pero será, para no exagerar, de hace unos cien años". Creen en Madrid, y los académicos mexicanos no lo rebaten, que aquí seguimos, como los presuntos macuaches, al servicio del gran ojete Don Hernando de Cortés. ¿Y qué dice el DRAE del mexicanismo "ojete"? Sólo dos palabras: "Persona tonta". Lo mismo creía Guido Gómez de Silva, quien en su *Diccionario breve de mexicanismos* (el menos útil de todos sus diccionarios) añade los sinónimos "despreciable" e "infame" y precisa que es voz malsonante. Gómez de Silva acierta en la segunda acepción, pero, al igual que el DRAE, se equivoca en la primera. Nunca "ojete" se ha aplicado en México a la persona tonta. "Ojete", en castellano, significa coloquialmente "ano". Pero en México, además de este significado, perfectamente conocido y utilizado, se aplica a la persona "malintencionada, infame, despreciable, ventajosa, mezquina, ruin, egoísta, vil, agresiva" y, para decirlo pronto, "hija de la chingada". No puede descartarse que un "ojete" sea una persona tonta, pero no es por esto que es "ojete", sino por sus acciones dañinas, por el perjuicio que ocasiona a otras, tontas o no, que han tenido la desgracia de padecer los agravios de un "ojete". En la escala de vileza y entre todas las voces malsonantes empleadas en México, el mexicanismo "ojete" ocupa un nivel superior al del "cabrón". Un "cabrón" es un rufián, un hampón, un sinvergüenza, pero un "ojete" es más que esto, pues ya lo dice el refrán: "Para un cabrón, un **ojete**". Un español, haciéndose el gracioso, puede preguntar en internet, "¿qué soléis hacer si os pica el ojete?". En México entendemos a lo que se refiere (a la comezón en el ano), pero muy probablemente los españoles no entiendan del todo la siguiente frase: *Ni te acerques a ese cabrón, ¡es un pinche* ***ojete****!* En la novela *El apando*, de José Revueltas, Polonio golpea a "El Carajo" (otro personaje): le da un puntapié y un puñetazo en el estómago y lo hace rodar. La víctima se queja así: "*Pinche* ***ojete****, si lo único que yo quería era ver cuando llegue mi mamá*". En uno de sus cuentos ("Amor del bueno"), José Agustín hace hablar del siguiente modo a su personaje: "El vate Arnulfo siempre se la pasa hablando de su amigo el influyente de Gobernación. Una vez lo conocimos y resultó un viejito borrachín y achichincle del secretario del secretario del que le lame los güevos al **ojete** preferido para traer las tortas del ayudante adjunto al gato mayor de un mediocuate del ministro de Gobernación". Pues bien, los académicos de Madrid no tienen ni la más remota idea del significado exacto del mexicanismo "ojete". Menos sabrán que existe también el "pendejete", engendro nacido del cruce y la cruza entre un "pendejo" y un "ojete": doblemente peligroso, porque navega con bandera de pendejo (y puede que lo sea), pero en realidad es un perfecto ojete; a diferencia del "cabroncete": un cabrón de poca monta, cuya capacidad para hacer daño está hasta cierto punto limitada por su escaso poder. Grandes **ojetes**, en cambio, son los políticos y los poderosos en general, pues la dimensión del vituperio es directamente proporcional al daño que ocasionan. Quizá los académicos españoles suponen que un "ojete" es un "tonto", porque ellos son capaces de decir de alguien que "está tonto del culo", o sea del ojete. Pero se equivocan. En México, los "ojetes" pueden ser tontos pero sólo cuando pierden la cabeza. En general, son muy astutos y varios de ellos han alcanzado el pináculo del poder.

☞ Google: 1 710 000 resultados de "culero"; 900 000 de "esquites"; 244 000 de "fodonguez"; 185 000 de "fundillo"; 141 000 de "un ojete"; 52 700 de "macuache".

118. ¿cunnilingus *a una mujer?, ¿felación a un hombre?*

En una página de internet leemos un artículo bajo el siguiente título: "Cunnilingus femenino o de cómo hacer un buen sexo oral a las mujeres", y en él se asegura que "practicar un cunnilingus a una mujer es todo un arte". Cualquier lector de tal engendro idiomático tendría que suponer que si hay "*cunnilingus* femenino", debe haber también "*cunnilingus* masculino" y que si se precisa acerca de la práctica de "un *cunnilingus* a una mujer" es porque, seguramente, se puede practicar "un *cunnilingus* a un hombre". Por supuesto, se trata de disparates redundantes. "*Cunnilingus*" (debe ir en *cursivas* porque no se trata de español sino de latín) es un sustantivo masculino que, literalmente, se traduce como "que lame la vulva", y el DRAE lo define como la "práctica sexual consistente en aplicar la boca a la vulva"; definición harto inexacta, pues no basta con aplicarla ("poner algo sobre otra cosa o en contacto de otra cosa"), sino que hay que utilizarla con imaginación y apetito. Leemos, también, en una información de *Yahoo Noticias* que "Charlie Sheen está siendo amenazado con tres videos cortos, de medio minuto cada uno, en los que aparece en una actitud bastante deplorable. En dichos videos, Charlie Sheen aparece completamente drogado y haciéndole una **felación a un hombre**". Lo sorprendente sería que estuviera haciéndole una felación a una mujer, pues según María Moliner, en su *Diccionario de uso del español*, y según la RAE en su mamotreto, el sustantivo femenino "felación" (del latín moderno *fellatio*, derivado de *fellāre*, mamar) únicamente tiene un significado: "práctica sexual que consiste en estimular el pene con la boca" Es hacer una "mamada", pero exclusivamente al pene y no a los genitales femeninos, pues en este caso la "mamada" se denomina *cunnilingus*: "práctica sexual que consiste en poner en contacto la boca con los órganos genitales de la mujer" (Moliner). Dicho sin rodeos: la "felación" consiste en mamar el pene, y el *cunnilingus* en chupar y lamer el coño. "*Cunnilingus*" y "felación" son términos específicos; jamás intercambiables. Por ello son formas redundantes decir y escribir que "practicar un **cunnilingus a una mujer** es todo un arte" o que sorprendieron a un individuo drogado "haciéndole una **felación a un hombre**". ¿A quién si no a una mujer se le practica el *cunnilingus*? ¿A quién si no a un hombre se le practica la felación? *Cunnilingus*, como ya advertimos, es pasar la lengua (*lingus*) en el conejo o en la madriguera del conejo (*cunni*), pues justamente de madriguera y de conejo deriva la palabra "coño", y "*cunnilingus*" (*cunni+lingus*) no significa otra cosa que lengüetear el coño. Quizá la redactora de la página de internet ignora que no hay "*cunnilingus*" que no sea femenino (ya sea que lo practique un hombre con una mujer o una mujer con otra) o tal vez sintió la necesidad de precisar que el *cunnilingus* se practica a una mujer, pensando en los casos de bestialismo o zoofilia de quienes serían capaces de practicárselo a una vaca o a una yegua. En el caso de la redactora de la nota de Yahoo tal vez ella ignore que la "felación" sólo se puede practicar a un hombre y llegue a suponer que se puede hacer también a una mujer o, quizá, sabe mucho más de lo que imaginamos y haya preferido precisar la expresión "felación a un hombre" porque sospecha que hay gente capaz (Charlie Sheen, entre ellas) de hacerle la felación a un burro, a un caballo y hasta a un rinoceronte. Por lo demás, si la mamada se hace no en el coño, sino en el ano (*lambitus ani*), éste no se llama "*cunnilingus*", sino *anilinctio* o *anilingus* (del latín *anus*: "orificio en que remata el conducto digestivo y por el cual se expele el excremento", más *lingere*: "lamer"), vulgarmente conocido como el "beso negro".

Pero, más allá de zoofilias y bestialismos, son redundantes las expresiones "**felación a un hombre**" y "***cunnilingus* a una mujer**". Basta con decir "felación"; basta con decir "*cunnilingus*". Pero las publicaciones impresas e internet están llenas de estas disparatadas expresiones. En un foro de internet se ofrece la "Guía de iniciación al sexo oral" y se afirma que

☟ "hacer una **felación a un hombre** es uno de los más puros placeres en la vida".

Rebeca, la redactora, quiso simplemente escribir que

☝ hacer una **felación** es uno de los más puros placeres en la vida.

✎ A menos, claro está, que se haya sentido en la obligación de precisar esto para excluir a los practicantes del bestialismo. He aquí más ejemplos de estos dislates redundantes: "cómo hacer una buena **felación a un hombre**", "el arte de hacer una **felación a un hombre**", "le practiqué una **felación a un hombre**", "hice una **felación a un hombre**", "se vio obligada a practicarle una **felación a un hombre**", "cómo hacer una **felación** perfecta a un hombre", "antes quien hacía una **felación** a un hombre era objeto de burlas y desprecio", "polémicas imágenes en las que se veía cómo le realizaba una **felación** a un hombre", "cómo hacer un **cunnilingus a una mujer**", "hacerle un buen **cunnilingus a una mujer**", "practicarle un **cunnilingus a una mujer**", "un hombre realizaba un **cunnilingus a una mujer**", "practicaba **cunnilingus a una mujer**". Desde luego hay tonterías peores: son las que se refieren a "hacerle una buena **felación** a una mujer". He aquí algunos ejemplos: "cómo hacerle una buena **felación a una mujer**", "hacerle una **felación a una mujer** como Venus", "dar una buena **felación a una mujer**". Estos serían capaces de decir que se puede hacer un **cunnilingus a un hombre**.

☞ Google: 18 800 resultados de "felación a un hombre"; 10 600 de "cunnilingus a una mujer". ☒

☞ En Google: 48 800 000 resultados de "*cunnilingus*"; 1 770 000 de "felación". ☑

119. *¿currícula?*

Los presuntamente cultos pero afectados y pedantes suelen decir "los currícula" para referirse al plural de "currículum". Es un disparate. El término *curricula* es plural de *curriculum* siempre y cuando se esté hablando y escribiendo en latín y no en español. En español se dice y se escribe "currículum" y "currículo", para el singular, y "currículums" y "currículos", para el plural. Ejemplos: *Todos entregaron sus **currículums**; Sin excepción, todos cumplieron con la entrega de sus **currículos**.* Así que nada de "los currícula", aunque quienes afirmen que es lo correcto sean doctores en lingüística o cosa parecida.

"Los currícula" es, indiscutiblemente, un disparate culto y académico. Abunda en el ámbito profesional, lo mismo en publicaciones impresas que en internet. En una revista española un especialista en didáctica publica su ensayo:

☟ "La influencia del Marco en **los currícula** y en la docencia de las Escuelas Oficiales de Idiomas".

¡Apasionante tema! Pero quiso escribir:

☝ en **los currículos** y en la docencia, etcétera.

✎ Otro investigador español firma el ensayo: "La investigación educativa en **los currícula** de la enseñanza universitaria", y uno más nos seduce con su apasionante prosa al exponer el tema: "Medios de información en **los currícula** de Ciencias Sociales". En un libro se asegura que: "**los currícula** deberían abrir espacios para recibir capacitación para el trabajo", y en otro se dice que: "los colectivos depauperados repolitizan **los currícula**". Deben ser textos muy apasionantes, al igual que los siguientes: "El impacto de la globalización en **los currícula** de estudios médicos", "Etapas de desarrollo en el estudio de **los currícula**", "El concepto de paisaje en **los currícula** de educación infantil", "La publicidad en **los currícula** de las aulas escolares", "La transversalidad de los derechos humanos en **los currícula** de las Facultades de Derecho de las Universidades Estatales de la sub-región centroamericana y su impacto en las relaciones intergenéricas". Más allá del desbarre de decir y escribir "los currícula", que a nadie le extrañe que estos textos, ensayos, tesis y artículos académicos sean leídos únicamente (y quién sabe) por sus autores.

☞ Google: 75 900 resultados de "los currícula"; 18 700 de "sus currícula". ☒

120. *¿cute?*

Los afectados del virus anglicista dicen y escriben el término "cute" (del inglés *cute*: "lindo") como si en español no existiera el adjetivo "lindo" que, además, tiene múltiples sinónimos: "agraciado", "agradable", "bonito", "mono", "precioso", "primoroso", "simpático", etcétera. ¿Por qué, si hablamos y escribimos en español, decimos y escribimos "cute" que, por lo demás, en inglés se pronuncia *kiut*? Obviamente por payasos y por acomplejados. Nos parece que el inglés es maravilloso y que el español es "cutre": "sucio o de mala calidad". Por supuesto, ésta es una idiotez. El idioma español es estupendo y maravilloso, de gran eficacia y belleza para expresar lo que deseamos. De ahí que decir y escribir "cute", para referirnos a lo primoroso o lindo, es de mentalidades colonizadas y de personas ignorantes. Lo correcto es decir y escribir, por ejemplo: *Un conejito muy* ***lindo***; no, por supuesto, *Un conejito muy* ***cute***. Y hay que tomar en cuenta que lo que es bonito, lindo o primoroso no es necesariamente bello. La belleza es algo más elevado y sublime. De hecho, lo bonito, primoroso y lindo (eso que en inglés se denomina *cute*) puede ser algo bastante cursi o por lo menos pueril en el peor sentido. En español, según lo consigna el DRAE, existe el término "cute" únicamente como un sustantivo regional que se usa en Honduras y El Salvador y que significa o bien "zopilote" o bien "billete de un lempira". ¡Sigan diciéndole "cute" a su bebé: en español, "zopilote"!

El falso adjetivo "cute" en español es una idiotez que se va extendiendo como la humedad. Abunda en internet y su ámbito es el español inculto, hablado y escrito por personas cuya máxima aspiración es parecerse a los gringos, aquí y en España. Al pie de una fotografía en internet leemos esto:

♀ "¡Ay, qué **cute** se ve el nene!"

Lo que se quiere decir y escribir es que
👍 el nene se ve **lindo** o muy **bonito** o **gracioso** o **primoroso.**

✎ A todos los que dicen y escriben "cute" como falso adjetivo en español habría que crearles un territorio aparte para que compartan sus afectaciones y cursilerías entre ellos, a ver cuánto tiempo se soportan. He aquí más ejemplos de esta tontería: "ay, qué **cute** Michael Bublé", "ay, qué **cute**, me encantó", "ay, qué **cute** la ardillita", "ay, qué **cute** mi novio", "ay, qué **cute**, me encantan tus fotos", "qué **cutes** se ven sus disfraces", "qué **cute** estas chicas haciendo cosplay", "qué **cute** y adorable Emma Stone", "¡Anne Hathaway embarazada ya tiene pancita! ¡Qué **cute**!", "qué **cute** eres", "qué **cute** estas nenas", "bebé muy **cute** bailando", "empezar una aventura muy **cute**", "un video musical muy **cute**", "anunció la feliz noticia con una foto muy **cute**", "tips para tomarte fotos muy **cute**", "el niño está muy **cute**", "la foto más **cute** de Kim Kardashian y familia", "la foto más **cute** de Zayn Malik", "la foto súper **cute** de la China Suárez cuando era bebé", "la foto más **cute** de los piecitos de tu baby" y mil cursilerías más.

☞ Google: 652 000 resultados de "muy cute"; 523 000 de "¡qué cute!"; 133 000 de "chica cute"; 62 100 de "ay qué cute"; 23 100 de "foto más cute"; 14 900 de "momentos cute"; 14 500 de "chico cute"; 10 200 de "qué cutes"; 4 990 de "muy cutes". ☒

D

121. ***¿de Catedral?, ¿de Palacio Nacional?, ¿en Catedral?, ¿en Palacio Nacional?***
¿Por qué demonios se omite el artículo determinado en expresiones que lo exigen? Porque algunos creen que es de mayor caché eliminarlo. Son los casos de "en Catedral" y "en Palacio Nacional", cuando lo lógico y lo correcto es decir y escribir "en la catedral" y "en el palacio nacional". Igualmente se omite en expresiones como "del palacio nacional" y "de la catedral", para formar aberraciones gramaticales y lingüísticas como "de Palacio Nacional" y "de Catedral". ¿Tan tontos nos estamos volviendo? En el futbol es habitual que los merolicos que narran y comentan para la radio y la televisión, pero también los que escriben para las secciones deportivas de los diarios y las revistas, se refieran a jugar o desbordar "por banda derecha" y rebasar o internarse "por banda izquierda". Argumentarán que en el terreno de juego sólo hay una banda derecha y una banda izquierda, pero también únicamente hay un centro, y no dicen (así sean los más zopencos) que "filtró el balón por centro", sino que "filtró el balón por el centro". Hay más: los futbolistas "disparan con pie izquierdo" o "tiran con pierna derecha". Otra vez el artículo determinado se va al carajo. Sin embargo, no dicen ni escriben que le pegan al balón **con cabeza**, sino **con la cabeza**. No hay ninguna razón para eliminar el artículo determinado. Debemos decir y escribir "de la catedral", "del palacio nacional", "en la catedral" y "en el palacio nacional", sin las mayúsculas innecesarias en los sustantivos comunes (catedral, palacio) y en los adjetivos.

Se trata de un vicio culto del idioma muy extendido entre periodistas, escritores y, en general, profesionales de la escritura. Abunda en publicaciones impresas y en internet. En el diario mexicano *El Debate*, de Sinaloa, leemos el siguiente encabezado:

👎 "Lo asesinan a espaldas **de Catedral** en Culiacán".

¿Y por qué no poner, en correcto español?:

👍 lo asesinan a espaldas **de la catedral** en Culiacán.

✎ En otro diario mexicano, *La Crónica*, leemos que "Sí rendirán homenaje a Juanga **en Palacio de Bellas Artes**", que es como decir y escribir que "Alonso Escoboza se escapó **por banda izquierda** y envió un centro preciso" (*El Siglo de Torreón*). La tacañería en el uso del artículo determinado nos ha vuelto cada vez más tontos. Otros ejemplos: "esperaban en la entrada **de Catedral**", "voces **de Catedral**", "el interior **de Catedral** ha variado muy poco", "fiestas de agosto

en Catedral", "evento **en Catedral**", "dejan cuerpos desmembrados **en Palacio de Gobierno**", "manifestantes provocan destrozos **en Palacio**", "sobre los antiguos patios **de Palacio** se construyó un anexo", "los frescos **de Palacio Nacional**", "manifestación fuera **de Palacio Nacional**", "Museo de Sitio Virtual **de Palacio Nacional**", "Recibe Peña Nieto al presidente de Paraguay **en Palacio Nacional**", "niño prodigio tocará **en Palacio Nacional**", "juega **por banda derecha**", "Omar Bravo aparece **por banda derecha**", "Iniesta continuará como punta **por banda izquierda**", "desborda **por banda izquierda**".

☞ Google: 1 250 000 resultados de "de Catedral"; 530 000 de "en Palacio"; 429 000 de "en Palacio Nacional"; 413 000 de "en Catedral"; 276 000 de "de Palacio Nacional"; 97 900 de "en Palacio de Bellas Artes"; 67 700 de "por banda derecha"; 61 900 de "en Palacio de Bellas Artes"; 57 600 de "por banda izquierda". ☒

122. *¿de sobremanera?, ¿en sobremanera?*

"Sobremanera" (también admitido por el DRAE en dos palabras: "sobre manera") es adverbio que significa "en extremo" o "muchísimo". Ejemplo: *Su violenta actitud nos sorprendió* ***sobremanera***, es decir en extremo o muchísimo. El dislate no está en escribirlo en dos palabras ("sobre manera"), puesto que la RAE también lo admite, sino en precederlo de las preposiciones "de" y "en" con las siguientes construcciones disparatadas: "de sobremanera" (o "de sobre manera") y "en sobremanera" (o "en sobre manera"). Dichas preposiciones están de más.

Se trata de disparates del ámbito culto o, por lo menos, ilustrado, aunque su uso se ha extendido ampliamente en publicaciones impresas (diarios, libros y revistas) y en internet. En el libro español *Filosofía de la ciencia: una introducción*, de Alfonso Pérez de Laborda, leemos lo siguiente en la página 42:

♀ "todo lo cual era un galimatías bien poco racional, además **de sobremanera** falso en todas sus vertientes".

Quiso escribir el autor que cierto galimatías (lo de "bien poco racional" sale sobrando, pues un galimatías implica confusión de ideas) es, además,

☝ **sobremanera** falso, es decir del todo falso, falsísimo.

✎ Más ejemplos de este disparate culto: "agradezco **de sobremanera**", "recomiendo **de sobremanera**", "el submarino ruso que preocupa **de sobremanera**", "se enojó **de sobremanera**", "elogió de **sobremanera**", "me molesta **de sobre manera**", "conmueve **de sobre manera**", "confundiéndose **en sobremanera**", "se maravillaba **en sobremanera**", "sólo quiero agradecer **en sobre manera**", "interesa **en sobre manera** el tema turístico en León".

☞ Google: 348 000 resultados de "de sobremanera"; 78 700 de "de sobre manera"; 42 700 de "en sobremanera"; 22 000 de "en sobre manera". ☒

123. *¿deambular sin rumbo?, ¿deambular sin rumbo fijo?*

¿Se puede **deambular con rumbo**?, ¿existen quienes **deambulan con rumbo fijo**, sin cometer un disparate? Definitivamente, no. El verbo intransitivo "deambular" (del latín *deambulāre*) significa "andar, caminar sin dirección determinada" (DRAE), o bien "vagar, andar sin objetivo determinado" (DUE). Ejemplo: ***Deambular** por estas calles no está bien visto; genera desconfianza entre los habitantes.* Siendo así, por definición, "deambular sin rumbo" y, más aún, "deambular sin rumbo fijo" son redundancias típicamente españolas que se han extendido a todos los países de nuestra lengua. Es obvio que esta redundancia es el resultado de ignorar la definición del verbo "deambular".

La mayor parte de las personas imita lo que escucha y lo que lee, y no se toma el trabajo de ir al diccionario. Por ello estas redundancias las cometen (y acometen) incluso escritores y no se diga periodistas, lo mismo en publicaciones impresas que en internet. En el libro del español José Luis Guarner sobre el cineasta Roberto Rossellini leemos lo siguiente en la página 49:

☟ "El resto de la película es una amplia exposición del **deambular sin rumbo fijo** de Edmund".

Es por demás obvio que si en la película el personaje "deambula" lo hace sin rumbo fijo, pues "deambular", como ya vimos, es "vagar o caminar sin un objetivo determinado". Por ello, el autor debió referirse, simplemente, al

☝ **deambular** de Edmund, o bien al **caminar sin rumbo** de dicho personaje.

✎ Debe saberse, por ello, que no es lo mismo "deambular sin rumbo" (redundancia) que "caminar sin rumbo" (expresión perfectamente construida), pero, además, "rumbo fijo" configura también otra redundancia (algunos dirán que un pleonasmo, si le encuentran un énfasis literario o estético), pues las dos principales acepciones del sustantivo masculino "rumbo" (del latín *rhombus*, "rombo") son las siguientes: "Dirección considerada o trazada en el plano del horizonte, y principalmente cualquiera de las comprendidas en la rosa náutica" y "camino y senda que alguien se propone seguir en lo que intenta o procura". Ejemplo: *Lo quise disuadir, pero él no cambió su **rumbo**.* (Es innecesario decir y escribir que no cambió su "rumbo fijo".) De ahí la locución verbal "hacer rumbo": "ponerse a navegar con dirección a un punto determinado". Ejemplo: ***Hicieron rumbo** al puerto de Buenaventura.* (Es también innecesario decir y escribir que "hicieron rumbo fijo".) Resulta una doble redundancia decir y escribir "**deambular sin rumbo fijo**". He aquí otros ejemplos de estos disparates cultos: "**deambular sin rumbo**, como si tú no fueras el destino final de cada paso", "un sitio para **deambular sin rumbo** por los laberintos de sus calles", "**deambular sin rumbo** por el desierto", "**deambular sin rumbo** murmurando su nombre", "sin otra finalidad que la de **deambular sin rumbo**", "**deambular sin rumbo fijo** por la inmensa ciudad", "le gustaba **deambular sin rumbo fijo** por los campos silvestres", "tengo ganas de **deambular sin rumbo fijo**", "tras **deambular sin rumbo fijo** durante una hora más", "parecía **deambular sin rumbo fijo**". Las novelas de los españoles están llenas de estos "deambular sin rumbo" y "deambular sin rumbo fijo". Esto es lo malo de "subir para arriba" y "bajar para abajo", "entrar adentro" y "salir afuera". Que Dios los perdone, porque nosotros no.

☞ Google: 19 000 resultados de "deambulando sin rumbo"; 10 500 de "deambulando sin rumbo fijo"; 9 750 de "deambular sin rumbo"; 9 310 de "deambulan sin rumbo"; 5 020 de "deambular sin rumbo fijo"; 4 400 de "deambuló sin rumbo"; 3 010 de "deambulan sin rumbo fijo"; 1 140 de "deambularon sin rumbo"; 1 030 de "deambuló sin rumbo fijo". ☒

124. *¿debajo mío?, ¿debajo suyo?, ¿delante mío?, ¿delante suyo?, ¿detrás mío?, ¿detrás suyo?, ¿encima mío?, ¿encima suyo?*

Las expresiones "debajo mío", "debajo suyo", "delante mío", "delante suyo", "detrás mío", "detrás suyo", "encima mío", "encima suyo" y otras variantes de la misma naturaleza son formas disparatadas de hablar y escribir. La razón es muy simple: los adjetivos posesivos (*mío, suyo, tuyo*) modifican siempre sustantivos, pero no adverbios (*cerca, debajo, delante, detrás, encima,* etcétera). Bastaría con saberlo para no cometer estos dislates. Sin embargo, incluso los novelistas que ganan premios (muchos de ellos muy prestigiados pero también amañados) no tienen ni la más remota idea de esto. La Real Academia Española explica lo siguiente: "Debe evitarse el uso de adverbios como *cerca, detrás, delante, debajo, dentro, encima, enfrente* con adjetivos posesivos; así pues, no debe decirse *detrás mío, encima suya,* etc., sino *detrás de mí, encima de él,* etc. El origen de este error está en equiparar el complemento preposicional introducido por la preposición *de* (*detrás de María*) con los complementos de posesión, de estructura formalmente idéntica (*la casa de María*). Sin embargo, se trata de construcciones diferentes: en la primera (*detrás de María*), el núcleo del que depende el complemento preposicional es un adverbio (*detrás*), mientras que en la segunda (*la casa de María*) es un sustantivo (*casa*). Puesto que los adjetivos posesivos son modificadores del sustantivo, sólo si el complemento encabezado por *de* depende de un sustantivo puede sustituirse sin problemas por un posesivo: *la casa de María = su casa* o *la casa suya.* Sin embargo, los adverbios no son susceptibles de ser modificados por un posesivo, de forma que no admiten la transformación descrita: *detrás de María* no equivale a *su detrás,* por lo que no es admisible decir *detrás suya* ni *detrás suyo.* En consecuencia, para discernir si es o no correcta una expresión con posesivo, debemos fijarnos en la categoría de la palabra núcleo: si es un sustantivo, será correcta (puede decirse *al lado mío,* pues *lado* es un sustantivo); pero no será correcta si se trata de un adverbio (no puede decirse *cerca mío,* pues *cerca* es un adverbio)". Pero también existe una excepción: el adverbio "alrededor". Ésta es la explicación que ofrece la fundación BBVA en su buscador urgente de dudas: "El adverbio *alrededor* puede usarse seguido de los posesivos *mío, tuyo, suyo, nuestro* y *vuestro*. Debido a su similitud con las formas "detrás mío" o "delante mío", que tradicionalmente se han considerado incorrectas en la norma culta del español, está muy extendida la creencia de que "alrededor mío" es también impropio, pero no se trata del mismo caso. Con "detrás" y "delante" es aconsejable no usar los posesivos. Y aunque "alrededor" es también un adverbio, está formado por la contracción de la preposición "a" y el artículo "el" seguidos de un sustantivo, "rededor" ("contorno"). Su uso es, por tanto, adecuado, de modo que son igualmente correctas las formas *alrededor de mí* y *alrededor mío, alrededor de ti* y *alrededor tuyo, alrededor de ella, alrededor de él, alrededor de ellas, alrededor de ellos* y *alrededor suyo...*". Por supuesto, mucho mejor, en estilo, es decir y escribir "a su alrededor" que "alrededor suyo". Así escribe Carlos Fuentes: "Mira mi padre **alrededor suyo**". Mucho mejor sería "Mi padre mira **a su alrededor**".

Resulta obvio que de las expresiones correctas "al lado mío", "al lado tuyo" y "al lado suyo" se desprendieron las barbaridades "delante mío", "delante tuyo", "delante suyo", "detrás mío", "detrás tuyo" y "detrás suyo", de amplio uso, pero también "cerca mío", "cerca tuyo", "debajo mío", "debajo suyo", "dentro mío", "dentro tuyo", "dentro suyo", "encima mío", "encima suyo" y "enfrente mío", menos utilizadas, pero igualmente disparatadas. El uso coloquial se ha extendido a la lengua escrita incluso en personas que han ido a la universidad, pero que merecerían estar en la escuela primaria. En el libro uruguayo *Viaje a Bolivia* (Ediciones Trilce), de Mariana Berta, leemos lo siguiente:

"Al abrir la puerta, me pareció que todos los pájaros cantando y trinando estaban **delante mío**. [...] Volví al cuarto tibio y acá estoy, ahora, escribiendo. Al lado mío duermen todavía y **delante mío** el cielo se llena de colores que cambian constantemente".

Al parecer, cada vez es más frecuente la inexistencia de editores en las editoriales. Cada vez es más difícil, en el ámbito editorial, hallar a alguien que sepa del idioma y que auxilie a quienes suponen que escribir para el público es cosa nada más de trasladar el habla a la página. El editor debió ayudar a la autora uruguaya a decir, correctamente, lo siguiente:

Al abrir la puerta, me pareció que todos los pájaros cantando y trinando estaban **delante de mí**. [...] Volví al cuarto tibio y acá estoy, ahora, escribiendo. Al lado mío duermen todavía y **delante de mí** el cielo se llena de colores que cambian constantemente.

He aquí más ejemplos de ésta y otras barbaridades parecidas, todas ellas tomadas de diarios, libros y revistas, firmadas incluso por escritores que deberían regresar al taller de redacción: "De la Rosa asegura que Pujol abrió las puertas **delante mío**", "el Guapo tocándola **delante mío**", "no camines **delante mío**", "los mataron **delante mío** y no pude hacer nada por ellos", "vi la camioneta volcada **delante mío**", "el hombre lo colocaba en una fuente, **delante suyo**", "dos monos comenzaron a tener relaciones **delante suyo**", "chocaron **delante suyo** y se salvó de milagro", "la policía corría **detrás mío**", "**detrás mío** el monumento a Morelos", "**detrás mío** se encuentra el hotel", "suena la música **detrás mío**", "el equipo está por **encima mío**", "veo la cara del perro **encima mío**", "necesito tu cuerpo **encima mío**", "excavadora derriba un edificio **encima suyo**", "me encontré **encima suyo**", "me meo **encima suyo**", etcétera. Como dijo el viejito, con buena lógica y buen uso del sarcasmo: "**detrás mío, sólo mi trasero**". Es lo cierto.

☞ Google: 319 000 resultados de "detrás mío"; 294 000 de "delante mío"; 270 000 de "encima mío"; 195 000 de "detrás suyo"; 155 000 de "delante suyo"; 86 500 de "encima suyo"; 24 800 de "debajo suyo"; 19 000 de "debajo mío". ☒

☞ Google: 18 500 000 resultados de "detrás de mí"; 11 600 000 de "encima de mí"; 1 070 000 de "a su alrededor"; 1 040 000 de "delante de mí"; 1 030 000 de "encima de él"; 914 000 de "debajo de mí"; 857 000 de "detrás de él"; 710 000 de "debajo de él"; 690 000 de "delante de él"; 674 000 de "debajo de ti"; 615 000 de "delante de ti"; 510 000 de "encima de ti"; 443 000 de "detrás de ti"; 261 000 de "alrededor tuyo"; 138 000 de "alrededor suyo"; 104 000 de "alrededor mío". ☑

125. *¿degolla?, ¿desolla?, ¿resolla?*

Un conductor estelar de un programa radiofónico de noticias, que todo lo editorializa, afirmó: "es gente que degolla, es gente que desolla y a la que ni siquiera debería llamársele gente". Y seguramente también es gente que, en lo que uno "resolla" (otro barbarismo), te mete en la olla. Pero, definitivamente, este periodista debería regresar a la escuela primaria, pues no existen esas conjugaciones en los verbos "degollar" y "desollar". Lo correcto es "degüella" y "desuella", lo mismo que "resuella", pues el verbo transitivo "degollar" (del latín *decollāre*: "cortar la garganta o el cuello a una persona o animal") se conjuga como "contar", y así como nadie dice, en español, "yo **co**nto", "tú **co**ntas", "él **co**nta", asimismo nadie debe decir ni escribir "yo deg**o**llo", "tú deg**o**llas", "él deg**o**lla", sino *yo degüello, tú degüellas, él degüella*, similar en la conjugación de *yo cuento, tú cuentas, él cuenta*. Ejemplo: ***Degüella** a su víctima a sangre fría*. Muy parecido es el caso del verbo transitivo "desollar": "quitar la piel del cuerpo o de alguno de sus miembros" (DRAE). Se conjuga también con el modelo de "contar": *yo desuello, tú desuellas, él desuella*. Ejemplo: ***Desuella** a su víctima y luego la **degüella***. El verbo intransitivo "resollar": "dicho de una persona o de un animal: absorber y expeler el aire por sus órganos respiratorios" (DRAE), tiene el mismo modelo de conjugación que los anteriores; de ahí que lo correcto sea decir y escribir *yo resuello, tú resuellas, él resuella*, y no "yo res**o**llo", "tú res**o**llas", "él res**o**lla", que son barbarismos de la misma familia de "degolla" y "desolla".

Se trata de disparates incultos de la lengua, pero aparecen con frecuencia incluso en los ámbitos cultos, o al menos informados, lo mismo en el habla que en la escritura e indistintamente en las publicaciones impresas y en internet. Los periodistas los suelen utilizar con bastante naturalidad, lo cual revela que no acostumbran consultar el diccionario. En el diario español *Público* leemos el siguiente titular:

☟ "Un hombre **degolla** a 14 miembros de su familia en la India".

Quiso informar el diario español que

☝ en la India, un hombre **degüella** a 14 miembros de su familia.

✎ He aquí más ejemplos de este disparate y de otros que se forman con los verbos "desollar" y "resollar", todos ellos tomados del periodismo impreso y digital: "niña de 14 años **degolla** a la novia de su hermano", "ISIS **degolla** a un cura en el altar de la iglesia de Saint-Etienne-du-Rouvray", "madre **degolla** a su hija en Pakistán", "hombre **degolla** a su ex pareja en Santiago", "**degollan** a cura en toma de rehenes en iglesia en Francia", "**degollan** a un hombre en Chilapa de Álvarez", "**degollan** a mujer embarazada por casarse por amor", "**resollan** como ancianos enfermos", "**resollan** por la herida", "no le hace que salgan chatos con tal que **resollen** bien", "censuran video en redes de hombre que **desolla** a jaguar", "camión urbano le **desolla** un pie", "maestro **desolla** a conejo en clase", "talibanes sacan ojos a su víctima y lo **desollan** vivo".

☞ Google: 91 400 resultados de "degolla"; 57 700 de "degollan"; 27 100 de "resolla"; 16 500 de "desolla"; 15 100 de "desolle"; 9 070 de "desollan"; 7 280 de "degolle"; 4 700 de "degollen"; 3 810 de "resolle"; 1 500 de "desollen"; 1 160 de "resollen". ☒

126. *delen* no es lo mismo que *denle*

Barbarismo de internautas, "delen" carece de todo significado en español. Lo correcto es "denle": tercera persona del plural del presente de subjuntivo del verbo "dar": "den" (*que ellos le den*), con pronombre enclítico ("denle"). Su plural es "denles" (*que les den a ellos*). También se usa como imperativo del mismo verbo: den (ustedes). De tal forma, "delen" es un barbarismo que nada tiene que ver con el verbo transitivo "dar": "donar, entregar, ofrecer, conferir, etcétera". La ignorancia y el analfabetismo de una enormidad de internautas han dado difusión a este barbarismo que ya ha comenzado a saturar no nada más la red sino también las publicaciones impresas y, por supuesto, toda la escritura cotidiana.

Como es obvio, se trata de un barbarismo inculto, pero es que la incultura abunda en internet. Un rapero tiene una pieza que lleva por título:

☟ "***Delen** pa' tras*".

Quiso decir en realidad:

☝ **denle** pa' atrás.

✎ Las páginas de internet rebosan de este barbarismo. He aquí unos ejemplos: "**delen** like y suscribanse", "**delen** like pa ganar", "**delen** like a Jonathan", "**delen** like a mi pagina de anime porfa", "si les gusta **delen** like", "**delen** muchos likes por favor", "**delen** muchos likes y siganla", "suscribanse y **delen** manita arriba", "ola mundo **delen** manita arriba", "suscribanse a este canal y **delen** manita arriba", "por favor **delen** el premio", "acaben y **delen** el premio", "muchachos **delen** duro", "si pueden **delen** duro", "por su mal comentario **delen** verga", "**delen** verga al que ande delinquiendo", etcétera.

☞ Google: 430 000 resultados de "delen like"; 29 000 de "delen manita arriba"; 7 330 de "delen muchos likes"; 5 670 de "delen el premio"; 5 020 de "delen duro"; 1 870 de "delen verga"; 1 380 de "delen amor". ☒

127. *¿demasiada abundancia?*

Esta lindeza, "demasiada abundancia", es una barbaridad de la Real Academia Española. Con ella los académicos de Madrid definen, o tratan de definir, el sustantivo femenino "redundancia". Y, para ser fieles a su naturaleza, lo hacen redundantemente. Según el DRAE, "redundancia" (del latín *redundatia*) es "sobra o demasiada abundancia de cualquier cosa o en cualquier línea", o bien "repetición o uso excesivo de una palabra o concepto". ¿Se puede decir y escribir "demasiada abundancia" sin caer en un vicio redundante y, justamente, para definir la "redundancia"? Analicémoslo. El adjetivo indefinido "demasiado" tiene la siguiente acepción principal: "En número, cantidad o intensidad excesivos" (DRAE). Ejemplo: *Los **demasiados** libros.* (Excelente título de un excelente libro de Gabriel Zaid, a quien nunca le pasó por la cabeza intitularlo *Los **demasiados abundantes** libros.*) Por otra parte, "abundancia" es un sustantivo femenino cuya acepción principal es "gran cantidad". Ejemplo: ***Abundancia** de peces.* De ahí el adjetivo "abundante": "copioso, en gran cantidad". María Moliner define la "redundancia", de manera general, como el "exceso o sobra de cualquier cosa", y de manera específica (tratándose del idioma) como el "empleo de palabras innecesarias por estar ya expresado sin ellas lo que ellas dicen" (DUE). Siendo así, es un disparate de la Real Academia Española definir la "redundancia" redundantemente con la absurda fórmula "demasiada abundancia", pues el sustantivo femenino "demasía" ya implica abundancia o exceso, y la "abundancia" ya contiene en sí misma el sentido de "copioso" (del latín *copiōsus*), adjetivo que el DRAE define del siguiente modo: "Abundante, numeroso, cuantioso". Incluso "muy abundante" es también redundancia, pues el adjetivo indefinido "mucho" (del latín *multus*), con su forma reducida "muy", significa "numeroso, abundante o intenso" o bien "que excede a lo ordinario, regular o preciso" (DRAE). Hablar y escribir de "mucha abundancia" y "demasiada abundancia" o de "muy abundante" o "demasiado abundante" es casi como decir "excesiva abundancia", siendo el adjetivo "excesivo" aquello "que excede y sale de regla" (DRAE). En todo caso, lo correcto sería decir y escribir "superabundancia" (abundancia muy grande) y "superabundante" (que superabunda), en concordancia con el verbo intransitivo "superabundar" (abundar con extremo), y puesto que existen este verbo, ese sustantivo, aquel adjetivo, y, además, el adverbio "superabundantemente" (con superabundancia), es absurdo decir y escribir "demasiada abundancia" donde "demasiado" y "abundante" son prácticamente sinónimos.

Como podemos ver, la misma RAE es redundante en su definición de "redundancia". Decir y escribir "demasiada abundancia" es redundante, aunque lo avale y lo legitime doña RAE. Estamos ante una academia que en lugar de orientar a los hablantes y escribientes del español, los desorienta y los pierde. Si los académicos de Madrid dicen y escriben en su diccionario esta torpeza, no debe extrañarnos que otras muchas personas los imiten, lo mismo en el habla que en la escritura, tanto en publicaciones impresas como en internet. En un artículo sobre economía y consumo leemos que

☹ "**demasiada abundancia** puede producir parálisis, saturar al consumidor y hacer que opte por no consumir nada".

Tan fácil y correcto que es decir que

☺ **la abundancia** (o **el exceso**) puede producir parálisis, etcétera.

✎ Hay quienes en el colmo de la redundancia se refieren a "demasiada abundancia de abundancia". Estamos perdidos: la redundante españolidad hace **demasiado abundante** la escuela de la **redundante redundancia**. He aquí otros ejemplos de esta excesiva tontería académica: "eyaculación **demasiado abundante**", "menstruación **demasiado abundante**", "cosecha **demasiado abundante**", "flujo **demasiado abundante**", "alimentación **demasiado abundante**", "la **demasiada abundancia** de comida", "**demasiada abundancia** de leche", "**demasiada abundancia** de granos", "**demasiada abundancia** de enzimas u hormonas". En todos estos casos lo correcto es el adjetivo "excesivo". Así habría que decirlo sin rodeos: "eyaculación excesiva", "menstruación excesiva", "cosecha excesiva", "flujo excesivo", "alimentación excesiva", "la excesiva comida", "excesiva leche", "excesivos granos", "excesivas enzimas u hormonas".

☞ Google: 32 400 resultados de "demasiado abundante"; 9 480 de "demasiada abundancia". ☒

128. *¿demasiado exagerado?*

De la misma familia de la "demasiada abundancia" es el "demasiado exagerado". Y también lo legitiman los académicos de Madrid. Una persona que duda (y que hace bien en dudar) recurre al portal de Fundéu BBVA ("fundación promovida por la Agencia EFE, patrocinada por BBVA y asesorada por la RAE, cuyo objetivo es el buen uso del español en los medios de comunicación"), formula la siguiente pregunta: "¿Se puede decir que algo es 'exagerado en demasía'?". Es obvio que lo pregunta porque está insegura al respecto. Y la fundación le responde con mucha españolidad: "Sí, es equivalente de 'demasiado exagerado', por ejemplo". ¿Por ejemplo? Que no bromee la fundación de la agencia EFE. Si, como ya vimos, el adjetivo indefinido "demasiado" significa, según la propia RAE, "en número, cantidad o intensidad excesivos", y si el adjetivo "exagerado" significa "excesivo, que incluye en sí exageración" (DRAE), no hay que andarle con cuentos a los usuarios del español que tienen la legítima duda de estar cometiendo una incorrección al utilizar juntos ambos adjetivos. "Exagerado en demasía" y "demasiado exagerado" son fórmulas redundantes, puesto que ambas comparten el significado de "exceso", esto es de "rebasar los límites de lo normal". ¿Demasiado exagerado? Esto ya es rizar el rizo. Basta con decir y escribir "demasiado", y es más que suficiente con decir y escribir "exagerado".

Esta redundancia, que aparece en los más diversos ámbitos del idioma, es típica de quienes no suelen consultar los diccionarios, incluidos los propios académicos de Madrid (que no releen ni sus propias definiciones) y las asociaciones y fundaciones que los imitan. Está lo mismo en publicaciones impresas que en internet. En el libro *Lenguaje, enfermedad y pensamiento* leemos que

☞ "no es **demasiado exagerado** sostener que constantemente estamos dentro de uno u otro tipo de pensamiento filosófico y epistemológico".

Bastaba con decir que

☞ no es **exagerado** sostener que, etcétera.

✎ He aquí otros ejemplos de esta redundancia tan académica: "esto es **demasiado exagerado**", "me parece **demasiado exagerado** como lo ponéis", "el traje era **demasiado exagerado**", "la actuación era **demasiado exagerada**", "soy **demasiado exagerada**", "fue su renuncia **demasiado exagerada**", "las exigencias **demasiado exageradas**", "requerimientos **demasiado exagerados**".

☞ Google: 87 400 resultados de "demasiado exagerado"; 42 200 de "demasiado exageradas"; 21 500 de "demasiado exagerada"; 21 300 de "demasiado exagerados"; 18 500 de "es demasiado exagerado"; 7 720 de "son demasiado exageradas"; 6 510 de "son demasiado exagerados"; 5 570 de "es demasiado exagerada". ☒

129. *¿demeritar?, ¿desmeritar?*

No parece ilógico utilizar el término "desmeritar" como sinónimo del verbo transitivo "demeritar" (empañar, quitar mérito). A final de cuentas, el prefijo "des-" (de la confluencia de los prefijos latinos *de-* y *ex-*) "denota negación o inversión del significado de la palabra simple a la que va antepuesto" (DRAE), como en los casos de "**des**confiar" y "**des**hacer". Sin embargo, este prefijo puede acortarse en "de-" con el mismo sentido que "denota privación o inversión del significado simple" (DRAE), como en los casos de "**de**crecer y "**de**formar", que también admiten las variantes "**des**crecer" y "**des**formar". Lo que sorprende es que el DRAE no registre en sus páginas la variante "**des**meritar", en tanto que sí registra las variantes de otros muchos verbos con el prefijo "de-", "des-". Ejemplos: "**de**colorar" y "**des**colorar", "**de**forestar" y "**des**forestar", "**de**velar" y "**des**velar". Es verdad que no todos los verbos admiten las dos formas en sus prefijos ("de-" y "des-"), pero también es cierto que en el caso de "**de**meritar" y "**des**meritar" existe una sinonimia perfectamente lógica en diversos países de América. Ejemplos: *Pidió no **demeritar** el trabajo de otros; La labor docente no se debe **desmeritar**.* El uso más generalizado es el primero, pero en el caso del segundo también se utiliza con frecuencia y nada tiene de incorrecto.

☞ Google: 287 000 resultados de "demerita"; 153 000 de "demeritar"; 59 100 de "desmeritar"; 19 000 de "desmerita". ☑

130. *¿denosta?, ¿denostan?, ¿denostas?, ¿denosto?*

El verbo transitivo "denostar" (del latín *dehonestāre,* "deshonrar") significa "injuriar gravemente, infamar de palabra, insultar, ofender, afrentar, menoscabar, zaherir". Ejemplo: *Lo **denuestan** públicamente.* Es un verbo irregular y su conjugación es la del modelo "contar". He aquí el presente de indicativo: *yo cuento, tú cuentas, él cuenta, nosotros contamos, ustedes cuentan, ellos cuentan; yo denuesto, tú denuestas, él denuesta, nosotros denostamos, ustedes denuestan, ellos denuestan.* Del mismo modo que no se dice ni se escribe "él **conta**", tampoco se debe decir ni escribir "él **denosta**". De ahí el adjetivo y sustantivo "denostador": "que injuria o agravia de palabra". Ejemplo: *El **denostador** fue expulsado de la reunión.* De ahí también los sustantivos "denostación" y "denuesto": "injuria grave, oral o escrita". Ejemplo: *Sus **denuestos** causaron gran malestar entre los asistentes.* Así como no se dice ni se escribe "el **conto**", en lugar de "el cuento", tampoco se debe decir ni escribir "el **denosto**" en lugar de "el denuesto"; pero no hay que confundirlo con el correcto "denost**ó**" (con tilde en la última sílaba): tercera persona del singular del pretérito perfecto simple del modo indicativo: *él denostó.*

Siendo un término del español culto, el disparate pertenece a este mismo ámbito de la lengua. Son profesionistas quienes suelen decir y escribir "den**o**sta", "den**o**stan", "den**o**stas" y "den**o**sto", además de otros desbarres en este mismo verbo, en lugar de las formas correctas *denuesta, denuestan, denuestas* y *denuesto.* La literatura y el periodismo están llenos de estas incorrecciones, lo mismo en publicaciones impresas que en internet. En el portal electrónico de la revista mexicana *Proceso* leemos el siguiente encabezado:

♀ "La CNDH no **denosta** a las instituciones, sólo señala excesos: González Pérez".

Sin embargo, en el cuerpo de la información leemos que el presidente de la Comisión Nacional de los Derechos Humanos (CNDH), de México, Luis Raúl González Pérez, no hizo tal conjugación errónea del verbo, sino que utilizó con toda corrección el infinitivo al afirmar que "el trabajo de la CNDH no es denostar a ninguna institución". Esto quiere decir que el error lo cometió quien impuso el encabezado a la nota, mismo que debió escribir, con corrección, de la siguiente manera:

☝ La CNDH no **denuesta** a las instituciones; sólo señala excesos: González Pérez.

✎ He aquí otros ejemplos de este desbarre culto tan frecuente: "profesor **denosta** a sus alumnos", "informe sobre Tanhuato no **denosta** a Policía Federal", "se **denosta** la conquista de América", "Malú Urriola **denosta** su propia voz", "Echávarri **denosta** en Madrid la 'nueva política' de Podemos", "**denosta** Arturo Ripstein cinta *Mariana, Mariana*", "Tudanca: el PP **denosta** a los empleados públicos", **denostan** en vez de agradecer"; "pidió alzar la voz en contra de quienes **denostan** a la comunidad mexicana", "Calvo: los que no vivieron el franquismo lo **denostan** más" (¡ah, chingaos!, ¿se puede denostar el franquismo?, ¿se puede denostar el nazismo?; ¡sería tanto como denostar el crimen!, o sea "ofender, injuriar, deshonrar o infamar el crimen". La señora Carmen Calvo, quien fuera ministra de Cultura en España, no sabe usar el idioma español, y tanto es así que añadió, entonces, que "la dictadura no se va a **volver a repetir**"), "no **denosto** su pobreza, **denosto** su mediocridad" (¡un burro hablando de orejas!), "**denosto** su actitud y espero que el Ejército tome las medidas", "la **denosto**, la detesto", "el circo espectacular que tanto **denosto**", "te **denostas** vos solito", "tú insultas o **denostas** a otro afiliado", "la tierra que tú **denostas**", etcétera.

☞ Google: 117 000 resultados de "denosta"; 39 100 de "denostan"; 2 010 de "denostas"; 1 000 de "denostos". ☒

131. *¿deporteísmo?, ¿deportivismo?*

El término "deporteísmo", de origen reciente, cuya creación se le atribuye a la empresa Sport City, es una jalada de la publicidad en el ámbito deportivo. Siendo en los espectáculos y en los deportes donde con mayor ganas patean el idioma, "deporteísmo" es una más de estas coces de burro. Si hay gente bruta (no toda), está en estos ámbitos y entre los publicistas de hoy, que no los de ayer: los de ayer tenían una gran creatividad aparejada con el respeto por el idioma. En la antigua publicidad incursionaron escritores de gran talento: desde Salvador Novo y Fernando del Paso hasta Guillermo Fernández y Francisco Hernández, entre otros. Según los "inventores" de la mamarrachada "deporteísmo", esta ocurrencia es un sustantivo masculino que pretende designar al deporte ("actividad física ejercida como juego, competición, entrenamiento y placer") con un sentido no tanto de ocio, sino de devoción religiosa o de hábito irremplazable. Pretensiones, simplemente, de zoquetes pretenciosos, porque ¡son brutos, de veras!, pues el "cristianismo" no se llama "cristianoísmo" ni el "budismo" "budaísmo" y, para el caso que nos ocupa, ya existe el sustantivo masculino "deportismo", perfectamente castellano, cuyo significado es "afición a los deportes o ejercicio de ellos" (DRAE). El diccionario académico explica que el sufijo "-ismo" (del latín *–ismus*, y éste del griego *-smós*) "forma sustantivos que suelen significar 'doctrina', 'sistema', 'escuela' o 'movimiento'. *Socialismo, platonismo, impresionismo.* Forma sustantivos que significan 'actitud', 'tendencia' o 'cualidad'. *Egoísmo, individualismo, puritanismo.* Forma sustantivos que designan actividades deportivas. *Atletismo, alpinismo.* Forma sustantivos que designan términos científicos. *Tropismo, astigmatismo*". Es obvio que "deporteísmo" es una pendejada de quienes no saben que, en nuestro idioma, a esa afición por los deportes o por el ejercicio de ellos se le llama, rectamente, "deportismo". Ejemplo: *Su **deportismo** está por encima de cualquier otra actividad.* ¡Esto es "deportismo", y por ello es absurdo el advenedizo "deporteísmo"! El caso de "deportivismo" es diferente. Se trata de un sustantivo masculino que aún no recoge el DRAE, pero que no carece de corrección. Es un sinónimo del sustantivo femenino "deportividad" cuyo significado es "proceder deportivo (ajustado a las normas de corrección)". Ejemplo: *Con gran **deportividad** reconoció su derrota.* Este mismo ejemplo puede servir para mostrar el buen uso de su equivalente "deportivismo": *Con gran **deportivismo** reconoció su derrota.*

La barrabasada "deporteísmo" y sus derivados "deporteísta" y "deporteístas" pertenecen no a la creatividad en el idioma español, sino a la peste de ocurrencias que socava cada vez más nuestra lengua. Su reino está en internet, pero ha extendido su barbarismo en las publicaciones impresas. Una institución bancaria en México tiene incluso un programa de

♀ "Tarjetas de Crédito **Deporteísmo** Banamex", y conjuntamente con una tienda de artículos deportivos un plan de promociones denominado con el pochismo "**Deporteísmo Fest** Martí".

Doble barrabasada. Lo que ofrecen en realidad ambas empresas son:

☝ tarjetas de crédito **Deportismo** Banamex para utilizarlas especialmente en el **Festival del Deportismo** Martí.

✎ Lo que pasa es que si usan nuestra lengua se avergüenzan. Quieren ser gringos y, además, ridículos, para mayor gloria de su pochismo y de su "creatividad" destructiva contra el la lengua española. He aquí más ejemplos de estas burradas: "Revista ***Deporteísmo***", "**Deporteísmo** Club América", "Martí: **Deporteísmo Fest** Banamex con hasta 50% de descuento", "**Deporteísmo**: la nueva religión creada por Sport City", "preparación fuerte para el **deporteísmo**", "**deporteísmo**: la mística de los jóvenes por la salud", "practica del **deporteísmo** en instalaciones de vanguardia", "quiero ser **deporteísta**", "encuentra al **deporteísta** que llevas dentro", "**deporteístas** apoyan a cambiar la vida de niñas y niños", "clases de yoga **deporteístas**", etcétera.

☞ Google: 8 550 resultados de "deporteísmo"; 2 100 de "deporteísta"; 1 000 de "deporteístas". ☒

☞ Google: 5 770 000 resultados de "deportividad"; 64 800 de "deportivismo"; 7 220 de "deportismo". ☑

132. *¿derrier?, ¿derriere?*

¿Por qué diablos decir y escribir "derrier" o "derriere" (sobre todo en el ambiente de la farándula) para referirse al culo, si existen en español los sustantivos "nalgas" y "trasero"? Por mensos, cursis y ridículos. El francés *derrière* (pronunciado, aproximadamente, *derrié*) se traduce, literalmente, como "atrás", "trasero" y "nalgas". Que la gente de la farándula diga "pompis", en lugar de "nalgas" ya es una idiotez cursi, pero además cree que "derriere" y "derrier" (que no es español ni es francés) resulta más exquisito y elegante que decir y escribir "trasero", "nalgas" o "culo".

Es una de tantas ridiculeces del ambiente de los espectáculos, pero de ahí se ha extendido a otros ámbitos del español. Es una "exquisitez" de ignorantes especialmente en el periodismo de espectáculos, lo mismo impreso que electrónico. En el diario colombiano *El Tiempo* leemos el siguiente titular de una nota de "consejos para la mujer":

♀ "Moldee su **derriere**".

¿Será tal vez un consejo para meter las nalgas en un molde? No. Lo que quiere aconsejar realmente la redactora a las mujeres es:

☝ **ejercitar y fortalecer (o tonificar) las nalgas.**

✎ Más ejemplos de esta tontería: "Sofía presumió su **derriere** en blanco", "Khloe Kardashian presume de su **derriere** en México", "colombiana revoluciona pasarelas con su **derriere**", "Kim Kardashian y las sexies fotos de su **derriere**", "Pippa Middleton está sorprendida por la fama de su **derriere**", "Demi Lovato conquista Instagram con fotos de su **derrier**", "Xoana González enloquece a fans en Instagram al mostrar su **derrier**", "censuran anuncio de Bar Refaeli por mostrar su **derrier**". En todos estos casos de lo que se está hablando y escribiendo es de traseros o nalgas, sustantivos perfectos de nuestro idioma.

☞ Google: 318 000 resultados de "un derriere"; 245 000 de "el derrier"; 70 400 de "el derriere"; 41 600 de "su derriere"; 31 800 de "un derrier"; 20 200 de "su derrier". ☒

133. *desalineado* no es lo mismo que *desaliñado*

El término "desalineado" es un adjetivo, participio del verbo transitivo y pronominal "desalinear", "desalinearse", cuyo significado es "hacer perder la línea recta" (DRAE), antónimo del verbo transitivo y pronominal "alinear", "alinearse": "colocar tres o más personas o cosas en línea recta" (DRAE). De ahí el adjetivo participio "alineado", que está en línea recta y, en sentido figurado, "que ha tomado partido en un conflicto o disidencia". Ejemplos: *Cuba es parte el Movimiento de los Países no* ***Alineados***; *La fila de alumnos está* ***desalineada***. Aunque comparten etimología (de *a-*, más el latín *lineāre*:

"poner en línea, poner en orden"), el uso moderno exige no confundir "desalineado" con el adjetivo y sustantivo "desaliñado", participio del verbo transitivo y pronominal "desaliñar", "desaliñarse" que significa: "descomponer, ajar el adorno, atavío o compostura", antónimo del verbo transitivo y pronominal "aliñar" cuyo significado más usual es "componer, adornar", y en el ámbito culinario, "aderezar". Ejemplos: *Puso una mesa muy **aliñada**; Se presentó terriblemente **desaliñado***. De ahí el sustantivo masculino "aliño", que significa lo mismo "aseo, limpieza, pulcritud y adorno" que "condimento".

No pocos escritores confunden el desalineo con el desaliño. En la novela argentina *Los ruidos del silencio* la autora describe del siguiente modo a un personaje:

♀ "Siempre estaba bien vestido y pulcro. A partir de ahí estaba sucio y **desalineado**. Cada vez más flaco".

Quiso decir la autora que su personaje pasó de ser pulcro a ser:

☝ **desaliñado**, y punto, pues "sucio" es sinónimo de "desaliñado".

✎ He aquí otros ejemplos de este disparate de gente "cultivada", todos ellos tomados de libros: "se sentía sucio y **desalineado**", "un hombre sucio y **desalineado**", "de aspecto sucio y **desalineado**", "individuo sucio y **desalineado**", "mugroso y **desalineado**", "un hombre todo **desalineado** y sucio". Cabe decir que en todos estos ejemplos existe redundancia, pues es obvio que los autores de tales desatinos quieren decir y escribir "desaliñado" cuyos sinónimos son "sucio", "mugroso" y, en general, "desaseado".

☞ Google: 12 900 resultados de "vicioso y desalineado"; 5 000 de "muy desalineado"; 2 520 de "apestoso, desalineado"; 1 500 de "sucio y desalineado"; 1 200 de "borracho y desalineado"; 1 000 de "desalineado y sucio". ☒

134. *¿descuido humano?, ¿error de la naturaleza?, ¿error humano?*

Suele ocurrir que alguna gacela se descuide y que ese descuido le cueste la vida, y acabe en el estómago del león que la acechaba. Esto tiene sentido. Lo que no tiene sentido es el uso de la redundancia en la expresión "descuido humano" para explicar, por ejemplo, un accidente. Puede argumentarse que se dice y se escribe "descuido humano" en oposición o como contrario a la expresión "falla técnica", pero es que incluso una falla técnica se puede tratar de un descuido (¡obviamente humano; ni modo que animal!), pues si un automóvil se queda sin frenos y ocasiona un accidente mortal es porque hubo alguien que no lo llevó al servicio mecánico o, si bien lo llevó, el encargado de atender esto lo hizo con negligencia, es decir con descuido. Es exactamente lo mismo si una planta nuclear o petroquímica explota por una "falla técnica" en las calderas de enfriamiento, por ejemplo: alguien (algún ingeniero negligente o los dueños o encargados de la empresa) descuidó los trabajos de mantenimiento. Sea como fuere, los descuidos siempre son humanos. Y veamos por qué. "Descuido" (del verbo transitivo "descuidar": "no cuidar de alguien o de algo, o no atenderlo con la diligencia debida") es un sustantivo masculino que significa "omisión, negligencia, falta de cuidado"; también "olvido o inadvertencia" (DRAE). Suele decirse y escribirse también, como gemela de la expresión "descuido humano", la frase "error humano". Y sigue siendo el mismo disparate. El sustantivo "error" (del latín *error*) tiene las siguientes acepciones principales en el DRAE: "Concepto equivocado o juicio falso"; "acción desacertada o equivocada", y "cosa hecha erradamente". Es obvio que los errores son siempre del ser humano, que es quien posee juicio, racionalidad. ¿Hay errores de la naturaleza? No, por supuesto. La naturaleza es incapaz de pensar, de tener juicio. Por otra parte, tenemos el adjetivo "humano" (del latín *humānus*), que se dice del ser "que tiene naturaleza de hombre" y, como sustantivo, se refiere a lo "perteneciente o relativo al hombre como ser racional". Por todo lo anterior, es una tontería hablar y escribir de "descuidos humanos" y "errores humanos" en el contexto en el que siempre se usan: accidentes y problemas ocasionados por negligencia, inadvertencia, omisión, exceso de confianza, olvido o idiotez. Es obvio que no existen los errores naturales. Por tanto, los "descuidos" y los "errores" siempre serán de las personas, o sea de los humanos, y es innecesario, por redundante, calificarlos de "humanos". En cuanto a los "errores de la naturaleza", la expresión sólo es admisible como una licencia poética, pues es obvio que la naturaleza, como tal, no se equivoca jamás porque carece de juicio.

"Descuido humano y "error humano" se tratan de redundantes desbarres del ámbito culto de la lengua y, especialmente, del periodismo, pero también del descuido de otros profesionistas que no suelen consultar el diccionario. Son frecuentes lo mismo en las publicaciones impresas que en internet. En el diario mexicano *El Economista* leemos lo siguiente:

☞ "Doble **descuido humano** causó el alcance entre dos trenes".

Quiso informar el diario que

☞ un par de **descuidos** fue la causa del choque entre dos trenes.

✎ Acerca de la anterior noticia se concluyó que los conductores no aplicaron el protocolo obligatorio. ¿Descuidos humanos? Simplemente descuidos, pues hasta ahora no se conoce a ningún rinoceronte ni a ningún tigre que conduzcan trenes. Y aun si los trenes no tuvieran conductores y fuesen movidos por controles automáticos, serían individuos racionales y no animales irracionales los responsables de esa conducción remota y, por tanto, de la eficiencia o los descuidos. He aquí unos pocos ejemplos de estos desbarres redundantes o de la falta de lógica: "el **error humano** y el control de las causas de los accidentes", "factores que influyen en el **error humano**", "análisis psicológico del **error humano**", "el peor **error de la naturaleza**", "¿somos un

error de la naturaleza?", "ella era un **error de la naturaleza**", "los **errores de la naturaleza**", "demasiados **errores de la naturaleza**", "principales causas de los **errores humanos**", "curso de análisis del **error humano**", "incendios provocados por **descuido humano**", "por **descuido humano**, 98 por ciento de los incendios forestales", "las consecuencias del **descuido humano**", "accidentes en carretera, por **descuidos humanos**", "**descuidos humanos** causa de los accidentes", "incendios provocados por **descuidos humanos**", "calor y **descuidos humanos** provocan incendios descontrolados".

☞ Google: 3 970 000 resultados de "error de la naturaleza"; 3 880 000 de "errores de la naturaleza"; 412 000 de "error humano"; 364 000 de "errores humanos"; 81 900 de "descuidos de la naturaleza"; 13 900 de "descuido humano"; 5 230 de "descuidos humanos". ☒

135. *¿detrimento de la violencia?*

El término "detrimento" (del latín *detrimentum*) es un sustantivo masculino que significa "deterioro, daño o perjuicio" (DRAE) y no, como algunos creen, simplemente "disminución". De ahí el adjetivo latino *detrimentōsus*: "desventajoso, perjudicial". Ejemplo de María Moliner: *El exceso de calor causa* ***detrimento*** *a la mercancía.* Moliner se equivoca en su definición general ("disminución de valor o de cantidad que sufre una cosa"), aunque acierte en la particularidad ("daño, perjuicio, quebranto"). El *Clave, diccionario de uso del español actual* es coincidente con el DRAE y su definición refuerza el sentido negativo de este término: "Perjuicio o daño contra los intereses de alguien", y pone el siguiente ejemplo: *El médico le ha dicho que esos excesos van* ***en detrimento de su salud***, pues no se trata simplemente de una "merma" ("disminución"), sino específicamente de un "menoscabo" en las siguientes acepciones particulares del verbo transitivo "menoscabar": "Deteriorar y deslustrar algo, quitándole parte de la estimación o lucimiento que antes tenía"; "causar mengua o descrédito en la honra o en la fama" (DRAE). Moliner precisa que el sustantivo "detrimento" suele usarse en expresiones verbales como "causar, ir, redundar, resultar, venir en" [detrimento] y precedido de las conjunciones "con" y "sin" [detrimento]. Ejemplos de ella misma: *La rapidez va* ***en detrimento*** *de la perfección; Hará todo lo que pueda hacer* ***sin detrimento*** *de su dignidad.* Debemos insistir en que ni el DRAE ni el DUE precisan que, lógica e intrínsecamente, "detrimento" posee un valor negativo que modifica, siempre, cosas positivas, nunca negativas. Es lógico y coherente decir y escribir, por ejemplo, "en detrimento de la dignidad", "en detrimento de la salud", "en detrimento de la perfección", "con detrimento para la escuela", pero no es lógico ni coherente decir y escribir, por ejemplo, "en detrimento del crimen", "en detrimento del odio", "en detrimento de la violencia", "con detrimento para el hampa", pues en estos casos se trata de conceptos en sí mismos negativos que no pueden admitir, desde un punto de vista lógico, deterioro, daño o perjuicio. Por esta falta de precisión definitoria, este matiz no es entendido por mucha gente que usa el término "detrimento" como simple y llano sinónimo de "disminución". Así, en lugar de decir y escribir: *Su pacifismo ayudó a* ***disminuir la violencia***, hay quienes sueltan el disparate: *Su pacifismo redundó* ***en detrimento de la violencia***. Seamos lógicos: hay un sinsentido obvio en creer que se puede deteriorar, dañar o perjudicar la enfermedad, el odio, la violencia, etcétera, pues el verbo transitivo "dañar" (del latín *damnāre*) significa "causar detrimento, perjuicio, menoscabo, dolor o molestia" y el verbo transitivo "perjudicar" (del latín *praeiudicāre*), sinónimo de "dañar", significa, "ocasionar daño o menoscabo material o moral" (DRAE). Otra forma bárbara de la que ya nos avisaba hace tiempo Fernando Lázaro Carreter es el uso de "en detrimento" como equivalente a "en sustitución" o "en vez de", frecuente en el futbol. Ejemplo del lexicólogo español: *Hoy juega Gregoriev* ***en detrimento*** *de Paulovich*. Lázaro Carreter llama la atención sobre este absurdo idiomático muy en boga entre los "radiohabladores" que no saben que "detrimento" significa "daño moral". Por tanto, concluye, "permanezcamos alerta en los restaurantes: será posible oír a alguno de ellos que diga tal vez al camarero, corrigiendo prudentemente su irreflexivo pedido (*comanda* en los comedores de lujo): *Tráigame consomé* ***en detrimento*** *de las ostras*".

Dicho todo lo anterior, hay que evitar usar el sustantivo "detrimento" como simple sinónimo del sustantivo "disminución", pues con ello se comete un disparate idiomático por carencia de lógica. Es desbarre culto, porque el término "detrimento" pertenece al ámbito ilustrado o académico. Abunda en publicaciones impresas (diarios, libros, revistas) y, por supuesto, en internet. En el portal de la Unesco leemos, ya sin asombro, lo siguiente:

☞ "la educación fue mencionada como un elemento crucial **en detrimento de la violencia**".

Debió escribirse que

☝ la educación fue mencionada como un elemento crucial **en la disminución de la violencia**.

✎ Si pensamos que los desvalores pueden sufrir deterioro, daño o perjuicio, estamos pensando ilógicamente. Hay quienes incluso consideran opuestos o antónimos lógicos los términos "incremento" ("aumento") y "detrimento" ("daño"), cuando lo cierto es que el antónimo natural de "incremento" es "decremento" ("disminución"). Alguien escribe: "En tanto al **incremento o detrimento de la violencia**", etcétera. Es un absurdo: la violencia puede incrementarse o disminuir, pero no "sufrir detrimento", es decir daño o perjuicio o, peor aún, daño moral o en su honra. He aquí otros ejemplos de este desbarre culto que se produce por falta de lógica: "**en detrimento de la violencia** psicológica", "**en detrimento de la violencia** utilitaria", "reinsertar al delincuente en la sociedad **en detrimento de la violencia** física", "hacer una policía con utilización de la inteligencia **en detrimento de la violencia**", "**en detrimento de la violencia** y el uso de armas de fuego", "estas y otras vías a favor y **en detrimento de la violencia**", "**en detrimento de la violencia** colonial", "que las economías locales mejoren **en detrimento de la violencia**", "recuperar espacios para la cultura **en detrimento de la violencia**", "la investigación ocupa la mayor parte del metraje **en detrimento de la violencia**", "el resultado quedó en un segundo plano **en detrimento de la violencia**", "la importancia de la negociación **en detrimento de la guerra**", "atesorar la paz **en detrimento de la guerra**", "fortalecer las instituciones de la administración de justicia **en detrimento del crimen**", "preservar su patrimonio **en detrimento del secuestro**", "**en detrimento de la enfermedad**".

☞ Google: 1 640 000 resultados de "detrimento de la violencia". ☒

136. *diapazón* no es lo mismo que *diapasón*

Gente instruida (incluso escritores) creen que "diapasón" se escribe con "z"; así: "diapazón". Será que bailan "danzón", usan "calzón" y se dan un "chapuzón", pero nada de esto tiene que ver con "diapasón", que correctamente se escribe siempre con "s", como lo saben todos aquellos que consultan los diccionarios, incluso si los consultan cuando están bajo los efectos de un "pasón". El sustantivo masculino "diapasón" (del latín *diapāson*, y éste del griego *diapasôn*) significa "intervalo que consta de cinco tonos, tres mayores y dos menores, y de dos semitonos mayores, diapente y diatesarón" (DRAE). Ejemplo: *El **diapasón** en la guitarra clásica y flamenca*. Igualmente en música, designa al "trozo de madera que cubre el mástil y sobre el cual se pisan con los dedos las cuerdas del violín y de otros instrumentos análogos", al "dispositivo de acero doblado en forma de horquilla con pie, que, cuando se hace sonar, da 440 Hz o vibraciones por segundo, correspondientes a la nota *la* natural, utilizada para regular voces e instrumentos musicales" y a la "especie de silbato que cumple la misma función del diapasón normal". La grafía "diapazón" (escrita con "z") es un desbarre de quienes no suelen consultar el diccionario de la lengua.

Por supuesto es un yerro del ámbito culto o, al menos, informado o cultivado, y aparece lo mismo en publicaciones impresas que en internet, especialmente en el ámbito musical. En el portal electrónico de Terra leemos que

♀ "Chica toca un instrumento con su vagina. De forma muy singular toca el **Diapazón**, sorprendiendo a toda la audiencia".

Según el video, lo que tocó con la vagina fue una flauta o un silbato. De cualquier modo, Terra debió informar correctamente sobre el

☝ **diapasón** y no **Diapazón** (además, ¿a cuento de qué la mayúscula?), más allá de las cosas viles e indignas que sea capaz de hacer la gente, en los ámbitos de la estulticia, para alcanzar la celebridad instantánea en los medios electrónicos.

✎ He aquí otros ejemplos de este disparate del español escrito: "**diapazón** de granadillo", "**diapazón** de encino", "el desplazamiento del **diapazón**", "con el paso del tiempo se ha ido enriqueciendo y ampliando su **diapazón**", "ancho del **diapazón**", "cuerda aplastada en el **diapazón**", "algo que puede ayudar para saber donde están las notas en el **diapazón**", "el **diapazón** infinito donde se funden mis dedos", "pruebas auditivas con **diapazón**", "pruebas con **diapazones** en el paciente".

☞ Google: 14 200 resultados de "diapazón"; 1 440 de "diapazones". ☒

137. *¿dije entre mí?, ¿pensé entre mí?, ¿reí entre mí?*

La expresión coloquial "dije entre mí" no es incorrecta, pero se trata de un arcaísmo con el sentido de "dentro de", "en mi interior" o "para mis adentros". Ejemplo del *Lazarillo de Tormes* (1553): *Cayome mucho en gracia y* ***dije entre mí****: "¡Cuántas de éstas deben de hacer estos burladores entre la inocente gente!"*. Ejemplo de la *Diana* (1559), de Jorge de Montemayor: *Y* ***dije entre mí****: "Ay, Arsenio"*... Ejemplo del *Gil Blas de Santillana* (1715), de Alain-René Lesage, en su versión castellana de 1842: *¡Cáspita!* ***dije entre mí****, yo me contentaría con cualquiera de estos platos*. En el *Diccionario panhispánico de dudas* se informa que esta expresión "se conserva en el habla rural o popular de varios países americanos". Pero lo cierto es que en México especialmente su uso es mucho más amplio que el del habla popular o rural. Por supuesto, en el ámbito literario y culto, en la actualidad, es frecuente que se sustituya con las locuciones "dije para mí", "dije para mis adentros" y "me dije", eliminando la preposición "entre" (del latín *inter*). Si bien esta preposición tiene la acepción principal que "denota la situación o estado en medio de dos o más cosas" (ejemplo: *Estaba* ***entre*** *la espada y la pared*), también es cierto que una segunda acepción se aplica exclusivamente a "dentro de" o "en lo interior". Con el verbo "reír" también es un arcaísmo la expresión "reí entre mí", sin que ello signifique incorrección. He aquí un ejemplo tomado del Lazarillo de Tormes: ***Me reí entre mí*** *notando la inteligencia del ciego*. El diccionario académico utiliza un ejemplo, pero con el verbo "pensar". Así, leemos lo siguiente en DRAE: *Tal* ***pensaba yo entre mí***. El problema que presenta esta expresión es que estamos ante una flagrante y escandalosa redundancia, por más que algunos quieran vestirla de fina seda pleonástica atribuyéndole intención enfática o deliberadamente retórica. Las expresiones "dije entre mí" y "reí entre mí", con sus variantes de tiempos verbales no son en absoluto incorrectas, sino simplemente coloquiales y arcaicas, pero de amplio uso en el habla y en la escritura populares, mismas que se sustituyen en el ámbito culto por las construcciones equivalentes "dije para mí" y "reí para mí" (con sus variantes de tiempo) o, mejor aún, "dije para mis adentros", "me dije" o "reí para mis adentros", pero "pensé entre mí", "pensé para mí" y "pensé para mis adentros" (con sus variantes temporales) son construcciones del todo redundantes, pues la acción de "pensar" siempre es interna o interior y siempre es "para uno mismo" en tanto no se externe el pensamiento a través del habla o de la escritura. Es torpe, por tanto (y por tonto), decir y escribir "pensé entre mí", "pensé para mí" y "pensé para mis adentros", más sus variantes verbales de tiempo (*pensó, pensaba, pienso,* etcétera), aunque la redundante Real Academia Española no desautorice estas construcciones puesto que incluso utiliza en su mamotreto el ejemplo ya transcrito: *Tal* ***pensaba yo entre mí.*** Los académicos de Madrid no se percatan siquiera de que el acto de pensar no se da fuera de quien piensa sino hasta que éste lo expresa: no es cosa de quitarse los zapatos y los calcetines y que, de manera natural, emane de los pies el pensamiento. El "pensar" siempre es interno, en el interior, de uno y para uno, para los adentros, y sólo pierde este sentido de introspección al momento en que la persona que "piensa" externa dicho pensamiento sea a través del habla o bien de la escritura. En España, reino de la redundancia y el pleonasmo, existe la expresión coloquial "pensar para mi capote", que denota, según los españoles, pensar "para uno" o "en voz queda". Ejemplos: *Entonces no pude por menos de* ***pensar para mi capote****, como decía un sabio latino;* ***Pienso para mi capote*** *que el asesoramiento no era bueno.* Para el caso se trata del mismo vicio redundante. Lo correcto sería no "pensar para mi capote", sino "decir para mi capote" o "hablar para mi capote". Decir y escribir "pensé entre mí", "pensé para mí", "pensé para mis adentros" o "pensé para mi capote" en realidad es cagarla. Si acudimos al *Diccionario de equívocos,* de León Deneb, tales expresiones redundantes configuran el pecado de "pensar con el culo", expresión igualmente española cuyo sentido explica Deneb: "pensar de forma incongruente", o sea pensar sin considerar que el verbo transitivo "pensar" (del latín *pensāre*) tiene como principal acepción "formar o combinar ideas o juicio en la mente" (DRAE). Ejemplo del mismo DRAE: *Me asusta lo que pienso.* Siendo así, ¿como podríamos pensar si no es para nuestros adentros? Lo que sí podemos hacer, sin redundancia, es **decir para nuestros adentros**: decir, en voz baja e incluso en silencio (*decir* en sentido figurado) lo que sólo es para nosotros, no compartido con nadie más.

Así como los académicos de Madrid y sus hermanos de América y Filipinas no han meditado en esto y más bien han extendido sus incapacidades de "pensar" rectamente, asimismo muchas personas (incluida gente ilustrada y de mucha preparación profesional y académica) imitan, sin reflexionar, las torpezas que autoriza el DRAE. Las expresiones redundantes "pensé entre mí", "pensé para mí" y "pensé para mis adentros" (con sus variantes temporales) abundan en internet, son frecuente en el habla y tienen amplia difusión en las publicaciones impresas: diarios y revistas, libros inclusive. En una novela leemos lo siguiente:

☟ "*Mi padre me dejó. Quizás me habló y yo no me levanté,* **pensé para mí**".

Para evitar tal redundancia, lo correcto es decir y escribir:

☝ *Mi padre me dejó. Quizá me habló y no lo escuché,* **me dije** (o, si se quiere, **dije entre mí**).

✐ Más ejemplos de esta barrabasada redundante: "**pensé para mí**, entre preocupada y un poco divertida", "y **pensé para mí**, me pondré en sus manos", "mierda, esto no está nada bien, **pensé para mí**" (mierda, por supuesto que no), "de lo que **pensé para mí**, a nadie cuenta di", "y **pensé para mí**: No, nadie me ama", "**pensó para sí** con bastante temor", "Alicia **pensó para sí**: ahora veremos una película", "ella **pensó para sí**, sé amable", "Oh, no, **pensó para sus adentros**", "No se lo diré al jurado, **pensó para sus adentros**", "muchas veces lo **pensé entre mí**", "**pensé entre mí**: existen hombre así", "**pensé entre mí** si era mejor mentir", "**pensé entre mí**, ya fregué", "aquí vamos, **pensé entre mí**", "fue bonito, **pensé entre mí**", "**pensé entre** mí: ya valió madre el negocio", "entonces **pensé entre mí**, por qué no hacer lo mismo", "**pensé entre mí**: ¿qué tendrá qué ver el color de la camisa?", "**pensé entre mí** en la sesión que tuvimos", "me agradó esto, **pensaba entre mí**", "**pensaba entre mí** que podría verlo otra vez".

☞ Google: 112 000 resultados de "pensé para mí"; 64 400 de "pensó para sí"; 57 700 de "piensa para sí"; 57 600 de "pensaba para mí"; 41 500 de "pensó para sus adentros"; 31 100 de "pensé para mis adentros"; 27 100 de "pienso para mis adentros"; 20 500 de "pensaba para sus adentros"; 15 200 de "pensaba para mis adentros"; 12 700 de "piensa para sus adentros"; 8 500 de "pensé entre mí"; 5 570 de "pensaban para sus adentros"; 5 520 de "pensaba entre mí"; 4 590 de "pensar para sus adentros"; 2 520 de "piensan para sus adentros"; 2 150 de "piensas para tus adentros"; 1 590 de "pensabas para tus adentros". ☒

☞ Google: 1 050 000 resultados de "rió para sí"; 557 000 de "me dije"; 261 000 de "dije para mí"; 164 000 de "dijo para sí": 110 000 de "decía para mí"; 67 400 de "dice para sí"; 65 600 de "reí para mí"; 45 900 de "dije entre mí"; 44 700 de "decir para sus adentros"; 27 800 de "dije para mis adentros"; 28 200 de "dijo para sus adentros"; 21 400 de "decía entre mí"; 19 900 de "reí para mis adentros"; 14 300 de "dice para sus adentros"; 13 700 de "rió para sus adentros"; 9 250 de "decía para mis adentros"; 8 890 de "reír para sus adentros"; 4 850 de "reía para mis adentros"; 3 490 de "reí entre mí"; 1 700 de "ríe para sus adentros". ☑

138. *¿dilettante?, ¿dilettanti?*

El adjetivo y sustantivo "diletante" (del italiano *dilettante*: "que se deleita") tiene las siguientes acepciones en el DRAE: "Conocedor de las artes o aficionado a ellas"; "que cultiva algún campo del saber, o se interesa por él, como aficionado y no como profesional"; "que cultiva una actividad de manera superficial o esporádica". En la primera acepción tiene, hasta cierto punto, un sentido neutro. Ejemplo: *Fulano es un feliz **diletante***. En las otras dos casi siempre posee un matiz peyorativo o despreciativo: Ejemplo: *¡Fulano es tan sólo un pobre **diletante**, no hay que tomar en serio nada de lo que dice y hace!* Lo que nos importa con este adjetivo y sustantivo no es tanto su significado como su ortografía. Puesto que "diletante" es un término perfectamente castellanizado o españolizado y su plural es "diletantes", resulta por demás innecesario utilizar la grafía italiana original (*dilettante* para el singular, y *dilettanti* para el plural), así la distingamos con las *cursivas* o *itálicas* de rigor para las palabras extranjeras en nuestro idioma. Basta con escribir "diletante", de donde también proviene el sustantivo masculino "diletantismo" (condición o comportamiento de "diletante"). Ejemplo: *¡Es sólo un **diletante**, y su **diletantismo** resulta ingenuo cuando no fastidioso!* Únicamente siendo unos "diletantes", en el peor sentido, utilizaremos al escribir la grafía italiana. Nuestro idioma ya adoptó y adaptó este préstamo del italiano, y es una ridiculez, típica del diletantismo, escribir "dilettante" y "dilettanti" si nos expresamos en español.

Se trata de una afectación idiomática o bien de ignorar que este término ya está adaptado e integrado a nuestro idioma con las reglas que al español corresponden. Abunda en el ámbito culto o ilustrado, lo mismo en publicaciones impresas que en internet. En una crónica de 1932 el escritor y musicólogo cubano Alejo Carpentier escribió lo siguiente:

♀ "Esto basta para colocar al snob en un nivel mucho más alto que el **dilettante**. El **dilettante** sólo sabe decirnos que ama la música o la pintura, pero de ahí no sale".

Por esos años, aún no se castellanizaba o españolizaba el término. Hoy los editores de Carpentier tendrían que actualizarlo a

☝ el **diletante.**

✎ He aquí algunos ejemplos de la errónea escritura actual de este término, tomados de publicaciones impresas (diarios, libros y revistas) y de internet: "desde donde el **dilettante** fundará la novela moderna", "el **dilettante** es un egoísta: se ama sólo a sí mismo", "el **dilettante** nos platicó un poco sobre su proceso", "el **dilettante** en cocina no es como el **dilettante** en música", "el **dilettante** es un amante del arte fino quien nunca se eleva por encima del nivel del amateur", "surge así una dicotomía: el científico versus el **dilettante**", "durante dos años fui el **dilettante** entrenador del equipo juvenil", "César es un **dilettante** del asesinato", "diario de un **dilettante**", "con el asombro propio de **los dilettanti**", "estaba siendo atacado por **los dilettanti**", "deberemos evitar el eclecticismo de **los dilettanti**", "conocía bien la costumbre de **los dilettanti**" y, peor aún, "a favor de la educación de **los dilettantis** primerizos".

☞ Google: 697 000 resultados (sólo en español) de "un dilettante"; 2 940 de "los dilettanti"; 1 160 de "el dilettante". ☒

139. *disolvido* no es lo mismo que *disuelto*

Éste es un caso similar a "absolvido", "cubrido", "descubrido" y "volvido". El verbo transitivo "disolver" (del latín *dissolvĕre*) se conjuga como "mover" y, al igual que este verbo, su participio es irregular: "disuelto", y no "disolvido". La principal acepción de "disolver" es la siguiente: "Separar las partículas o moléculas de un sólido, un líquido o un gas en un líquido de forma que queden incorporadas a él" (DRAE). Ejemplo: ***Disolvió** en agua caliente los gránulos de la gelatina.*

El barbarismo "disolvido" es propio del español inculto. Su reino está en internet, pero no falta en publicaciones impresas. En un portal electrónico leemos la siguiente noticia:

♀ "Gobierno es **disolvido** por diferencias sobre presencia en Afganistán".

Obviamente, el gobierno:

♂ fue **disuelto**.

✎ Más ejemplos de este barbarismo, tomados todos ellos de internet: "acetileno **disolvido**", "se han **disolvido** contratos con actores y actrices" (así hablan y escriben en el medio televisivo), "una vez que todo esté **disolvido**", "**disolvido** en agua fría", "calentar hasta que todos los ingredientes estén **disolvidos**" (suelen expresarse así los que dan recetas de cocina en la radio y en la televisión), "el incremento pactado se había **disolvido**", "el obstáculo será **disolvido**", "**disolvidos** por el ácido", "los minerales son **disolvidos** con el agua".

☞ Google: 13 000 resultados de "disolvido"; 4 230 de "disolvidos". ☒

140. *¿distopia?*

El sustantivo femenino "distopía" (del latín moderno *dystopia*, y éste del griego *dis-* y *utopia*) significa "representación ficticia de una sociedad futura de características negativas causantes de la alienación humana" (DRAE). Ejemplo: Rebelión en la granja, *de George Orwell, presenta una célebre **distopía**.* De ahí el adjetivo "distópico" (perteneciente o relativo a la distopía), que no registra el DRAE pero que es del todo correcto. La grafía "distopia" es un barbarismo culto, en lugar de "distopía", pues debe considerarse que "distopía" es el antónimo de "utopía" (del latín moderno *Utopia*), en referencia a la isla imaginaria con un sistema político, social y legal perfecto, descrita por Tomás Moro en 1516 en su célebre obra intitulada precisamente *Utopía*. En un sentido más amplio, el sustantivo femenino "utopía" significa "plan, proyecto, doctrina o sistema deseables que parecen de muy difícil realización" o bien "representación imaginativa de una sociedad futura de características favorecedoras del bien humano" (DRAE). Ejemplo: *Ese mundo perfecto es sólo una **utopía**.* De ahí el sustantivo "utopismo" (tendencia a la utopía) y los adjetivos "utópico" (perteneciente o relativo a la utopía) y "utopista" (que es dado a las utopías). Ejemplo: *Ese mundo perfecto es del todo **utópico**.* Puesto que "utopía" es una palabra llana o grave con acento ortográfico en la penúltima sílaba, la lógica ortográfica y gramatical exige que su opuesto lleve también el acento ortográfico en la misma sílaba, "distopía" (y no "distopia"). Hay que utilizar la lógica. Como ya hemos dicho, este término proviene de "utopía": con el prefijo "dis-", que indica negación o contrariedad (ejemplos: ***dis**cordancia*, ***dis**culpa*, ***dis**funcional*) más el sustantivo "utopía".

Resulta obvio que el barbarismo "distopia" proviene del ámbito culto o ilustrado y se ha extendido a todo el idioma. Lo peor es que esta forma errónea es más utilizada que el término correcto. Incluso escritores, filósofos, sociólogos, académicos y no se diga periodistas dicen y escriben "distopia" y "distopias". En el diario costarricense *La Nación* leemos el siguiente encabezado de un comentario editorial:

☹ "**Distopia** fiscal".

El autor quiso referirse a una:

☺ **distopía** fiscal.

✎ He aquí otros ejemplos de este yerro culto cometido por personas que no usan ni el diccionario ni la lógica: "definición de **distopia**", "¿a qué suena una dulce **distopia**?", "La Fantástica **Distopia** del Hombre Pez", "**distopia**, caos, antiutopía", "diferencias de utopía y **distopia**", "Corporacracy: una **distopia** para ludificar el aula" (olé), "la **distopia** del euro", "**distopia** en el desierto", "**distopias** del aparato genital", "**distopias** testiculares", "demuestra cuánto sabes de **distopias**" (y cuánto no sabes de ortografía), "mis cinco **distopias** teatrales favoritas", "libros juveniles, románticos y **distopias**", "**distopias** de un sueño eterno", etcétera.

☞ Google: 1 240 000 resultados de "distopia"; 181 000 de "distopias". ☒

☞ Google: 646 000 resultados de "distopía"; 327 000 de "distopías". ☑

141. *¿distraí?, ¿retraí?*

Así como casi nadie dice y escribe en español "traí" en lugar de "traje", nadie debería decir y escribir "distraí" en lugar de "distra**je**" ni "retraí" en vez de "retra**je**". El verbo transitivo y pronominal "distraer" (del latín *distrahĕre*) significa "divertir o entretener" y también "apartar la atención de alguien del objeto a que la aplicaba o a que debía aplicarla" (DRAE). Ejemplo: ***Se distrajo*** *por un momento, lo que significó un grave descuido.* Se conjuga exactamente como "traer". He aquí el pretérito perfecto simple del modo indicativo, que es donde se presenta el problema para muchos hablantes y escribientes: *yo traje, tú trajiste, él trajo, nosotros trajimos, ustedes trajeron, ellos trajeron; yo distraje, tú distrajiste, él distrajo, nosotros distrajimos, ustedes distrajeron, ellos distrajeron.* Parecido es el caso del verbo transitivo y pronominal "retraer" (del latín *retrahĕre*) que significa "volver a traer"; "apartar o disuadir de un intento"; "retirarse, retroceder" (DRAE). Ejemplo: *La serpiente* ***se retrajo*** *ante el ataque de la mangosta.* También se conjuga como "traer". Éste es el pretérito perfecto simple del modo indicativo: *yo retraje, tú retrajiste, él retrajo, nosotros retrajimos, ustedes retrajeron, ellos retrajeron.*

Aunque son formas correctas en portugués, "distraí" y "retraí" son barbarismos en nuestro idioma, propios del español inculto, pero que no es sorprendente hallarlos en la boca y en la escritura de personas con título universitario. Un internauta le dice a otros:

☹ "Lo siento estoy haciendo muchas cosas a la vez y **me distraí**".

Quiso decir y escribir en buen español:

☺ Lo siento, estoy haciendo muchas cosas a la vez y **me distraje**.

✐ He aquí otros ejemplos de estos barbarismos incultos ("distraí" y "retraí") que tienen su reino en internet: "me **distraí** y choqué con el coche de delante", "me **distraí** mucho en estos días", "me **distraí** leyendo un artículo", "me **distraí** y me llevé el cable de una patada", "nos **distraímos** con nuestros teléfonos", "entre caminata y caminata nos **distraímos**", "me **retraí** por su culpa", "me **retraí** en mí misma", "me **retraí** avergonzado", "me **retraí** al mundo que me protegía", "me **retraí** en mí mismo y dejé de hacer las cosas que solía hacer", "me **retraí** más y me encerré en mí misma", "cansados, nos **retraímos** a la fortaleza", "nos **retraímos** y replegamos al interior", "los priístas estamos más preparados, pero en esa ocasión nos **retraímos**" (¡se ve, enseguida, que están más preparados!), "bueno, en realidad nos **retraímos** un poco por educación" (sí, se nota, especialmente por educación).

☞ Google: 47 500 resultados (sólo en español) de "me distraí"; 5 410 (sólo en español) de "nos distraímos"; 4 720 de "y me distraí"; 2 070 de "me retraí"; 1 060 (sólo en español) de "nos retraímos". ☒

142. *¿disvariar?*

El término "disvariar" es un barbarismo, un falso verbo del español en algunos países de América, como Chile, Colombia, México y Perú, en lugar del correcto "desvariar", verbo intransitivo que significa "delirar, decir locuras o despropósitos" (DRAE). Ejemplo: *Ese individuo **desvaría***. Por lógica, deriva del sustantivo masculino "desvarío", cuyas primeras tres acepciones en el DRAE son las siguientes: "Dicho o hecho fuera de concierto"; "accidente, que sobreviene a algunos enfermos, de perder la razón y delirar"; "monstruosidad, cosa que sale del orden regular y común de la naturaleza". Ejemplo: *La invitación de Peña Nieto a Trump fue otro más de sus muchos **desvaríos***. La gente "desvaría" porque comete "desvaríos". Por ello son barbarismos "disvariar" y "disvarío".

Del habla popular pasaron a la escritura y no es sorprendente escuchar y leer a personas que han ido a la universidad decir y escribir estos desbarres. Su reino está en internet, pero no es extraño encontrarlos en publicaciones impresas. En el diario chileno *La Tercera*, un comentarista político escribe:

☟ "No sirve, como decía Raymond Aron, '**disvariar** para mostrar buenas intenciones'".

Es seguro que Raymond Aron no dijo tal disparate, a menos, por supuesto, que estuviese desvariando. Si algo dijo al respecto de lo que cita el comentarista chileno, seguramente debió traducirse, en correcto español, como

☝ **desvariar**.

✐ He aquí otros ejemplos de estos desbarres: "me han hecho **disvariar** en las últimas semanas", "la diversidad de información nos ha llevado a **disvariar**", "la mente puede fallar o **disvariar**", "comenzaba a **disvariar** por el sueño y por el vino", "entonces comenzaría a **disvariar**", "se salieron **disvariando**", "estaba **disvariando** por la calentura", "Castañeda sigue **disvariando** y ahora ataca a Alan García que también lo engañó", "escuchar nuestros **disvaríos** y necedades", "los **disvaríos** de su corazón", etcétera.

☞ Google: 4 270 resultados de "disvariando"; 3 960 de "disvariar"; 1 030 de "disvaríos". ☒

143. *¿divisa extranjera?*

¿Existe una divisa que no sea extranjera? Mucha gente cree que sí, puesto que califica el sustantivo femenino "divisa" con el adjetivo "extranjera". Debe creer que hay "divisa nacional". Nada más inexacto. El sustantivo "divisa" tiene, entre sus varias acepciones, la siguiente: "Moneda extranjera referida a la unidad del país de que se trata" (DRAE), y su uso más generalizado se da en plural. Ejemplo: *El propósito del mercado de **divisas** es facilitar el comercio internacional y la inversión.* Si el término "divisa" ya contiene en sí mismo el significado de "moneda extranjera", es absolutamente redundante decir y escribir "divisa extranjera". Esta redundancia abunda en el periodismo y se ha generalizado en nuestro idioma. Es obvio que todo sustantivo admite calificativos pero, en definitiva, el término "divisa" excluye el calificativo "extranjera" porque no hay "divisas" que no lo sean. Si se desea precisar, se puede decir y escribir "divisa estadounidense" (el dólar), "divisa europea" (el euro), "divisa japonesa" (el yen), etcétera. Es necesario enfatizarlo: por definición, en un determinado país, todas las "divisas" son extranjeras.

La redundancia "divisa "extranjera" ocurre porque las personas no acostumbran consultar el diccionario de la lengua, y si los periodistas hablan y escriben barbáricamente quienes los escuchan o los leen imitan sus barbaridades, y lo que hoy tenemos es una ignorancia cada vez más extendida. Este dislate es abundante en internet, pero no menos en las publicaciones impresas: no sólo en los diarios y en las revistas, sino también en los libros especializados sobre finanzas. En el libro *Fundamentos de administración financiera* leemos lo siguiente:

♀ "La complicación principal tiene que ver con las **divisas extranjeras**. Este capítulo le ayudará a entender cómo operan los mercados de divisas y los métodos que ofrecen para controlar el riesgo por **divisas extranjeras**".

Quisieron decir y escribir el autor, el traductor y el editor que

☝ la complicación principal del mercado reside en las **divisas** y que en un país es necesario controlar el riesgo por **divisas**.

✎ Mucha gente que estudió economía en la universidad y que tiene incluso posgrados en la materia no cree que deba consultar de vez en cuando el diccionario de la lengua para poder expresarse con claridad y precisión. He aquí otros ejemplos de esta redundancia: "información sobre el comercio de **divisas extranjeras**", "los principales motivos por los que unos países demandan mayor o menor cantidad de **divisas extranjeras**", "las **divisas extranjeras** a menudo constituyen un recurso limitativo", "Rusia es uno de los países que más reserva de **divisas extranjeras** tiene", "las reservas de **divisas extranjeras** de China disminuyeron", "fluctuación de **divisas extranjeras** y moneda local", "oferta y demanda de la **divisa extranjera**", "mercados de renta fija en **divisa extranjera**", "emisiones de deuda en **divisa extranjera**", "el euro es la **divisa extranjera** más adquirida", "nivel de apalancamiento en **divisa extranjera**".

☞ Google: 165 000 resultados de "divisas extranjeras"; 147 000 de "divisa extranjera". ☒

144. *¿dormiendo?, ¿lluviendo?, ¿moriendo?*

No son pocos quienes, en nuestro idioma, dicen y escriben "moriendo" como si esta forma, errónea, fuese el gerundio del verbo "morir". Asimismo, son bastantes los que dicen y escriben "dormiendo" y "lluviendo", formas disparatadas de los correctos gerundios de "dormir" y "llover". Las formas correctas son "durmiendo", "lloviendo" y "muriendo". En español, los verbos tienen tres posibles terminaciones: "ar", "er" e "ir" (no hay verbos terminados en "or" ni en "ur") y sus gerundios se forman con las terminaciones "ando" o "iendo" según les correspondan: de "cantar", "cant**ando**"; de "comer", "com**iendo**"; de "pedir", "pid**iendo**". En nuestro idioma, el gerundio es la forma no personal del verbo para formar perífrasis. Ejemplo: *No es lo mismo estar dormido que* ***estar durmiendo****, así como tampoco es lo mismo estar jodido que* ***estar jodiendo****.* Aunque la gente prácticamente no tiene duda en relación con las terminaciones de los gerundios, sí los suele tener respecto de sus raíces y esto ocurre porque no toma en cuenta el carácter irregular de ciertos verbos. "Cantar", "meter" y "subir" son verbos regulares (es decir, que conservan inalterables sus raíces en todos los tiempos y personas), de ahí que no haya duda alguna para la formación de sus respectivos gerundios: "**cant**ando", "**met**iendo" y "**sub**iendo". En cambio, "dormir", "llover" y "morir" son verbos irregulares (esto es que, al conjugarse en ciertos tiempos y personas, su raíz presenta modificaciones), y así como en el presente se dice y se escribe "duerme", "llueve" y "muere", en los gerundios también se reflejan estas irregularidades: "durmiendo", "lloviendo" y "muriendo". Dicho todo lo anterior, constituyen barbarismos decir y escribir "dormiendo", "lluviendo" y "moriendo".

Se trata de barbarismos del español inculto, pero no faltan en las publicaciones impresas (diarios, revistas e incluso libros) y son abundantes en internet, reino éste del analfabetismo. En *Artnet*, un portal electrónico sobre arte, se hace referencia a una famosísima fotografía del mexicano Manuel Álvarez Bravo, y se asegura que su título es:

☟ *"La buena fama* ***dormiendo****".*

Pero lo cierto es que la magistral fotografía de Álvarez Bravo se intitula:

☝ *La buena fama* ***durmiendo****.*

✎ "Todo el día ha estado **lluviendo** acá", dice otro internauta, y alguien más, también en internet, le dice a su interlocutora: "estoy **moriendo** por ti". Aquí sí podríamos decir que no sólo están jodiendo, sino jodidos. Otros (malos) ejemplos también de internet: "video con las mejores bromas **dormiendo**", "imágenes de parejas **dormiendo**", "hombre **dormiendo**", "María y San Juan Bautista adorando al Niño Jesús **dormiendo**", "sorprendieron a delincuentes **dormiendo**", "**dormiendo** al aire libre", "ya está **lluviendo**", "**lluviendo** a mares", "seguramente ha de estar todavía **lluviendo**", "debes estar **moriendo** sin móvil", "te puedes estar **moriendo** de sed", "sonriendo por afuera pero por dentro puedo estar **moriendo**".

☞ Google: 476 000 resultados de "dormiendo"; 235 000 de "moriendo"; 41 900 de "lluviendo". ☒

E

145. *¿Edinburgo?*

Muchísimos hablantes y escribientes de la lengua española ignoran la simplísima regla ortográfica que establece que, en una palabra, antes de "b" y de "p" siempre se escribe "m" y no "n", como en "a**m**plio", "ca**m**bio", "ca**m**po", "có**m**plice", etcétera. Por ello, aunque en inglés se escriba *Edinburgh* (la capital de Escocia), en español siempre debe decirse y escribirse "Edimburgo", pues se trata de un nombre propio proveniente de las lenguas extranjeras (el inglés y el escocés) perfectamente castellanizado o españolizado. Si se escribe y se pronuncia "Edi**n**burgo" se cometen, al mismo tiempo, una falta de ortografía y una falta de ortoepía.

Este dislate abunda en el periodismo lo mismo impreso que electrónico y, muy especialmente, en el ámbito turístico. En el portal electrónico de Terra leemos acerca del

♀ "Zoológico de **Edinburgo**".

Se trata más bien del

♂ zoológico de **Edimburgo**.

✎ He aquí más ejemplos de este desbarre que se comete por ignorancia de las reglas ortográficas: "paseo desde **Edinburgo**", "castillo de **Edinburgo**", "festival de cine español de **Edinburgo**", "aeropuerto de **Edinburgo**", "escala en **Edinburgo**", "vuelos baratos desde **Edinburgo**", "llegamos a **Edinburgo** de noche".

☞ Google: 601 000 resultados de "Edinburgo". ☒

☞ Google: 7 770 000 resultados de "Edimburgo". ☑

146. *¿efervescer?*

No hay ninguna razón lógica ni gramatical para que el verbo "efervescer" no sea admitido en nuestro idioma. Lo compartimos con el portugués, pero la Real Academia Española, refractaria a cualquier lógica y al sentido común, no lo incluye en su mamotreto. Veamos. El DRAE admite el sustantivo "efervescencia" y el adjetivo "efervescente". El sustantivo femenino "efervescencia" (del latín *effervescens, efervescentis*: "que empieza a hervir") tiene dos acepciones académicas: "Desprendimiento de burbujas gaseosas a través de un líquido" y "agitación, ardor, acaloramiento de los ánimos". Ejemplos: *Las tabletas antiácidas en el agua produjeron su **efervescencia**; Desesperado,* *sintió una terrible* ***efervescencia****.* Acota el DRAE que dicho sustantivo puede usarse (en realidad no es que pueda: ¡se usa!) como "hervor de la sangre". Lo que no dice (y es imperdonable) es que éste es un sentido figurado; no vaya a ser que la gente entienda que para que la sangre "hierva" sea necesario ponerla en un recipiente al fuego. De cualquier modo la segunda acepción de "efervescencia" es equivalente a "hervir la sangre". Pero justamente porque "hervir" es verbo intransitivo que, entre otras acepciones, tiene la de "excitarse intensamente a causa de una pasión del ánimo" (como en ***hervir*** *de ira,* ***hervir*** *en cólera,* ***hervir*** *la sangre*), es del todo justificado y legítimo el verbo "efervescer" no admitido por la vieja RAE que, sin embargo, admite el adjetivo "efervescente": "que está o puede estar en efervescencia". Contra toda lógica, la RAE deslegitima el verbo "efervescer" y no se sonroja al incluir en su mamotreto zarandajas como "amigovio" y "papichulo". Digámoslo claramente: "efervescer" es un verbo perfectamente construido y derivado del sustantivo "efervescencia" y del adjetivo "efervescente". Si decimos que *Una tableta contra la acidez* ***efervesció*** *en el agua*, lo que estamos diciendo es completamente válido, lo mismo si decimos que *Fulano se sintió* ***efervescer*** *de ira ante la humillación.* Es un perfecto verbo intransitivo al igual que "hervir" con el que, por cierto, comparte etimología latina ("hervir": *fervēre*). En este sentido, "efervescer" significa "desprender burbujas gaseosas un líquido"; "bullir o agitarse con viveza una masa de personas, animales o cosas, a semejanza del agua que hierve o que produce burbujas", y "dicho de una persona: excitarse o agitarse intensamente a causa de una pasión del ánimo". Ejemplos perfectamente válidos: "una antiquísima emoción, la ira, **efervesció** en su pecho", "la sal de fruta dejó de **efervescer**", "prensa y radio empiezan a **efervescer**", "a un tiempo me hicieron suspirar y **efervescer**", "una emoción que te hace **efervescer**", "hizo **efervescer** a los asistentes del concierto", "Hitler era capaz de hacer **efervescer** masas", "el hormiguero comenzó a **efervescer**", "me **efervesce** la verborragia", "la sustancia **efervesce** en los ácidos", "un violento deseo que **efervesce** en las venas", etcétera. A contracorriente de la torpe y tardígrada Real Academia Española digamos y escribamos "efervescer", "efervesce", "efervesció" y conjuguemos, como se debe, este verbo que es del todo lógico y correcto.

☞ Google: 243 000 resultados de "efervescer"; 15 000 de "efervesce". ☑

147. *¿eficencia?, ¿ineficencia?*

El término "eficencia" es un barbarismo culto por "eficiencia" (del latín *efficientia*), sustantivo femenino que significa "capacidad de disponer de alguien o de algo para conseguir un efecto determinado" (DRAE). Ejemplo: *Disciplinadamente llevó a cabo el trabajo con* ***eficiencia****.* De ahí el adjetivo "eficiente": "que tiene eficiencia". Ejemplo:

Gracias a su disciplina es muy ***eficiente.*** Similar es el caso de "ineficencia" por el correcto "ineficiencia", sustantivo femenino que significa "falta de eficiencia" (DRAE). Ejemplo: *Su* ***ineficiencia*** *ocasionó el fracaso del proyecto.* De ahí el adjetivo "ineficiente": carente de eficiencia. Ejemplo: *Fulano es el individuo más* ***ineficiente*** *que conozco.* Hasta las deficientes páginas electrónicas de las deficientes instituciones gubernamentales están llenas de "eficencias" y de "ineficencias", algo por cierto muy revelador de sus ineficiencias. Han de creer quienes cometen estos yerros que tales términos son parientes del sustantivo femenino "beneficencia" ("acción y efecto de hacer el bien a los demás") que, por cierto, muchos escriben, erróneamente, "beneficiencia". Se equivocan doblemente. La etimología latina de "beneficencia" es *beneficentia,* por lo cual la derivación natural termina en "-encia" y no en "-iencia", contrario al caso de "eficiencia" cuya etimología, como ya vimos, es *efficientia,* de donde se deriva la terminación "-iencia".

Los barbarismos "eficencia" e "ineficencia" se han extendido a los más diversos ámbitos de nuestra lengua por culpa de la ineficiencia del periodismo impreso y de internet. En el diario español *La Razón* leemos el siguiente encabezado:

♀ "Seminario sobre la importancia de la **eficencia** energética en ayuntamientos".

Quiso informar el diario español acerca de un seminario:

♂ sobre la importancia de la **eficiencia** energética, etcétera.

✎ En el diario mexicano *El Sol de Hidalgo,* una nota editorializada lleva por título "Un monumento a la **infecencia**". ¿Se referirá el diario a su propio encabezado? He aquí otros ejemplos de estos desbarres: "científicos brasileños prueban la **eficencia** de una medicina de origen vegetal contra el virus Zika", "López Garrido pide **eficencia**", "Master en **Eficencia** Energética y Energías Renovables", "certificado de **eficencia** energética", "Premio a la **Eficencia** Empresarial", "Ministerio de Aguas pide a ciudadanos usar con **eficencia** el agua", "más de dos años de **ineficencia** en el Sector Salud", "investigaciones revelan **ineficencia** en el futuro de estudiantes", "incompetencia, **ineficencia** y corrupción", "la gente es afectada por esta **ineficencia**", "destacan **eficencias** en resultados del gobierno", "duplicidades e **ineficencias** administrativas".

☞ Google: 65 300 resultados de "eficencia"; 4 520 de "ineficencia". ☒

148. *¿eficientar?*

Neologismo de economistas y políticos, "eficientar" se ha ido extendiendo en el ámbito académico (la administración, la psicología, la sociología, etcétera) y lo ha rebasado al grado de generalizarse en el habla y en la escritura. No está en las páginas del mamotreto de la Real Academia Española, en donde sí están, en cambio, "amigovio" y "papichulo", términos *archisuperimportantísimos,* debemos suponer, en nuestro apaleado idioma. En defensa de "eficientar" habría que decir que se trata de un verbo perfectamente derivado del sustantivo "eficiencia", el adjetivo "eficiente" y el adverbio "eficientemente". En este sentido, "eficientar" e incluso "eficientizar" (términos que llegaron para quedarse en nuestro idioma) son tan válidos como "optimar" y "optimizar" ("buscar la mejor manera de realizar una actividad"), que sí acepta la incoherente RAE. "Eficientar" y su variante "eficientizar" significan "hacer algo de la manera más razonable para lograr el mejor objetivo posible", y siendo así no hay argumentos para no admitirlo en el diccionario de la lengua española. Ejemplos: *Urge* ***eficientar*** *el gasto público*; *Hay que* ***eficientizar*** *el uso de la energía*. Cuando los académicos de Madrid y sus hermanastros de América y Filipinas terminen su larga siesta, se frotarán los ojos para darse cuenta de que la realidad los alcanzó. Digamos y escribamos sin sonrojo ninguno "eficientar" y "eficientizar" y conjuguemos estos verbos como a sus modelos lógicos correspondan: *yo eficiento, tú eficientas, él eficienta, nosotros eficientamos, ustedes eficientan, ellos eficientan; yo eficientizo, tú eficientizas, él eficientiza, nosotros eficientizamos, ustedes eficientizan, ellos eficientizan.*

☞ Google: 461 000 resultados de "eficientar"; 190 000 de "eficientizar". ☑

149. *¿ejemplo ejemplar?, ¿espíritu espiritual?*

Es increíble que seamos tan necios en el uso de las redundancias más evidentes. Tales son los casos de "ejemplo ejemplar" y "espíritu espiritual". El sustantivo masculino "ejemplo" (del latín *exemplum*) tiene tres acepciones en el DRAE: "Caso o hecho sucedido en otro tiempo, que se propone, o bien para que se imite y siga, si es bueno y honesto, o para que se evite si es malo"; "acción o conducta que puede inclinar a otros a que la imiten"; "hecho, texto o cláusula que se cita para comprobar, ilustrar o autorizar un aserto, doctrina u opinión". Ejemplos: *Su acción es un* ***ejemplo*** *para todos*; *Ilustró su discurso con varios* ***ejemplos***. De ahí los verbos transitivos "ejemplarizar" (dar ejemplo) y "ejemplificar" (demostrar, ilustrar o autorizar con ejemplos lo que se dice). Ejemplos: *Moralmente,* ***ejemplarizó*** *con su conducta*; ***Ejemplificó*** *su conferencia con citas latinas muy al caso*. De ahí también el sustantivo femenino "ejemplaridad": "cualidad de ejemplar". Ejemplo: *Su* ***ejemplaridad*** *es indiscutible*. Y, finalmente, el adjetivo "ejemplar", que se aplica a lo "que sirve de ejemplo". Ejemplos del DRAE: *Vida* ***ejemplar***; *Castigo* ***ejemplar***. De tal manera, es una redundancia muy torpe decir y escribir "ejemplo ejemplar", pues no hay ejemplo que no lo sea y, por tanto, resulta necio calificar un "ejemplo" con el atributo que ya contiene en sí. Es el mismo caso de "espíritu espiritual", otra barrabasada redundante. El sustantivo masculino "espíritu" (del latín *spirĭtus*) tiene las siguientes acepciones principales en el DRAE: "Ser inmaterial y dotado de razón"; "alma racional"; "don sobrenatural y gracia particular que Dios suele dar a algunas criaturas"; "principio generador, carácter íntimo, esencia o sustancia de algo"; "vigor natural y virtud que alienta y fortifica el cuerpo para obrar"; "ánimo, valor, aliento, brío, esfuerzo"; "vivacidad, ingenio". Ejemplos del propio DRAE: ***Espíritu*** *de profecía; El* ***espíritu*** *de una ley, de una corporación, de un siglo, de la literatura de una época; Los* ***espíritus*** *vitales.* De ahí el sustantivo femenino "espiritualidad" ("naturaleza y condición de espiritual"). Ejemplo: *A los lujos materiales, opuso una humilde* ***espiritualidad.*** De ahí el adjetivo "espiritual" (del latín tardío *spirituālis*): "perteneciente o relativo al espíritu" y, "dicho de una persona: muy sensible y poco interesada por lo material" (DRAE). Ejemplo: *A los lujos materiales, opuso una vida sencilla y* ***espiritual.*** Por obvias razones, no hay espíritu que no sea espiritual y, lo mismo que en el caso de "ejemplo ejemplar", cometemos una redundancia bruta al calificar un sustantivo con el adjetivo de su misma familia o raíz. Si ya las redundancias son torpes en general, éstas en particular son necias en extremo.

Se trata de barrabasadas que aparecen lo mismo en el ámbito culto que inculto de la lengua. En las páginas de internet y de las publicaciones impresas los "ejemplos ejemplares" y los "espíritus espirituales" exhiben sus redundancias y no parece que sus autores se sonrojen de ellas porque, seguramente, ni siquiera se enteran de su necedad. En el portal electrónico de Televisa, una actriz (Paty Bermúdez) dice lo siguiente en una entrevista (en la que habla de una serie de televisión en la que participa):

☞ "Nos está dando un **ejemplo ejemplar**, entonces hay que tener cuidado con eso, señores padres de familia: deben dar un buen **ejemplo** a sus hijos".

Quiso decir la actriz de Televisa que alguien o algo (¿la serie de televisión acaso?):

☞ nos está dando un **buen ejemplo**, o un **ejemplo virtuoso**.

✎ En un documento que está en internet y que pretende ser filosofía profunda, tan profunda que no alcanzamos a verle fondo (ni forma), el autor escribe que hay que "permitir que las empresas se conviertan en un verdadero **espíritu espiritual**". Tal vez quiso referirse a "espíritu emprendedor" o "espíritu empresarial", pero lo que escribió no es español sino galimatías. He aquí otros ejemplos de estas barrabasadas redundantes: "Él quiere que seamos llenos con el **Espíritu Espiritual**", "los dones del **Espíritu espiritual**", "ateo sin **espíritu espiritual**", "era el **espíritu espiritual**", "los **espíritus espirituales**", "**espíritus espirituales** de aspecto heroico", "los **espíritus espirituales** de diferentes frecuencias" (¡sopas!), "la voluptuosidad de los **espíritus espirituales**" (¡más sopas!), "su proceder no es un **ejemplo ejemplar**", "la web 2.0 en el aula: un **ejemplo ejemplar**", "este es un caso de **ejemplo ejemplar**", "se ofrece como un paradigma de sus tesis, o sea como algo más que un **ejemplo**, como un **ejemplo ejemplar**" (sí, prosa académica filosófica), "nos ha dejado un **ejemplo ejemplar** y democrático" (prosa de político), "es un **ejemplo ejemplar** de por qué no debemos juzgar a las personas" (juzguemos a los árboles y a las piedras), "el **ejemplo ejemplar** de esta excepcionalidad" (sí, también prosa académica pedregosa) y, como siempre hay algo peor, "En torno a un **ejemplo ejemplar de contraejemplaridad**" (¡lindo título, lleno de ejemplaridad, sí, de un académico de la literatura!).

☞ Google: 48 700 resultados de "espíritu espiritual"; 4 560 de "ejemplo ejemplar"; 2 500 de "ejemplos ejemplares"; 1 890 de "espíritus espirituales". ☒

150. *emanar* no es lo mismo que *manar*

Gente culta suele confundir los significados de los verbos "emanar" y "manar". Y decimos que gente culta (profesionistas, especialmente) porque este disparate únicamente se utiliza en el ámbito culto de la lengua. "Emanar" (del latín *emanāre*) es un verbo intransitivo que tiene la siguiente acepción principal: "proceder, derivar, traer origen y principio de algo de cuya sustancia se participa" (DRAE). Ejemplo: *Los derechos **emanan** de las costumbres de los pueblos.* También posee una acepción específica: "dicho de una sustancia volátil: desprenderse de un cuerpo". Ejemplo: *Del cráter del volcán **emanaban** gases y vapor.* Con uso de verbo transitivo, "emanar" significa "emitir o desprender de sí". Ejemplo del propio DRAE: *Su persona **emana** simpatía.* De ahí el sustantivo "emanación": "acción y efecto de emanar". Ejemplo: *Las **emanaciones** del gas obligaron a las autoridades a evacuar el área.* En cambio, "manar" (del latín *manāre*) es un verbo intransitivo cuya acepción principal es la siguiente: "dicho de un líquido: brotar o salir" (DRAE). Ejemplo: *De la fuente **manaba** agua que hacía un ruido monótono en medio del silencio.* Una acepción secundaria es "abundar o existir en gran cantidad". Ejemplo: *De la herida, la sangre **manaba** a borbollones.* El disparate del ámbito culto, entre quienes no consultan jamás un diccionario, es creer que el agua o los líquidos "emanan" cuando lo cierto (y lo correcto) es que "manan". ***Mana** sangre de una herida, **mana** agua de un manantial,* pero no "**manan**" gases ni vapores ni simpatías, sino que "**emanan**".

Incluso en los textos de escritores muy conocidos salta esta liebre. En un libro leemos lo siguiente:

♀ "Una de sus citas favoritas de la Biblia era: 'La misma fuente no puede **emanar agua** dulce y amarga'".

Es obvio que la Biblia no dice esto, y que el autor, el traductor y el editor la cagaron, pues lo que la Biblia dice realmente es que

☝ "De una misma fuente no puede **manar agua** dulce y **agua** amarga".

✐ También está el desbarre inverso, pero es menos frecuente: creer que los gases "manan". En otro libro, el torpe narrador (que puede ser el mismo torpe autor) se muestra sorprendidísimo de "cómo de un paraje tan gélido podían **manar gases** surgidos del mismísimo Infierno". ¡Que no exagere tampoco y que no se la jale hasta estirársela tanto! En ambientes gélidos son más que frecuentes las "emanaciones" (que no el "manar") de gases, y no vienen del "mismísimo

Infierno", sino de la corteza terrestre con actividad volcánica, como en las fumarolas que son emisiones de azufre o carbono. He aquí otros ejemplos de este barbarismo culto: "La Fuente del Milenio vuelve a **emanar agua**", "al cabo de un rato volvía a **emanar agua**", "de repente, empezó a **emanar agua** del suelo", "la instalación hidráulica está preparada para **emanar agua** potable", "de pronto empezó a **emanar agua** sin cesar", "comenzó a **emanar agua** del drenaje", "la roca tenía que ser golpeada una sola vez para **emanar agua** de ella", "el peligro de **manar gases** o derramarse el electrolito", "de la cocina no paraban de **manar gases**", "de su cuerpo empezaron a **manar gases**".

☞ Google: 6 410 resultados de "emana agua"; 2 890 de "emanar agua"; 2 880 de "emanan agua"; 2 250 de "emanando agua". ☒

151. *¿en lo que sería?*

Si las expresiones coloquiales "en lo que es" y "en lo que viene siendo" son casi siempre superfluas, más superflua puede ser la retorcida expresión "en lo que sería", cuyo uso reiterado y absurdo no enloquecería, sino que enloquece, especialmente a los políticos y a los periodistas que la han convertido en ridícula muletilla al igual que las anteriores. En sus *Minucias del lenguaje*, José G. Moreno de Alba explica lo siguiente: "En el español contemporáneo de México, y de otras partes, se emplea el enunciado *lo que es* de una peculiar manera e, incluso, aparece en textos, orales sobre todo, de los que podría eliminarse sin modificación alguna del contenido semántico de la oración; es decir: frecuentemente *lo que es* acaba siendo una expresión superflua. Hace poco, un mecánico, inclinado sobre el motor de un automóvil, me explicaba una de sus partes y me decía, señalándola: *lo que es la bomba de gasolina, está aquí*. Si simplemente hubiera dicho *la bomba de gasolina está aquí* habría dicho exactamente lo mismo: *lo que es,* ahí, sobra, es superfluo. Este uso superfluo de la expresión *lo que es* se da sobre todo, ya lo dije, en la lengua oral. Alguien grabó y transcribió una reciente intervención oral (no leída) que, por la radio, tuvo un alto político mexicano. Revisando unos cuantos párrafos encontré los siguientes innecesarios empleos de *lo que es:* (...) *gran participación de* lo que es *la micro y pequeña empresa; de esta forma pues damos conclusión a* lo que es *la información; lo que se quiere es una unión entre* lo que es *el desarrollo y...; igualmente, en* lo que es *el sector exportador...; ...donde está instalada su casa o su choza,* lo que es *su parcela...* En otro texto oral, aún más informal, se produjo además una curiosa falta de concordancia de número: *por ejemplo, estableciendo* lo que es *preparatorias...* No falta quien complica aún más las cosas usando una perífrasis de gerundio: lo que viene siendo *la bomba de gasolina está aquí.* En la lengua escrita este defecto de redacción es mucho menos frecuente. Sin embargo, comienza a aparecer en ciertos géneros, como el periodístico, sea por caso. A diarios mexicanos pertenecen los siguientes ejemplos: *no es posible ni siquiera adquirir un tercio de* lo que es *la canasta básica; es la única ciudad de nuestro país que no conoce* lo que es *el desempleo; ...lo empezamos con* lo que es *capacitación; tienen el primer lugar en ventas en* lo que es *este producto*, etcétera. Evidentemente hay muchísimos enunciados en los cuales la expresión *lo que es* está correctamente empleada. Existen incluso contextos gramaticales que ayudan a explicar por qué está bien usada y por qué no puede eliminarse. Esto sucede, por ejemplo, cuando tiene como antecedente una oración completa o la palabra *todo: no cumplió su palabra*, lo que es *inaceptable; la multiplicación tan fácil de todo* lo que es *negativo;* o cuando está precedida de una preposición y seguida de un adjetivo o adverbio: *hay una ignorancia total en relación con* lo que es *ético y conveniente*." La explicación de Moreno de Alba no debería dejar lugar a dudas. ¿Qué sentido tiene decir, como lo hacen los reporteros de la radio y la televisión, *Hay muchos damnificados* ***en lo que es*** *el estado de Jalisco o* ***en lo que viene siendo*** *el estado de Jalisco*? "Lo que es" y "lo que viene siendo" el estado de Jalisco, es, por supuesto, ¡el estado de Jalisco! Basta con decir: *Hay muchos damnificados en Jalisco*, y punto. Todo lo demás es superfluo y ridículo. No aporta nada a la comunicación y retuerce la lengua horriblemente, tal como la han de tener quienes usan dichas expresiones. En un anuncio del Instituto Nacional Electoral (INE) se afirma que "en estas elecciones [las de 2018] decidiremos **lo que es** mejor para México". ¡Tan fácil que es decir (aunque sea mentira) que "en estas elecciones decidiremos **lo** mejor para México"! Pero si ya esto es horrible, lo es aún más la expresión "en lo que sería" que pasó del habla a la escritura, también como muletilla de la política y el periodismo. En su uso correcto, la expresión "en lo que sería" es, dentro de un enunciado completo, referencia al pasado o al futuro, sentido de inferencia en algo que falta o que resulta equivalente, o bien consecuencia hipotética. Ejemplo tomado de Rubén Darío: "La selva de columnas, la profusión de los arcos, hacen pensar **en lo que sería** cuando no había tapiadas puertas y la luz penetraba lateral". Otro ejemplo, del todo correcto, tomado de la Wikipedia: "Entre finales de 1611 y 1612 Covarrubias empezó a trabajar **en lo que sería** el *Suplemento* a su *Tesoro de la lengua castellana o española*". Tres ejemplos más del buen uso de esta expresión: *Le resultó imposible renunciar a su vocación literaria y entonces se puso a trabajar, sin él saberlo,* ***en lo que sería*** *su primera novela; Centrada en la parte superior* ***en lo que sería*** *la cabeza de [la constelación de] Orión, encontramos el Anillo Lamba Orionis; En la base de la cabeza del ajolote,* ***en lo que sería*** *el cuello, y a ambos lados, están las branquias*. En los dos últimos ejemplos la expresión "en lo que sería" denota hipótesis porque tanto la cabeza de la constelación de Orión como el cuello del ajolote hay que suponerlos. El mal uso de la expresión se da en los mismos contextos torpes, y también como muletilla.

El periodismo radiofónico y televisivo empezó con esta burrada que hoy se ha extendido a la escritura a manera de plaga o peste. En el portal de internet *Consulta Médica* un paciente le dice lo siguiente al especialista:

"Tengo una mancha negra **en lo que sería el glande**".

¿En lo que sería el glande? Esto es para enloquecer al mismo glande y a todo lo demás. En correcto español este individuo del glande enloquecido debió decir y escribir:

Tengo una mancha negra **en el glande.**

Todo esto sería bastante cómico de no ser tan agraviante para la lengua. He aquí más ejemplos de esta barrabasada que está entre las peores de nuestro idioma: "**en lo que sería** la cabeza de noticia", "tengo dolor desde hace tiempo **en lo que sería** la cabeza del fémur", "está más hinchado que antes **en lo que sería** la cabeza del pezón", "se encuentra **en lo que sería** la cabeza femoral", "me gustaría tejerle algo **en lo que sería** el cuello", "esa ausencia de piel se hace notable **en lo que sería** el cuero cabelludo", "los antihistamínicos pueden ayudar a aliviar la molestia que se tiene **en lo que sería** la piel"; "**en lo que sería** el ojo del huracán", "**en lo que sería** el pelo de la coleta", "les hace heridas **en lo que sería** la garganta", "al final del acto sexual **en lo que sería** la eyaculación", "no le des mucho pan mojado porque se les pega a veces **en lo que sería** el paladar", "en la rodilla y **en lo que sería** el tobillo" y, como siempre hay algo peor, "sobre todo **en lo que sería** el pie **en concreto**". Prueben los hablantes y escribientes a eliminar, en estos ejemplos, la expresión "lo que sería" y verán que siempre está de más, aunque en el último caso a lo malo hay que sumarle lo peor: ¿"el pie **en concreto**"? ¿Y cuál es el pie no en concreto?

Google: 61 200 000 resultados de "en lo que es"; 1 770 000 de "en lo que sería"; 445 000 de "en lo que viene siendo".

152. *Encelado* no es lo mismo que *Encélado*

"Encélado" (palabra esdrújula) es sustantivo propio con el que se nombra a uno de los satélites de Saturno, descubierto por William Herschel, a finales del siglo XVIII. "Encélado" (del latín *Enceladus* y éste del griego *Enkelados*) proviene de la mitología griega y es el nombre de un gigante o titán de cien brazos, hijo de Urano. Nada tiene que ver con el adjetivo "encelado" ("dicho de una persona: llenarse de celos o enamorarse apasionadamente de alguien"). El desconocimiento de las reglas ortográficas va muchas veces aparejado a la ignorancia cultural. "Encélado" es un nombre propio y palabra esdrújula (que debe llevar tilde en la antepenúltima sílaba), en tanto que "encelado" es un adjetivo y palabra llana o grave (con acento, en este caso prosódico, en la penúltima sílaba), del verbo transitivo y pronominal "encelar" ("dar celos"), "encelarse" ("concebir celos").

Escribir "Encelado" (sin tilde y como nombre propio) es un desbarre del periodismo y del ámbito científico. Abundante en internet y en las publicaciones impresas. En un portal electrónico de astronomía leemos lo siguiente:

"El frío **Encelado**. La pequeña luna de Saturno, **Encelado**, tiene tan sólo 500 kilómetros de diámetro".

Quiso informarse que

☝ la luna de Saturno, **Encélado**, es fría y tiene 500 kilómetros de diámetro.

✎ Más ejemplos de este desbarre, todos ellos tomados de publicaciones impresas y de internet y especialmente del periodismo y de las páginas electrónicas de divulgación científica: "hallan ingredientes de la vida en la luna **Encelado**", "la luna **Encelado** tiene un océano subterráneo", "la luna **Encelado** de Saturno esconde un océano de agua líquida", "**Encelado** es la segunda luna en la distancia de Saturno", "los géiseres de la luna **Encelado**", "más evidencias de presencia de agua líquida en **Encelado**", "la luna de Saturno **Encelado** revela misterioso paisaje", "la luna de Saturno **Encelado** esconde un océano salado", "la luna de Saturno **Encelado** fotografiada por la sonda Cassini", "la luna de Saturno **Encelado** podría albergar vida", "Atenea flechó al gigante **Encelado**", "el gigante **Encelado** en los Jardines de Versalles", "la lucha contra el gigantes **Encelado**".

☞ Google: 19 600 resultados de "luna Encelado"; 9 600 de "luna de Saturno Encelado"; 1 940 de "gigante Encelado". ☒

☞ Google: 196 000 resultados de "Encélado". ☑

153. *énclave* no es lo mismo que *enclave*

Algunas personas suelen creer que "enclave" es palabra esdrújula, escrita "énclave", porque suponen que tiene algún parentesco con "cónclave". Pero se trata de un barbarismo. El sustantivo masculino "enclave" es una palabra llana con la siguiente acepción principal: "Territorio incluido en otro con diferentes características políticas, administrativas, geográficas, etc." (DRAE). Ejemplo: *Gibraltar es un **enclave** estratégico en el Mediterráneo.* Convertir en palabra esdrújula la voz llana "enclave" es una atrocidad idiomática. No hay "énclaves", hay "enclaves". El término "enclave" proviene de "enclavar", verbo transitivo (con uso pronominal: "enclavarse") que tiene, entre otras, las siguientes acepciones: "Situar una cosa en cierto sitio" y "estar situada una cosa en cierto sitio". Ejemplo del DRAE: *El pueblo **se enclava** en el valle más fértil de la región.* Nada tiene que ver el término con "cónclave" (del latín *conclāve*), ésta sí, palabra esdrújula y que significa "con llave" o "lo que se cierra con llave" y que designa específicamente a la junta y al lugar en que se reúnen los cardenales de la Iglesia católica para elegir al papa, y se denomina "cónclave" porque el sitio se cierra con llave para que nadie salga ni entre ya habiéndose iniciado el proceso.

El término "énclave" es un barbarismo culto o, al menos, de personas ilustradas o informadas que se niegan a consultar el diccionario. Las páginas de internet están llenas de "énclaves", pero éstos también aparecen en publicaciones impresas: en libros y artículos de economistas, sociólogos, historiadores, académicos en general y, por supuesto, periodistas. En el diario mexicano *Milenio* un columnista escribe lo siguiente:

"Huentitán demanda y exige soluciones e inversiones para resolver las necesidades de la gente pero además, y sobre todo, para crecer y proyectarse como un **énclave** de desarrollo y oportunidades".

Más bien quiso referirse el columnista a

un **enclave** de desarrollo y oportunidades.

He aquí otros ejemplos de este desbarre debido a la tilde y a la errónea pronunciación esdrujulizada: "una legisladora dice que Tompkins quiere un **énclave** colonial", "el **énclave** más sagrado de Australia", "Lago Bañolas, un enigmático **énclave** lleno de secretos submarinos", "desaparecidos que pasaron por el **énclave** alemán", "una valla que separa Marruecos del **énclave** español de Melilla", "el **énclave** poblacional más antiguo", "un **énclave** bajo ocupación militar", "el **énclave** alemán en Chile que sirvió como centro de tortura", "un **énclave** de 100 000 habitantes en Abu Dhabi", "la indudable belleza de este **énclave**", "**énclaves** culturales en Siria y Libia en grave peligro de destrucción", "los **énclaves** místicos más importantes", "los **énclaves** hispanos del oriente".

Google: 7 860 resultados de "énclave"; 2 880 de "énclaves". ☒

154. *¿enfermedad patológica?, ¿enfermo patológico?*

A partir de la extrapolación entre la "enfermedad benigna" y el "padecimiento grave", muchos hispanohablantes caen en el equívoco de referirse a la "enfermedad patológica", lo cual es una barrabasada redundante, pues no hay enfermedad que no sea patológica. Veamos por qué. Podemos decir acerca de alguien que "padece celos patológicos" o que "es un celoso patológico", porque los celos pueden ser normales hasta cierto punto, pero se convierten en enfermizos ("celotipia") cuando desquician a la persona, y "desquiciar" (es decir, "trastornar") implica ya un desorden mental o una alteración de carácter psicológico. Hablamos, en este sentido, de una patología, pues los celos pueden ser normales e incluso benignos, en tanto no afecten el comportamiento del celoso ni dañen a la persona digna de sus celos y, más allá, a las personas que los rodean. Pero cuando hablamos de un "celoso patológico", nos estamos refiriendo a un "enfermo", y es que el elemento compositivo "pato-" (del griego *patho-*) es un prefijo que significa dolencia o afección, como en "**pato**logía" y "**pato**lógico". El sustantivo femenino "patología" se refiere a la "parte de la medicina que estudia las enfermedades" y al "conjunto de síntomas de una enfermedad" (DRAE). Ejemplo: *La **patología** de los celos suele desembocar en la violencia contra la pareja.* Por todo lo anterior, hablar y escribir sobre "enfermedad patológica" y "enfermo patológico" es incurrir en una redundancia bastante ridícula, pues, por definición, "patología" es sinónimo de "enfermedad" (del latín *infirmĭtas, infirmitātis*), sustantivo femenino que significa "alteración más o menos grave de la salud". *Padece una **enfermedad** grave.*

Aun tratándose de "enfermedades benignas", como la varicela y la rubéola, propias de la infancia, denominadas así porque no revisten gravedad y porque después de cumplir su ciclo desaparecen con el beneficio de la inmunidad para el paciente, de cualquier forma no dejan de ser patologías. Siendo así, no hay enfermedades que no sean patologías ni patologías que no sean enfermedades.

Los términos redundantes o tautológicos "enfermedad patológica" y "enfermo patológico" cada vez ocupan más espacios especialmente en el español escrito, lo mismo en internet que en publicaciones impresas y, lo más grave, en el ámbito médico y clínico. En una monografía de un especialista venezolano leemos lo siguiente:

☟ "Las **enfermedades patológicas** se han incrementado a través del tiempo. Cada vez son muchos más jóvenes que asisten a consultas médicas para mejorar su salud".

Más allá de la perogrullada del segundo enunciado, en buen español, sin redundancia, lo correcto es escribir en la primera oración:

☝ las **enfermedades** se han incrementado, o bien las **patologías** han aumentado.

✎ Aquí tenemos más ejemplos de esta barbaridad patológica y tautológica: "listado de **enfermedades patológicas**", "**enfermedades patológicas** por trastornos genéticos", "reconocimiento y diagnóstico de **enfermedades patológicas**", "**enfermedades patológicas** en la actualidad", "**enfermedades patológicas** pueden causar afección en las rodillas", "control de **enfermedades patológicas**", "manifestación de la **enfermedad patológica**", "consecuencia de una **enfermedad patológica**", "el amor es una **enfermedad patológica**", "fanáticos y **enfermos patológicos**", "se confesaron **enfermos patológicos**", "todos somos unos **enfermos patológicos**", "usted es un **enfermo patológico**".

☞ Google: 8 360 resultados de "enfermedades patológicas"; 5 310 de "enfermedad patológica"; 2 590 de "enfermos patológicos"; 2 350 de "enfermo patológico". ☒

155. *ennumerar* no es lo mismo que *enumerar*

El término "ennumerar" (con dos enes contiguas) es un dislate del correcto "enumerar" (con una sola ene), verbo transitivo (del latín *enumerāre*) que significa "enunciar sucesiva y ordenadamente las partes de un conjunto" (DRAE). Ejemplo: ***Enumeró** todas las causas por las que ha fracasado su gobierno.* De ahí el sustantivo femenino "enumeración": "acción y efecto de enumerar". Ejemplo: *Su **enumeración** resultó incompleta y poco convincente.* De ahí también el adjetivo "enumerativo": "que enumera". Ejemplo: *Fue una exposición **enumerativa** muy pobre y cuestionable.* El desbarre es escribir "ennumerar", "ennumeración" y "ennumerativo".

Se trata de un yerro de la escritura, aunque también es posible distinguirlo en la pronunciación. Abunda en internet y no es infrecuente en las publicaciones impresas. En el libro *Democracia y mercado*, de Adam Przeworski, leemos lo siguiente:

☹ "podríamos **ennumerar** incontables variaciones y diferenciar diversos tipos de instituciones democráticas".

El traductor y el editor quisieron que el autor dijera en español lo siguiente:

☺ podríamos **enumerar** incontables variaciones, etcétera.

✎ Otros ejemplos de este desbarre: "**ennumerar** los elementos químicos del ecosistema", "las ventajas se pueden **ennumerar**", "vale la pena **ennumerar** algunas de las manifestaciones culturales", "**ennumeró** las obras a realizar", "la académica **ennumeró** la falta de rendición de cuentas", "Roque Villanueva **ennumeró** posiciones del gobierno", "**ennumeración** de los derechos del niño", "una rápida **ennumeración** de temas y reflexiones", "cómo hacer **ennumeraciones** atractivas en una presentación", "ya **ennumeré** los obstáculos".

☞ Google: 12 900 resultados de "ennumerar"; 6 300 de "ennumeración"; 5 960 de "ennumeró"; 1 640 de "ennumere"; 1 140 de "ennumeré". ☒

156. *¿entendible?, ¿inentendible?, ¿inentendiblemente?*

La Real Academia Española es necia en muchas cosas, y frecuentemente exagera en su necedad llevando ésta a extremos cómicos. En su mamotreto incluye el adjetivo "entendible", pero lo remite a "inteligible", como sinónimo y como término más adecuado. Igualmente, se puede utilizar "comprensible". Ejemplo: *La necedad de la* RAE *es* ***entendible****: es una institución caprichosa y ridículamente imperial.* Esto quiere decir que su necedad es comprensible ("que se puede comprender") e inteligible ("que puede ser entendida"), pero nada más natural en relación con el entendimiento que lo "entendible" (que se puede entender). Pese a esta lógica evidente, la necia RAE no incorpora en su mamotreto el adjetivo opuesto a "entendible": "inentendible", cuyos sinónimos serían "incomprensible" e "ininteligible". Es un absurdo inentendible de la incomprensible e ininteligible RAE, porque, como ya vimos, "inentendible" es el antónimo directo y natural de "entendible", y no puede ser que se acepte uno pero se proscriba el otro. Hay que ser de veras necios (como los académicos de Madrid) para no entender esto. Ejemplos del todo correctos: "Una lengua **inentendible**", "una reacción **inentendible**", "un relato **inentendible**", "un doble discurso **inentendible**", "chilenismos **inentendibles**", "frases **inentendibles**", "palabras **inentendibles**", "sentencias **inentendibles**", "ideas **inentendibles**, etcétera. Aunque en las páginas del DRAE no aparezca el adjetivo "inentendible", los lectores pueden estar seguros de que se trata de un término correcto. ¡No se dejen impresionar por la presunta autoridad de los académicos madrileños y sus pares americanos y filipinos! Digan y escriban "inendendible" e "inendentibles" e incluso "inentendiblemente" (adverbio que significa: "de manera inentendible"), a despecho de la vieja, reaccionaria e incongruente RAE.

☞ Google: 2 340 000 resultados de "entendible"; 204 000 de "inentendible"; 66 600 de "inentendibles"; 5 170 de "inentendiblemente". ☑

157. *epifania* no es lo mismo que *epifanía*

Es común escuchar y leer el nombre propio "Epifania" (y su masculino "Epifanio") pero ello deriva de la ignorancia en el uso de los acentos ortográficos. Sabemos que, equivocadamente, los nombres propios suelen apartarse de las normas gramaticales y a veces ortográficas, rigiéndose únicamente por el capricho de cada quien, que pone y quita acentos como se le da la regalada gana. De modo que "Epifania" y "Epifanio", como nombres propios, no representan mayor problema en nuestra lengua. Sin embargo, en el caso del sustantivo común "epifania", éste es un barbarismo de "epifanía" (del latín *epiphania*), sustantivo femenino que tiene dos principales acepciones de acuerdo con el DRAE: "manifestación, aparición o revelación" y "festividad que celebra la Iglesia católica el día 6 de enero, en conmemoración de la adoración de los Reyes Magos". Ejemplos: *Su llegada tuvo el impacto de una* ***epifanía****; El obispo ofició la misa de* ***epifanía***. De ahí el adjetivo "epifánico" ¡que no registra el diccionario de la RAE, pero que es del todo correcto!: momento de revelación de algo excepcional. Ejemplo: *El cuento tiene un final* ***epifánico***. En conclusión, "epifanía" es palabra llana o grave con acento ortográfico (es decir, con tilde) en la penúltima sílaba. El acento recae en la "í" porque se trata de una palabra de cinco sílabas que debe dividirse del siguiente modo: *e-pi-fa-ní-a*; pero no *e-pi-fa-nia*, que hace caer el acento en la primera "a" de la palabra y, con ello, le resta una sílaba natural al término, pues no se realiza el hiato o la separación en el diptongo final "ia". Se trata de un barbarismo del habla que, sin embargo, se ha filtrado, como la humedad, en el español escrito lo mismo culto que inculto.

Las publicaciones impresas e internet dan cuenta de ello. La librería española Casa del Libro anuncia muy campante el tomo quinto de las *Obras completas* de William Shakespeare, que incluye las piezas:

♀ "*La doma de la* ***bravia*** y *Noche de* ***epifania***".

Quiso informar la librería que ese tomo incluye las comedias:

☝ *La doma de la* ***bravía*** (también conocida como *La doma de la furia* y *La fierecilla domada*) y *Noche de* ***epifanía*** (traducida también como *Noche de Reyes*).

✐ Resulta obvio que el hablante común del español transformó en "epifania" (para el nombre propio) la llamada Epifanía del Señor, es decir el rito litúrgico según el cual los Reyes Magos llegaron a adorar al niño Jesús, siguiendo una luz que desde entonces se conoce como la estrella de Belén. Por ello el término "epifanía" puede traducirse como Gloria de Dios o la Manifestación del Señor, y aún es frecuente escribir el término con mayúscula inicial: "Epifanía". Pero hay que decir también que hubo un santo llamado Epifanio de Salamina que lo echó a perder todo, pues "epifanía" no admitía el género masculino; seguramente a partir de él surgieron todas las "Epifanias" y "Epifanios" que ha habido y que hay. Más allá de los nombres propios, he aquí unos pocos ejemplos del barbarismo usado como sustantivo común: "tuve una **epifania**", "parroquia **Epifania** del Señor", "la **epifania** de la resurrección", "explicación sobre la **epifania**", "el enigma de la **epifania**", "acabo de tener una **epifania**", etcétera.

☞ Google: 8 500 000 resultados de "epifania"; 356 000 de "epifanias"; 19 800 de "tener una epifania"; 6 160 de "*Noche de epifania*". ☒

☞ Google: 1 510 000 resultados de "epifanía"; 348 000 de "epifanías"; 24 000 de "epifánico"; 19 700 de "*Noche de epifanía*"; 15 400 de "epifánica"; 5 550 de "epifánicos"; 4 920 de "epifánicas". ☑

158. *erradura* no es lo mismo que *herradura*

El término "erradura" es un dislate escrito en lugar de "herradura", sustantivo masculino que designa al "hierro [no confundir con "yerro"] aproximadamente semicircular que se clava a las caballerías en los cascos o a algunos vacunos en las pezuñas para que no se los maltraten con el piso" (DRAE). Ejemplo: *Le puso a su caballo* ***herraduras*** *nuevas.* De ahí el verbo transitivo "herrar" (no confundir con "errar": "equivocar, fallar, no acertar") que significa "ajustar y clavar las herraduras a las caballerías, o los callos a los bueyes" (DRAE). Ejemplo: *Fue necesario* ***herrar*** *a los bueyes para que no resbalaran en el camino empinado y pedregoso.* La misma gente que suele confundir los verbos "errar" y "herrar" comete también el barbarismo de escribir "erradura" en lugar del correcto "herradura".

Es un desbarre del español inculto, pero no es infrecuente en otros ámbitos del idioma. Su reino está en internet, pero tampoco es extraño en publicaciones impresas. En el portal electrónico del gobierno municipal de Huatulco, en el estado de Oaxaca, en México, leemos la siguiente información:

♀ "Se inaugura techado en jardín de niños de La **Erradura**".

Al principio puede uno suponer que se trata tan sólo de un error o errata en el encabezado de la información, pero en el cuerpo de la nota todo el tiempo se habla de la comunidad La Erradura. Muy bien haría el gobierno municipal en llevar a cabo los trámites necesarios para cambiar el nombre a esta comunidad y ponerlo en buen español, para que los nativos de esa localidad oaxaqueña no estén condenados a llevar esa falta ortográfica en sus documentos y más bien se sientan orgullosos de nacer en

☝ La **Herradura**.

✎ Otros ejemplos de este barbarismo: "los últimos sismos, cerca de La **Erradura**, Oaxaca", "pobladores de la **Erradura** reclaman conclusión de obra", "arreglan vías que antes parecían caminos de **erradura**", "colonia La **Erradura**", "venta de artesanias echas con **erraduras** en

Argentina", "yo sí creo en las **erraduras** como amuletos de la suerte", "**erraduras** de freno para bicicleta", "portones con **erraduras**", etcétera.

☞ Google: 34 200 resultados de "erradura"; 8 580 de "erraduras". ☒

159. *errático* no es lo mismo que *desacertado*, *errado* o *erróneo*

Otra vez son el futbol, en particular, y el medio deportivo en general, los agentes destructores del buen uso del idioma. Lo mismo en el habla (en la voz de los locutores, cronistas y comentaristas deportivos) que en la escritura (especialmente en las secciones deportivas de los diarios y en las revistas especializadas en futbol y en otros deportes), en este medio son muchos los que suponen que el adjetivo "errático" es sinónimo de los adjetivos "errado" ("que yerra") y "erróneo" ("que contiene error"). No saben estos benditos (porque jamás consultan el diccionario) que "errático" no tiene que ver con el sustantivo masculino "yerro" ("equivocación, descuido, desacierto"), sino con el sustantivo femenino "errancia" ("acción de errar, de andar vagando"). Su adjetivo sinónimo es "errante": "que anda de una parte a otra sin tener asiento fijo". En el diccionario académico, el adjetivo "errático" (del latín *errat̆icus*) posee dos acepciones: "Errante o que se mueve sin rumbo fijo o sin asentarse en un lugar" e "impredecible o que cambia con frecuencia". Por su parte, en el DUE, María Moliner ofrece únicamente la siguiente definición: "Se aplica a lo que está o aparece unas veces en un sitio y otras en otro", y nos da un ejemplo: *Un dolor* ***errático***. Siendo así, el famosísimo "judío **errante**" no era, por supuesto, un judío errado ni mucho menos herrado, sino un "judío **errático**", al igual que lo son una "estrella **errante**" o un "huracán de trayectoria **errática**". Los errados, cerrados y herrados son los loros del ámbito futbolístico y deportivo en general que, para decir que un jugador o un equipo tuvieron muchas fallas o cometieron muchos desaciertos, afirman que "estuvieron muy erráticos": sí, cómo no, vagando de aquí para allá, sin asiento en ninguna parte, como el judío errante y la estrella errante, como el huracán de trayectoria errática, como el vagabundo. Que el portero falle a la hora de detener el balón, que el delantero falle frente a la portería, que todo el equipo sea un desastre, tanto para defender como para atacar, no quiere decir que hayan estado "erráticos", sino errados; quiere decir que cometieron muchos "yerros" (equivocaciones, descuidos, desaciertos) y que por eso les fue como les fue.

Como ya dijimos, éste es un pendejismo del ámbito deportivo cuya influencia es amplia entre hablantes y escribientes. Por ello ya son muchas las personas de otros ámbitos que se han contagiado de este virus, lo mismo en el habla que en la escritura. Aparece en publicaciones impresas (periódicos especialmente), en la radio, la televisión e internet. En el diario español *El País*, ni más ni menos, en la sección deportiva leemos el siguiente titular:

“El Olympiacos vapulea a un Barça **errático**”.
Quiso informar el diario español a sus lectores, en buen español, que
el Olympiacos vapuleó a un Barça **desacertado o desarticulado.**

Para no ser menos, los mexicanos imitamos rápidamente los vicios españoles de la jerga deportiva y en *La Afición*, suplemento deportivo del diario mexicano *Milenio*, leemos que “Alebrijes le sacó el empate a un Cruz Azul **errático** y sin idea”. Quiso informar el suplemento acerca de un equipo de futbol “**desacertado** y sin aptitud”. Esta burrada del ambiente deportivo se ha extendido rápidamente a los demás ámbitos de nuestro idioma, incluso entre profesionistas y personas de buena escolaridad que, sin embargo, jamás consultan el diccionario y se dejan influir por los loros de la televisión, la radio, internet y los peores redactores de los diarios impresos y digitales. He aquí algunos ejemplos de este disparate: “Hispano venció a Boca en un juego **muy errático**”, “el gobierno ha sido **muy errático**” (suponemos que ha andado de aquí para allá, sin asentarse en sitio alguno), “Lanús se aprovecho de un Colón **muy errático**”, “un conjunto lituano **muy errático** en todas sus filas”, “toda la defensa se encontró desubicada y **muy errática**”, “estuvo **muy errática** durante todo el partido, en el que acabó con 41 errores no forzados”, “estuvimos **muy erráticos** y merecimos la derrota: Tomás Boy”, “no tuvimos continuidad con la pelota, estuvimos **muy erráticos**”, “fuimos **muy erráticos** y eso fue mortal”, “juego **errático** de la selección nacional”, “perdió los dos primeros sets con un juego **errático**”, “no hay que dejarse engañar por el desempeño **errático**”, “sólo Vidal y Sánchez se salvaron de un equipo **errático**”, “el Cruz Azul es un equipo **errático**” (será que se la pasa viajando), “defensa **errática**, pésimo pitcheo y mala dirección”, “Uruguay mostró dos caras: ataque contundente, defensa **errática**”, “Messi estuvo **errático** y Argentina cayó ante Brasil”, “Cristiano Ronaldo estuvo **errático** de cara al marco contrario” (¡qué bueno que también lo estuvo de cara a su propio marco!), “Neymar estuvo **errático** y espeso” (¡ah, chingá!), “Chicharito estuvo **errático** y falló un penal”.

Google: 30 000 resultados de “muy errático”; 11 100 de “muy errática”; 8 570 de “muy erráticos”; 7 690 de “juego errático”; 6 910 de “muy erráticas”; 4 130 de “desempeño errático”; 2 580 de “equipo errático”; 1 940 de “defensa errática”; 1 330 de “equipo muy errático”; 1 000 de “equipos erráticos”. ☒

160. *¿erudicción?, ¿inflacción?*

El término “erudicción” carece de todo sentido en nuestra lengua. Lo correcto es “erudición” (del latín *eruditio, eruditiōnis*), sustantivo femenino que significa “instrucción en varias ciencias, artes y otras materias”; “amplio conocimiento de los documentos relativos a una ciencia o arte”, y “lectura varia, docta y bien aprovechada” (DRAE). Ejemplo: *Su **erudición** siempre causa asombro.* De ahí el adjetivo y sustantivo “erudito” (del latín *erudītus*): “instruido en varias ciencias, artes y otras materias; persona que conoce con amplitud los documentos relativos a una ciencia o arte" (DRAE). Ejemplo: *Es indudablemente un **erudito**, pero su conversación es harto aburrida*. En un sentido despectivo o despreciativo se usa la expresión "erudito a la violeta", que se aplica a quien se jacta de mucho conocimiento y saber, pero que sólo tiene "una tintura superficial de ciencias y artes". Ejemplo: Los **eruditos a la violeta** *es el título de una obra de José Cadalso*. El desbarre está en decir y escribir "erudicción" en lugar del correcto "erudición". Parecido es el caso de "inflacción", término que no quiere decir nada en español. Lo correcto es "inflación" (del latín *inflatio, inflatiōnis*), sustantivo femenino que significa "acción y efecto de inflar" y "engreimiento y vanidad", pero también, en economía, "elevación general del nivel de precios". Ejemplo de esta última acepción que es hoy la más utilizada: *Es necesario frenar la **inflación***. De ahí el adjetivo "inflacionario": "perteneciente o relativo a la inflación monetaria". Ejemplo: *Aumentó 1% el índice **inflacionario***. Al igual que con el término "erudición" que muchas personas pronuncian y escriben "erudicción", con el sustantivo "inflación" muchas personas producen el horroroso palabro "inflacción". Fernando Lázaro Carreter escribió, en *El dardo en la palabra*, que este término, fruto de la ampulosidad fonográfica, se ha inflado en la boca de muchos y ha puesto en circulación esa "c" excedente ya no sólo en el habla sino también en la escritura. Y comentó al respecto: "No son teóricamente ignaros quienes pronuncian *inflacción*: hace pocas semanas, un ministro nos obsequió por televisión con un buen lote de *inflacciones* [...] y es el caso que un líder de la oposición democrática pronuncia de ese modo normalmente". Este disparate es particularmente de amplio uso en España, pero en México y en otros países, en el ámbito inculto de la lengua, estas "inflacciones" se confunden con "infracciones".

Como ya hemos dicho, son barrabasadas de personas con estudios profesionales que nunca abren un diccionario. Abundan en internet, pero no faltan en publicaciones impresas, especialmente en diarios y revistas. En el tercer tomo del libro *Ensayos sobre budismo zen*, de D. T. Suzuki, el traductor y el editor hacen decir lo siguiente al autor:

☞ "El Zen... actuó como misionero de la **erudicción** china en general".

Lo que el autor quiso decir en realidad es que

☞ el pensamiento zen actuó como misionero de la **erudición** china, etcétera.

✎ En el diario español *ABC* leemos el siguiente encabezado: "La **inflacción** subió el 2,1% en el mes de junio". Quiso informar el diario a sus lectores que "la **inflación** subió 2.1% en junio". Por lo demás, si ya sabemos que "junio" es el nombre de un mes, ¿qué sentido tiene decir y escribir "**el mes de junio**"? He aquí otros ejemplos de estos disparates, lo mismo hablados que escritos: "la **erudicción** de los medios" (¿cuál?), "la **erudicción** es conocimiento vacío" (seguramente, pero no así la erudición), "un océano de **erudicción**", "contenidos temáticos y de

erudicción", "la **erudicción** de su lenguaje" (¡sobre todo de su lenguaje!), "fruto de su gran **erudicción**", "la **erudicción** actual y el enciclopedismo se llaman Google y Wikipedia" (la **erudicción**, sí, seguramente; no así la erudición), "la estéril **erudicción** de las realidades concretas" (¡esta sí es cosa profunda!), "nos dejó una buena muestra de su **erudicción** y buen gusto", "su **erudicción** continuó deambulando por los pasillos" (y le habrá pegado un susto de muerte al más desprevenido), "Pablo tenía toda su **erudicción** y sabiduría fariséica por basura", "el entorno social prusiano le habría facilitado su **erudicción** en el tema cristiano-católico", "la importancia de la **inflacción** negativa", "¿por qué la **inflacción** beneficia a los deudores?", "la subida de la luz eleva la **inflacción**", "una constante denominada tasa de **inflacción** anual", "la **inflacción** remonta pero sigue en caída", "vaivén entre la **inflacción** y la tasa", "la subida salarial es inferior a la **inflacción**", "la **inflacción** interanual en Castilla y León", "se avecinan **inflacciones** elevadas para el Reino Unido", "reactivan cobro de **inflacciones** en tres municipios", "se aprueba el cuadro de **inflacciones** y sanciones", "estas **inflacciones** a la ley", etcétera (obviamente, en los últimos tres casos se trata de "infracciones").

☞ Google: 33 100 resultados de "inflacción"; 13 000 de "erudicción"; 3 700 de "su erudicción"; 3 040 de "inflacciones"; 1 760 de "mucha erudicción". ☒

161. *esbozado* no es lo mismo que *embozado*

"Esbozar" (del italiano *sbozzare*) es un verbo transitivo que significa "bosquejar", esto es "pintar o modelar los primeros rasgos de una obra pictórica, sin definir las formas del todo ni darle la última mano" (DRAE). Ejemplo: *Picasso no concluyó esas obras; apenas las* ***esbozó***. Una segunda acepción de "esbozar" es "insinuar un gesto, normalmente del rostro" (DRAE). Ejemplo: ***Esbozó*** *una sonrisa burlona*. En este sentido, el adjetivo "esbozado" (participio del verbo "esbozar") designa lo que se esboza o bosqueja. Ejemplo: *La obra únicamente quedó* ***esbozada***. Mucha gente suele decir y escribir "esbozado" cuando en realidad lo que desea es decir y escribir "embozado". Son dos cosas diferentes. El verbo transitivo "embozar" (con su pronominal "embozarse") significa "cubrir el rostro por la parte inferior hasta las narices o los ojos". Ejemplo: *Los delincuentes* ***se embozaron*** *para no ser identificados*. Una segunda acepción de "embozar" es "disfrazar, ocultar con palabras o con acciones algo para que no se entienda fácilmente" (DRAE). Ejemplo: *Estaba acostumbrado a* ***embozar*** *sus deseos*. De ahí el sustantivo masculino "embozo": prenda de vestir o parte de ella con que se cubre el rostro, o bien "recato artificioso con que se dice o hace algo" (DRAE). De ahí también el participio "embozado", adjetivo que se aplica a quien se emboza, es decir, se cubre la parte inferior del rostro. Ejemplo: *Jóvenes* ***embozados*** *lanzaron piedras a los granaderos y le mentaron la madre al PRI*. Cabe decir que "embozar" es un término compuesto de "en" y "bozo". El término "bozo" es de origen latino: *bucceus*, y significa, literalmente, "de la boca"; de ahí que una de sus acepciones sea "parte exterior de la boca" (DRAE). Siendo así, "embozar" es "cubrirse el bozo". De ahí el sustantivo masculino "bozal", una de cuyas acepciones es la siguiente: "dispositivo que se pone a ciertos animales en el hocico para que no muerdan"; de donde deriva el verbo transitivo "embozalar": "poner el bozal a los perros, a las caballerías, a las vacas, etc." (DRAE).

Confundir el "esbozo" (obra pictórica en primeros rasgos) con el "embozo" (bozo cubierto) es un disparate frecuente de periodistas que cada vez se extiende más en el habla común y en la escritura cotidiana. La influencia del periodismo es evidente en este desbarre. Por ejemplo, en el diario español *El País* leemos lo siguiente en un artículo que se refiere a las protestas políticas en México:

☟ "Las protestas han incluido destrucción y vandalismo, como cuando el 24 de abril manifestantes **esbozados** incendiaron las sedes de los tres partidos mayoritarios ubicadas en la capital guerrerense, Chilpancingo".

Quiso referirse la periodista de *El País* a

☝ "manifestantes **embozados**".

✎ La mayor parte de este dislate está en el periodismo, lo mismo impreso que electrónico. He aquí algunos ejemplos: "jóvenes **esbozados** se enfrentan con granaderos" (*El Universal*), "jóvenes **esbozados**, autocalificados como anarquistas, levantaron rejillas del alcantarillado" (*Excélsior*), "decenas de jóvenes **esbozados** secuestraron e incendiaron al menos ocho vehículos" (*NVI noticias*), "jóvenes **esbozados** y encapuchados" (*Quadratin*), "un grupo de jóvenes **esbozados** lanzó pintura roja" (*La Jornada*), "los jóvenes **esbozados** arribaron desde la madrugada" (*Mural* y *El Norte*), "tres camionetas con jóvenes **esbozados** de los rostros" (*Diario de Guerrero*), "militantes del PRI **esbozados** con pañuelos" (*Proceso*), "no se permitirá el tránsito de personas **esbozadas**" (*Terra noticias*), "un grupo de 13 personas **esbozadas**" (*El Sur*, de Acapulco), "organizadas y perpetradas por personas **esbozadas**" (*El Universal*), "en los hechos violentos se pudo confirmar la presencia de personas **esbozadas**" (*24 Horas*), "lamentó los enfrentamientos ocurridos entre personas **esbozadas** y la Secretaría de Seguridad Pública" (*Once noticias*), "vehículos con hombres **esbozados** y armados" (*Proyecto 40*), "grupos de anarquistas **esbozados**" (*Quadratin*), "con los rostros **esbozados**, encapuchados todos" (*Noroeste*), "los **esbozados** destruyen todo a su paso" (*El Informador*). Estos ejemplos demuestran que los periodistas consultan cada vez menos (o nunca) el diccionario, a pesar de que pueden hacerlo en internet.

☞ Google: cientos de resultados de "jóvenes esbozados"; "manifestantes esbozados"; "militantes esbozados"; "personas esbozadas y armadas"; "esbozados y armados"; "esbozados se enfrentan"; "joven esbozado"; "esbozados atacan"; "esbozados agreden"; "esbozados destruyen"; "con los rostros esbozados"; "anarquistas esbozados"; "esbozados lanzan proyectiles"; "esbozados golpean". ☒

162. *¿escalar alturas?, ¿escalar grandes alturas?*

¿Pueden considerarse redundantes las expresiones "escalar alturas" y "escalar grandes alturas"? La respuesta es afirmativa si partimos de la definición que da el DRAE para el verbo transitivo "escalar". Según el diccionario académico "escalar" es "subir, trepar por una gran pendiente o a una gran altura". Pero María Moliner discrepa del DRAE al ofrecer como primera acepción de "escalar" un significado mucho más general: "Subir a algún sitio", y sólo como tercera acepción el significado específico de "subir por una montaña hasta su cúspide". El problema de la definición académica es que únicamente acepta como "escalar" la acción de subir o trepar por una gran pendiente o a una gran altura y, siendo así, nadie que suba, por ejemplo, por una barda, la habrá "escalado", puesto que no se trata ni de una gran pendiente (cuesta o declive de un terreno) ni de una gran altura. Para el DRAE, el sustantivo femenino "altura" es en su primera acepción la "distancia vertical de un cuerpo a la superficie de la tierra o a cualquier otra superficie tomada como referencia", en tanto que el adjetivo "gran" (apócope de "grande") significa precisamente esto: grande o lo que supera en tamaño a lo común y regular. Si alguien sube por una barda, por muy alta que ésta sea, ¿se habrá elevado "a una gran altura"? Según la definición del DRAE, no. Y siendo así, para los académicos de Madrid, una barda no se escala o el hecho de subir una barda no implica escalarla. En cambio, para María Moliner, sí; porque "escalar" es simplemente "subir a algún sitio". Ejemplos: ***Escaló** la reja y entró a la propiedad*; ***Escaló** la Pirámide del Sol en Teotihuacán*; ***Escaló** el montículo*; ***Escaló** el Everest.* Una vez más María Moliner le gana la partida a la partida de académicos tardígrados, pues la acción de "escalar" se aplica lo mismo para una superficie u obstáculo no precisamente muy elevado que para una montaña. En donde se equivoca María Moliner es en cierto matiz de la tercera acepción que da al verbo "escalar" en el DUE. Escribe: "Subir por una montaña **hasta su cúspide**". No necesariamente **hasta su cúspide**; incluso si no se llega allá, quien realice la acción fallida, de todos modos habrá escalado la montaña algunos cientos o miles de metros. Se trata tan sólo de un matiz, pero es importante: no todos los escaladores de montañas llegan siempre a la cúspide, pero todos, sin duda, escalan montañas, aunque no coronen su acción. Por todo lo anterior, María Moliner en su *Diccionario de uso del español* define mucho mejor que el DRAE el verbo "escalar". De hecho, el DRAE lo define inexacta e incompletamente. Siendo así, "escalar alturas" y "escalar grandes alturas", más sus variantes, no constituyen redundancias, pues la acepción principal y general del verbo "escalar" es "subir a algún sitio" (DUE), aunque admita también el significado más específico de "subir, trepar por una gran pendiente o a una gran altura" (DRAE).

☞ Google: 6 220 resultados de "escalar alturas"; 5 120 de "escalar grandes alturas"; 2 290 de "escalando alturas"; 1 070 de "escalemos alturas"; 1 000 de "escala alturas". ☑

163. *escupitazo* no es lo mismo que *escupitajo*

El sufijo "-azo" se utiliza en palabras compuestas para dotar de cierto valor o matiz al término modificado (casi siempre un sustantivo). Explica el DRAE que, como elemento compositivo, "tiene valor aumentativo: *perrazo, manaza*; expresa sentido despectivo: *aceitazo*; expresa sentido ponderativo: *golazo, cuerpazo*; tiene valor afectivo: *padrazo*; a veces significa golpe dado con lo designado por la base derivativa: *porrazo, almohadillazo*; en algún caso, señala el golpe dado en lo significado por la base derivativa: *espaldarazo*". En cambio, el sufijo "-ajo" (del latín *-acŭlus* o *-atĭcus*) "forma sustantivos y adjetivos con valor entre despectivo y diminutivo" (DRAE), como en "tendajo", "migaja", "pequeñajo" y "escupitajo". En parte por ultracorrección y en gran medida por la falta de uso del diccionario, muchos hispanohablantes le imponen, impropiamente, el sufijo "-azo" a "escupitajo", y producen, por deformación, el palabro "escupitazo". Se trata de un barbarismo, pues el correcto sustantivo "escupitajo" (compuesto del verbo "escupir" más el sufijo "-ajo") significa "porción de saliva, flema u otra sustancia que se expele de una vez". Ejemplo: *Le lanzó un* ***escupitajo*** *a la cara*. Sus variantes son "escupitina" y "escupitinajo", y su sinónimo es "salivazo", sustantivo masculino que significa "saliva que se escupe de una vez" y que, por su terminación "-azo" lleva implícito el sentido o el valor de golpe dado con la saliva. Ejemplo: *Le lanzó un* ***salivazo*** *a la cara*. A diferencia de éste, en el que la base derivativa es el sustantivo femenino "saliva", en "escupitazo", en cambio, lo que tenemos es un barbarismo, pues no existe sustantivo alguno como base derivativa. En conclusión, lo correcto es "escupitajo" y no "escupitazo".

No se trata de un barbarismo exclusivo del ámbito inculto de la lengua; incluso personas de cierta cultura y altos grados escolares suelen decir y escribir "escupitazo". Benito Pérez Galdós lo usa en uno de sus *Episodios nacionales*: "Había volado la torre blindada de los peruanos con terrible estruendo y espantoso **escupitazo** de humo". Es más frecuente en el habla que en la escritura, pero las páginas de internet están llenas de "escupitazos" que no son raros en las publicaciones impresas, incluidos los libros. Su reino está en el ámbito del futbol. En el portal colombiano de ESPN se informa que

☞ "Diego Godín le dio un **escupitazo** al brasileño Deyverson al concluir el juego entre el Atlético de Madrid y Alavés".

Que dé gracias a Dios que no fue un escopetazo, pero lo que debió informar ESPN es que

☞ Diego Godín, futbolista uruguayo y finísima persona, le lanzó un **escupitajo** al brasileño Deyverson.

✎ He aquí más ejemplos de este barbarismo: "Ismael Valladares: Recibí un **escupitazo** en la cara", "tres años por lanzar un **escupitazo** al árbitro", "el **escupitazo** del belga Fellaini al Kun

Agüero", "insultos a CR7 y el **escupitazo** de Jesé", "Benzemá resta importancia a **escupitazo**", "le soltó el asunto y el **escupitazo**", "**escupitazo** a Bachelet", "esto es un **escupitazo** en la cara de los verdaderos escritores" (sí, de los verdaderos escritores que escriben "escupitazo"), "el **escupitazo** que le costó ocho partidos", "no merezco recibir un **escupitazo**", "dando un fuerte **escupitazo** en el suelo y pisándolo fuerte hasta desaparecerlo", "con **escupitazos**, insultos y botellazos fueron agredidos los jugadores", "mirá el video de los **escupitazos** que le tiran a Juan Román Riquelme", "Evans y Cissé intercambiaron **escupitazos**" (que en el futbol es como intercambiar cumplidos o camisetas), "pelea de **escupitazos** entre Godín y Deyverson" (en el futbol, algo así como jugar a los espadazos), "los **escupitazos** de Miley Cyrus a sus fanáticos" (deben ser fanáticos no de Miley Cyrus, sino de los escupitajos), "le caeremos a **escupitazos**", "el pueblo le respondió con un **escupitazo** en pleno rostro", "los tiros a bocajarro son **escupitazos** de fuego" (¡qué intensidad lírica!), "los latigazos del sol, los **escupitazos** de los volcanes" (¡sube la intensidad lírica!), "lanzó un **escupitazo** y se sonó ruidosamente la nariz", "sin dejar un hueco donde depositar un **escupitazo**", "te ahogaba las ideas en la fragua misma de un **escupitazo**"; "tenía el dorso de la mano en la boca para limpiarse el **escupitazo**" (¡pura literatura de altos vuelos!) y, como siempre hay algo peor, en una traducción colombiana de *Papá Goriot*, de Balzac, "por el modo como arrojaba un **escupitazo**, anunciaba una sangre fría imperturbable". ¡Pobres lectores, pobre Balzac!

☞ Google: 15 100 resultados de "escupitazo"; 8 320 de "escupitazos"; 6 430 de "el escupitazo"; 3 150 de "un escupitazo"; 1 000 de "los escupitazos". ☒

164. *¿esencia esencial?*

Los mismos que dicen y escriben "base fundamental", "bases básicas", "ejemplo ejemplar", "espíritu espiritual", "fundamento fundamental" y "mundo mundial", entre otras barrabasadas redundantes, son los que dicen y escriben "esencia esencial" y "esencias esenciales". Y todo ello como consecuencia de no consultar el diccionario para conocer el significado de las palabras. El sustantivo femenino "esencia" (del latín *essentĭa*) tiene las siguientes acepciones en el DRAE: "Aquello que constituye la naturaleza de las cosas, lo permanente e invariable de ellas"; "lo más importante y característico de una cosa"; "extracto líquido concentrado de una sustancia generalmente aromática"; "perfume líquido con gran concentración de la sustancia o sustancias aromáticas". Ejemplos: *Las humanidades constituyen la **esencia** de la universidad*; *La **esencia** del perfume era muy intensa*. De ahí el sustantivo femenino "esencialidad": "cualidad de esencial". Ejemplo: *La **esencialidad** de una universidad radica en las humanidades*. De ahí también el adjetivo "esencial" (del latín tardío *essentiālis*) con dos acepciones en el DRAE: "Perteneciente o relativo a la esencia" y "sustancial, principal, notable". Ejemplo: *La razón es la parte **esencial** del ser humano*. Resulta claro que el único adjetivo que no podemos aplicar al sustantivo "esencia" es, precisamente, "esencial", puesto que, en sí mismo, dicho sustantivo ya contiene esta cualidad. Podemos calificar la "esencia" con lo que deseemos (*esencia educativa, humana, femenina, filosófica, universal*, etcétera), pero no podemos aplicarle el calificativo de "esencial", puesto que lo "esencial" es sinónimo de "sustancial", "principal" y "notable", en tanto que la "esencia" es lo más importante y característico de una cosa. Siendo así, no hay "esencia" que no sea "esencial", y juntar dichos términos es cometer una burrada redundante, o sea rebuznancia. Incluso "esencia principal" es una redundancia, aunque menos bruta, dado que no repite el término de origen o raíz como adjetivo, y quizá sea perdonable si en el caso de la concentración de un líquido (un perfume, por ejemplo) haya más de una "esencia" (dos, tres) y una de ellas domine sobre las demás; aunque esto es ya rizar el rizo.

La barrabasada redundante "esencia esencial" (con su plural) la encontramos lo mismo en el español inculto que en la cultísima filosofía, lo cual revela que los extremos se tocan. Las páginas de internet y de las publicaciones impresas están llenas de "esencias esenciales". En la edición española del libro *Hölderlin y la esencia de la poesía*, de Martin Heidegger, traducido y prologado por Juan David García Bacca, éste afirma que

♀ "la **esencia esencial**, la raíz de la esencia o esencia enraizada, dirá Heidegger, al comienzo mismo de su conferencia, no es un universal... La **esencia esencial**, erradicable, es histórica: vale para casos privilegiados, para **ejemplos ejemplares**, discontinuos, sueltos, señeros".

Si tal es el sentido de lo que dijo y escribió en alemán Heidegger, su propósito era obviamente retórico, enfático, pleonástico por su intención deliberada, pero ello no deja de ser una elaborada redundancia, pero luego García Bacca, filósofo él mismo, como buen español, no sólo se solaza en el pleonasmo, sino que además le añade los "ejemplos ejemplares" para dar más lustre al galimatías. En realidad, en buen cristiano, en claro español, bastaba eliminar la reiteración "esencia esencial" y, simplemente, decir y escribir (y hacer decir a Heidegger):

☝ la **raíz de la esencia** o, mejor incluso, la **esencia original**.

✎ Ya sea en la filosofía o en la poesía, con mayor o menor intención deliberada, o en el lenguaje corriente, "esencia esencial" es pleonasmo o redundancia, más esto último que lo primero, pues en la mayor parte de los casos lo que hay es una total ignorancia de los significados del sustantivo "esencia" y del adjetivo "esencial". He aquí más ejemplos de este desbarre: "el conocimiento, que no es sino la **esencia esencial**", "pondrán ante nuestros ojos la **esencia esencial** de la Poesía", "más sobre la **esencia esencial** de la mujer", "que nuestra verdadera **esencia esencial** no desaparezca", "**esencia esencial** de trementina", "¿en qué consiste la **esencia esencial** de algo?", "notar su propia **esencia esencial**", "**esencias esenciales** para masajes", "compra

esencias esenciales online", "es cierto que hay **esencias esenciales**", "sus materias anímicas o **esencias esenciales**", "**esencias esenciales** para velas", "sus ingredientes de **esencias esenciales** actúan para enfriar y aliviar los músculos doloridos", ¡y que se joda el idioma!

☞ Google: 17 300 resultados de "esencia esencial"; 2 680 de "esencias esenciales". ☒

☞ Google: 19 100 resultados de "esencia principal"; 2 950 de "esencias principales". ☑

165. *¿espontaneo?, ¿expontaneo?, ¿expontáneo?*

"Espontáneo" (del latín *spontaneus*) es un adjetivo que significa voluntario o de propio impulso. Es palabra llana o grave, por lo cual exige la tilde en la penúltima sílaba, en cuyo caso el acento recae en la "a". Ejemplo: *Su apoyo fue del todo **espontáneo**.* Si omitimos la tilde, lo que leemos no es "espontáneo" sino *espontanéo*. De ahí también el adverbio "espontáneamente": "de modo espontáneo", y los sustantivos "espontaneidad" ("cualidad de espontáneo") y "espontaneísmo" ("actitud que preconiza la total espontaneidad", DRAE). Pero si ya de hecho es un barbarismo escribir "espontaneo" (sin tilde), mayor disparate es decir y escribir "expontaneo" o "expontáneo", sustituyendo la "s" por "x", como en "espectativa", "espectorar", "esplícito" y "esquisito", todos ellos dislates de la misma familia.

"Espontaneo" y "expontáneo" son barbarismos que, con mucha espontaneidad, aparecen en la lengua escrita y en el habla de las personas. Internet es su paraíso, pero no faltan estos yerros en las publicaciones impresas. En el portal electrónico de la librería mexicana Gandhi se anuncia el libro:

♀ *"El gesto **espontaneo**".*

Pero en la foto de la cubierta de la obra leemos lo que es correcto:

☝ *El gesto **espontáneo**.*

✎ Peor aun es el siguiente encabezado del diario colombiano *El Tiempo*: "Forjando un flamenco **expontáneo** para triunfar". El caso es que entre "espontaneos" y "expontáneos" se juntan millones de disparates. He aquí tan solo unos pocos ejemplos: "Ronaldo salvó a **expontáneo** de la cárcel", "medicina natural para prevenir el aborto **expontáneo**", "el ex presidente Ricardo Lagos recibió el cariño **expontáneo** de los vecinos", "posibles causas del aborto **espontaneo**", "teatro **espontaneo**", "las mejores fotos son las que salen **espontaneamente**", "el don de hablar **espontaneamente**", "actos **expontaneos** de bondad", "seamos **expontaneos**", "la generación **expontanea**", etcétera.

☞ Google: 1 600 000 resultados de "espontanea"; 1 490 000 de "espontaneo"; 333 000 de "espontaneas"; 239 000 de "espontaneos"; 111 000 de "expontanea"; 84 600 de "expontaneo"; 39 000 de "expontaneamente"; 35 300 de "expontánea"; 22 900 de "expontáneo"; 20 400 de "expontaneos"; 18 700 de "expontáneamente"; 7 900 de "expontáneos"; 6 140 de "expontáneas". ☒

166. *¿estado de derecho?, ¿estado de Derecho?, ¿Estado de Derecho?*

¿Cómo debe escribirse: "estado de derecho" (con minúsculas todas) o "Estado de derecho" (con mayúscula inicial en el sustantivo Estado)? No son pocas las personas que tienen esta duda porque el sustantivo masculino común "estado" (del latín *status*) tiene la acepción principal siguiente: "situación en que se encuentra alguien o algo, y en especial cada uno de sus sucesivos modos de estar". En este sentido si alguien escribe, por ejemplo, *El **estado de derecho** que existe en el país*, podría entenderse que se refiere al "estatus" (del inglés *status*, y éste del latín *status*: "estado, condición"), sustantivo masculino que significa "situación relativa de algo dentro de un determinado marco de referencia". Sin embargo, debe tomarse en cuenta que el sustantivo "Estado" (con mayúscula inicial) se aplica al "país soberano, reconocido como tal en el orden internacional, asentado en un territorio determinado y dotado de órganos de gobierno propios" (DRAE). Ejemplo: *Es obligación del **Estado** mexicano brindar seguridad a los ciudadanos*. La mayúscula inicial en "Estado" se utiliza para distinguir entre un país y una simple condición o estatus. En su *Diccionario de uso del español*, María Moliner es muy precisa cuando define la expresión "Estado de derecho" (con mayúscula inicial en el sustantivo Estado): "Estado en que la actuación de los gobernantes está sometida a las leyes". No es como el "estado de las cosas" (con minúsculas todas) que se refiere a la "situación en un sitio, de un asunto, etc., en cierto momento". Ejemplos: *El **Estado de derecho** en México prácticamente no existe*; *El **estado** en que se encuentra la aplicación de las leyes en México es deplorable*. El DRAE también es muy claro al respecto. Así define el sustantivo masculino "Estado de derecho" (igualmente con mayúscula inicial): "Régimen propio de las sociedades democráticas en el que la Constitución garantiza la libertad, los derechos fundamentales, la separación de poderes, el principio de legalidad y la protección judicial frente al uso arbitrario del poder". Siendo así, el siguiente ejemplo reiterativo es del todo aplicable: *El **Estado de derecho** en México deja mucho que desear*. En el *Libro de estilo* de *El País* la duda se despeja por completo. En sus páginas se define "Estado de derecho" (con mayúscula inicial también) como la "organización política de un país que garantiza el sometimiento de todos a las leyes elaboradas democráticamente", y en la entrada correspondiente a "Estado" especifica que "se escribe con mayúscula inicial, para evitar anfibologías, cuando se haga referencia a la organización política, o a los miembros de una federación. Por lo mismo, se escribirá *golpe de **Estado**, **Estado de derecho**, razón de **Estado***". Pero así como es erróneo escribir "estado de derecho", todas con minúsculas, es también un error escribir "Estado de **D**erecho", con mayúscula inicial en el sustantivo masculino "derecho", pues éste es un nombre común y, como tal, no exige ninguna distinción ni requiere de tratamiento especial alguno. Contra lo que crean los abogados y hombres de leyes en general, ponerle mayúscula inicial al sustantivo "derecho"

(Derecho) es tan absurdo como que los médicos la pongan en "medicina" (Medicina), los sociólogos en "sociología" (Sociología) y los filósofos en "filosofía" (Filosofía). En todos los casos, y en todos los demás relativos a materias, ciencias y disciplinas, se trata de sustantivos comunes.

En el caso del sustantivo "Estado de derecho", es abundante la gente que no conoce la escritura correcta. En internet, en el portal mismo de la ONU, leemos lo siguiente:

☟ "Las Naciones Unidas y el **estado de derecho**".

Como ya vimos, lo correcto tendría que ser:

☝ las Naciones Unidas y el **Estado de derecho**.

✎ Si en la misma ONU no saben esto, es comprensible del todo que mucha gente lo ignore o esté llena de dudas, y todo ello porque los hablantes y escribientes del español no consultan el diccionario ni por asomo. He aquí otros ejemplos de este desbarre: "promover el **estado de derecho** en los planos nacional e internacional", "modernización y **estado de derecho**", "la falta de un **estado de derecho** es el principal obstáculo en la lucha contra la pobreza", "respetando el **estado de derecho** saldremos adelante", "la evolución del **estado de derecho**", "el pilar fundamental del **Estado de Derecho** ha sido el principio de legalidad", "el concepto de **Estado de Derecho** se desarrolló durante el liberalismo", "la ausencia de un **Estado de Derecho** en México está afectando sensiblemente el comportamiento de la actividad económica", "México necesita fortalecer su **Estado de Derecho**", "a México le urge un verdadero **Estado de Derecho**", etcétera.

☞ "estado de derecho". ☒

☞ "Estado de Derecho". ☒

☞ "Estado de derecho". ☑

167. *estándard* no es lo mismo que *estándar*

"Estándard" y "estandard" (con tilde o sin ella, pero con una "d" final) son barbarismos de "estándar", adjetivo que proviene del inglés *standard* y que el DRAE define del siguiente modo: "que sirve como tipo, modelo, norma, patrón o referencia". Se usa también como sustantivo masculino, con similar significado. Ejemplos: *Refacción **estándar** para cualquier tipo de automóvil; La OCDE emite un nuevo **estándar** global único sobre el intercambio automático de información*. Su plural es "estándares". Ejemplo: ***Estándares** para la educación básica*. En singular es palabra llana o grave, que debe llevar tilde en la penúltima sílaba; en plural, conserva la tilde, pero es palabra esdrújula. De ahí el verbo transitivo "estandarizar" (tipificar, ajustar a un tipo de norma), el sustantivo "estandarización" (acción y efecto de estandarizar) y el adjetivo "estandarizado" (que tiene características estándar). Ejemplos: *Es necesario **estandarizar** los criterios de evaluación; La **estandarización** de operaciones ayudará a una mejor norma de calidad; Lo que se aplica es un esquema **estandarizado** de calificación*. El doble desbarre es escribir "estándard" o "estandard", términos que no pertenecen ni al español ni al inglés, pues en este idioma su pronunciación es, aproximadamente, la siguiente: *esténderd*.

"Estandard" y "estándard" son barbarismos que están sumamente extendidos en nuestra lengua, tanto en publicaciones impresas como electrónicas y en ello tiene mucha culpa la Real Academia Española, pues vaya uno a saber por qué sinrazón incluye en su diccionario el sustantivo femenino "estandar**d**ización" (como sinónimo de "estandarización") y el verbo "estandar**d**izar" (como equivalente a "estandarizar"). No hay razón alguna para ello, pues, estrictamente, "estandar**d**ización" y "estandar**d**izar" son barbarismos al igual que "estándard" y "estandard", aunque le pese a la RAE. Probablemente en España dichos términos se utilicen con singular alegría, pero esto no quiere decir que sean correctos. En el libro español *La lingüística: su historia y su desarrollo* (Montesinos Editor), de Sebastià Serrano, leemos las siguientes reiteraciones del barbarismo:

☞ "En 1932 Havranek publicó un artículo titulado: 'Las funciones de la lengua **estándard** y su cultivo' en un número monográfico de la revista del Círculo dedicado al checo **estándard**. Havranek diferencia entre manifestaciones populares de la lengua y lengua **estándard**".

En todos estos casos, y en muchos más del mismo libro, lo que el autor quiso decir y repetir es el correcto término:

☝ **estándar**.

✐ Son numerosos estos barbarismos en nuestra lengua, ya sea que estén escritos con tilde o sin ella, pero siempre con una "d" final. He aquí otros ejemplos: "habitaciones **estándard**", "México adoptará un **estándard** asiático", "especificación **estándard** para tuberías", "la importancia de no salirse del **estándard**", "características **estándard** de los equipos", "análisis matemático no-**estandard**", "**estandard** de comunicaciones", "tarifas **estandard**", "nuevo **estandard** para el control de viruela". Si a esto le sumamos el "estandar**d**izar" y la "estandar**d**ización" del DRAE, podemos comprender por qué hablamos y escribimos cada vez peor el español. ¡Quizá en su próxima edición el diccionario académico acepte que el plural de "estándar" puede ser también "estándar**d**es"!

☞ Google: 1 200 000 resultados de "estandard"; 371 000 de "estándard". ☒

☞ Google: 18 100 resultados de "estandardizar"; 18 000 de "estandardización". ☒☒

☞ Google: 104 000 000 de resultados de "estándar"; 2 370 000 de "estandarización"; 1 510 000 de "estandarizado"; 1 090 000 de "estandarizar". ☑

168. *éste último* no es lo mismo que *este último*

A diferencia de los académicos de la RAE, Álex Grijelmo, en su libro *El estilo del periodista*, orienta muy bien al escribiente profesional del español en este caso en particular. Explica: "Hasta hace poco se han venido acentuando los pronombres demostrativos para distinguirlos de algún adjetivo de igual índole. Sin embargo, la Academia recomienda ahora suprimir la tilde en los pronombres demostrativos incluso a riesgo de confusión con sus colegas los adjetivos. Por lo general, los libros de estilo no se muestran tan magnánimos y obligan a acentuar los pronombres demostrativos (norma que estuvo vigente en el castellano hasta el siglo xx), en la idea de que casi nunca queda tan claro de qué se trata. En cualquier caso, lo que no se puede acentuar es el adjetivo demostrativo. Y en ese error caen con frecuencia los periodistas —especialmente los de las páginas deportivas— cuando escriben 'éste último': 'El equipo médico examinó ayer a Messi y Bojan. Éste último arrastra molestias desde febrero'. Si suprimimos 'último' sí cabría acentuar 'éste', porque pasa de adjetivo a pronombre. Pero nunca si 'este' acompaña a un sustantivo, en cuyo caso cumple el papel de adjetivo y no de pronombre". Una tilde de más o de menos le parece irrelevante a mucha gente y por cierto también a la Real Academia Española. Pero la tilde no es nada más un capricho de quienes no tienen nada que hacer y les da por andar imponiendo, en el caso del español, un rasgo a alguna vocal para complicarles las cosas a los holgazanes. La tilde o acento es un signo ortográfico español que sirve para distinguir conceptos y matices del idioma escrito. El simple hecho de no ponerla donde se debe, ocasiona anfibologías y disparates. No es lo mismo "revolver" que "revólver", no es lo mismo "carne" que "carné" y, como ya se les ha explicado infinidad de veces a los académicos madrileños, no es lo mismo "solo" que "sólo", porque, definitivamente, no puede ser lo mismo *Me la jalé* ***solo*** *una vez* que *Me la jalé* ***sólo*** *una vez*. En el primer caso se da por descontado que nadie me acompañaba en tan triste faena; en el segundo quién sabe. De esta misma manera, no es lo mismo "este" que "éste" y, en consecuencia, tampoco es lo mismo "este último" (expresión correcta) que "éste último" (expresión incorrecta). El término "este" (sin tilde) es un adjetivo demostrativo que se aplica a algo o a alguien que está cerca de la persona que habla. Ejemplo dialogado: *—Me regaló* ***este*** *pinche libro* [mostrándolo] *de Paulo Coelho. —¿Quién? —****Este*** *cabrón* [señalándolo]. En el caso del término "éste" (con tilde) no se trata de un adjetivo sino de un pronombre demostrativo y, como bien señala María Moliner, puede (o más bien debe) llevar tilde como en el siguiente ejemplo: *Éste* [y se le señala] *se la ha pasado chingue y chingue.* O retomando nuestro ejemplo dialogado: *—Me regaló* ***este*** *pinche libro* [mostrándolo] *de Paulo Coelho. —¿Quién fue el cabrón? —****Éste*** [señalándolo]. Dicho lo anterior, contra todo lo que enmarañadamente trate de argumentar la Real Academia Española para no tildar los pronombres demostrativos y el adverbio "sólo", "este" (adjetivo) no lleva tilde, pero "éste" (pronombre) debe llevarlo. Ejemplo: *Tenía muchos motivos para dejar el empleo, entre ellos la falta de respeto;* ***este último*** *fue decisivo.* Aquí "este" es un adjetivo y "último" no cumple una función adjetival sino nominal: el adjetivo "este" modifica al sustantivo "último". Distinto, en cambio, es el siguiente ejemplo: *Tenía muchos motivos para dejar el empleo; entre ellos la falta de respeto; **éste** fue decisivo.* Aquí el término "éste" (con tilde) es un pronombre ("palabra que se utiliza para designar a alguien o algo, sin emplear su nombre, como *éste, ellos, algunas*, etc.", DUE) y por tanto remite, sin nombrarlo, al motivo "falta de respeto". El error consiste en tildar el adjetivo "este" (como en "éste último"), siendo que únicamente debe imponerse tilde al pronombre, como en el siguiente ejemplo: *De todos los pendejismos de la RAE, **éste** es uno de los peores.*

En gran medida porque la Real Academia Española confunde a los hablantes y escribientes en lugar de orientarlos, son muchas las personas que cometen este error que es terror. Muchos profesionistas no saben la diferencia entre un adjetivo demostrativo y un pronombre demostrativo. En el diario deportivo argentino *El Gráfico* leemos el siguiente encabezado (¡obviamente de futbol!):

☹ "En **éste último** tiempo Boca se equivocó".

Debió informarse, en correcto español, que

☺ en **este último** tiempo el equipo Boca Juniors se equivocó.

✎ Más ejemplos de este error tan común que cometen incluso escritores muy conocidos y reconocidos, en gran medida por culpa de la vieja y retrógrada RAE que hasta cuando quiere ser "moderna" la caga: "tras cada elección de **éste último**", "en **éste último** viaje", "**éste último** había resultado traidor", "había comprendido antes de que **éste último** empezara a hablar", "y aunque **éste último** tenía coche prefería ir en el tren", "**éste último** tiempo es muy recurrente que tengas problemas", "**éste último** intentó asaltar al agente", "**éste último** dirigirá tu vida", "**éste último** fin de semana", "padre e hijo detenidos por agredir a la madre de **éste último**", "**éste último** no lo recuerdo bien", "**éste último** recoge antes a sus clientes", "**éste último** está desaparecido", etcétera.

☞ Google: 3 210 000 resultados de "éste último". ☒

☞ Google: 25 900 000 resultados de "este último". ☑

169. *¿evidencía?, ¿evidencían?*

Los términos "evidencía" y "evidencían" son barbarismos de "evidencia" y "evidencian", conjugaciones de la tercera persona del singular y del plural del presente de indicativo del verbo transitivo "evidenciar": "Hacer patente y manifiesta la certeza de algo"; "probar y mostrar que no solo es cierto, sino claro" (DRAE). Ejemplo: *Decir "**evidencía**" y "**evidencían**", **evidencia** que la gente no abre el diccionario, pues este verbo se conjuga como "anunciar".* "Evidencia" es también sustantivo femenino (del latín *evidentia*) con dos acepciones principales en el diccionario académico: "Certeza clara y manifiesta de la que no se puede dudar" y "prueba determinante en un proceso".

Ejemplo: *Esa **evidencia** lo hundió para siempre.* De ahí el adjetivo "evidente" (del latín *evĭdens, evidentis*): "cierto, claro, patente y sin la menor duda", y el adverbio "evidentemente": "de manera evidente". Ejemplos: *Es **evidente** que quien dice y escribe "evidencía" no suele consultar el diccionario; Así es, **evidentemente**.* Si bien los hablantes y escribientes del español no tienen problema con el sustantivo "evidencia", son muchos los que dicen y escriben "evidencía" y "evidencían", cuando conjugan el verbo "evidenciar", del mismo modo que dicen y escriben "financía" y "financían", en vez de los correctos "financia" y "financian" (del verbo "financiar"), y "negocía" y "negocían", en vez de los correctos "negocia" y "negocian" (del verbo "negociar"). Se trata de horrorosos palabros cultos que pertenecen al ámbito no sólo escolarizado sino especialmente universitario, y quienes los usan deberían pensar que nadie (o quizá nunca nadie) ha conjugado los verbos "anunciar" y "comerciar" (que comparten el mismo modelo de "evidenciar", "financiar" y "negociar") en las terceras personas del presente de indicativo con los disparates "anuncía" y "anuncían", "comercía" y "comercían". Sería suficiente para avergonzarse y desterrar de una vez por todas, en su habla y en su escritura, estas erróneas formas con las que no tropezaría ni siquiera un niño. Estos verbos no tienen como modelo de conjugación el verbo "ansiar" (*yo ansío, tú ansías, él ansía*, etcétera), sino el verbo "anunciar" (*yo anuncio, tú anuncias, él anuncia*, etcétera).

Durante una entrevista en televisión, un ingeniero muestra un fragmento de meteorito y dice:

♀ "Esto **evidencía** que el universo es más antiguo de lo que se supone".

Quiso decir el ingeniero, al parecer muy experimentado en su campo, que

☝ "esto **evidencia** que el universo es más antiguo", etcétera.

✎ Resulta obvio que las mismas personas que dicen y escriben "evidencía" y "evidencían", dicen y escriben también "financía" y "financían" y "negocía" y "negocían". Son barbaridades de las que ni siquiera se percatan porque jamás abren un diccionario de la lengua española, más allá de que puedan ser muy capaces en su respectivo ámbito profesional. He aquí algunos pocos ejemplos de estos desbarres frecuentes en el habla, en internet y en publicaciones impresas (diarios, libros, revistas): "Eva Cadena **evidencía** a Morena", "**evidencía** titular de Copred ausencia de sanciones", "Uber **evidencía** descuido en el transporte público", "Hollywood **evidencía** falta de ideas", "**evidencían** nuevo robo", "**evidencían** gastos no justificados", "las cosas que lo **evidencían**", "maestros **evidencía**n deficiencias", "**evidencían** prepotencia de servidor público", etcétera.

☞ Google: 31 700 resultados de "evidencía"; 9 990 de "financía"; 8 390 de "negocía"; 5 630 de "evidencían"; 2 910 de "financían"; 1 660 de "negocían". ☒

☞ Google: 39 900 000 resultados de "evidencia"; 12 200 000 de "financia"; 10 300 000 de "negocia"; 3 510 000 de "evidencian"; 2 450 000 de "negocian"; 1 860 000 de "financian". ☑

170. *exacervar* no es lo mismo que *exacerbar*

El término "exacervar" es un barbarismo culto de "exacerbar" (del latín *exacerbāre*), verbo transitivo y pronominal ("exacerbarse") que tiene tres acepciones en el DRAE: "Irritar, causar muy grave enfado o enojo"; "agravar o avivar una enfermedad, una pasión, una molestia, etc."; "intensificar, extremar, exagerar". Ejemplos: *Donald Trump* ***exacerbó*** *el odio contra los mexicanos en Estados Unidos; La falta de atención adecuada* ***exacerbó*** *las molestias del enfermo.* De ahí el sustantivo femenino "exacerbación": "acción y efecto de exacerbar". Ejemplo: *La* ***exacerbación*** *del odio racial se ha extendido en los países europeos.* De ahí también el adjetivo participio "exacerbado": "irritado, agravado, exagerado". Ejemplo: *El odio racial en Europa y Estados Unidos se ha* ***exacerbado***. Lo incorrecto es escribir "exacervar", "exacervación" y "exacervado", con "v" en lugar de "b". Cabe señalar que este verbo, este sustantivo y este adjetivo son parientes cercanos del adjetivo "acerbo" (que no debe confundirse con el sustantivo "acervo"), del latín *acerbus*, que significa "áspero al gusto" y "cruel, riguroso, desapacible" (DRAE). Ejemplo: *Descortés y grosero, Fulano siempre ha tenido un comportamiento* ***acerbo***. De ahí el sustantivo "acerbidad": "propiedad de acerbo", y el adverbio "acerbamente": "de manera acerba o cruel". Ejemplos: *Su* ***acerbidad*** *es innegable: en la reunión todos pudieron presenciar cómo se comportó* ***acerbamente***. Quienes confunden el adjetivo "acerbo" con el sustantivo masculino "acervo" (del latín *acervus*: montón): "conjunto de bienes culturales acumulados por tradición o herencia" (DRAE), son también, seguramente, los que confunden "exacerbar" ("irritar, agravar, extremar, exagerar") con "exacervar", término éste que no tiene ningún significado en español.

Dado que el verbo "exacerbar", el sustantivo "exacerbación" y el adjetivo "exacerbado" no forman parte del uso inculto de la lengua, "exacervar", "exacervación" y "exacervado" son barbarismos cultos de la lengua escrita. Los hallamos en páginas de internet sobre medicina, sociología y política, pero también en publicaciones impresas de estas mismas disciplinas, y también en el periodismo de información general. En el diario español *El País*, en un texto sobre la obra fotográfica de José Vázquez, leemos lo siguiente:

☞ "Sus fotografías son sobre todo paisajes del litoral gallego y primeros planos de marineros, dotados todos ellos de un **hiperrealismo exacervado**".

No se trata únicamente del barbarismo "exacervado", sino también, en este caso, de otra muestra de redundancia española, pues el sustantivo "hiperrealismo" es definido por el DRAE como "**realismo exacerbado** o sumamente minucioso". De tal forma que el término "hiperrealismo" ya contiene de suyo la propiedad o cualidad de "exacerbado", y siendo así el redactor de la nota debió simplemente escribir que los paisajes fotográficos de José Vázquez están todos ellos:

☞ "dotados de **hiperrealismo**" o bien "dotados de un **realismo exacerbado**".

✎ He aquí otros ejemplos de este desbarre culto: "es un purismo **exacervado**", "el gusto **exacervado** por el placer", "el barroquismo más **exacervado**", "en un mundo que premia al animal social **exacervado**", "contradicción **exacervada**", "es una forma **exacervada** de ansiedad", "gracias a su **exacervada** imaginación", etcétera.

☞ Google: 6 220 resultados de "exacervado"; 3 140 de "exacervada"; 1 990 de "exacervar"; 1 360 de "exacerva"; 1 340 de "exacervados"; 1 000 de "exacervando". ☒

171. *¿excelentemente bien?*

Si el adjetivo "excelente" (del latín *excellens, excellentis*) significa "que sobresale por sus óptimas cualidades", resulta sin duda una grosera redundancia decir y escribir "excelentemente bien", pues "excelentemente" es un adverbio que significa "con excelencia", y "bien" (del latín *bene*), en su forma adverbial, significa "perfecta o acertadamente, de buena manera" (DRAE). El diccionario académico ofrece los siguientes ejemplos: *Juan se conduce siempre* ***bien***; *Pedro lo hace todo* ***bien***. Si, para estos mismos ejemplos, deseamos mayor énfasis, podríamos decir y escribir: *Juan se conduce siempre* ***excelentemente*** y *Pedro lo hace todo* ***excelentemente***, pero de ningún modo *Juan se conduce* ***excelentemente bien*** ni *Pedro lo hace todo* ***excelentemente bien***, pues en estos dos últimos casos cometemos muy gruesas redundancias. Lo contrario ("excelentemente mal"), menos habitual, es también un despropósito, un disparate. No hay nada que pueda ser "excelentemente mal". La rebuznancia "excelentemente bien" pertenece al lenguaje coloquial, pero ya se ha ido incrustando en la escritura incluso de profesionistas. En el periodismo es un latiguillo involuntario de gente que pretende mayor énfasis en el elogio, la loa y el ditirambo.

En una página argentina de internet que pretende ser guía para la "redacción de contenidos en la web", leemos lo siguiente:

♀ "Una buena edición marca la diferencia entre un texto escrito y uno **excelentemente bien** escrito".

Quisieron decir y escribir los redactores que desean guiar a quienes escriben en la red que

☝ Una buena redacción marca la diferencia entre un texto escrito y otro **excelentemente** escrito (o **bien** escrito).

✎ Son muchos los universitarios y profesionistas que dicen y escriben, reiterativamente, la infeliz redundancia "excelentemente bien" y no son pocos aquellos que persisten en su incorrección aunque se les señale. He aquí algunos ejemplos de esta torpeza redundante: "me siento **excelentemente bien**", "estoy bien pero no **excelentemente bien**", "**excelentemente bien** expuestas", "**excelentemente bien** ubicado", "**excelentemente bien** conservada", "las plantas están **excelentemente bien** cuidadas", "a mi hija la veo **excelentemente bien**", "está **excelentemente**

bien escrito" (¡y lo dice un escritor!), "Jaime Almeida se veía **excelentemente bien** hace unos días" (noticia sería que se hubiera visto **excelentemente mal**), "**excelentemente bien** servida", "**excelentemente bien** actuada", etcétera.

☞ Google: 194 000 resultados de "excelentemente bien"; 1 000 de "excelentemente mal". ☒

172. *¿excepción ocasional?, ¿excepción rara?*

¿Hay excepciones que no sean ocasionales, es decir que no ocurran rara vez? Para responder a ello basta con saber qué es una "excepción" y cuál es el significado de "ocasional". El verbo transitivo "exceptuar" (del latín *exceptus*: "retirado, sacado") significa "excluir a alguien o algo de la generalidad de lo que se trata o de la regla común" (DRAE). También admite el uso pronominal: "exceptuarse". Ejemplos: *Debido a la tormenta hay que* ***exceptuar*** *en el viaje las zonas accidentadas; Deben* ***exceptuarse*** *en el viaje las zonas accidentadas*. De ahí el sustantivo femenino "excepción" (del latín *exceptio, exceptiōnis*): "acción y efecto de exceptuar" y "cosa que se aparta de la regla o condición general de las demás de su especie" (DRAE). Ejemplo: *Nunca salgo después de medianoche, pero hoy haré una* ***excepción***. De ahí también el sustantivo femenino "excepcionalidad" ("cualidad de excepcional") y el adverbio "excepcionalmente" ("de manera excepcional"). Ejemplos: *Es una* ***excepcionalidad*** *que salga después de medianoche;* ***Excepcionalmente*** *me dejo convencer y acepto salir tan tarde*. De ahí la conjunción "excepto" que "introduce un elemento que supone una excepción dentro de un conjunto o una totalidad que pueden o no estar expresos" (DRAE). Ejemplo: *Todos llegaron,* ***excepto*** *ella*. Finalmente, el adjetivo "excepcional", cuyas acepciones son las siguientes: "Que constituye excepción de la regla común"; "que se aparta de lo ordinario, o que ocurre rara vez" (DRAE). Ejemplo: *Haber aceptado salir de casa después de la medianoche es* ***excepcional***. Debemos poner atención en la frase "que ocurre rara vez", que es lo que distingue a lo "excepcional" y, por tanto, a la "excepción". En el caso del adjetivo "ocasional", la definición es muy precisa: "que únicamente ocurre o actúa en alguna ocasión". Ejemplo: *Para mí, salir de casa después de medianoche es algo* ***ocasional***. El significado del adverbio "ocasionalmente" refuerza este sentido: "por ocasión o contingencia" (DRAE). Ejemplo: *Sólo* ***ocasionalmente*** *salgo de casa después de la medianoche*. Visto y dicho lo anterior, resulta obvio que "excepción ocasional" y "excepciones ocasionales" son disparates por redundancia. No hay, no puede haber excepciones que no sean ocasionales, es decir contingentes, que ocurren rara vez. Si algo no se aparta de la regla, entonces no es excepcional ni constituye una excepción. Hermana gemela, igualmente fea, de esta rebuznancia es "excepción rara" o "rara excepción", pues, como ya vimos, el adjetivo "excepcional" significa "que ocurre rara vez", en tanto que el adjetivo "raro" (del latín *rarus*) significa, entre otras cosas, "extraordinario, poco común o frecuente" (DRAE). Ejemplo: *Sólo* ***rara*** *vez salgo de casa después de medianoche*. Resulta por demás obvio que las excepciones conllevan la connotación de raras o, dicho de otro modo, para que lo entiendan hasta los amantes de las redundancias, *sin excepción, no hay excepciones que no sean raras,* pues de otro modo dejarían de ser excepciones y dejarían de constituir rarezas. Tanto "excepción ocasional" como "excepción rara" son hermanas horriblemente redundantes a las que hay que mandar de paseo.

Pertenecen al ámbito culto, o al menos ilustrado, de la lengua; habituales entre académicos, escritores y periodistas. Son frecuentes en internet, pero no excepcionales en publicaciones impresas. En la Wikipedia leemos lo siguiente, ¡en su *Manual de estilo*!:

☞ "Esta guía forma parte del *Manual de estilo* de Wikipedia en español. Los editores deberían seguirla, **excepto** cuando el sentido común y las **excepciones ocasionales** sirvan para mejorar el artículo".

¿**Excepto cuando... las excepciones ocasionales**? ¡Vaya tíos y vaya galimatías! Quisieron referirse los editores de la Wikipedia en español a

☝ las **excepciones**, y punto.

✎ En el diario español *El País* leemos el siguiente titular: "Juan Lladó, una **rara excepción** de banquero". Será, ¡seguramente!, porque en España (el reino de la redundancia y el pleonasmo) abundan las excepciones que no son raras. He aquí otros ejemplos de estas rebuznancias: "una habitual placidez sólo turbada por algunas **excepciones ocasionales**", "el realista podría en principio admitir las **excepciones ocasionales**", "habían quizá **excepciones ocasionales**", "y pueden aplicar **excepciones ocasionales**", "había **excepciones ocasionales** a esta regla", "con la **excepción ocasional** de la autora", "se tiene que hacer una **excepción ocasional**", "benditas sean las **raras excepciones**", "las **raras excepciones** de la naturaleza", "se logró un crecimiento elevado con **raras excepciones**", "debemos hacer notar la **rara excepción**", "lo que yo vi ese día fue la **rara excepción**", "la **excepción rara** es la de los posibles testamentos", "en este comercio no están implicadas **excepciones raras**" y, como siempre hay algo peor, "**salvo en raras excepciones**" y "**excepto raras excepciones**". (¡Olé, tíos!)

☞ Google: 245 000 resultados de "raras excepciones"; 39 000 de "rara excepción"; 7 520 de "excepción rara"; 7 110 de "excepciones raras"; 5 600 resultados de "excepciones ocasionales"; 2 860 de "excepción ocasional"; 1 670 de "ocasionales excepciones"; 1 150 de "ocasional excepción".

173. *¿exequias fúnebres?, ¿honras fúnebres?*

¿Hay exequias que no sean fúnebres? Veamos. El sustantivo femenino plural "exequias" (del latín *exsequiae, exsequiārum*) significa, literalmente, "honras fúnebres" (DRAE) o bien "cultos y solemnidades religiosas que se hacen por los difuntos" (DUE). Por otra parte, el adjetivo "fúnebre" (del latín *funĕbris*) se aplica a lo "perteneciente o relativo a los difuntos" (DRAE). Es obvio, entonces, que no hay "exequias" que no sean "fúnebres", y en cuanto a las "honras" cabe decir que el sustantivo femenino "honra" significa, entre otras acepciones, "demostración de aprecio que se hace a alguien por su virtud y mérito" (DRAE), y que el plural acompañado del adjetivo "fúnebres" se aplica al "oficio solemne que se celebra por los difuntos algunos días después del entierro, y también anualmente" (DRAE) o bien, como escribe con más precisión y mejores sesos María Moliner, "funeral o cualquier acto religioso celebrado por los difuntos" (DUE). Siendo así, es posible, aunque muy poco probable, que existan las "honras vivas" (para celebrar, en vida, las virtudes y los méritos de alguien) que, generalmente, se llaman "honores", pero lo indiscutible es que las "exequias" son siempre "fúnebres". Por tanto, decir y escribir "exequias fúnebres" es otra de las tantísimas redundancias en nuestro idioma. Basta con decir "exequias" y punto.

Esta redundancia es del ámbito culto, y la encontramos lo mismo en publicaciones impresas que en internet. En diciembre de 2013 leímos el siguiente encabezado en el diario español ABC:

♀ "Guía para seguir las **exequias fúnebres** de Nelson Mandela".

Si eran "exequias", ¡"fúnebres" tenían que ser! Ni modo que no. El diario español debió informar, sin rebuznancias, que ofrecía a sus lectores una:

☝ guía para seguir las **exequias** de Nelson Mandela.

✎ Lo que ocurre es que los españoles no se resignan a abandonar sus redundancias, en gran medida porque ignoran el significado de muchos sustantivos a los que califican con adjetivos reiterativamente innecesarios. He aquí más ejemplos de este disparate muy culto y muy torpe: "ofrecen detalles de **exequias fúnebres** de madre del Gobernador" (¡sí tenía!), "familia se prepara para las **exequias fúnebres** de expresidente", "comienzan **exequias fúnebres** para Nancy Reagan", "dignatarios extranjeros asistieron a las **exequias fúnebres** de Hugo Chávez", "el deseo de la familia es realizar sus **exequias fúnebres** de la forma modesta que caracterizó al expresidente" (¡ya estuvo que fue con bombos y platillos!), "preparan las **exequias fúnebres** de Raphy Leavitt", "**exequias fúnebres** del fundador del MIR", "las **exequias fúnebres** serán hoy".

☞ Google: 28 700 resultados de "exequias fúnebres". ☒

174. *¿exorcisar?, ¿exorsisar?, ¿exorsismo?, ¿exorsista?, ¿exsorcista?, ¿exsorsista?*

Los términos "exorcisar", "exorsisar", "exorsismo", "exorsista", "exsorcista" y "exsorsista" son desbarres escritos en lugar de los correctos "exorcizar", "exorcismo" y "exorcista". El sustantivo masculino y femenino "exorcista" (del latín tardío *exorcista* y éste del griego *exorkistés*) designa a la "persona que exorciza", generalmente un eclesiástico. Ejemplo: *El* ***exorcista*** *recibió las órdenes de la Iglesia para ejercer su ministerio.* El verbo "exorcizar" (del latín tardío *exorcizāre*) puede ser intransitivo cuando se refiere a "utilizar exorcismos", y transitivo cuando significa "expulsar de alguien al demonio" (y no como dice el DRAE, anfibológicamente, "expulsar al demonio de alguien"). Ejemplo: *El sacerdote ha **exorcizado** en más de una ocasión.* También se utiliza en un sentido figurado. Ejemplo: *El autor escribió esta novela para **exorcizar** sus demonios.* De ahí el sustantivo masculino "exorcismo" (del latín tardío *exorcismus*): "conjuro contra el demonio" (DRAE). Ejemplo: *El sacerdote lanzó **exorcismos** para que el mal abandonara el cuerpo de la joven.* Más allá de que estas cosas sean vaciladas o no, lo correcto es escribir "exorcizar", "exorcismo" y "exorcista" y no "exorcisar", "exorsisar", "exorsismo", "exorsista", "exsorcista" y "exsorsista" que son dislates del español escrito y que mucha gente comete a causa de la holgazanería que le impide abrir un diccionario.

Obviamente son desbarres del ámbito inculto de la lengua, abundantes en internet, pero no son extraños en las publicaciones impresas, incluidos libros. En el diario venezolano *La Voz* leemos el siguiente encabezado:

☞ "Ritual **exsorcista** mató a la nieta de Morgan Freeman".

Quiso informar el diario que

☞ la nieta de Morgan Freeman murió en un ritual **exorcista**.

✎ He aquí más ejemplos de estos desbarres: "la verdadera historia del **exorsista**", "escena de El **Exorsista**", "sacerdote **exorsista** revela que el demonio no soporta que los esposos se amen" (¡ése no es el demonio; sólo es el cornudo!), "juego de la niña del **exorsista**", "brujo indígena trata de **exorcisar** a Peña Nieto" (así, con falta de ortografía, como corresponde al endemoniado), "detienen a pastora acusada de **exorcisar** y matar a bebé", "en Buenaventura marcharon para **exorcisar** la violencia", "versos para **exorcisar** la lectura de un poema" (¡así ha de estar el poema!), "El **exorsismo** de Emily Rose", "oración de **exorsismo** del papa León XIII", "diez personas ligadas a proceso por practicar **exorsismo** a adolescente", "me quiso "**exorsisar**", "sacerdote **exsorcista** en Cúcuta, Colombia", "en la casa del terror de niña del **exsorcista**", "la película de terror El **Exsorcista**", "el **exsorcismo** en el Vaticano", "el último **exsorcismo**", "el laberinto del **exsorsista**", "jugar el juego del **exsorsista**", "películas completas de **exsorsismos** en español", etcétera.

☞ Google: 48 500 resultados de "exorsista"; 42 400 de "exorcisar"; 27 100 de "exorsismo"; 7 690 de "exsorcista"; 6 020 de "exsorcismo"; 3 990 de "exorsismos"; 2 510 de "exorsistas"; 2 400 de "exsorsista"; 2 310 de "exorsisar"; 1 590 de "exsorsismo"; 1 200 de "exsorcistas"; 1 000 de "exsorcismos". ☒

175. *¿expeler fuera?, ¿expeler hacia fuera?, ¿expulsar fuera?, ¿expulsar hacia fuera?*

Una comentarista española de la televisión afirma que en las exhalaciones volcánicas, el conducto del volcán "**expulsa hacia fuera** materia incandescente y cenizas". ¿Se puede acaso expulsar hacia dentro? Ella cree que sí, pero la realidad, la lógica y el diccionario la desmienten. "Expulsar" (del latín *expulsāre*) es un verbo transitivo con tres acepciones: "arrojar, lanzar algo"; "hacer salir algo del organismo"; "echar a una persona de un lugar" (DRAE). Ejemplo: *Lo **expulsaron** del salón de clases.* De ahí el sustantivo "expulsión": acción y efecto de expulsar. Ejemplo: *Mereció la **expulsión** por agredir a un compañero en clase.* De ahí también el adjetivo "expulsivo": "que tiene la virtud y facultad de expeler" (DRAE). Ejemplo: *Era tan grave su constipación de vientre que le administraron un medicamento **expulsivo**.* "Expeler" (del latín *expellĕre*) es un verbo transitivo que significa, literalmente, "expulsar". Ejemplo: *El Popocatépetl **expelió** gases y cenizas.* Por tanto "expeler" y "expulsar" son sinónimos. En el caso del adverbio "fuera" (escrito también "afuera") su significado es el siguiente: "a la parte o en la parte exterior de algo" (DRAE). Ejemplo: *Viajó al extranjero; está **fuera** de México.* Si "expulsar" es arrojar o lanzar algo, o hacer salir algo del organismo o bien echar a una persona, debemos enfatizar que "arrojar", "lanzar" y "echar" son verbos que indican sentido "hacia fuera", exactamente como "expeler" que es el sinónimo perfecto de "expulsar". Por todo ello, "expeler **fuera**", "expeler **hacia fuera**", "expulsar **fuera**", "expulsar **hacia fuera**" y sus variantes constituyen pecados de redundancia, pues por definición no hay modo de expeler o expulsar algo que no sea fuera o hacia fuera.

Se trata de barrabasadas redundantes del ámbito del periodismo y de la información en general. La lengua hablada, la radio, la televisión e internet son sus reinos, pero estas malas hierbas crecen también y se afincan en las publicaciones impresas. En el libro *La ecotecnología en México* leemos lo siguiente:

☹ "el humo **se expulsa fuera** de la vivienda".

Era suficiente decir:

☺ el humo **se expulsa** de la vivienda.

✎ He aquí otros ejemplos de esta redundancia: "los **expulsa fuera** de forma violenta", "la **expulsa fuera** de tu mente", "la **expulsa fuera** sin efectos secundarios", "el resto se **expulsa fuera** del cuerpo a través de las heces", "los **expulsa fuera** del grupo cuando alcanzan la madurez" (si eliminamos en todos estos casos el adverbio "fuera", las expresiones cobran perfecto sentido); "**expulsando hacia fuera** los demonios interiores", "**expulsando hacia fuera** conglomerados de polvo", "**expulsando hacia fuera** gran cantidad de materia", "**expulsando hacia fuera** el calor y la humedad", "se rompen **expulsando hacia fuera** su contenido", "**expulsar hacia fuera** las últimas gotas de orina", "**expulsar hacia fuera** el objeto de la irritación" (quiten los lectores las palabras "hacia fuera", en cada una de estas frases, y todas ellas tendrán el más completo sentido); "**expeler fuera** del cuerpo", "**expeler fuera** las heces", "materias que se deben **expeler fuera** del cuerpo", "**expeler fuera** el aire viciado", "**expeler fuera** la furia de la fiera", "**expeliendo fuera** del cuerpo el veneno", "**expeliendo fuera** el mar humor" y, como siempre hay algo peor entre lo malo: "estas últimas palabras las **expelió fuera** de su boca acompañadas de un buen número de salivazos" (hagan la prueba los lectores de eliminar el término "fuera" en todas estas expresiones, y verán que cada una de ellas tendrá perfecto sentido).

☞ Google: 11 200 resultados de "expulsa fuera"; 9 500 de "expulsando hacia fuera"; 7 860 de "expulsar fuera"; 2 440 de "expulsó fuera"; 1 910 de "expulsar hacia fuera"; 1 020 de "expulsar hacia afuera"; 1 010 "expulsando hacia afuera"; 1 000 de "expeler fuera". ☒

176. *¿exportar al extranjero?, ¿importar del extranjero?*

Entre las muchas y toscas redundancias del español, lo mismo en España que en Hispanoamérica, están "exportar al extranjero" e "importar del extranjero" con sus variantes de conjugación y adjetivación. Los hablantes y escribientes que cometen estos desbarres ignoran los rectos y precisos significados de los verbos "exportar" e "importar". El verbo transitivo "exportar" (del latín *exportāre*) significa, en su acepción principal, "vender géneros a otro país" (DRAE). Ejemplo: *México* ***exporta*** *textiles.* De ahí el sustantivo femenino "exportación" (del latín *exportatio, exportatiōnis*): "acción y efecto de exportar" y "conjunto de mercancías que se exportan" (DRAE). Ejemplos: *La* ***exportación*** *de textiles mexicanos es amplia; Las* ***exportaciones*** *mexicanas tuvieron un incremento en los textiles.* De ahí, también, el adjetivo y sustantivo "exportador" (del latín *exportātor, exportatōris*): "que exporta". Ejemplo: *México es uno de los principales* ***exportadores*** *de textiles.* Lo contrario de "exportar" es "importar" (del latín *importāre*: traer de fuera, introducir), verbo transitivo cuya segunda acepción es "introducir en un país géneros, artículos o costumbres extranjeros" (DRAE). Ejemplo: *México tendrá que* ***importar*** *maíz ante la insuficiencia de la producción nacional.* De ahí el sustantivo femenino "importación": "acción de importar mercancías, costumbres, etc., de otro país" y "conjunto de cosas importadas" (DRAE). Ejemplos: *En 2015 las* ***importaciones*** *de México afectaron a la economía local; Entre las* ***importaciones*** *de México este año, la del maíz fue superior a la del año pasado.* De ahí también el adjetivo y sustantivo "importador": "que introduce en un país mercancías extranjeras" (DRAE). Ejemplo: *México padece una economía* ***importadora*** *de productos básicos.* Por todo lo anterior, son groseras redundancias, del ámbito culto, las expresiones "exportar al extranjero" e "importar del extranjero", pues, en sí mismos, los verbos "exportar" e "importar" ya contienen el significado del adjetivo y sustantivo "extranjero" (del francés antiguo *estrangier*): "dicho de un país: que no es el propio". Estas redundancias del habla y de la escritura pertenecen al ámbito profesional y culto de la lengua, y abundan lo mismo en publicaciones impresas que en internet.

Los periodistas de medios impresos y de la radio y la televisión suelen utilizarlas, inadvertidamente, con mucho garbo. Lo que ocurre es que jamás han consultado en el diccionario las definiciones de los verbos "exportar" e "importar". De haberlo hecho, no andarían diciendo y repitiendo necedades. En el *Diario de Mallorca*, de España, leemos que

☹ "los productores de patata lideran el volumen de ventas de productos agropecuarios con 14 millones de kilos **exportados al extranjero**".

Quiso informar el diario que

☺ los productores de patata lideran en la venta de productos agropecuarios con 14 millones de kilogramos **exportados**.

✎ Basta con decir "exportados" para saber que los vendieron al extranjero. Distinto, y del todo correcto, es cuando se desea precisar a qué parte del extranjero se enviaron los productos. Por ejemplo: "exportados a Japón", "exportados a Estados Unidos y Canadá", "exportados a Francia y Gran Bretaña", etcétera. El dislate inverso lo encontramos en una novela, donde leemos lo siguiente: "Las cortinas parecían ser de seda y la sala era una habitación muy amplia y decorada con muebles que obviamente eran **importados del extranjero**". Quiso escribir el autor que los muebles eran "obviamente **importados**" y punto. He aquí otros desbarres redundantes de esta misma naturaleza: "productos nacionales **exportados al extranjero**", "jugadores **exportados al extranjero**", "aceites **exportados al extranjero**", "modelos **exportados al extranjero**", "vehículos **exportados al extranjero**", "zapatos tenis **importados del extranjero**", "efectos **importados del extranjero**", "cigarrillos **importados del extranjero**", "móviles **importados del extranjero**", "los materiales usados en el edificio fueron **importados del extranjero**", "aumentan a cuatro los casos de sarampión en Panamá **importados del extranjero**".

☞ Google: 42 800 resultados de "importación del extranjero"; 34 800 de "importados del extranjero"; 18 000 de "exportados al extranjero"; 16 700 de "exportan al extranjero"; 16 000 de "exportación al extranjero"; 10 800 de "exportaciones al extranjero"; 10 100 de "importaciones del extranjero"; 9 310 de "importa del extranjero"; 8 410 de "exporta al extranjero"; 8 070 de "importan del extranjero"; 7 990 de "exportar al extranjero"; 7 360 de "importadas del extranjero"; 5 210 de "importado del extranjero"; 4 290 de "exportadas al extranjero"; 4 100 de "importar del extranjero"; 4 030 de "exportando al extranjero"; 3 870 de "exportando al extranjero"; 3 270 de "importadores del extranjero"; 3 140 de "exportado al extranjero"; 2 180 de "exportada al extranjero"; 1 150 de "exportadores al extranjero". ☒

177. *¿exprofesa?, ¿exprofesamente?, ¿exprofeso?*

La loca academia española uniformó el uso de la preposición latina "ex" como si se tratara, siempre, de un prefijo; así, dispuso que se escriba expresidente y expresidiario (prácticamente sinónimos), exalumno" y "exacadémico". Esto ha llevado a barrabasadas tan gruesas como escribir "exCongo" y "Excongo", "exYugoslavia" y "Exyugoslavia" que, aunque son formas no admitidas por la RAE, son torpezas producto de la desorientación que causa ella misma entre los hablantes y escribientes del español. Lo correcto ni siquiera sería "**ex** Congo" o "**ex** Yugoslavia", sino, en buen español: "Zaire, el **antiguo** Congo" y "Bosnia, Croacia, Eslovenia, Serbia, países de la **antigua** Yugoslavia". Unir la partícula "ex" como prefijo del término al que se modifica ("exprofesor" por "ex profesor", para quien ya no es profesor; "expolicía" por "ex policía", para quien ya no es policía, etcétera) es una barbaridad más de esta loca y vieja señora franquista, pues antes la partícula "ex" sólo cumplía la función de prefijo cuando indicaba carencia o contenía los matices de "fuera" o "más allá", como en "**ex**angüe" (sin sangre), "**ex**ánime" (sin aliento), "**ex**comulgar" (apartar, sacar de la comunión) y "**ex**culpar" (descargar a alguien de culpa). En los casos de las locuciones latinas *ex abrupto* y *ex voto* (literalmente "con brusquedad" y "procedente de un voto"), pasado el tiempo adquirieron la forma de una sola palabra, pero porque se transformaron, en español, en los sustantivos masculinos "exabrupto" ("salida de tono") y "exvoto" ("don u ofrenda"). Ello no ha ocurrido con "ex cátedra" (del latín *ex cathedra*), locución adverbial que se traduce literalmente como "desde la cátedra" y que sería muy tonto transformar en "excátedra", que podría entenderse erróneamente como "fuera de la cátedra". Esta loca y vieja señora madrileña estableció también que el prefijo "se escribirá separado si la base está formada por varias palabras que constituyen una unidad léxica", como en (son sus propios ejemplos) ***ex** cabeza rapada, **ex** número uno, **ex** teniente de alcalde, **ex** primera dama, **ex** chico de los recados* (¡ex chico de los recados!, ¡qué bonito!; es para partirse de la risa). ¿Qué ventaja tiene esto? Ninguna. Por ejemplo, en el caso de "exprofeso" (que la RAE acepta al igual que el correcto "ex profeso"), la partícula "ex" no es un prefijo, sino una preposición de origen latino que indica causa, de tal forma que *ex profeso* es un adverbio latino o una locución adverbial que significa "expresamente", "con el exclusivo propósito" "con la precisa intención", como en el siguiente ejemplo que pone María Moliner: *Fui a Madrid **ex profeso** para verle.* Aunque la RAE suponga que ha dejado muy atrás a Manuel Seco (junto con Fernando Lázaro Carreter, uno de los pocos excelentes lexicógrafos que han estado en la loca academia Dios sabrá por qué pecado), éste sigue teniendo razón en su indispensable *Diccionario de dudas y dificultades de la lengua española.* Escribe Seco que "ex profeso" es una "locución latina que significa *de propósito, deliberadamente,* y se escribe en dos palabras". Y acota: Algunos usan un adverbio *exprofesamente,* que no tiene ninguna razón de ser. Ya entrados en gastos, al rato nos dirá la RAE que la locución adjetival "a propósito" y la locución adverbial "de propósito" se pueden escribir "apropósito" (que por cierto es sustantivo masculino que designa a la "pieza teatral breve escrita al hilo de un hecho o circunstancia") y "depropósito", y siendo así nos llevará a creer que "ex cátedra" no significa, literalmente, "desde la cátedra", sino "fuera de la cátedra" y que "exabrupto" no significa "con brusquedad" sino "sin brusquedad". La Real Academia Española no tiene remedio. Obra como los patos, diría Raúl Prieto: "no puede dar un paso sin cagarla".

Conviene escribir "ex profeso" y no "exprofeso", aunque haya mucha gente que no distingue entre una cosa y otra. Y nunca se debe decir ni escribir "exprofesamente", que es una barrabasada con forma de adverbio, ni "exprofesa" (o "ex profesa") que es otra tontería, pues ni los adverbios ni las locuciones adverbiales tienen accidentes en género y en número. En el diario mexicano *Excélsior* leemos lo siguiente:

☟ "tampoco podrán circular los automotores utilizados **exprofeso** para fines publicitarios".

En realidad, si hubiese sentido común y preocupación por la salud de las personas, estos vehículos no deberían circular jamás. Pero lo correcto es decir que son:

☝ automotores utilizados **ex profeso** para fines publicitarios y para agravar los problemas de tránsito y la contaminación ambiental.

✎ También en el diario *Excélsior*, en otra nota informativa, leemos lo siguiente: "El operativo se aplicó **exprofesamente** para lograr su captura". Quiso informar el diario, en buen español, que se llevó a cabo un operativo **ex profeso** para capturar a un delincuente. En el libro *Metodología de la investigación científica y tecnológica* leemos lo siguiente: "alteración en el funcionamiento correcto de los programas mediante la introducción **exprofesa** de virus informáticos". Quiso decir y escribir el autor, en correcto español: "introducción **ex profeso** de virus informáticos". He aquí otros ejemplos de estos desbarres en gran medida prohijados por la RAE: "instalan Comisión **Exprofeso** para resolver matrimonios igualitarios", "la represión de maestros fue planeada **exprofeso**", "lento el desempeño de la Comisión **Exprofeso**", "en sesión convocada **exprofeso**", "Comisión **Exprofeso** de análisis de la iniciativa de Reforma al Código Familiar", "edificio **exprofeso** para escuela", "opiniones escritas **exprofesamente** para esta edición", "área destinada para ello **exprofesamente**", "infraestructura desarrollada **exprofesamente** para bibliotecas y archivos", "fue elaborado **exprofesamente** para fines del presente estudio", "un espacio extraordinario diseñado **exprofesamente** para este propósito", "eludiendo de forma **exprofesa** una clara ubicación espacial", "quien tiene la **exprofesa** misión de la destrucción", "la **exprofesa** división de nuestra inteligencia", "obra compuesta **ex profesa**", "se hizo de manera **ex profesa**".

☞ Google: 136 000 resultados de "exprofeso"; 14 400 de "ex profesa"; 13 700 de "exprofesamente"; 4 120 de "exprofesa". ☒

☞ Google: 419 000 resultados de "ex profeso". ☑

F

178. FBI: ***¿el FBI?, ¿la FBI?, ¿Estados Unidos de Norteamérica?***

Las siglas FBI corresponden en inglés a Federal Bureau of Investigation, dependiente del Department of Justice (Departamento de Justicia) de los Estados Unidos de América. Es el principal órgano de investigación criminal de esta nación, con más de cincuenta oficinas internacionales en embajadas de Estados Unidos en varios países. El uso generalizado de estas siglas en español lleva a los hablantes y escribientes a emplear indistintamente el artículo determinado en masculino o femenino, pero muy especialmente en masculino: "**el FBI**". ¿Es correcto este uso? No lo es. Por una muy sencilla y lógica razón: Federal Bureau of Investigation no se traduce como Buró Federal de Investigación, que es anglicismo y pochismo, pues como ya hemos visto, en español el término "buró" significa únicamente "escritorio" o "mesa para escribir". La traducción correcta es Oficina Federal de Investigación, aunque de cualquier forma digamos y escribamos **FBI**, como en inglés. Siendo así, lo correcto es "**la FBI**" y no "**el FBI**", pues es "**la** Oficina" y no "**el** Buró". En esto se equivoca incluso el *Libro de estilo* del diario español *El País*, donde leemos lo siguiente: "**FBI**. Siglas del Buró Federal de Investigación norteamericano (en inglés, Federal Bureau of Investigation). Por su uso generalizado, estas siglas se pueden emplear como única referencia, sin que en la primera mención precedan al nombre completo". Quiere decir el diario *El País* que en los ámbitos (periodístico, académico, político, económico, jurídico, etcétera) donde se usan con frecuencia estas siglas, es innecesario precisar a qué corresponden, pero yerra al traducirlas como "Buró Federal de Investigación", pues en español el término "buró", como ya vimos, significa "escritorio". En cuanto a que sea "norteamericano", se trata de una imprecisión ridícula: no es "norteamericano", es "estadounidense", pues si fuese "norteamericano" abarcaría también las jurisdicciones de Canadá y México, países de Norteamérica o de América del Norte, al igual que Estados Unidos de América o, en inglés, United States of America, que tampoco debemos traducir como **Estados Unidos de Norteamérica** pues tal país no existe oficialmente. Es obvio que Federal Bureau of Investigation no admite, en español, el artículo determinado en masculino, porque no se trata de "el buró", pero tampoco de "el departamento" (pues justamente depende de un departamento, el Departament of Justice). Es "la oficina" y, por tanto, "**la FBI**". Por cierto, aunque en español exija, por concordancia con oficina, el artículo determinado en femenino, tampoco debe traducirse *bureau* como "agencia", pues en inglés este sustantivo se escribe *agency*, como en Central Intelligence Agency (CIA), cuya traducción fiel y literal es Agencia Central de Inteligencia, "la CIA".

Es difícil revertir un uso tan generalizado especialmente en los medios informativos, que son los que mayormente influyen en el habla y en la escritura del español. Decir y escribir **"el FBI"**, **"el Buró Federal de Investigación"** y **"Estados Unidos de Norteamérica"** son desbarres ya muy alojados en el cerebro de millones de hablantes y escribientes, preferentemente cultos por cierto. Pero si queremos mejorar nuestro idioma empecemos por cada uno de nosotros, evitando decir y escribir esas inexactitudes, aunque la mayor parte de los medios impresos y electrónicos conspire contra el buen uso de la lengua. En el diario español *El Mundo* leemos el siguiente titular:

☞ **"El FBI** publica por sorpresa nuevos documentos sobre una antigua investigación a Bill Clinton".

Debió informar el diario español a sus lectores que

☞ **la FBI** publica por sorpresa nuevos documentos, etcétera.

✎ Pero es lo mismo en el diario español *El País*: "**El FBI** empieza a analizar los correos de la mano derecha de Hillary Clinton". Por otra parte, un libro de un historiador español lleva por título *La independencia de los* ***Estados Unidos de Norteamérica***, y otros autores españoles publicaron el volumen *Introducción al proceso penal federal de los* ***Estados Unidos de Norteamérica***. En realidad escriben sobre una nación inexistente. La nación a la que quieren referirse se denomina oficialmente **United States of America,** en su traducción al español **Estados Unidos de América.** He aquí más ejemplos de estas torpezas cultas: "**El FBI** da alas a Trump ante Hillary Clinton", "**el FBI** lo investiga", "**el FBI** obtiene una orden para revisar correos de Clinton", "**el FBI** se vendió, opina Vicente Fox sobre el caso Clinton" (sesuda y se suda opinión), "**el FBI** busca a un peligroso traficante", "cae uno de los más buscados por **el Buró** Federal de Investigación", "**el Buró** Federal de Investigación hizo público un resumen del interrogatorio", "**el Buró** Federal de Investigación asegura tener pruebas de piratas informáticos", "jurisprudencia de **Estados Unidos de Norteamérica**", "la historia de **los Estados Unidos de Norteamérica** es una de las más interesantes", "el cristianismo en **Estados Unidos de Norteamérica**", "la educación secundaria en **Estados Unidos de Norteamérica**", "la Embajada de **los Estados Unidos de Norteamérica**", etcétera.

☞ Google: 587 000 resultados de "el FBI"; 541 000 de "Estados Unidos de Norteamérica"; 473 000 de "los Estados Unidos de Norteamérica"; 93 200 de "Buró Federal de Investigación"; 55 700 de "el Buró Federal de Investigación"; 4 720 de "Agencia Federal de Investigación (FBI)". ☒

☞ Google: 14 600 000 resultados de "Estados Unidos de América"; 219 000 de "la FBI"; 111 000 de "Oficina Federal de Investigación"; 28 800 de "la Oficina Federal de Investigación (FBI)". ☑

179. *¿falso pretexto?, ¿pretexto falso?*

¿Existen pretextos que no sean falsos? Si partimos de la definición de "pretexto", es obvio que no. Veamos por qué. El adjetivo "falso" (del latín *falsus*) tiene las siguientes acepciones principales en el DRAE: "Fingido o simulado"; incierto y contrario a la verdad"; "dicho de una persona: que miente o que no manifiesta lo que realmente piensa o siente". Ejemplos: *Nos recibió con una* ***falsa*** *sonrisa; Todo el tiempo notamos que sus argumentos eran* ***falsos****; En realidad, todo en él era* ***falso***. De ahí el sustantivo masculino "falsedad" que significa "falta de verdad o de autenticidad". Ejemplo: *Su* ***falsedad*** *no podía ser más evidente*. En cuanto al sustantivo masculino "pretexto" (del latín *praetextus*) su definición única y precisa no deja lugar a dudas de su significado: "Motivo o causa simulada o aparente que se alega para hacer algo o para excusarse de no haberlo ejecutado" (DRAE). Ejemplo: *No cumplió con su obligación y en cambio sí dio muchos* ***pretextos***. De ahí el verbo transitivo "pretextar": valerse de un pretexto. Ejemplo: *Todo el tiempo se la pasó* ***pretextando*** *a fin de no hacer nada*. Por lo anterior, queda claro que las expresiones "falso pretexto" y "pretexto falso" son redundantes, pues no existe pretexto alguno que sea auténtico o verdadero. Basta con decir "pretexto" y ya se ha dicho todo. Resulta por demás curioso que en el habla popular las personas estén más conscientes de que "pretexto" equivale a mentira, en tanto que entre académicos y profesionistas esta noción de equiparar el pretexto con la mentira se haya desvanecido poco a poco hasta hoy casi desaparecer. Así, un padre le dice a su hijo adolescente, con toda precisión idiomática: *¡Haz lo que tienes que hacer, no quiero* ***pretextos****!* (No se le ocurriría decir: *¡No quiero* ***falsos pretextos****!*) O bien un enamorado que ya ha llegado al límite de su paciencia porque no consigue el sí de la novia, puede decirle, con entera corrección, aunque también con dureza: *¡Ya dime sí o no, pero no quiero* ***pretextos****!* Por el contrario, sociólogos, politólogos, economistas y no se diga políticos y periodistas casi siempre hablan o escriben de "falsos pretextos" y "pretextos falsos", como si los hubiera verdaderos.

En el ancho mundo de las redundancias "falso pretexto" pertenece sin duda al ámbito culto de la lengua española y se ha ido filtrando como la humedad lo mismo en el habla que en la escritura. Abunda en internet, pero también en publicaciones impresas. En el ámbito político y en el periodismo es sumamente utilizada. En el libro *Intervenciones*, de Noam Chomsky, la traducción al español hace decir y escribir lo siguiente al autor:

☟ "en junio de 1982, Israel invadió [Líbano] con un **falso pretexto**, con el respaldo de la administración Reagan".

Lo que haya escrito en inglés Noam Chomsky debió traducirse al español, correctamente, de la siguiente manera:

☝ Israel invadió a Líbano con un **pretexto** que respaldó la administración de Ronald Reagan.

✐ Obviamente, si fue un pretexto, por definición se trató de un motivo aparente o una causa simulada. He aquí más ejemplos de esta barrabasada culta: "caza ilegal de ballenas bajo el **falso pretexto** de la investigación", "el **falso pretexto** de la exclusión", "el **falso pretexto** del complot iraní", "persuadió al país de ir a la guerra con el **falso pretexto** de las armas de destrucción masiva", "contra una guerra basada en **falsos pretextos**", "chantaje nuclear ruso: riesgos y **falsos pretextos**", "los **pretextos falsos** más destacados que Estados Unidos ha creado", "mentiras descaradas y **pretextos falsos**", "el 33% de los españoles reconocen haber empleado un **pretexto falso** para poder conciliar", "**pretextando falsamente** que era extranjero".

☞ Google: 79 900 resultados de "falso pretexto"; 31 000 de "falsos pretextos"; 7 220 de "pretextos falsos"; 5 710 de "pretexto falso". ☒

180. *fascineroso* no es lo mismo que *facineroso*

El adjetivo "facineroso" proviene del latín *facinerōsus* y se aplica al "delincuente habitual", según lo define el DRAE. Ejemplo: *El diputado aquel es un **facineroso***. Tiene también uso de sustantivo para designar a la "persona malvada o de perversa condición". *Estamos en manos de los **facinerosos** con fuero*. Por algún motivo, un sector de hablantes y escribientes dice y escribe "fascineroso" en vez de "facineroso", lo cual es un barbarismo, pues esa "s" intrusa entre la "a" y la "c" pervierte el habla y la ortografía, de tal forma que si son "fascinerosos" es que seguramente son también unos osdiosos masfiosos.

Se trata, las más de las veces, de una ultracorrección culta, puesto que "facineroso" es un cultismo. Lo encontramos con frecuencia en publicaciones impresas de seriedad académica, en el periodismo y, por supuesto, en internet. En el portal electrónico de la Cineteca Nacional de México, en la sinopsis de la película *Gran casino* de Luis Buñuel leemos que

♀ "el enamoramiento de Mercedes y Gerardo y el enfrentamiento de éste con los **fascinerosos**, orillan a la primera a vender los pozos, no sin antes dinamitarlos".

Quiso decir y escribir el redactor de este resumen que, en la película de Buñuel,

☝ Gerardo enfrentó a los **facinerosos.**

✐ Más ejemplos de este disparate culto: "detienen a uno de los dos **fascinerosos** que robaron celular", "**fascinerosos** desmantelan camioneta de la fiscalía", "**fascinerosos** atentan contra sindicato", "**fascinerosos** intentan secuestrar a empresario", "**fascinerosos** sustraen equipos de cómputo", "**fascineroso** asaltaba vestido de policía", "oí hablar de un gran **fascineroso** llamado Pranzini", "el partido político más reaccionario y **fascineroso** de Venezuela", "el **fascineroso** Sergio Jadue", "allí vivía un grupo de gente **fascinerosa**", "hay que ponerle un hasta aquí a la casta **fascinerosa**", "turbas **fascinerosas**", "declaraciones **fascinerosas** del cardenal Urosa Sabino".

☞ Google: 78 100 resultados de "fascinerosos"; 26 300 de "fascineroso"; 2 250 de "fascinerosa"; 1 000 de "fascinerosas". ☒

181. *favoritismo* no es lo mismo que *calidad de favorito*

Quizá es en el futbol en particular, y en el deporte en general, donde se cometen más barrabasadas contra la lengua española. El caso del término "favoritismo" es un ejemplo más. "Favoritismo" (de "favorito" más el sufijo "-ismo") es un sustantivo masculino con carácter negativo que el DRAE define como "preferencia dada al favor sobre el mérito o la equidad, especialmente cuando aquella es habitual o predominante". Ejemplo: *Hubo* ***favoritismo*** *en la designación del candidato*, lo cual indica que la preferencia por alguien, de pocos méritos, se impuso en una designación inequitativa. Los redactores y locutores deportivos y en especial los cronistas futboleros, que nunca consultan un diccionario (¡ni siquiera del futbol!), creen que "favoritismo" es sinónimo de "favorito" o que tiene la calidad de "favorito". No tienen ni la más remota idea. El adjetivo y sustantivo "favorito" tiene las siguientes dos acepciones principales (que son virtuosas, no negativas): "Estimado y apreciado con preferencia" y "que tiene, en la opinión general, la mayor probabilidad de ganar en una competición". Ejemplo: *Alemania es* ***favorita*** *para derrotar a Brasil*. Y lo es por sus méritos, en los que nada tiene que ver el "favoritismo". Para decirlo de otro modo, el "favoritismo" (término con un sentido negativo) es lo contrario del mérito del que goza el "favorito". De ahí que "favoritismo", con el uso virtuoso que le dan los redactores y locutores del deporte, sea una idiotez. Lo peor es que esta barrabasada se ha extendido en nuestro idioma porque la gente está más ocupada de lo que ocurre en los espectáculos y en los deportes, especialmente en el futbol, que en cualquier otra cosa. Si muchas personas únicamente leen las páginas, secciones, revistas y diarios deportivos es del todo normal que ahí encuentren su escuela de la lengua. Y esta escuela ya tiene alumnos aventajados incluso en otros ámbitos, como el político. ¡Quién lo hubiera imaginado! Pero ahora podemos leer informaciones como la siguiente: "Clinton y Trump **confirman su favoritismo** en el Súper martes", o bien: "Trump y Clinton **confirman favoritismo** al ganar primarias". Es indudable que el futbol tiene la capacidad de entontecer a mucha gente.

En una información sobre el Campeonato Mundial Sub-17 (así se llama), el traductor de la nota de la agencia AFP escribe:

☞ "En la definición del Grupo D, Mali **confirmó su favoritismo** con goleada ante Honduras 3-0, firmando su pasaje a octavos de final como primero de la llave".

Quiso escribir el traductor que

☞ Mali **confirmó su calidad de favorito**, etcétera.

✎ Los futbolistas y los periodistas de deportes se dan vuelo con esta jalada de equiparar "favoritismo" (cuya connotación es negativa) con "calidad de favorito" (cuya connotación es positiva). Así, en *La Afición*, sección deportiva del diario mexicano *Milenio*, en un amplio encabezado leemos lo que dijo un futbolista en relación con el equipo rival al que se da como favorito: "El **favoritismo** no cuenta". Quiso decir que, en la cancha, la calidad de favorito no cuenta. Pero esto que quiso decir tampoco sabe cómo decirlo la redactora de la nota informativa. He aquí más ejemplos de esta barbaridad del futbol y otros deportes: "Italia **confirmó su favoritismo**", "Chile **confirmó su favoritismo** ante Panamá", "Bolt **confirmó su favoritismo** y ganó la final en Moscú", "España **confirmó su favoritismo** al ganarle por 3-0 a Nigeria", "Bélgica **confirma su favoritismo** y clasifica", "Andy Murray **confirma su favoritismo** y se mete a cuartos de final", "la tenista estadounidense debutó **confirmando su favoritismo**", "Holanda goleó 6-0 a Irlanda **confirmando su favoritismo**", "los colombianos **confirmaron su favoritismo**", "España e Inglaterra **confirmaron su favoritismo** en la Eurocopa", "los españoles **confirman su favoritismo**", "Spurs dan el primer paso y **confirman su favoritismo**", "galos e ingleses **confirman su favoritismo**", "España gana **para confirmar su favoritismo**".

☞ Google: 14 800 resultados de "confirmó su favoritismo"; 3 450 de "confirma su favoritismo"; 3 310 de "confirmando su favoritismo"; 2 670 de "confirmaron su favoritismo"; 2 540 de "confirman su favoritismo"; 1 680 de "hizo valer su favoritismo". ☒

182. *¿felíz?*

¿Por qué mucha gente acentúa el sustantivo "feliz" (del latín *felix, felīcis*) siendo que no requiere de tilde? Obviamente, por ignorancia de las reglas ortográficas. El adjetivo "feliz" (cuyo significado es "que tiene o causa felicidad") es una palabra bisílaba (*fe-liz*) que únicamente puede pronunciarse como aguda, es decir con acento prosódico (sin necesidad de tilde) en la última sílaba, pues es una palabra terminada en "z" sin ruptura de diptongo; semejante a "actriz", "aprendiz", "barniz", "cicatriz", "desliz", "lombriz", "nariz", "tapiz", etcétera, pero diferente a "lápiz" (palabra llana o grave con tilde en la penúltima sílaba) y a "maíz" y "raíz", palabras agudas que llevan tilde en la última sílaba a causa de la ruptura del diptongo "ai": "**ma-íz**", "**ra-íz**". Una regla simplísima de aprender es la siguiente: Todas las palabras agudas (es decir, con acento en la última sílaba) terminadas en "z" no requieren de tilde (*audaz, ajedrez, calidez, pequeñez, desliz, Ortiz, perdiz, arroz, precoz, tragaluz,* etcétera) con las excepciones de "maíz" y "raíz" (y otras menos utilizadas como "jaraíz" y "cahíz", ambas de origen árabe) en las que, como ya advertimos, es necesario romper el diptongo "ai" justamente para que tengan sonido agudo.

El desconocimiento de esta simple regla provoca que muchas personas que incluso han pasado por las aulas universitarias le impongan tilde a "feliz" (**felíz**) y, por ello mismo a "Ortiz" (**Ortíz**). Tal desbarre abunda en internet, pero también es frecuente en publicaciones impresas. En el diario mexicano *Milenio* leemos el siguiente encabezado:

♀ "¡**Felíz** Día del Internauta! 15 datos curiosos sobre la web".

Si hasta parece obvio que tal encabezado lo escribió un internauta. Quiso escribir:
☝ ¡**Feliz** Día del Internauta!

✎ En el diario mexicano *El Siglo de Torreón*, también en un encabezado leemos: "1829: Fallece La Corregidora Josefa **Ortíz** de Domínguez". Pero en el cuerpo de la nota está escrito perfectamente el apellido de la ilustre mujer: "**Ortiz** de Domínguez". He aquí otros ejemplos de mucha gente feliz o que dice serlo, pero con una felicidad más que acentuada: "psicología para ser **felíz**", "**felíz** jueves con bonitas frases y mensajes", "ser **felíz** es una decisión", "**Felíz** Día del Veterinario", "**Felíz** Día del Odontólogo", "el derecho a ser **felíz**", "¡**felíz** navidad y próspero año nuevo!", "aprendiendo a vivir **felíz**", "aprende a soltar el pasado para ser **felíz**". Por supuesto, abundan también los que le ponen tilde a "nariz" (**naríz**) y a Ruiz (**Ruíz**), pero no se lo ponen a "maíz" ni a "raíz" (**maiz** y **raiz**). La tilde es un signo que mucha gente utiliza o deja de utilizar según su parecer o su estado de ánimo. Pero esa falta de lógica gramatical y ortográfica en su uso es, sobre todo, un signo del pésimo aprendizaje de nuestra lengua.

☞ Google: 5 520 000 resultados de "felíz". ☒
☞ Google: 6 220 000 resultados de "Ortíz". ☒
☞ Google: 9 210 000 resultados de "Ruíz". ☒
☞ Google: 290 000 resultados de "naríz". ☒

183. *festinar* no es lo mismo que *festejar*

"Festinar" (del latín *festināre*) es un verbo transitivo que, literalmente, significa "apresurar". Pero en muchos países de Hispanoamérica se utiliza, erróneamente, con otros significados, y especialmente en México se confunde con "festejar" (del italiano *festeggiare*): "celebrar algo con una fiesta u otra manifestación de alegría o agrado" (DRAE). Este equívoco deriva seguramente del sustantivo masculino "festín" (del francés *festin*): "festejo particular, con baile, música, banquete u otros entretenimientos" (DRAE). En realidad, aunque se admita como mexicanismo, es un desbarre, porque el sustantivo "festinación" (del latín *festinatio, festinatiōnis*) significa "celeridad, prisa, rapidez", y el adverbio "festinadamente" se aplica a aquello que se realiza precipitadamente o sin reflexión. Siendo así, resulta obvio que "festejar" no es sinónimo de "festinar", máxime si el término "festín", como ya vimos, se aplica estrictamente a un festejo particular donde hay baile, música y comida, es decir el equivalente de una "pachanga": "fiesta popular o familiar donde el regocijo se acompaña de música, baile, trago y comida".

"Festinar" como sinónimo de "festejar" o de "celebrar" es un dislate culto y, por lo mismo, no de muy amplia distribución hasta ahora. Lo encontramos en internet y en la literatura y el periodismo impresos. En el libro español *El país que se hizo a tiros*, de Gonzalo España, a propósito de las guerras civiles colombianas, leemos lo siguiente:

☞ "**Festinamos** en forma tan frecuente la guerra civil que hicimos de ella una propensión incurable, algo consustancial con el diario vivir. O dicho de otra manera, el evento más destacado de la vida".

El contexto mismo nos indica que el autor utiliza el verbo "festinar" no con el significado de "apresurar", sino como derivado de "festín". En realidad lo que quiere decir y escribir es lo siguiente:

☞ "**Festejamos** en forma tan frecuente la guerra civil", etcétera.

Otros ejemplos de este desbarre culto: "este día muchos **festinamos** nuestra independencia", "nosotros no **festinamos** que los partidos estén enfrentados con el Presidente de la República", "hoy **festinamos** el nacimiento de la Colección Sergio Galindo", "**festinamos** el progreso de la humanidad", "**festinemos** cada respiro", "no **festinemos** tanto el país que éramos", "no **festinemos** nada, nada tenemos que **festinar** frente a los excesos", "vistámonos de los colores universitarios y **festinemos** a la UNAM", "más que **festinar** avances y triunfos, lo que necesitamos es trabajar", "no hay nada que **festinar**", "no se puede **festinar** nada", "México no tiene nada que **festinar**", etcétera.

☞ Google: 3 450 resultados de "festinamos"; 1 980 de "festinemos"; 1 450 de "que festinar". ☒

184. *¿flamingo?*

"Flamingo" es un falso sustantivo en español que se utiliza en vez de "flamenco". El adjetivo y sustantivo "flamenco" (del neerlandés *flaming*) se aplica al natural de Flandes, región histórica de Europa. De ahí que signifique "perteneciente o relativo a Flandes o a los flamencos" (DRAE). Ejemplo: *La comunidad **flamenca** de Bélgica*. Otras dos acepciones en el DRAE son las siguientes: "Dicho de un estilo pictórico: que se desarrolló en Flandes en los siglos XV y XVII" (ejemplo: *Anton van Dick es uno de los máximos exponentes del retrato en el arte **flamenco***) y "dicho de una manifestación cultural, o de su intérprete: de carácter popular andaluz y vinculado a menudo con el pueblo gitano" (ejemplo: *El **flamenco** es una de las expresiones de música y danza más características de España*). Otra de las acepciones más comunes del sustantivo "flamenco" designa al "ave de pico, cuello y patas muy largos, plumaje blanco en cuello, pecho y abdomen, y rojo intenso en cabeza, cola, dorso de las alas, pies y parte superior del pico" (DRAE). Ejemplo: *Es necesario proteger el hábitat de los **flamencos***. Aunque en español suele usarse mucho el término "flamingo", se trata en realidad de un anglicismo crudo, pues este sustantivo para designar al ave descrita es exactamente *flamingo*. Digamos y escribamos en español "flamenco", y dejemos el *flamingo* para los angloparlantes.

No hay ninguna razón para admitirlo en nuestro idioma si tenemos su equivalente "flamenco". En la revista *Forbes México* leemos un reportaje con el siguiente encabezado:

☹ "Ría Lagartos: Flotando con **flamingos**".
El título debió ser, en buen español:
☺ "Ría Lagartos: Flotando con **flamencos**.

✎ He aquí otros ejemplos de este anglicismo: "tras las huellas de los **flamingos**", "Hotel Los **Flamingos**", "Colonia Los **Flamingos**", "Parque Recreativo Los **Flamingos**", "Balneario Los **Flamingos**", "lo que no sabías de los **flamingos**", "el secreto de los **flamingos**", "el santuario de los **flamingos**", "el **flamingo** rosado en su hábitat", "**flamingo** vuelve a caminar gracias a pata artificial", "estrena pata artificial un **flamingo**".

☞ Google: 422 000 resultados de "los flamingos"; 161 000 de "el flamingo"; 39 100 de "un flamingo". ☒

185. *¿fluído?, ¿influído?*

Por regla ortográfica, estas palabras llanas o graves no deben llevar tilde, del mismo modo que no la llevan (y en esto no hay excepción) los demás participios de los verbos terminados en "-uir", como *atribuido, concluido, construido, derruido, diluido, disminuido, excluido, huido, incluido, instruido, luido, obstruido, prostituido, sustituido*, etcétera, con sus respectivos femeninos y plurales. El desbarre de ponerles tilde proviene de un equívoco generalizado: dado que la primera persona del singular del pretérito indefinido de todos los verbos terminados en "-uir" la llevan (*atribuí, concluí, construí, derruí, diluí, disminuí, excluí, huí, incluí, instruí, luí, obstruí, prostituí, sustituí*, etcétera), los escribientes suponen que los participios deben también llevarla. Ignoran otra norma de acentuación: todas las palabras agudas terminadas en cualquier vocal o en la consonante "s" siempre deben llevar tilde, y éste es el caso de los verbos terminados en "-uir" con la primera persona del singular del pretérito perfecto simple de indicativo; son palabras agudas terminadas en vocal ("i") y por ello deben llevar tilde. Cabe señalar que el diptongo "ui" lleva también tilde cuando, en las palabras esdrújulas, el acento recae en él, como en *atribuírselo, cuídalo, cuídate, construírselo, derruírselo, diluírselo, disminuírselo, incluírselo*, etcétera. Los escribientes que ignoran estas reglas suelen tildar casi todos los participios de los verbos terminados en "-uir" ("hu**ído**", "inclu**ído**", "sustitu**ído**" y demás), pero lo hacen muy especialmente con los participios de los verbos "fluir" e "influir", de donde resultan las faltas ortográficas "flu**ído**", "flu**ída**", "flu**ídos**", "flu**ídas**", "influ**ído**", "influ**ída**", "influ**ídos**" e "influ**ídas**".

Estos desbarres se dan lo mismo en personas que no han ido a la escuela que en profesionistas con doctorados. La ignorancia de las reglas ortográficas y las normas de acentuación es la misma en casi todos. Las páginas de internet y las publicaciones impresas rebosan de estos dislates. En el diario hondureño *El Tiempo* leemos el siguiente encabezado:

♡ "Actos vandálicos provocan interrupciones en el **fluído** eléctrico del país".
Debió informa el diario que
♂ "Actos vandálicos provocaron interrupciones en el **fluido** eléctrico del país".

✐ En el portal mexicano Sopitas.com una información pretende responder al siguiente encabezado: "¿Cómo ha **influído** William Shakespeare en la cultura popular?". Seguramente no mucho, pues de haber influido, especialmente en la lectura de obras literarias, en Sopitas.com no escribirían **influído** en lugar del correcto "influido". He aquí más ejemplos de estos desbarres tan ampliamente difundidos que, sin duda, han influido en muchísima gente: "**fluído** de líquidos", "tecnología de **fluídos**", "bombas y control de **fluídos**", "proyecto del Instituto de Mecánicas de los **Fluídos**", "dinámica de partículas y **fluídos**", "**fluídos** en movimiento", "las ciudades **fluídas**", "dinámica de las masas **fluídas**", "negociaciones **fluídas**", "cómo ha **influído** la tecnología en la historia del hombre", "5 libros que han **influído** en mi vida" (y ninguno de ellos es el diccionario), "los educadores españoles que han **influído** en la cultura intelectual del Perú", "cómo han **influído** los *millennials* en el sector turismo" (con sus faltas de ortografía, entre otras cosas), "fiscal niega que Macri haya **influído**".

☞ Google: 2 330 000 resultados de "fluído"; 1 830 000 de "fluídos"; 896 000 de "fluída"; 424 000 de "fluídas"; 167 000 de "influído"; 31 800 de "influída"; 30 600 de "influídos"; 12 500 de "influídas". ☒

☞ Google: 28 000 000 de resultados de "fluido"; 3 810 000 de "influido". ☑

186. *¿foie gras?, ¿foie-gras?, ¿fuagrás?*

Si en español hemos de escribir *foie gras* y su variante *foie-gras* (término francés que se pronuncia *fuagrá*) debemos hacerlo siempre distinguiendo la escritura en *cursivas* o *itálicas,* puesto que se trata de un término en idioma extranjero. Lo que no tiene sentido es que la Real Academia Española legitime en su diccionario la adecuación gráfica y fonética "fuagrás". ¿Por qué demonios representar en el español esa "s" que en la grafía francesa *foie gras* carece del sonido que tiene la "s" en nuestro idioma, generalmente usado para los plurales? Es una torpeza más de los académicos madrileños. Lo lógico es "fuagrá" para el singular y "fuagrás" para el plural: *el* ***fuagrá***, *un* ***fuagrá***, *los* ***fuagrás*** y *unos* ***fuagrás***. Carentes de ortoepía y pésimos en ortofonía y ortología, los académicos madrileños pretenden imponernos a los hablantes y escribientes del español sus incapacidades. La adaptación gráfica y fonética "fuagrá" incluso ya se las había facilitado Benito Pérez Galdós en su novela *Tormento.* En sus página leemos: "De un cesto sacó varios pedazos de pan y, a medida que los iba poniendo sobre la mesa, decía con sorna: pastel de *fuagrá*..., jamón en dulce..., pavo en galantina". En internet, en el excelente blog gastronómico *El Rincón de Caius Apicius,* su autor explica lo siguiente de manera muy razonable y precisa: "Escribimos, eso sí, en cursiva, *foie-gras,* que se pronuncia *fuagrá.* [...] Digan, pues, *fuagrá,* pero no *fuagrás*: en francés, la ese final de palabra no se pronuncia. Pero la Real Academia Española se empeña en colar en el *Diccionario de la lengua española* la voz *fuagrás.* [...] Encima, en la definición de *foie-gras* que aparece en cursiva en el *Diccionario* como 'voz francesa', nos dicen que se trata de un 'paté de hígado, generalmente de ave o cerdo'. Por el amor de Dios. Una cosa es que en España hayamos llamado hasta hace nada *foie-gras* a cualquier pasta de hígado y grasa porcina, y otra que lo fuesen. El *foie-gras* es, exclusivamente, el hígado hipertrofiado mediante ceba intensiva de la oca o el pato". ¡Más claro no se puede! A lo que no es *foie-gras* ("fuagrá" en español) aun si tiene la apariencia del *foie-gras* digámosle simplemente "paté" (del francés *pâté*), sustantivo masculino que significa "pasta comestible, untable, hecha a base de carne o hígado, generalmente de cerdo o aves" (DRAE). Lo otro es, exactamente, el *foie gras* o *foie-gras,* en francés: "fuagrá" en español, tal como lo debemos decir y escribir a despecho de la RAE.

☞ Google: 9 550 resultados de "fuagrás". ☒
☞ Google: 85 000 resultados de "el *foie gras*" y "el *foie-gras*". ☑
☞ Google: 10 500 resultados de "fuagrá". ☑☑

187. *¿funcionario público?*

¿Hay funcionarios que no sean públicos? La respuesta es no, de acuerdo con la RAE, pues, según lo establece esta señora en su mamotreto, el sustantivo "funcionario" se aplica a la "persona que desempeña profesionalmente un empleo público". Ejemplo: *Es un pésimo **funcionario**, pero goza de la preferencia del director, otro pésimo **funcionario**.* Siendo así, por definición académica, un "funcionario" siempre tiene carácter de empleado público, lo cual descarta la existencia de funcionarios privados. Sin embargo, María Moliner, en su *Diccionario de uso del español,* discrepa muy razonablemente de la acepción de la RAE. Para Moliner un "funcionario público" o "servidor público" es el "empleado que está al servicio de la administración pública" (DUE). Tiene razón Moliner, y no la tiene la RAE. Veamos por qué. La clave está en el verbo intransitivo "funcionar", cuya acepción principal es la siguiente: "Dicho de una persona, de una máquina, etc.: ejecutar las funciones le que son propias" (DRAE). Ejemplo: *Fulano **funciona** muy bien en el equipo de trabajo.* A esta evidencia se añade el significado del sustantivo femenino "función" (del latín *functio, functiōnis*) que en el mismo DRAE tiene dos acepciones principales perfectamente relacionadas con el verbo: "Capacidad de actuar propia de los seres vivos y de sus órganos, y de las máquinas e instrumentos" y "tarea que corresponde realizar a una institución o entidad, o a sus órganos o personas". Ejemplo: *Fulano cumple perfectamente su **función** en el equipo de trabajo.*

En ninguna parte de estas acepciones del verbo "funcionar" y del sustantivo "función" se plantea que, en el caso de las personas, el "funcionamiento" ("acción y efecto de funcionar") sea privativo de la administración pública. Por el contrario, en las especificidades de esta misma entrada del DRAE, los académicos definen "función pública" como "función que desempeñan los entes públicos" y como "conjunto del personal al servicio de las Administraciones (*sic por la mayúscula inicial*) públicas". Entonces lo que tienen que modificar estos holgazanes es la acepción del sustantivo "funcionario", errónea de origen, de tal forma que corresponda al uso lógico y gramatical de nuestra lengua. Si la misma RAE admite el término "función pública", es obvio que, en consecuencia, hay "funcionarios" específicos que cumplen esas "funciones", y éstos son, sin duda alguna, los "funcionarios públicos". Siendo así, hay otro tipo de "funcionario" que no trabaja en la "administración pública, pero que "funciona públicamente". ¿Ejemplos? *El **funcionario bancario*** y *el **funcionario empresarial*** que hoy, con poca precisión, se denomina "ejecutivo", siendo que este adjetivo y sustantivo simplemente define al "que ejecuta o hace algo" (DRAE) y que, por tanto, podría ser también, con esta misma imprecisión, un "ejecutivo gubernamental". También están el "**funcionario universitario**" que no es, necesariamente, **público**, a menos que la universidad dependa de la administración estatal, y el "**funcionario de una fundación**", que, por supuesto, no trabaja para el gobierno. En conclusión el término "funcionario público" (con sus femeninos y sus plurales) **no es una redundancia**, sino un uso correcto de la lengua. La incorrección está en la definición del sustantivo "funcionario" que da el DRAE ("persona que desempeña profesionalmente un empleo público"), según la cual sólo se es "funcionario" si se cumple una "función" (obviamente pública) en el gobierno, esto es en la "administración pública". En realidad, un "funcionario" no es ni siquiera un "empleado público", sino el profesional que desempeña un cargo de responsabilidad en alguna institución, organización u organismo (sea del gobierno o no) con una función de interés público. En México y en otros países hispanohablantes hay áreas gubernamentales (en los ámbitos federal y estatales) que se denominan "Secretarías de la Función Pública". Si tal es su denominación es porque los "funcionarios públicos" existen. Por supuesto, estos organismos podrían denominarse, con mayor precisión, "Secretarías de la Administración Pública", "Secretarías del Servicio Público" y, mucho mejor, "Secretarías contra la Corrupción en la Administración Pública". Que quede claro: "**funcionario público**" no es una expresión redundante. El problema está en la errónea definición del DRAE que de ningún modo se resuelve con el parche de una segunda acepción que acota que en Argentina, Ecuador y Uruguay se denomina "funcionario" al "empleado jerárquico, particularmente el estatal", lo cual es interpretado por Fundéu BBVA del siguiente modo: "lo que no excluye que sea empleado en el sector privado, en particular en una gran empresa". Por supuesto, esta fundación "asesorada por la Real Academia Española" asegura que sólo "en estos contextos, la expresión *funcionario público* no es redundante", ya que, para el uso general, advierte que "un **funcionario** es una 'persona que desempeña un empleo público', por lo que no es necesario añadir **público** cuando se hable de uno de ellos", pues "**funcionario público** es construcción redundante". ¿Pero qué podemos esperar de una fundación que sigue, dócilmente, los dictados de la RAE y se enorgullece de estar asesorada por ella?

☞ Google: 6 480 000 resultados de "funcionarios de la fundación"; 4 200 000 de "funcionario de la fundación"; 1 950 000 de "funcionarios públicos"; 610 000 de "los funcionarios públicos"; 500 000 de "funcionarios de partidos políticos"; 482 000 de "funcionario público"; 425 000 de "un funcionario público"; 383 000 de "el funcionario público"; 189 000 de "funcionaria pública"; 120 000 de "funcionarios de fundaciones"; 88 300 de "funcionarios de entidades privadas"; 50 800 de "funcionarias públicas"; 46 000 de "funcionarios universitarios"; 33 500 de "la funcionaria pública"; 32 700 de "funcionario universitario"; 25 200 de "funcionarios bancarios"; 22 100 de "funcionario bancario"; 20 600 de "unos funcionarios públicos"; 16 500 de "funcionarios públicos corruptos"; 13 100 de "las funcionarias públicas"; 2 270 de "funcionario empresarial". ☑

188. *¿fundamento fundamental?, ¿fundamento principal?*

Decir y escribir "fundamento fundamental" es como decir y escribir "bases básicas", "esencia esencial", "mundo mundial" y "música musical": redundancias brutas todas ellas como consecuencia de ignorar el significado de los sustantivos a los que se modifica. Hay un principio lingüístico, gramatical y lógico (esto es, del sentido común) que establece que ningún sustantivo puede calificarse con el adjetivo de su misma familia o raíz. Tan ridículo y torpe es decir y escribir "can canino" como "fundamento fundamental". Veamos. El sustantivo masculino "fundamento" (del latín *fundamentum*) tiene cuatro importantes acepciones en el DRAE: "Principio y cimiento en que estriba y sobre el que se apoya un edificio u otra cosa"; "seriedad, formalidad de una persona"; "razón principal o motivo con que se pretende afianzar y asegurar algo"; "raíz, principio y origen en que estriba y tiene su mayor fuerza algo no material". Ejemplos: *Este edificio tiene un* ***fundamento*** *muy sólido*; *Esa filosofía carece de* ***fundamento***. De ahí el verbo transitivo "fundamentar", con las siguientes acepciones: "Establecer la razón o el fundamento de una cosa"; "echar los fundamentos o cimientos de un edificio" (DRAE). Ejemplo: *Hay que* ***fundamentar*** *perfectamente nuestros argumentos*. De ahí también el sustantivo femenino "fundamentación": "acción y efecto de fundamentar" o "establecer la razón de una cosa". Ejemplo: *Su teoría no tiene* ***fundamentación***. De ahí también el adjetivo "fundamental", cuya definición académica es la siguiente: "que sirve de fundamento o es lo principal en algo". Ejemplo: *Esta idea es **fundamental** en su teoría.* El adverbio "fundadamente" significa "con fundamento". Ejemplo: *Expuso sus ideas **fundadamente**.* Resulta obvio que así como es ridículo y torpe decir y escribir "parte parcial" o "vegetación vegetal", además de la ya muy difundida y bruta expresión "mundo mundial", de igual modo es una barrabasada decir y escribir "fundamento fundamental", y también lo es, aunque no tan bruta ni tan grosera, "fundamento principal", pues como ya vimos, el adjetivo "fundamental" se aplica a aquello que "es lo principal en algo", y tomemos en cuenta que el adjetivo "principal" (del latín *principālis*) significa, entre otras cosas, "esencial o fundamental" (DRAE). Siendo así, decir y escribir "fundamento principal" equivale a decir y escribir "fundamento fundamental", aunque sin repetir el término de origen.

No se trata de burradas incultas, sino de torpezas del ámbito culto de la lengua española, producto del vicio redundante de personas que, más allá de sus capacidades profesionales, son refractarias al diccionario y al sentido común. Lo mismo en publicaciones impresas que en internet, poco a poco, se van abriendo camino estas rebuznancias cultas aunque cantinflescas. En el libro chileno *Hegemonía y antagonismo: el imposible fin de lo político*, leemos lo siguiente:

"Si admitimos el socavamiento de este fundamento por parte de la dimensión dicotómica, este fundamento va a ser siempre un fundamento relativo, es decir, este fundamento va a tener todas las características que hemos descrito en relación con la hegemonía. Un fundamento de horizonte, no un **fundamento fundamental**".

No cabe duda que por algo resulta casi imposible leer la prosa pedregosa de una gran parte de los sociólogos, politólogos, economistas y otros profesionales y académicos: no escriben en español, escriben en galimatías. Es obvio que el texto del ejemplo anterior no tiene remedio, porque el autor simplemente no sabe que no hay "fundamentos" que no puedan ser (en sí mismos) "fundamentales", lo cual le impide decir y escribir simplemente:

fundamento.

Al rato se hablará y se escribirá de "opción opcional" y de "profesión profesional", entre otras lindezas. He aquí algunos ejemplos de esta barbaridad culta: "la velocidad es un **fundamento fundamental**", "en Peugeot, la calidad es un **fundamento fundamental**", "**fundamento fundamental** de una ontología después de Kant", "la genética como **fundamento fundamental**", "Dios es **fundamento fundamental** de todo lo bueno", "el **fundamento fundamental** de todo análisis sociológico se concentra en la dialéctica" (ta' güeno), "la Secretaría de Educación Pública (SEP) ha hecho el **fundamento fundamental** de 120 premisas", "la represión sexual es el **fundamento fundamental** del malestar de la sociedad", "el cambio debe ser el **fundamento fundamental** de la movilización", "sus **fundamentos fundamentales** se encuentran en las historias del derecho", "los **fundamentos fundamentales** para el uso de la oralidad", "los **fundamentos fundamentales** de la física", "los **fundamentos fundamentales** de los derechos humanos" y, como siempre hay algo peor, "**lo fundamental de los fundamentos fundamentales**", escribe un columnista del chileno *Diario Financiero* (¡y a éste sí que lo follen!, como dicen en España).

☞ Google: 115 000 resultados de "fundamento principal"; 36 300 de "fundamentos principales". ☒

☞ Google: 38 300 resultados de "fundamento fundamental"; 11 500 de "fundamentos fundamentales". ☒☒

189. *futurista* no es lo mismo que *futurólogo*

Aparentemente no hay diferencia entre "futurista" y "futurólogo", y no la hay en apariencia para quienes jamás abren el diccionario. Veamos. El sustantivo masculino "futurismo", además de aplicarse a un movimiento literario y artístico de comienzos del siglo XX, impulsado por el poeta italiano F. T. Marinetti, se refiere a la "actitud que se caracteriza por especular, sin base científica, sobre el futuro" (DRAE). Ejemplo: *El angustiado **futurismo** de Ray Bradbury en su novela* Fahrenheit 451. De ahí el adjetivo y sustantivo "futurista": "perteneciente o relativo al futurismo y partidario o seguidor del futurismo". Ejemplo: *Ray Bradbury es un apasionado **futurista**.* En cambio, el sustantivo femenino "futurología" designa al "conjunto de los estudios que se proponen predecir científicamente el futuro del hombre" (DRAE). Ejemplo: *La **futurología** es una disciplina científica cada vez más rigurosa.* De ahí el sustantivo "futurólogo": "persona que profesa o cultiva la futurología". Ejemplo: *Entre los **futurólogos** más destacados hay físicos, sociólogos y estudiosos de la cultura.* De tal forma, "futurista" y "futurólogo" no sólo no son términos equivalentes, sino que, por sus matices, pueden ser opuestos: antónimos, no sinónimos. Para decirlo con un símil, si excluimos a los artistas y a los escritores de ficción, un "futurista" puede ser a un "futurólogo" lo que un "astrólogo" es a un "astrónomo". El primero carece de rigor científico: especula simplemente; el segundo investiga, estudia, y tiene como aliada a la ciencia. "Futurista" puede incluso tener una connotación negativa. No es lo mismo hacer un horóscopo que estudiar científicamente los movimientos de los astros. El astrónomo y el futurólogo son científicos; el astrólogo es un charlatán, y el futurista, en el mejor de los casos, es un escritor de ficción. "Futur**istas**" son, por ejemplo, los cineastas y escritores que imaginan el "futuro" (lo que está por venir); "futur**ólogos**", en cambio, son los especialistas de una ciencia o de un aspecto científico en los que, más que imaginar, infieren a partir del conocimiento y la investigación. "Futur**istas**" a lo bruto son los que desmenuzan especulativamente las profecías de Nostradamus, con las más locas interpretaciones; "futur**ólogos**" son los que estudian la materia, la historia del clima y la vegetación, y pueden predecir, con sustento científico, cómo será el clima al finalizar el siglo XXI.

Futurólogo es también el sociólogo o el estudioso de la sociedad que, con bases científicas e indicios aportados por la investigación, describe o pronostica cómo será el comportamiento social en 2067. Los "futurólogos" son científicos; lo "futuristas", creadores de ficciones. "Futuristas", en el mejor sentido, fueron Verne y H. G. Wells (imaginaron mundos y sociedades); "futurólogo" es Stephen Hawking y lo fue Alvin Toffler, cuyas predicciones o pronósticos están basados en la investigación científica.

La mayor parte de las personas suele creer que los términos "futurista" y "futurólogo" son sinónimos. Ello se debe a que no consulta los diccionarios. Las páginas de internet están llenas de este equívoco que tampoco es raro en las publicaciones impresas. En un libro electrónico, un ensayista peruano se refiere al

☟ "sabio, filósofo y **futurista** Stephen Hawking".

Hawking seguramente es sabio (por su gran saber y su sabiduría), filósofo (porque filosofa), y particularmente científico (porque practica la ciencia: es físico, astrofísico y cosmólogo), pero no es en absoluto "futurista", porque no hace ficción ni está entregado a la imaginación especulativa, sino a la investigación científica. Ignorante de la diferencia que hay entre un "futurista" y un "futurólogo", quiso decir el ensayista que Hawking es un

☝ sabio, filósofo, científico y **futurólogo**.

✎ En la Wikipedia leemos que "el **futurista** Ray Kurzweil postula una ley de rendimientos acelerados". No es así. No se trata de un "futurista", sino de un "futurólogo", pues Kurzweil es un reconocido científico: ingeniero en ciencias de la computación e inteligencia artificial. He aquí otros ejemplos de este dislate: "Stephen Hawking, **futurista**"; "el **futurista** Thomas Frey", "el **futurista** Thomas Edison", "el **futurista** Ray Kurzweil", "Alvin Toffler uno de los más importantes **futuristas**", "las teorías de los **científicos futuristas**", "**científicos futuristas** dicen cómo evolucionará el ser humano", "los **científicos futuristas** no se ponen de acuerdo" (si son científicos no son "futuristas", sino "futurólogos", pues decir y escribir "**científicos futuristas**" es un contrasentido).

☞ Google: 5 110 resultados de "futurista Alvin Toffler"; 3 430 de "futurista Ray Kurzweil"; 1 280 de "científicos futuristas"; 1 110 "futurista Thomas Frey". ☒

☞ Google: 2 540 resultados de "futurólogo Alvin Toffler"; 1 790 de "futurólogo Ray Kurzweil". ☑

190. *¿futuro por delante?, ¿pasado detrás?, ¿vida por delante?*

Aunque se trata de una afectación pleonástica, para nada elegante, que puede servir para dar énfasis a lo que se expresa, es admisible decir o escribir que alguien (especialmente un joven) tiene o tenía (en caso de muerte) "toda una vida por delante". Lo que no es admisible, por ser muy bruta redundancia, es decir y escribir que alguien (sea quien fuere, incluso un joven) tiene o tenía (en caso de fallecimiento) "un futuro por delante". Es absurdo. ¡Es realmente tonto! ¡Pues —con todo y albur mexicano— no podría tener "un futuro por detrás"! La explicación es muy simple: el adjetivo y sustantivo "futuro" (del latín *futūrus*) significa "que está por venir". Ejemplo: *¡El **futuro** se vislumbra de la chingada!* El adverbio "adelante" (también, "delante") denota tiempo futuro o "con prioridad de lugar, en la parte anterior o en sitio detrás del cual hay alguien o algo" (DRAE). Ejemplo: *De hoy en **adelante** todo será más difícil.* En conclusión, el futuro únicamente puede ubicarse después y no antes, adelante y no atrás, pues el adverbio "atrás" significa "hacia la parte que está o queda a las espaldas de alguien o de algo" (DRAE). Ejemplo: ***Atrás** han quedado los tiempos de bonanza.* Por si hubiese alguna duda, el adjetivo y sustantivo "futuro" es antónimo o contrario natural del sustantivo "pasado": "tiempo que pasó". Ejemplo: *No tiene caso lamentar el **pasado**, hay que pensar en el **futuro**.* Parecida es, entonces, en su torpe redundancia la expresión "pasado detrás", pues no existe un "pasado" que esté "adelante": todo pasado ha quedado atrás. Por todo lo dicho, las expresiones "futuro por delante" más todas sus variantes y "pasado detrás" con sus respectivas formas de variación son terribles rebuznancias, propias de quienes jamás analizan lo que dicen y escriben ni reflexionan sobre el significado de las palabras.

Estas gruesas tonterías redundantes se han extendido y enquistado en todos los ámbitos de la lengua española, lo mismo hablada que escrita. No son exclusivas de los ambientes incultos del español, sino todo lo contrario, pues muchos profesionistas y escritores las usan con gran seguridad y aplomo, como si de feliz retórica se tratara. En la narrativa cursi nunca faltan, como podemos leer en una novela rosa publicada en España:

☞ "Tenían **todo un futuro por delante** para llenar de recuerdos".

Lo realmente sorprendente es que pudiesen tener todo un futuro por detrás. Quiso decir y escribir la novelista que sus cursis personajes:

☞ tenían **toda una vida por delante**, etcétera.

✎ Y es que aunque la "vida" implica siempre ir hacia delante (es imposible que la vida vaya hacia atrás dado que el sustantivo femenino "vida" significa "fuerza o actividad esencial mediante la que obra el ser que la posee"), puede admitirse no sin reticencias la expresión "vida por delante" como pleonasmo enfático, como deliberado uso retórico, bastante chabacano pero perdonable. Lo que no tiene perdón es decir y escribir "futuro por delante" y "pasado detrás". Con su magistral sarcasmo, Jorge Luis Borges escribió lo siguiente, acerca de un filósofo argentino que se asumía como "presocrático": "Tiene todo el pasado por delante". He aquí algunos ejemplos de estos pendejismos: "un cuarto de siglo de historia y un **futuro por delante**", "40 años después y un **futuro por delante**", "esta noche me espera un **futuro por delante** lleno de retos y proyectos" (¡cuidado!: no vaya a tratarse de un futuro por detrás), "con un **brillante futuro por delante**" (¿y un oscuro pasado por atrás?), "soy alguien con un **futuro por delante**", "tiene **un gran futuro por delante**", "tenemos un **gran futuro por delante**", "un mánager con un **gran futuro por delante**", "es una empresa saneada y con un **gran futuro por delante**", "tienes **todo un futuro por delante**, no lo arruines", "tenía **todo un futuro por delante**", "con 35 años y **todo un futuro por delante**", "un gran **pasado detrás** de nosotros", "todas tienen un gran **pasado detrás**", "tengo un gran **pasado detrás**", "con un gran **pasado detrás** de mí", "una chica normal con un gran **pasado detrás**", "con 18 años tiene un gran **pasado detrás**" (¡pues qué precocidad!), "sin un **pasado detrás**", "todos tenemos un **pasado detrás**", "tiene un oscuro **pasado detrás** de él", "arrastra un oscuro **pasado detrás** suyo" y, como siempre hay algo peor, "una mujer enormemente segura y elegante con **un fabuloso pasado detrás y un rico futuro por delante**" (¡en *El País Semanal*, ni más ni menos!).

☞ Google: 336 000 resultados de "futuro por delante"; 126 000 de "un futuro por delante"; 88 900 de "con un futuro por delante"; 68 400 de "gran futuro por delante"; 66 100 de "un gran futuro por delante"; 56 400 de "todo un futuro por delante"; 35 400 de "con un gran futuro por delante"; 26 800 de "buen futuro por delante"; 23 000 de "pasado detrás"; 16 200 de "un pasado detrás"; 9 950 de "pasado detrás de ellos"; 9 800 de "brillante futuro por delante"; 9 160 de "un buen futuro por delante"; 7 950 de "pasado detrás de ella"; 7 260 de "pasado detrás de él"; 6 850 de "el pasado detrás"; 4 740 de "muy buen futuro por delante"; 2 530 de "largo futuro por delante"; 1 760 de "su pasado detrás"; 1 120 de "mi pasado detrás". ☒

☞ Google: 557 000 resultados de "vida por delante"; 247 000 de "toda una vida por delante"; 63 500 de "mucha vida por delante"; 55 100 de "larga vida por delante"; 23 100 de "una gran vida por delante"; 9 950 de "gran vida por delante". ☑

G

191. *gatopardismo*

El DRAE incluye en sus páginas definiciones para adjetivos derivados de nombres propios de grandes personalidades universales que han influido decisivamente en la historia y en la cultura ya sea para bien o para mal. Así, en sus páginas encontramos "dantesco", de Dante; "hitleriano", de Hitler; "kafkiano", de Kafka; "maquiavélico", de Maquiavelo; "masoquista", de Sacher-Masoch; "sádico", de Sade, etcétera, lo cual está muy bien porque son muy utilizados en nuestra lengua para significaciones muy precisas. En algunos casos, también incluye los sustantivos, como "hitlerismo", "maquiavelismo", "masoquismo" y "sadismo". Incluso tiene adjetivos derivados de personajes más que de personas, y ni siquiera de carácter universal, como "cantinflesco", que deriva de "Cantinflas", personaje cómico que hizo famoso, a través del cine y en el ámbito de la lengua española, el actor mexicano Mario Moreno. Pero así como los académicos madrileños y sus colegas americanos y filipinos distrajeron su tiempo fatigando el ambiente de la farándula, para luego incluir pendejadas como "amigovio" y "papichulo" en el DRAE, también se echaron a dormir y pasaron de noche sobre el sustantivo "gatopardismo" y el adjetivo "gatopardista", derivados ambos de la célebre novela de Giuseppe Tomasi Di Lampedusa, *Il Gattopardo* (1958), traducida al español como *El gatopardo*, y que se utilizan con bastante frecuencia en los ámbitos literario, sociológico, político, filosófico y, en general, académico de nuestra lengua (y de otras lenguas, por supuesto) para referirse a quienes, cínica y oportunistamente, desde posiciones privilegiadas, están en favor de las reformas políticas confiados en una paradoja que es la mayor lección política del protagonista de la novela, Fabrizio Corbera, Príncipe de Salina: "cambiar algo para que nada cambie": adaptarse a los tiempos para que la aristocracia siga viva en sus valores y con el control del poder, ahora bajo la apariencia de la revolución burguesa. El sustantivo "gatopardismo" significa, en conclusión, actitud calculadora y oportunista que consiste en adaptarse a los tiempos para conservar los privilegios y el poder bajo el lema paradójico "cambiar para que las cosas permanezcan inalterables". Ejemplo: *El **gatopardismo** de los porfiristas mexicanos los mantiene en el poder y con sus privilegios intactos más de un siglo después de la Revolución mexicana.* El adjetivo "gatopardista" es lo perteneciente o relativo al gatopardismo. Ejemplo: *La aristocracia mexicana **gatopardista** nunca ha dejado el poder ni ha perdido sus privilegios: se acomodó simplemente a la nueva realidad.*

Que los académicos incluyan pendejadas del espectáculo en el DRAE y dejen de incluir cosas importantes de la cultura, habla de su incapacidad filológica y lexicográfica. "Gatopardismo" y "gatopardista" son términos correctos y esenciales en nuestra lengua, y muy utilizados en el ámbito culto. He aquí algunos pocos ejemplos: "el **gatopardismo** en el siglo XXI", "otra vez el **gatopardismo** entre nosotros", "el **gatopardismo** de la existencia", "el **gatopardismo** mexicano", "que se acabe el **gatopardismo** en México", "Felipe González, la CIA y el **gatopardismo** en España", "Rajoy y la vigencia del **gatopardismo** en España", "el **gatopardismo** catalán", "Cataluña y el **gatopardismo** de la transición", "reforma fiscal **gatopardista**", "vorágine electoral **gatopardista**", "alianza **gatopardista** PAN-PRD es lo mismo que el PRI" (o algo todavía mucho peor).

☞ Google: 172 000 resultados de "gatopardismo"; 33 500 de "el gatopardismo"; 22 200 de "gatopardista"; 12 700 de "gatopardismo en España"; 6 060 de "gatopardismo en México"; 3 560 de "gatopardistas"; 1 020 de "gatopardismos". ☑

192. *gay* se pronuncia exactamente como se escribe

En el idioma español todos los términos se pronuncian exactamente como se escriben, aunque provengan de préstamos de otras lenguas que presenten variaciones en la pronunciación del alfabeto latino. Por ello, "gay" se escribe y se pronuncia *gai* en español y no *guei* (no confundir con "güey") que corresponde a la fonética del inglés. La razón es muy simple: el adjetivo y sustantivo "gay" (del inglés *gay*, y éste del francés *gai*: literalmente, "alegre") pasó a nuestro idioma como un anglicismo crudo, es decir con la misma grafía inglesa aunque, fonéticamente, con sólo un reflejo de la pronunciación originaria. En el DRAE tiene dos acepciones principales: "Dicho de una persona, especialmente de un hombre: homosexual; perteneciente o relativo a los homosexuales". Ejemplos del propio DRAE: *Sus mejores amigos son **gais**; Celebraron el día del Orgullo **Gay***. Su plural es "gais" aunque también se admite "gays", pero no, por cierto, "los gay", pues "gay" es singular, como ya advertimos, y en consecuencia el artículo debe concordar con el adjetivo y sustantivo en género y en número; así, lo correcto es "el gay", para el singular, y "los gais" o "los gays" para el plural. Si bien "gay" se aplica exclusivamente a los homosexuales varones (aunque también existe como apellido: "Gay"), otra derivación del occitano *gai* ("alegre") corresponde en español al adjetivo "gayo" (y "gaya" en femenino), cuyo significado es, literalmente, como en el idioma original: "alegre, vistoso". De ahí el título en español de la famosa obra de Nietzsche *La gaya ciencia* (original en alemán: *Die fröliche Wissenschaft*), que busca ser traducción literal del subtítulo *La gaya scienza* que el propio filósofo impuso a su obra. Menos literales, pero sin descuidar este mismo sentido, son las traducciones *El gay saber* y *La ciencia jovial*. Sea como fuere, "gay" y "gays" (o "gais") deben pronunciarse en español de acuerdo con su exacta representación gráfica y no con la fonética del inglés, pues, además, como ya vimos, el origen del término es la lengua romance occitana ("vehículo de la primera poesía vernácula de la Europa medieval, la de los trovadores, desde el siglo XI" en Francia, Italia y España), de donde pasa al francés exactamente con la misma grafía *gai* y la pronunciación *gué*. Justamente, "el gay saber" en la época medieval, entre los occitanos y los provenzales, era la poesía; de ahí que no han faltado traductores que consideran que la obra de Nietzsche tendría que traducirse al español, con menos literalidad pero con más precisión, como *Poética*, al igual que la obra de Aristóteles, o *Arte poética*, como la obra de Horacio. Siendo ya un hábito, es difícil desterrar la pronunciación inglesa de "gay" (*guei*), pero resulta obvio que, si nos remitimos a la obra de Nietzsche, ésta no se llama *El* ***guei*** *saber*, sino *El* ***gay*** *saber*. Pronunciemos entonces en correcta fonética española "gay" y no *guei*.

☞ Google: 811 000 resultados de "orgullo gay"; 429 000 de "los gays"; 409 000 de "el gay"; 295 000 de "cine gay"; 179 000 de "derechos de los gays"; 116 000 de "los gais"; 85 300 de "la gaya ciencia"; 16 900 de "derechos de los gais"; 4 080 de "el gay saber". ☑

193. *género* no es lo mismo que *sexo*

Debido a su uso generalizado, impuesto por la dictadura del anglicismo, ya es prácticamente imposible revertir el desbarre que significa confundir, en español, "género" con "sexo". El equívoco nació en el contexto de una torpeza mundial: la Cuarta Conferencia Mundial sobre la Mujer, realizada en Pekín, en 1995, con el auspicio de la Organización de las Naciones Unidas. Y en mala hora ocurrió: en tiempos del despegue difuso y difusor de internet. A pesar de que este mal ya es irreversible, no está de más decir algo al respecto. Una cosa es resignarse a la fatalidad y otra muy distinta negar la verdad. El sustantivo masculino "género" (del latín *genus, genĕris*) es definido por el DRAE del siguiente modo: "conjunto de seres que tienen uno o varios caracteres comunes". Ejemplo: *El* ***género humano*** *ha evolucionado pero no ha perdido del todo sus instintos y rasgos primitivos*. El DRAE ofrece también dos acepciones del ámbito de la gramática. La primera se refiere a la "categoría gramatical inherente en sustantivos y pronombres, codificada a través de la concordancia en otras clases de palabras y que en pronombres y sustantivos animados puede expresar sexo". Ejemplo del propio DRAE: *El* ***género*** *de los nombres*. La segunda es la que se refiere específicamente al "género femenino" y al "género masculino" en los sustantivos y pronombres que designan seres animados y que puede denotar el sexo de éstos. Para decirlo con la claridad y con la precisión que le falta al DRAE, en español "género" y "sexo" son cosas diferentes: "género" tienen las palabras, pero no así las personas; éstas tienen "sexo", como muy bien lo define María Moliner en el DUE ("carácter de los seres orgánicos por el cual pueden ser machos o hembras") y como muy mal lo define el DRAE, luego de adaptar su definición con un criterio políticamente correcto en lugar de defender el idioma español con una vocación gramaticalmente correcta: "Condición orgánica, masculina o femenina, de los animales y las plantas; conjunto de seres pertenecientes a un mismo sexo. *Sexo masculino, femenino*". La definición del DRAE es tan torpe que debemos suponer que entre los animales (ya que por supuesto no entre las plantas) incluye al ser humano, al que en ningún momento menciona. Es vergonzosa la forma en que la Real Academia Española hace concesiones políticas irracionales en detrimento del idioma, pues todavía en la vigésima primera edición (1992) del DRAE la definición era perfecta y precisa: "Condición orgánica que distingue al macho de la hembra en los seres humanos, en los animales y en las plantas". En su indispensable libro *El nuevo dardo en la palabra*, el insigne filólogo y lexicógrafo español Fernando Lázaro Carreter (que fue académico de la RAE y que remó contra la corriente de entreguistas anglófilos) explicó que en la Conferencia sobre la Mujer celebrada en Pekín en 1995, "ciento ochenta gobiernos firmaron un documento donde se adoptaba el vocablo inglés *gender*, 'sexo', para combatir la *violence of gender* (la ejercida por los hombres sobre las mujeres) y la *gender equality* de mujeres y hombres. Y el término se repitió insaciablemente en los documentos emanados de la masiva reunión convocada en el año 2000 por Naciones Unidas llamada 'Beijing+5'; este + es porque habían pasado cinco años desde la pequinesa. Ocurre, sin embargo (Webster), que 'en rigor, los nombres en inglés carecen de género' gramatical. Pero muchas lenguas [además del español, el catalán, el portugués, el italiano, el francés, entre otras] sí lo poseen y, en la nuestra, cuentan con *género* (masculino o femenino) sólo las palabras; las personas tienen *sexo* (varón o hembra). A pesar de ello, los signatarios hispanohablantes [algunos de ellos, siervos de la lengua inglesa] aceptaron devotamente *género* por *sexo* en sus documentos, y, de tales y de otras reuniones internacionales, el término se ha esparcido como un infundio. Y ahí tenemos galopando tan aberrante anglicismo; y, a quienes tan justa y briosamente combaten la violencia contra el sexo, ejerciéndola cada vez más contra el idioma". Más clara no puede ser la explicación. Y, como ya advertimos, aunque hoy sea imposible revertir la tontería de llamar en español "violencia de género" a lo que es, estrictamente, "violencia de sexo" (pues se trata de la violencia ejercida de un sexo hacia otro y, en particular del hombre contra la mujer, pero también del varón e incluso de la mujer contra los homosexuales y los transexuales), hagamos un esfuerzo por decir y escribir, con corrección idiomática, "estudios de la mujer" en lugar de "estudios de género", para referirnos al campo interdisciplinario de investigación académica y al conjunto de proyectos cuyo objetivo es el cambio social y la reivindicación de las mujeres frente a la dominación de los hombres. También, al referirnos al "sexismo", digamos y escribamos "discriminación por motivos de sexo" (que es lo correcto), y no "discriminación por motivos de género", que es una tontería. Asimismo, digamos y escribamos "transexual" en lugar de "transgénero" para definir a la persona que ha cambiado de sexo, puesto que su género sigue siendo el "género humano". Las siglas ya comúnmente aceptadas LGBTTI para referirse a la población lésbica, gay, bisexual, transexual, transgénero e intersexual tienen un solo problema: el término "trans**género**" que se usa para oponerlo a "tran**sexual**". Insistir en esta diferenciación es una necedad, pues para el DRAE, y para la lógica, el adjetivo "transexual" no sólo se aplica a quien ha recurrido a la cirugía para cambiarse, físicamente, de sexo, sino también a la persona "que se siente del sexo contrario, y adopta sus atuendos y comportamientos". Lo correcto es "transexual", siempre, y "transgénero" es inexacto si a lo que quiere referirse es a "travesti": alguien que no ha recurrido a la cirugía para cambiarse físicamente de sexo, pero que adopta los atuendos y comportamientos del sexo contrario. En conclusión, que hoy se hable (y nos entendamos, pese al equívoco) de "orientación de género" para referirnos a lo que es exactamente "orientación sexual", y de "perspectiva de género" a lo que es, propiamente, "perspectiva de sexo", es consecuencia (ya lo saben los lectores) de un anglicismo que se introdujo en nuestra lengua (y en otras más) por acuerdo internacional y por imposición de un idioma sobre todos los demás. A esto se le puede llamar violencia política del inglés o imperialismo gramatical sobre las demás lenguas, y además ahora con la anuencia de la Real Academia Española.

☞ Google: 14 500 000 resultados de "violencia de género"; 8 110 000 de "perspectiva de género"; 3 110 000 de "transgénero"; 992 000 de "estudios de género"; 477 000 de "delitos de género"; 417 000 de "crímenes de género"; 428 000 de "crimen de género"; 380 000 de "discriminación por motivos de género"; 40 300 de "violencia por motivos de género", 14 200 de "asesinatos por motivos de género". ☒

☞ Google: 35 100 000 resultados de "transexual"; 6 760 000 de "estudios de la mujer"; 532 000 de "violencia machista"; 444 000 de "perspectiva de sexo"; 308 000 de "violencia de sexo"; 249 000 de "delitos contra las mujeres"; 65 500 de "discriminación por motivos de sexo"; 46 800 de "violencia por motivos de sexo". ☑

194. *¿gente de color?, ¿color serio?*

Si hay un color "serio", ¿cuál es el color "divertido"? Se trata de una tontería que nació en el ámbito del deporte como espectáculo (boxeo, beisbol, futbol, atletismo, etcétera), y no esconde su tufo de discriminación racial. Es expresión favorita de cronistas deportivos y comentaristas idiotas de la televisión, para referirse a las personas de piel morena o negra; de tal forma que para quienes utilizan este torpe eufemismo, el negro es el "color serio". Similar es la idiotez de decir y escribir "gente de color" para referirse a quienes tienen la piel negra. Ambas barbaridades son utilizadas con mucha frecuencia por cronistas deportivos que se refieren a boxeadores, futbolistas, beisbolistas, atletas, etcétera, que no son blancos o caucásicos, y han extendido su uso a otros ámbitos. Seamos serios: tanto "color serio" como "gente de color" son eufemismos idiotas que hay que desterrar del idioma español. Los colores no son ni serios ni divertidos; son, simplemente, colores, y si se habla o escribe de "gente de color", ¿qué color es éste?, ¿rojo, amarillo?

En el portal electrónico de Televisa leemos el siguiente encabezado:

☟ "Hillary propone dignificar a la **gente de color**".

Lo correcto es informar que

☝ Hillary Clinton propone dignificar a los **afroamericanos** (incluso si no son negros).

✎ En el diario español ABC se informa que "los deportistas **de color** suelen tener miembros más largos con menores circunferencias" y la nota se refiere a las piernas, pero son tan brutos los redactores que no son capaces de escribir "deportistas negros" en lugar de "de color" y tampoco escriben "piernas más largas"; sino "miembros más largos" (entre los cuales pueden estar, en el caso de los varones, sus penes). He aquí algunos ejemplos más de esta burrada: "25 inventos de **gente de color**", ¡"Asociación Nacional para el Avance de la **Gente de Color**"! (es casi increíble que algo así pueda existir), "la representación de la **gente de color** en el cine", "la guerra contra la **gente de color** debe acabar", "los más grandes **atletas de color** en la historia", "los **atletas de color** y las carreras de velocidad", "los **atletas de color** son muy buenos", "predisposición de los **deportistas de color**", "progresiva aparición de **deportistas de color**", "los casos más recientes de **deportistas de color**", "el poder de los **boxeadores de color** en los pesos pesados", "llegada de los primeros **peloteros de color**", "**atleta de color serio**", "**boxeador de color serio**", etcétera.

☞ Google: 2 290 000 resultados de "actriz de color"; 829 000 de "mujer de color"; 727 000 de "mujeres de color"; 698 000 de "hombres de color"; 647 000 de "gente de color"; 581 000 de "actores de color"; 514 000 de "actor de color"; 495 000 de "actrices de color"; 212 000 de "gentes de color"; 211 000 de "deportista de color"; 147 000 de "boxeadores de color"; 133 000 de "atletas de color"; 114 000 de "boxeador de color"; 111 000 de "deportistas de color"; 74 000 de "atleta de color"; 41 200 de "pelotero de color"; 27 800 de "peloteros de color"; 25 000 de "color serio". ☒

195. *¿glamour?*

En español, ya no es necesario escribir el término anglo-francés *glamour* con las obligadas *cursivas*, pues ya está admitida la grafía castellanizada o españolizada "glamur", sustantivo masculino que significa "encanto sensual que fascina" (DRAE). Ejemplo: *La actriz perdió el* ***glamur***. De ahí el adjetivo "glamuroso" (con la variante "glamoroso", también admitida por la RAE), cuyo significado es "que tiene glamur". Ejemplo: *Luego del maquillaje, la actriz lució **glamurosa** (o **glamorosa**)*. Lo que ocurre es que estas adaptaciones gráficas del todo precisas apenas se incorporaron a las páginas del DRAE en la edición de 2014. Antes, y como es su costumbre, la Real Academia Española se encargó de malencaminar a los hablantes y escribientes, pues en su edición de 2001 (la vigésima segunda) incluía *glamour* (en *cursivas*) sin aclarar siquiera que se trataba de un extranjerismo de origen inglés que entró a nuestra lengua como galicismo. Pero, además, ya sin cursivas, admitía el adjetivo "glamouroso" (con su variante "glamuroso) con el significado "que tiene *glamour*". ¡Las incapacidades léxicas de siempre de los gloriosos académicos madrileños! Ahora dan marcha atrás y sólo aceptan lo que, desde un principio, tenía toda la lógica idiomática en préstamos como estos: "glamur", "glamuroso" y "glamoroso", pese a que ya habían legitimado su horrible "glamouroso". Sea como fuere, ahora la RAE dio pie con bola, pero tendremos que esperar algo de tiempo para enderezar lo que nació torcido. Ya ni siquiera es necesaria la grafía extranjera *glamour* en cursivas o itálicas: dígase y escríbase "glamur" (en español), así como las respectivas adaptaciones gráficas españolas para los adjetivos "glamuroso" y "glamoroso".

No olvidemos que son términos muy cotizados en los ambientes de la moda, los espectáculos y la farándula, plagados de extranjerismos. Por ello será difícil que desaparezcan estos usos, pues si hay algo que caracteriza a esos ambientes es su anglicismo y, en el caso de México, su orgulloso pochismo. En el portal electrónico *TerraTV* leemos el siguiente encabezado:

♀ "Entrevista con Beatriz Cisneros: maquillaje y **glamour** en México".

Lo correcto es:

♂ maquillaje y **glamur** en México.

✎ He aquí otros ejemplos de estos angligalicismos que la gente utiliza porque cree que con ellos adquiere mucho *glamour*: "yo amo el **glamour**", "10 deportistas que cambiaron el sudor por el **glamour**", "que el **glamour** no falte en tus vacaciones", "el **glamour** del poder", "moda, famosos y mucho **glamour**", "parejas con mucho **glamour**", "uñas con estilo y mucho **glamour**", "vestidos increíbles con mucho **glamour**", "saca tu lado más **glamouroso**", "el **glamouroso** armario de Marlene Dietrich", "**glamouroso** anuncio de Scarlett Johansson", "el cóctel **glamouroso** por excelencia", etcétera.

☞ Google: 2 330 000 resultados de "glamouroso"; 1 610 000 de "glamourosos"; 676 000 de "mucho glamour"; 431 000 de "el glamour"; 358 000 de "vestidos glamourosos". ☒

☞ Google: 5 420 000 resultados de "glamur"; 3 650 000 de "glamoroso"; 2 530 000 de "glamuroso"; 1 920 000 de "glamorosos"; 1 690 000 de "glamurosos"; 398 000 de "el glamur". ☑

196. *¿gol fallado?*

Podemos hablar de un disparo fallido e incluso fallado, ¿pero tiene algún sentido lógico hablar de un "gol fallado"? Leamos cuidadosamente la definición del sustantivo masculino "gol" (del inglés *goal*, objetivo, meta): "En el fútbol y otros deportes, entrada del balón en la portería" (DRAE). En consecuencia, no hay propiamente "gol" (es decir, "tanto", que es otro sinónimo de "gol") si, durante un partido de futbol, el balón no entra en la portería. No hay algo que pueda denominarse "gol fallado" o "errado" si no entró en la portería. Simplemente no se trata de un gol. Siendo estrictos, tampoco existe algo que deba denominarse "gol anotado" o "marcado", pues si se anotó o se marcó como tanto es porque obviamente fue gol, dado que el balón entró en la portería, y es suficiente entonces con decir simplemente "gol". Lo que sí tiene lógica es el sustantivo "gol" seguido del adjetivo "anulado", pues un "gol anulado" es aquel en que el balón entró en la portería y, por lo tanto, fue gol, pero el árbitro determinó anularlo, esto es invalidarlo, por considerar que no se consiguió mediante una jugada legítima: en general, por "fuera de lugar" o por alguna otra falta cometida ya sea por el jugador que metió el balón en la portería o por algún compañero suyo: por ejemplo, tocar el balón con la mano, obstruir o desplazar al portero o golpear a los defensores. Es impropio, entonces, hablar de "gol anotado" y de "gol fallado". En el primer caso porque se trata de una redundancia (basta con decir "gol"), y en el segundo porque si el balón no entró en la portería es obvio que no hay gol. En lugar de "gol anotado" es más lógico decir "gol a favor", cuyo opuesto es "gol en contra". Toda esta explicación involucra no únicamente el sentido gramatical y la recta función semántica, sino también, y sobre todo, la comprensión lógica de las cosas y las palabras.

Lo que ocurre es que en futbol todo el mundo conspira contra la gramática, la semántica y la lógica. Y el hecho de señalar estos yerros no quiere decir que dejarán de cometerse, pues si un ámbito es refractario al buen uso del idioma ése es precisamente el del futbol. En la sección de deportes del diario español ABC leemos el siguiente encabezado:

☟ "El **gol fallado** más fácil de la historia".

Y debajo de esta línea, en un sumario descriptivo, se añade: "El delantero brasileño Fred desperdició una clarísima ocasión de gol con su equipo, el Fluminense". Es obvio entones que no se trató de un "gol fallado" sino de una "ocasión de gol" desperdiciada o de una:

☝ increíble **falla** (o **pifia**) de Fred frente a la portería (tal como podemos observar en el video).

✎ El futbol o fútbol está lleno de estos disparates que con gran alegría, desenfreno e idiotez gritan los locutores, cronistas y aficionados o escriben los reporteros y comentaristas en las publicaciones impresas y de internet. He aquí algunos ejemplos: "**gol fallado** de Andrés Mendoza contra Ecuador", "increíble **gol fallado** Levante vs Betis", "Yordi Reyna pidió perdón por **gol fallado** en el Perú vs Colombia", "Barcelona se burló del **gol fallado** por Chicharito", "**gol fallado** en el minuto 91", "increíble **gol fallado** de Brasil", "cronista cerca de llorar por un **gol fallado**", "el increíble **gol fallado** de CR7 ante Valencia", "el **gol fallado** que le pudo dar el título a Argentina", "Oribe Peralta lamenta un **gol fallado**", "los **goles fallados** más tontos", "los 10 peores **goles fallados** del mundo", "los 23 **goles fallados** en forma increíble de la historia".

☞ Google: 25 700 resultados de "gol fallado"; 19 900 de "el gol fallado"; 15 200 de "goles fallados"; 7 370 de "un gol fallado"; 1 140 de "ese gol fallado". ☒

197. *¿goleada?, ¿golear?, ¿goliza?, ¿supergoleada?*

¿A partir de qué diferencia de goles se puede afirmar que un equipo ha logrado una "goleada" en su enfrentamiento con otro? La definición que da el DRAE para el verbo transitivo "golear" no es muy precisa al respecto o, más bien, es del todo imprecisa, equívoca: "Dicho de un equipo de fútbol o de uno de sus jugadores: hacer gol al otro equipo, especialmente con reiteración". ¿A cuento de qué la acotación "especialmente con reiteración"? Más bien siempre con reiteración, pues de otro modo no es "golear" sino, simplemente, ganar. Ejemplo: *Messi, Neymar y Suárez* ***golearon 7-0*** *al Celtic*. Pero no resulta lógico decir o escribir: *Messi, Neymar y Suárez* ***golearon 1-0*** *al Manchester*. De ahí el sustantivo "goleador": "persona que golea". Ejemplo: *Suárez y Messi son los* ***goleadores*** *del Barcelona*. De ahí también el sustantivo femenino "goleada", que tiene dos acepciones principales en el DRAE: "Abundancia de goles" y "gran diferencia de goles por la que un equipo gana a otro". Ejemplo: *El Barcelona* ***goleó*** *al Celtic* 7-0. Asimismo, el DRAE incluye la locución adverbial "por goleada", para la cual da las siguientes definiciones y ejemplos: "Por muchos goles. *Ganaron el partido* ***por goleada***. Por gran diferencia, o de un modo incontestable. *Ganar una votación* ***por goleada***". Esto último es, por supuesto, un sentido figurado, pues nada tiene que ver con el futbol. Está también el sustantivo femenino "goliza", no admitido por el DRAE pero que puede considerarse sinónimo de "goleada", o quizá, incluso, signifique algo más drástico, mucho más severo, que "goleada". Ejemplo: *Micronesia pidió ayuda a* FIFA *tras* ***goliza*** *de 46-0*. Ya más excesivos son los términos "supergoleada" y "supergoliza". La clave del sustantivo "goleada" y de la locución adverbial "por goleada" está sin duda en las expresiones "gran diferencia de goles" y "por muchos goles" que se incluyen en las definiciones del DRAE. Ahora bien, ¿cuánto es mucho?, ¿cuántos son muchos goles? No hay que olvidar que "mucho" (del latín *multus*) es un adjetivo indefinido y que, justamente, por ser indefinido (es decir, por carecer de un término señalado o conocido) admite como sinónimos los conceptos, igualmente vagos, de numeroso, abundante e intenso. Lo único seguro es que lo "mucho" excede siempre a lo ordinario, regular o preciso. En este sentido podemos estar seguros de que la diferencia de uno o dos goles entre un equipo y otro no puede llamarse "goleada", porque ni uno ni dos pueden equivaler a "mucho" o a "muchos". ¿Pero lo será acaso la diferencia de tres goles entre uno y otro equipo? El convencionalismo periodístico y de los aficionados parece que así lo ha determinado, de tal forma que una diferencia de más de dos goles ya es "goleada", a pesar de que no resulta muy lógico calificar de "mucho" o de "muchos" a simples tres unidades. En ningún ámbito o con ningún otro objeto tres unidades nos parecerán "muchas", excepto, por supuesto, en el futbol. Siendo así, la Real Academia Española bien podría dejarse de indefiniciones y precisar, de acuerdo con el convencionalismo futbolístico, a partir de qué diferencia de goles se puede aplicar el sustantivo "goleada". Si resulta ilógico decir que un equipo le ganó a otro por goleada de 1-0, también es ilógico decir, en otro caso, que un equipo derrotó a otro por goleada de 4-3. Estos resultados no pueden considerarse "goleadas", pues en ambos casos la diferencia es de una sola unidad. Lo mismo podríamos decir de la diferencia de dos goles, tanto en 2-0 como en 4-2, 5-3, 6-4, 7-5, etcétera. En ningún caso se trataría de "goleadas" tratándose de dos unidades de diferencia, aunque en los partidos con resultados de 4-2 en adelante hayan caído muchos goles. Y, a pesar de todo, hay quienes consideran, en el ambiente futbolero, muy caprichosamente, que 4-2 o 5-3 son "goleadas". Menos duda parece haber con la diferencia de tres goles en adelante. En el ámbito futbolístico casi todo el mundo está de acuerdo en que una "goleada" comienza con una diferencia de tres goles en adelante: 3-0, 4-1, 5-2, 6-3 y, por supuesto, 4-0, 5-0, 6-0, 7-0 y todas las demás combinaciones que representen una diferencia de al menos tres goles. Los académicos de Madrid deberían dejarse de vaguedades. El sustantivo "goleada" no significa, con tanta imprecisión, "gran diferencia de goles por las que un equipo gana a otro", sino triunfo de un equipo por más de dos goles de diferencia: 3-0, 4-0, 5-0, 6-0, 7-0, 8-0, 9-0, 10-0 11-0, etcétera, pero también 4-1, 5-1, 6-1, 5-2, 6-3 y todas las combinaciones donde la diferencia sea de al menos tres goles. Todo esto resulta más lógico, en lugar de andar suponiendo, y preguntándonos, cuánto es "mucho" o a partir de cuánto puede considerarse "mucho". Como ya hemos advertido, debe considerarse que incluso lo que puede ser poco o considerarse poco en otros ámbitos (tres panes, tres pesos, tres perros, tres gatos, tres cervezas, tres tequilas, tres libros, tres erratas) no lo es en absoluto para el futbol.

Lo que resulta idiota, incluso en el futbol, es decir que un equipo recibió una goleada de 1-0 o de 2-0. Y sí, hay quienes lo dicen y, además, lo escriben con la venia de la RAE. En el diario español *El Norte de Castilla*, en un encabezado, leemos la siguiente barrabasada:

☞ "El Real Valladolid **golea 1-0** al Oviedo".

La burrada está legitimada por la RAE, pues en la definición del verbo "golear" se afirma, imprecisamente, que el significado es "dicho de un equipo de fútbol o de uno de sus jugadores: hacer gol al otro equipo" y sólo después se añade, casi como algo secundario, "especialmente con reiteración". En realidad, es lo contrario: "golear" es, en el futbol, hacer varios goles un equipo a otro y, especialmente, conseguir una victoria con una diferencia de más de dos goles. Esto es "golear" y esto es "goleada". Lo demás es una payasada. Por ello, el diario español debió informar a sus lectores que

☝ El Real Valladolid **ganó 1-0** al Oviedo.

✎ He aquí más ejemplos de esta burrada que se da con la anuencia de la RAE: "América **golea 3-1** al Toluca", "Manchester United **golea 3-1** en su visita", "Estudiantes **golea 3-1** a Gimnasia", "Monterrey se luce ante Xolos y **golea 3-1**", "Messi-Neymar-Suárez firman una **goleada de 3-1** al Atlético", "Toluca agudiza la crisis de las Chivas con **goleada de 3-1**", "Rayados inicia con **goleada de 3-1** ante los Leones Negros" (en realidad es como si los ganadores lo hubiesen hecho por 2-0, que no es goleada), "los Cementeros **golean 4-3** al Monterrey" (¡por favor, que no jodan: es como si le hubieran ganado 1-0!), "Xolos de Tijuana continúa a la cabeza de la tabla a pesar de que perdió por **goleada de 4-3**" (¿cuál goleada?; esto es perder por la mínima diferencia), "Querétaro **golea 5-4** a León", "Barça **golea 5-4** al Sevilla", "Jaguares **golea 5-4** a las Águilas", "Tigres **golea 5-4** a Juan Aurich" (no golearon; es como si hubieran ganado 1-0), "Venezuela **golea 2-0** a Canadá", "Chelsea **golea 2-0** al París Saint-Germain", "Deportivo Municipal **golea 2-0** a Sporting Cristal", "Honduras **golea 2-0** a Gabón" y, lo peor, "Barcelona sufre pero **golea 1-0** a Málaga", "Espanyol **golea 1-0** a Real Betis", "Manchester **golea 1-0** a Crystal Palace" (¡pues qué goleadas: de miedo!).

☞ Google: 104 000 resultados de "goleada de 3-1"; 38 200 de "golea 3-1"; 2 150 de "golea 5-4"; 1 510 de "golea 2-0"; 1 470 de "golea 1-0". ☒

☞ Google: 174 000 resultados de "golea 3-0"; 123 000 de "golea 4-0"; 63 200 de "golea 5-0"; 25 800 de "golea 6-0"; 16 500 de "golea 7-0"; 16 000 de "golea 7-1"; 4 960 de "goleada de 9-0"; 3 110 de "goleada de 11-0"; 2 500 de "goliza de 7-0"; 2 390 de "supergoleada de 11-0; 1 370 de "golea 38-0". ☑

198. *¿gracias a la corrupción?, ¿gracias a la violencia?*

La locución preposicional "gracias a" significa "por causa de alguien o algo que produce un bien o evita un mal" (DRAE). María Moliner, en su *Diccionario de uso del español*, es más precisa: "Se emplea para expresar la cosa o persona que ha sido causa de que ocurra algo bueno o se evite algo malo". Ella misma pone un ejemplo inobjetable y congruente con la definición: ***Gracias a ti** he llegado a tiempo*. El disparate es utilizar esta locución preposicional para todos los casos; incluidos aquellos que no sólo no son causa de que ocurra algo bueno o se evite algo malo, sino que por el contrario son causa de las peores cosas. Por ejemplo, decir, absurdamente, que ***Gracias a la corrupción****, México es uno de los países más jodidos*. No tiene sentido. Lo correcto es decir: ***Por culpa de la corrupción****, México es uno de los países más jodidos*. En algún momento, la construcción "gracias a" seguida de algo infausto pudo ser un giro retórico de ironía (por ejemplo, ***Gracias al*** ***PRI*** *estamos como estamos*), pero en general no hay ironía sino un disparate en casi todas las expresiones que utilizan la locución "gracias a" para denotar consecuencias desastrosas a partir de la acción de agentes dañinos. En las publicaciones impresas y electrónicas es un disparate muy utilizado por periodistas, pero abunda también en el habla cotidiana. Casi nadie se salva de cometer esta barbaridad. Lo cierto es que no estamos como estamos "**gracias al PRI**", sino "**por culpa del PRI**" y de los demás partidos, si lo que se quiere dar a entender es que estamos fregados. Tampoco estamos como estamos "**gracias a la violencia**", sino "**por culpa de la violencia**", pues de ésta no puede sacarse nada bueno ni mucho menos evitar algo malo.

El incorrecto uso de la locución "gracias a" se ha extendido como plaga en el habla y en la escritura, sin distingo de niveles culturales o de escolarización. Y la radio, la televisión, los periódicos impresos, los libros inclusive, e internet se han encargado de propagarlo con particular ignorancia, pero no, desde luego, ***gracias a su ignorancia***. En el mexicano *Diario de Poza Rica*, del estado de Veracruz, leemos que en Papantla:

☟ "hay una anarquía absoluta **gracias a la corrupción** de sus autoridades".

En realidad, no. Esa anarquía absoluta (que para nada es un bien) existe y se desarrolla en Papantla:

☝ **a causa de la corrupción** de sus autoridades.

✎ Es obvio que esa anarquía la propicia la corrupción, pero no estamos hablando de que ocurra algo bueno o se evite algo malo, sino de todo lo contrario: de un daño inobjetable a la sociedad. ***Por culpa de la corrupción*** *de las autoridades y no* ***gracias a la corrupción*** *de las autoridades* es que existe esa anarquía que daña a la sociedad de Papantla. He aquí otros ejemplos del mal empleo de la locución preposicional "gracias a": "ese dinero fue conseguido **gracias a la corrupción**", "cada español paga de más en impuestos **gracias a la corrupción y al fraude fiscal**", "grandes cantidades de dinero obtenidas **gracias a la corrupción o al crimen organizado**", "**gracias a la corrupción** se incrementan los precios de bienes y servicios", "**gracias a la corrupción** Ahome perdió su mejor fuente de empleo", "México sufre grandes problemas **gracias a la corrupción**", "miles de usuarios están siendo afectados **gracias a la corrupción** de sus administradores y autoridades", "Michoacán apesta a narcos **gracias al PRI**", "tenemos la peor imagen ante el mundo **gracias al PRI**", "todo esto es un desastre **gracias al PAN**", "la ciudad de México, cada día peor, **gracias al PRD**", "el fanatismo crece **gracias a la violencia**", "los principales problemas de Colombia fueron originados **gracias a la violencia**", "perdió la vida **gracias a la violencia**", "la calidad de vida se ha visto deteriorada **gracias a la violencia**", "las enfermedades sociales se perpetúan **gracias a la estupidez**", "el Mar de Aral se está convirtiendo en un yermo **gracias a la estupidez** de la especie humana", "estoy harta de salir lastimada **gracias a la incapacidad de amar**", "la impunidad subió a un 96% **gracias a la incapacidad** del sistema de justicia".

☞ Google: 1 640 000 resultados de "gracias a la incapacidad"; 1 280 000 de "gracias a su incapacidad; 1 260 000 de "gracias a la violencia"; 778 000 de "gracias a su ignorancia"; 724 000 de "gracias a la corrupción"; 649 000 de "gracias a la ignorancia"; 580 000 de "gracias a la extorsión"; 512 000 de "gracias a la estupidez"; 349 000 de "gracias al crimen"; 221 000 de "gracias a su incapacidad"; 197 000 de "gracias al asesinato"; 185 000 de "gracias a su estupidez"; 174 000 de "gracias a la incompetencia"; 134 000 de "gracias a su incompetencia"; 90 000 de "gracias al robo". ☒

199. *¿gueva?, ¿guevon?, ¿guevonada?, ¿guevonear?, ¿guiro?, ¿halagueño?, ¿malagüeño?*

Cuán difícil resulta para las personas que no saben utilizar las tildes distinguir, en la representación de la escritura, los relieves de los sonidos fuertes en relación con los débiles. Para quien no sabe de reglas ortográficas, da lo mismo escribir "guevon" que "guevón", pero, además de ello supone que en ambos casos se debe leer "güevón", término éste que, para ser fiel a su fonética, debe llevar diéresis (signo ortográfico que consiste en dos puntos sobre la "ü") y tilde (o acento ortográfico) sobre la "ó". De otro modo es imposible leer "güevón". La regla es simple: en todas las combinaciones "gue" y "gui" el sonido de la "u" es tan débil que casi desaparece (como en ***gue**rra*, ***gue**to*, ***gui**llotina*, ***gui**ño*, ***Gui**llermo*, etcétera) en tanto dicha vocal no lleve diéresis. En caso de llevarla (como en *Ar**güe**lles*, *ci**güe**ña*, ***güe**ra*, ***güe**ro*, ***güe**va*, ***güe**vón*, ***güe**vonada*, ***güe**vonear*, ***güe**y*, *hala**güe**ño*, ***güi**ro*, ***güi**squi*, *para**güe**ro*, *pin**güi**no*", etcétera), este signo indica que la "u" debe pronunciarse como vocal fuerte. Ello no ocurre con las combinaciones "gua" y "guo" en las que invariablemente, sin necesidad de diéresis, la "u" tiene sonido fuerte, como en *a**gua***, *ambi**gua***, *anti**gua***, *conti**gua***, *ena**gua***, ***gua**camole*, ***Gua**dalajara*, ***Gua**dalupe*, ***gua**jolote*, *para**gua**s*, *ambi**guo***, *amorti**guo***, *anti**guo***, *averi**guo***, *conti**guo***, *santi**guo***, etcétera y, de hecho, es una falta ortográfica imponer en ellas la innecesaria diéresis, como cuando se escribe, incorrectamente, "ambigüa", "antigüa", "contigüa", "ambigüo", "antigüo", "contigüo", etcétera. Quienes escriben "guey" (creyendo que están escribiendo "güey", aunque en realidad escriben a lo güey) son los mismos que escriben "guevon" y que creen que están escribiendo "güevón" (en realidad, son güevones para aprender a escribir correctamente). El adjetivo "güevón", los sustantivos "güeva" y "güevonada" y el verbo "güevonear" son mexicanismos coloquiales que resultan de la deformación de "hueva", "huevón", "huevonada" y "huevonear", estos tres últimos admitidos ya por el DRAE con los significados de "flojo, haragán, perezoso", "flojera" y "perder el tiempo". En el caso de "güeva" ("flojera, pereza"), es una deformación del sustantivo femenino "hueva", que designa a la masa que forman los huevecillos de ciertos peces. Como es obvio o, más exactamente, como es ovo, estos coloquialismos y sus deformaciones gráficas y fonéticas provienen del sustantivo masculino "huevo" (del latín *ovum*): el cuerpo ovalado o redondeado "que producen las hembras de las aves o de otras especies animales, y que contiene el germen del embrión" (DRAE), pero también el "testículo" o, mejor dicho, los "testículos" (el par de ellos) o glándulas sexuales masculinas que segregan los espermatozoides y que, por su forma oval, se denominan, vulgarmente, "huevos". En todos los casos, "güeva", "güevón", "güevonada" y "güevonear" deben llevar diéresis en la "ü", la cual sería errónea en "hueva", "huevón", "huevonada" y "huevonear", pues, como ya dijimos, la diéresis se usa sólo para distinguir el sonido fuerte de la "u" en las combinaciones silábicas de "güe" y "güi". Por tanto, esto último es válido también para el sustantivo masculino "güiro": cierto tipo de calabaza y, además, un instrumento musical, y para el adjetivo "halagüeño": "que halaga, que lisonjea o adula", y en sentido figurado que es "señal o indicio de algo bueno", justamente por "halagador", ya que el verbo transitivo "halagar" significa "dar motivo de satisfacción", y el sustantivo masculino "halago" es la "cosa que halaga" y la "acción y efecto de halagar". Lo incorrecto es escribir "halagueño" y "halagueña" (sin diéresis), pues nada tiene que ver una cosa "halagüeña" (con su obligada diéresis) en relación con "malagueña" (sin diéresis, por supuesto). El adjetivo y sustantivo "malagueño", "malagueña", se aplica al "natural de Málaga, ciudad o provincia de España" y a todo lo "perteneciente o relativo a Málaga o a los malagueños". Obviamente, el disparate sería ponerle diéresis a la "u" de "malagueño" y "malagueña", y Dios sabe (y nosotros también, que lo hemos visto en internet) que hay gente capaz de escribir "malagüeño" y "malagüeña".

☞ Google: 295 000 de "gueva"; 145 000 resultados de "guevon"; 82 100 de "el guiro"; 71 600 de "los guiros"; 59 100 de "guevones"; 28 300 de "un guiro"; 28 200 de "guevón"; 23 100 de "guevonada"; 22 200 de "guevona"; 21 200 de "guevonadas"; 11 400 de "malagüeño"; 11 000 de "tocar el guiro"; 7 590 de "halagueño"; 7 030 de "halagueña"; 6 870 de "halagueños"; 3 990 de "halagueñas"; 3 720 de "guevonas"; 3 080 de "malagüeña"; 1 330 de "malagüeños"; 1 010 de "malagüeñas"; 1 000 de "guevonear". ☒

200. *¿guignol?*

Es innecesario escribir el sustantivo *guignol* (en francés y en *cursivas*), pues éste es un término que ya está castellanizado o españolizado. El sustantivo masculino "guiñol" (del francés *guignol*, nombre de un muñeco de guante creado a comienzos del siglo XIX en Lyon, Francia, por Laurent Mourguet) se refiere al "teatro representado por medio de títeres que se manejan introduciendo una mano en su interior" (DRAE).

Ejemplo: *Presenciamos un espectáculo de teatro **guiñol***. De ahí el adjetivo "guiñolesco": perteneciente o relativo al teatro guiñol y, en sentido figurado, a lo que tiene apariencia de guiñol. Ejemplo: *La historia tiene un final **guiñolesco***.

Dado que, en nuestro idioma, el término "guiñol" es la adaptación gráfica del francés *guignol*, y de la cual deriva el adjetivo "guiñolesco", es improcedente utilizar la grafía extranjera, así sea en cursivas. En el diario mexicano *El Sol de México* se informa sobre

☟ "la comunicación humana a través de teatro **Guignol**".

Quiso informar sobre

☝ la comunicación humana a través del teatro **guiñol**.

✎ He aquí otros ejemplos de esta grafía francesa que ya debemos evitar: "promotores del Teatro **Guignol**", "el pequeño teatro **Guignol** estaba lleno", "divertida postal de niños en teatro **guignol**", "espectáculos de teatro **Guignol**", "marionetas de teatro **guignol**", "función de teatro **guignol**", "teatro **guignol** especialmente para niños", "función de **guignol** gratis", etcétera.

☞ Google: 6 500 resultados de "teatro guignol". ☒

201. *guru* no es lo mismo que *gurú*

El sustantivo masculino "gurú" (del sánscrito *gurú*) es una palabra aguda terminada en vocal. Por lo mismo siempre debe escribirse con tilde en la última sílaba: "gurú" y no "guru". Con ella se designa, en el hinduismo, al "maestro espiritual o jefe religioso" (DRAE) y, en un sentido figurado, tanto para el masculino como para el femenino ("el gurú", "la gurú") se usa en la actualidad para denominar a la "persona a quien se considera maestro o guía espiritual, o a quien se le reconoce autoridad intelectual" (DRAE). Ejemplos: *Baba Ramdev es el **gurú** de yoga más famoso de la India*; *Borges se convirtió en un **gurú** cultural*. Su plural es "gurús", pero puede admitirse "gurúes" (con tilde en la segunda "ú"), pero no "gurues" (sin tilde). Ejemplos: *Los **gurús** del conocimiento*; *Los **gurúes** de la economía*.

El yerro generalizado consiste en no ponerles tildes ni al singular ni al plural. Tanto en el periodismo impreso como en internet este dislate es habitual. En un libro sobre meditación leemos lo siguiente:

☟ "no se puede sustituir a Dios con un **guru**".

Quiso escribir el autor, en buen español, que

☝ no se puede sustituir a Dios con un **gurú**.

✎ He aquí más ejemplos de este dislate tan abundante: "la necesidad de un **guru** yóguico", "sin un **guru** no hay pureza en la vida", "un **guru** es un ser realizado que guía el desarrollo espiritual", "un **guru** en Colombia", "el **guru**: tu tutor privado", "el **guru** del servicio al cliente", "el

guru que se hallaba meditando", "yo no soy tu **guru**", "tu **guru** de viajes", "mi **guru** aprendió yoga en Nepal", "creí lo que fue dicho por mi **guru**", "los **gurus** de la gestión", "la hora de los **gurus**", "los **gurus** de la calidad", "**gurues** de las finanzas"; "10 cosas que hacen los **gurues** de internet", "sectas y **gurues** del fin del mundo".

☞ Google: 282 000 resultados de "el guru"; 275 000 de "un guru"; 129 000 de "tu guru"; 43 600 de "mi guru"; 34 400 de "gurues". ☒

H

202. *¿habíamos?, ¿habían?, ¿han habido?*

Es correcto decir y escribir "habíamos abordado", "habíamos acordado", "habíamos jugado", "habíamos hecho el amor". Pero es del todo incorrecto decir y escribir "habíamos muchos" y "habíamos pocos". En los primeros casos se trata del verbo "haber" (del latín *habēre*) con función impersonal; utilizado como auxiliar de verbos personales (*abordar, acordar, jugar, hacer*); en los segundos, se trata de disparates porque, en función impersonal, el verbo "haber" carece de sujeto. El único uso correcto de "haber" para denotar presencia o existencia de personas o cosas es la tercera persona del singular "que en el presente de indicativo adopta la forma especial *hay*" (DRAE). Ejemplos: ***Había muchas*** *personas;* ***Ha habido bastantes*** *quejas;* ***Hubo muy pocos*** *problemas;* ***Hay muchos*** *niños pequeños.* La RAE precisa que en los numerosos casos de pluralización indebida ("**Habían muchas** personas"; "**Han habido bastantes** quejas"; "**Hubieron muy pocos** problemas"; "**Habían muchos** niños pequeños", etcétera) "es erróneo poner el verbo en plural cuando el elemento nominal se refiere a varias personas o cosas, ya que la concordancia del verbo la determina el sujeto, nunca el complemento directo". Diferente es el caso del verbo intransitivo "ser" que equivale a "existir" y que suele usarse "para afirmar del sujeto lo que significa el atributo". Ejemplos: ***Es*** *una persona muy inteligente;* ***Es*** *un grandísimo pendejo.* Se usa también con el sentido de "formar parte de algo". Ejemplo: ***Es*** *de la Real Academia Española.* Lo correcto, entonces, no es decir y escribir "habíamos muchos" y "habían pocos", puesto que "haber" tiene uso impersonal con función auxiliar al acompañar verbos personales, sino decir y escribir "éramos muchos" y "eran pocos". Ejemplo: ***Éramos muchos*** *y parió la abuela*, refrán sarcástico muy conocido que significa que si ya la situación era difícil, siempre existe la posibilidad de agravarla. Pero, por supuesto, dicho refrán no admite, gramaticalmente, la deformación disparatada "**Habíamos muchos** y parió la abuela". Lo que debemos recordar siempre para no cometer desbarres con estas formas verbales es el carácter impersonal del verbo "haber", a diferencia del sentido personal del verbo "ser". No "habíamos muchos", sino "éramos muchos"; no "habían pocos", sino "eran pocos"; no "habemos muchos", sino "somos muchos"; no "habíamos pocos", sino "éramos pocos".

Se trata de desbarres frecuentes incluso en el ámbito profesional. Abundan por supuesto en internet y en las publicaciones periódicas impresas. Hasta escritores y aspirantes a serlo lo cometen y acometen con enorme descuido. Un autor español escribe lo siguiente en un libro:

☹ "**Habíamos muchos** jugadores".

Quiso escribir, en buen español:

☺ **Había muchos** jugadores, o bien **éramos muchos** jugadores, e incluso **estábamos muchos** jugadores.

✎ Otros ejemplos de este desbarre tan frecuente: "**habíamos muchos** admiradores", "**habíamos muchos** que pensamos", "**habíamos muchos** alumnos en el salón", "**habíamos muchos** que estábamos muy jovencitos", "en esa calle **habíamos muchos** niños", "**habían pocos** autos", "**habían pocos** escritores" (menos mal), "**habían pocos** guardias", "**habían pocos** muebles", "**habían muchos** problemas", "**habían muchos** pendejos" (qué casualidad que, en este último caso, el autor de la frase no se incluyó: ¡nada pendejo, a pesar de su yerro gramatical, evitó contarse entre ellos!).

☞ Google: 220 000 resultados de "habían muchos"; 128 000 de "habemos muchos"; 76 100 de "han habido muchos"; 42 300 de "han habido muchas"; 19 100 de "habían pocos"; 12 200 de "habíamos muchos"; 6 970 de "han habido pocas"; 4 600 de "habemos pocos"; 3 920 de "habíamos pocos"; 3 340 de "han habido pocos"; 2 430 de "habemos un chingo"; 1 970 de "habían un chingo". ☒

203. *¿haikai?, ¿hai-kai?, ¿haiku?*

El DRAE no es un diccionario de carácter fonético (en gran medida porque, en nuestro idioma, las palabras se pronuncian, literalmente, como están escritas: sus sonidos corresponden a sus grafías), pero debería informar cómo se pronuncian ciertos términos que pueden prestarse a confusión fonética. En España, por ejemplo, se dice y se escribe "jersey" para designar lo que en inglés se escribe *jersey* pero se pronuncia *yerzi*, y los académicos dan por supuesto que todos los hablantes y escribientes del español en el mundo saben perfectamente las peculiaridades fonéticas de los hablantes españoles. Lo dijo Borges: el idioma español es una materia ardua, especialmente para los españoles. En su entrada correspondiente a la "h" el DRAE únicamente informa que dicha letra, la octava del abecedario español, "no representa sonido alguno, si bien se aspira en determinadas voces de origen extranjero, como *hámster* y *dírham*, y en algunas zonas españolas y americanas como rasgo dialectal". Sin embargo los académicos madrileños, tacaños como son, lo dejan todo en esta generalidad y no precisan, con la exactitud que se requiere en un buen diccionario, cuáles son esas voces en las que la "h" se aspira hasta alcanzar el sonido de la "j". Ni siquiera lo dicen, de pasada, en las entradas respectivas de "haikai", "haiku", "hándicap" y "harakiri". ¿Qué les costaba anotarlo en su mamotreto? Esto sólo demuestra la gran pereza de estos señores que a lo mejor pronuncian *jampa* cuando leen "hampa", *jediondo* cuando leen "hediondo" y *jola* cuando leen "hola". Entre otros casos especiales de palabras extranjeras adoptadas y adaptadas en español están los sustantivos masculinos "haikai", "haiku" y "haikú", provenientes del japonés *haikai* y *haiku*, y que los académicos de Madrid informan que, en español, los tomamos del inglés, idioma que a su vez los copió fonéticamente del japonés. Uno de los primeros autores que los adoptó en sus denominaciones, y los adaptó en la poesía en español, fue el mexicano José Juan Tablada (1871-1945). Los sustantivos masculinos "haikai" y "haiku" (también "hai-kai" y "haikú", acota el DRAE) designan la "composición poética de origen japonés que consta de tres versos de cinco, siete y cinco sílabas respectivamente" (DRAE). La definición académica es más que discutible, pues al menos en español esta forma no es en absoluto fija. En la entrada correspondiente a "haiku", en su *Diccionario de uso del español*, María Moliner ofrece la siguiente definición: "Estrofa japonesa de tres versos sin rima [*pero en español no siempre es sin rima*] que suman diecisiete sílabas", y además precisa que se pronuncia *jaicú*. El *Clave, diccionario de uso del español actual*, consigna las formas "haikai" y "haiku", con la siguiente definición para ambas: "Estrofa japonesa de tres versos sin rima [*falso, nuevamente, pues en español suele emplearse la rima*], que relaciona una impresión de la naturaleza con otra de la condición humana", y también precisa que se pronuncian *jaikái* y *jaikú*, palabras agudas. Pone incluso un buen ejemplo: *El **haiku** es la forma poética japonesa más breve*. En cuanto a ejemplos de esta forma poética, he aquí dos de Tablada: "Breve cortejo nupcial,/ las hormigas arrastran/ pétalos de azahar..."; "Recorriendo su tela/ esta luna clarísima/ tiene a la araña en vela". Por supuesto, el bendito mamotreto de la RAE no informa que la "h" de los términos "haikai" y "haiku" se aspira y suena como "j": *jaikai, jaiku*, y que, además, como nos ilustran Moliner y el *Clave*, son palabras agudas y no llanas o graves: *jaikái, jaikú*. Prácticamente nadie, en español, salvo los más legos (y los académicos madrileños) pronuncian estas palabras como llanas o graves, tal como están escritas. Son palabras agudas, pero la incongruente Real Academia Española no ayuda en absoluto al hablante y escribiente del español, pues si tomamos en cuenta que en nuestro idioma la "h" inicial es muda, es decir carece de sonido, obviamente quien consulte el DRAE entendería que son palabras llanas que se pronuncian *áikai* y *áiku*. Lo cierto es que los términos *haikai* y *haiku* siempre se escribieron en *cursivas* por ser palabras extranjeras en nuestro idioma, como representaciones gráficas inglesas del japonés. Ahora bien, si ya no se escriben en cursivas y se adoptan y adaptan a nuestro idioma, lo lógico es que, al incorporarlas al español, se rijan con las reglas ortográficas correspondientes, y puesto que se trata de palabras agudas terminadas en vocal, el diccionario debió incluirlas invariablemente con tilde: "haikái" y "haikú". Mejor aún: debió castellanizarlas o españolizarlas, siguiendo la pronunciación general, con las grafías, mucho más precisas, "jaikái" y "jaikú". (La jalada "hai-kai", que también admite el DRAE, es una idiotez. ¿A cuento de qué el guión intermedio?) Tablada, quien perteneció por cierto a la Academia Mexicana de la Lengua, llegó a escribir, en buen español "jaikáis" y "jaikús" (plurales perfectos de estos términos), porque, además, éstos y no otros tendrían que ser los plurales en español; no "los haikai" ni "ni los haiku". Todo este enredo y esta sarta de confusiones son culpa, en gran medida, de la Real Academia Española. Si en castellano o español las palabras se pronuncian, invariablemente, tal y como se escriben, es una idiotez escribir "haikai" y "haiku" (como palabras ya asimiladas a nuestro idioma) y pronunciarlas como "jaikái" y "jaikú". En realidad estas últimas grafías serían las correctas, de acuerdo con las normas de nuestro idioma. Pero la gente que está en la RAE y en sus academias hermanas vive en el limbo, ese lugar que incluso el Vaticano ya decidió desaparecer.

☞ Google: 39 100 resultados de "libro de haikus"; 17 300 de "los haiku"; 12 400 de "haiku japonés"; 8 470 de "libros de haikus"; 4 820 de "haikus japoneses"; 4 810 de "haikai japoneses"; 4 680 de "haiku en español"; 2 760 de "el haikai"; 2 000 de "haikus en español"; 975 de "un hai-kai"; 685 de "un haikai"; 560 de "el hai-kai"; 523 de "los haikai"; 3 76 de "libro de "haikais"; 324 de "muchos haiku"; 263 de "haikai japonés". ☒

☞ Google: 139 000 resultados de "un haikú"; 88 500 de "el haikú"; 48 400 de "libro de haikús"; 44 700 de "los haikús"; 9 090 de "libros de haikús"; 6 230 de "antología de haikús"; 1 220 de "muchos haikús". ☑

☞ Google: 1 760 resultados de "jaikú"; 1 000 de "jaikús"; 62 de "jaikáis"; 8 de "jaikái". ☑☑

204. *hallasgo* no es lo mismo que *hallazgo*

En el ámbito forense cada vez es más frecuente encontrar el falso sustantivo "hallasgo" en vez del correcto "hallazgo". Habrá quien diga que da lo mismo "s" que "z". No da lo mismo si de escritura correcta se trata. El sustantivo masculino "hallazgo" tiene tres acepciones en el DRAE: "Acción y efecto de hallar"; "cosa hallada"; "encuentro casual de cosa mueble ajena que no sea tesoro oculto". Ejemplos: *Hicieron un* ***hallazgo*** *muy importante*; *El* ***hallazgo*** *quedó en resguardo de la autoridad*. El disparate "hallasgo" (con "s" en vez de "z") pertenece al ámbito inculto de la lengua escrita, pero no es nada sorprendente encontrarlo (como un lamentable hallazgo) en la escritura profesional y universitaria.

Es suficiente con ir al diccionario para saber su perfecta escritura. Lo malo es que ya muy poca gente acude a consultar el diccionario. Las páginas de internet están llenas de "hallasgos". En los archivos digitales del diario colombiano *El Tiempo* damos con el siguiente hallazgo en un titular noticioso:

♀ "Anuncian otro **hallasgo** de petróleo".

Lo que debieron anunciar fue:
☝ otro **hallazgo** de petróleo.

✎ He aquí más ejemplos de este dislate: "el **hallasgo** del siglo", "**hallasgo** de viejas conchas", "**hallasgo** mágico", "macabro **hallasgo** en una funeraria", "esto fue un gran **hallasgo**", "**hallasgos** de arqueólogos en Nicaragua", "**hallasgos** de las condiciones de vida", "**hallasgos** de auditoría", "**hallasgos** en el Templo de Santo Domingo", "información periodística sobre **hallasgos** arqueológicos".

☞ Google: 54 300 resultados de "hallasgo"; 11 800 de "hallasgos". ☒

205. *¿hándicap?, ¿harakiri?*

¿Y por qué no "jándicap" y "jaraquiri", que es como realmente se pronuncian estos dos términos en español? Dado que en nuestro idioma la "h" inicial es muda, en la representación gráfica del DRAE tendríamos que leer *ándikap* y *arakiri*, pronunciaciones que son minoritarias o excepcionales en español. Con estos términos tenemos un problema similar al que enfrentamos con "haikái" y "haikú" que, como ya vimos, se pronuncian, en nuestro idioma dando a la "h" el sonido aspirado de la "j": *jaikái* y *jaikú*. El sustantivo masculino "hándicap" (del inglés *handicap*, pronunciado *jándicap* lo mismo en Estados Unido que en Inglaterra) es definido por el DRAE con las siguientes acepciones: "Desventaja o circunstancia desfavorable"; "en hípica y en algunos otros deportes, competición en la que se imponen desventajas a los mejores participantes para igualar las posibilidades de todos"; "en el juego del golf, número de golpes adjudicados antes de empezar a jugar". Ejemplos: *Los políticos enfrentan un **hándicap** de credibilidad; Todo listo para el **Hándicap** de las Américas; El **hándicap** indica el número de golpes de más, sobre el par del campo, que un jugador hace en un recorrido.* Palabra esdrújula, lo mismo en singular que en plural, es pronunciada por la generalidad de los hispanohablantes como "jándicap" y "jándicaps". Quizá algunos españoles, con fallas de ortoepía (incluidos los académicos de Madrid), digan "ándicap" y "ándicaps", pero no por esto tiene derecho la RAE a legitimar esas incapacidades fonéticas. Lo correcto sería adaptar gráficamente el término como corresponde a la pronunciación general y no a las excepciones por ignorancia ortológica. En cuanto al uso del término mismo, si "jándicap" fuese simplemente "desventaja o circunstancia desfavorable", no habría razón para incluirlo en el diccionario, pero como posee también significados específicos en la hípica y el golf, sin equivalentes en español, es del todo entendible adoptar dicho préstamo del inglés. Pero si debemos hacerlo, habrá que hacerlo bien. Se debería decir y escribir, correctamente, "jándicap" y "jándicaps" y no "hándicap" ni "hándicaps", con una "h" inicial que en nuestro idioma carece de sonido, pues cuando leemos la representación gráfica de "hola" (de la voz inglesa *hello*: pronunciación aproximada, *jelóu*), pronunciamos *ola*, y sólo a los académicos del "hándicap" se les ocurriría pronunciar *jola*. Es el mismo caso del sustantivo masculino "harakiri" o "haraquiri" (del japonés coloquial *harakiri*: de *hara*, "vientre", y *kiri*, "corte"), definido por el DRAE de la siguiente manera: "Forma de suicidio ritual, practicado en el Japón por razones de honor o por orden superior, consistente en abrirse el vientre". Ejemplo: *Los soldados japoneses derrotados se hicieron el* ***harakiri***. Le falta decir al DRAE que el término "harakiri" (que en japonés se pronuncia *jaraquirí*) es la forma en que los extranjeros, y no tanto los japoneses, denominan el ritual *seppuku*, que tampoco consiste nada más en abrirse el vientre así como así: debe ser con un cierto tipo de arma blanca y con la participación de alguien que asiste al suicida y lo ayuda a morir decapitándolo. Que no crean los académicos que para ello basta con usar el cuchillo cebollero. Incluso María Moliner se equivoca al decir en el DUE que la pronunciación de "harakiri" o "haraquiri" es *araquíri*. Como ya señalamos, en japonés se pronuncia *jaraquirí* (con sonido agudo), y en español la generalidad del uso ha establecido su pronunciación como *jaraquiri*, con sonido de "j" inicial y como palabra llana o grave sin necesidad de tilde. Lo correcto sería escribirlo como en el siguiente ejemplo: *Derrotados, los guerreros del emperador japonés se practicaron el* ***jaraquiri***. En su diccionario, la incongruente RAE define el término "judo" en la entrada correspondiente a "yudo" (tal como se pronuncia en japonés y en español). Entonces, ¿por qué demonios no adapta gráficamente, con corrección idiomática, **jaraquiri** y **jándicap** y sí, en cambio, se ennecia con "haikai", "haiku", "hándicap" y "harakiri"?

☞ Google: 778 000 resultados de "hándicap"; 107 000 de "el harakiri"; 76 000 de "hándicaps"; 51 000 de "un harakiri"; 47 700 de "haraquiri". ☑

☞ Google: 1 100 resultados de "jaraquiri"; 568 de "jándicap". ☑☑

206. *¿hándicap a favor?, ¿hándicap en contra?, ¿hándicap favorable?*

¿Puede haber un "hándicap" favorable? Definitivamente, no. Ya vimos que "hándicap" es un sustantivo masculino (calco de la voz inglesa *handicap*) cuya acepción principal es "desventaja o circunstancia desfavorable". Ejemplo: *El haber estado alejado de la profesión por un tiempo significaba un* ***hándicap*** *a la hora de solicitar empleo*. Siendo así, las expresiones "hándicap a favor" y "hándicap favorable" son dos sinsentidos, pues el "hándicap" siempre es una desventaja o una circunstancia desfavorable. ¿Y qué decir, entonces, de un "hándicap en contra"? Que se trata de una rebuznancia, pues, por definición, todo "hándicap" es en contra, ¡por tratarse de una desventaja o de una circunstancia desfavorable! Estas expresiones, más las variantes con el mismo sentido, son tonterías idiomáticas, propias de quienes no consultan en el diccionario el significado de las palabras que utilizan con rimbombante petulancia. Puesto que "hándicap" tiene una definición tan precisa, hablar y escribir de "hándicaps a favor" y "hándicaps en contra" delatan el analfabetismo cultural de los anglicistas.

Se trata, en efecto, de barbaridades del ámbito culto de la lengua. Profesionistas en general, e incluso escritores muy reputados, usan estas expresiones con especial donaire, y todo por la necedad de no utilizar vocablos más llanos y comunes como "desventaja", "dificultad", "impedimento", "inconveniente", "obstáculo", etcétera. En una novela leemos lo siguiente:

☞ "En realidad Tony no tuvo ningún **hándicap a favor**".

Quiso decir el escritor todo lo contrario de lo que dijo; que el tal Tony:

☞ no tuvo ninguna **ventaja**.

✎ En un libro sobre política leemos lo siguiente: "Los profesionales de la política a veces padecen de un grave **handicap en contra** para ser buenos gobernantes". Quiso decir el autor que los profesionales de la política a veces padecen un **hándicap** (¡o simplemente una gran **desventaja**!) para ser buenos gobernantes. He aquí más ejemplos de sinsentidos y redundancias que se cometen con este terminajo anglicista que tanto fascina a la gente que no usa el diccionario: "los peleadores panameños tienen un **hándicap a favor**", "los graduados contarán con un **hándicap a favor**", "la criatura al nacer tendrá un **hándicap a favor o en contra**", "la tasa de supervivencia sin **hándicap a favor**", "ha tenido el Madrid el **hándicap en contra**", "hemos tenido el **handicap en contra**", "juega con **hándicap en contra**", "nadadores veracruzanos, con **hándicap en contra**", "asumimos el **hándicap en contra**" (y si no lo asumen, de todos modos al "hándicap" le tiene muy sin cuidado), "el **hándicap favorable** con que contamos", "siempre y cuando cuenten con un **handicap favorable**", "la iniciativa de Chávez será un **handicap a mi favor**", "tengo el **handicap en mi contra**", etcétera.

☞ Google: 23 700 resultados de "hándicap en contra"; 16 300 de "hándicap a favor"; 4 690 de "hándicap favorable"; 1 540 de "hándicap a mi favor"; 1 000 de "hándicap en mi contra". ☒

207. ¿*hat trick*?

Si los cronistas y locutores del futbol no usan extranjerismos se sienten abandonados, huérfanos de idioma. Y entre sus extranjerismos favoritos están los términos en inglés, que escriben y gritan con alborozo a la menor oportunidad. Es el caso de *hat trick* que, en el futbol, se refiere a los tres goles que un jugador consigue en un solo partido. ¿Pero por qué decirlo y escribirlo en inglés si existe en español el sustantivo femenino "tripleta" cuyo significado es "conjunto de tres personas, animales o cosas" (DRAE) o bien "triplete", sustantivo masculino perfectamente sinónimo de "tripleta", pese a que la Real Academia Española no admita aún esta forma como equivalente del *hat trick* inglés? Se trata también de otra de las vergonzosas contradicciones del DRAE, pues bien que admite el sustantivo masculino "doblete" para definir el hecho de realizar o conseguir dos cosas al mismo tiempo, o algo dos veces. Ejemplo: *Un **doblete** de Cristiano Ronaldo revive a Portugal en la Eurocopa 2016*. Locutores y cronistas de futbol, que apenas hilan dos o tres frases coherentes en español, gritan y escriben todo el tiempo *¡hat trick!* cuando se trata de una "tripleta" o un "triplete", es decir cuando un futbolista consigue tres goles en un mismo partido. Las publicaciones impresas, las narraciones radiofónicas y televisivas y los portales de internet son ámbitos donde reina el soberano *hat trick*. Gente que no sabe hablar ni escribir el español (su lengua materna), y que tampoco domina realmente el inglés, siente que si no pronuncia ni escribe palabras en inglés no está a tono.

El diario peruano *El Comercio* nos regala el siguiente titular:

☞ "Barcelona goleó 5-1 al Espanyol con **hat-trick** de Lionel Messi".

Dicho y escrito en buen español:

☞ Barcelona goleó 5-1 al Espanyol con **triplete (o tripleta)** de Lionel Messi.

✎ He aquí unos poquitos ejemplos de esta barbaridad entre los cientos de miles que infestan, e infectan, la lengua española: "Cristiano tiene que anotar en liga de nuevo y necesita unos **hat tricks**", "Messi se exhibió con un **hat trick** ante Deportivo La Coruña", "Messi vuelve a lograr un **hat trick**", "Lucas Barrios firma un **hat trick**", "Cristiano firma un **hat trick** de taconazos", "Carlos Vela logra un **hat trick**", "Un **hat trick** de Agüero salva al City", "Ibrahimovic regresa con un **hat trick**", "Bale marca el **hat trick** perfecto", etcétera.

☞ Google: 665 000 resultados de "un hat trick"; 155 000 de "el hat trick"; 9 380 de "los hat-tricks". ☒

☞ Google: 6 540 000 resultados de "doblete"; 3 460 000 de "triplete"; 733 000 de "tripleta"; 520 000 de "dobletes"; 294 000 de "tripletes"; 139 000 de "tripletas". ☑

208. *haya* no es lo mismo que *halla*

Dificultad endiablada de muchas personas es distinguir entre "haya" y "halla", entre "hayan" y "hallan". Por más que se les diga que "haya" (grafía que lleva "y") es una conjugación del verbo "haber" (presente y pretérito perfecto de subjuntivo: *yo haya, tú hayas, él haya, nosotros hayamos, ustedes hayan, ellos hayan*, y *yo haya habido, tú hayas habido, él haya habido, nosotros hayamos habido, ustedes hayan habido, ellos hayan habido*), y que "halla" (grafía que lleva "ll") es una conjugación del verbo "hallar" (presente de indicativo: *yo hallo, tú hallas, él halla, nosotros hallamos, ustedes hallan, ellos hallan*; pretérito perfecto de subjuntivo: *yo haya hallado, tú hayas hallado, él haya hallado, nosotros hayamos hallado, ustedes hayan hallado y ellos hayan hallado*). Lo que debemos diferenciar son los verbos "haber" y "hallar". Veamos. El verbo "haber" (aunque tiene uso transitivo y pronominal) es sobre todo impersonal y en su carácter de auxiliar se usa para conjugar otros verbos en los tiempos compuestos. Ejemplos:

Ojalá que Fulano ya ***haya llegado****; Dios quiera que ya* ***hayan llegado*** *todos; Lo que más deseo es que todos* ***se hayan ido*** *a la chingada.* El verbo "hallar", en cambio, es transitivo y también tiene uso pronominal ("hallarse"), con los siguientes significados en el DRAE: "Dar con alguien o algo que se busca"; "dar con alguien o algo sin buscarlo"; "descubrir con ingenio algo hasta entonces desconocido"; "ver, observar, notar"; "descubrir la verdad de algo"; "dar con una tierra o país de que antes no había noticia"; "conocer, entender después de una reflexión"; "estar presente"; "encontrarse en cierto estado". Ejemplos: *Un turista* ***halla****, por casualidad, vestigios arqueológicos;* ***Hallan*** *muertos a los alpinistas que se accidentaron; Lo pensarás mejor mañana, ya que en este momento te* ***hallas*** *muy alterado.* Una clave muy útil para distinguir un verbo de otro es saber que, en la generalidad de los casos, el verbo "hallar" puede sustituirse por el transitivo "encontrar" ("dar con alguien o algo que se busca y dar con alguien o algo sin buscarlo"), y la forma pronominal "hallarse", por "encontrarse" ("hallarse en cierto estado o circunstancia"). Ejemplos: *Un turista* ***encuentra****, por casualidad, vestigios arqueológicos;* ***Encuentran*** *muertos a los alpinistas que se accidentaron; Lo pensarás mejor mañana, ya que en este momento te* ***encuentras*** *muy alterado.*

Especialmente en el periodismo de nota roja los reporteros muestran su desconocimiento del idioma y su dificultad para diferenciar los verbos "haber" y "hallar". Es disparate común en los diversos ámbitos del español, y no son pocos los profesionistas que lo cometen. Su reino está en internet, pero no es nada extraño encontrarlo en las publicaciones impresas. En el diario colombiano *El Universal* leemos el siguiente titular:

♡ "**Hayan muertos** a dos militares secuestrados por las FARC en Antioquia".

En realidad, no. El uso del verbo "haber" carece de todo sentido en esta expresión. Lo que debió informar el diario colombiano es que

☝ **hallan** (es decir, **encuentran**) a dos militares muertos, etcétera.

✐ Más ejemplos de este disparate: "**hayan muertos** a dos hermanos ancianos", "niega Salud que **hayan muertos** por hipotermia" (el verbo "haber" es impersonal; por tanto lo correcto es "niega Salud que **haya muertos** por hipotermia"), "**hayan muertos** a tres trabajadores de fiscalía", "**hayan muertos** a escoltas de Duarte", "**hayan muertos** a mujer y campesino", "**hayan muertos** a decenas de animales salvajes", "ojalá mañana no **hayan muertos** en Venezuela" (lo correcto es "**no haya muertos**"), "policía descartó **que hayan muertos** tras desalojo" (lo correcto: "**que haya muertos**"), "**hayan muertos** a un guardia civil y su mujer", "ojalá **no hayan muertos** o heridos" (lo correcto: "**no haya muertos**"), "**hayan muertos** a tres reos en El Boquerón", etcétera.

☞ Google: 7 990 resultados de "hayan muertos"; 4 120 de "que no hayan muertos"; 4 050 de "que hayan muertos". ☒

☞ Google: 220 000 resultados de "que haya muerto"; 149 000 de "hallan muertos"; 30 000 de "haya muertos"; 20 800 de "que no haya muertos"; 18 900 de "que haya muertos". ☑

209. *¿hematoma de sangre?, ¿hematoma sanguíneo?, ¿la hematoma?*

En español, el elemento compositivo "hemato-" (del griego *haimato-*) significa "sangre", como en ***hemato**crito*, ***hemató**fago*, ***hemató**geno*, ***hemato**logía* y ***hema**toma*. Ante vocal, se acorta en "hemat-", como en ***hemat**emesis* y en ***hemát**ico*. Asimismo, el elemento compositivo "-oma" o "-ma" (del griego *ōma*) se utiliza como sufijo, en medicina, con el significado de "tumor" u otras alteraciones patológicas, como en *carcin**oma***, *fibr**oma*** y *papil**oma***. Por lo anterior, decir y escribir "hematoma de sangre" es cometer una gruesa redundancia, pues no hay "hematoma" que no sea de sangre, puesto que, por definición, el sustantivo masculino "hematoma" significa "acumulación de sangre en un tejido por rotura de un vaso sanguíneo". Ejemplo: *El fuerte golpe que recibió le produjo un **hematoma***. La redundancia "hematoma de sangre" es parecida a "hemorragia de sangre" o "hemorragia sanguínea". Hay que insistir, además, en que se trata de un sustantivo masculino aunque termine en "a": ***el** hematoma y **un** hematoma*, no "**la** hematoma" ni "**una** hematoma".

Esta absurda redundancia (absurda porque se puede corregir con un simple vistazo al diccionario) la cometen incluso los médicos, así como otros profesionistas que están peleados con el diccionario de la lengua. Lo mismo en el habla que en publicaciones impresas y electrónicas es propia del ámbito culto de nuestro idioma. En un foro de internet especializado en medicina deportiva leemos lo siguiente:

♀ "Debe atenderse la lesión en las primeras horas, antes de que el **hematoma de sangre** tenga tiempo de coagularse".

Dicho y escrito en buen español, sin rebuznancia, la lesión debe atenderse en las primeras horas:

☝ antes de que el **hematoma** se coagule.

✎ En otro foro de internet, éste sobre salud femenina, una participante escribe: "mi miedo es que esa dureza sea parte del **hematoma de sangre**". He aquí otros ejemplos de esta misma barbaridad redundante: "drenando un **hematoma de sangre**", "encima de los dos embriones hay un gran **hematoma de sangre**", "mi cirujano dijo que posiblemente era un **hematoma de sangre**", "intervención quirúrgica para retirarle un **hematoma de sangre**", "tenía un **hematoma de sangre** y una pequeña fractura de cráneo", "tenía un pequeño **hematoma de sangre** en la cabeza", "se me hizo un **hematoma de sangre**", "**hematomas de sangre** en los brazos", "cómo eliminar los **hematomas de sangre**", "el **hematoma sanguíneo** puede ser superficial o profundo", "formación de un **hematoma sanguíneo**", "extirpamos el **hematoma sanguíneo** para ayudar a la rápida recuperación", "me detectaron **una hematoma**", "tengo **una hematoma**", "la sangre se acumula debajo de **la hematoma**" y, como siempre hay algo peor: "se introduce canula de Scott drenando un **hematoma de sangre venosa**" e "iba a ser operado de **una hematoma de sangre** en la cabeza".

☞ Google: 44 900 resultados de "hematoma de sangre"; 20 700 de "hematomas de sangre"; 7 840 de "las hematomas"; 5 860 de "una hematoma"; 1 920 de "la hematoma"; 1 030 de "unas hematomas". ☒

210. *¿hemerografía?, ¿hemerográfico?*

La Real Academia Española, que incorpora cosas tan trascendentales en su diccionario, como "amigovio" y "papichulo", no incluye en su mamotreto ni el sustantivo "hemerografía" ni el adjetivo "hemerográfico", cosa por demás absurda, porque sí incluye el sustantivo femenino "hemeroteca" ("biblioteca en que principalmente se guardan y sirven al público diarios y otras publicaciones periódicas"). Si en el DRAE los académicos incluyen, con toda propiedad, el sustantivo "bibliografía" y el adjetivo "bibliográfico", ¿por qué no "hemerografía" y "hemerográfico? Simplemente porque los académicos de Madrid y sus pares de las academias hermanas son unos lerdos y tardos; y porque, además, en España no los utilizan mucho. El sustantivo "hemeroteca" es una palabra compuesta de origen griego: de *hēméra* ("día") y *thékē* ("caja"); este último es un elemento compositivo del cual deriva "-teca", en español, y significa "lugar en que se guarda algo". Ejemplos: *biblio+teca,* "biblioteca" (lugar donde se guardan libros), *disco+teca,* "discoteca" (lugar donde se guardan discos), *filmo+teca,* "filmoteca" (lugar donde se guardan filmes o películas cinematográficas). De ahí *hemero+teca,* "hemeroteca" (lugar donde se guardan, para su consulta, publicaciones diarias y periódicas). Ejemplo: *Consultó en la* ***hemeroteca*** *el diario* El País *del 4 de enero de 1977.* Moliner, en el DUE, tampoco incluye "hemerografía" y "hemerográfico", pese a su uso corriente en el ámbito cultural hispanoamericano, y el *Diccionario panhispánico de dudas,* se hace panhispánicamente tonto y pasa de noche sobre dicho sustantivo y dicho adjetivo. ¿Por qué ocurre esto? Muy simple: ¡porque en España el término no es usual! Eso sí: la RAE no se cansa de presumir su panhispanismo y las academias hermanastras hasta suenan panderetas con regocijo alrededor de la anciana. Si "bibliografía" es un sustantivo femenino que significa "relación o catálogo de libros o escritos referentes a una materia determinada" (DRAE), "hemerografía" es la relación o catálogo de diarios y otras publicaciones periódicas sobre un determinado tema. Ejemplos: *La* ***bibliografía*** *cervantina; La* ***hemerografía*** *sobre la guerra civil española.* Del mismo modo, si el adjetivo "bibliográfico" se refiere a "lo perteneciente o relativo a la bibliografía", es obvio que el adjetivo "hemerográfico" se aplica a lo perteneciente o relativo a la hemerografía. Ejemplos: *Las colecciones* ***bibliográficas*** *cervantinas; Las colecciones* ***hemerográficas*** *sobre la guerra civil española.* En su *Diccionario* *de tipografía y del libro,* José Martínez de Sousa incluye, además, el sustantivo femenino "hemerología" el cual define como el "estudio de los periódicos y revistas". Pero la RAE ni por enterada: es de lo más torpe que incluya en su diccionario el sustantivo "hemeroteca", pero no sus derivados que le son consustanciales. ¿Bajo qué piedra viven los académicos madrileños? Bajo la piedra de su regia arrogancia. Aunque no los incluyan ni el DRAE ni el *Panhispánico,* los términos "hemerografía" y "hemerográfico" son del todo correctos. Pueden los hablantes y escribientes del español utilizarlos con entera confianza, a despecho de la anciana madrileña, como en los siguientes ejemplos: "el seguimiento **hemerográfico** es una recopilación cronológica y clasificada de publicaciones periódicas", "boletín **hemerográfico** mensual", "rescata la UNAM archivo **hemerográfico**", "difusión del material **hemerográfico**", "orientación y búsqueda **hemerográfica**", "reseña **hemerográfica**", "carpetas de información **hemerográfica**", "**hemerografía** del movimiento estudiantil universitario", "**hemerografía** sobre movimientos estudiantiles".

☞ Google: 149 000 resultados de "hemerográfico"; 79 800 de "hemerográfica"; 78 500 de "hemerográficas"; 63 900 de "hemerografía"; 38 600 de "hemerográficos"; 19 300 de "fuentes hemerográficas"; 10 900 de "biblio-hemerografía"; 6 730 de "bibliografía y hemerografía"; 3 770 de "referencias hemerográficas"; 2 580 de "hemerografías"; 2 330 de "documentos hemerográficos". ☑

211. *¿hemorragia de sangre?, ¿hemorragia sanguínea?*

Entre todas las redundancias del español hay dos que merecen un reino aparte por su extremada torpeza: "autosuicidio" y "hemorragia de sangre". Si el verbo pronominal (que únicamente puede ser pronominal) "suicidarse" significa quitarse voluntariamente la vida, un "suicida" (adjetivo) es la "persona que se suicida" y, en consecuencia, el "suicidio" (sustantivo masculino) es el homicidio de sí mismo, la "acción y efecto de suicidarse", pues este sustantivo proviene del latín y está compuesto del prefijo *sui-* que significa "de sí mismo" y el sufijo *-cidium,* en español "cidio", que es la raíz de *caedĕre* (en latín, "matar") y, por tanto, elemento compositivo en español que significa "acción de matar", como en "femini**cidio**" (matar a una mujer por motivo de su sexo) "fili**cidio**" (matar el padre o la madre al hijo), "homi**cidio**" (matar una persona a otra), "magni**cidio**" (matar a una persona de gran rango o poder), "matri**cidio**" (matar el hijo a la madre), "parri**cidio**" (matar el hijo al padre), "uxori**cidio**" (matar el marido a su mujer) y, por supuesto "sui**cidio**" (matarse a sí mismo). Siendo así, "**auto**suicidio" es más que rebuznancia, un pendejismo, pues el elemento compositivo "auto-" (del griego *auto*) significa "propio" o "por uno mismo", como en "**auto**biografía" (biografía de sí mismo) y "**auto**móvil" (que se mueve por sí mismo).

Si "suicidarse" es, por definición, "matarse a sí mismo", "autosuicidarse" es reiterar innecesariamente, con los prefijos "auto-" y "sui-", la acción de quitarse la vida. Muy parecido es el caso de "hemorragia de sangre", pues el sustantivo femenino "hemorragia" (del latín *haemorragĭa*, y éste del griego *haimorragía*) significa "flujo de sangre por rotura de vasos sanguíneos" (DRAE). Ejemplo: *La herida produjo una gran* ***hemorragia***. De ahí el adjetivo "hemorrágico": perteneciente o relativo a la hemorragia. Ejemplo: *Sufrió un derrame cerebral* ***hemorrágico***; en otras palabras la rotura de un vaso sanguíneo en el cerebro. Al igual que "suicidio", el sustantivo femenino "hemorragia" es palabra compuesta, formada con el prefijo "hemo-" (del griego *haimo-*), que es elemento compositivo que significa "sangre", y el sufijo griego *rrhagía*, que significa "flujo excesivo": literalmente, "flujo excesivo de sangre". Guido Gómez de Silva, en su *Breve diccionario etimológico de la lengua española* nos ilustra en lo siguiente: Parientas de "hemorragia" son las palabras "catarro" (flujo excesivo hacia abajo), "diarrea" (flujo excesivo al través) y "hemorroides" (expuesto a emitir sangre). De tal forma, así como "autosuicidio" es una burrada (porque ya con decir y escribir "suicidio" está dicho todo), también es una barrabasada de las más gruesas decir y escribir "hemorragia de sangre" pues, por definición, todas las "hemorragias" son de sangre.

Uno pensaría que no son muchas las personas que cometen estas rebuznancias, pero en realidad no son pocas. Seguramente los mismos que dicen y escriben "autosuicidio", dicen y escriben "hemorragia de sangre", en ambos casos por ignorar el significado de las palabras y por su renuencia a consultar el diccionario. "Hemorragia de sangre" es una redundancia viciosa que pertenece al ámbito inculto de la lengua y tiene su reino en internet; sin embargo, no falta en las publicaciones impresas, especialmente en las secciones de nota roja de los diarios, donde también se dan vuelo con el "autosuicidio". Escritores hay incluso que no aprendieron nada en un taller literario, como uno que escribe lo siguiente en su novela:

☞ "por suerte teníamos el equipo necesario para detener la **hemorragia de sangre**".

Quiso escribir:

☞ por suerte teníamos el equipo necesario para detener la **hemorragia**.

✎ En otra novela de esas que se venden mucho en las mesas de novedades y cuyos autores ganan premios en España (ésta aparece bajo el sello de Alfaguara) leemos la siguiente joya: "a ella le vino de súbito una **hemorragia de sangre** de narices". Probablemente el laureado autor quiso precisar tal cosa para que no fuera a creerse que se trató de *¡una hemorragia de mocos!* Tan fácil que es decir y escribir que su personaje tuvo "una **hemorragia en la nariz**" y punto. He aquí otros ejemplos de este grandísimo desbarre redundante que, como ya vimos, no es exclusivo de gente iletrada: "rotura de vasos capilares que provoca una **hemorragia de sangre**", "la víctima tuvo una **hemorragia de sangre**", "sin embargo, la **hemorragia de sangre** continúa", "soñar con **hemorragia de sangre**", "una pequeña **hemorragia de sangre**", "se produce por la **hemorragia de sangre**", "la mujer con la **hemorragia de sangre**", "**hemorragias de sangre** por la nariz", "**hemorragias de sangre** graves", "tenía una enfermedad incurable y padecía **hemorragias de sangre**", "sufre de **hemorragias de sangre**", "persona lesionada y con **hemorragias de sangre**", "control de la **hemorragia sanguínea**", "una copiosa **hemorragia sanguínea**", etcétera.

☞ Google: 67 600 resultados de "hemorragia de sangre"; 29 200 de "hemorragias de sangre"; 2 490 de "hemorragia sanguínea"; 1 000 de "hemorragias sanguíneas". ☒

212. *¿hemorroides en el ano?, ¿hemorroides en el recto?*

¿Dónde pueden localizarse las hemorroides si no es en el ano? ¿Quizá en las orejas o en la nariz? ¿En la lengua acaso o en las axilas? No. Las hemorroides son exclusivas del ano y de la parte final del recto que, para el caso, es lo mismo. El sustantivo "ano" (del latín *anus*) designa al "orificio en que remata el conducto digestivo y por el cual se expele el excremento" (DRAE). El sustantivo masculino "recto" (del latín *rectus*) se refiere a la "última porción del intestino, que termina en el ano" (DRAE). Hay hemorroides internas y hemorroides externas, pero siempre en el ano, es decir en la parte final del recto o bien en la periferia anal. El sustantivo femenino "hemorroide" (del latín *haemorrhŏis*, y éste del griego *haimorroïs*) se utiliza especialmente en plural y designa a la "tumoración en los márgenes del ano o en el tracto rectal debida a várices de su correspondiente plexo venoso" (DRAE). María Moliner, en el DUE, es más precisa al respecto: "Pequeño tumor sanguíneo que se forma en el ano o en la parte final del recto. Se nombra generalmente en plural, aunque se trate de un solo tumor". Ejemplo: *El médico le recetó un tratamiento local para aliviar las* ***hemorroides***. Su sinónimo coloquial es "almorranas" (del bajo latín *haemorrheuma*), que nada tiene que ver con ranas ni mucho menos con sapos, pues es término compuesto formado a partir del griego *haîma* (sangre) y *reûma* (flujo), más el artículo árabe *al-* con el que inician muchas palabras en nuestra lengua provenientes del árabe hispánico (***al****mizcle*, ***al****mohada*, ***al****moneda*, ***al****mud*, etcétera). Ejemplo: *Le recetaron un tratamiento local para aliviar las* ***almorranas***. Como es obvio, las "almorranas" son propias del ano y de la parte final del recto; por ello, son feas y cochinas redundancias (¡almarranadas, más que almorranadas!) decir y escribir "hemorroides en el ano" y "almorranas en el ano". No hay otra parte del cuerpo donde podamos tener "hemorroides" o "almorranas".

Si la gente acudiera con más frecuencia a los diccionarios cometería menos disparates. Lo malo es que da por sabidas cosas que en realidad ignora. Estas redundancias abundan en internet y en publicaciones impresas, y son cometidas por profesionistas y especialistas de la medicina, más aún por el común de los hablantes y escribientes del español que carecen de todo interés por cuidar su lengua. En un foro sobre cine, un internauta opina lo siguiente acerca de una película que, todo parece indicar, es malísima:

☹ "esa puta película me sacó **hemorroides en el ano**".

Quiso decir y escribir, sin redundancia, que

☺ esa puta película le produjo **hemorroides**.

✎ ¡Así de mala era la película! Pero lo innecesario es decir y escribir que las hemorroides le salieron en el ano. Lo sorprendente hubiese sido que, por mirar tan horrible película, le salieran hemorroides en los ojos. He aquí otros ejemplos de esta redundancia tan cómica y a la vez tan penosa: "dolor y ardor causados por **hemorroides en el recto**", "supositorio para **hemorroides en el recto**", "una crema que te libera de las **hemorroides en el recto**", "¿por qué aparecen las **hemorroides en el recto**?", "¿por qué salen las **hemorroides en el ano**?" (quizá porque se niegan a salir en los dientes), "quiero saber cómo eliminar las **hemorroides en el ano**", "excelente remedio casero para las **hemorroides en el ano**", "síntomas de **hemorroides en el ano**", "cómo tratar las **hemorroides en el ano**", "di adiós a las **almorranas en el ano**", "cómo curar las **almorranas en el ano**", "más vale pájaro en mano que **almorranas en el ano**" (¡metafísico estáis!), "se le reventaron las **hemorroides del culo**" (en cambio, las de las orejas no), "sus arterias congestionadas por el colesterol y sus **hemorroides en el culo**".

☞ Google: 20 000 resultados de "hemorroides en el recto"; 14 200 de "hemorroides en el ano"; 2 380 de "almorranas en el ano"; 1 910 de "almorranas en el culo"; 1 850 de "hemorroides del ano"; 1 600 de "hemorroides en el culo"; 1 230 de "hemorroides anales". ☒

213. *¿hijo primogénito?, ¿hijo unigénito?, ¿primer hijo primogénito?, ¿primer primogénito?*

Otra redundancia gruesa es "hijo primogénito", pues el adjetivo y sustantivo "primogénito" (de latín *primogenĭtus*) tiene el siguiente y muy preciso significado: "Dicho de un hijo: primero en orden de nacimiento" (DRAE). Ejemplo: *El **primogénito** de Isaac fue Esaú*. De ahí el sustantivo femenino "primogenitura": "dignidad, prerrogativa o derecho del primogénito". Ejemplo: *Esaú vendió su **primogenitura** a su hermano Jacob por un plato de lentejas*. Cabe hacer notar que "primogénito" es una palabra compuesta: del adjetivo "primo" (del latín *primus*): "primero", y el sufijo "-génito" (del latín *genĭtus*), elemento compositivo que significa "nacido o engendrado". Su forma femenina es "primogénita". Queda claro, entonces, que "hijo primogénito" o "hija primogénita" son vicios redundantes", pues el término "primogénito" ya incluye en sí mismo el concepto "hijo". Basta con decir y escribir "primogénito" y "primogénita". Y no debe confundirse "primogénito" con "unigénito", adjetivo y sustantivo este último que significa "hijo único". Si es único no se puede hablar de "primogénito", puesto que no hay otro después de él: es "unigénito" (ejemplo: *Manolo González Vergara, el*

***unigénito** de Sofía Vergara*), pero, por cierto, no "hijo unigénito" ni "hija unigénita" que son redundancias. De igual modo, es pecado de redundancia decir y escribir "primer primogénito", pues el adjetivo y sustantivo "primogénito", como ya vimos, tiene implícito el significado de "primero", pero peor es aún decir y escribir, con sonora y alargada rebuznancia, "primer hijo primogénito". A quien escriba y diga esto hay que ponerlo de rodillas sobre piedritas, en la facultad equis o escuela de altos estudios, con un cuaderno y un bolígrafo en las manos para que escriba diez mil veces, con lectura en voz alta, la siguiente frase correctiva: "No debo decir ni escribir *primer hijo primogénito*".

Estas barrabasadas no sólo pertenecen al ámbito inculto de la lengua. Incluso profesionistas las usan con mucha gallardía. Y todo es consecuencia de no consultar el diccionario. Son abundantes en el habla y en la lengua escrita, lo mismo en internet que en publicaciones impresas. En la sección de deportes (¡tenía que ser!) del diario *La Estrella de Panamá* leemos el siguiente encabezado:

♀ "Nace el **hijo primogénito** del brasileño Neymar".

Quiso informar el diario a los aficionados a este tipo de chismes que

☝ nació el **primogénito** del futbolista brasileño Neymar.

✎ En internet, en un blog de historia española, el autor informa que "en 1568, a los 23 años falleció Carlos el **primer hijo primogénito** de Felipe II". Lo que no dice es si tuvo ¡un segundo hijo primogénito! Está comprobado: España es el reino de la redundancia y el pleonasmo, pero en los demás países hispanohablantes no queremos que nos lleven mucha delantera. He aquí otros ejemplos de estas burradas: "prerrogativas del **hijo primogénito**", "**hijo primogénito** del Rey Alfonso XIII", "**hijo primogénito** del faraón", "**hijo primogénito** de Luis Miguel Dominguín", "**hijo primogénito** de Juan Gabriel está molesto", "el **hijo primogénito** de una familia es el más inteligente" (esto lo concluyó un primogénito bastante bruto), "nace **hijo primogénito** del futbolista uruguayo Diego Forlán", "muere la **hija primogénita** de Martin Luther King", "la **hija primogénita** del rey", "la misteriosa paternidad de la **hija primogénita** de Esther Cañadas", "nació la **hija primogénita** de Saúl e Irma Contreras", "Eruviel Ávila nombra a su **hija primogénita**, Isis Ávila Muñoz", "bautizo del **primer hijo primogénito**", "necesitaba la sangre del **primer hijo primogénito**", "su **primer hijo primogénito** Carlos de Viana", "el mausoleo de su **primer hijo primogénito**", "felicidades a mi **primer primogénito**", "el **primer primogénito** fue Adán", "estaban esperando a su **primer primogénito**" (¡pero se les adelantó el segundo!).

☞ Google: 442 000 resultados de "hijo unigénito"; 223 000 de "hijo primogénito"; 53 200 de "hija primogénita"; 32 500 de "primer hijo primogénito"; 15 400 de "hijos primogénitos"; 3 360 de "primer primogénito"; 1 600 de "hijas primogénitas"; 1 000 de "hija unigénita". ☒

214. *hipocondria* no es lo mismo que *hipocondría*

El término "hipocondria" es error de "hipocondría" (del latín *hipocondrio*), sustantivo femenino que significa "afección caracterizada por una gran sensibilidad del sistema nervioso con tristeza habitual y preocupación constante y angustiosa por la salud" (DRAE). Ejemplo: *Su **hipocondría** lo llevaba a pensar que había contraído una enfermedad incurable.* De ahí el adjetivo y sustantivo "hipocondríaco" (o "hipocondriaco"): "perteneciente o relativo a la hipocondría" o, dicho de una persona, "que padece hipocondría". Ejemplo: *Más que un enfermo grave era en realidad un **hipocondríaco**.* Aunque "hipocondría" (palabra llana o grave con hiato o separación en la secuencia vocálica final "ia") deriva de "hipocondrio" (palabra llana o grave con sinalefa y por tanto sin tilde en la secuencia vocálica final "io"), la tilde es necesaria porque la terminación "ía" (con tilde y, por tanto, con pronunciación de cada vocal en sílabas distintas) es propia de algunas palabras derivadas que nombran afecciones, incapacidades o enfermedades, como en *afonía, disfonía, disentería, miopía, neumonía, pulmonía*, etcétera. Por tanto, lo correcto es "hipocondr**ía**" y no "hipocondria".

Se trata de un error frecuente incluso en el ámbito médico. Es un dislate culto, lo mismo en el habla que en publicaciones impresas y, por supuesto, en internet. En un foro virtual se debate el tema:

♀ "Ansiedad e **hipocondria**", y una internauta dice: "A mí la **hipocondria** me da a temporadas: una vez me dio un ataque de ansiedad y me llevaron al hospital".

En todos los casos, tanto la moderadora del debate como las participantes (el foro es exclusivo de mujeres) quieren decir y escribir:

☝ "**hipocondría**".

✎ He aquí más ejemplos de este yerro: "ejemplos de **hipocondria**", "la **hipocondria**: una preocupación imaginaria por el cuerpo" (no, la preocupación no es imaginaria, es real; imaginaria es la enfermedad que cree padecer el hipocondríaco), **"hipocondria**: cuando la creencia de enfermedad es la enfermedad" (del todo cierto, pero la enfermedad se llama "hipocondría"), "¿cómo se cura la **hipocondria**?" (en primer lugar consultando el diccionario), "cultura emocional e **hipocondria**", "la **hipocondria** es un trastorno real" (¿acaso de la Real Academia Española?), "cómo superar la **hipocondria**", "ansiedad, **hipocondria** y depresión", "la **hipocondria**: diagnóstico y tratamiento", "la **hipocondria** digital, el nuevo trastorno de los españoles", "trastornos por somatización e **hipocondria**".

☞ Google: 196 000 resultados de "hipocondria"; 4 260 de "hipocondrias". ☒

☞ Google: 242 000 resultados de "hipocondría"; 6 560 de "hipocondrías. ☑

215. *¿hipotético supuesto?*

Con mucho aplomo, abogados, economistas, políticos, politólogos, sociólogos, periodistas y otros profesionales suelen sacar *elegantemente* de su chistera la frase, según ellos muy fina, "en el hipotético supuesto" o, peor aún, "bajo el hipotético supuesto" o "sobre el hipotético supuesto". No les hagan caso, no los escuchen y, sobre todo, no los imiten. Se trata de burradas cultas entre quienes no tienen diccionario en su casa ni en su oficina. Y no son ni elegantes ni finos en su expresión. Son ridículos. Veamos por qué. El sustantivo femenino "hipótesis" (del griego *hypóthesis*) significa "suposición de algo posible o imposible para sacar de ello una consecuencia" (DRAE). Ejemplo: *Su* ***hipótesis*** *de trabajo es poco clara*. De ahí el adjetivo "hipotético" (del griego *hypothetikós*), que significa "perteneciente o relativo a la hipótesis o que se funda en ella". Ejemplo: *Entiendo que lo que dices es del todo* ***hipotético***. Si la "hipótesis" y lo "hipotético" ya entrañan de suyo la "suposición", decir y escribir "hipotético supuesto" es un rebuzno largo y muy sonoro y, por tanto, una rebuznancia. El término "supuesto" es un adjetivo, participio del verbo "suponer", que significa "considerado real o verdadero sin la seguridad de que lo sea" (DRAE). Ejemplo del propio diccionario académico: *La* ***supuesta*** *autora del anónimo*. Pero, además, como sustantivo masculino "supuesto" significa "suposición o hipótesis" (DRAE). Ejemplo: *Ese* ***supuesto*** *ya ha sido confirmado*. El verbo transitivo "suponer" (del latín *supponĕre*) significa, en su principal acepción, "considerar como cierto o real algo a partir de los indicios que se tienen". Ejemplo: *Lo encontraron junto al cadáver y* ***supusieron*** *que él era el asesino*. Por todo lo anterior, no hay que darles más vueltas a las cosas: "hipotético supuesto" es un pendejismo culto de gente que pretende adornarse con el supuesto de que está siendo elocuentísima. Decir y escribir "hipotético supuesto" es como decir y escribir "el cadáver del muerto" u otra burrada parecida. Dígase y escríbase simplemente "supuesto" (y mándese al demonio el "hipotético"), desde luego en el supuesto caso de que usted quiera mejorar su uso del idioma.

Como ya lo advertimos, pertenece a la jerga de la *elocuencia* de profesionistas, especialmente de abogados y políticos, que han encontrado imitadores en otros ámbitos de las profesiones. Lo mismo en el habla que en publicaciones impresas infesta el idioma, y su caja mayor de resonancia es internet. En el libro español *La ejecución de las resoluciones dictadas en procesos de familia*, su autor (un abogado, por supuesto) escribe lo siguiente:

♀ "En modo alguno puede prosperar la pretensión planteada por la parte recurrente, pues, aun **en el hipotético supuesto**, que no concurre, de que no se hubiera resuelto de un modo firme y definitivo el procedimiento de modificación de efectos de la sentencia de separación que se ejecuta por la contraparte, no existe procedimiento formal o procesal alguno para dar lugar a la ejecución de una sentencia firme", etcétera.

No es castellano, no es español, es galimatías y es jerga de la abogacía en prosa de quienes, no conformes con enmarañar el discurso, suponen adornarlo con redundancias necias. En lugar de la frase "aun **en el hipotético supuesto**", el autor simplemente debió escribir:

☝ aun **en el supuesto.**

✎ He aquí otros ejemplos de esta falsa elegancia, de esta burda redundancia: "**en el hipotético supuesto** de la insolvencia", "**en el hipotético supuesto** de que el acreedor hipotecario...", "**en el hipotético supuesto** de que la sala de instancia...", "**en el hipotético supuesto** de reproducción de situaciones similares", "aun **en el hipotético supuesto** de que quisiera rectificar", "**en el hipotético supuesto** de que dicho amparo fuese otorgado", "**en el hipotético supuesto** de haberse planteado el problema", "**en el hipotético supuesto** de disolución", "**para el hipotético supuesto** que no se acogiera la pretensión anterior", "**para el hipotético supuesto** de que nuestra demanda fuera desestimada", "**para el hipotético supuesto** que el comité no cumpla con lo solicitado", "**bajo el hipotético supuesto** de terrorismo de Estado", "**bajo el hipotético supuesto** de haber variado las circunstancias", "**sobre el hipotético supuesto** de que existieran homónimos", "divagan **sobre el hipotético supuesto** de una sociedad que desee fusionarse con otra".

☞ Google: 12 900 resultados de "el hipotético supuesto"; 12 800 de "en el hipotético supuesto"; 10 700 de "para el hipotético supuesto"; 2 200 de "hipotéticos supuestos". ☒

216. *¿hobbie?, ¿hobbies favoritos?, ¿hobby?, ¿hobby favorito?*

No existe adaptación gráfica en español para la voz inglesa *hobby*, sustantivo cuya traducción exacta es "pasatiempo favorito". Se pronuncia aproximadamente *jóbi* y el DRAE la recoge en sus páginas en cursivas, *hobby*, como corresponde a una voz que no pertenece a nuestra lengua. Y ésta es la definición que nos ofrece: "Actividad que, como afición o pasatiempo favorito, se practica habitualmente en los ratos de ocio". Ejemplo. *Tengo el* ***hobby*** *de leer* (esto dicen, sin excepción, los diputados, como si no nos diéramos cuenta de que lo más raro que han tenido jamás en sus manos es un libro). El DRAE retuerce las cosas casi pleonásticamente: si el *hobby* es afición o pasatiempo favorito, ya está dicho todo, y es innecesario añadir que se trata de una "actividad que se practica habitualmente en los ratos de ocio". Si el adjetivo "favorito" significa "estimado y apreciado con preferencia", y el sustantivo "preferencia" significa "elección de alguien o algo entre varias personas o cosas", ya no tiene caso añadir el adverbio "habitualmente" (con repetición o continuación) aplicado a la práctica de una actividad propia de los ratos de ocio. La definición del inglés es mucho más simple y precisa: "pasatiempo favorito" y punto. Definir las cosas tan recargada y neciamente propicia hoy que muchos hablantes y escribientes se den vuelo con las redundancias "*hobby* **favorito**" y "*hobbies* **favoritos**" (¡si es *hobby* es **favorito**, y si son *hobbies* son **favoritos**, por definición!). He ahí una consecuencia más de la desastrosa influencia redundante de la RAE. Por otra parte, en inglés, *hobby* es singular, y el plural es *hobbies*; por ello es una tontería utilizar en español la forma "hobbie" (carente de todo significado tanto en inglés como en nuestro idioma) acompañada de artículos o adjetivos en singular. En inglés son (los) *hobbies*; por tanto, en español no puede ser "el ***hobbie***", sino "el *hobby*". Nos quitaríamos obviamente de este problema si la Real Academia Española hiciera bien su trabajo e incluyera en el DRAE la adaptación gráfica "jobi" (con su plural "jobis"), pues esto es exactamente lo que pronunciamos lo mismo en inglés que en español para referirnos a "pasatiempo favorito" que, por lo demás, así debería decirse y escribirse en lugar de *hobby*. Si hemos de emplearlo en nuestra lengua, ¿por qué no castellanizarlo o españolizarlo como ya lo hicieron muchos hablantes y escribientes adelantándose a la tardígrada e incongruente Real Academia Española? He aquí algunos ejemplos: "mi **jobi** es dibujar y te doy ejemplos para aprender", "mi **jobi** es el ciclismo", "mi **jobi** son las motos", "disfruto mi **jobi** haciendo lo que me gusta"; "soy trabajador y mi **jobi** es el ajedrez", "mi **jobi** es cantar canciones", "desde que descubrí esta tienda disfruto mucho más mi **jobi**", "mi **jobi** es la guitarra", "mis **jobis** son las motos y la música", "busco chica para compartir **jobis**", "el futbol es uno de mis **jobis**", etcétera.

☞ Google: 263 000 resultados de "un hobbie"; 203 000 de "hobby favorito"; 129 000 de "hobbys favoritos"; 86 200 de "mis hobbies favoritos"; 75 100 de "el hobbie"; 50 000 de "su hobbie"; 35 500 de "sus hobbies favoritos"; 4 600 de "tus hobbies favoritos". ☒

☞ Google: 17 300 resultados de "mi jobi"; 1 480 de "mis jobis"; 1 000 de "su jobi". ☑

217. *¿holocausto animal?*

Contra lo que pueda pensar mucha gente, el sustantivo masculino "holocausto" no es sinónimo del sustantivo masculino "exterminio". El término "holocausto" (del latín tardío *holocaustum*, y éste del griego *holókauston*: "sacrificio con quema de la víctima") tiene tres acepciones en el DRAE: "Gran matanza de seres humanos"; "acto de abnegación total que se lleva a cabo por amor"; "entre los israelitas especialmente, sacrificio religioso en que se quemaba la víctima completamente". Ejemplo: *El pueblo judío fue víctima del* ***holocausto*** *nazi*, entendido este sustantivo en su primera acepción. Siendo así, resulta por demás claro que el término "holocausto" sólo admite ser aplicado a personas, a diferencia del sustantivo "exterminio" (del latín *exterminium*): acción y efecto de "exterminar", verbo transitivo cuyas tres acepciones en el DRAE son las siguiente: "Acabar del todo con algo"; "matar o eliminar por completo de un lugar un conjunto de seres vivos"; "desolar, devastar por fuerza de armas". Ejemplo: *Los marineros ingleses* ***exterminaron*** *a las aves en la isla*. Es correcto hablar y escribir de "campos de exterminio" para referirnos a las grandes prisiones donde los nazis concentraron a la población judía para darle muerte, pero es del todo impropio hablar y escribir de "holocausto animal" en referencia al exterminio de especies animales. Incluso tratándose de una gran matanza de animales, es incorrecto referirnos a ella como "holocausto", pues este sustantivo sólo se aplica al exterminio de seres humanos.

Se ha vuelto muy común entre los periodistas e incluso entre los científicos hablar y escribir de "holocausto animal" para lamentar o denunciar el exterminio de especies animales (matanzas de aves, focas, ballenas, tiburones, cocodrilos, etcétera); incluso se llega al extremo de hablar y escribir de "holocausto vegetal", refiriéndose al arrasamiento de las selvas tropicales y los bosques, y "holocausto marino", para referirse a los daños causados al mar. Es una tontería que se produce por el hecho de no consultar el diccionario. Estos disparates son frecuentes en publicaciones impresas y, por supuesto, en internet. En el periódico chileno *El Quinto Poder* leemos el siguiente titular:

☟ "Mataderos, el último eslabón del **holocausto animal**".

Quiso informar el periódico sobre

☝ los mataderos como último eslabón del **sacrificio (o el exterminio) animal**.

✎ He aquí otros ejemplos de este disparate: "**holocausto animal** y especismo", "derechos animales versus **holocausto animal**", "el **holocausto animal** existe", "granjas industriales: el **holocausto animal**", "nuevo **holocausto animal** en Nepal", "**holocausto animal** en Cartagena", "**holocausto de ballenas**", "¿por qué permitimos este holocausto **vegetal**?", "un verdadero **holocausto vegetal**", "el **holocausto vegetal** que se inicia", etcétera.

☞ Google: 155 000 resultados de "holocausto animal"; 1 500 de "holocausto vegetal"; 1 350 de "holocausto marino". ☒

218. *¿homosexuales y lesbianas?*

En español, el elemento compositivo "homo-" (del griego *homo*) significa "igual" y es un prefijo de un grupo de palabras compuestas cuyo significado equivale a igualdad en relación con el sentido del término al que modifica: "**homó**fono", que suena igual; "**homo**géneo", con elementos iguales o de un mismo género; "**homó**grafo", que se escribe igual; "**homó**logo", que presenta equivalencia; "**homó**nimo", que tiene el mismo nombre, etcétera. Y dentro de estos términos con el prefijo "homo-", está también "homosexual" (de *homo-* y *sexual*), adjetivo y sustantivo con tres acepciones en el DRAE: "Dicho de una persona: inclinada sexualmente hacia individuos de su mismo sexo"; "dicho de una relación erótica: que se produce entre individuos del mismo sexo"; "perteneciente o relativo a la homosexualidad o a los homosexuales". Ejemplo:

El gran escritor Oscar Wilde fue el ***homosexual*** *que dijo que hay un amor que no se atreve a decir su nombre.* Sorprendentemente, la definición de María Moliner en el DUE no es mejor que la del DRAE, y hasta podríamos decir que es peor que muchas: "Se aplica a las personas que satisfacen su sensualidad sexual con las de su mismo sexo". ¿Qué debemos entender, y qué entendía María Moliner, con la expresión *satisfacer su sensualidad sexual*? ¿Por qué no decirlo más clara y concisamente como en el *Clave, diccionario de uso del español actual*?: "Que siente atracción sexual por individuos de su mismo sexo" o, mejor aún: "que tiene preferencia sexual por individuos de su mismo sexo". La exigencia de precisión no es menor, pues entre la "inclinación" del DRAE, la "satisfacción de la sensualidad" del DUE y la "atracción" del *Clave*, lo que se omite es el sustantivo "preferencia", que lleva implícita una decisión personal de "predilección" (del latín *prae*, "pre-" y el latín tardío *dilectio, dilectiōnis*, "amor"), sustantivo femenino que significa "cariño especial con que se distingue a alguien entre otros", a fin de que no se sobreentienda que la "homosexualidad" se restringe a una simple predisposición o a una ambigua "inclinación". Si en latín *dilectus* significa "amado", la mejor definición de "homosexual", si se entendiese hoy el preciso y complejo significado de las palabras, como muy bien lo entendía Wilde, la mejor definición de "homosexual" sería: *dicho de la persona: que ama sexualmente a individuos de su mismo sexo*, pues a esto se refería Oscar Wilde con la frase "el amor que no se atreve (o que no osa) decir su nombre". Resulta claro que a los académicos madrileños y a sus hermanastros de América y Filipinas les hace falta leer *El banquete* de Platón. Sin embargo, como el concepto de "amor" es hoy tan equívoco, más vale dejar la definición de "homosexual" en la frase: *que tiene preferencia sexual por individuos de su mismo sexo*. Esta definición posee la ventaja de no limitarse a los seres humanos, pues de acuerdo con investigaciones científicas rigurosas, existe "homosexualidad" (atracción sexual hacia individuos del mismo sexo) en el reino animal. Sea como fuere, lo importante aquí es saber que, entre los seres humanos, el enunciado "homosexuales y lesbianas" es redundante, pues las "lesbianas" son también, por definición, "homosexuales". En las páginas del DRAE, ésta es la definición del adjetivo y sustantivo "lesbiana": "Dicho de una mujer: homosexual". De ahí el sustantivo masculino "lesbianismo": "homosexualidad femenina". Ejemplo: *Nacida en la isla de Lesbos, Safo fue una poetisa griega que vivió entre los siglos VII y VI antes de Cristo y que cantó al* ***amor homosexual entre mujeres*** *y por lo cual* ***se infiere su homosexualidad***. El sustantivo "lesbianismo", el sustantivo y adjetivo "lesbiano", "lesbiana", y el adjetivo "lésbico" se formaron a partir del topónimo "Lesbos", el lugar de origen de Safo. Pero si bien las mujeres homosexuales revindican para su identidad estos términos, ello no quiere decir que, por identificarse como "lesbianas", dejen de ser "homosexuales", pues, como ya vimos, el término "homosexual" es común para todos y cada uno de quienes tienen preferencia sexual por individuos de su mismo sexo. En conclusión, decir y escribir "homosexuales y lesbianas" es una redundancia; no así decir y escribir "gays y lesbianas", pues, como ya vimos también, el adjetivo y sustantivo "gay" se aplica *especialmente* al homosexual varón. Para no caer en redundancia, digamos y escribamos "gays y lesbianas". Y, por cierto, no olvidemos que el plural de "gay" es "gays" o "gais", pero de ningún modo "**los gay**" ni "**los gai**", pues no siendo palabras invariables en número deben siempre concordar con los adjetivos, ya sea en singular ("el gay") o en plural ("los gays").

☞ Google: 335 000 resultados de "los gay"; 119 000 de "homosexuales y lesbianas"; 25 200 de "los homosexuales y las lesbianas"; 24 700 de "lesbianas y homosexuales"; 18 100 de "las lesbianas y los homosexuales"; 16 000 de "homosexuales o lesbianas"; 4 610 de "un homosexual y una lesbiana"; 3 890 de "los gai"; 1 570 de "lesbianas u homosexuales"; 1 510 de "una lesbiana y un homosexual". ☒

☞ Google: 436 000 resultados de "los gays"; 428 000 de "gays y lesbianas"; 130 000 de "los gais"; 88 000 de "lesbianas y gays"; 41 300 de "gays o lesbianas"; 37 200 de "los gays y las lesbianas"; 35 200 de "gais y lesbianas"; 16 700 de "las lesbianas y los gays"; 7 710 de "lesbianas y gais"; 4 890 de "lesbianas o gays"; 2 290 de "los gays y las lesbianas"; 1 790 de "las lesbianas y los gais". ☑

219. *¿humadera?, ¿polvadera?*

Tanto "humadera" como "polvadera" son barbarismos, palabros del español coloquial. Las formas correctas de estos sustantivos femeninos son "humareda" y "polvareda". El primero significa "abundancia de humo", y el diccionario académico admite un gemelo, "humarada", pero de ningún modo "humadera". Ejemplos: *Al iniciarse el incendio se vio una gran* ***humareda****; Los incendios forestales produjeron una enorme* ***humarada***. Como es obvio, el sustantivo femenino "polvareda" deriva del sustantivo masculino "polvo". Significa "cantidad de polvo que se levanta de la tierra, agitada por el viento o por otra causa cualquiera" y, en un sentido figurado, "efecto causado entre las gentes por dichos o hechos que las alteran o apasionan" (DRAE). Ejemplos: *Aquí casi no llueve, la tierra es seca, y se levantan grandes* ***polvaredas****; Sus declaraciones machistas causaron enorme* ***polvareda***. Los barbarismos "huma**dera**" y "polva**dera**" pertenecen al ámbito inculto de la lengua, pero se han ido extendiendo a los más diversos ambientes, producto de la falta de atención en lo que se dice y se escribe y, muy especialmente, como consecuencia de no consultar jamás el diccionario. Dichos barbarismos, por trasposición de sílabas y sonidos (o metátesis), son similares a "ca**rapa**zón" en lugar del correcto "ca**para**zón" y "den**trí**fico" en vez del correcto "den**tífri**co". No se originan en erratas o errores de la escritura, sino en errores de la pronunciación.

Corresponden a la fonética y no a la semántica, pues quienes pronuncian y escriben incorrectamente estos términos, tienen siempre muy preciso el referente: "humo" en el caso del incorrecto "humadera", y "polvo", en el caso del erróneo "polvadera". Son las faltas de ortoepía las que llevan a las faltas de ortografía que dan como resultado estos y otros disparates por trasposición.

Aunque son más abundantes en el habla que en la escritura, estos palabros no son escasos en las publicaciones impresas, especialmente en el periodismo y en la literatura, y su reino está en internet. En Estados Unidos (Nuevo México) y en México (Durango, Hidalgo, Jalisco, Zacatecas) hay poblaciones, rancherías y colonias que tienen por nombres:

☟ "La **Polvadera**", "**Polvaderas**" y "La **Humadera**".

Debieran denominarse, en buen español:

☝ La **Polvareda**, **Polvaredas** y La **Humareda**.

✐ Quizá estos topónimos ya no tengan remedio, pero sí deberían tenerlo los barbarismos que se encuentran en los siguientes ejemplos: "levantando **polvadera**", "la **polvadera** del valle", "tragedia en la **polvadera**", "con un polvo y otro polvo se forma una **polvadera**", "aludes entre **polvaderas**", "se acabarán **polvaderas** y alergias", "incendio forestal genera gigantesca **humadera**", "**humadera** de colores", "la **humadera** dificulta la visibilidad de los automovilistas", "varias **humaderas** se elevan sobre el cielo de Bagdad", "verdaderas **humaderas** de marihuana salen de las tribunas populares".

☞ Google: 291 000 resultados de "polvadera"; 13 500 de "humadera"; 9 740 de "polvaderas"; 2 800 de "humaderas". ☒

I

220. *idiología* no es lo mismo que *ideología*

El término “idiología” carece de significado en español. Se trata de un barbarismo propio del habla que ha ido contaminando la lengua escrita. Lo correcto es “ideología”, sustantivo femenino que significa “conjunto de ideas fundamentales que caracteriza el pensamiento de una persona, colectividad o época, de un movimiento cultural, religioso o político, etc.”. Ejemplo: *Fulano tiene una **ideología** evidentemente conservadora.* De ahí el adjetivo “ideológico”: “perteneciente o relativo a la ideología” y “perteneciente o relativo a una idea o a las ideas”. Ejemplo: *Su visión **ideológica** es muy pobre y no se ajusta a la realidad.* En español, aunque el término “ideología” siga el modelo del vocablo francés *idéologie*, es una palabra compuesta del prefijo “idea” (concepto, opinión o juicio) y el sufijo “-logía” (del griego *-logía*), elemento compositivo que significa “tratado, estudio o ciencia”. Por ello, es un barbarismo decir y escribir “idiología”, “idiológico” y otros derivados del mismo desbarre. La raíz del término es “idea”.

Se trata de un dislate inculto propio de internet, aunque ya no es tan extraño encontrarlo en publicaciones impresas. Su origen, como es obvio, es la falta de ortoepía, que luego se convirtió en falta de ortografía que aparece incluso en libros. En un *Diccionario de administración y finanzas* leemos que la

☟ “**idiología** es el conjunto de ideas orientadas a la conservación o la transformación del sistema existente”.

Ignora el autor que eso no es la “idiología”, sino la

☝ **ideología.**

✎ Otros ejemplos de este desbarre que, como ya dijimos, tiene su reino en internet: “cultura e **idiología** en el sistema literario hispanoamericano”, “política e **idiología** del mundo moderno”, “Foro Matrimonio y Familia ante **Idiología** de Género”, “arte e **idiología**”, “¿quién tiene el control **idiológico**, económico y político?”, “la educación como mecanismo **idiológico**”, “proyecto estético-**idiológico**” (¡ha de ser horrible!), “no es **idiológico**, es cultural” (¡no es **idiológico**, es ideológico!), “el laberinto **idiológico** de la dictadura”, etcétera.

☞ Google: 11 800 resultados de “idiología”; 4 150 de “idiológico”; 3 390 de “idiologías”; 1 930 de “idiológicas”; 1 810 de “idiológica”; 1 410 de “idiológicos”. ☒

221. *¿ilusión falsa?, ¿ilusión vana?*

La acepción principal del sustantivo femenino "ilusión" (del latín *illusio, illusiōnis*) es "concepto, imagen o representación sin verdadera realidad, sugeridos por la imaginación o causados por engaño de los sentidos". Siendo así, resulta obvio que no hay ilusiones verdaderas y, por tanto, es absurdo, por redundante, darles los calificativos de falsas y vanas a las ilusiones. Irremediablemente, todas lo son. De ahí el adjetivo "ilusorio": "engañoso, irreal, ficticio", y el sustantivo y adjetivo "iluso": "engañado, seducido"; "propenso a ilusionarse con demasiada facilidad o sin tener en cuenta la realidad" (DRAE). Ejemplo: *Todos sus deseos estaban depositados en algo* ***ilusorio****; que pensara que aquello se realizaría demostraba únicamente que era un* ***iluso***. Si el verbo transitivo y pronominal "ilusionar", "ilusionarse", significa "hacer que alguien se forje ilusiones", y el adjetivo "ilusivo" se refiere a lo "falso, engañoso, aparente" (DRAE), entonces pecan de redundancia quienes dicen y escriben "ilusión falsa", "falsa ilusión", "ilusiones falsas", "falsas ilusiones", pues todas las ilusiones son, por definición, falsas: irreales, engañosas, ficticias, "sin verdadera realidad". El caso de "ilusión vana" o "vana ilusión" es muy parecido, con la diferencia de que goza de buena prensa y de gran estima incluso en la literatura donde se le considera pleonasmo porque va bien vestido supuestamente con galas de retórica. Lo paradójico de todo es que este pleonasmo está lo mismo en la literatura prestigiada que en las peores manifestaciones literarias: tanto en las sublimes como en las más cursis. Bien harían los escritores presuntamente serios en abandonar esta barrabasada que no por llamarle pleonasmo deja de ser redundancia. Veamos por qué. El adjetivo "vano" (del latín *vanus*) tiene las siguientes acepciones en el diccionario académico: "Falto de realidad, sustancia o entidad"; "hueco, vacío y falto de solidez"; "inútil, infructuoso y sin efecto"; "que no tiene fundamento, razón o prueba". Ejemplo: *Toda su seguridad la depositó en una* ***esperanza vana***. Cabe advertir que no es lo mismo tener "ilusiones" que tener "esperanzas". "Falsas ilusiones" y "vanas ilusiones" son redundancias, pero "falsas esperanzas" y "vanas esperanzas" son construcciones correctas, pues el sustantivo femenino "esperanza" no es sinónimo de "ilusión", ya que la "esperanza" es el "estado de ánimo que surge cuando se presenta como alcanzable lo que se desea" (DRAE). Ejemplo: *Le dieron* ***falsas esperanzas*** *de aumento de sueldo, y él se las creyó*. Que algo se presente como alcanzable no implica necesariamente que se vaya a conseguir, pero al menos existe la probabilidad, grande o pequeña, de consecución. No es el caso de las ilusiones. Que algo se presente como ilusivo o ilusorio o como vano significa que, por definición, es falso, engañoso, sin verdad, vacío, falto de solidez, sin sustancia y, en particular, sin fundamento ni razón. Las esperanzas pueden ser grandes, pequeñas, buenas, etcétera, pero siempre con probabilidades de realización; las ilusiones, en cambio, pueden ser muchas o pueden ser pocas, grandes e incluso desmesuradas, pero siempre son falsas, engañosas, irreales, vanas. De ahí el consejo: *No te **ilusiones*** o *No te hagas **ilusiones***. O, dicho sea sin literatura: *No seas pendejo* (no seas iluso), a diferencia de quien puede decir o escribir: *Todavía no pierdo las esperanzas* (espero conseguirlo). Quien tiene ilusiones es un "iluso" (un engañado), quien tiene esperanzas es un "optimista" ("que propende a ver y juzgar las cosas en su aspecto más favorable", DRAE). Mucha gente suele confundir "esperanzas" con "ilusiones", y por ello comete las redundancias de decir y escribir "falsas ilusiones" y "vanas ilusiones" cuando en realidad se quiere referir a "falsas esperanzas".

Son redundancias cultas que se han extendido a todos los ámbitos de la lengua hablada y escrita. Abunda en publicaciones impresas y en internet y los escritores, incluso muy patentes (no ya digamos los peores) se dan vuelo con ellas. En el diario mexicano *Milenio* leemos el siguiente encabezado:

♀ "La Constitución local crea **'falsas ilusiones'**, asegura especialista".

Hace bien el diario en entrecomillar la afirmación del especialista Elizur Arteaga Nava, pues esto declaró. Pero lo que quiso expresar es que

☝ la Constitución local crea **falsas esperanzas.**

✎ He aquí otros ejemplos de estas redundancias que suelen pasar inadvertidas para muchos hablantes y escribientes del español que, por ilusos, las consideran portentos de estilo: "no quiero crear **falsas ilusiones**", "no te hagas **falsas ilusiones** y no te dejes llevar por las apariencias", "¡basta de **falsas ilusiones**!", "un discurso de **falsas ilusiones**", "populismo: **falsas ilusiones**", "las tarifas y la **falsa ilusión** de la gratuidad", "la **falsa ilusión** de la red", "contra la **falsa ilusión** de las urnas", "todo fue por una **falsa ilusión**", "***Ilusiones falsas***" (título de una canción), "Santana: no invierto en **ilusiones falsas** que te acaban como artista", "no generemos **ilusiones falsas** en el pueblo brasileño", "deja ya la **ilusión falsa**", "una **ilusión falsa** de libertad", "todo es **vana ilusión**", "en el fondo, la fe es sólo la **vana ilusión**", "usar sólo la inversión como motor de la economía es una **vana ilusión**", "**vanas ilusiones**, sueños irrealizables", "entregarnos a las **vanas ilusiones**", "no te hagas **vanas ilusiones**".

☞ Google: 220 000 resultados de "falsas ilusiones"; 121 000 de "falsa ilusión"; 46 100 de "vana ilusión"; 32 800 de "ilusiones falsas"; 22 500 de "vanas ilusiones"; 12 600 de "ilusión vana"; 12 500 de "ilusiones vanas"; 6 130 de "ilusión falsa". ☒

☞ Google: 463 000 resultados de "buena esperanza"; 424 000 de "grandes esperanzas"; 406 000 de "muchas esperanzas"; 331 000 de "falsas esperanzas"; 273 000 de "pocas esperanzas"; 263 000 de "muchas ilusiones"; 127 000 de "grandes ilusiones"; 92 100 de "falsa esperanza"; 58 500 de "vana esperanza"; 51 400 de "buenas esperanzas"; 31 800 de "esperanza vana"; 27 800 de "vanas esperanzas"; 12 300 de "esperanzas vanas"; 9 370 de "esperanzas falsas"; 6 260 de "esperanza falsa". ☑

222. ***in fragante*** **e** ***infragante*** **no son lo mismo que** ***in fraganti*** **e** ***infraganti***

La locución adverbial "in fraganti" (de la que ha derivado el adverbio simple "infraganti") proviene del latín jurídico *in flagranti crimĭne*, que significa, literalmente, "en flagrante delito"; de ahí el acortamiento "en flagrancia". En su *Diccionario de dudas y dificultades de la lengua*, Manuel Seco explica con mucha precisión: "**in fraganti**. En el mismo momento de estar cometiéndose un delito. Es una deformación de la locución latina *in flagranti*; pero la forma latina pura no se usa nunca, mientras que la deformada es la normal y la que figura en los diccionarios. La variante, más alterada, *en fraganti* no se considera aceptable". "In fraganti" (locución adverbial) e "infraganti" (adverbio) son invariables en género y en número (carecen de plural) y no es necesario escribirlas en *cursivas*, puesto que no corresponden, exactamente, al latín, sino a la deformación de éste. La acepción del DRAE es la siguiente: "En el mismo momento en que se está cometiendo el delito o realizando una acción censurable". También es admisible la forma "en flagrante". Ejemplos: *Los sorprendieron* ***in fraganti***; *Los detuvieron* ***en flagrante*** delito. En su *Diccionario de uso del español*, María Moliner explica: "Expresión que se aplica al hecho de sorprender a alguien precisamente en el momento de cometer un delito o falta", y remite a la frase equivalente "con las manos en la masa". Ni el DRAE ni Moliner ni el *Diccionario panhispánico de dudas* desautorizan la forma "en fragante"; sin embargo, esta última no deja de ser confusa, pues el adjetivo "fragante" (del latín *fragans, fragantis*), en su primera acepción, se aplica a "lo que exhala fragancia", siendo "fragancia" (del latín *fragrantia*) un sustantivo femenino que significa "olor suave y delicioso" (DRAE). Ejemplo: *La* ***fragancia*** *de las rosas*. En una segunda acepción, tanto el DRAE como Moliner y el *Panhispánico* registran "fragante" como sinónimo de "flagrante", adjetivo que significa "que flagra", "que se está ejecutando en el momento". Sin embargo, la etimología de "fragante" es diferente de la de "flagrante": del latín *fragrans, fragrantis*, en el primer caso; del latín *flagrans, flagrantis*, en el segundo. Por tanto, admitir siquiera una equivalencia entre "fragante" y "flagrante" es simplemente crear confusión en la lengua, pues si algo "fragante" es aquello que tiene fragancia o suave aroma, resulta obvio que, en consecuencia, algo "infragante" (si tal adjetivo existiese en el español) sería aquello carente de fragancia, esto es ausente de olor suave y delicioso. (En español, el prefijo o elemento compositivo "in-" significa, entre otras cosas, negación o privación, como en ***in****acabable*, ***in****acción*, ***in****comunicar*, etcétera.) Esto no es lo peor. Lo peor es el desbarre de decir y escribir "in fragante", "infragante", "infragranti" e incluso "infragantes" en lugar de los correctos "in fraganti", "infraganti" y "en flagrante".

Se trata de disparates incultos que se han extendido al ámbito culto de la lengua. Podemos encontrarlos en publicaciones impresas, y mucho más en internet. En el *Nuevo Diario*, de Nicaragua, leemos que la policía:

☞ "desarticuló a una peligrosa banda delincuencial casi **infragante**".
Quiso informar el diario que
☝ detuvo a unos maleantes casi **in fraganti**.

✎ He aquí otros ejemplos de este desbarre fomentado en parte por las propias academias de la lengua: "el hombre fue encontrado **infragante**", "increíble video **infragante** nunca antes visto", "mujeres detenidas **infragante**", "hallados **infragante**", "sorprenden en forma **infragante** a sujeto", "pescadas **infragantes**", "cantantes famosos **infragantes**", "pillados **infragantes**", "los agarraron **infragantes**", "lo descubrieron **in fragante**", "detenido **in fragante** el autor del atraco", "prisión de un delincuente **en fraganti**", "detienen **en fraganti** a dos policías robando a mano armada", "presentadora pillada **en fraganti**", "lo pescaron **infragranti**", "estudiantes atrapan a ladrón **infragranti**", "encuentran **infragranti** a tres alumnas consumiendo marihuana". Lo cierto es que si atrapan a alguien "infragante", quizá quiera esto decir que lo atraparon porque no despedía ningún aroma suave y delicioso (ninguna fragancia), sino una terrible pestilencia.

☞ Google: 52 000 resultados de "infragante"; 29 000 de "infragantes"; 19 100 de "in fragante"; 11 400 de "infragranti"; 3 780 de "en fraganti". ☒

☞ Google: 2 120 000 resultados de "infraganti"; 521 000 de "in fraganti"; 449 000 de "en flagrancia"; 305 000 de "en flagrante"; 155 000 de "en flagrante delito".

223. *¿incipiencia?, ¿incipiente?, ¿insapiencia?, ¿insapiente?, ¿insipiencia?, ¿insipiente?*

El término "incipiente" (del latín *incipiens, incipientis*) es un adjetivo cuyo significado literal es "que empieza", que se inicia en algo. Ejemplo: *Era un* ***incipiente*** *escritor pero ya se creía el más grande Balzac.* No debe confundirse con su homófono "insipiente" (del latín *insipiens, insipientis*), adjetivo y sustantivo, con dos acepciones en el DRAE: "Falto de sabiduría o ciencia" y "falto de juicio". Ejemplos: *Es un* ***insipiente*** *alumno que ya se siente maestro; Ese* ***insipiente*** *merecía estar en una institución de salud mental.* Una "c" y una "s" hacen la diferencia de sentido en estas palabras homófonas. Y hay qué ser muy cuidadosos a la hora de escribir para expresar correctamente lo que deseamos. No es lo mismo un "científico incipiente" (que empieza, que se inicia) que un "científico insipiente" (sin conocimiento, sin saber y, muy probablemente, sin seso). Pero también tenemos los términos "insapiencia" e "insapiente" que, por feliz ultracorrección, se formaron en nuestro idioma. Y no carecen de una sólida base gramatical, pues en el diccionario académico se recogen sus antónimos "sapiencia" (del latín *sapientĭa*, y éste del griego *sophía*), sustantivo femenino que significa "sabiduría", y "sapiente" (del latín *sapiens, sapientis*), adjetivo que significa "sabio"; "que tiene profundos conocimientos"; "que instruye o contiene sabiduría" (DRAE). Ejemplos: *Es un hombre de gran* ***sapiencia****;* ***Sapiente*** *como es, habrá de darnos un buen consejo.* El mismo diccionario académico incluye el adjetivo "sapiencial" (del latín *sapientiālis*): "perteneciente o relativo a la sabiduría". Ejemplo: *Los libros* ***sapienciales***. Lo absurdo es que en el diccionario de la lengua española estén estos términos y no sus correspondientes antónimos o contrarios. Con carácter de sustantivo femenino está "insipiencia" (del latín *insipientia*): "falta de sabiduría o ciencia o falta de juicio" (ejemplo: *Su* ***insipiencia*** *es evidente*), pero, por fortuna, de la ultracorrección nació también la "insapiencia", su sinónimo. El caso del sustantivo femenino "incipiencia" es diferente: no está recogido en las páginas del DRAE, pero ello no quiere decir que sea innecesario. Si tenemos el adjetivo "incipiente" (que empieza, que se inicia en algo), resulta lógico que el sustantivo correspondiente sea "incipiencia": iniciación en algo. Ejemplo: *Su* ***incipiencia*** *en el violín va por muy buen camino*. Si el DRAE no lo incluye en sus páginas será por necedad o ignorancia de los académicos. Del mismo modo, la formación de los términos "insapiencia" e "insapiente" es absolutamente lógica como equivalentes de "insipiencia" e "insipiente", con la ventaja, además, de evitar la homofonía de los términos "incipiente" e "insipiente". Dado que los términos "insipiencia" e "insipiente" pertenecen al ámbito culto de la lengua, es del todo seguro que la paradójicamente virtuosa ultracorrección en ellos proviene del verbo transitivo "saber" ("tener conocimiento o estar instruido en algo"), cuyo origen es el latín *sapĕre*, y así modificado con el prefijo "in-" (del latín *in-*), que es elemento compositivo que indica negación o privación, se forman "insapiencia" e "insapiente" que significan, de manera literal, "carencia de saber" y "dicho de una persona: que no sabe". No le hacen ningún mal a nuestro idioma, sino al contrario, las formas "insapiencia" e "insapiente", que derivan de *sapĕre* y que están construidas con todas las de la ley gramatical, y que además tienen sus contrarios perfectamente legitimados en el DRAE. Y más allá de que no estén legitimadas por unos académicos miopes, no hay razones para no utilizarlas si atendemos a la lógica. He aquí algunos ejemplos de estos usos del todo correctos: "su naturaleza sencilla, **insapiente** de sí misma, sin pretensiones", "cuando considera la etimología, hace notar que el **insipiente** es el **insapiente**, el no-sabio, que no saborea la sabiduría divina", "es una bestia **insapiente**", "ignorante, **insapiente** e intolerante", "no me culpes ni me tengas, aunque mozo, por **insapiente**", "poder total sobre la mayoría **insapiente** (mejor que **insipiente**, me parece)", "sagaces robadores de ideas, incapaces de sentir; sea el de los gramáticos fofos y miopes, o de los retóricos **insapientes** y foscos", "mentes débiles e **insapientes** como la tuya", "la luz de la ciencia y las tinieblas de la **insapiencia**", "todo aquello que se oculta con el velo de la **insapiencia**", "ha sido una mezcla de **insapiencia** y necedad", "en las nieblas del mal gusto y de la extrema **insapiencia**", "no tolero la impuntualidad ni la **insapiencia**", "mezcla de miedos e **insapiencias**", "en la **incipiencia** de todo está el valor suave de las cosas", "una **incipiencia** del gusto teatral".

☞ Google: 5 420 000 resultados de "incipiente"; 1 490 000 de "incipientes"; 170 000 de "insipiente"; 111 000 de "insipientes"; 21 600 de "insapiente"; 5 290 de "incipiencia"; 3 080 de "insapiencia"; 2 000 de "insapientes". ☑

224. *incontingencia* no es lo mismo que *incontinencia*

El término "incontingencia" carece de significado en español. Lo correcto es "incontinencia" (del latín *incontinentia*), sustantivo femenino que significa "falta de continencia o de comedimiento" (DRAE) y que en el caso específico de la expresión "incontinencia urinaria" se refiere a la "patología que consiste en la expulsión involuntaria de orina". Ejemplos: *Su actitud insolente es propia de su* ***incontinencia***; *El anciano padece* ***incontinencia urinaria***. De ahí el adjetivo y sustantivo "incontinente": "que no es capaz de contenerse" o "que padece incontinencia". Su antónimo, como es obvio, es "continencia" (del latín *continentia*), sustantivo femenino que significa "moderación de las pasiones o sentimientos" y, en una acepción específica, "abstinencia sexual" (DRAE). Ejemplo: *Es alguien que vive con mucha* ***continencia***. No es lo mismo "continencia" que "contingencia" (del latín *contingentia*), sustantivo femenino que significa "posibilidad de que algo suceda o no suceda"; "cosa que puede suceder o no suceder" (DRAE) y que es equivalente de "riesgo", sustantivo masculino cuyo significado es "contingencia o proximidad de un daño" (DRAE). Ejemplo: *Estaré allá mañana a la hora acordada, si no se presenta ninguna* ***contingencia***; *Los* ***seguros de contingencias*** *protegen al cliente del riesgo de que suceda algo incierto e incluso difícil de ocurrir*. Seguramente por el parecido fonético y gráfico entre "continencia", "incontinencia" y "contingencia", muchos hablantes y escribientes del español han derivado el barbarismo "incontingencia", carente, como ya dijimos, de significado en español. Hay quienes incluso le dan el sentido que sólo es propio del sustantivo "contingencia" (como cuando alguien dice, erradamente, *Espero que no se presente ninguna* ***incontingencia***) y otros más lo emplean en lugar del correcto "incontinencia".

Es un barbarismo del habla, pero ya se ha ido filtrando en la escritura, especialmente en internet, pero tampoco es raro hallarlo en publicaciones impresas. En una revista política un analista se refiere a

♀ "la **incontingencia** del lenguaje".

Quiso referirse a

♂ la **incontinencia** del lenguaje, es decir a la falta de moderación del mismo.

✎ En el diario español *El Mundo*, en la sección de deportes, un cronista se refiere al tenista español Albert Costa, quien en los juegos de la Copa Davis no se dejó distraer ni siquiera por "las **incontingencias** climatológicas". Lo que el cronista quiso decir es que el tenista español no perdió la concentración ni siquiera ante las **contingencias** climatológicas. He aquí más ejemplos de este barbarismo: "**incontingencia** ambiental", "**incontingencia** urinaria", "los problemas de la **incontingencia**", "**incontingencia** después de partos", "seguro de **incontingencia**", "Hipólito Mejía y su **incontingencia** verbal", "se encuentra en situación de **incontingencia** temporal", "las **incontingencias** de la religión", "superación de **incontingencias**", "no asegurar los productos ante posibles **incontingencias** durante el transporte", etcétera.

☞ Google: 5 200 resultados de "incontingencia"; 2 550 de "incontingencias". ☒

225. *índole* es sustantivo femenino

"Índole" (del latín *indŏles*) es un sustantivo femenino que posee dos acepciones: "condición e inclinación natural propia de cada persona" y "naturaleza, calidad y condición de las cosas" (DRAE). Ejemplos: *Se debe respetar la **índole privada** de nuestra vida; Ese asunto, personal, no es de **índole pública**; La pobreza no sólo es asunto de **índole económica**, sino también **política**.* En español, es forzosa la concordancia de género y número entre sustantivos y adjetivos cuando éstos modifican a los primeros. En este sentido, si "índole" es sustantivo femenino, cualquier adjetivo que lo modifique debe concordar en género. Siendo así, son desbarres decir y escribir "índole científic**o**", "índole económic**o**", "índole polític**o**", "índole privad**o**", "índole públic**o**", etcétera, pues se trata de "**la** índole" y no "**del** índole". Muy distinto es cuando los adjetivos son invariables en género (aunque no en número), como los terminados en "-al": *adjetival, cultural, fundamental, intelectual, musical, preposicional, profesional, pronominal, sexual, social, verbal, vital, vocal,* etcétera. En estos casos los adjetivos se usan indistintamente para el masculino y el femenino. Ejemplos: ***Ese tema** es de **índole cultural**; **Esa materia** es de **índole cultural**.* O bien: *Tiene **un problema** de **índole sexual**; Padece **una enfermedad** de **índole sexual**.* El desbarre de masculinizar el sustantivo "índole" pertenece al ámbito culto y se ha ido extendiendo a todo el idioma, pues el término mismo es un cultismo que se utiliza en lugar de otros sinónimos más habituales y comunes como "condición", "naturaleza" o "carácter". Ejemplos: *Ese tema es de **carácter cultural**; Padece una enfermedad de **naturaleza sexual**; Sus limitaciones para comunicarse son de **condición vocal**.*

La errónea masculinización del adjetivo femenino "índole" abunda en los ámbitos periodístico, académico y profesional en general, y aparece lo mismo en publicaciones impresas que en internet. En un libro (*La construcción de lo político en Julio Cortázar*), leemos lo siguiente:

♀ "En este sentido, una dictadura intelectual era para él tan intolerable como una de **índole político**".

Quiso decir y escribir la autora que, para Julio Cortázar, era tan intolerable:

☝ una dictadura intelectual como una de **índole política**.

✎ Parece obvio que quienes utilizan los adjetivos terminados en "-al" para modificar el sustantivo "índole" casi invariablemente creen que dichos adjetivos son siempre masculinos, del mismo modo que creen que "índole" es un sustantivo igualmente masculino. He aquí más ejemplos de este desbarre culto, todos ellos tomados de publicaciones de índole académica (libros, particularmente): "la necesidad de tomar medidas de **índole político**", "estuvieron marcados por cuestiones de **índole político**", "los derechos humanos no son de **índole político**", "los escritos mayas de **índole político-jurídico**", "tiene su origen en razones de **índole político**", "indicadores de **índole económico**", "medidas de **índole económico**", "tratados de **índole económico**", "estas asociaciones de **índole privado**", "mis creencias religiosas son de **índole privado** y personal", "espacios de comunicación masiva de **índole público**", "el Estado ejerce un derecho especial de **índole público**", "noticias de **índole académico**", "problemas de **índole académico** que afectan al país", "temas de **índole académico**", "las noticias de **índole científico-tecnológico**", "toma de decisiones de **índole científico**".

☞ Google: 63 800 resultados de "índole político"; 60 900 de "índole económico"; 40 300 de "índole técnico"; 23 100 de "índole privado"; 15 800 de "índole académico"; 13 900 de "índole público"; 10 900 de "índole científico". ☒

226. *inerme* no es lo mismo que *inerte*

No es lo mismo "inerme" que "inerte". El adjetivo "inerme" (del latín *inermis*) significa, literalmente, "sin armas" o "que está desprovisto de armas" (sin defensa), aun si se usa en sentido figurado. En biología se aplica a las especies desprovistas de espinas, pinchos o aguijones. Ejemplo: *El soldado se encontraba* ***inerme****, a merced del enemigo*; *Es un lugar donde crece el matorral muy denso, formado por especies* ***inermes*** *o a veces espinosas*. Diferente es el adjetivo "inerte" (del latín *iners, inertis*) cuyos significados son "inactivo, ineficaz, incapaz de reacción"; "inmóvil, paralizado"; "flojo, desidioso"; "sin vida". Ejemplos: *Un gas* ***inerte*** *es lo contrario de un gas reactivo*; *Lo encontraron* ***inerte*** *en medio del desierto*. Digamos que, de manera general, lo "inerme" es lo indefenso, en tanto que lo "inerte" es lo que no tiene vida, lo muerto.

En el periodismo suele confundirse una cosa con otra, y en la nota roja de los diarios se escribe de "cuerpo inerme", en el caso de un cadáver, cuando en realidad se trata de un "cuerpo inerte", es decir sin vida. Abunda en internet, pero también en publicaciones impresas. En la página oficial del Instituto de Cultura, Turismo y Arte de Mazatlán leemos que

♀ "rodearon el **féretro** de madera con el **cuerpo inerme** del artista".

Si el cuerpo estaba en el féretro es justamente porque el actor [Margarito Esparza Nevares] estaba muerto, es decir inerte, sin vida, y no precisamente inerme, sin armas. Lo que quiso informar el Instituto de Cultura, Turismo y Arte de Mazatlán en la crónica del homenaje póstumo al actor es que

♂ rodearon el féretro de madera con el **cuerpo inerte** del artista.

✐ Desde luego, si un cuerpo se encuentra dentro de un féretro es de suponerse que sea el de una persona sin vida, a menos que alguien se introduzca en él para jugarle a alguien una pesada broma. Todo cuerpo dentro de un ataúd está "inerte", sin vida, y no "inerme", sin armas. Por supuesto, existen cuerpos "inermes" e "inertes", es decir indefensos o desmayados, pero con vida; lo cierto es que éstos generalmente no los encuentra uno en un féretro o en la plancha del servicio médico forense. Se trata de lógica y de contexto. He aquí otros ejemplos de este yerro muy común del periodismo e incluso de la literatura: "los médicos examinaron el **cuerpo inerme**", "el **cuerpo inerme** de una mujer que muere atropellada", "el último ajuar que le pusieron al **cuerpo inerme**", "en el féretro, de color blanco, yacía su **cuerpo inerme**", "su **cuerpo inerme** se encontró en su casa el día 14; la familia cree que el asesino fue un sicario", "quienes hallaron el **cuerpo inerme** de la mujer consideraron que la causa de su deceso era la vejez", "el **cuerpo inerme** fue hallado en posición fetal", "el **cuerpo inerme** sin identificar fue descubierto la mañana de ayer", y como siempre puede haber cosas peores: "las vicisitudes del **cuerpo inerme del difunto**".

☞ Google: 18 000 resultados de "cuerpo inerme"; 4 050 de "cuerpos inermes". ☒

227. *¿injectores?*

La voz inglesa *injection* es un sustantivo que equivale en español a "inyección" (del latín *iniectio, inectiōnis*), sustantivo femenino que significa "acción y efecto de inyectar", además de "fluido inyectado", y que en mecánica posee una acepción muy específica: "En los motores de combustión interna, sistema de alimentación que inyecta el combustible a presión" (DRAE). Ejemplo: *Todos los sistemas modernos de* ***inyección*** *de combustible utilizan* ***inyección*** *indirecta*. La voz inglesa *injector* equivale en nuestro idioma a "inyector", adjetivo cuyo significado es "que inyecta", y sustantivo masculino con dos acepciones en el diccionario académico: "Dispositivo mecánico utilizado para inyectar fluidos" y "en los motores de combustión interna, dispositivo para suministrar la cantidad adecuada de combustible". Ejemplos: ***Inyector*** *automático*; *Es necesario limpiar los* ***inyectores***. Resulta absurdo que, en español, se use el falso plural del inglés "injectores" siendo que, en nuestro idioma, el plural de "inyector" es "inyectores". Este disparate es frecuente en el ámbito inculto del español, y por ello también abundante en internet. Incluso hay quienes hablan y escriben de "el injector" cuando quieren referirse a "el inyector".

Los talleres mecánicos ofrecen servicio de limpieza y cambio de "injectores", y en diversas páginas electrónicas, textos y anuncios que circulan en la red mucha gente sabe de "injectores" pero no de "inyectores". En internet, un taller mecánico de Maracaibo, Venezuela, anuncia su servicio de

☟ "limpieza de **injectores** por ultrasonido".

Lo que desean anunciar, en realidad, es:

☝ limpieza de **inyectores**.

✐ El anglicismo nos invade estúpidamente, pues en español los términos "inyección", "inyectable", "inyectar", "inyectivo" e "inyector" derivan del latín; de ahí pasan a nuestra lengua. He aquí más ejemplos de este disparate: "equipos y laboratorios para **injectores**", "**injectores** para motores John Deere", "solución de limpieza diaria para **injectores**", "fuga en los **injectores**", "**injectores** para Toyota", "limpiadores de **injectores**", "limpieza de **injectores** diesel", "servicio de lavado de **injectores**", "para qué sirve el **injector**", "posible falla del **injector**", "el **injector** es el principal mecanismo", etcétera.

☞ Google: 818 000 resultados de "injectores"; 458 000 de "los injectores"; 31 400 de "un injector"; 11 800 de "el injector". ☒

☞ Google: 7 390 000 resultados de "inyectores"; 5 390 000 de "inyector". ☑

228. *¿inovación?, ¿inovador?, ¿inovar?*

En español, los sonidos de dos enes consecutivas dentro de una palabra se pueden distinguir perfectamente en el habla, como en "si**nn**úmero" o en "i**nn**ovación", "i**nn**ovador" e "i**nn**ovar". De ahí que los términos "inovación", "inovador" e "inovar" sean primeramente faltas de ortoepía y luego, al pasar a la escritura, faltas de ortografía. El verbo transitivo "innovar" (del latín *innovāre*) significa "mudar o alterar algo, introduciendo novedades" (DRAE). Ejemplo: *Lo importante de* ***innovar*** *algo es mejorarlo.* De ahí el sustantivo femenino "innovación" (del latín *innovatio, innovatiōnis*): "acción y efecto de innovar" y "creación o modificación de un producto, y su introducción en un mercado" (DRAE). Ejemplo: *Las* ***innovaciones*** *del automóvil gustaron mucho.* De ahí también el adjetivo y sustantivo "innovador" (del latín *innovātor, innovatōris*): "que innova". Ejemplo: *Presentaron un producto* ***innovador***. Decir y escribir "inovación", "inovador" e "inovar" con sus variantes en género y en número y con sus respectivos derivados de conjugación es desbarrar muchas veces. El presente de indicativo del verbo "innovar" se conjuga del siguiente modo: *yo innovo, tú innovas, él innova, nosotros innovamos, ustedes innovan, ellos innovan.*

Todas las formas que supriman una "n" en estas palabras son disparates, y desbarres muy ampliamente difundidos en los diversos ámbitos de nuestra lengua. Abundan en internet pero no son extraños en las publicaciones impresas y hasta en denominaciones oficiales. Según vemos en internet, en Perú existe un:

♀ "Instituto Nacional de **Inovación** Agraria".

Allá son tan "inovadores" que "inovaron" el verbo "innovar", al grado de no importarles que el sustantivo correcto sea:

👍 **innovación**.

✐ He aquí otros ejemplos de estos desbarres: "ganadores del Premio Nacional de **Inovación**", "**inovación** en su tiempo libre", "empresas con visión de **inovación**", "15 empresas **inovadoras**", "pequeñas empresas **inovadoras**", "técnicas **inovadoras** de ciencias naturales", "por qué hay que **inovar**", "para progresar hay que **inovar**".

☞ Google: 206 000 resultados de "inovación"; 163 000 de "inovaciones"; 66 800 de "empresas inovadoras"; 53 900 de "técnicas inovadoras"; 8 980 de "muy inovadores"; 6 800 de "muy inovador"; 5 670 de "no es inovador"; 4 150 de "es inovador"; 4 610 de "hay que inovar"; 3 550 de "los inovadores"; 2 970 de "proyecto inovador"; 2 860 de "son inovadores"; 2 790 de "muy inovadoras"; 2 450 de "las inovadoras". ☒

229. *¿inscribido? ¿suscribido?*

Al igual que el verbo transitivo, intransitivo y pronominal "escribir" (del latín *scribĕre*), el verbo transitivo y pronominal "inscribir", "inscribirse" (del latín *inscribĕre*) se conjuga como "subir", que es un verbo regular, con la única diferencia de que posee participio irregular: "inscri**to**" o "inscri**pto**" y no "inscri**bido**". Significa "grabar letreros en metal, piedra u otra materia" y "apuntar el nombre de una persona entre los de otras para un objeto determinado" (DRAE). Ejemplos: ***Inscribió** en la lápida una frase de Platón; El nuevo alumno **fue inscrito** en el instituto.* Similar es el caso del verbo transitivo y pronominal "suscribir", "suscribirse" (del latín *subscribĕre*), que se conjuga exactamente como "inscribir" y posee participio irregular: "suscri**to**" o "suscri**pto**", pero no "suscri**bido**". Tiene cuatro acepciones en el diccionario académico: "Firmar al pie o al final de un escrito"; "convenir con el dictamen de alguien"; "dicho de una persona: obligarse a contribuir como otras al pago de una cantidad para cualquier obra o empresa"; "abonarse para recibir alguna publicación periódica o algunos libros que se hayan de publicar en serie o por fascículos". Ejemplos: ***Suscribo** y doy fe de lo anterior; **Suscribo** lo que dice Fulano; **Me suscribí** a la revista* Equis. Los términos "inscribido" y "suscribido" son barbarismos del habla y del ámbito inculto del español escrito, pero no es infrecuente hallarlos en el habla y en la escritura de personas de escolarización media.

Sus reinos están en internet, pero extienden sus dominios en las publicaciones impresas y, muy especialmente, en el periodismo. En un portal electrónico leemos acerca de una ciudad cuyo centro histórico:

♡ "fue **inscribido** en la lista de UNESCO".

Se quiso informar que el centro histórico de esa ciudad:

☝ fue **inscrito** en la lista de la Unesco.

✐ En un discurso, en Londres, el presidente de México Enrique Peña Nieto expresó lo siguiente: "México ha **suscribido** ya su interés por pertenecer también". Advirtió su error y corrigió: "o **suscrito**, más bien, su deseo de participar en un acuerdo". Pero no olvidemos que se trata del mismo "gran estadista" que suele decir "cubrido" y "volvido". Más ejemplos de este barbarismo, reproducidos de internet: "ya me he **inscribido** en la sede de Avellaneda", "sus padres lo habían **inscribido**", "si ya estás **inscribido** pon tus datos", "conéctate en el portal donde te has **inscribido**", "transporte gratuito para los primeros participantes **inscribidos**", "edad mínima de los estudiantes **inscribidos**", "**inscribidos** en un solo día", "nuestros resultados están **inscribidos** en los ficheros", "no sé en qué momento me he **suscribido**", "me he **suscribido** a tus dos canales", "las embajadas de otros países han **suscribido** un acuerdo", "yo nunca me había **suscribido** a nada", "me he **suscribido** ayer", "el contrato está **suscribido** en nombre de la Comunidad de Bienes", "fueron **suscribidos** dos convenios de hondo contenido social", "un saludo desde Chile a todos los **suscribidos** al foro".

☞ Google: 11 500 resultados de "suscribido"; 7 820 de "inscribidos"; 3 520 de "inscribido"; 2 380 de "suscribidos". ☒

230. *¿intelegible?, ¿intelegibilidad?, ¿intelegir?*

Hay barbarismos cultos que no por minoritarios dejan de ser preocupantes, pues quienes los utilizan poseen gran influencia entre otras personas cultas; tales son los casos del falso adjetivo "inte**le**gible", el espurio sustantivo "inte**le**gibilidad" y el apócrifo verbo "inte**le**gir" utilizados por escritores e intelectuales descuidados. Correctos son, en cambio, "inte**li**gible", "inte**li**gibilidad" e "inte**li**gir". El verbo transitivo "inteligir" (del latín *intelligĕre*) significa "entender algo o a alguien". Ejemplo del diccionario académico: *La facultad de* ***inteligir*** *las acciones humanas.* De ahí el sustantivo femenino "inteligibilidad": "cualidad de inteligible", y el adjetivo "inteligible" (del latín *intelligibĭlis*): "Que puede ser entendido"; "que es materia de puro conocimiento, sin intervención de los sentidos"; "que se oye clara y distintamente" (DRAE). Ejemplos: *La* ***inteligibilidad*** *de su estilo literario es de agradecerse; Tiene un discurso perfectamente estructurado e* ***inteligible***. De esta misma familia de términos es el adverbio "inteligiblemente": "de modo inteligible". Ejemplo: *Habló* ***inteligiblemente***. Sus contrarios o antónimos son "ininteligibilidad" e "ininteligible": "no entendible, que no se entiende". Ejemplo: *Habló de manera* ***ininteligible****; nadie entendió nada: ni su madre.* Es obvio que la raíz de "**inteli**gibilidad", "**inteli**gible" e "**inteli**gir" es el sustantivo femenino "**inteli**gencia" (del latín *intelligentia*): "capacidad de entender o comprender". Por ello, resulta también una obviedad que "inte**le**gibilidad", "inte**le**gible" e "inte**le**gir" son barbarismos, puesto que alteran dicha raíz. Nada tienen que ver con el sustantivo femenino "legibilidad" ("cualidad de lo que es legible") y con el adjetivo "legible" (del latín *legibĭlis*): "que se puede leer", ambos provenientes del verbo transitivo "leer", cuya raíz latina es *legĕre*.

Exclusivamente del ámbito culto de la lengua, estos dislates son propios de quienes tienen demasiada confianza en su saber y se niegan a consultar un diccionario. En un libro de sociología leemos lo siguiente:

♀ "La identificación, clasificación y contextualización social de los eventos noticiosos en términos de ciertos contextos o encuadres es el proceso fundamental mediante el cual los medios vuelven el mundo **intelegible** a los lectores o televidentes".

Todo lo anterior, que es jerigonza y, por ello tan difícil de leer, no ya se diga de comprender, pertenece a la prosa pedregosa académica y sociológica, ilegible y garapiñada. Por ello, tampoco nos extraña que su autor no sepa decir:

☝ mundo **inteligible** (que puede ser entendido).

✎ He aquí más ejemplos de estos barbarismos cultos: "¿qué es el conocimiento **intelegible?**", "el mundo **intelegible** o mundo de las ideas", "la estructura **intelegible** de la realidad", "el mundo es **intelegible** hasta cierto punto", "ensayo de una exposición **intelegible**", "desmenuzando lo **intelegible**", "procurar que el texto sea **intelegible**", "datos presentados de manera legible e **intelegible**" (aquí se nota la confusión que hay en las personas que no saben distinguir entre lo que se lee y lo que se intelige), "los nombres de las variables son **intelegibles**", "objetos **intelegibles** y empíricos", "lenguas que son mutuamente **intelegibles**", "construye una relación real que los hace **intelegibles**", "la calidad vocal y la **intelegibilidad** del habla", "una **intelegibilidad** que se resuelve inalcanzable", "alternativas de reconstrucción de una **intelegibilidad** política", "**intelegir** el significado que está oculto más allá de la comprensión humana", "Aristóteles distingue el **intelegir** del percibir sensorialmente" (no hay que difamar a Aristóteles, por favor), "la fantasía es una facultad intermedia entre el **intelegir** y el enjuiciar", "estos avances nos permiten **intelegir** algunos puntos de encuentro".

☞ Google: 7 950 resultados de "intelegible"; 7 190 de "intelegibles"; 6 270 de "intelegir"; 4 100 de "intelegibilidad". ☒

☞ Google: 873 000 resultados de "inteligible"; 411 000 de "intelige"; 338 000 de "inteligibles"; 324 000 de "inteligibilidad"; 33 300 de "inteligir". ☑

231. *¿intercepción?*

El verbo transitivo "interceptar" (del latín *interceptus*, participio pasivo de *intercipĕre*) tiene la siguiente conjugación en el presente de indicativo: *yo intercepto, tú interceptas, él intercepta, nosotros interceptamos, ustedes interceptan, ellos interceptan*. Sus acepciones son las siguientes: "Apoderarse de algo antes de que llegue a su destino"; "detener algo en su camino"; "interrumpir, obstruir una vía de comunicación" (DRAE). Ejemplos: *El jugador* ***interceptó*** *el balón; Lo* ***interceptaron*** *violentamente; Fue acusado de* ***interceptar*** *llamadas telefónicas*. De ahí el adjetivo y sustantivo "interceptor": "que intercepta". Ejemplo: *El* ***interceptor*** *no dejó pasar el balón*. De ahí también el sustantivo femenino "interceptación": "acción y efecto de interceptar". Ejemplo: *La* ***interceptación*** *impidió el avance del adversario*. Sin embargo, va ganando terreno la variante "intercepción", especialmente entre los hispanohablantes que gustan del futbol americano.

¿Es la grafía "intercepción" un barbarismo (puesto que no lo incluye el DRAE) en lugar de "interceptación"? La respuesta terminante es no, pese a tratarse, indudablemente, del calco del inglés *interception* que los diccionarios en este idioma traducen al español como "intercepción" o "interceptación"; de ambas maneras. Más allá de que se trate de un calco del inglés, es probable que quienes dicen y escriben "intercepción", relacionan este sustantivo con "recepción", sustantivo femenino que significa "acción y efecto de recibir", del cual deriva el adjetivo "receptor": "que recepta o recibe", y lo cierto es que "receptar" tiene el mismo modelo de conjugación que "interceptar". He aquí el presente de indicativo: *yo recepto, tú receptas, él recepta, nosotros receptamos, ustedes receptan, ellos receptan.* Y si de "receptar" deriva "recepción", resulta lógico que hace falta en el diccionario académico incluir el uso del sustantivo "intercepción". Hoy es más frecuente escuchar y leer que *Malcolm Butler hizo la* ***intercepción*** *que les dio a los Patriotas el Super Bowl* 49, en lugar de escuchar y leer su equivalente "interceptación". Se habla y escribe de "**interceptación** telefónica", pero también de "**intercepción** de llamadas telefónicas" y de "**intercepción** de señales". Seamos razonables: no hay ninguna razón filológica ni lexicográfica para que el DRAE excluya de sus páginas el sustantivo femenino "intercepción", dado que incluye el sustantivo femenino "recepción". Los únicos motivos que pueden adivinarse son la desidia, la incongruencia y la falta de lógica de la Real Academia Española y de sus hermanastras de América y Filipinas. Si "recepción" es la acción y efecto de recibir, "intercepción" es la acción y efecto de interceptar, y dicha grafía es tan válida como "interceptación" que, sin embargo, poco a poco va perdiendo terreno en el uso de hablantes y escribientes frente a "intercepción". Dígase y escríbase "interceptación", dígase y escríbase "intercepción", sin culpa alguna. Ambas son correctas, a despecho de la tardígrada e incongruente Real Academia Española que en el nombre lleva la penitencia: ¡no dice que sea una academia de la lengua! Y hay que recordar con qué orgullo anunció que en la nueva edición del DRAE incluyó términos tan relevantes como "amigovio" y "papichulo".

☞ Google: 593 000 resultados de "intercepción"; 556 000 de "interceptación"; 251 000 de "interceptaciones"; 236 000 de "intercepciones". ☑

232. *¿interface?, ¿interfase?, ¿el interfaz?*

El DRAE no incluye el anglicismo crudo "interface" (del inglés *interface*, superficie de contacto). Únicamente admite la adaptación gráfica "interfaz". Sin embargo, el plural en español es, forzosamente, "interfaces", dado que la "z" final del singular de los sustantivos en español se transforma en "c" al construir sus plurales. El sustantivo femenino "interfaz" (nunca masculino), como lo admite únicamente el DRAE, tiene dos acepciones: "Conexión o frontera común entre dos aparatos o sistemas independientes" y, en informática, "conexión, física o lógica, entre una computadora y el usuario, un dispositivo periférico o un enlace de comunicaciones". Ejemplos: *La importancia del sitio web y la **interfaz**; **Interfaces** de dispositivos de almacenamiento masivo.* El término "interfase", en cambio, es distinto: del alemán *intherphase*, tiene las siguientes acepciones en el DRAE: "Período entre dos divisiones sucesivas de una célula" y, en física y química, "superficie de separación entre dos fases". Ejemplo: *En la **interfase** la célula aumenta su masa y luego se divide, proceso que se conoce como mitosis.* Aunque el plural "interfaces" es correcto en español, no lo es el falso singular "interface", barbarismo hablado y escrito que, como ya vimos, corresponde al inglés y se pronuncia aproximadamente *inderféis* o *interféis*.

"Interface", escrito así en español, y pronunciado exactamente *interface*, es un barbarismo, y lo es también confundirlo con "interfase". Otro error es decir y escribir correctamente "interfaz", pero haciéndolo sustantivo masculino. No es "**el** interfaz", es "**la** interfaz". Estos yerros abundan en internet, pero no son escasos en las publicaciones impresas, incluso de carácter científico. En la edición mexicana del libro *Arquitectura de computadoras*, de M. Morris Mano, leemos lo siguiente:

☟ "La **interface** se comunica con la CPU mediante el canal de datos".

Y en esa misma página la palabra "interface" se repite doce veces. En todos los casos, debió escribir el traductor:

☝ **interfaz.**

✎ En el libro español *El gran libro de Android*, de Jesús Tomás Gironés, leemos lo siguiente: "Comenzaremos creando **el interfaz** de usuario mediante código". Quiso escribir el autor, pero no hubo editor que lo ayudara, acerca de "**la interfaz** de usuario". En una página de internet leemos que "la **interfase** de audio es el dispositivo que permite la comunicación entre la señal de audio que voy a grabar y nuestra computadora". Quiso referirse el ingeniero en audio a la "interfaz". He aquí más ejemplos de estas barrabasadas: "se conectan a través de la **interface**", "mediante la **interface** de contactos de 4 canales", "semiótica de la **interface**", "condensador en la **interface**", "implementar una **interface**", "necesito una **interface** sencilla", "**el** interfaz de usuario", "**el** interfaz de correo electrónico", "**el** interfaz de máquina del futuro", "**un** interfaz es el puerto por el cual se envían o reciben señales", "**un** interfaz creado en 1986", "**interfase de audio** preamplificador", "tarjeta de **interfase de audio**", etcétera.

☞ Google: 428 000 de "la interface"; 407 000 de "el interfaz"; 368 000 de "un interfaz"; 266 000 de "una interface"; 188 000 de "un interface"; 122 000 de "el interface"; 107 000 de "los interfaces"; 70 500 de "interfase de audio"; 12 800 de "interfases de audio"; 6 450 de "unos interfaces". ☒

☞ Google: 25 400 000 resultados de "interfaz"; 808 000 de "la interfaz"; 476 000 de "las interfaces"; 18 100 de "interfase celular". ☑

233. *¿interin?, ¿interín?, ¿intérvalo?*

El sustantivo masculino invariable "ínterin" (del latín *intĕrim*) es una palabra esdrújula y no llana o grave ni mucho menos aguda. Por tanto, debe llevar tilde en la antepenúltima sílaba, es decir en la primera "í" y no en la última: "ínterin", pero de ningún modo "interin" ni mucho menos "interín". En caso de no tildarlo ("interin") sería, erróneamente, palabra llana o grave, con acento prosódico en la penúltima sílaba, es decir en la "e". El significado de "ínterin" es "entretanto", adverbio cuya definición es la siguiente: "Durante el tiempo que transcurre hasta la realización de lo que se expresa" (DRAE), y con calidad de sustantivo masculino (sinónimo de "ínterin"): "Tiempo que transcurre hasta la realización de lo que se expresa" (DRAE). Ejemplo adverbial: ***Entretanto**, se encontró con alguien a quien no veía hace tiempo y se puso a conversar*. Ejemplos con carácter sustantivo: *Se puso a esperar y, **en el ínterin**, hizo algunas llamadas telefónicas; Esperó y, **en el entretanto**, terminó de leer el libro que llevaba.* A diferencia de "ínterin" (palabra esdrújula), el sustantivo masculino "intervalo" (del latín *intervallum*) es una palabra llana o grave y no esdrújula ("intérvalo") como la pronuncia y la escribe un amplio sector de hispanohablantes. Siendo palabra llana o grave no requiere de tilde, pues termina en vocal y su acento prosódico recae en la penúltima sílaba. Al tildarla en la "é" que es parte de la antepenúltima sílaba, la convertimos erróneamente en esdrújula. El sustantivo "intervalo" tiene las siguientes acepciones en el diccionario académico: "Espacio o distancia que hay de un tiempo a otro o de un lugar a otro"; "conjunto de los valores que toma una magnitud entre dos límites dados"; "en música, diferencia de tono entre los sonidos de dos notas musicales". Ejemplos: *Colocaron las vigas separadas por un **intervalo** de dos metros; El progreso se debe comprobar a **intervalos** de tres meses como mínimo; Un **intervalo** musical es la diferencia de altura entre dos notas y se mide generalmente en semitonos.* Contra lo que suponen algunos, "intervalo de tiempo" no es una redundancia, puesto que, como ya vimos, el intervalo puede ser también de espacio. Siendo "ínterin" e "intervalo" términos de los ámbitos culto y profesional, los barbarismos "interin", "interín" e "intérvalo" pertenecen también a dichos ámbitos. Hay muchos profesionistas y no poca gente culta que suelen confiar demasiado en sus diplomas o en sus saberes y que por ello se niegan a consultar un diccionario. ¡No se vaya a decir de ellos que son ignorantes!

Estos dislates están lo mismo en diarios y revistas que en libros y, en general, en todo tipo de publicaciones impresas y electrónicas. Escritores de mucho éxito, que ganan premios y son muy placeados por las mercadotecnia no saben que "ínterin" es una palabra esdrújula y que "intervalo" es una palabra llana. En *La novela luminosa* leemos lo siguiente:

☞ "En el **interín** vino mi doctora".

El autor quiso decir y escribir lo que el editor, desgraciadamente, no le ayudó a decir y escribir:

☝ En el **ínterin** vino mi doctora. (¡Y no era doctora de lingüística!)

✎ En otro libro (mexicano) leemos lo siguiente: "él me refirió que tan solo tú tripulabas ese yate y fue en ese **interín** cuando vislumbre que éste ya no se encontraba en el mismo lugar". Los editores tampoco ayudaron a este autor a decir y escribir correctamente "ínterin". Acerca de un futbolista, un diario dice que "en ese **interin** contratan a otro arquero". Mal por él, pero peor por el redactor que no sabe escribir "**ínterin**". En una revista leemos acerca de "proporción e **intérvalo** en arquitectura y música". El autor quiso referirse a "intervalo". He aquí otros pocos ejemplos de estos dislates cultos tan ampliamente difundidos: "el **interín** de un premio internacional", "estuve dos años sin poder seguir mis estudios; en ese **interín** trabajé en distintas cosas", "en el **interín** de la semana santa", "en el **interín** alguien dijo que le habíamos pintado el brazo", "en ese **interín** de fama y repercusión mediática", "en ese **interín** el indagado abordó en su casa al adolescente", "en ese **interín** nos habíamos enamorado" (fue un enamoramiento muy mal acentuado), "en el **interin** me puse a pensar" (¡qué presumido!), "estándar **interin** para la evaluación", "en el **interin**, por no estar ocioso, repasaba las vidas de santos", "en el **interin** de los conciertos", "las horas y minutos del **intérvalo**", "**intérvalo** unitario de tiempo", "determinación del tamaño de **intérvalo** óptimo", "**intérvalos** en una oración" (¡y se trata de un blog para enseñar español!), "ejercicios aeróbicos o **intérvalos** de alta intensidad", "lluvias con **intérvalos** de chubascos" (¡todo un poema!).

☞ Google: 89 000 de "interín"; 60 300 de "en ese interín"; 59 600 de "intérvalo"; 56 500 de "intérvalos"; 47 400 de "en el interín"; 35 500 de "en el interin". ☒

☞ Google: 29 400 000 resultados de "intervalo"; 15 000 000 de "intervalos"; 480 000 de "ínterin". ☑

234. *¿introducir al interior?, ¿introducirse al interior?, ¿introducir dentro?, ¿introducirse dentro?, ¿penetrar al interior?, ¿penetrar dentro?*

Al igual que "entrar dentro", "entrar adentro" y "entrar al interior", "introducir al interior", "introducirse al interior", "introducir dentro", "introducirse dentro", "penetrar al interior" y "penetrar dentro" son horribles redundancias, pues el verbo transitivo y pronominal "introducir", "introducirse" (del latín *introducĕre*) significa "conducir a alguien al interior de un lugar"; "meter o hacer entrar algo en otra cosa" (DRAE) y, dicho de una persona: "entrar o penetrar en algún sitio". Ejemplos: *Fulano lo* ***introdujo*** *en el ambiente literario;* ***Introdujo*** *la llave en la cerradura;* ***Se introdujo*** *en la casa sin ser visto.* De ahí el sustantivo femenino "introducción" (del latín *introductio, introductiōnis*): "acción y efecto de introducir o introducirse". Ejemplo: *Su* ***introducción*** *en el ambiente literario le valió ser considerado gran escritor, aunque no hubiese escrito más que el esbozo de un cuento de dos párrafos.* Asimismo, el verbo transitivo "penetrar" (del latín *penetrāre*) significa, en su principal acepción, "dicho de un cuerpo: introducirse en otro" (DRAE). Ejemplo del diccionario académico: *Los clavos* ***penetran*** *la madera*. Como transitivo e intransitivo significa también "introducirse en un lugar". Ejemplo: ***Penetró*** *en la casa sin ser visto*. De ahí el sustantivo femenino "penetración" (del latín *penetratio, penetratiōnis*): "acción y efecto de penetrar". Ejemplo: *La* ***penetró*** *suavemente*. Por todo lo anterior, "introducir", "introducirse" y "penetrar" tienen, por definición, implícitamente el sentido del adjetivo "interior" (que está en la parte de adentro) y del adverbio "dentro" (en la parte interior de un espacio), y siendo así incurrimos en redundancias cuando decimos y escribimos "introducir al interior", "introducirse al interior", "introducir dentro", "introducirse dentro", "penetrar al interior" y "penetrar dentro". Las acciones y los efectos de introducir y penetrar no admiten, por lógica, que sean fuera o al exterior. Lo que sucede es que cada vez es más difícil que las personas usen la lógica gramatical si, en su vida diaria, la lógica es cosa desconocida.

Estas barrabasadas redundantes no pertenecen únicamente al ámbito inculto de la lengua; también abundan en los ámbitos profesionales, y no son pocos los autores de hoy (ya que no nos referimos ni a Balzac ni a Stendhal) que las utilizan en sus libros sin que esto preocupe a sus editores: a éstos lo que les interesa es que los libros se vendan bien. Son copiosas en internet, pero también en las publicaciones impresas. En el libro *El procedimiento criminal inglés*, su autor nos informa que

♀ "existe también una lista de los objetos que el público no puede **introducir al interior** de la corte, tales como: cámaras fotográficas, videos, grabadoras o algún otro instrumento electrónico".

Está bien que lo informe, por si alguna vez alguien debe comparecer o visitar la corte inglesa, pero lo que debió decir, en buen español y sin redundancia es que

☝ el público tiene prohibido **introducir en** la corte ciertos objetos como cámaras fotográficas, videograbadoras, etcétera.

✎ Tal parece que en las casas editoriales se acabaron los editores, o bien los hoy llamados editores tampoco consultan mucho el diccionario ni la gramática. En un libro de una novelista venezolana leemos lo siguiente: "Varias veces **penetró al interior** de la casa en busca de cuadernos". Obviamente, si el personaje **penetró**, tuvo que hacerlo al interior, ¡ni modo que al exterior! Debió escribir la autora, en buen español, que su personaje "varias veces **penetró en** la casa en busca de cuadernos". He aquí más ejemplos de estos desbarres redundantes a los que mucho vuelo les dan los escritores literarios y otros autores de libros, además de periodistas y diversos profesionales: "no **introducir al interior** de la cabaña elementos inflamables", "existen varias cosas que no puede **introducir al interior** de la Embajada" (¡en cambio sí las puede introducir en el exterior de la misma!), "con algo de recelo los troyanos decidieron **introducir dentro** de la ciudadela el caballo para ofrendárselo a sus dioses" (¡nada hubiera pasado si hubieran decidido introducir el caballo afuera; qué burros!), "tarjetas de deseos y compromisos para **introducir dentro** de la cápsula del tiempo", "**penetrar dentro** del área chica con el balón controlado" (sí, porque si penetra fuera se encontrará no en la cancha sino en las gradas), "se atrevió a **penetrar dentro** de la muchedumbre" (lo osado hubiese sido que penetrara fuera de ella), "**se introdujo al interior** del remolque", "invitan al visitante **a introducirse dentro** del museo", "logró **introducirse al interior** de las oficinas", "fuerzas oscuras intentan **penetrar al interior** de este castillo", "trataron de abrir la puerta para **introducirse al interior**" (como no lo consiguieron, se conformaron con introducirse al exterior), "cruzan la frontera libanesa y **penetran dentro** de la zona de seguridad", "casi en cuclillas **se introdujeron al interior** avanzando muy despacio", "delincuente **se introdujo al interior** de un refrigerador para eludir a carabineros" (¡qué burro; se hubiera introducido al exterior, donde hacía menos frío!), "estos seres **se introducen al interior** de las casas", "**penetró al interior** del local y encendió una pequeña luz", "se desnudó y **penetró dentro** de ella" (¡ah, bueno!), "siguiendo al cura **penetraron dentro** de la iglesia", "sin obstáculo **penetraron dentro** de los muros de la ciudadela y la dominaron" (¡y, además de todo, dentro de los muros!).

☞ Google: 110 000 resultados de "introducir al interior"; 59 600 de "penetrar al interior"; 59 100 de "introducir dentro"; 38 600 de "penetrar dentro"; 48 600 de "introdujo al interior"; 31 400 de "introducen al interior"; 30 900 de "introducirse dentro"; 30 500 de "introducirse al interior"; 23 000 de "se introdujo al interior"; 22 600 de "penetran dentro"; 21 100 de "introdujeron al interior"; 17 500 de "se introducen al interior"; 16 300 de "penetró al interior"; 14 200 de "se introdujeron al interior"; 12 770 de "penetró dentro". ☒

235. *Io* no es lo mismo que *Ío*

La falta de ortoepía y la mala costumbre de no poner acentos en las mayúsculas, llevan a tonterías como ésta: escribir "Io" (literalmente, *yo*) cuando lo que se quiere escribir es "Ío", nombre de la luna de Júpiter descubierta por Galileo, y que se llama así en honor de una ninfa griega de la que, según la mitología, se enamoró Zeus. El nombre propio "Ío" no es monosílabo sino palabra bisílaba: cada vocal se pronuncia por separado y, por tanto, cada una de ellas corresponde a una sílaba: *Í-o*. Es una palabra llana o grave terminada en vocal, y la tilde en la "í" rompe el diptongo para producir dos sílabas. No hay que hacerles caso a sujetos como Vicente Fox que aseguran que las mayúsculas no llevan tilde. No la llevan por supuesto en ninguna consonante (esto es ley inflexible en nuestro idioma), pero todas las vocales que exigen acento ortográfico deben llevar tilde, lo mismo si son minúsculas que mayúsculas. Ejemplos: *Ángel, ángel; Áurea, áurea; BOGOTÁ, Bogotá*. Si omitimos la tilde en "Ío" lo que tenemos es un disparate monosilábico ("Io").

Es frecuente en el periodismo, pero también en las páginas científicas, lo mismo en internet que en publicaciones impresas. En el diario español ABC leemos el siguiente encabezado con su respectivo sumario:

♡ "La luna de los 400 volcanes. Científicos crean el primer mapa geológico de la superficie de **Io**, uno de los satélites más enigmáticos de Júpiter".

Quiso informar el diario acerca del primer mapa geológico de

☝ la superficie de **Ío**, uno de los satélites de Júpiter.

✐ Más ejemplos de esta torpeza: "La luna **Io** se ratifica como el cuerpo con mayor actividad volcánica en el sistema solar", "en la luna **Io** del planeta Júpiter", "la luna **Io** sobre las nubes de Júpiter", "confirman la existencia de magma en la luna **Io** de Júpiter", "un telescopio en tierra capta un lago de lava en la luna **Io** de Júpiter", "la ninfa **Io**", "la ninfa **Io** abrazada por el padre de los dioses", "enamorado de la ninfa **Io**", "la joven doncella **Io**", "castigando a la joven doncella **Io**" y, como siempre hay algo peor, "la fábula burlesca de Júpiter y **Io**" (o sea "¡la fábula burlesca de Júpiter y yo!").

☞ Google: 57 300 resultados de "luna Io"; 4 890 de "ninfa Io"; 2 280 de "doncella Io"; 1 430 de "luna Io de Júpiter". ☒

236. *islam* se escribe con minúsculas

¿Por qué escribir "Islam", con mayúscula inicial, cuando se trata de un sustantivo común cuyo sinónimo es "islamismo"? El "islam" (como decir "el cristianismo", "el budismo", "el judaísmo", etcétera) se refiere a una religión, no a un país, sino al "conjunto de los hombres y pueblos que siguen el islam" (DRAE). Por tanto es un desbarre culto escribir "Islam". Lo correcto es "islam", palabra aguda, con acento prosódico en la última sílaba. Ejemplo: *El **islam** es una religión monoteísta que se basa en el libro del Corán*. Dado que "cristianismo" y "cristiano" son sustantivos comunes, también lo son "islamismo" e "islam". Pero muchísimas personas, especialmente cultas, suponen, por alguna extraña razón, que "islam" debe escribirse con mayúscula inicial. Quizá ello se debe a que supongan que "Islam", con mayúscula, nombra a una región, pero no existe en realidad una región geográfica que se llame así; el término simplemente se usa con minúsculas (y así debería usarse siempre) para designar, como bien lo precisa el DRAE, al conjunto de los hombres y pueblos que siguen el islam y practican el islamismo.

Si alguien escribe con mayúscula inicial "Cristianismo" comete un error, lo mismo si escribe "Budismo" y "Judaísmo". Las mayúsculas iniciales en estos sustantivos comunes sólo son correctas si con ellas se inicia un párrafo. Y lo mismo rige para "islam" e "islamismo". La mayúscula inicial especialmente en "Islam", como si se tratara de un nombre propio, abunda en internet, pero también en publicaciones impresas (diarios, libros, revistas), entre académicos y profesionistas. En el diario mexicano *El Universal* leemos el siguiente encabezado:

♡ "El *boom* del **Islam** en México".

Es obvio que en México no existe un lugar geográfico que se llame "Islam", como tampoco existe en ninguna otra parte del mundo, y al leer la información queda muy claro que la redactora de la nota se refiere a la religión. Entonces debió escribir correctamente:

☞ el **islam** en México.

✎ He aquí más ejemplos de esta barbaridad culta: "¿qué es el **Islam** y en qué creen los musulmanes?", "una breve guía ilustrada para entender el **Islam**", "preguntas y respuestas frecuentes sobre el **Islam**", "el **Islam** ubica sus raíces desde el patriarca Abraham", "El **Islam** es para la mayoría de sus creyentes una religión de paz", "¿Es posible que la salvación pueda encontrarse en la religión del **Islam**?", "¿cuáles son las características de la religión del **Islam**?", "valores básicos de la religión del **Islam**", "¿cuáles son las doctrinas del **Islam**", "desviaciones en la doctrina del **Islam**", etcétera.

☞ Google: 635 000 resultados de "el Islam"; 78 300 de "religión del Islam"; 41 600 de "doctrina del Islam". ☒

237. *¿iva?, ¿ívamos?, ¿ivan?, ¿ivas?*

El verbo intransitivo "ir" (del latín *ire*) tiene por acepción principal "moverse de un lugar hacia otro apartado de la persona que habla". Tiene también uso pronominal: "irse". Ejemplos: ***Ir** a toda prisa y de todos modos llegar tarde*; ***Irse** mucho a la chingada.* Al ser un verbo irregular, tiene varios cambios en su raíz, lo mismo en el modo indicativo que en el subjuntivo. El presente de indicativo se conjuga así: *yo voy, tú vas, él va, nosotros vamos, ustedes van, ellos van.* Y, en el caso del pretérito imperfecto, la conjugación es la siguiente: *yo iba, tú ibas, él iba, nosotros íbamos, ustedes iban, ellos iban.* Es en este tiempo donde muchas personas yerran, cometiendo la barrabasada de conjugarlo así: "yo **iva**", "tú **ivas**", "él **iva**", "nosotros **ívamos**", "ustedes **ivan**", "ellos **ivan**".

Estos yerros son propios del español inculto, pero no faltan entre personas de cierta escolaridad media, y no es asombroso encontrarlos entre profesionistas. Reinan en internet, pero también frecuentan las publicaciones impresas. Un internauta escribe:

☞ "Es exactamente lo que yo **iva** a decir".

¡No sólo lo iba a decir: lo dijo y lo escribió! Pero debió decir y escribir:

☞ Es exactamente lo que yo **iba** a decir.

✎ Unos ejemplos más de estos desbarres: "yo **iva** a entrar a yotube", "yo **iva** pasando", "yo **iva** al cine", "ellos **ivan** a ver a una princesa", "ellos **ivan** a ir al próximo concurso de banda", "¿quién dijo que solo ellos **ivan** a jugar?", "mientras tú **ivas** con otra yo estaba con él", "cuando tú **ivas** yo venía", "quién pensaría que tú **ivas** a terminar así", "**ívamos** caminando cuando te vimos", "por las mañanas **ívamos** a trabajar", "nosotros **ívamos** con todo", "es una verguenza que ustedes **ivan** a dar trabajo para los parados", "apoco ustedes **ivan** a ser muy machos".

☞ Google: 86 700 resultados de "yo iva"; 17 400 de "ellos ivan"; 7 170 de "tú ivas"; 6 290 de "ívamos"; 2 310 de "ustedes ivan". ☒

J

238. *¿jauría de perros?*

Tanto el diccionario de la RAE como el de María Moliner enseñan que una "jauría" sólo puede ser de perros. Aunque mucha gente crea lo contrario, no hay jaurías ni de lobos ni de coyotes ni de otro tipo de cánidos, mucho menos de otras especies animales. Puede parecer discutible, pero hay una razón definitiva para que dicha discusión se dé por terminada: una jauría es el conjunto de perros usados en cacería y mandados por el perrero ("persona que cuida o tiene a su cargo los perros de caza"). Siendo así, el elemento decisivo en la definición del sustantivo femenino "jauría" es el mando de una persona, pues de otro modo se trata de una "manada" de perros aunque tenga un jefe alfa al frente. En las artes de caza los perros van atados con traíllas (cuerdas o correas) que se sueltan en el momento oportuno para ordenarles que persigan, acosen, alcen o levanten la presa en la montería. Ejemplo: ***Soltaron la jauría*** *tras la liebre*. De ahí las expresiones "se soltó la jauría" o "se desató la jauría", que hoy se utilizan, en sentido figurado, para referirse al "conjunto de quienes persiguen con saña a una persona o a un grupo" (DRAE). Éste es el sentido que le dan quienes, quejándose de un enemigo peligroso, lo acusan del siguiente modo: *Me echó a su* ***jauría****, me lanzó a su* ***jauría***. Por todas estas razones, si no es en sentido figurado, una jauría sólo puede ser de perros y de ningún otro tipo de cánidos (lobos, coyotes, chacales, zorros) u otras especies animales, pues se trata de perros entrenados o amaestrados para la cacería. Es un conjunto de perros, pero al mando de una persona: el perrero. Siendo así, es también un desbarre por redundancia decir o escribir "jauría de perros", pues no puede haberla de otros animales. Y en cuanto a que baste una reunión de perros para tener una jauría, esto también se trata de un error. Ese conjunto de perros es una manada que, aunque tenga un macho alfa al frente (como es el caso de los perros salvajes africanos), de ningún modo es una jauría. ¡Hay quienes incluso hablan y escriben de "jauría de gatos"! ¡Vaya tontería! En realidad se trata de una "gatería" si de lo que hablamos o escribimos es de un conjunto de gatos. Pero después de lo malo siempre viene lo peor, pues hay quienes dicen y escriben que han visto o imaginado ¡una "jauría de ratones"! Que Dios los perdone, porque nosotros no.

Los desbarres de llamar "jauría" a una simple reunión de perros o de otros animales, o de denominar redundantemente "jauría de perros" a lo que sólo es una "jauría", son comunes en las publicaciones impresas y electrónicas e incluso abundantes en obras científicas y en libros serios. En *El Diario*, edición neoyorquina para la población de habla hispana, leemos el siguiente encabezado:

☟ "**Jauría de perros** asiste al funeral de mujer que los alimentó por años".

En realidad no era una jauría, sino un conjunto de perros, puesto que la mujer que les dio alimento durante años no los utilizaba para la cacería ni tenía el oficio de "perrera". Por tanto, el encabezado debió decir correctamente:

☝ **Perros** acuden al funeral de la mujer que los alimentó por años.

✎ Este desbarre es tan abundante en los medios impresos y electrónicos que una pequeña muestra no revela del todo lo grave del problema que significa no saber usar nuestro idioma. He aquí algunos casos, tomados de publicaciones impresas y electrónicas de diversos países hispanohablantes: "temen por **jauría** que vive en Cerro de la Estrella", "matanza de **jauría** revive debate por perros callejeros", "mata **jauría** a niño de un año", "capturan a **jauría de perros** que mató a cuatro personas", "mata **jauría de perros** a mujer en Tabasco", "**jauría de perros** mató a madre e hija en su casa", "**jauría de perros** ataca a tres personas", "*Una **jauría de lobos***" (título de un libro), "Mascherano es líder de una **jauría de lobos**", "**jauría de perros salvajes** devora a toro", "una **jauría de perros salvajes** mata a 150 ovejas", "**jauría de perros salvajes** siembra pánico en un poblado", "hombre atacado por **jauría de perros callejeros**", "La **jauría de los gatos** vengadores" (título de un cuento), "una **jauría de leones** intrépidos", "una **jauría de tigres** hambrientos", "me los imaginé como una **jauría de chacales**" (cursilería en una novela), "tengo una **jauría de ratones**" (dicho por un internauta que lo que no tiene, con entera seguridad, es un diccionario) y, como siempre hay algo peor, "una **jauría de hormigas** rojas ocupaba por completo el camino" y "siento una **jauría de elefantes** en el estómago". A estos pobres no sería nada sorprendente que los persiguiera una jauría... ¡de burros!

☞ Google: 35 800 resultados de "jauría de lobos"; 22 500 de "jauría de leones"; 18 400 de "jauría de gatos"; 12 000 de "jauría de perros callejeros"; 7 920 de "jauría de perros salvajes"; 7 400 de "jauría de elefantes"; 4 480 de "jauría de hienas"; 4 030 de "jauría de tigres"; 3 160 de "jauría de chacales". ☒

☞ Google: 26 900 resultados de "jauría humana" (en sentido figurado). ☑

239. *¿jingle?*

¿Por qué demonios el DRAE no ha admitido el término "jingle" en el español? Por su incongruencia y su torpeza. Los académicos madrileños incluyen barbaridad y media en las páginas del diccionario de la RAE, pero cuando se trata de términos necesarios que no tienen otra forma de nombrarse, sino por medio del anglicismo crudo, se hacen tarugos. El término "jingle" (del inglés *jingle*, que se pronuncia, más o menos, *yíngol*) es el anuncio o tema musical, generalmente breve, cantado con fines publicitarios, cuyo propósito es hacer que la marca del producto que se anuncia sea fácilmente recordada lo mismo que su eslogan. Ejemplo: "Estaban los tomatitos/ muy contentitos/ cuando llegó el verdugo/ a hacerlos jugo./ ¡Qué me importa la muerte!/ —dicen a coro—,/ ¡si muero con decoro/ en los productos Del Fuerte!". "Jingle" (que muchos pronuncian *yingle*, pero que en español, si es con "j", debe pronunciarse *jingle*) es un sustantivo necesario en nuestro idioma, y tiene un uso bastante amplio, pues no hay otra forma de nombrar, en español, este tipo de anuncio publicitario o de rúbrica musical en programas de radio, televisión e internet. ¿Por qué aceptar "interviú", "jersey" y "váter", pero no "jingle"? Podría incluso adaptarse gráficamente como "yingle", que es justamente como la mayor parte de los hispanohablantes lo pronuncian. (Ya dijimos que en inglés suena *yíngol*.) La incongruencia y la torpeza de los académicos de Madrid son legendarias. El sustantivo "jingle" y su plural "jingles" (o "yingle" y "yingles") tienen perfecta cabida en nuestro idioma con el adecuado uso que se les da entre los hispanohablantes. La RAE, en tanto, sigue durmiendo entre "amigovios" y "papichulos".

☞ Google: 121 000 de "un jingle"; 107 000 de "el jingle"; 55 800 de "jingles para radio"; 48 900 de "los jingles"; 39 400 de "jingles publicitarios"; 13 400 de "jingle publicitario"; 2 630 de "jingles famosos"; 2 620 de "primer jingle"; 2 090 de "jingles navideños"; 1 790 de "esos jingles"; 1 570 de "jingles nostálgicos"; 1 450 de "el mejor jingle". ☑

240. *¿joven adolescente?, ¿jóvenes adolescentes?*

¿Quién habrá sido el bruto que utilizó por vez primera, y consiguió que muchos lo imitaran, la expresión absurda, por contradictoria, "joven adolescente"? Por supuesto fue alguien que no consulta jamás el diccionario de la lengua. De consultarlo habría sabido que el sustantivo femenino "adolescencia" (del latín *adolescentia*) designa el "periodo de la vida humana que sigue a la niñez y precede a la juventud", y que el sustantivo femenino "juventud" (del latín *iuventus*) se refiere al "periodo de la vida humana que precede inmediatamente a la madurez" (DRAE). Por tanto, un "joven" o una "joven" es la persona que está en la juventud, en tanto que un "adolescente" o una "adolescente" es aquella persona que está en la adolescencia. Ejemplo: *Los **adolescentes** de la preparatoria suelen ser muy inquietos; los **jóvenes** de la universidad, también.* Siendo así, es una tontería decir y escribir "joven adolescente" o "jóvenes adolescentes", pues se es joven o se es adolescente pero no ambas cosas a la vez, por más que muchos jóvenes, maduros y viejos se comporten como adolescentes durante toda su existencia. Si buscáramos culpables de esta tontería es bastante probable que los encontremos en el ámbito de la psicología, la autoayuda y ciertas pedagogías cursis y baratas. Lo cierto es que ya es abundante lo mismo en el habla que en la escritura, ya sea en publicaciones impresas o en internet.

Y es una tontería no únicamente del español inculto, sino también del habla y la escritura de profesionistas. En un libro español (¿por qué no nos sorprende que sea español?) intitulado *Psicología de la adolescencia* leemos lo siguiente:

☟ "El **joven adolescente** necesita de una serie de mecanismos que le ayuden a integrarse en la sociedad y adquirir el estatus psicosocial de la adultez".

Más allá de lo discutible que sea dicho enunciado, lo correcto es decir y escribir que

☝ el **adolescente** necesita de una serie de mecanismos, etcétera.

✎ He aquí otros ejemplos de esta testarudez, todos ellos tomados de publicaciones impresas (libros incluidos) y de internet: "las 5 necesidades del **joven adolescente**", "bienestar y felicidad del **joven adolescente**", "sentimientos de una **joven adolescente**", "diario de una **joven adolescente**", "detenida **joven adolescente** por el asesinato de su abuela", "los embarazos en **jóvenes adolescentes**", "consejos para **jóvenes adolescentes**", "consumo de alcohol en **jóvenes adolescentes**", "**jóvenes adolescentes** presa fácil para extorsionadores", "la participación política de **jóvenes adolescentes**", "el Papa confiesa a **jóvenes adolescentes**". Por todo lo anterior, quienes creen que hay "jóvenes adolescentes" es porque también están seguros de la existencia de los "viejos adolescentes". Admitamos que existen los "chavorrucos" (individuos que, siendo viejos, actúan ridículamente como si aún fueran jóvenes), pero "chavorruco" (aún no admitido en el DRAE) es un término compuesto de uso coloquial, de la misma familia de "amigovio" y "papichulo" que, con el beneplácito de los "chavorrucos" de la RAE y de las otras academias de la lengua de América y Filipinas, ya tienen su lugarcito en las páginas del vejestorio académico que se las quiere dar de joven... jalándosela.

☞ Google: 416 000 resultados de "jóvenes adolescentes"; 272 000 de "joven adolescente". ☒

241. *¿judo?*

En español las palabras se pronuncian de acuerdo con los sonidos de las letras con las que están representadas gráficamente. Si escribimos "judo" no pretendamos leer *yudo*. El sustantivo masculino "yudo" (del japonés *judo*, cuya pronunciación es *yudo*) significa lo siguiente en el diccionario académico: "Sistema japonés de lucha, que hoy se practica también como deporte, y que tiene por objeto principal defenderse sin armas mediante llaves y movimientos aplicados con destreza". Ejemplo: *Desde los cinco años practica el* ***yudo***. De ahí el sustantivo "yudoca": "persona que practica el yudo". Ejemplo: *Es un hábil* ***yudoca***. Los términos extranjeros que, en calidad de préstamos, ingresan a nuestra lengua, deben adaptarse perfectamente a la gramática, la ortografía y la fonética españolas, más aún cuando la lengua de la que proceden no comparte con el español el alfabeto latino. Es obvio que el término *judo* no pasó al español directamente del japonés, sino a través del francés y el inglés, y dado que en la lengua española las palabras se pronuncian exactamente como están escritas, es obvio que no es lo mismo "jodo" que "yodo", y siendo así tampoco es lo mismo "judo" que "yudo". Digamos y escribamos "yudo" y "yudoca", que es lo correcto en nuestro idioma, y no "judo" ni "judoca" ni mucho menos "judoka". Hablamos y escribimos en español, no en japonés ni en inglés ni en francés; en todo caso, en castellano, con sus diversas variantes lo mismo en España que en América y Filipinas. Ya aclimatados en nuestro idioma, "yudo" y "yudoca" son perfectos términos del español. No es el caso, por cierto, de *jazz* (que se pronuncia *yaz*) voz inglesa que no forma parte de nuestro idioma y que, por ello, debe escribirse siempre en *cursivas*. Para mucha gente, adaptar gráficamente la voz inglesa *jazz* a la escritura española "yaz" sería algo así como un sacrilegio, pero la verdad es que, al igual que en el caso de *judo*, es imposible leer como "y" lo que en español está representado con la grafía "j". Si en español queremos pronunciar *yaz* tenemos que escribir "yaz", a menos por supuesto que pronunciemos *jaz* si no usamos en cursivas la voz inglesa *jazz*. Pero en tal caso estaríamos faltando a la correcta fonética de la voz original.

Por supuesto, existe muchísima resistencia de las personas a usar correctamente el idioma español cuando ya se ha deformado su mente con los extranjerismos crudos. ¡Y más aún si se trata del ámbito deportivo! No hay ambiente más corruptor del idioma que el del deporte, junto con el del espectáculo. Las páginas de internet y las publicaciones impresas del ámbito deportivo insisten en el "judo" y en los "judokas". En España un libro lleva por título:

☞ *"El **judo** en la educación física escolar".*

Lo correcto es:

☞ *El **yudo** en la educación física escolar*, a menos por supuesto que "judo" se pronuncie exactamente *judo* y no *yudo*, pero en tal caso el error sería fonético.

✎ He aquí más ejemplos de este yerro: "beneficios del **judo** en los niños", "todo tipo de información sobre **judo**", "historia y técnicas del **judo**", "introducción al **judo**", "Vanessa Zambotti recurre al sicólogo para dejar el **judo**", "sorprendente reacción en el **judo**", "no hay edad para ser un **judoka**", "el proceso de formación deportiva del **judoka** olímpico español", "expulsado el **judoca** egipcio que le negó el saludo a un israelí", "el **judoca** que le dio a Rusia su primer oro en Río", "va el **judoca** Eduardo Ávila por la segunda presea de oro para México", etcétera.

☞ Google: 380 000 resultados de "el judo"; 99 100 de "el judoca"; 89 900 de "un judoka"; 66 800 de "los judocas"; 46 600 de "los judokas"; 37 300 de "el judoka"; 13 200 de "un judoca". ☒

☞ Google: 1 620 000 resultados de "yudo"; 54 300 de "yudoca"; 25 400 de "yudocas". ☑

242. *¿junior?*

Cuando los cursis en México quieren darse aires de prosapia, en el caso de los varones —no barones— que llevan el mismo nombre de su progenitor, reducen tal nombre propio a un solo apellido (el paterno) y lo cierran con la abreviatura *Jr.* Ejemplo: *Eduardo Domínguez Jr.* Es un calco del inglés, innecesario en español porque en la mayor parte de los países de lengua española se usan dos apellidos (el paterno y el materno) antecedidos del nombre o nombres propios de la persona. Ejemplo: *Jorge Eduardo Domínguez Sánchez.* En Inglaterra y en Estados Unidos es frecuente el adjetivo *junior* (abreviado *Jr.* y pronunciado *yúniar* por los británicos y *yúnior* por los estadounidenses) aplicado al hijo que lleva el mismo nombre de su padre, en razón del uso de un único apellido. Ejemplo: *Floyd Mayweather Jr.* (que usa el *junior*, que se traduce literalmente como "hijo", para distinguirse de su padre *Floyd Mayweather Sr.*, es decir "padre"). El diccionario de la Real Academia Española define del siguiente modo el adjetivo "júnior" (con tilde en la "ú"): "se usa pospuesto a un nombre propio de persona para indicar que ésta es más joven que otra emparentada con ella, generalmente su padre, y del mismo nombre". Lo que no dice el DRAE es que este uso es excepcional en el ámbito de la lengua española. Para no ir muy lejos, los académicos españoles utilizan, casi siempre, los dos apellidos paternos de sus progenitores. Ejemplos: *Francisco Rico Manrique, Francisco Rodríguez Adrados, Luis Goytisolo Gay, Mario Vargas Llosa, José Manuel Blecua Perdices, Salvador Gutiérrez Ordóñez.* Y, como es lógico, el hijo de don José Manuel Blecua Perdices, en caso de que se llamase también José Manuel, tendrá un segundo apellido (luego del Blecua) que, muy improbablemente o excepcionalmente será Perdices (apellido que, por lo demás, no es frecuente ni siquiera en España). De ahí que resulte una ociosidad cursi si llegara a firmar como "José Manuel Blecua Jr." en tanto que su padre, para distinguirse, se imponga el "José Manuel Blecua Sr." Algunos vivillos, cuando su padre triunfa, se ponen los dos apellidos de su progenitor en un compuesto caprichoso al que a veces incorporan un guión intermedio, con la finalidad de que no se les cierren las puertas que el padre abrió. Curiosamente, no es éste el caso de la familia Vargas Llosa, pues la esposa del escritor se apellida Llosa ya que es su prima hermana; siendo así, los hijos de don Mario Vargas Llosa se apellidan también Vargas Llosa, pero ninguno se llama Mario (sus nombres son Álvaro, Gonzalo y Morgana), como para serle indispensable la abreviatura "Jr." En conclusión, en español, a menos que padre e hijo compartan, *exactamente*, el mismo nombre y el mismo par de apellidos, el adjetivo "júnior" (*Jr.*) pospuesto al nombre es simplemente una ridiculez.

☞ Google: 18 200 resultados de "Juan Hernández Jr."; 13 800 de "Juan Pérez Jr." ☒

243. *¿juniors?*

Como ya vimos, en español el término "júnior" exige la tilde en la "ú" para ser palabra llana o grave, pues en caso de no acentuar la "ú", por regla gramatical sería palabra aguda y no llana. Se usa también como sustantivo para designar a alguien "inferior en categoría y experiencia a quienes desempeñan la misma profesión o cargo" o bien "de categoría y edad inmediatamente inferiores a las del sénior" (DRAE), esto es el "superior" o "viejo". El adjetivo y sustantivo "júnior" (del latín *iunior*) significa, literalmente, "más joven". Por la mala influencia del inglés, la mayor parte de los hablantes del español escribe "junior" (sin tilde) y pronuncia "yunior", pero lo correcto en nuestro idioma es escribir "júnior" y pronunciar *júnior* (tal como está escrito, con "j"). Pero, además, su plural es "júniores" y no "juniors" (pronunciado *yúniors*, como si estuviéramos hablando en un provinciano inglés). Todo parece indicar que este desbarre ya es imposible de revertir. Pero quien todavía crea en la corrección del idioma, debe saber que "junior" y "juniors" (pronunciados *yúnior* y *yúniors*, como en inglés) son barbarismos.

Abundantes en el español hablado y escrito, ya no hay prácticamente quien les ponga freno. En el diario *El Financiero* leemos el siguiente encabezado:

♀ "Los **juniors** de las elecciones".

Estrictamente, lo correcto es:

☝ Los **júniores** de las elecciones.

✎ Ya no será posible, en español, revertir este anglicismo, pero esto no quiere decir que sea correcto. He aquí unos pocos ejemplos de los cientos de miles que hay en la lengua hablada y escrita, en publicaciones impresas y en internet: "los **juniors** brasileños", "los **juniors** violadores", "los **juniors** del poder", "los **juniors** del corrido", "los **juniors** de los narcos", "los **juniors** mal portados", "los **juniors** de Rusia", "los **juniors** mexicanos".

☞ Google: 310 000 resultados de "los juniors". ☒

K

244. *¿kaleidoscopio?, ¿kiosko?*

En nuestro idioma se escribe "caleidoscopio" o "calidoscopio", con "c" inicial, y en cuanto a "kiosko" es una imitación y deformación del inglés *kiosk* (que se pronuncia tal como está representado gráficamente: *kiósk*), pues en correcto español se escribe "quiosco", aunque el DRAE también admite la grafía "kiosco". Los términos "caleidoscopio" y "calidoscopio" (del griego *kalós*, "bello"; *êidos*, "imagen", y *-scopio*, "instrumento para ver") corresponden al sustantivo masculino que designa al "aparato formado por un tubo que tiene en su interior varios espejos inclinados y en un extremo del cual se ven imágenes de colores que varían al hacerlo girar" (diccionario *Clave*). Ejemplo: *Le regaló al niño un* ***calidoscopio***. En un sentido figurado, el DRAE ofrece una segunda acepción: "conjunto diverso y cambiante". Ejemplo: *Un* ***caleidoscopio*** *de estilos*. De ahí el adjetivo "caleidoscópico" (y "calidoscópico"): "perteneciente o relativo al caleidoscopio" y "múltiple y cambiante". Ejemplo del *Clave*: *Esta novela refleja una visión fragmentada y* ***calidoscópica*** *de la vida*.

En la televisión comercial mexicana existe un programa de documentales que lleva por nombre *Kaleidoscopio*. ¿Muy griegos, no? Lo correcto en español es "caleidoscopio" o "calidoscopio", con sus adjetivos "caleidoscópico" y "calidoscópico", siempre con "c" inicial, nunca con "k". Tampoco, por cierto, "kalidoscopio". La "k" inicial es admitida por el DRAE en "kiosco", cuya grafía mayormente aceptada es "quiosco" (del francés *kiosque*, que a su vez lo toma del turco *kösk*, derivado del persa *košk*, y éste derivado del pelvi (persa medio) *kōšk*: "pabellón"): "Templete o pabellón en parques o jardines, generalmente abierto por todos sus lados, que entre otros usos ha servido tradicionalmente para celebrar conciertos populares". También "construcción pequeña que se instala en la calle u otro lugar público para vender en ella periódicos, flores, etc." (DRAE). Ejemplos: *En el* ***quiosco*** *de la plaza municipal la banda de música tocaba danzones*; *Encontré cerrado el* ***quiosco*** *de periódicos*. Siendo así, podemos escribir "quiosco" y "kiosco", pero no "kiosko", grafía incorrecta en español y, como ya advertimos, calco y deformación del inglés *kiosk*.

Estas formas erróneas son muy numerosas en nuestro idioma, pues son millones las personas que se niegan a consultar el diccionario. El diario mexicano *El Universal* tiene una sección de noticias que se llama:

♀ **"Kiosko"**.

Debería llamarse:
☝ **Quiosco** o **Kiosco**.

✐ Como ya dijimos, un canal televisivo en México anuncia del siguiente modo un segmento de su programación (que es de lo mejor que tiene): "Descubre los mejores documentales sobre ciencia, lo último en tecnología, avances médicos y desarrollo humano, en ***Kaleidoscopio***". Quienes pusieron el nombre a esta sección documental no saben usar el español o les da pena utilizarlo: de ahí la "k" inicial advenediza. He aquí otros ejemplos de estas faltas ortográficas: "**kiosko** es muy nuestro" (no, claro que no, es un pochismo), "Librería **Kiosko**", "fiesta en el **kiosko**", "condena PAN demolición del **kiosko** de Navolato", "**Kiosko** de las Flores en Sevilla", "Revista ***Kaleidoscopio***", "**Kaleidoscopio** es la nueva marca", "adéntrate en un **kaleidoscopio**", "el **Kaleidoscopio** de la Fundación Telefónica", "mira por el **kalidoscopio**", "**kalidoscopio** sonoro", "todo combinado en un **kalidoscopio** sin fin".

☞ Google: 10 400 000 resultados de "kiosko"; 1 430 000 de "kioskos"; 461 000 de "kaleidoscopio"; 105 000 de "el kaleidoscopio"; 9 430 de "kalidoscopio"; 6 610 de "kaleidoscopios". ☒

☞ Google: 16 300 000 resultados de "kiosco"; 8 030 000 de "quiosco"; 4 780 000 de "caleidoscopio"; 3 710 000 de "kioscos"; 1 920 000 de "quioscos"; 365 000 de "calidoscopio"; 287 000 de "caleidoscopios"; 36 400 de "calidoscopios". ☑

245. *¿Kazajastan?, ¿Kazajastán?, ¿Kazakistán?*

En español, el nombre del país asiático cuya capital es Astaná no es "Kazajastan" ni "Kazajastán"; tampoco "Kazakistán" (en italiano, "Kazakistan", en inglés y francés "Kazakhstan"), sino "Kazajstán" y, mucho mejor, "Kazajistán". En todos los casos en que un nombre propio de país es una adaptación fonética a nuestro idioma, dado que no se compone de signos del alfabeto latino, el convencionalismo exige que, preferentemente, sea una sola forma la que utilicemos para referirnos en español a una determinada nación. Ejemplos: *Uzbekistán, Kirguistán* y, de preferencia, *Kazajistán*. Oficialmente, República de Kazajistán, hoy Estado independiente y antes parte integrante de la Unión de Repúblicas Socialistas Soviéticas (URSS). Su gentilicio es "kazajo". No se comete yerro alguno si se dice y se escribe "Kazajstán", pero son grafías erróneas, que deben evitarse, "Kazajastan", "Kazajastán" y "Kazakistán".

Es especialmente el periodismo digital e impreso el medio que ha difundido las formas erróneas en español del nombre de esta nación asiática. En el portal de internet *Toda Noticia* leemos el siguiente encabezado:

☟ "Astronautas aterrizan en **Kazajastán**".

Debió informarse que los astronautas aterrizaron en
☝ **Kazajstán** o **Kazajistán**.

✐ He aquí otros ejemplos de estos yerros ortográficos: "las nevadas estepas de **Kazajastán**", "realizará visita oficial a Cuba presidente de **Kazajastán**", "se estrella avión en **Kazajastán**", "hidrocarburos en **Kazajastán**", "**Kazajastan** gana oro e impone récord olímpico en pesas", "**Kazajastan** dominó el Mundial de Boxeo", "República Checa eliminó a **Kazajastan** en Copa Davis", "Congreso Interreligioso de **Kazakistán**", "**Kazakistán** en el punto de mira", "hasta en **Kazakistán** se iza la bandera guaraní", "una pequeña y ruinosa aldea de **Kazakistán**".

☞ En Google: 75 800 resultados de "Kazakistán"; 75 500 de "Kazajastán"; 17 800 de "Kazajastan". ☒

☞ Google: 16 000 000 de resultados de "Kazajistán"; 13 800 000 de "Kazajstán". ☑

L

246. *¿lábaro patrio?*

Dios sabrá a quién se le ocurrió, en México, decir o escribir "lábaro patrio" en vez de "bandera nacional". Lo cierto es que un "lábaro" no es lo mismo que una "bandera". El sustantivo femenino "bandera" (derivado de "banda", proveniente quizá del gótico *bandwó*: "signo o bandera") significa, en su principal acepción, "tela de forma comúnmente rectangular, que se asegura por uno de sus lados a un asta o a una driza [cuerda] y se emplea como enseña o señal de una nación, una ciudad o una institución" (DRAE). Ejemplo: *La **bandera** nacional de México lleva los colores verde, blanco y rojo*. Su sinónimo "enseña" (del latín *insignia*) es un sustantivo femenino que significa, justamente, insignia o estandarte. Ejemplo: *La **enseña** nacional mexicana lleva en el centro un águila devorando a una serpiente*. Pero el término "lábaro" no es exactamente sinónimo de bandera o de enseña. Veamos por qué. "Lábaro" (del latín *labărum*) es un sustantivo masculino que posee tres acepciones muy específicas: "Estandarte que usaban los [emperadores] romanos"; "monograma formado por la cruz y las dos primeras letras del nombre griego de Cristo, que se puso en el lábaro por mandato de Constantino", y "cruz sin el monograma de Cristo". Ejemplo: *Se dice que los griegos usaron un estandarte de una figura parecida al **lábaro***. Si en un principio el término "lábaro" se usó con un sentido poético (es decir, metafórico), como licencia lírica, para equipararlo con "bandera" o "enseña", esto ha desembocado en un equívoco: la mayor parte de la gente que dice y escribe "lábaro patrio" no tiene ni la más remota idea del significado de "lábaro". Puede argumentarse que su sentido poético perdura, pero lo cierto es que se ha convertido en un lugar común casi carente de significado. ¿Por qué no decir sencilla, pero también precisamente, "bandera nacional"? En la Ley sobre el Escudo, la Bandera y el Himno Nacionales, se utiliza con mayúsculas iniciales el término "Bandera" y "Bandera Nacional" en más de cincuenta ocasiones, y únicamente en el artículo 11 se menciona, como sinónimo, el término "lábaro patrio", y en el artículo 10 se establece el 24 de febrero como "Día de la Bandera [Nacional]". Sea como fuere, el concepto "lábaro patrio" como sinónimo de "bandera nacional" es de uso casi exclusivo en México y, especialmente, en el periodismo y en los discursos de los políticos, como en los siguientes ejemplos: "historia de nuestro **lábaro patrio**", "nuestro **lábaro patrio** representa la unidad", "así se elabora el **lábaro patrio**", "honores a nuestro **lábaro patrio**", "María Espinoza portará el **Lábaro Patrio** en clausura de Río", "izan nuevo **Lábaro Patrio** en el Congreso del

Estado", "Escuela Primaria Federal **Lábaro Patrio**", "juran lealtad al **lábaro patrio**", "candidatas utilizaron el **lábaro patrio** para taparse los senos", "el **lábaro patrio** ha ensalzado nuestras proezas", "delegado de Cuajimalpa modifica el **lábaro patrio**", "celebremos a nuestro **Lábaro Patrio**", "homenajeó Tlaquepaque a nuestro **Lábaro Patrio**".

☞ Google: 170 000 resultados de "lábaro patrio"; 44 100 de "el lábaro patrio"; 40 800 de "nuestro lábaro patrio".

☞ Google: 3 220 000 resultados de "bandera nacional"; 153 000 de "bandera nacional de México"; 120 000 de "nuestra bandera nacional"; 16 100 de "bandera nacional mexicana". ☑

247. *¿lágrimas en los ojos?, ¿las lágrimas le salían de los ojos?*

El hecho de que Miguel de Cervantes Saavedra utilice la expresión "lágrimas en los ojos", ¿nos autoriza a repetirla como si fuese forma virtuosa del idioma? La respuesta es no. En el capítulo diecisiete de la segunda parte del *Quijote*, que trata de la célebre aventura de los leones, Cervantes escribe: "Oído lo cual por Sancho, **con lágrimas en los ojos** le suplicó [a don Quijote] desistiese de tal empresa". No son pocos los textos literarios del español antiguo y clásico en los que se repite esta expresión redundante. Pero darle la categoría de fino pleonasmo de la retórica clásica y tenerlo como modélico para el español actual es un desatino. Muchas formas redundantes de nuestro idioma, que provienen de los insignes autores antiguos y clásicos, lo que revelan es una lengua española balbuciente, en desarrollo, aún sin precisión, y la mayor parte de los pleonasmos y redundancias delata esto. Veamos por qué. El sustantivo femenino "lágrima" (del latín *lacrĭma*, y éste del griego *dákryma*) significa "cada una de las gotas que segrega la glándula lagrimal" (DRAE). ¿Y en dónde se encuentra la glándula lagrimal si no es en el ojo? ¿En la nariz acaso? Aunque moquee uno cuando llora, las lágrimas escapan de los ojos, y es más que obvio que lo que fluye de la nariz no son lágrimas, sino moco. Siendo así, basta con decir "**con lágrimas** le suplicó", y punto. Se da por descontado (o debe darse por descontado) que las lágrimas salen y escurren de los conductos lacrimales que están en los ojos. Ejemplo: ***Con lágrimas*** *le suplicó que no cometiera ese despropósito*. Hay que evitar la forma redundante "con lágrimas en los ojos", de la misma familia de "lo vi con mis propios ojos" que, no nos hagamos tontos, por más que lo denominemos pleonasmo (por énfasis coloquial y retórica deliberada) es como decir y escribir "lo mordí con mis propios dientes" o "lo oí con mis propios oídos", formas estas últimas muy marginales en su uso, pero en nada diferentes a las consideradas virtuosas por haberlas utilizado autores insignes. ¿Quién diría "me enseñó los dientes de su boca" o "me mostró la lengua de su boca"? Probablemente, sólo algunos necios. ¿Entonces por qué decir, ¡y escribir!, "las lágrimas le salían de los ojos o por los ojos"? No imitemos necedades.

Hoy, "con lágrimas en los ojos" y, peor aún, su variante, "con lágrimas en sus ojos" son ridiculeces del español hablado y escrito, abundantes en las publicaciones periódicas y en internet, y empleadas por escritores incluso de gran prestigio. En su novela *El héroe discreto*, el escritor y académico de la lengua Mario Vargas Llosa hace decir a uno de sus personajes la siguiente perla:

☞ "Estaba llorando. **Las lágrimas le salían por los ojos**, le bajaban por la cara".

Aunque el personaje que tal cosa expresa es un adolescente, y aunque el autor pudiese argumentar que quien habla es su personaje y no él, la frase es doblemente desafortunada para un escritor tan sólido y además distinguido con el premio Nobel de Literatura. Si el personaje estaba llorando, por supuesto que **las lágrimas le salían por los ojos**, ¡ni modo que por el cuero cabelludo o por las orejas!, y eso de que "le bajaban por la cara" es otra tontería: ¡ni modo que le subieran! Con la primera frase era más que suficiente. Chéjov, Balzac, Tolstói, Flaubert, Zola y Proust, entre otros grandes escritores, hubieran sencillamente escrito:

☞ **Estaba llorando**, y sanseacabó. (Precisión, economía lingüística y elegancia.)

✎ Lo que ocurre es que en España esto es de lo más normal. En el diario *El Mundo* leemos, en un titular, que "Aguirre se niega a dimitir tras la detención de su ex 'número dos'" y se añade lo siguiente en el sumario: "'Para mí lo de Ignacio González sería muy lamentable', asegura **con lágrimas en los ojos**". ¿Y en dónde más podía tener las lágrimas? He aquí otros ejemplos de estas redundancias que algunos quieren justificar amparándose en Cervantes y con el elegante nombre de pleonasmo: "ella está **con lágrimas en los ojos**", "**con lágrimas en los ojos** al ver a sus compañeros", "se iba a dormir, **con lágrimas en los ojos**", "**con lágrimas en los ojos** y hermosas palabras", "**con lágrimas en los ojos**, Lolita se despide de su noticiero", "yo vi **lágrimas en sus ojos**", "**con lágrimas en sus ojos**, Obama anuncia acción ejecutiva" (sí, por supuesto: con lágrimas en sus ojos, suyos, muy propios de él), "Edwin Cardona salió **con lágrimas en sus ojos**", "imagen de San Martín **con lágrimas en sus ojos**", "había **lágrimas en sus ojos**" (y cerumen en sus oídos, ¿o era al revés?), "**las lágrimas le salían de los ojos** abiertos", "**las lágrimas le salían de los ojos** cerrados", "**las lágrimas le salían de los ojos** como perlas", "**las lágrimas le salían de sus ojos** ciegos", "dijo eso mientras **las lágrimas le salían de sus ojos**", "no sabía por qué **las lágrimas le salían de sus ojos** azules" (siendo que ella tenía los ojos negros), "**las lágrimas le brotaban de los ojos** y le escurrían por las mejillas", "**las lágrimas le brotaban de sus ojos** a la par que el cansancio" y, como siempre hay algo peor, "**lloraba y las lágrimas le escurrían de los ojos**".

☞ Google: 561 000 resultados de "lágrimas en los ojos"; 560 000 de "con lágrimas en los ojos"; 391 000 de "lágrimas en sus ojos"; 260 000 de "con lágrimas en sus ojos"; 11 300 de "las lágrimas le salían de los ojos"; 10 300 de "las lágrimas le salían de sus ojos"; 2 250 de "las lágrimas le brotaban de los ojos"; 2 090 de "las lágrimas le brotaban de sus ojos". ☒

248. *¿lagunar?*

Ya es tiempo de que la tardígrada e incongruente Real Academia Española incluya en su mamotreto el adjetivo "lagunar": perteneciente o relativo a los lagos y lagunas. Ejemplo: *El sistema* ***lagunar*** *del Valle de México*. En lugar de esto se afana en incluir zarandajas como "amigovio" y "papichulo" que sirven para maldita la cosa. "Lagunar", aunque es un perfecto derivado de los sustantivos "lago" y "laguna", no está incluido en el DRAE, en cuyas páginas únicamente se admiten los adjetivos eruditos "lacustre" (del latín *lacus*, lago), "perteneciente o relativo a los lagos", y "palustre" (del latín *paluster*), "perteneciente o relativo a una laguna o pantano". En realidad, son muchos los hispanohablantes que ignoran por completo que los adjetivos "lacustre" y "palustre" corresponden a los sustantivos "lago" y "laguna". Por ello han derivado el perfecto "lagunar" que, sin embargo, para la RAE únicamente es un sustantivo con dos significados: "charco" y, en arquitectura, "cada uno de los huecos que dejan los maderos con que se forma el techo artesonado". Más allá de que no lo admita el DRAE, porque sus miembros de número (o de cero a la izquierda) estén holgazaneando o roncando, "lagunar" es un perfecto adjetivo derivado de "lago" y "laguna", como en los siguiente ejemplos: "peces del **sistema lagunar** de Alvarado, Veracruz", "**complejo lagunar** Guerrero Negro-Ojo de Liebre", "**complejo lagunar** de Manjavacas", "**complejo lagunar** de Laguardia, Álava", "**sistema lagunar** San Ignacio", "**sistema lagunar** de Bacalar", "avanza el rescate del **sistema lagunar** de Mexicali", "oxigenan **sistema lagunar** en Cuba", "devasta pez diablo **sistema lagunar** en Tamaulipas y Veracruz", "México posee 24 grandes **sistemas lagunares**", "urge proteger los **sistemas lagunares**", "**ecosistemas lagunares** costeros", etcétera. Aunque no esté recogido en las páginas del DRAE, el adjetivo "lagunar" es correcto.

☞ Google: 2 620 000 resultados de "lacustre"; 1 880 000 de "palustre"; 408 000 de "lagunar"; 108 000 de "lagunares". ☑

249. *laser* no es lo mismo que *láser*

Las palabras llanas o graves terminadas en "r" deben forzosamente llevar tilde en la penúltima sílaba, como en *cadáver*, *carácter*, *fólder*, *líder*, *máuser*, *prócer*, *púber*, *revólver* y *suéter*, entre otras. (En caso de no tildarlas sonarán como palabras agudas, con acento prosódico en la última sílaba.) Es el caso de "láser" (del inglés *laser*), sustantivo masculino que, al igual que los sustantivos "radar" (***Ra****dio* ***D****etecting* ***a****nd* ***R****anging*) y "sonar" (***So****und* ***N****avigation* ***a****nd* ***R****anging*), se originó de un acrónimo. En el *Diccionario del origen de las palabras* leemos lo siguiente: "El nombre de este rayo luminoso de gran intensidad, realizado por vez primera en 1960, es un acrónimo (palabra formada por iniciales o partes de otras palabras) de la expresión inglesa *Light Amplification* *by Stimulated Emission of Radiation*, ampliación de la luz mediante emisión estimulada de radiación". El diccionario académico ofrece dos acepciones: "Dispositivo electrónico que, basado en una emisión inducida, amplifica de manera extraordinaria un haz de luz monocromático y coherente"; "haz de luz emitido por un láser". Ejemplo: *El **láser** se usa cada vez más en cirugía.* Es un término invariable cuando está en aposición de otro sustantivo, como en "rayo láser" y "rayos láser", "impresora láser" e "impresoras láser", pero si éste no es el caso su plural es "láseres", no "lásers" ni tampoco "los láser" o "los lásers". Ejemplo: *El uso de **láseres** permite una mayor eficiencia en la tecnología.*

Es frecuente que los hispanohablantes se equivoquen lo mismo por omitir la tilde que por ignorar la forma del plural. Esto se hace evidente tanto en las publicaciones impresas como en internet. La mayor parte de fabricantes y proveedores anuncia:

☹ "impresoras **laser**".

Ignoran las reglas de acentuación. Lo correcto es anunciar:

☺ impresoras **láser**.

✎ En un libro de odontología, leemos que "hasta hace pocos años, **los Laser** eran relativamente desconocidos en Odontología". En primer lugar el plural es "láser**es**" y no "laser", en segundo lugar es indispensable la tilde ("l**á**ser"), y en tercer lugar "láser" y "odontología" son sustantivos comunes y, siendo así, nada tienen que hacer las mayúsculas iniciales en estos términos. He aquí más ejemplos de estos muy numerosos dislates: "compra impresoras **laser**", "las mejores impresoras **laser** baratas", "impresoras **Laser** color", "como funciona una impresora **Laser**", "impresora **Laser** Samsung", "características de la impresión **laser**", "uso del rayo **laser** en la medicina", "cuando un rayo **laser** incide sobre una superficie metálica", "fundamentos físicos del Rayo **Laser**", "su conocimiento sobre **los laser**", "el desarrollo de **los lásers**", etcétera.

☞ Google: 538 000 resultados de "impresoras laser"; 472 000 de "impresora laser"; 196 000 de "espada laser"; 195 000 de "rayo laser"; 193 000 de "rayos laser"; 188 000 de "impresión laser"; 182 000 de "espadas laser"; 91 100 de "los laser"; 91 000 de "los láser"; 37 500 de "los lasers"; 11 900 de "impresoras lasers"; 11 800 de "impresoras lásers"; 5 870 de "miles de lasers"; 5 530 de "rayos lásers"; 3 680 de "cientos de lasers"; 2 140 de "espadas lasers"; 2 130 de "espadas lásers". ☒

250. *¿lasio?*

El error de escribir "lasio" en vez del correcto adjetivo "lacio" es un tanto comprensible. Veamos por qué. "Lacio" (del latín *flaccĭdus*) es un adjetivo que tiene las siguientes tres acepciones en el diccionario académico: "Marchito, ajado"; "flojo, débil, sin vigor", y "dicho del cabello: que cae sin formar ondas ni rizos". Ejemplo de esta última acepción: *Tenía una larga y hermosa **cabellera lacia**.* Ahora bien, si "lacio" proviene del latín *flaccĭdus*, ¿cuál es el significado del adjetivo "flácido" o "fláccido"? Es el siguiente, de acuerdo con el DRAE: "Flaco, flojo, sin consistencia". Ejemplo: *La enfermedad lo dejó **flácido**.* De ahí el sustantivo femenino "flacidez" (con su variante "flaccidez"): "Cualidad de flácido"; "laxitud, debilidad muscular, flojedad" (DRAE). Ejemplo: *La enfermedad le produjo una gran **flacidez**.* En tanto que "flacidez" es sinónimo de "laxitud" ("cualidad de laxo"), el adjetivo "laxo" (del latín *laxus*) significa "flojo, que no tiene la tensión que naturalmente debe tener". Ejemplo: *Su cuerpo, **laxo**, mostraba la gran debilidad que le dejó el severo padecimiento.* De la misma familia etimológica es el adjetivo "laso" (del latín *lassus*): "flojo, cansado, desfallecido, falto de fuerzas", sinónimo indudable de "laxo". Por todo esto la errónea grafía "lasio" en lugar de "lacio", y tratándose precisamente del cabello, no parece del todo descabellada. Si el cabello es lacio, quiere esto decir que cae desmayado o desfallecidamente, con laxitud, con flojedad, con calidad de "laso". Y a todo esto hay que sumar el sinónimo "liso", adjetivo éste que, sin duda alguna, le viene al pelo al cabello lacio. En la cuarta acepción de la entrada "liso" en el diccionario académico leemos lo siguiente: "Dicho del pelo: que no tiene rizos". En cuanto a la frecuencia de uso y especialmente aplicado al pelo, el adjetivo "liso" compite hoy con "lacio". Sea como fuere, el término "lasio", referido en particular al cabello no ensortijado, es erróneo; lo correcto es "lacio", especialmente porque la etimología latina tanto para "lacio" como para "flácido" es *flaccĭdus* y no *lassus* ni *laxus*. Aunque en algunos textos del español del siglo XVIII y principios del XIX no sea extraño encontrar las expresiones "cabellera **lasia**", "cabello **lasio**" y "pelo **lasio**", hoy lo correcto es "cabellera **lacia**", "cabello **lacio**" y "pelo **lacio**" o bien sus equivalentes "cabellera **lisa**", "cabello **liso**" y "pelo **liso**", que también se reflejan en los verbos "alaciar" (poner lacio) y "alisar" (poner liso). El DRAE no recoge "alaciar", sino "alaciarse", como pronominal que es sinónimo de "enlaciarse", derivado del transitivo "enlaciar" ("poner lacio algo"), que son absolutamente minoritarios en el uso por no decir que marginales. En cuanto a "alisar" ("poner liso algo") ofrece el significado específico de "arreglar el cabello pasando ligeramente el peine sobre él", lo cual es inexacto y hasta anacrónico. Cuando en particular las mujeres se "alacian", "alisan" y "planchan" el cabello no es que pasen ligeramente el peine sobre él, sino que lo someten a un procedimiento de químicos y calor para dejarlo lacio, incluso si por naturaleza es ensortijado o con rizos. Los académicos de Madrid viven en el siglo XV y, para sentirse modernos, se las gastan de "papichulos".

En internet y en publicaciones impresas se habla frecuentemente de

☞ "cómo tener el pelo **lasio**".

Lo correcto es decir y escribir:

☞ cómo tener el pelo **lacio**.

✐ Dado que es común decir y escribir "cabello liso" y "pelo liso", quizá también por esto la "s" de liso se ha colado inadvertidamente en el dislate "lasio". Más ejemplos de este error: "consejos naturales para el cabello **lasio**", "cortes para cabello **lasio**", "no me gusta mi cabello **lasio**", "no hay excusas para tener un cabello **lasio** y hermoso", "lo que pasa es que tiene el cabello **lasio**", "pelo **lasio** y limpio", "pelo **lasio** como japonesa", "peinados para pelo **lasio**", "mujeres por pelo **lasio**", "algunos preferimos el pelo **lasio**", "le queda muy bien el pelo **lasio**", "la melena **lasia** le caía desordenada".

☞ Google: 22 200 resultados de "cabello lasio"; 21 600 de "pelo lasio"; 1 020 de "cabellos lasios". ☒

☞ Google: 2 480 000 resultados de "alisar el cabello"; 713 000 de "alisar el pelo"; 566 000 de "pelo lacio"; 549 000 de "cabello liso"; 510 000 de "cabello lacio"; 459 000 de "pelo liso"; 232 000 de "melena lisa"; 186 000 de "cabellos lisos"; 164 000 de "alaciar"; 80 600 de "planchar el cabello"; 61 800 de "planchar el pelo"; 56 500 de "pelos lisos"; 40 000 de "alaciar el cabello"; 35 300 de "plancharse el pelo"; 35 100 de "alisarse el pelo"; 32 300 de "alisarse el cabello"; 30 900 de "melenas lisas"; 27 800 de "alaciar el pelo"; 17 200 de "melena lacia"; 12 600 de "plancharse el cabello"; 11 000 de "melenas lacias"; 5 390 de "alaciarse"; 4 880 de "cabellera lisa"; 3 780 de "enlaciar"; 754 de "enlaciarse". ☑

251. *lenocidio* no es lo mismo que *lenocinio*

Si en español el término "lenocidio" significara algo, sería el homicidio cometido contra un lenón (del latín *leno, lenōnis*): "padrote o regenteador de prostitutas", lo cual no estaría mal sin que esto quiera decir que estemos haciendo apología del asesinato, sino que, de vez en cuando, los lenones o padrotes reciban su más que merecido castigo. Según el desinformado diccionario de la RAE, el sustantivo masculino "lenón" ("hombre que trafica en mujeres públicas") está en desuso. Lo estará en España, pero no en América, donde se sigue utilizando "lenón" con el equivalente de "padrote", "chulo" o "cafisho", es decir "explotador sexual de mujeres". Ejemplo: *El* ***lenón*** *fue denunciado por sus víctimas.* De cualquier forma, en nuestro idioma no está registrado el término "lenocidio" que, como ya advertimos, equivaldría al asesinato u homicidio cometido contra un lenón, pues el sufijo "-cidio", del latín *-cidium*, de la raíz de *caedĕre* ("matar"), es un elemento compositivo que significa "acción de matar", como en *fili****cidio***, *homi****cidio***, *parri****cidio*** y *sui****cidio***. De ahí también que el sufijo "-cida" sea el elemento compositivo que significa "asesino", "matador" o "exterminador", como en *fili****cida***, *homi****cida***, *insecti****cida***, *parri****cida*** y *sui****cida***. En cambio, el sustantivo masculino "lenocinio" (del latín *lenocinium*) designa la acción criminal de la explotación sexual de mujeres. Ejemplo: *Fue acusado de* ***lenocinio*** *y se halla en prisión.* Otra vez la tardígrada Real Academia Española la caga en su diccionario cuando define el lenocinio como la "acción de alcahuetear" y el "oficio de alcahuete". Tal cosa harán en la sede de la RAE, en Madrid, donde pierden el tiempo en intrigas y chismes, pero lo cierto es que el "lenocinio" es algo más cabrón que bonito y no precisamente una simple alcahuetería. Sea como fuere, es un disparate, sobre todo en la nota roja de publicaciones periódicas, llamar "lenocidio" al "lenocinio". Es frecuente también en internet.

En el diario mexicano *El Universal*, leemos el siguiente encabezado:

♀ "Sur de Tlaxcala **lenocidio**, un negocio familiar".

La redacción de este encabezado es simplemente idiota y su autor habrá reprobado el parvulario, pero además de esto la información no se refiere a ningún "lenocidio" sino a la actividad familiar (padres y hermanos) de padrotes, en complicidad con policías, para explotar sexualmente a mujeres. Por ello, a lo que quiere referirse el diario *El Universal* es al crimen de

👍 **lenocinio.**

✎ He aquí otros ejemplos de este desbarre del periodismo: "**lenocidio** es cuando una persona recibe beneficios como resultado del comercio sexual de un tercero", "consulta sobre **lenocidio**", "investigan el **lenocidio**", "detienen a comerciante por delito de **lenocidio**", "atrapan a tres por **lenocidio** y trata de personas", "enjuiciará Italia a Silvio Berlusconi por **lenocidio**", capturan a presunto responsable de **lenocidio**", "prostíbulos y casas de **lenocidio**", "buscando delito de **lenocidio**", "los **lenocidios** infames y otros crímenes" y, lo más increíble, es el siguiente anuncio colombiano en internet: "Vendo bar casa de **lenocidio**".

☞ Google: 4 130 resultados de "lenocidio". ☒

252. *¿libido sexual?*

¿Existe una libido que no sea sexual? Por supuesto que no. El sustantivo femenino "libido" (del latín *libīdo*) significa "deseo sexual, considerado por algunos autores como impulso y raíz de las más varias manifestaciones de la actividad psíquica" (DRAE). Mucho mejor que la definición académica es la de Claudio Alarco von Perfall, en su *Diccionario práctico para el conocimiento sexual*: "Según Freud, es la energía sexual que tiende a la satisfacción del placer. Constituye el motor de la vida psíquica". Ejemplo: *Las caricias despertaron su **libido***. De ahí el adjetivo "libidinoso" (del latín *libidinōsus*): "lujurioso", y el adverbio "libidinosamente": "de modo libidinoso, con lujuria". Ejemplos: *Era indudable que se trataba de alguien **libidinoso***; *La miró **libidinosamente***. No hay que confundir el sustantivo "libido" con el adjetivo "lívido" (del latín *livĭdus*), con dos acepciones antagónicas: "amoratado" o "intensamente pálido". Es un barbarismo decir y escribir "lívido sexual", pues si bien en este caso no se comete redundancia, es obvio que quien dice o escribe esto quiere referirse más bien a la "libido", independientemente de que haya personas que se pongan moradas o intensamente pálidas cuando se les despierta el ansia sexual, es decir la "libido". Sea como fuere, "libido sexual" es torpísima redundancia, pues no hay "libido" que no sea sexual, más allá de que Jung sólo la considerase una "energía psíquica". En nuestro idioma tiene siempre la connotación de deseo sexual o placer sexual y, siendo así, decir y escribir "libido sexual" es muy torpe tautología. Basta con decir "libido". Son frecuentes también los errores de masculinizar "libido" (**el** libido) y anteceder el artículo determinado femenino al adjetivo "lívido" (**la** lívido) para referirse, erróneamente, a "la libido". Asimismo, hay quienes de la palabra llana o grave "libido" hacen el erróneo esdrújulo "líbido" como consecuencia de escuchar todo el día la canción "El pávido návido".

Dado que el término "libido" es de carácter erudito, tanto "libido sexual" como "lívido sexual", "el libido" y "la lívido" son barbaridades del ambiente culto de la lengua. Incluso personas de alta escolarización cometen este tipo de dislates. Abunda en internet lo mismo que en publicaciones impresas, lo mismo en diarios y revistas que en libros. En internet, en un portal médico leemos lo siguiente:

☹ "El estrés provoca una gran cantidad de respuestas físicas, la mayoría de las cuales no ayudan a aumentar la **libido sexual** o proezas en la cama".

Esto de las "proezas en la cama" bien podría significar dormir de cabeza o poder conciliar el sueño en medio de tres hijos pequeños. ¡Esas sí que son proezas en la cama! Las proezas sexuales, en cambio, son otra cosa: exactamente las que corresponden a la

☺ **libido**, sin calificativo alguno; pues ya "libido" implica sexualidad.

✎ He aquí otros ejemplos de esta redundancia y de las demás barbaridades ya descritas: "falta de **libido sexual** en la adolescencia", "la **libido sexual** a lo largo de la vida", "pros y contras de la **libido sexual**", "cómo mejorar tu **libido sexual**", "fenómenos de la **libido sexual**", "cómo aumentar **el libido** femenino", "jugos para aumentar **el libido**" (¿no será, más bien, "libido para aumentar los jugos"?), "medicamentos para impulsar **el libido**", "infusiones para aumentar **el libido sexual**", "bebidas afrodisíacas para aumentar **el libido sexual**", "descenso de **la lívido**", "necesito algo para aumentar **la lívido**" (un diccionario es lo recomendable), "puede disminuir **la lívido sexual**", "perdí en totalidad **el lívido sexual**", "**lívido sexual** femenino", "conservaban algo de **lívido sexual**".

☞ Google: 228 000 resultados de "la líbido"; 219 000 de "libido sexual"; 103 000 de "el libido"; 12 200 de "la lívido"; 10 300 de "el libido sexual"; 3 640 de "lívido sexual". ☒

253. *¿lieders?, ¿lieds?*

La voz alemana *lieder* es plural de *lied*, sustantivo masculino que el diccionario académico define del siguiente modo: "Canción característica del Romanticismo alemán, escrita para voz y piano, y cuya letra es un poema lírico". Ejemplos: *Es un* ***lied*** *estrófico con armonización simple; Los* ***lieder*** *de Franz Schubert están entre los más altos ejemplos* *del género*. En nuestro idioma, los términos *lied* y *lieder* deben escribirse siempre en *cursivas*, pues no pertenecen al español ni están castellanizados, y mediante este recurso gráfico se destaca su carácter de extranjerismos. Falsos plurales son "lieds" y "lieders", del mismo modo que es erróneo el pretendido singular "el lieder", puesto que, como ya advertimos, *lieder* es plural de *lied*.

Estos dislates pertenecen obviamente al ámbito culto de la lengua. Se encuentran lo mismo en internet que en publicaciones impresas. En un libro español, *Los sueños del búho*, de Diego Martínez Torrón, leemos lo siguiente:

☞ "Las teclas del piano comenzaban en efecto a sonar, y era un **lieder** de Schumann lo que se oía".

Obviamente, no. Si era uno solo, entonces:

☝ era un ***lied*** de Schumann lo que se oía.

✎ He aquí otros ejemplos de estos desbarres cultos: "¿sabes qué es **un 'lieder'**"?, "¿quién quiere **un Lieder** alemán?", "se interpretaba **un lieder** de Schubert", "Strauss orquestó **un lieder** que acababa de componer", "**el Lieder** alemán y otros cantos del Romanticismo Europeo", "donde su nombre es conocido por la posteridad es en **el lieder**", "**los lieders** de Gustav Mahler con orquesta", "**los lieds** de Schubert", etcétera.

☞ Google: 3 320 resultados de "un lieder"; 2 660 de "el lieder"; 1 440 de "los lieders"; 1 090 de "los lieds". ☒

254. *¿limosina?, ¿limousina?*

Los adjetivos y sustantivos "limosina" y su masculino "limosín", así como sus variantes "lemosín" y "lemosina" (del occitano *lemosí*) son gentilicios de los "naturales del Lemosín o Limosín, antigua provincia y hoy región de Francia, o de Limoges, su capital", y se aplican a lo "perteneciente o relativo al Lemosín, a Limoges o a los lemosines" (DRAE); también a lo "perteneciente o relativo al dialecto lemosín, derivado del occitano, que se habla en el Lemosín". Por ello es un disparate llamar "limosina" a la "limusina" (del francés *limousine*), sustantivo femenino que tiene dos acepciones en el diccionario académico: "Automóvil lujoso de gran tamaño" y "carruaje antiguo cerrado en la parte de los asientos traseros y abierto en la del conductor". Ejemplo: *Se dio el lujo provinciano de contratar el servicio de una* ***limusina*** *negra para que pasaran por él a las puertas del hotel*. Es frecuente que muchos hispanohablantes digan y escriban "limosina" cuando en realidad se quieren referir no a una persona natural de Limoges, sino a un automóvil de lujo, generalmente aparatoso, es decir a una "limusina", automotor que ya dejó de ser algo muy exclusivo y ha pasado a ser una ridiculez o una cursilería de gente pretenciosa. Lo malo es que en el *Diccionario panhispánico de dudas* se legitime (porque se usa "en el español americano") el disparate "limosina" para referirse a dicho automóvil. ¡Aunque la grafía sea usada por escritores, no es correcta! También se usa "limousina" y es, igualmente, una grafía errónea. Ignoremos al *Panhispánico*. Vergüenza debería darles a los académicos de la RAE y a sus hermanastros de la Asociación de Academias de la Lengua Española porque incluso el corrector automático del buscador de Google le advierte al usuario que si escribió "limosinas" probablemente está buscando "limusinas".

Se trata de un desbarre abundante en internet y en publicaciones impresas, sin distinción, en los diversos ámbitos de la lengua española. Incluso profesionistas creen que lo correcto es "limosina" para referirse al vehículo automotor, y no tienen ni la más remota idea de que están empleando, erróneamente, un gentilicio. No podemos culpar a la influencia del idioma inglés, en este caso, pues la voz francesa *limousine* (pronunciación aproximada, *limuyín*) fue adoptada por el inglés con la misma grafía: *limousine*, y se pronuncia *limusín*. Por ello, decir y escribir "limosina" es una tontería, aunque lo avale el *Diccionario panhispánico de dudas* que ni siquiera se ha enterado que contradice al DRAE. En el diario mexicano de Sinaloa *El Debate* leemos el siguiente encabezado:

♀ "Candidato pasea en **limosina** en forma de avión por votos".

Quiso informar, en buen español, que

☝ Candidato pasea en **limusina** con forma de avión.

✎ He aquí más ejemplos de este desbarre: "**limosinas** en México para XV años", "renta de **limosinas** a buen precio", "renta de **limosinas** en Cancún", "**limosinas** para fiestas en Los Angeles", "alquiler de hermosas **limosinas** para eventos", "Edgar tenía una **limosina** Mercedes viejita", "**limosina** de Henry Kissinger será puesta a subasta", "todo el mundo quiere ir contigo en la **limosina**", "ecuatoriano se va al Mundial de Brasil en **limosina**", "**limousina** para todos tus eventos", "una **limousina** de lujo en el Salón de Pekín", "**limousinas** para quinceañeras", "alquiler de **limousinas**", "traspaso negocio de **limousinas** en Monterrey", "tenemos **limousinas** para eventos artísticos", "imágenes de **limousinas** en Ixtapaluca", etcétera.

☞ Google: 3 610 000 resultados de "limosinas"; 1 150 000 de "limosina"; 218 000 de "limousina"; 110 000 de "limousinas". ☒

☞ Google: 7 910 000 resultados de "limusina"; 1 750 000 de "limusinas". ☑

255. *¿litro de a litro?, ¿litros de a litro?, ¿litros de litro?*

Cuando al periodismo mexicano le da por hacer resonar, como matraca, una muletilla que surgió como ocurrencia más que como idea, resulta difícil desterrarla del idioma aunque sea una idiotez. Es el caso de la torpísima expresión "litro de a litro" con su plural "litros de a litro" y su variante "litros de litro". ¡Tan fácil que es decir y escribir "litro completo" y "litros completos"! O bien "litro incompleto" y "litros incompletos", para referirse al fraude que suelen cometer los expendios de gasolina y diésel al vender a los clientes unidades de combustible precisamente incompletas cobrándoselas como si fueran íntegras. Hoy, hasta las autoridades, en boca de sus funcionarios, dicen esta tontería, muy quitadas de la pena. Lo cierto es que un "litro" lo es únicamente si se trata de un "litro"; por lo tanto (y por lo tonto), estrictamente, no hay litros que no sean litros, pues el sustantivo masculino "litro" (del francés *litre*) es la "unidad de volumen equiparable al decímetro cúbico" y la "cantidad de líquido que cabe en un litro" (DRAE). Ejemplos: *Un* ***litro*** *de gasolina cuesta 18 pesos; Llenó su tanque de gasolina con 40* ***litros***. En conclusión, no hay litros que no sean litros, sino en todo caso litros incompletos y periodistas que no suelen usar la lógica.

En el diario mexicano *El Economista* leemos el siguiente encabezado:

☹ "Identifique dónde venden **litros de a litro**".

Quiso informar el diario, de manera correcta, lo siguiente:

☺ Identifique dónde venden **litros completos.**

✐ He aquí más ejemplos de esta burda expresión mexicana surgida (como si fuera cosa muy creativa) en el ámbito periodístico y en donde le dan vuelo todos los días: "dispositivo de la Profeco verifica que surtan **litros de litro**", "mitad de gasolineras revisadas por Profeco no venden **litros de litro**", "clausuran gasolinera por no dar **litros de litro**", "las gasolineras de México y los **litros de a litro**", "suspenden a gasolineras que no venden **litros de a litro**", "gasolineras que sí dan **litros de a litro** en la ciudad", "Profeco verifica que gasolineras den **litros de a litro**", "gasolineros se comprometen a vender **litros de a litro**", "esta medida no garantiza el cumplimiento del **litro de a litro**", "gasolineras no dan **litro de a litro**", "**litro de a litro** en las gasolineras", etcétera.

☞ Google: 171 000 resultados de "litros de litro"; 109 000 de "litros de a litro"; 19 800 de "litro de a litro". ☒

☞ Google: 51 200 resultados de "litros completos"; 34 000 de "litros incompletos"; 14 200 de "litro completo". ☑

256. *llegua* no es lo mismo que *yegua*

La definición del DRAE para el sustantivo femenino "yegua" (del latín *equa*) es una de las más idiotas que existen en cualquier diccionario: "Hembra del caballo"; "por contraposición a potra, **yegua** que tiene ya cinco o más yerbas". ¿Qué tontería es ésta? ¿Cómo entiende un estudiante de primaria, secundaria o preparatoria esta jalada de "**yegua** que tiene ya cinco o más yerbas" que, además de todo incluye el término definido en la misma definición? Pueden romperse la cabeza y no saber a qué se refieren los bárbaros académicos de Madrid. Para despejar la duda tenemos que ir al *Diccionario de uso del español*, de María Moliner, en cuyas páginas leemos que la hembra del caballo llamada "yegua" es aquella "que tiene cinco años por lo menos". Pero, además, tanto en el DRAE como en el DUE y en el *Clave* se dice "hembra del caballo", mas cuando se define el sustantivo masculino "caballo" (del latín *caballus*) no se dice que éste sea el "macho de la yegua". Lo cierto es que el machismo del DRAE lo contamina todo, incluso a los otros diccionarios. La yegua no es la "hembra del caballo" sino el caballo hembra y, especialmente, si tiene cinco años por lo menos, para diferenciarla de la potra. El error es escribir "llegua" y no "yegua".

Se trata de un yerro del ámbito popular de nuestro idioma, pero para nada minoritario por cierto. Abunda en internet y no falta en publicaciones impresas. En prácticamente todos los países hispanohablantes leemos anuncios como el siguiente, de Puerto Rico, tomado de internet:

☞ "Bonita **llegua** de paso fino".

Tenga o no el paso fino, lo correcto es:

☞ **yegua**.

✎ He aquí más ejemplos de esta burrada o **lleguada**: "**llegua** de buen paso", "¿cuánto dura parir una **llegua**?" (eso depende de quien tenga que parirla), "jineteo de **llegua**", "te quedó grande la **llegua**", "**llegua** cuarto de milla", "alimentación para **llegua** preñada", "**lleguas** y potrillos", "caballos **lleguas** en Asturias", "2 **lleguas** muy lindas", "**lleguas**, potrancas y potros", "caballos y **lleguas** árabes", etcétera.

☞ Google: 292 000 resultados de "llegua"; 114 000 de "lleguas". ☒

257. *¿lo que viene siendo?*

Propio de locutores y comentaristas de la radio y la televisión que han hecho escuela en España y en México, entre otros países hispanohablantes, la perífrasis "lo que viene siendo" es un pendejismo que surgió como muletilla en el habla y que se ha incrustado en la lengua escrita de un modo espantoso. Como los locutores no pueden dejar espacios vacíos en tanto parlotean, recurren a mil muletillas y lugares comunes que repiten incansablemente. Entre estas muletillas están "lo que es", "lo que sería" y "lo que viene siendo". Por ejemplo, "**lo que es** el futbol" (basta decir: "el futbol"), "**lo que sería** la afición" (basta decir: "la afición") y, peor aún, "**lo que viene siendo** el futbol". ¿Y qué carajos "**viene siendo** el futbol"? Pues ni más ni menos que el futbol. Es de una tontería inefable. En 1992, en sus *Minucias del lenguaje*, José G. Moreno de Alba escribió: "No falta quien complica aún más las cosas usando una perífrasis de gerundio: '**Lo que viene siendo** la bomba de gasolina está aquí'". En la lengua escrita este defecto de redacción es mucho menos frecuente. Sin embargo, comienza a aparecer en ciertos géneros, como el periodístico, sea por caso". Lo que ya advertía Moreno de Alba hace veinticinco años como algo en germen, es hoy una plaga lo mismo en el habla que en la escritura, y son los conductores y periodistas de programas radiofónicos y televisivos los que contagiaron al periodismo escrito, y ahora todos ellos son los culpables de que la gente común hable y escriba utilizando a cada rato esta perífrasis gerundiana tan idiota.

Cada vez que un reportero da la noticia en la radio y en la televisión no tarda mucho tiempo en afirmar, sobre esto y sobre lo otro, "lo que viene siendo" (el clima, la ciudad, el narcotráfico, el robo, los problemas de tránsito, etcétera). Ya trasladado esto a la escritura, se hace más evidente su idiotez. Un reportero de la televisión mexicana sale a cuadro y dice:

☟ "En estos precisos momentos me encuentro **en lo que viene siendo** Paseo de la Reforma".

Le bastaría con decir:

☝ **Estoy en** Paseo de la Reforma.

✎ Así como sobra "lo que viene siendo", también constituye una tontería la frase "en estos precisos momentos me encuentro". ¡Lo estamos viendo a cuadro! Una tercera parte de todo lo dicho es innecesaria. Una reportera de televisión que informa sobre el clima afirma: "Habrá lluvias intensas **en lo que es** el estado de Veracruz". Si hubiese tomado clases de redacción, sabría que eso que dice es burdo. Bastaría con informar que "se pronostican lluvias intensas **en** el estado de Veracruz". Una reportera radiofónica termina su informe diciendo lo siguiente al conductor del programa y a los radioescuchas: "Esto es lo que tenemos, Luis, **en lo que sería** el tráfico". ¡Vaya manera de aporrear el idioma! Más bien deberíamos entender que "enloquecería el tráfico". Tan fácil que es decir: "Este es el informe sobre el tráfico". Si bien las tres muletillas ("lo que es", "lo que sería" y "lo que viene siendo") son horrorosas, tal vez la peor sea "lo que viene siendo" en especial cuando se le añade el término "propiamente". He aquí otros ejemplos tomados de internet y de publicaciones impresas: "estoy parado **en lo que viene siendo** el Zócalo de la Ciudad de México" (¡los televidentes podemos ver que no está acostado!), "estamos **en lo que viene siendo** una sesión extraordinaria" (¡lo dice *lo que viene siendo* un diputado español!), "simulación de **lo que viene siendo** un tiro", "esto es **lo que viene siendo** el conjunto habitacional", "esto es **lo que viene siendo** el lugar donde se escondía el narcotraficante", "**lo que viene siendo** el libre albedrío", "**lo que viene siendo** unos pantalones y una chamarra", "**lo que viene siendo propiamente** un WTF", "**lo que viene siendo propiamente** un libro", "**lo que viene siendo propiamente** la parte del asiento", "**lo que viene siendo propiamente** la música", "**lo que viene siendo propiamente** la cena".

☞ Google: 536 000 resultados de "lo que viene siendo"; 439 000 de "en lo que viene siendo". ☒

258. *¿los talibán?, ¿secta talibán?*

En el *Libro de estilo* del diario español *El País* leemos lo pertinente sobre el término "talibán" y su plural natural, en español, "talibanes": "Integristas afganos —de la etnia pastún— que tomaron Kabul el 27 de septiembre de 1996. En pastún —variante dialectal persa también llamada 'pasto' o 'pashtu'—, el singular '*tálib*' significa 'el estudiante', y '**talibán**', 'los estudiantes'. Sin embargo, se emplearán las españolizaciones 'talibán' para el singular y 'talibanes' para el plural." Ejemplo: *Los **talibanes** son musulmanes integristas.* El DRAE coincide con el *Libro de estilo* de *El País*, y precisa que, lo mismo como adjetivo que como sustantivo, el femenino es "talibana". Ejemplo: *Una secta **talibana** atacó comisarías de Policía en Nigeria.* En un sentido figurado, el adjetivo y sustantivo "talibán" se aplica a un "fanático intransigente" (DRAE). Ejemplo: *Fulano de tal actúa como un **talibán**.* Dicho todo lo anterior, resulta un dislate insistir en decir y escribir "los talibán", en lugar de "los talibanes" o "la secta talibán" en vez de "la secta talibana". Que en la lengua original, "talibán" sea plural, esto no debe regir para el español. En nuestro idioma los términos castellanizados o españolizados se rigen exclusivamente por las reglas del español. Esto es lo normal y lo correcto como en "los confetis" y no "los confeti", "los currículos" y no "los currícula", "los espaguetis" y no "los espagueti", "los fedayines" y no "los fedayín", "los memorandos" y no "los memoranda", etcétera. En *El nuevo dardo en la palabra*, Fernando Lázaro Carreter sentenció enfático: "No es cuestión trivial, aunque lo parezca: con la adopción de *talibán* como plural, se acepta que nuestra lengua sea gobernada por leyes de otras, concediendo a esa palabra una excepción que no se concedió a ninguna otra en iguales o similares circunstancias". No le demos más vueltas a la noria con esto. Lo correcto, en español, es "talibán" para el singular y "talibanes" para el plural, así como "talibana" para el femenino. Todo uso diferente es un disparate en nuestro idioma.

Especialmente los periodistas, historiadores, politólogos, sociólogos y otros profesionistas, que quizá sepan muchos de sus especialidades, pero muy poco de las reglas y la morfología de la lengua española, han difundido ampliamente el término "talibán" para el plural y para el femenino, sin siquiera imaginar que, *talibanescamente*, atentan contra las reglas de nuestro idioma. Internet está lleno de "los talibán" y de "sectas talibán", pero también las páginas de publicaciones impresas, lo mismo en diarios que en libros y revistas. En el diario español *El Mundo*, que es todo un mundo de atentados contra la lengua española, leemos el siguiente titular:

☟ "**Los talibán** decapitan a una mujer por ir a comprar sola".

Los de *El Mundo* decapitan el plural por bárbaros. En buen español debieron informar que

☝ **Los talibanes** decapitan a una mujer por ir a comprar sola.

✐ En el libro español *El desafío de Ben Laden*, leemos lo siguiente: "Se desconoce el número de muertos reales de la **milicia talibán**". Dicho y escrito en buen español debería ser "la **milicia talibana**". He aquí otros ejemplos de estas aberraciones: "mueren dos policías en un ataque de **los talibán** en el sur de Afganistán", "**los talibán** paquistaníes", "**los talibán** ya gobiernan a dos millones de afganos", "**los talibán** estaban bien informados", "**los talibán** publican un vídeo", "**los talibán**, es Islam, es petróleo", "operación del ejército afgano contra **los talibán**", "repelen una **ofensiva talibán**", "**ofensiva Talibán** en Kunduz", "**ofensiva talibán** alcanza provincia afgana de Kandahar", "más de 60 policías muertos por **ofensiva talibán**", "cierra **milicia talibán** el espacio aéreo", "ofensiva militar paquistaní debilitó a **milicia talibán**", "**milicia talibán** atenta contra academia policial", "la **milicia talibán** anuncia que prepara ataques en Europa".

☞ Google: 167 000 resultados de "los talibán"; 6 730 de "ofensiva talibán"; 4 040 de "milicia talibán". ☒

☞ Google: 436 000 resultados de "los talibanes"; 328 000 de "talibana"; 193 000 de "el talibán". ☑

259. *¿lucir deslumbrante?, ¿lucir mal?, ¿lucir muy mal?*

¿Tiene sentido decir que alguien o algo "luce deslumbrante"? En realidad, no. Se trata de una redundancia. Podemos decir que alguien "luce despampanante", pero no que "luce deslumbrante". Veamos por qué. El verbo intransitivo "lucir" (del latín *lucēre*) tiene dos acepciones principales: "Brillar, resplandecer"; "sobresalir, aventajar" (DRAE). Ejemplo: *La modelo* ***lució*** *maravillosa*. En su uso pronominal ("lucirse"), significa "corresponder notoriamente el provecho al trabajo en cualquier obra" (DRAE). Ejemplo: *El torero* ***se lució*** *en la faena*. También funciona como verbo transitivo, con el significado de "iluminar, comunicar luz y claridad" o bien "llevar a la vista, exhibir lo que alguien se ha puesto, normalmente como adorno" y "manifestar el adelantamiento, la riqueza, la autoridad, etc." (DRAE). Ejemplos: ***Lució*** *una gran elocuencia;* ***Lució*** *un vestido muy elegante*. De ahí los adjetivos "lucidor" y "luciente": "que luce, que brilla, que resplandece". ***Lucidora***, *la actriz mostró su encanto*. De ahí también el sustantivo masculino "lucimiento": "acción y efecto de lucir o lucirse". Ejemplo: *En su faena, el torero tuvo un gran* ***lucimiento***. De ahí también el adjetivo "lucido" aplicado a quien "hace o desempeña las cosas con gracia, liberalidad y esplendor" o a quien "llama la atención por su belleza". Ejemplo: *El torero estuvo* ***lucido*** *al final de su faena*. Por cierto, no hay que confundir "lucido" con "lúcido" (una tilde hace la diferencia), adjetivo éste que se aplica exclusivamente a quien es "claro en el razonamiento, en las expresiones, en el estilo, etc." (DRAE). Ejemplo: *Hasta sus últimos años, Borges fue un pensador muy* ***lúcido***. En cuanto al adjetivo "deslumbrante" (que deslumbra), hay que decir que deriva del verbo transitivo "deslumbrar" que tiene las siguientes acepciones: "Ofuscar la vista o confundirla con el exceso de luz"; "dejar a alguien confuso, admirado"; "producir gran impresión con estudiado exceso de lujo". Ejemplos: *La modelo estuvo* ***deslumbrante****; El torero* ***deslumbró*** *con su faena;* ***Deslumbró*** *con su gran elocuencia;* ***Deslumbró*** *con un vestido muy elegante;* ***Deslumbrante****, la actriz mostró su encanto.* Siendo así, "deslumbrar" y "lucir" son prácticamente sinónimos y, por ello, la expresión "lucir deslumbrante" peca de redundancia. Ahora bien, ¿puede alguien "lucir mal", "lucir muy mal" o, ya de plano, "lucir de la chingada"? No, por supuesto. Se trata de un oxímoron involuntario que da como resultado una barrabasada. Nadie puede "lucir" o "deslumbrar" en un sentido negativo. Lucimiento y deslumbramiento siempre tienen un significado positivo. Son tonterías del habla y de la escritura las expresiones "lucir mal", "lucir muy mal", "lucir horriblemente", "lucir espantosamente", "lucir de la chingada", "lucir del carajo", etcétera. Al igual que "deslumbrar", el verbo "lucir" únicamente acepta ir acompañado de complementos positivos o virtuosos, nunca negativos, con excepción del uso irónico o sarcástico que sólo puede distinguirse en la intencionalidad y que, generalmente, podemos identificar en expresiones coloquiales exclamativas con sentido interjectivo, que pueden tener intencionalidad elogiosa, pero que por lo general poseen intención burlesca, como en *¡Ahora sí* ***te luciste****!, ¡Ahora sí* ***se lucieron****!, ¡****Te luciste*** *de lo lindo!, ¡Vaya que* ***te luciste****!*, etcétera. Por ello, se puede "lucir bien", "lucir muy bien", "lucir maravillosamente", "lucir imponente", "lucir grandioso", "lucir hermosa", pero no lo contrario ni, por cierto, "lucir deslumbrante" que, como ya vimos, es una redundancia.

El oxímoron involuntario se produce por la ignorancia del significado preciso del verbo "lucir", y es frecuente en el uso coloquial de la lengua, pero de ahí ha pasado a la escritura de los más diversos ámbitos, lo mismo en publicaciones impresas que en internet. En el portal electrónico de Univision Noticias hay un artículo cuyo encabezado es el siguiente:

♀ "Errores que **te hacen lucir mal**".

Ignoran en ese portal el significado del verbo "lucir". Quisieron decir y escribir lo siguiente:

☝ Errores que **te hacen ver mal** o que **hacen que te veas mal.**

✎ Y entre los errores que hacen que te veas mal está justamente el de no consultar jamás un diccionario. He aquí más ejemplos de esta barrabasada: "Leonardo DiCaprio simplemente **no sabe lucir mal**", "no por ser abuela **he de lucir mal**", "por qué **lucir mal** si puedes lucir bien", "uno no quiere **lucir mal**", "Japón **hace lucir mal** a Costa Rica y le gana 3-1", "Millonarios **hace lucir mal** a Santa Fe", "el pelo de Britney **lucía muy mal**", LeBron James **lucía muy mal**", "el lugar **lucía muy mal** e inseguro", "**luces muy mal**, pálido, ojeroso, débil y muy flaco" (¡pues sí que estaba lucido!), "para serte sincero **luces muy mal**", "avergüénzate cuando espiritualmente **luces muy mal**", "¡debía yo **lucir muy mal!**", "hacerte ver mayor **te hace lucir muy mal**", "tu rostro habla por ti y puede hacerte **lucir muy mal** o de maravilla", "Cam Newton **lució muy mal** en la conferencia de prensa", "**lució muy mal** pero ganó", "el técnico español reconoció que **lucieron timoratos**" (¡pues vaya manera de lucir!), "él aún lucía fantástico y ella **lucía horrible**" (es que se apellidaba Méndez), "bajo la luz tenue, la cara de Gally **lucía horrible** y tenía el ojo derecho inyectado de sangre" (lo cual es obvio: ¡a quién se le ocurre ponerse inyecciones de sangre en los ojos!), "realmente **luces de la chingada**", "para ser lunes él también **lucía de la chingada**", "maquíllate para **lucir deslumbrante**", "los mejores tips de belleza para que **luzcas deslumbrante**", "quería **lucir deslumbrante**", "la ganadora del Oscar **lució deslumbrante**", "Megan Fox **lució deslumbrante**", etcétera.

☞ Google: 64 800 resultados de "luces muy mal"; 61 500 de "lucir mal"; 33 200 de "lucir muy mal"; 22 500 de "lucía muy mal"; 8 660 de "lució muy mal"; 6 300 de "lució mal"; 6 120 de "luciendo mal"; 5 120 de "luces mal"; 5 060 de "lució horrible"; 5 040 de "lucía mal"; 3 030 de "lucir horrible"; 2 760 de "lucía horrible"; 2 710 de "luces horrible"; 2 510 de "lucían muy mal"; 2 080 de "lucieron mal"; 1 780 de "luciendo muy mal"; 1 580 de "lucieron muy mal"; 1 390 de "no lucir mal"; 1 210 de "luciera mal"; 1 020 de "lucían horribles"; 1 000 de "luces pésimo". ☒

☞ Google: 3 390 resultados de "lucir deslumbrante"; 3 030 de "luzcan deslumbrantes"; 2 860 de "lucir más deslumbrante"; 2 430 de "luzca deslumbrante"; 2 080 de "deslumbra luciendo"; 2 040 de "lució deslumbrante"; 1 490 de "lucir deslumbrantes"; 1 480 de "lucía deslumbrante". ☒

☞ Google: 45 100 resultados de "¡ahora sí se lucieron!"; 26 800 de "¡vaya que se lucieron!"; 5 460 de "¡ahora sí te luciste!"; 5 210 de "¡vaya que te luciste!"; 2 810 de "¡ahora sí me lucí!"; 1 077 de "¡se lucieron de lo lindo!". ☑

260. *¿luego entonces?*

"Luego entonces" es una redundancia, pues tanto "luego" como "entonces" son adverbios de tiempo, en un amplio grupo que incluye también "ahora", "antes", "después", "enseguida", "hoy", "pronto", etcétera. No tiene caso utilizar ambos adverbios consecutivos para dar la idea de "consecuencia", pues cada uno de ellos puede leerse con el sentido de "por tanto". Basta con decir y escribir "luego"; basta con decir y escribir "entonces". Este tipo de redundancia es muy parecido a "pero sin embargo" y "mas sin embargo", que es como decir y escribir "pero pero", "sin embargo sin embargo" y "mas mas". Siendo así, decir y escribir "luego entonces" equivale a "entonces entonces". Este vicio redundante de los dos adverbios consecutivos ("luego entonces") pertenece al ámbito culto de la lengua y, muy especialmente, al literario y académico cuando quienes lo usan se ufanan en discursos ya de hecho tautológicos. Son las personas instruidas e incluso notables las que a cada momento, en el habla o en la escritura, se sacan de la chistera el "luego entonces". Ejemplo tomado de un ensayo académico: *El humanismo le atribuye al sujeto que aprende toda la responsabilidad del proceso, en tanto que el docente debe propiciar un ambiente de confianza para garantizar el cambio.* ***Luego entonces*** *en el enfoque humanista se propicia un aprendizaje sin coacción, prescripción o imposición.* Como podemos inferir, la fórmula redundante "luego entonces" tiene casi invariablemente el propósito de introducir el sentido de consecuencia en una idea. Lo cierto es que sería suficiente con decir y escribir "entonces" o, mucho mejor aún, "por tanto". Y algo más: da lo mismo que se escriba "luego, entonces" (con coma) que "luego entonces" (sin coma), pues la reiteración sigue siendo innecesaria, como en "pero, sin embargo".

Las personas cultas o ilustradas que suelen hablar y escribir, viciosamente, por medio de tautologías, *ornan* su discurso tautológico con la infaltable expresión "luego entonces". Como ya hemos dicho, abunda en los textos académicos y literarios, lo mismo en publicaciones periódicas que en internet. En un ensayo un analista internacional, doctor en relaciones internacionales, escribe:

☹ "Las personas tienen derechos, las creencias no. **Luego entonces** son las personas, no sus creencias, quienes merecen protección bajo la ley".

El razonamiento es impecable, pero lo afea la redundancia. En perfecto español debió escribir:

☺ Las personas tienen derechos, las creencias no; **por lo tanto**, son las personas, no sus creencias, quienes deben estar protegidas por la ley.

✎ He aquí otros ejemplos de esta redundancia culta: "**luego entonces** quienes afirman eso están equivocados", "**luego entonces** las palabras hacen de las suyas", "**luego entonces** la piedra lo fragmenta", "**luego entonces**, actuemos como tales", "**luego entonces**, de conformidad con lo establecido", "**luego entonces** ciertamente es el único que conoce todo el intríngulis", "**luego entonces** la solución son más policías", "**luego entonces** trataré de empezar por el origen", "**luego entonces**, una persona que actúa bajo estos impulsos, normalmente debe cometer muchas imprudencias", "**luego entonces** se confirma que es una droga", "**luego entonces**, es probable que sea el PRD quien tenga la última palabra".

☞ Google: 375 000 resultados de "luego entonces". ☒

261. *¿luego, luego?*

El adverbio "luego" (del latín vulgar *loco*, ablativo de *locus*, "lugar") significa "después", "más tarde". Ejemplo: *Comimos y* ***luego*** *descansamos.* Dicho de otro modo: *Comimos y* ***después (más tarde)*** *descansamos.* Pero si bien el adverbio "luego" indica, principalmente, posterioridad, también tiene un sentido contrario: "rápidamente, prontamente, con celeridad, sin dilación", en desuso en España, pero muy usual todavía en América. De ahí la locución adverbial, también hoy en desuso, "de luego a luego", que el DRAE define como "con mucha prontitud, sin la menor dilación". Seguramente de ella deriva la también locución adverbial "luego luego", muy utilizada en América, cuyo significado es "enseguida", y que sí incluye el diccionario académico. Ejemplo: *No me hizo esperar,* ***luego luego*** *me recibió.* La forma incorrecta de esta locución es "luego, luego" (con una coma entre adverbios), ya que este signo que indica pausa más que acentuar el concepto de celeridad, enfatiza o reitera la idea de posterioridad; algo así como reiterar "después, después" o, mejor aún, "después, más tarde". Ejemplo: *Le pedí que me recibiera, pero él tenía prisa, me evadió y me dijo: "****luego, luego****".* La "coma" (del latín *comma*, y éste del griego *komma*, literalmente "corte"), este signo aparentemente inocuo, rompe la locución adverbial y, en la disposición sintáctica, la repetición con pausa, es decir, con corte, significa todo lo contrario de la locución "luego luego" ("enseguida").

Cabe decir que la inclusión de la coma en "luego, luego" es una ultracorrección generalmente culta, pues la mayoría de los escribientes del ámbito popular escriben perfectamente esta expresión coloquial: "luego luego" (sin pausa alguna y, por tanto, sin ningún tipo de signo intermedio). Sea como fuere, no son pocas las personas que confunden la locución adverbial "luego luego" con la repetición "luego, luego". Una empresa se pavonea del siguiente modo en un gran anuncio impreso (de los llamados "espectaculares"):

☹ "¿Te pagan luego? Nosotros **luego, luego**".

No lo saben en esa empresa, pero lo que quieren decir es justamente lo contrario: no con más postergación que otros, sino de inmediato, con toda prontitud, sin la menor dilación, o sea:

☺ **luego luego**.

✎ He aquí algunos ejemplos de este mal uso en el que se pierde la locución adverbial y, por lo mismo, el sentido de prontitud: "a la gente se le olvida **luego, luego**", "bajaron a los niños **luego, luego**", "en cuanto nos retiramos **luego, luego** empiezan a trabajar", "la nueva secretaria **luego, luego** quiere subir de puesto", "**luego, luego** se juntó con ellos", "con las primeras lluvias **luego, luego** se hacían baches", "tenemos que llegar y **luego, luego** empezar a repartir", etcétera.

☞ Google: 433 000 resultados de "luego luego"; 236 000 de "y luego luego". ☑

M

262. *machismo, sexismo,* ¿y por qué no *generismo*?

Prueba irrefutable de que, en español, es un equívoco el sustantivo "género" (*gender* en inglés) que se adoptó, por abuso e imposición de la ONU, como equivalente del sustantivo "sexo", es el hecho de que, en nuestro idioma, no exista el derivado "generismo" y, en cambio, sí tengamos el sustantivo masculino "sexismo", que el DRAE define del siguiente modo: "Discriminación de las personas por razón de sexo". De ahí el adjetivo y sustantivo "sexista": perteneciente o relativo al sexismo y "dicho de una persona: que discrimina a otras por razón de sexo" (DRAE). Ejemplos: *Su comportamiento revela su **sexismo***; *Su actitud y su lenguaje son **sexistas***. Resulta más que obvio por qué es así: "sexo" tienen las personas, "género" poseen las palabras. El equívoco ya no tiene remedio: la ONU lo impuso y, servilmente, los países miembros lo aceptaron, incluidos todos los hispanohablantes en cuyo idioma es posible distinguir de manera precisa entre "género" y "sexo". Justamente por esta distinción es que no existe el término "generismo", y en cambio sí existe "sexismo" que, por lo demás, si leemos atentamente la definición, no es exclusivo del varón. A este mismo ámbito pertenece el sustantivo masculino "machismo", que el DRAE define así: "actitud de prepotencia de los varones respecto de las mujeres". Ejemplo: *Su comportamiento revela su **machismo***. De ahí el adjetivo y sustantivo "machista": perteneciente o relativo al machismo y, dicho de una persona, "partidario del machismo". Ejemplo: *Su actitud y su lenguaje son **machistas***. Cabe decir, sin embargo, que si bien el "machismo" es defecto consustancial del varón porque deriva del sustantivo "macho" (del latín *mascŭlus*), cuya principal acepción es "animal del sexo masculino" y, en sentido coloquial, "hombre con características consideradas propias de su sexo, especialmente la fuerza y la valentía" (DRAE), resulta innegable que también existen mujeres "machas" (aunque el sustantivo "macha" no esté admitido por el DRAE con este sentido): mujeres que ejercen el "machismo" al asumir las características de "machos", y "machistas" en sus desplantes y actitudes pendencieras y prepotentes de confrontación. Son las mujeres que incluso llegan a decir que "tienen muchos pantalones" o "muchos huevos" y que en un arranque de absurdidad contranatural son capaces de proferir el mayor exabrupto de machos y machistas (en relación con el miembro viril). He aquí el ejemplo de una señora mexicana malhablada, cuyo video circula en internet: "Me pelan la verga y me la maman". ¿Indicio de síndrome de *Tourette*? No lo parece. Se trata de una persona “macha” y “machista” y, por supuesto, no es varón, al igual que la funcionaria que encaró a quienes la estaban grabando en un acto de prepotencia y les espetó: “¡A mí me la pelan!”. En cuanto a los términos “sexismo” y “sexista”, existe también un malentendido en quienes creen que sólo son aplicables al varón. No es así. El “sexismo” no es exclusivo del varón; lo cometen también las mujeres que, en tal caso, son “sexistas”. ¿Hay acaso mujeres que discriminan a otras personas por razón de sexo? Definitivamente, sí. Por supuesto, quienes más discriminan a otras personas por razón de sexo son los hombres heterosexuales (o que así se consideran) y especialmente los hombres machistas, pero hay mujeres cuyas palabras, acciones y actitudes son indudablemente sexistas e incluso machistas como reflejo o como imitación de lo que hacen los hombres. Son, por ejemplo, las madres y esposas que justifican el comportamiento discriminador y abusador de sus hijos y maridos violadores en contra de otras mujeres y, en general, de otras personas, con la justificación de que ellas se lo buscaron o que incluso lo provocaron. Puede aducirse que son víctimas también del sistema patriarcal, pero de cualquier forma son “mujeres machistas”. Siendo así no es del todo exacta la definición del sustantivo masculino “machismo” en el DRAE: “Actitud de prepotencia de los varones respecto de las mujeres”. ¡No! Así sea en menor medida, la actitud de prepotencia no es exclusiva de los varones respecto de las mujeres, sino también de las mujeres heterosexuales respecto de otras mujeres y de otras personas en general: lesbianas, gays y transexuales, especialmente. Más allá de lo que diga la Real Academia Española están, por supuesto, las evidencias.

☞ Google: 118 000 resultados de “machismo de mujeres”; 19 400 de “mujeres machistas”; 9 020 de “machismo en mujeres”; 3 810 de “machismo femenino”; 3 370 de “mujeres sexistas”; 1 000 de “sexismo femenino”. ☑

263. *madraso* no es lo mismo que *madrazo*

Los aumentativos en español se forman con las terminaciones “-on”, “-achón”, “-errón”, “-atón, “-etón”, “-ote” y “-azo”. En relación con el sufijo “-azo”, el diccionario académico establece lo siguiente: “Tiene valor aumentativo. *Perrazo, manaza*”. “Expresa sentido despectivo. *Aceitazo*.” “Expresa sentido ponderativo. *Golazo, cuerpazo*.” “Tiene valor afectivo. *Padrazo*.” “A veces significa golpe dado con lo designado por la base derivativa. *Porrazo, almohadillazo*.” “En algún caso, señala el golpe dado en lo significado por la base derivativa. *Espaldarazo*.” Pero, ¿en qué acepción colocamos el sustantivo malsonante “madrazo”? En ninguna, porque es obvio que no es un golpe dado con lo designado por la base derivativa que en este caso sería la “madre”. No. “Madrazo” es un americanismo (de México y Centroamérica) que significa golpe muy fuerte dado con el puño contra alguien o contra algo. Ejemplos: *Lo agarró a **madrazos**; Dio un **madrazo** sobre la mesa.* También significa fuerte golpe, es decir "golpazo", de alguien o algo contra el piso, y no, por cierto, simplemente, como dice el DRAE, "acción de dar un cuerpo contra otro". Ejemplos: *Se cayó y se puso un **madrazo**; La marquesina se derrumbó: yo sólo escuché el **madrazo**.* Al ya aumentativo suelen añadírsele términos adjetivales o elementos compositivos de intensificación. Ejemplos: *Se cayó y se puso un **tremendo madrazo**; Se dio un **supermadrazo**.* Sus sinónimos también de carácter malsonante son "chingadazo", "putazo" y "vergazo". Ejemplos: *Se dio un **superchingadazo**; Se pegó un **tremendo putazo**; Se dio un **supervergazo**.* Lo cierto es que la terminación correcta es "-azo" y no "-aso", como equivocadamente la utilizan muchas personas que escriben el español al "chingadazo" (término éste que posee un claro sentido despectivo).

Internet, que es el caldo de cultivo de la ignorancia y del pésimo uso del idioma, rebosa de "madrasos". Un internauta se burla de alguien que se cayó y escribe:

☞ "Que pinche **madraso** se dio!"

Quiso escribir, con sorna, en buen español:

☞ ¡Qué pinche **madrazo** se dio!

✎ He aquí otros ejemplos de este dislate: "borracho se da un **madraso**", "me llegó como un **madraso** en la jeta", "te voy a enderezar de un **madraso**", "éntrenle a los **madrasos**", "lléguenle a los **madrasos**", "a los **madrasos** nadie nos gana" (tampoco a la mala escritura), "los dos se van a los **madrasos**", "de ahí pasaron a los **madrasos**", "que le saquen la verdad a punta de **madrasos**", "quieren solucionar todo a punta de **madrasos**".

☞ Google: 67 000 resultados de "madrasos"; 51 600 de "madraso"; 6 340 de "a los madrasos"; 2 780 de "un madraso"; 1 050 de "a punta de madrasos"; 1 000 de "pinche madraso". ☒

264. *¿maiz?, ¿matráz? ¿matríz?, ¿motríz?, ¿raiz?*

Mucha gente no tiene noción de las reglas gramaticales y ortográficas. En el caso de la acentuación de las palabras, la ignorancia de estas reglas deriva en un problema realmente grave. Por ejemplo, las palabras agudas llevan tilde únicamente cuando terminan en "n" o en "s" (no precedidas de otra consonante) o en cualquier vocal. Por supuesto, el problema es que la gente pueda distinguir o siquiera sepa lo que es una palabra aguda. Entonces hay que decirle que las palabras agudas son aquellas cuyo acento (ya sea gráfico o prosódico) cae en la última sílaba. Ejemplos: *razón, adiós* y *café* ("n", "s" y vocal, respectivamente). En los casos de "matraz", "matriz" y "motriz" se comete el desbarre de tildarlas del siguiente modo: "matráz", "matríz", "motríz". Innecesario es el acento gráfico en estas palabras, pues invariablemente son agudas (cuyo sonido fuerte está en la última sílaba) aunque no tengan tilde alguna. Diferentes son los casos de "maíz" y "raíz", palabras también agudas terminadas en "z" que sin embargo exigen la tilde en la última sílaba para romper el diptongo "ai". En ambos casos, si se omite la tilde en la "i", se comete el desbarre inverso: el sonido fuerte cae en la "a", como en "maiz" y en "raiz", errores ortográficos que convierten en monosílabos estos términos cuyas formas correctas son bisílabas: *ma-íz, ra-íz*. Basta saber estas reglas básicas para dejar de cometer estas torpezas que también se reflejan en los apellidos: "Ordáz", "Ortíz", "Ruíz", etcétera, en lugar de los correctos "Ordaz", "Ortiz" y "Ruiz".

☞ Google: 34 000 000 de resultados de "raiz"; 15 700 000 de "maiz"; 272 000 de "matríz"; 102 000 de "motríz"; 4 780 de "matráz". ☒

☞ Google: 57 800 000 resultados de "matriz"; 44 500 000 de "raíz"; 36 600 000 de "maíz"; 6 340 000 de "motriz"; 918 000 de "matraz". ☑

265. *¿malos entendidos?, ¿malosentendidos?*

Con el adjetivo "mal" (apócope de "malo": contrario al bien), a manera de prefijo, se forman adjetivos y sustantivos compuestos como ***mal**agradecido*, ***mal**aventurado*, ***mal**casado*, ***mal**criado*, ***mal**diciente*, ***mal**educado*, ***mal**encarado* y "**mal**entendido", entre otros, cuyos plurales son ***mal**agradecidos*, ***mal**aventurados*, ***mal**casados*, ***mal**criados*, ***mal**dicientes*, ***mal**educados*, ***mal**encarados* y "**mal**entendidos". Por alguna extraña razón, una gran cantidad de hispanohablantes, incluidos los del ámbito culto de la lengua, pluraliza equivocadamente y dice y escribe "malos entendidos" en lugar de "malentendidos", porque además supone que lo correcto en singular es "mal entendido" (en dos palabras). Es un desbarre hasta de escritores consagrados o de mucho prestigio. El sustantivo masculino compuesto "malentendido" (de "mal" más "entendido") significa "mala interpretación, equivocación en el entendimiento de algo" (DRAE). Ejemplos: *Le explicó que aquello fue un **malentendido**; Resolvieron sus **malentendidos** y continuaron con su amistad*. Puede haber, en efecto, "malas interpretaciones" y "malos entendimientos", pero cuando se trata del plural del sustantivo "malentendido", lo correcto es "malentendidos". De ahí el verbo transitivo "malentender": "entender o interpretar equivocadamente". Ejemplo: ***Malentendió** lo que se le dijo*.

Como ya advertimos, con este desbarre encallan hasta los escritores más patentes, lo cual prueba que, independientemente del prestigio literario, nunca está de más dudar de lo escrito y abrir el diccionario. Abunda en internet y está ampliamente extendido en las publicaciones impresas. Malos traductores han difundido una de las famosas frases de Antoine de Saint-Exupéry, en *El principito*, de la siguiente manera:

♀ "El lenguaje es fuente de **malos entendidos**". También, "el lenguaje es fuente de **malosentendidos**".

Lo correcto es:

☝ el lenguaje es fuente de **malentendidos**.

✎ El 31 de agosto de 2016, en un mensaje ante los medios de comunicación nacionales y extranjeros, el presidente de México Enrique Peña Nieto leyó lo siguiente, con la presencia del entonces candidato a presidente de los Estados Unidos Donald Trump, en la residencia oficial del gobierno mexicano: "Siempre debemos estar abiertos a discutir lo que ha funcionado y lo que no; cómo podemos mejorar las cosas en ambos lados de la frontera; cómo podemos aclarar y superar **malos entendidos** y llegar a conocernos mejor". Ya sabemos que no podemos pedirle peras al olmo ni conocimientos elementales del idioma a Peña Nieto, pero lo grave es ver que, en la sede del máximo poder político de México, ni siquiera los asesores y discurseros consultan el diccionario. He aquí otros pocos ejemplos de este abundante desbarre culto e inculto: "cómo evitar **malos entendidos**", "la cumbre de El Cairo supone un intento de superar **malos entendidos**", "el arte de los **malos entendidos**", "los **malos entendidos** son muy dolorosos", "los **malos entendidos** en las relaciones humanas", "Mancera reconoce **malos entendidos** con familia de Juan Gabriel" (lo dice alguien que siempre entiende mal, pero a su conveniencia), "**malos entendidos** acerca del calentamiento global", "aclarando dudas y **malos entendidos** sobre el TPP", "uno de los **malosentendidos** entre Islam y Cristianismo", "el libro de los **malosentendidos**", "evita los **malosentendidos**", "aclaración de términos para evitar **malosentendidos**".

☞ Google: 541 000 resultados de "malos entendidos"; 441 000 de "mal entendido"; 13 400 de "malosentendidos". ☒

☞ Google: 1 730 000 resultados de "malentendido"; 1 530 000 de "malentendidos". ☑

266. *mandatario* no es lo mismo que *mandante*

Es necesario acabar en México, de una vez por todas, con el uso, en el periodismo, del término "mandatario" (¡que digan "presidente" y sanseacabó!), porque el 99.99% de veces este término se utiliza con el erróneo sentido de "mandante". Es un pendejismo. "Mandante" es el participio activo del verbo "mandar", y significa "que manda", en tanto que "mandatario" es sustantivo que significa "persona que en virtud del contrato consensual llamado mandato, acepta del demandante representarlo personalmente, o la gestión o desempeño de uno o más negocios". Así sea nada más por lógica lingüística, "mandante" es el que manda, y "mandatario" el que acata y representa dicho mandato. Pero la mayor parte de la gente, que nunca consulta el diccionario, cree de veras que "mandatario" se aplica al que "manda". Hasta algunos abogados piensan esto. Un abogado regiomontano, que presume "de reconocida honradez y capacidad", y que afirma ser catedrático, litigante, empresario y, por si fuera poco, "analista político", escribe la siguiente perla:

☡ "El Ejecutivo Federal; el Presidente, el primer **Mandatario, es el que manda**, y el conductor de la Nación".

Por supuesto que no: "mandatario" no es el que manda,

☝ quien **manda es el mandante**, y el **mandante** es el elector y, más ampliamente, el ciudadano, es decir quien nombró como "mandatario" al presidente.

✎ Pero ¿qué podemos esperar de quien afirma también que "Enrique Peña Nieto es un **gran estadista** que con inteligencia y talento, patriotismo y entrega, vocación y liderazgo, ha logrado que en el contexto internacional crean en México, a pesar de todos los pesares"? Obviamente, no sabe tampoco el señor el significado de "estadista", sustantivo cuya acepción es la siguiente: "Persona con gran saber y experiencia en los asuntos del Estado". Estadistas universales lo fueron Lincoln y Churchill, o Juárez y Lázaro Cárdenas, en México, ¡pero no Peña Nieto, por favor!

☞ Google: 6 710 resultados de "mandatario es el que manda". ☒

267. *mandatorio* no es lo mismo que *obligatorio*

El término "mandatorio" (con su femenino y sus plurales) es un torpe calco del inglés *mandatory*, adjetivo que se traduce correctamente en español como "obligatorio". Derivar el falso adjetivo "mandatorio", a partir de la voz inglesa *mandatory* es no conocer ni el inglés ni el español. El término "mandatorio" no forma parte de nuestro idioma y no sólo se trata de un torpe anglicismo, sino de una aún más torpe "adaptación". En nuestra lengua, el adjetivo "obligatorio" (del latín *obligatorius*) tiene la siguiente definición en el diccionario académico: "Dicho de una cosa: que obliga a su cumplimiento y ejecución". Ejemplo: *Tal disposición es* ***obligatoria***. Quienes suponen conocer muy bien el inglés, y además presumen de ello, "traducen" *mandatory* como "mandatorio", pero en español el adjetivo sinónimo de la voz inglesa *mandatory* es "obligatorio".

La burrada de decir y escribir "mandatorio", "mandatorios", "mandatoria" y "mandatorias" surgió en el ámbito legal y se extendió a otros ambientes, como el deportivo, prestos a imitar cualquier gringadera. Abunda en el habla de locutores y comentaristas televisivos de boxeo, en publicaciones impresas (especialmente en los diarios) y, por supuesto, en internet. En el diario mexicano *Excélsior* leemos lo siguiente:

☡ "Álvarez era el campeón peso medio del CMB cuando el organismo ordenó la **pelea mandatoria** frente a Golovkin".

Para esto sí que son buenos los comentaristas y periodistas deportivos: para maltratar el idioma. En buen español, el diario debió informar lo siguiente:

☝ Álvarez era el campeón mundial de peso medio del CMB cuando el organismo le exigió cumplir con la **pelea obligatoria** frente a Golovkin.

✎ ¡Qué "mandatoria" ni qué ojo de hacha! En español se dice y se escribe "obligatoria". He aquí más ejemplos de esta barrabasada anglicista: "OMB coloca a Canelo como **mandatorio** de Saunders", "decreto **mandatorio** número 37", "carácter **mandatorio** de la ley", "el Chocolatito ya tiene rival **mandatorio**", "Golovkin vs Jacobs cumplirán con el combate **mandatorio** de la AMB", "procedimiento **mandatorio** de auditoría interna de calidad", "**mandatoria** la pelea Sergey Kovalev vs Juergen Braehmer", "AMB ordena **mandatoria** a Gallito Estrada", "OMB define peleas **mandatorias**", "así quedaron las peleas **mandatorias** en cada división del CMB", "procedimientos **mandatorios**", "convenios y otros instrumentos **mandatorios**", "ingrese los datos en los campos **mandatorios**".

☞ Google: 234 000 resultados de "mandatorio"; 77 100 de "mandatoria"; 64 000 de "mandatorios"; 24 800 de "mandatorias". ☒

268. *¿marchanta?, ¿marchante?*

El término "marchante" es de amplio uso en América y ya está aceptado por el DRAE, pero hay que decir que surgió de un error. Es la deformación del adjetivo y sustantivo "merchante" (del francés *merchant*: "comerciante") que, literalmente, significa "mercante": "mercader, que merca, que vende mercancías". Como sustantivo, "merchante" tiene la siguiente definición en el diccionario académico: "Hombre que compra y vende algunos géneros sin tener tienda fija". Ejemplo: *El **merchante** no acudió esa semana*. La definición del DRAE atribuye al sustantivo "merchante" género masculino, y no precisa un femenino. Esto se debe, sin duda, a una cuestión histórica: eran hombres y no mujeres quienes, antiguamente, recorrían los caminos vendiendo géneros. El sustantivo "merchante" derivó en "marchante" (lo mismo para el masculino que para el femenino: ***el** marchante, **la** marchante*) que, en una acepción muy específica, significa "comerciante que en especial se dedica a la venta de obras de arte". En América, la deformación "marchante" resolvió este problema con el femenino "marchanta", y es un sustantivo que se aplica lo mismo al comerciante o vendedor ambulante que al comprador que acostumbra ir a una misma tienda o que adquiere sus productos, habitualmente, con un mismo vendedor. "Marchante" y "marchanta" son tanto el comerciante como el comprador. Ejemplos: ***Su marchante** aumentó los precios; **Mi marchanta** compra ahora en otro lado porque dice que vendo muy caro*. La deformación "marchante", a partir de "merchante" no tuvo como referencia el francés *merchant* (comerciante) sino, con plena seguridad, el verbo "marchar" (del francés *marcher*) que, como intransitivo, significa "irse o partir de un lugar". Dado que el comerciante sin puesto fijo, esto es ambulante, va de un lado a otro ofreciendo sus mercancías, la lógica popular, muy bien aplicada, dedujo que "marchaba" y, puesto que "marchaba", era un "marchante", participio activo del verbo "marchar": el que marcha, tal como lo es "cantante", del verbo "cantar": el que canta. Todo ello es perfectamente lógico. De ahí deriva el verbo "marchantear" (aún no admitido por el DRAE), cuyo significado general es realizar la compraventa y, con un sentido específico, regatear o pedir rebaja.

☞ Google: 2 000 000 de resultados de "marchante"; 306 000 de "marchantes"; 224 000 de "merchante"; 119 000 de "marchanta"; 37 800 de "merchantes"; 15 400 de "marchantas". ☑

269. *¿marketing?*

Cada vez será más difícil desterrar del español la voz inglesa *marketing*, porque la tendencia anglicista en nuestro idioma se lo va tragando todo, especialmente el sentido común, la lógica y la identidad cultural. Sin embargo, hay que oponer resistencia a este colonialismo. ¿Por qué demonios escribir "marketing", que no pertenece a nuestra lengua, si su traducción correcta en español es el sustantivo femenino "mercadotecnia"? Obviamente por anglicistas, pero también por ignorantes. En español, el sustantivo masculino "mercado" (del latín *mercātus*) tiene, entre otras, la siguiente acepción: "Conjunto de actividades realizadas libremente por los agentes económicos sin intervención del poder público" (DRAE). De ahí el sustantivo femenino "mercadología" ("estudio de las condiciones del mercado para potenciar la demanda") y también el sustantivo femenino "mercadotecnia", que el diccionario académico define del siguiente modo: "Conjunto de principios y prácticas que buscan el aumento del comercio, especialmente de la demanda". Siendo así, con sus matices, la "mercadología" y la "mercadotecnia" se complementan o se vinculan, y especialmente "mercadotecnia" equivale a la voz inglesa *marketing*, que deriva del sustantivo *market* ("mercado", en inglés). Es una necedad decir y escribir, en mal español, *La importancia del* ***marketing*** *en el turismo*, si podemos decir y escribir correctamente *La importancia de la* ***mercadotecnia*** *en el turismo*. Dejémonos de pochismos. Digamos y escribamos "mercadotecnia", que deriva de "mercado" y cuya etimología latina consustancial al español es *mercātus*, y dejemos el *marketing*, derivado de *market*, para la lengua inglesa a la que pertenece.

☞ Google: 64 300 000 resultados de "de marketing"; 746 000 de "del marketing"; 582 000 de "el marketing"; 488 000 de "un marketing". ☒

☞ Google: 13 400 000 de "mercadotecnia". ☑

270. *¿más igual?, ¿más iguales?, ¿menos iguales?*

De manera literal, la expresión "más iguales" es una tontería. Gramatical y lógicamente, sólo tiene sentido desde una perspectiva irónica, mordaz o sarcástica. Así está utilizada en la célebre novela del escritor británico George Orwell *Rebelión en la granja* (1945), en donde leemos: "Todos los animales **son iguales**, pero algunos son **más iguales** que otros". Dicho y escrito así, con sentido de sátira, es una licencia literaria de gran eficacia, para dar a entender que esos "iguales" son en realidad "superiores" o se asumen como tales al ponerse por encima de los demás. Pero si no se emplea con este sentido, y aludiendo a la famosa expresión de Orwell, y en cambio se utiliza de manera literal, no es otra cosa que un disparate. Un ejemplo de este desbarre está en un documental televisivo sobre la naturaleza amazónica en donde el narrador (el cantante colombiano Juanes) expresa lo siguiente: *En el Ecuador los días y las noches son **más iguales** en su duración*. Quien redactó o tradujo el guión leído por Juanes trató de decir, como es lógico, que en el Ecuador la duración de los días y las noches es similar o muy parecida. "Más igual" y "más iguales" son disparates lo mismo hablados que escritos, y son utilizados lo mismo en el español culto que inculto. "Igual" (del latín *aequālis*) es un adjetivo cuyo significado es el siguiente: "que tiene las mismas características que otra persona o cosa en algún aspecto o en todos" (DRAE). Ejemplo: *Todos los hombres son **iguales***. De ahí el sustantivo femenino "igualdad" (del latín *aequālitas*): "conformidad de algo con otra cosa en naturaleza, forma, calidad o cantidad". Ejemplo: *El ideal más grande es la **igualdad** entre los seres humanos*. Obviamente, si algo es igual no puede ser "más igual", pues "más" es un adverbio comparativo que "ante adjetivos o adverbios, indica que el grado de la propiedad que expresan es alto en comparación con otro explícito o sobrentendido" (DRAE). El ejemplo que ofrece el diccionario académico es el siguiente: *El sonido de la bandurria es **más** agudo que el de la guitarra*. En conclusión, si algo es "igual" (con las mismas características que otra persona o cosa), no puede ser "más igual", porque esta expresión carece absolutamente de lógica.

Empleadas sin el sentido sarcástico y literario de Orwell, las incorrectas expresiones "más igual", "más iguales" y "menos iguales" abundan en el español hablado y escrito en todos los estratos sociales. En España, la Consejería de Familia e Igualdad de Oportunidades de la Junta de Castilla y León pusieron en marcha el

☞ "Programa **Más Iguales** (+ =es)".

Además de la bobería de usar signos y letras para "traducir" el mensaje, es obvio que el programa debe llamarse, simplemente:

☞ **Iguales** o **Por la igualdad**.

✎ Incluso la frase "ser cada vez más iguales" es una tontería, pues se está en igualdad o no se está en ella. Lo correcto es decir y escribir que cada vez los hombres y las mujeres se acercan más a la igualdad, porque "acercarse más a la igualdad" no es lo mismo que "ser cada vez más iguales". He aquí otros ejemplos de este desbarre de lógica y gramática: "queremos ofrecer ideas que colaboren en el desarrollo de una sociedad más libre, **más igual** y más justa" (en todo caso sería **más igualitaria**, pero no **más igual**), "para que quede **más igual**", "un mundo **más igual**", "Alemania, el país **más igual**" (no, en todo caso el país donde existe mayor igualdad), "Campaña **Más Iguales**", "cada vez **más iguales**", "gemelas gastan 200 mil dólares por verse **más iguales**", "ni **más ni menos iguales**", "demasiados niños **menos iguales** que otros", "el paisaje es cada vez **más igual**", "y yo estoy cada vez **más igual**", "todas cada vez **más iguales**", "hombres y mujeres cada vez **más iguales**", "los otros son cada vez **menos iguales**", "vale que somos cada vez **menos iguales**", "¿los hombres somos cada vez **menos iguales**?".

☞ Google: 398 000 resultados de "más igual"; 338 000 de "más iguales"; 136 000 de "menos iguales"; 115 000 de "cada vez más iguales"; 52 700 de "cada vez más igual"; 14 100 de "cada vez menos iguales". ☒

271. *¿mas sin en cambio?, ¿pero sin en cambio?*

Aberraciones gruesas son dos expresiones que emparientan con los engendros redundantes "pero sin embargo", "pero que, sin embargo" y "mas sin embargo". Se trata de los inefables "mas sin en cambio" (o "mas sin encambio") y "pero sin en cambio" (o "pero sin encambio"). Veamos por qué. "Sin embargo" es una locución adversativa que equivale a "no obstante", y el término "en cambio" es también una locución adverbial que expresa oposición y que tiene el significado de "por el contrario". La diferencia entre "sin embargo" y "por el contrario" es que la primera locución denota oposición parcial, mientras que la segunda expresa oposición total. Si se dice o se escribe "mas sin en cambio", "mas sin encambio", "pero sin en cambio" y "pero sin encambio" caemos en mayores aberraciones. "Mas" (conjunción adversativa) equivale a "pero", y "en cambio" significa "por el contrario", y si entre ambas locuciones ponemos la preposición "sin" (carencia o falta de algo), la frase es verdaderamente un engendro gramatical: algo así como "pero sin por el contrario". A ello hay que añadir que el término "embargo" (que significa "impedimento") es sustituido por "encambio", un término que por sí solo no significa nada, como tampoco significan nada en sí mismas las horribles expresiones "mas sin en cambio" y "pero sin en cambio". Que se usen mucho, sobre todo en los ámbitos incultos de la lengua, no quiere decir que sean correctas. Hay muchas cosas de uso generalizado que son absolutamente aberraciones lingüísticas y gramaticales, por su falta de lógica y de significado. "Mas sin en cambio" (con sus variantes) es una de ellas. Eliminemos esta tontería de nuestra lengua hablada y escrita.

☞ Google: 111 000 resultados de "pero sin en cambio"; 12 400 de "mas sin en cambio"; 4 910 de "pero sin encambio"; 4 110 de "mas sin encambio". ☒

272. *masacre* no es lo mismo que *agresión* o *asesinato*

"Masacrar" no es sinónimo de "desfigurar", "destrozar" o "aplastar", ni simplemente de "agredir" o "asesinar". El verbo transitivo "masacrar" (del francés *massacrer*) significa "cometer una matanza humana o asesinato colectivos" (DRAE). Ejemplo: *Un grupo terrorista* ***masacró a la población*** *católica*. De ahí el sustantivo femenino "masacre": "matanza de personas, por lo general indefensas, producida por ataque armado o causa parecida" (DRAE). Ejemplo: *En la* ***masacre*** *asesinaron a decenas de personas*. Por todo lo anterior, es un disparate denominar "masacre" a una agresión, tal como dijo un payaso, quien sufrió una golpiza por parte de enfurecidos y violentos individuos en Hermosillo, Sonora, México. Declaró el payaso "Tony Tambor" al diario *El Universal*: "Aquello fue una **masacre**. Yo les gritaba que se detuvieran". Quiso decir el agraviado que aquello fue una "**agresión** tumultuaria", o coloquialmente una "**golpiza**", pero desde luego no fue una **masacre**. La realidad es que los violentos parientes de un niño frustrado le pusieron una paliza al payaso, pero no masacraron a nadie. En el mismo diario *El Universal* leemos que policías mexicanos golpearon a cuatro inmigrantes centroamericanos en Ecatepec y que

☞ "a uno de ellos **le masacraron la cara**".

No fue así. En realidad:

☞ **le desfiguraron el rostro** o **le dañaron severamente la cara**.

✎ Con esta misma ignorancia, los comentaristas de boxeo se refieren, por ejemplo, a que uno de los peleadores "**le masacró la cara** a su oponente", y lo dicen porque la cara del pobre diablo quedó como una masa sanguinolenta. No saben los comentaristas el verdadero significado del verbo "masacrar" y su capacidad de imaginación es paupérrima: no porque alguien tenga la cara ensangrentada, hinchada e incluso desfigurada o aplastada, como una "masa" sanguinolenta, ello sea una **masacre**. En la nota roja de los diarios impresos es frecuente este disparate, cuyo reino está en internet. Pero esto no debe sorprendernos demasiado, pues incluso el ex presidente de Brasil Luiz Inacio Lula da Silva se declara "víctima casi diría de una masacre" (diario mexicano *La Jornada*). Y todo porque la justicia brasileña lo investiga por corrupción y lavado de dinero. En portugués, el sustantivo *massacre* posee el mismo significado que en español: matanza humana o asesinato colectivo. Nada tiene que ver con la persecución judicial, incluso en el caso de que ésta pudiera ser injusta. He aquí más ejemplos de esta tontería: "**masacraron a un hombre** en Atotonilco", "pistoleros encapuchados **masacraron a un hombre**", "racistas **masacraron a un hombre**", "dos adolescentes **masacraron a un hombre**", "a esta joven **le masacraron la cara**", "**le masacraron la cara** a golpes", "**le masacraron la cara** pero siguió boxeando", "con una piedra **lo masacraron**", "**lo masacró** en dos rounds", "**le masacraron el rostro** a balazos", "otros **le masacraron el rostro**", "un sicario **lo masacró** a balazos", "**lo masacró** a puñaladas" y, como siempre hay algo peor, "árbol le cayó encima y **lo masacró**" (¡ahora resulta que hasta los árboles cometen masacres!).

☞ Google: 93 500 resultados de "masacran a una mujer"; 53 600 de "masacran a un hombre"; 50 500 de "masacra a una mujer"; 22 500 de "masacraron a un hombre"; 11 900 de "masacra a su esposa"; 9 800 de "lo masacraron"; 5 320 de "lo masacró"; 3 290 de "la masacró". ☒

273. *¿me confundí yo?*

"Me confundí yo" es una expresión redundante que, además, si usted presta atención, puede utilizarse como albur mexicano, es decir con un doble sentido machista. Basta con decir y escribir "me confundí", pues el pronombre personal de primera persona del singular ("me") no es otra cosa que la forma átona de "yo". Quien diga y escriba "me confundí", ya expresa que la acción del verbo la realizó él mismo, como sujeto. En algunos casos, es obvio que, en México, hay intencionalidad del doble sentido al decir y escribir "me confundí yo, deme chance", pero por lo general es un desbarre que utilizan, sin la menor malicia, los hablantes y escribientes despistados y, además de todo, confundidos o, peor aún, confundidillos. "Confundir" (del latín *confundĕre*) es un verbo transitivo que significa "mezclar cosas diversas de manera que no puedan reconocerse o distinguirse" (DRAE). Ejemplo: *En las sombras de la noche* ***confundió*** *una cosa con otra.* En una segunda acepción significa "desconcertar a alguien", y se usa también como pronominal ("confundirse"). Ejemplo: *Con tantos datos acabó* ***confundiéndose.*** De ahí el sustantivo "confusión" (acción y efecto de confundir) y el adjetivo "confuso" ("mezclado, revuelto"; "oscuro, dudoso"; "turbado, perplejo"). Siendo que en México y en algunos países de Centroamérica el sustantivo masculino "fundillo" es un término que se utiliza para designar al ano u ojo del culo (y no nada más a las nalgas o al trasero, como supone la confundida y torpe Real Academia Española), el hablante y escribiente debe tener cuidado al usar el idioma para no exponerse al escarnio o al albur mexicano si dice o escribe "me confundí yo". Preste usted atención: Todos los verbos pronominales ya contienen implícito, en sus diversas conjugaciones, el sujeto. "Me confundí" es construcción que ya tiene implícito el "yo", del mismo modo que la expresión "te confundiste" ya lleva implícita la segunda persona del singular del pronombre personal: "tú". En México, el sustantivo "fundillo" puede designar el trasero o las nalgas. Ejemplo: *¡Tiene un* ***fundillo*** *de infarto!* Pero también, y más exactamente, se refiere al ano. Ejemplo (de un poema de Salvador Novo): "Invitáronme a ver *El Laborillo,*/ y en premio a su magnífico talento,/ nutridas palmas dioles mi **fundillo**".

"Me confundí yo" es un desbarre sobre todo del español coloquial, pero no falta en la lengua escrita, y hay comentaristas de la radio y la televisión que lo exhiben con la más absoluta soltura, no por albureros, sino por tontos. Las páginas de internet están llenas de "me confundí yo" y, peor aún (desbarre sobre el desbarre, redundancia sobre la redundancia), "me confundí yo mismo", "me confundí yo misma". En la Wikipedia leemos lo siguiente:

"He estado mirando el libro que cita; pero ya antes ese libro se confundía o **me confundí yo** al copiarlo".

Con lo simple, llano y correcto que sería decir:

me confundí al copiarlo.

En un foro sobre dietas y nutrición, una internauta escribe: "Disculpen si los confundo, es que **ya me confundí yo misma**". Tan sencillo que es escribir: "Disculpen si les causo confusión, pero también **estoy confusa**". He aquí otros ejemplos, tomados de internet: "**me confundí yo** con otro", "hola, **me confundí yo**", "ahí **me confundí yo**", "sólo que te confundes como **me confundí yo**", "durante un momento **me confundí yo** también", "perdón, **me confundí yo**", "a lo mejor **me confundí yo**", "sí, correcto, es como dices; **me confundí yo**"; "de lo único que estoy segura es que **me confundí yo misma**", "no supe cuándo **me confundí yo misma**", "creo que **me confundí yo mismo**", "le di tantas vueltas que **me confundí yo mismo**" y (¡el colmo de la redundancia, la anfibología, el doble sentido involuntario y, por supuesto, la confusión!) "**ya me confundí yo mismo** en este momento". (Han de ser unas llamadas muy insistentes.)

Google: 5 900 resultados de "me confundí yo"; cientos de "me confundí yo mismo" y "me confundí yo misma". ☒

274. *¿me dije a mí mismo?, ¿yo me dije a mí mismo?*

De origen bíblico, en lo que se conoce como la "redundancia hebrea", la expresión "me dije a mí mismo" (con su variante aún peor "yo me dije a mí mismo") tiene buena fama, a pesar de su impresentable cara. Es enfática pero innecesaria. En este sentido es redundante, como lo son todas sus variantes de conjugación: "diciéndome a mí mismo", "me decía a mí mismo", "me digo a mí mismo", "me diría a mí mismo", etcétera. Su origen insigne le da validez, sólo en un sentido histórico, como parte de la evolución de la comunicación verbal. He aquí dos ejemplos bíblicos: "**Yo me dije a mí mismo**: Los trataré como a mis hijos" (Jeremías, 3:19-21); "**Yo me dije a mí mismo**: Te haré experimentar el placer" (Eclesiastés, 2:1). Hoy, con la evolución de la lengua, estos usos han perdido sentido de efectividad. Son formas viciosas y antieconómicas del uso de la lengua. En realidad, las únicas redundancias realmente válidas en nuestro idioma son las de uso retórico y poético: aquellas que se construyen a sabiendas y con plena conciencia del énfasis lírico y del sobrante semántico y gramatical para efectos irónicos o sorprendentes, como en el pleonasmo un tanto chabacano "bésame con el beso de tu boca" (Manuel M. Flores) y el magistral "el amor amoroso de las parejas pares" (Ramón López Velarde). Pero, en el caso de "me dije a mí mismo" y "yo me dije a mí mismo", más sus muchísimas variantes, en ellos prácticamente sobra casi todo. Basta con decir "me dije". Es importante señalar que el verbo transitivo "decir" (del latín *dicĕre*: "manifestar con palabras el pensamiento") posee forma pronominal: "decir**se**": "expresar un pensamiento mentalmente, o sin dirigir a otro la palabra" (DRAE), con lo cual el pronombre personal indica, de manera expresa, que la acción recae en el propio sujeto. Ejemplo del diccionario académico: ***Me dije****: esta es la mía*. Decir y escribir "**Yo** me dije **a mí mismo**: esta es la mía" lo único que revela es la falta de economía verbal y el mal uso de los recursos verbales.

Estas formas redundantes están muy extendidas en nuestra lengua en todos los niveles y ámbitos sociales y culturales, equivalentes a "lo vi con mis propios ojos", "lo escuché de su propia boca" y, peor aún, "yo lo vi con mis propios ojos" y "yo lo escuché de su propia boca de él". Se trata de un abuso que deja de ser retórico y es más bien vicioso hasta extremos ridículos y retorcidos. Abunda en el habla lo mismo que en publicaciones impresas y en internet. Recurso fácil de escritores chabacanos, está en muchos libros de personas a quienes no les vendrían mal unas clases básicas de redacción. En internet, en el sitio oficial de Paulo Coelho, leemos lo siguiente en uno de sus relatos ("La rosa dorada"):

☞ "Hicimos el amor aquel mismo día. **Yo me dije a mí mismo**: 'Esto no va a durar mucho'".

Bastaba con escribir:

☝ **me dije**, y sanseacabó.

✎ He aquí otros ejemplos de estas formas redundantes que rayan en la tontería: "**él se dijo a sí mismo**: 'he despertado'", "quiero ese libro, **él se dijo a sí mismo**", "luego **él se dijo a sí mismo**: voy a mirar por toda la casa", "**se dijo a sí mismo** en ese preciso momento", "**ella se dijo a sí misma** que aquello no era cierto", "**ella se dijo a sí misma**: ¿dónde iré?", "entonces **me dije a mí mismo**", "**me dije a mí mismo** tantas cosas falsas", "**me dije a mí mismo**: oh, rayos, quiero ir otra vez", "**me dije a mí misma** que es un trabajo", "**me dije a mí misma**: acepta el hecho", "**se dijo a sí misma** mientras entraba en un probador", "**me digo a mí mismo**: estoy vivo", "las cosas que **me digo a mí misma**", "**yo me dije a mí misma**: no hagas dieta", "**yo me dije a mí mismo** que Dios ha creado esta oportunidad", "y **yo me dije a mí mismo**: ¿y ahora qué hacemos?", "**diciéndome a mí mismo** que necesitaba un sitio para vivir", "y **yo me digo a mí mismo** que guardaré ese pañuelo", "es un espejismo, **me dije yo a mí mismo** cuando la vi", "bien vale un madrugón, **me dije yo a mí mismo** anteayer" y, como siempre hay algo peor, "**diciéndome yo a mí mismo para mis adentros**" (ni modo que para sus afueras) y "**se dijo algo a sí mismo en su lenguaje mental**" (¡sopas!). No podemos asegurar, sin embargo, que estos dos últimos ejemplos sean peores que la siguiente noticia: "**Hombre se mata a sí mismo** accidentalmente en West Valley". Tan fácil que es decir: "Muere tras dispararse accidentalmente". La pregunta lógica es: ¿quién se disparó? La respuesta lógica es: él; él se disparó. Ni siquiera tiene caso decir que **él mismo**".

☞ Google: 606 000 resultados de "él se dijo a sí mismo"; 456 000 de "ella se dijo a sí misma"; 303 000 de "se dijo a sí mismo"; 249 000 de "me dije a mí mismo"; 223 000 de "me dije a mí misma"; 204 000 de "se dijo a sí misma"; 149 000 de "me digo a mí misma"; 142 000 de "me digo a mí mismo"; 96 600 de "yo me dije a mí mismo"; 95 200 de "yo me dije a mí misma"; 60 300 de "diciéndome a mí mismo"; 60 100 de "se mata a sí mismo"; 43 300 de "yo me digo a mí mismo"; 34 400 de "me decía yo a mí mismo"; 33 700 de "yo me digo a mí misma"; 32 800 de "diciéndome a mí misma"; 30 100 de "me decía yo a mí misma"; 30 000 de "me dije yo a mí mismo"; 27 700 de "me dije yo a mí misma"; 23 100 de "me digo yo a mí mismo"; 22 000 de "me digo yo a mí misma"; 5 750 de "yo me diría a mí mismo"; 4 630 de "yo me diría a mí misma"; 4 060 de "me diría a mí mismo"; 3 740 de "me culpo a mí mismo"; 3 460 de "se prende fuego a sí mismo"; 3 410 de "me culpo a mí misma"; 3 250 de "me diría a mí misma"; 2 200 de "me reprocho a mí mismo". ☒

275. *¿medio ambiente?, ¿medioambiente?*

"Medioambiente" es, en español, un sustantivo compuesto: *medio+ambiente*. De ahí que deba escribirse como todos los sustantivos compuestos, con grafía simple (en una sola palabra y no separando "medio" y "ambiente"), tal como en ***medio**día*, ***medio**metraje*, ***medio**paño* y, por supuesto, ***medio**ambiental*. Sin embargo, tanto en el DRAE como en el DUE se prefiere la forma "medio ambiente". A decir de María Moliner, el "medio ambiente" es el "conjunto de condiciones que influyen en el desarrollo y actividad de los organismos", en tanto que en el DRAE la definición es mucho más sintética: "Conjunto de circunstancias exteriores a un ser vivo". Ejemplo: *El **medio ambiente** condiciona los hábitos de los individuos*. No es muy razonable que se prefiera la forma "medio ambiente" sobre la más lógica "medioambiente", pues de hecho, por sí misma, es una forma compuesta redundante en nuestro idioma, que se fue imponiendo con el tiempo y que hoy es ya imposible corregir, debido al largo camino andado de esta tan desafortunada expresión, pues dos de las acepciones del sustantivo "medio" en el propio DRAE son las siguientes: "Conjunto de circunstancias culturales, económicas y sociales en que vive una persona o un grupo humano" y "conjunto de circunstancias o condiciones exteriores a un ser vivo que influyen en su desarrollo y actividades". Ejemplo: *El **medio** condiciona los hábitos de los individuos*. Y si atendemos a una de las acepciones del término "ambiente", como sustantivo masculino, encontramos que significa "conjunto de condiciones o circunstancias físicas, sociales, económicas, etc., de un lugar, de una reunión, de una colectividad o de una época" (DRAE). Ejemplo: *El **ambiente** condiciona los hábitos de los individuos*. De tal forma que decir y escribir "medio ambiente" es casi como decir "medio medio" o "ambiente ambiente". Por ello es mil veces preferible escribir el término como palabra compuesta, con grafía simple, a fin de evitar la representación gráfica redundante. Lo más tonto del caso es que en el *Diccionario panhispánico de dudas* (de la RAE y de la Asociación de Academias de la Lengua Española) leamos lo siguiente: "Aunque aún es mayoritaria la grafía *medio ambiente*, el primer elemento de este tipo de compuestos suele hacerse átono, dando lugar a que las dos palabras se pronuncien como una sola; por ello, se recomienda la grafía simple *medioambiente*, cuyo plural es *medioambientes*". En realidad, la razón no es ésta (¡que no nos quiera tomar el pelo el *Panhispánico*!), sino que las palabras compuestas en español se representan con una grafía única simple (a menos que se trate de antagónicos), como en *abrecartas, abrelatas, automóvil, baloncesto, cumpleaños, espantapájaros, guardarropa, lavaplatos, matamoscas, portafolios, sacacorchos, telaraña, trabalenguas*, etcétera. Incluso términos compuestos, en apariencia antagónicos, que antes exigían guión intermedio hoy se escriben con grafía simple, como *compraventa* y *fisicoquímico*, a diferencia de, por ejemplo, "ruso-japonesa" (referido a la guerra) y "árabe-israelí" (referido al conflicto armado entre el estado de Israel y sus vecinos árabes). Es absurdo que el DRAE mantenga la entrada "medio ambiente", pues por este absurdo muchísimos hispanohablantes ignoran las correctas grafías "medioambientes" (plural de "medioambiente") y "medioambiental" y "medioambientales" (adjetivos derivados de "medioambiente"), y en lugar de ello escriben, incorrectamente, "medios ambientes", "medio ambiental" y "medio ambientales".

Un diccionario de la lengua que se respete como tal y que respete a los hablantes y escribientes debe funcionar como una guía segura del buen uso del idioma y no simplemente como un depósito de grafías "mayoritarias". Desgraciadamente, esto último es el DRAE, pues pese a la contradictoria recomendación del *Panhispánico* (es decir, contradictoria en la RAE), los académicos de Madrid, en su mamotreto, tiene preferencia por la grafía:

☞ "**medio ambiente**", en dos palabras (¡porque es grafía mayoritaria!).

Pese a las razones lógicas ya esgrimidas, que exigen la grafía simple:

☝ **medioambiente** (en una sola palabra).

✎ Además de que la redundancia del término se potencia cuando se escribe en dos palabras, la razón más lógica para escribirlo en una es que el plural de "medioambiente" es, como ya advertimos, "medioambientes" y no "medios ambientes", que es una tontería, pero a la vez resultado lógico de escribir "medio ambiente". Por si fuera poco, el mismo DRAE registra el adjetivo "medioambiental" ("perteneciente o relativo al **medio ambiente**", dice, pero en realidad es perteneciente o relativo al **medioambiente**). Si ya no podemos hacer mucho para corregir este infortunio legitimado por la RAE, al menos escribamos el término como corresponde a un sustantivo compuesto con grafía simple ("medioambiente"), para que los imitadores comiencen a imitar lo correcto y dejen de usar el disparate.

☞ Google: 533 000 resultados de "medio ambiental"; 416 000 de "medio ambientales"; 51 600 de "medio ambientes"; 50 600 de "medios ambientes". ☒

☞ Google: 117 000 000 de resultados de "medio ambiente". ☑

☞ Google: 12 100 000 resultados de "medioambiente"; 10 100 000 de "medioambiental"; 7 870 000 de "medioambientales"; 52 900 de "medioambientes". ☑ ☑

276. *¿melómano de la música?, ¿melómano musical?*

El sustantivo femenino "melomanía" (del griego *mélos*, "canto con acompañamiento de música", y *-manía*, "gran afición, inclinación excesiva") significa, literalmente, "afición apasionada por la música". Ejemplo: *Tiene una* ***melomanía*** *admirable*. De ahí el adjetivo y sustantivo "melómano": "amante de la música y, especialmente, de la música clásica", y no por cierto del reguetón. Ejemplo: *Es un* ***melómano*** *insuperable*. Siendo así, resulta más que obvio que las expresiones "melómano de la música" y "melómano musical" son redundancias tan ridículas como "hematólogo de la sangre", "nefrólogo de los riñones" o "psicólogo de la mente". No hay melómano sin música, pues la melomanía es, como ya vimos, la afición apasionada por la música. Basta con decir "melómano" para decirlo todo.

Estas ridiculeces redundantes son propias de personas desinformadas, aunque tengan estudios universitarios. No podría decirse que se trata de desbarres del ámbito inculto de la lengua, porque el sólo hecho de utilizar el adjetivo "melómano" ya significa tener algún nivel cultural, así sea mínimo. Son, pues, dislates de quienes nunca consultan el diccionario y morirán, quizá, sin hacerlo, más allá de sus grados escolares. Son abundantes en internet, pero también en las publicaciones impresas. Precisamente en internet alguien recomienda lecturas navideñas sobre música y afirma que

♀ "a buen seguro van a resultar un regalo ideal para cualquier **melómano musical**".

¿Acaso hay algún melómano que no sea musical? ¿Tal vez un melómano que odie la música? Lo correcto es, simplemente, sin redundancia, decir y escribir que esas lecturas pueden resultar:

☝ un regalo ideal para cualquier **melómano**, y punto.

✎ He aquí otros ejemplos de esta barrabasada: "políglota y **melómano de la música** clásica", "un reconocido **melómano de la música** clásica" (bien podría decirse "melómano clásico", si se cree necesario precisar), "**melómano de la música** de concierto" (basta con decir y escribir "melómano de concierto"), "fanático y **melómano de la música**" (el melómano ya es un fanático de la música, pues su afición es apasionada), "historiador, entusiasta de la vida, **melómano de la música**" (y nosotros que creíamos que era melómano del futbol), "**melómano de la música** y el arte" (¡ah, chingá!), "un **melómano de la música** buena" (he aquí un enigma: ¿puede haber un melómano de la música mala?), "me consta que es usted un gran **melómano de la música**" (a mí no me consta: ¿qué tal que es un gran melómano de los melones?), "¿acaso los **melómanos de la música** estamos disfrutando de nuestros últimos días?" (¿por qué lo preguntará?, ¿vienen, acaso los días de los melómanos del toreo?; que deje de preocuparse: esos son villamelómanos), "**melómanos de la música** de banda" (¡si son dos deben ser melón y melames los melómanos!), "eso de ser **melómano musical** se lleva en el PSOE", "resulta que soy **melómano musical**", "puede ser disfrutado por cualquier tipo de **melómano musical**", "soy un **melómano musical** rematado y me encanta leer" (pues entonces que lea el diccionario) y, como siempre hay algo peor, "**melómano musical de todo tipo de propuesta musical**".

☞ Google: 21 600 resultados de "melómano de la música"; 16 700 de "melómanos de la música"; 3 860 de "melómano musical". ☒

277. *¿memoranda?*

Que nadie le tome el pelo: "memoranda" no es el plural de "memorándum". En español se dice y se escribe "memorando", y su plural es "memorandos", sustantivo masculino que posee dos acepciones principales: "comunicación diplomática, menos solemne que la memoria y la nota, por lo común no firmada, en que se recapitulan hechos y razones para que se tengan presentes en un asunto grave" e "informe en que se expone algo que debe tenerse en cuenta para una acción o en determinado asunto" (DRAE). Ejemplos: *Inmediatamente recibió el* ***memorando****; En ese tema fueron muy relevantes los* ***memorandos****.* También se admite "memorándum", con su plural "memorándums". El uso vicioso y necio de "los memoranda", para el plural, nada tiene que ver con la lengua española. *Memoranda,* en todo caso, es el plural latino, pero los plurales latinos no rigen a la lengua española. En nuestro idioma, los plurales se forman añadiéndoles una "s" o la terminación "es" a la forma singular, como de "sofá", "sofá**s**"; de "quinqué", "quinqué**s**"; de "buró", "buró**s**" o "buro**es**"; de "colibrí", "colibrí**es**"; de "cabrón", "cabron**es**"; de "melón", "melon**es**"; de "pelón", "pelon**es**", etcétera. En el caso de los términos invariables, su plural lo determina el artículo, como en "**el** análisis", "**los** análisis"; "**el** clítoris", "**los** clítoris"; "**el** lunes", "**los** lunes"; "**el** martes", "**los** martes"; "**la** crisis", "**las** crisis"; "**el** tórax", "**los** tórax". Pero no es el caso de "memorando" o "memorándum". La gente más afectada, la más pedante, la que se da aires de erudición sin realmente ser erudita, y a veces ni medianamente culta, suele "corregir" al hablante: "No se dice los memorándums ni los currículums, se dice los memoranda y los currícula". Hay que corregir al "corrector". En español, se debe decir y escribir "el memorando" y "el memorándum"; "los memorandos" y "los memorándums", así como también "el currículo" y "el currículum", "los currículos" y "los currículums". No hablamos latín, hablamos español, aunque el latín sea la raíz de nuestro idioma. Desde hace muchísimos años, en su *Diccionario de dudas y dificultades de la lengua española,* Manuel Seco explicó lo siguiente: "**memorándum.** 'Comunicación diplomática'. El plural más frecuente de esta palabra es *memorándums,* pero también puede decirse *memorandos,* correspondiente a un singular *memorando* que la Academia propone [claro, en los tiempos en que la RAE proponía y no se dedicaba únicamente a holgazanear] al lado del tradicional *memorándum*. La solución más práctica sería adoptar decididamente el singular españolizado, *memorando*, con su plural normal". Acabemos de una vez y para siempre con este disparate: en español, no existe el plural "**los** memoranda", del mismo modo que no existe el plural "**los** currícula": lo correcto es "los memorandos" y "los memorándums", así como "los currículos" y "los currículums", sustantivos masculinos que derivan de las formas singulares ya mencionadas y que tienen su origen en los términos latinos *memoradum* ("lo que debe recordarse") y *curricŭlum* ("carrera"). Finalmente, ni "currículum" ni "memorándum" son términos invariables en número, de ahí que sean también formas disparatadas los falsos plurales "**los** currículum" y "**los** memorándum".

☞ Google: 177 000 resultados de "los currículum"; 70 900 de "los currícula"; 17 600 de "los memorándum"; 10 200 de "los memoranda". ☒

☞ Google: 33 800 000 resultados de "currículo"; 15 200 000 de "currículum"; 9 250 000 de "currículos"; 4 880 000 de "memorando"; 1 940 000 de "memorandos"; 1 930 000 de "memorándum"; 1 900 000 de "currículums"; 429 000 de "los currículos"; 184 000 de "los currículums"; 139 000 de "memorándums"; 90 400 de "los memorandos"; 29 900 de "los memorándums". ☑

278. *¿mendrugo de pan?, ¿mendrugo de pan duro?*

"Mendrugo de pan" y "mendrugo de pan duro" son redundancias tan gruesas como decir y escribir "hemorragia de sangre" o "monolito de piedra", pues el sustantivo masculino "mendrugo" (del árabe hispánico *matrúq*) significa "pedazo de pan duro o desechado" (DRAE). Ejemplo: *No tenía para comer ni siquiera un* ***mendrugo***. Para el sentido coloquial, el diccionario académico brinda una segunda acepción: "hombre rudo, tonto, zoquete". Lo cierto es que, más allá de esta acepción (muy poco utilizada), de acuerdo con el contexto, y sin riesgo de ambigüedad, basta con decir y escribir "mendrugo" para indicar que se trata de un trozo de pan duro o desechado. Por ello la expresión "mendrugos de pan" (aunque la haya usado Cervantes en el *Quijote* y en las *Novelas ejemplares*) es redundante, así como doblemente redundantes son las expresiones "mendrugo de pan duro" y "mendrugo duro de pan", pues todos los mendrugos son de pan duro.

Redundancias como éstas se deben, por supuesto, al desconocimiento del idioma, pero, peor aún, a la nula consulta de un diccionario. Si alguien consulta el diccionario y lee que mendrugo es un pedazo de pan duro o desechado, sólo con un coco aun más duro que el mendrugo dirá o escribirá "mendrugo de pan" y, peor aún, "mendrugo de pan duro". Uno pensaría que muy poca gente comete estas barbaridades, pero lo cierto es que es mucha y que, además, lo hace con reiteración. Esta gente abunda en internet, pero no escasea en las publicaciones impresas. Tales redundancias no son exclusivas del ámbito inculto de la lengua; de hecho, son más frecuentes en el ambiente culto. En una monografía española (*Alimentación*, Gobierno de Aragón, 2001) del Programa Cine y Salud leemos que

☞ "Buñuel escenifica el hambre en aquellos niños hurdanos, sin dientes y sin un **mendrugo duro de pan** que llevarse a la boca".

Quiso escribir el autor, sin redundancia, en buen español, que

☝ Buñuel escenifica el hambre en aquellos niños hurdanos sin dientes y sin un **mendrugo**.

✎ He aquí más ejemplos de esta redundancia tan española: "es mejor un **mendrugo de pan**, en paz, que carne en abundancia, en medio de peleas", "David va en busca del **mendrugo de pan**", "no encuentra el **mendrugo de pan** para saciarla", "ya tengo un **mendrugo de pan** entre mis manos", "el **mendrugo de pan** y el vagabundo", "añejas como **mendrugos de pan**", "como palomas luchando por **mendrugos de pan**" (en realidad, las palomas luchan por migajas o migas, no por mendrugos), "los **mendrugos de pan** y las sucias fondas de la Celestina", "los tíos echaban **mendrugos de pan** por el suelo", "no probó más bocado que el **mendrugo de pan duro**", "los anacoretas se daban en el pecho con un **mendrugo de pan duro**", "buscaría con mano trémula el **mendrugo de pan duro** que había dejado a un lado", "mamullando un **mendrugo de pan duro** de su cuñada", "que sus hijos se merienden los **mendrugos de pan duro**", "coger unos **mendrugos de pan duro** para no morirse de hambre", "un capacho con **mendrugos de pan duro**", "entró un guardián con unos vasos de té y unos **mendrugos duros de pan** para desayunar", "se había acabado su taza de leche con **mendrugos duros de pan**" y, como siempre hay algo peor, "**mendrugos de pan fresco**".

☞ Google: 57 100 resultados de "mendrugo de pan"; 18 000 de "mendrugos de pan"; 11 400 de "mendrugo de pan duro"; 5 550 de "mendrugos de pan duro". ☒

279. *¿menopausia femenina?, ¿menopausia masculina?*

Decir o escribir la expresión "menopausia femenina" es un disparate por redundancia, pues no existe otra "menopausia" que la que afecta a las mujeres. Otro disparate, vinculado al anterior, es el de la "menopausia masculina". Tontería una y tontería la otra. ¿Qué diablos es la "menopausia masculina"? Es sólo una jalada, producto de la ignorancia del idioma. El sustantivo femenino "menopausia" proviene del griego *mēnós*, "mes", y *paûsis*, "cesación", y se refiere al "cese natural y permanente de la menstruación" (no hay que agregar que de la mujer, porque son las mujeres quienes menstrúan) o bien al "período de la vida de una mujer en que se experimenta la menopausia" (DRAE). Dicho lo anterior, tampoco hace falta agregar al sustantivo "menopausia" el adjetivo "femenino". Basta con decir "menopausia". Ejemplo: *A partir de los 45 años dejó de tener la menstruación y entró en la* ***menopausia***. Es obvio que, en este ejemplo, la referencia es una mujer. Ahora bien: ¿qué "menopausia" puede presentar el varón, el sujeto masculino? Ninguna, porque jamás ha menstruado. No hay tal "menopausia masculina" y ni siquiera, por lo general, lo que suele denominarse un "climaterio" (período de la vida en que cesa la función reproductora), pues este sustantivo masculino se aplica a la mujer justamente cuando sufre menopausia, es decir cuando ocurre el cese definitivo de la menstruación (en la edad madura), y en cambio el varón puede tener una edad madura e incluso avanzada, con cierta declinación sexual, pero sin el cese de la función reproductora. En este sentido, es equívoca la definición del DRAE para el sustantivo femenino "andropausia", que es el que corresponde al varón con un significado similar a "menopausia". El DRAE define "andropausia" como "climaterio masculino": con estas pobres y ridículas dos palabras. María Moliner, en cambio, es más precisa: "edad del hombre en que cesa la actividad testicular". No es lo mismo aplicar el término "climaterio" a una mujer (que ya no está en edad reproductiva, pero sí sexual) que a un hombre que, pese a su declinación en la actividad sexual, todavía puede engendrar. Para que exista "andropausia" es necesario que cese completamente la actividad testicular. En conclusión, "menopausia" es un sustantivo que debe usarse exclusivamente para la mujer que ya no menstrúa, y "andropausia" es un sustantivo que debe aplicarse únicamente al varón que carece ya de función reproductora. A pesar de esta claridad lógica, son muchos los medios impresos y electrónicos que se refieren a la "menopausia femenina" (como si hubiese otra) y a la "menopausia masculina" (que no existe). Incluso en el ámbito médico se utilizan estos desbarres en lugar de "menopausia" y "andropausia", que son los únicos términos correctos para cada caso.

En el diario español ABC una reportera escribe sobre

☞ "Los nueve síntomas de la **menopausia masculina**".

Debió escribir, como es obvio, acerca de

☞ Los nueve síntomas de la **andropausia**.

✎ Pero, además, como ya advertimos, y como lo documenta la propia reportera del ABC (a partir de un estudio de la Universidad de Manchester), la "andropausia" es un problema raro, pues sólo afecta al 2% de los individuos, frente al 100% que afecta la "menopausia" obviamente a las mujeres. La razón es lógica: a cierta edad, especialmente después de los 45 años, cesa por lo general la función reproductora de las mujeres, mientras que en el caso de los hombres esta función reproductora se mantiene incluso a muy avanzada edad y cesará no necesariamente por "andropausia", sino por disfunción eréctil o impotencia sexual. Lo que sí podría haber en los varones es "memopausia" (de "memo": "tonto", más *paûsis*, "cesación"), en caso de que sea posible, a una determinada edad, perder lo tonto. He aquí otros ejemplos de las tonterías denominadas "menopausia masculina" o "climaterio masculino" y de la redundancia no menos tonta de "menopausia femenina: "cómo afecta la disfunción tiroidea a la **menopausia femenina**", "síntomas de la **menopausia femenina**", "efectos de la **menopausia en la mujer**", "desbalance hormonal y **menopausia en la mujer**", "primeros síntomas y signos de la **menopausia en la mujer**", "¿cuáles son los síntomas de la **menopausia en las mujeres**?", "síntomas del síndrome de la **menopausia en hombres**", "**menopausia en hombres** y diabetes", "cómo entender la **menopausia masculina**", "¿sabías que los **hombres también tienen la menopausia**?", "tratamiento promete terminar con la **menopausia masculina**", "*La* ***menopausia masculina****: cambios físicos y psicológicos*" (título de un libro), "remedios naturales para la **menopausia masculina**", "**climaterio masculino**: crisis en la mediana edad", "calidad de vida en el **climaterio masculino**", "**climaterio masculino**: ¿qué hacer?".

☞ Google: 63 900 resultados de "menopausia en las mujeres"; 60 600 de "menopausia en la mujer"; 59 200 de "la menopausia en las mujeres"; 53 500 de "la menopausia en la mujer"; 53 300 de "menopausia masculina"; 35 500 de "la menopausia masculina"; 35 000 de "menopausia en los hombres"; 32 400 de "la menopausia en los hombres"; 29 400 de "menopausia en el hombre"; 27 500 de "la menopausia en el hombre"; 20 900 "menopausia en hombres"; 8 190 de "climaterio masculino"; 8 160 de "menopausia femenina". ☒

280. *menstruo* no es lo mismo que *menstrúo*

"Menstruo", palabra llana o grave sin tilde, es adjetivo (del latín *mensis*, mes) que se aplica a lo "perteneciente o relativo al menstruo de las mujeres y hembras de ciertos animales" (DRAE). Se usa también como sustantivo masculino que designa la acción de menstruar y la "sangre procedente de la matriz que todos los meses evacuan naturalmente las mujeres y las hembras de ciertos animales" (DRAE). Ejemplo: *El* ***menstruo*** *manchó su falda blanca.* "Menstrúo", en cambio, palabra llana o grave con tilde, es la primera persona del singular del presente de indicativo del verbo intransitivo "menstruar" (evacuar el menstruo). Ejemplo: *Cuando* ***menstrúo*** *me dan dolores intensos en el vientre y la espalda.* (A este padecimiento que se presenta en el período de menstruación se le denomina "cólico menstrual".) Pero si bien el verbo "evacuar" se conjuga con el modelo del verbo "cantar" (*yo canto, yo evacuo*), el verbo "menstruar" se conjuga con el modelo del verbo "actuar" (*yo menstrúo, yo actúo*). Por ello es un dislate decir o escribir, tratándose de la conjugación verbal y no del adjetivo o del sustantivo, "menstruo" en lugar de "menstrúo". Es frecuente el equívoco de conjugar el verbo "menstruar" con el modelo verbal de "evacuar", y dicho error no sólo pertenece al habla sino también a la escritura, incluso de personas cultas o por lo menos ilustradas. El uso erróneo abunda en internet, pero también en publicaciones impresas especializadas (incluidos libros).

En un foro especializado en fertilidad femenina, una paciente le dice al médico:

☞ "Tengo 46 años y todavía **menstruo**".

Quiso decir y escribir con corrección lo siguiente:

☝ Tengo 46 años y todavía **menstrúo.**

✎ He aquí otros ejemplos de este uso incorrecto del verbo "menstruar", tomados de internet y de publicaciones impresas: "activista defeca y **menstrua** sobre bandera", "cuando una niña **menstrua** prematuramente", "¿por qué **menstruan** las mujeres?", "todavía **menstruo** bien", "qué hacer la primera vez que **menstruas**", "por qué te dan dolores cuando **menstruas**", "cómo cuidarse cuando **menstruas**", "¿si tengo relaciones cuando **menstruo** puedo quedar embarazada?", "cuando **menstruo** me deprimo", "hace tres años que ya no **menstruo**", "hace dos meses que ya no **menstruo**", "sí **menstruo**, pero no todos los meses".

☞ Google: 644 000 resultados de "menstrua"; 53 100 de "menstruas"; 9 480 de "no menstrua"; 8 930 de "ya no menstrua"; 3 920 de "no menstruas"; 3 830 de "cuando menstruo"; 3 650 de "si no menstruo"; 2 300 de "ya no menstruo"; 1 960 de "cuando menstrua"; 1 130 de "si menstruo". ☒

281. *¿meter adentro?, ¿meter dentro?, ¿sacar afuera?, ¿sacar fuera?*

Amos de la redundancia y el pleonasmo, los españoles (y no pocos mexicanos) que dicen y escriben "bajar para abajo", "subir para arriba", "entrar adentro" y "salir afuera", invariablemente también dicen y escriben "meter dentro" y "sacar fuera", además de otras variantes ridículas de estas mismas expresiones. Hay que tener el coco muy duro para no comprender que es innecesario juntar estos términos cuyos significados son equivalentes e innecesariamente reiterativos. El verbo transitivo "meter" (del latín *mittĕre*) significa, en su principal acepción, "encerrar, introducir o incluir algo dentro de otra cosa o en alguna parte". Ejemplo: ***Metió** los libros en su mochila.* El adverbio "adentro" (también "dentro") significa "a o en el interior" o "en la parte interior de un espacio o término real o imaginario" (DRAE). Ejemplo: ***Adentro** de la cueva había un lobo.* Por ello es un disparate redundante decir y escribir "meter adentro", "meter dentro", "meterlo adentro" y demás variantes, pues con decir "meter" ya se ha dicho todo, además de que es imposible lo contrario: *meter fuera*. Los académicos de Madrid, redundantes y pleonásticos por hábito, ponen, en su mamotreto, el siguiente ejemplo "virtuoso" relativo al adverbio: *Se **metió** por las puertas **adentro**.* En este torpe ejemplo, aunque se omita el sustantivo "casa" (o "edificio"), es obvio que se le alude en función del sustantivo femenino "puertas". Lo correcto es *Se **metió** por las puertas a la casa*, que de todos modos es un ejemplo estúpido, a menos que crean los académicos que lo normal es meterse a la casa por las ventanas. En el caso de "sacar afuera", "sacar fuera" "sacar para fuera" y sus variantes, se presenta el mismo problema de redundancia, pero en sentido contrario. "Sacar" es un verbo transitivo que, en su principal acepción, significa "poner algo fuera del lugar donde estaba encerrado o contenido" (DRAE). Ejemplo: ***Sacó** los libros de su mochila.* El adverbio "afuera" (también "fuera") significa "a la parte o en la parte exterior de algo". Ejemplo: ***Afuera** de la cueva había un lobo.* Por lo anterior, es otro disparate redundante decir y escribir "sacar afuera", "sacar fuera", "sacar para fuera" y demás variantes donde se juntan dos términos equivalentes y reiterativos: "sacar" y "fuera", además de que, como es obvio, lo contrario (*sacar dentro*) no es posible: en todo caso, es tan idiota como "meter fuera", "bajar arriba", "subir abajo", "entrar afuera" y "salir adentro". Si no tenemos una mínima noción de la lógica es imposible comprender y utilizar adecuadamente el idioma que, de manera invariable, refleja o representa nuestra forma de pensar. El pensamiento redundante y pleonástico se produce las más de las veces por ignorancia del significado de las palabras y por una ausencia notoria de la noción lógica. No sólo estamos ante un desorden de las reglas del idioma, sino también ante una falta de estructura del pensamiento.

Estas redundancias tan notoriamente tontas no son exclusivas de la lengua hablada ni tampoco de los ámbitos incultos del idioma. Abundan en el español escrito, en publicaciones impresas y en internet, y son utilizadas con frecuencia por personas que han ido no sólo a la escuela sino que tienen también estudios de posgrado. En el mismísimo diario español *El País,* leemos el siguiente encabezado (sin ninguna intención de ironía):

☞ "**Meter dentro** lo que está fuera".

Hombre, Manolo, tan fácil que es decir y escribir:

☞ **meter**, y punto.

✎ Pero no son únicamente los españoles quienes se las gastan con esto. En el portal electrónico argentino de Terra leemos el siguiente encabezado: "Lo quisieron **meter dentro** de la camioneta, se resistió y lo mataron". Basta con decir que "lo quisieron **meter en** la camioneta", etcétera. He aquí más ejemplos de estas tonterías *redundantemente pleonásticas* (a despecho de la RAE): "esto es lo que nunca debes **meter dentro** de un microondas", "se pueden **meter dentro** de carpetas", "**meter** la camisa **por dentro**" (buen consejo, pues hay quienes la meten por fuera), "**meter dentro** a 400 trabajadores", "no era posible **meterlo dentro**", "**meterlo por dentro** de la ropa", "**meter por dentro** del pantalón", "se había erguido para **meterlo dentro** del hoyo", "es hora de **sacar fuera** tus talentos" (también muy buen consejo, pues hay gente que prefiere sacarlos dentro), "**sacar por fuera** de la pared", "**sacar fuera** de contexto" (olé), "**sacar fuera** de la oficina", "**sacar fuera** de la bolsa", "quiero **sacar para fuera** tanto resentimiento" (que lo haga y, si así lo desea, que también lo saque para dentro), "**sacarlo por fuera** de la línea", "después de que se dejó de **sacar para fuera** del reino" (lo dicho: siempre puede haber algo peor).

☞ Google: 254 000 resultados de "meter dentro"; 128 000 de "meter por dentro"; 82 600 de "sacar fuera"; 76 700 de "sacar por fuera; 41 100 de "meterla dentro"; 38 900 de "meterlo dentro"; 33 600 de "sacar afuera"; 18 600 de "sacarlo por fuera"; 17 000 de "meterlo por dentro"; 14 400 de "meter adentro"; 8 300 de "meterla adentro"; 7 660 de "meterlo adentro"; 6 100 de "meter para dentro"; 6 060 de "meter para adentro"; 5 500 de "sacar para afuera"; 4 660 de "sacar para fuera". ☒

282. *¿mezca?, ¿mezcas?, ¿mezco?*

El verbo transitivo "mecer" es irregular. Sus accidentes principales están en la primera persona del singular del presente de indicativo (*yo mezo*), en toda la conjugación del presente de subjuntivo (*que yo meza, que tú mezas, que él meza, que nosotros mezamos, que ustedes mezan, que ellos mezan*) y en los imperativos *meza (usted)* y *mezan (ustedes)*. El modelo de este verbo no es "crecer", como suelen creer muchos hablantes y escribientes del español, que se conjuga de igual modo que "merecer", "nacer" y "ofrecer". No. La conjugación de "mecer" es, sorprendentemente, parecida a "mesar", aunque en el significado nada tengan que ver uno con el otro y aunque "mesar" sea verbo regular frente al carácter irregular de "mecer". He aquí el presente de indicativo de "mesar": *yo meso, tú mesas, él mesa, nosotros mesamos, ustedes mesan, ellos mesan*. Sus imperativos son: *mese (usted)* y *mesen (ustedes)*. El verbo "mecer" (del latín *miscēre*: "mezclar") tiene dos principales acepciones en el DRAE: "Mover algo compasadamente de un lado a otro sin que mude de lugar, como la cuna de los niños" y "menear y mover un líquido para que se mezcle o incorpore". Ejemplos: *Mientras yo* ***meza*** *la cuna, el niño no se despertará*; *Lo que deseo es que alguien* ***meza*** *la hamaca*; *Les pido, por favor, que* ***mezan*** *bien los líquidos*. En su forma pronominal ("mecerse"), un ejemplo es el siguiente: ***Me mezo*** *en la hamaca y todo es felicidad*. El verbo transitivo "mesar" (del latín vulgar *messāre*, que deriva de *metĕre*: "segar, cercenar") significa, muy específicamente, "arrancar el cabello o la barba con las manos, o tirar con fuerza de ellos" (DRAE). Ejemplo: *Él* ***mesaba*** *su cabello nerviosamente*. En su forma pronominal ("mesarse"), he aquí un ejemplo: *Se* ***mesó*** *la barba con desesperación*.

Es comprensible la dificultad que presenta para hablantes y escribientes la conjugación del verbo "mecer", pues muchos de los verbos terminados en "-cer" siguen un patrón de irregularidad del que "mecer" es excepción, entre ellos "aborrecer" (aborre**zco**), "adolecer" (adole**zco**), "agradecer" (agrade**zco**), "carecer" (care**zco**), "convalecer" (convale**zco**), "crecer" (cre**zco**), "enfurecer" (enfure**zco**), "languidecer" (languide**zco**), "merecer" (mere**zco**), "nacer" (na**zco**), "ofrecer" (ofre**zco**), "rejuvenecer" (rejuvene**zco**), etcétera. Pero más allá de esta dificultad el hispanohablante debe saber que "mezca", "mezcan", "mezcas" y "mezco", entre otras erradas conjugaciones del verbo "mecer", son disparates. En internet y en las publicaciones periódicas son frecuentes, lo mismo que en el habla. Personas cultas (entre ellas, escritores) o con estudios profesionales (entre ellas, académicos) no saben conjugar correctamente este verbo, lo cual revela que no dudan ni un instante en lo que dicen y escriben, y además no se muestran interesados en consultar el diccionario. Un comentarista político escribe:

☞ "Quizá haya otra mano que **mezca** la cuna y nosotros no la vemos".

Quiso decir y escribir que

☝ quizá haya otra mano que **meza** la cuna, etcétera.

✎ Más ejemplos de este desbarre: "**mezca** la cuna cuando llore el niño", "no es momento de que les **mezca** la cuna un progre de Madrid", "sin mano que **mezca** la cuna", "pretenden ser la mano que **mezca** la cuna", "**mezca** adelante para que su peso esté en su pierna delantera", "no **te mezcas** en la silla", "para que **mezcas** en la cuna al niño", "que cuando **me mezcas me mezcas** seguido", "y que cuando **te mezcas** me estremezcas" (todo un poeta candidato al Nobel; ¡ni Bob Dylan!), "un columpio en que **nos mezcamos**", "aunque **nos mezcamos** en esa deriva", "**me mezco** en ti, mujer", "eres el columpio donde **me mezco**", "**me mezco** para dormir", "**me mezco** un ratito en el ancla que lastra mi vida" (otro Bob Dylan), "sobre el oscuro abismo en que **me mezco**" (más lirismo de altos vuelos), "**me mezco** en las praderas para adornarlas" (lirismo con narcisismo), "que libres y tranquilos **se mezcan** en el viento", "fuertes corrientes de aire que hacen que los cables **se mezcan** peligrosamente", "y en cenizas de nada **se mezcan** en el viento". Hay quienes confunden "mezcla" con "mezca" y "mezclan" con "mezcan". Esto es mezclar las cosas mientras se mecen en la hamaca.

☞ Google: 121 000 resultados de "mezca"; 13 000 de "me mezco"; 10 600 de "mezcas"; 4 380 de "mezcamos"; 2 870 de "se mezcan". ☒

283. *mezcla* no es lo mismo que *petróleo*

Ya se hizo lugar común o cliché que los periodistas mexicanos y los especialistas en temas económicos y energéticos se refieran al petróleo mexicano mediante la expresión "mezcla mexicana". Es cierto que el contexto en que se usa puede darle sentido a la expresión, pero no deja de ser una tontería suponer que "petróleo" y "mezcla" son sinónimos. El sustantivo femenino "mezcla" (acción y efecto de mezclar o mezclarse) tiene la siguiente acepción en el DRAE: "Agregación o incorporación de varias sustancias o cuerpos que no tienen entre sí acción química". Y una acepción muy específica es la que designa, en el ámbito de la construcción, a la "argamasa de cal, arena y agua" (DRAE), esto, claro, cuando quienes construyen y hacen la mezcla son los académicos de Madrid, pues en general, en la albañilería, a la mezcla o mortero también le ponen "cemento" (del latín *caementum*), sustantivo masculino que significa "mezcla formada de arcilla y materiales calcáreos, sometida a cocción y muy finamente molida, que mezclada a su vez con agua se solidifica y endurece" (DRAE).

Si decimos que el diccionario de la Real Academia Española es una mezcla y, peor aún, una mezcolanza ("mezcla extraña y confusa, y algunas veces ridícula"), ¿qué debemos entender por "mezcla mexicana" si tomamos en cuenta que el verbo transitivo "mezclar" puede significar lo mismo "juntar, unir, incorporar algo con otra cosa, confundiéndolos" que "alterar el orden de las cosas o desordenarlas"? En esta última acepción, la "mezcla mexicana" bien podría ser el gobierno de México. Pero no. A lo que se refieren los periodistas y especialistas es al "petróleo" mexicano; sólo que, en vez de decir y escribir simplemente "petróleo mexicano", dicen y escriben, en lenguaje cifrado, "mezcla mexicana". Tan fácil que es decir "petróleo" (del bajo latín *petroleum*, y éste del latín *petra*, "piedra", y *oleum*, "aceite"), sustantivo masculino que significa "líquido natural oleaginoso e inflamable, constituido por una mezcla de hidrocarburos, que se extrae de lechos geológicos continentales o marítimos y del que se obtienen productos utilizables con fines energéticos o industriales, como la gasolina, el queroseno o el gasóleo". El hecho de que el petróleo esté constituido por "una mezcla de hidrocarburos" no quiere decir que "mezcla" sea sinónimo de "petróleo". Tal equivalencia o sinonimia sólo puede ser jergal o coloquial, pero mucho más extrema que llamar "crudo" al petróleo en bruto, es decir a aquel "que no está refinado", y cuya acepción sí acepta el DRAE. Ejemplo: *El* ***crudo mexicano*** *se desplomó*. No deja de ser gracioso, pues especialmente en México el adjetivo y sustantivo "crudo" se aplica también a la persona "que tiene resaca al día siguiente de una borrachera", y muy bien puede comprenderse que **el crudo mexicano se haya desplomado**, pero sería necesario especificar cuál de todos. Esta acepción deriva, además, de un barbarismo: decirle "cruda" a la resaca o a los malestares por haber ingerido alcohol en exceso, es consecuencia de la deformación del adjetivo y sustantivo coloquial "curda" (del francés dialectal *curda*): "ebriedad, borrachera". En fin, cabe concluir que si bien el término "crudo" es equivalente de "petróleo no refinado", el término "mezcla" no está registrado como sinónimo de "petróleo" en ninguno de los diccionarios de la lengua española. Pero, además, ¿por qué no decir "petróleo mexicano" en lugar de "mezcla mexicana"? Dice y escribe Joaquín López Dóriga en su página de internet: *La* ***mezcla mexicana*** *se cotiza por debajo de los 30 dólares*. No hay ninguna ventaja lingüística si, además, cae en la redundancia de decir y escribir "mezcla de petróleo" o "mezcla mexicana de petróleo" (pues el **petróleo** está constituido por **una mezcla de hidrocarburos**), como también dice y escribe el periodista mencionado en su página. Si somos observadores, mezclas realmente mexicanas son el mole y el guacamole. Lo otro se llama petróleo.

☞ Google: 238 000 resultados de "mezcla mexicana"; 136 000 de "la mezcla mexicana"; 63 300 de "mezcla mexicana de exportación"; 53 900 de "mezcla mexicana de petróleo". ☒

284. *¿mi opinión personal?*

Parecido al vicio redundante de decir y escribir "yo en lo personal" (si algo se dice "en lo personal" o "personalmente", resulta obvio que ello corresponde a la primera persona del singular que invariablemente es "yo") es el vicio no menos redundante de decir y escribir "mi opinión personal", pues el término "mi" (apócope de "mío) es el adjetivo posesivo de primera persona que, usado ante sustantivo, tiene valor definido. Ejemplo: *En **mi** casa están **mis** pertenencias y **mis** recuerdos e incluso **mi** infancia.* En todos los casos de este ejemplo el adjetivo "mi" (plural: "mis") corresponde, ineludiblemente, a la primera persona. En consecuencia, decir y escribir "mi opinión personal" es tautología, redundancia, énfasis innecesario. "Mi opinión" sólo puede ser "personal" porque el adjetivo posesivo "mi" así lo deja establecido. Basta con decir y escribir "mi opinión" para decirlo todo, de la misma manera que basta con decir y escribir "en lo personal" o "personalmente", en vez de "yo **en lo personal**" o "yo **personalmente**". Si es "**mi** opinión", se da por descontado que es "personal"; si es "**yo**", se da por descontado que es "en lo personal" o "personalmente".

Esta barrabasada redundante que algunos querrán vestir de pleonasmo (para pretender darle dignidad retórica) es un vicio del ámbito culto de la lengua hablada y escrita. Profesionistas de múltiples disciplinas y escritores de las más diversas calidades la usan con especial donaire. Las publicaciones impresas y las páginas de internet dan cuenta de ello. En un libro sobre ciencias biomédicas, el autor escribe:

☟ "porque, **en mi opinión personal**, no es posible ni razonable imponer mis criterios a autores tan dispares".

Quiso escribir, en buen español, sin redundancia, lo siguiente:

☝ porque, **en mi opinión** (o **según mi parecer**), no es posible, etcétera.

✎ He aquí más ejemplos de esta barrabasada redundante tan típica de profesionistas e intelectuales: "como profesor, expresé **mi opinión personal**", "y si me preguntan por **mi opinión personal**", "ella quería que yo le hablara de **mi opinión personal** al respecto", "**mi opinión personal** acerca de esto", "en **mi opinión personal** creo que", "en **mi opinión personal**, me parece muy importante", "en **mi opinión personal**, y con la experiencia vivida", "en **mi opinión personal** ésta es la única salida", "ésta es **mi opinión personal**", "te diré cuál es **mi opinión personal**", "simplemente es **mi opinión personal**" y, como siempre hay algo peor, "en **mi opinión personal yo** creo que México es un país que debería tomar la delantera".

☞ Google: 511 000 resultados de "mi opinión personal"; 438 000 de "en mi opinión personal"; 305 000 de "es mi opinión personal". ☒

☞ Google: 18 700 000 resultados de "mi opinión"; 11 200 000 de "en mi opinión"; 672 000 de "es mi opinión"; 374 000 de "este es mi parecer"; 159 000 de "según mi parecer". ☑

285. ¿*micro-* y *mini-* + *pequeño* o diminutivo?, ¿*pequeño* + diminutivo?, ¿*pequeño cubículo*?

Los elementos compositivos "micro-" y "mini-" significan, ambos, "muy pequeño". Se utilizan como prefijos para denotar la disminución, especialmente en tamaño, del término al que modifican, como en "microorganismo" (organismo muy pequeño) y en "minifalda" (falda muy pequeña). Ejemplos: *Los **microorganismos** son sólo perceptibles a través del **microscopio***; *Llevaba una **minifalda** roja*. Por lo anterior, resulta redundante aplicar el adjetivo "pequeño" ("que tiene poco tamaño o un tamaño inferior a otros de su misma clase", DRAE), a los compuestos con los prefijos "micro-" y "mini-" que ya de suyo implican disminución en tamaño. Es redundante decir y escribir *Los **pequeños microorganismos** sólo son perceptibles a través del microscopio*; *Llevaba una **pequeña minifalda*** y, lo que es peor, *Llevaba una **pequeña minifaldita***. El adjetivo "pequeño", como ya hemos visto, se aplica a lo que tiene poco tamaño o un tamaño inferior a otros de su misma clase. Ejemplo: *Vivía en una **pequeña casa** en las afueras del pueblo*. Este adjetivo es común en muchas lenguas y tiene equivalencia con el diminutivo que, en español, se forma especialmente con los sufijos "-cilla" o "-illa", "-cillo" o "-illo", "-cita" o "-ita", "-cito" o "-ito", como en "problemilla" (de problema), "frailecillo" (de fraile), "casita" (de casa) y "librito" (de libro). Se escribe *little*, en inglés, como en *The Little Princess* (*La pequeña princesa* o *La princesita*), y *petit*, en francés, como en *Le petit prince* (*El pequeño príncipe* o *El principito*). Puesto que el sufijo correspondiente al diminutivo disminuye o reduce el tamaño o la intensidad de la cosa, animal o persona que designa, es una redundancia asociar en una sola expresión el adjetivo "pequeño" y el término en diminutivo, como en *La **pequeña princesita*** y *El **pequeño principito***. Otro tipo de diminutivo, éste de origen culto, es el de algunas palabras eruditas como "cubículo" (pequeño recinto), "clavícula" (literalmente, llavecita o pequeña llave) y "habitáculo" (habitación de pequeñas dimensiones). Estas palabras ya incluyen el sentido de pequeña dimensión; por ello es también redundante modificarlas con el adjetivo pequeño o con algún sufijo que implique diminutivo, como en "pequeño habitáculo", "pequeño cubículo" y, lo que es peor, "cubiculito". Ejemplo: "Trabajaba en un **cubiculito**". Y la cosa se agrava en el ejemplo "Trabajaba en un **pequeño cubiculito**".

Todas estas redundancias están ampliamente extendidas en los más diversos ámbitos del español. Abundan en internet, pero no son extrañas en las publicaciones impresas. Son vicios del habla que, poco a poco, se fueron incrustando en el español escrito. En *Yahoo Noticias* leemos el siguiente encabezado:

☞ "Bárbara Mori luce su **micro cinturita** de Barbie".

Si es "micro" es pequeña; si es "cinturita" es pequeña. Lo correcto es decir y escribir: ☞ **microcintura** o, simplemente, **cinturita**.

✐ He aquí más ejemplos de estas ridículas redundancias: "La **Pequeña Casita** Hotel Machu Picchu", "**pequeña casita** en finca aislada", "**pequeña casita** de campo", "**pequeña casita** al estilo andaluz", "andar en **minifaldita** todo el día", "en **minifaldita** con tacones altos", "en un **pequeño cubículo**", "**pequeño cubículo** moderno para oficina", "**pequeños microorganismos** semejantes a las bacterias", "colonia de **pequeños microorganismos**", "la mexicana presumió de su **pequeña cinturita**", "top que dejaba al descubierto su **pequeña cinturita**", "Jennifer Lopez exhibe su **micro cinturita**", "Jessica Alba presume de su **micro cinturita**", "estoy salvando al mundo desde mi atestado **cubiculito**" (atestado, dijo; no apestado) y, como siempre hay algo peor, "peluca rubia y una **minifaldita** blanca **muy corta**" (lo realmente sorprendente es que fuese una minifaldita muy larga).

☞ Google: 300 000 resultados de "pequeña casita"; 72 200 de "pequeña princesita"; 63 900 de "minifaldita"; 44 200 de "pequeño ratoncito"; 34 400 de "pequeño librito"; 26 800 de "pequeño principito"; 21 100 de "casita pequeñita"; 19 900 de "pequeño cubículo"; 17 700 de "pequeña ovejita"; 15 900 de "pequeños microorganismos"; 8 050 de "pequeña cinturita"; 6 590 de "pequeño cochecito"; 3 630 de "pequeño microorganismo"; 2 060 de "princesita pequeñita"; 1 360 de "pequeño avioncito"; 1 270 de "micro cinturita". ☒

286. *migrante* no es lo mismo que *inmigrante*

Aunque a muchos hablantes y escribientes del español les parezca que no hay diferencia entre los adjetivos y sustantivos "migrante" e "inmigrante", cabe decir que son términos diferentes. Veamos por qué. El término "migrante" es un adjetivo que se usa también como sustantivo cuando se aplica a persona, y significa "que migra". Ejemplo: *Los **migrantes** centroamericanos atraviesan el territorio mexicano para llegar a Estados Unidos.* El verbo intransitivo "migrar" (del latín *migrāre*) significa "trasladarse desde el lugar en que se habita a otro diferente" (DRAE). Ejemplo: *Pese al gran riesgo que tiene atravesar el territorio mexicano, para muchos centroamericanos es menos peligroso **migrar** que permanecer en sus países.* De ahí el sustantivo femenino "migración" (del latín *migratio, migratiōnis*), cuyas principales acepciones son las siguientes: "Viaje periódico de las aves, peces u otros animales migratorios" y "desplazamiento geográfico de individuos o grupos, generalmente por causas económicas o sociales" (DRAE). Ejemplo: *La **migración** de muchas personas es producto de la pobreza y de la inseguridad que enfrentan en sus países de origen.* De ahí también el adjetivo "migratorio", cuyas acepciones son las siguientes: "que migra"; "perteneciente o relativo a la migración" y "perteneciente o relativo a los animales que migran" (DRAE). Ejemplo: *El fenómeno **migratorio** en muchos países se debe a la pobreza y a la violencia que padecen sus habitantes.* En cuanto al término "inmigrante", adjetivo que se usa como sustantivo cuando se aplica a persona, significa "que inmigra". Ejemplo: *Antonio es **inmigrante** en los Estados Unidos.* El verbo intransitivo "inmigrar" (del latín *inmigrāre*) posee tres acepciones en el DRAE: "Dicho de una persona: Llegar a un país extranjero para radicarse en él"; "dicho de una persona: Instalarse en un lugar distinto de donde vivía, dentro del propio país, en busca de mejores medios de vida"; "dicho de un animal o de una planta: Asentarse en un territorio distinto del suyo originario". Ejemplo: *Procedente de su natal Jalisco, Antonio decidió* ***inmigrar*** *en Estados Unidos.* De ahí el sustantivo femenino "inmigración": "acción y efecto de inmigrar". Ejemplo: *Antonio eligió la* ***inmigración*** *en aquel país porque en su lugar natal apenas sobrevivía.* De ahí también el adjetivo "inmigratorio": "perteneciente o relativo a la inmigración". Ejemplo: *El fenómeno* ***inmigratorio*** *en Estados Unidos tiene que ver con la búsqueda del "sueño americano".* De acuerdo con todo lo anterior, resulta obvio que un "migrante" lo es en tanto que "migra", es decir en tanto viaja y se traslada de su lugar original a otro sitio, y que ya instalado o residente en un nuevo lugar deja de ser "migrante" y pasa a ser "inmigrante", pues su carácter "inmigratorio" se lo da el haberse establecido en el lugar hacia el cual "migró". Con mucha frecuencia se habla de "los migrantes en Estados Unidos", pero si con ello se refieren a los extranjeros que residen (legal o ilegalmente) en esa nación, se comete un disparate, pues dichos extranjeros residentes han dejado de ser "migrantes" y se han convertido en "inmigrantes" justamente porque han llegado a su destino.

Este dislate es frecuente en el periodismo y en la sociología, lo mismo en publicaciones impresas que en internet. Es desbarre del habla al igual que de la escritura, y se ha ido extendiendo a todos los ámbitos de la lengua española. En el portal electrónico de Forbes México, Angélica Fuentes publica un artículo que, equivocadamente, lleva por título:

☞ "El espíritu emprendedor de las **migrantes**".

Sin embargo, en el cuerpo del texto todo el tiempo se refiere, correctamente, a "las mujeres **inmigrantes** emprendedoras". Siendo así, no es la autora quien yerra, sino los editores, quienes debieron poner, con corrección, el siguiente encabezado:

☞ El espíritu emprendedor de las **inmigrantes**.

✎ La disposición que lleva a muchas mujeres "inmigrantes" en Estados Unidos a emprender negocios y crear empresas no podría materializarse si sólo fuesen "migrantes". Provenientes de América Latina, estas mujeres crean empresas y establecen negocios cuando ya son parte de la sociedad estadounidense, cuando ya participan en su calidad de residentes, es decir de "inmigrantes". Han dejado de ser "migrantes" (que migran, que se trasladan) para convertirse en "inmigrantes" (que se han establecido, que han llegado a su destino). He aquí otros ejemplos de este mismo error, todos ellos tomados del periodismo: "Buscan visas humanitarias para familiares de **migrantes en Estados Unidos**", "miembros de las comunidades **migrantes en Estados Unidos**" (si son comunidades no son migrantes, sino inmigrantes), "mujeres

migrantes en Estados Unidos", "bloquean acceso escolar a niños **migrantes en Estados Unidos**" (no son migrantes, son inmigrantes, pues viven en Estados Unidos y requieren servicios escolares), "líderes **migrantes en Estados Unidos**" (si fuesen líderes migrantes andarían viajando; en realidad son líderes inmigrantes), "Salma Hayek aboga por los **migrantes en Estados Unidos**" (aboga en realidad por los inmigrantes mexicanos en esa nación, a los que el gobierno estadounidense deporta), "inédito acuerdo para los **migrantes en Estados Unidos**" (más bien es un acuerdo de protección laboral para los inmigrantes en Estados Unidos), "caza de brujas contra los **migrantes en Estados Unidos**" (más bien es una persecución contra los inmigrantes en ese país), etcétera.

☞ Google: 437 000 resultados de "migrantes en Estados Unidos"; 34 100 de "población migrante en Estados Unidos". ☒

☞ Google: 427 000 resultados de "inmigrantes en Estados Unidos"; 16 500 de "población inmigrante en Estados Unidos". ☑

287. *¿modem o módem?*

Modem es un acrónimo de la lengua inglesa perteneciente al ámbito de la informática que, por obvias razones, se ha generalizado, en su uso, no sólo en el idioma original. (En el inglés británico se pronuncia, aproximadamente, como *mónden*, y en el estadounidense como *móudem*.) Es un compuesto de los acortamientos de los términos "**mod**ulador" y "**dem**odulador"; de ahí, ***modem***, en inglés, que significa "aparato que convierte las señales digitales en analógicas y viceversa, y que permite la comunicación entre dos computadoras a través de una línea telefónica o de un cable" (DRAE). En español, sin embargo, este préstamo de la lengua inglesa ha dejado de ser un neologismo crudo (el que se escribe en el idioma original y se distingue en cursivas o itálicas: *modem*), y puesto que se ha castellanizado exige la tilde de rigor en la penúltima sílaba, pues se pronuncia como palabra llana o grave: "módem". En nuestro idioma, de acuerdo con las reglas de acentuación, las palabras llanas o graves se escriben con tilde cuando terminan en consonante distinta de "n" o "s", como en álbum, dólar, médium, túnel y, por supuesto, módem. Ejemplo: *Conecté el* ***módem****, pero algo falló porque no tengo señal de internet.* Su plural es "módems". Ejemplo del diccionario de la RAE: *Pronto saldrán al mercado* ***módems*** *con mayor capacidad.*

Dado que el término original *modem* ya está castellanizado o españolizado, es indispensable, en nuestro idioma, escribirlo con tilde: "módem", "módems". Es, por supuesto, falta ortográfica no hacerlo. El uso indiscriminado en nuestra lengua del término en inglés (que ni siquiera se distingue con *cursivas*) revela el poco interés de los hablantes y escribientes por abrir un diccionario. Es abundante lo mismo en publicaciones impresas que en internet. Hay cientos de miles de

♀ "instrucciones para instalar un **modem**".

Lo correcto es ofrecer:
☝ instrucciones para instalar un **módem**.

✎ A la mayor parte de las personas les tiene sin cuidado una tilde de más o una de menos. Pero no tendría que ser así, y menos aun tratándose de personas que han ido a la escuela y, en particular, a la universidad. He aquí otros ejemplos de esta incorrección: "recuperación de sincronismos para un **modem**", "diseño de un **modem**", Huawei lanza en el país un **modem** USB", "un **modem** podría ayudar a determinar qué pasó con Nisman", "configurar un **modem** USB inalámbrico", "diseño e implementación de un **modem**", "es el mejor de **los modem**", "preguntas frecuentes acerca de **los modem**", "mejorar la señal de **los modem**", "desbloquear o liberar **los modem**", "**los modem** envían datos".

☞ Google: 570 000 resultados de "un modem"; 553 000 de "el modem"; 250 000 de "tu modem"; 235 000 de "modem inalámbrico"; 156 000 de "mi modem"; 57 700 de "modem de fibra óptica"; 55 700 de "configuración de modem"; 44 900 de "los modem"; 36 200 de "cualquier modem"; 24 100 de "cómo configurar el modem"; 21 000 de "ese modem"; 5 340 de "modem inalámbricos". ☒

288. *¿modisto?*

Estrictamente, "modisto" es un barbarismo por ultracorrección. Como en un principio la actividad de crear prendas de vestir para mujeres era realizada exclusivamente por mujeres, cuando la comenzaron a ejercer los varones, erróneamente se produjo una masculinización ("modisto") que es un disparate, pues la terminación "-ista" en nombres de profesiones, oficios, actividades o vocaciones rige lo mismo para hombres que para mujeres, como en *ajedrecista, articulista, artista, conferencista, contratista, criminalista, ecologista, masajista, paisajista, penalista, psicoanalista, publicista, telefonista, telegrafista, trapecista*, etcétera. Si no existe el "activisto" como masculino de "activista", ¿por qué demonios la Real Academia Española le dio visto bueno a "modisto"? Por inepta. ¿Acaso se dice "el dentist**o**", "el masajist**o**", "el periodist**o**", "el taxist**o**", "el violinist**o**", etcétera? Lo correcto es "la modista" y "el modista". Contrario es el caso de "sastre" y "sastra", pues la sastrería era antiguamente oficio exclusivo de hombres para hombres, pero cuando las mujeres lo adoptaron, se formó el obligado femenino "sastra" en contraposición a "sastre". No es el caso de las profesiones y oficios terminados en "-ista". ¿Debemos decir y escribir "el artisto" o "el maquillisto"? ¿Quién demonios no sabe que se dice y se escribe, según sea el sexo de la persona que ejerce el oficio, "**el** artista", "**la** artista", "**el** maquillista", "**la** maquillista"? Ahora resulta que "el modisto" es el "hombre que se dedica a hacer prendas de vestir o a crear modas o modelos de ropa, principalmente para mujer" (DRAE). El disparate, como es obvio, nació en el ámbito de la farándula, donde nacen todos los días racimos de barbaridades. Para la RAE, atrás quedó la desautorización de este terminajo por parte de sus más ilustres integrantes, como Manuel Seco y Fernando Lázaro Carreter. ¡Qué vivan los amigovios y los papichulos, en juerga con los modistos! En *El dardo en la palabra*, Fernando Lázaro Carreter refirió la siguiente anécdota: "Llegaron los autobuses al lugar donde el acto inaugural iba a celebrarse. Pregunté a una muchacha uniformada por mi lugar, y me remitió a un *azafato* que había un poco más adelante. Así me lo dijo: *azafato*. Nuevo estrangulamiento de la corriente respiratoria; nunca había oído tan peregrina masculinización, en cierto modo paralela a la que llevó a llamar ridículamente *modistos* a los *modistas*". Este ilustre filólogo y lexicógrafo, nacido en Zaragoza en 1923, murió en Madrid en 2004. Hoy se remueve en su tumba, pues la RAE, a la que él perteneció por vaya Dios a saber qué terrible pecado, hoy admite "azafato" en su mamotreto y, por si ello no bastara, en la entrada correspondiente al americanismo "aeromozo, za" (de *aero-* y *moza*), dice sin más: "Azafato de aviación". Cabe preguntar: ¿por qué "pitonisa" no tiene correspondiente masculino? Muy simple, porque la "pitonisa" o adivinadora, la sacerdotisa de Apolo, fue mujer, nunca varón. Por ello no existen los "pitonisos", sino en todo caso los "adivinadores". La historia del término "azafata" es parecida. La "azafata" (siempre mujer) era una viuda noble que servía a la reina en la casa real. "Llámase *azafata* —se lee en el *Diccionario de Autoridades*— por el azafate [cestillo, bandeja] que lleva y tiene en las manos mientras se viste la Reina". Muy pretenciosamente, cuando en español se rescató esta voz antigua para denominar a las "asistentas" o "camareras" de vuelo (*stewardess*, en inglés), subliminal y ridículamente se quiso dar a entender que los pasajeros eran reyes y reinas, y quienes les brindaban los servicios ("a cuerpo de rey") durante el viaje eran, ni más ni menos, "azafatas", porque también dicho oficio era ejercido únicamente por mujeres. Mucho tiempo después se incorporó el varón en este territorio dominado por mujeres, y en lugar de decirle "asistente de vuelo" (*steward* en inglés) se les hizo fácil masculinizarlo en "azafato". Los mismos necios, o algunos muy parecidos, que inventaron a los "modistos" inventaron también a los "azafatos". Mañana inventarán a los "analistos".

☞ Google: 743 000 resultados de "modisto"; 486 000 de "modistos". ☒
☞ Google: 6 100 000 resultados de "modista"; 2 390 000 de "modistas". ☑

289. *¿monokini?, ¿trikini?, ¿unikini?*

Suelen creer los hablantes y escribientes del español que el término "bikini" es una palabra compuesta en cuya formación la primera sílaba corresponde al prefijo "bi-" ("dos"), tal como en "**bi**lateral" (perteneciente o relativo a los dos lados), "**bi**nacional" (de dos naciones), "**bi**polar" (que tiene dos polos), etcétera. Suponen que dado que la prenda de vestir llamada "bikini" se compone de **dos piezas**: una para los senos (sujetador) y otra para las nalgas (braga), resulta lógico creer que su primera sílaba es un elemento compositivo: **bi**kini. Esto es erróneo. ¿Dos *kinis*? No tiene sentido porque "kini" carece de significado en español. La verdad es otra, y podemos leerla en el *Diccionario del origen de las palabras*, de Alberto Buitrago y J. Agustín Torijano: "El popular atuendo femenino de baño formado por dos piezas debe su nombre al atolón Bikini de las islas Marshall, que se encuentran en el océano Pacífico. Sucedió que el 30 de junio de 1946, el gobierno de los Estados Unidos llevó a cabo unas pruebas nucleares en esas islas. Las dos explosiones atómicas allí efectuadas tuvieron tal repercusión, que un año más tarde, el 5 de julio de 1947, el ingeniero francés Louis Réard presentaba en la piscina Molitor de París la nueva prenda, una auténtica *bomba*, a la que había bautizado con el nombre del atolón". El "bi", entonces, en este caso, no es prefijo, y lo que es más: el bañador o traje de baño que inventó Réard, ya estaba inventado miles de años antes, y hay evidencias pictóricas de mujeres romanas del siglo IV con sus bikinis que, como es obvio, ellas no sabían que se llamaban bikinis, pero que constan de un sujetador y una braguita: exactamente como el modelo de Réard. Por ello es también otro error denominar "monokini" o "unikini" al bañador que consta de una sola pieza y que cubre también las tetas, las nalgas, la zona genital, la espalda y el abdomen, y "trikini" al traje de baño que aunque no tienen tres piezas, sino paradójicamente una sola, cubre también, además de las nalgas y las tetas, parte del abdomen mediante un elemento estrecho a modo de cinta que une la braga al sujetador. En el diccionario académico se incluye el término "bikini" (con su variante "biquini"), sustantivo masculino, con la siguiente definición: "Prenda femenina de baño compuesta de un sujetador y una braga". Ejemplo: *El **bikini** más caro del mundo tiene un precio de 30 millones de dólares.* Según el DRAE, el creador del "bikini" lo llamó así, en referencia al atolón de las islas Marshall, pero también con influencia del prefijo "bi-" por alusión a las dos piezas de la prenda. La RAE misma introduce la confusión en esto. Se trata nada más de una suposición, pues lo único realmente cierto es que Louis Réard lo llamó así porque sabía que su invento sería, para la moral de la época, en sentido figurado, *una bomba*, como las dos que había hecho estallar el gobierno estadounidense en el atolón Bikini de las islas Marshall. Al rato dirá la RAE que el prefijo "bi-" es también porque fueron dos explosiones atómicas. Pero, justamente, esta suposición del falso prefijo "bi-" es lo que ha llevado a las equívocas denominaciones "monokini" (o "unikini"), para el bañador de una pieza, y "trikini", para el bañador de tres piezas en una. Estos términos no se incluyen (todavía y por fortuna) en el mamotreto de la RAE. Digamos las cosas claramente: el traje de baño que patentó Réard se llama "bikini" porque así se llama el atolón donde se realizaron las pruebas nucleares, y todo atuendo que no es "bikini", pero que tiene el mismo propósito, se llama simplemente "bañador" (del latín *balneātor, balneatōris*), sustantivo masculino que el diccionario académico define del siguiente modo: "Prenda, generalmente de una pieza, usada para bañarse en playas, piscinas, etc." Ejemplo: *El* ***bañador*** *más famoso de la historia es el dorado que usó Bo Derek en la película* 10 (La mujer perfecta). Esta "sola pieza" a la que se refiere el DRAE se caracteriza por cubrir no únicamente las nalgas y los senos, sino también el abdomen y, a veces, la espalda. En México y en otros países de América se denomina "traje de baño" lo mismo al "bañador" que al "bikini", aunque suela distinguirse el específico "bikini" del término genérico "traje de baño". Lo que los medios de la moda y el espectáculo llaman, inexactamente, "trikini" no es otra cosa que un bikini que une, con una cinta al frente, la braga y el sujetador y que, además, casi siempre, es de una sola pieza. Evitemos los términos "monokini", "trikini" y "unikini". No obedecen a ninguna lógica. En cambio, sí tiene lógica el compuesto "minibikini" (con su variante errónea "minikini") que, aunque no esté registrado en las páginas del DRAE, es del todo correcto, pues se trata del bikini en su mínima expresión (ejemplo: *Llevaba un* ***minibikini*** *de no más de diez gramos*): minúsculo, tanto en la parte superior como en la parte inferior: arriba, una insignificancia de tela para cubrir los pezones de los senos más que la rotundidad de las tetas, y abajo, una "tanga" (voz tupí): "prenda de vestir que por delante cubre la zona genital y por detrás deja las nalgas al aire" (DRAE). Ésta es, por cierto, la definición más divertida del diccionario de la RAE. La redactó el académico más inteligente de todos, pero no sabemos quién es y no es fácil averiguarlo.

☞ Google: 34 400 000 resultados de "monokini"; 2 800 000 de "trikini"; 1 800 000 de "monokinis"; 710 000 de "trikinis"; 86 700 de "minikini"; 26 900 de "monoquini"; 24 900 de "unikini"; 7 170 de "minikinis"; 5 440 de "unikinis". ☒

☞ Google: 702 000 000 de resultados de "bikini"; 103 000 000 de "bikinis"; 23 000 000 de "biquini"; 10 100 000 de "biquinis"; 9 980 000 de "trajes de baño"; 6 650 000 de "bañador"; 6 590 000 de "bañadores"; 628 000 de "traje de baño"; 554 000 de "el bikini"; 493 000 de "su bikini"; 469 000 de "un bikini"; 202 000 de "minibikini". ☑

290. *¿monolito de piedra?, ¿monolito de roca?*

Hay personas que creen, de veras, que los "monolitos" pueden ser de otra materia distinta a la piedra o la roca. Por ello se sienten obligadas a decir y a escribir las gruesas redundancias "monolito de piedra" y "monolito de roca". Pero debe saberse que "monolito" (del latín *monolĭthus*, y éste del griego *monólithos*) es un sustantivo masculino que significa, literalmente, "de una sola piedra". Por ello se le dice así, con entera precisión, al "monumento de piedra de una sola pieza" (DRAE), pues el elemento compositivo "mono-" (del griego *mono-*) significa "único o uno solo", en tanto que "lito-" (del griego *líthos*) es un elemento compositivo que significa, literalmente, "piedra". Ejemplo: *La Peña de Bernal, en México, es el tercer* ***monolito*** *más grande del mundo.* De ahí el adjetivo "monolítico": "perteneciente o relativo al monolito"; "que está hecho de una sola piedra"; "de una pieza sin fisuras y [en un sentido figurado] rígido, inflexible, inconmovible". Ejemplo: *Su pensamiento es* ***monolítico****, igual de rígido e inflexible que una roca.* Por todo lo anterior, no hay "monolito" que no sea de piedra, y es un disparate redundante decir y escribir "monolito de piedra" cual si dijéramos "hemorragia de sangre".

Es un desbarre culto, por supuesto, pues el término "monolito" únicamente se utiliza en la lengua culta, lo mismo hablada que escrita, en publicaciones impresas o electrónicas. En un portal de internet se informa que

☞ "El Peñón de Gibraltar es considerado el **monolito de piedra** más grande del mundo".

Se quiso informar que

☞ el Peñón de Gibraltar es el **monolito** más grande del mundo.

✐ Si es "monolito" es de piedra, y si se trata de un monumento de piedra de una sola pieza, estamos ante algo monolítico: de una sola piedra. He aquí algunos ejemplos de este disparate culto: "la NASA reconoce el **monolito de piedra** en Marte", "el símbolo de Shiva es un **monolito de piedra**", "un alto **monolito de piedra** caliza" (¿por qué no, correctamente, un alto monolito calizo?), "**monolito de piedra** negra" (con corrección: monolito negro), "**monolito de piedra** junto a la silla de Felipe II", "**monolito de piedra** de la diosa Coyolxauhqui", "un **monolito de piedra** que invita a los transeúntes a relajarse", "se trata de un **monolito de piedra** de forma clásica", "**monolitos de piedra** de todas las medidas", "**monolitos de piedra** decorativos" "vi la imagen de Dios como un **monolito de roca**", "es conocido por su enorme **monolito de roca**", "**monolitos de roca** de la chimenea en Valle de los Monjes", "unos **monolitos de roca** que brillaban".

☞ Google: 55 900 resultados de "monolito de piedra"; 27 500 de "monolitos de piedra"; 13 000 de "monolito de roca"; 12 200 de "monolitos de roca". ☒

291. *¿monstrua? ¿mounstruo?, ¿moustro?, ¿moustruo?*

El término "monstruo" es realmente una pesadilla para muchos hablantes y escribientes del español. Dicen y escriben "mounstruo", "moustro" y "moustruo", pero no atinan a decir y escribir el mucho más fácil "monstruo" (del latín *monstrum*), sustantivo masculino que tiene las siguientes acepciones en el DRAE: "Ser que presenta anomalías o desviaciones notables respecto a su especie"; "ser fantástico que causa espanto"; "cosa excesivamente grande o extraordinaria en cualquier línea"; "persona o cosa muy fea"; "persona muy cruel o perversa"; "persona que en cualquier actividad excede en mucho las cualidades y aptitudes comunes". Ejemplos: *En la película, el* ***monstruo*** *les infundió terror; El asesino es un* ***monstruo****; Como torero, es un* ***monstruo****.* De ahí el adjetivo "monstruoso" (del latín *monstruōsus*) con cuatro acepciones en el diccionario académico: "Contrario al orden de la naturaleza"; "excesivamente grande o extraordinario en cualquier línea"; "muy feo"; "enormemente vituperable o execrable". Ejemplo: *Cometió un crimen* ***monstruoso****.* De ahí también el sustantivo femenino "monstruosidad", que el DRAE define así: "Desorden grave en la proporción que deben tener las cosas, según lo natural o regular"; "suma fealdad o desproporción en lo físico o en lo moral"; "cosa monstruosa". Ejemplo: *Lo que hizo con sus hijos es una* ***monstruosidad****.* (En la pintura hay una corriente estética denominada "monstruosismo", nombre muy adecuado para tal ismo de carácter artístico.) Por último, el adverbio "monstruosamente": "de manera monstruosa". Ejemplo: *El tumor en la cara se le desarrolló* ***monstruosamente****.* El DRAE registra la grafía "monstro" de la que informa que es un sustantivo en desuso. En realidad siempre fue un barbarismo, tanto o más que "mounstruo", "moustro" y "moustruo". Cabe señalar que el correcto sustantivo "monstruo" carece de femenino. Esto a pesar de que a finales del siglo XVII el pintor español Juan Carreño de Miranda dejara testimonio en dos cuadros famosos (*La* ***Monstrua*** *desnuda* y *La* ***Monstrua*** *vestida*) de la niña Eugenia Martínez Vallejo, apodada "La Monstrua". (En realidad, sólo era una pobre niña corpulenta y con gran obesidad mórbida: pesaba 75 kilogramos a los seis años.) Los apodos no se discuten porque no se apegan a las normas gramaticales, pero, en español, lo correcto es decir y escribir, por ejemplo, que una madre que ha asesinado a sus hijos es "un monstruo de maldad", pero no "**una monstrua** de maldad", del mismo modo que, en la mitología griega, Medusa es un monstruo de apariencia femenina (una de las tres gorgonas) al que se le representa con serpientes por cabellos: en todo caso, un "monstruo" femenino, pero de ningún modo una "monstrua".

En términos de pronunciación, es cierto que "monstruo" les da problemas a muchos hablantes que trasladan sus faltas de ortoepía a la escritura y las convierte en faltas de ortografía. "Monstrua", mounstruo", "moustro", "moustruo" y sus plurales y derivados son monstruosidades que podemos definir como indudables barbarismos. Por lo demás, si a alguien se le traba la lengua cuando quiere decir "monstruo" y, en su lugar, pronuncia una monstruosidad como las ya mencionadas, ello puede dispensarse, si al menos tiene duda e inmediatamente trata de corregir, pero es incomprensible, e imperdonable, que en la escritura no acuda al diccionario para verificar la grafía correcta. En publicaciones impresas, lo mismo que en internet, hay abundancia de estas monstruosidades. En varios videos, en internet, se nos informa acerca de

☟ "el **Moustro** del Lago Ness".

Se quieren referir a la zarandaja del

☝ fantasioso **monstruo** que supuestamente habita en el lago Ness, en Escocia.

✎ En el periódico mexicano *Impacto* leemos el siguiente encabezado: "Cara Delevigne, el '**mounstruo** de mil rostros'". He aquí otros ejemplos de estas monstruosidades: "el **moustro** de la inflación" (ha de ser un monstruo muy inflado), "la cumbia del **moustro**", "81 años buscando al **moustro** del Lago Ness" (esta sí que es una "moustrosa *nessedad*"), "el **Moustro** del Sabor", "los **moustros** del espacio exterior", "los **moustros** de internet", "**Mounstruo** marino de Loch Storr sale del anonimato", "el **mounstruo** de los colores", "la literatura es un **mounstruo** que se alimenta de lo que sea" (por ejemplo de disparates), "se le apareció el **mounstruo**", "la mujer del **mounstruo**", "los **mounstruos** más aterradores y originales", "**mounstruos**, demonios y maravillas", "el lúgubre palacio donde habitaban estos **mounstruos**", "la **monstrua** ansiosa", "una especie de **monstrua** narigona", "eres una **monstrua**".

☞ Google: 460 000 resultados de "moustro"; 408 000 de "moustros"; 394 000 de "mounstruo"; 315 000 de "mounstruos"; 112 000 de "monstrua"; 108 000 de "monstruas"; 46 700 de "moustrosas"; 41 000 de "moustruos"; 39 600 de "moustruo"; 36 700 de "moustrosa"; 21 900 de "moustroso"; 10 700 de "mounstruosa"; 10 600 de "mounstruoso"; 10 200 de "mounstruosas"; 4 930 de "moustruosas"; 4 250 de "moustruosos"; 3 890 de "moustruosa"; 2 980 de "moustruoso"; 1 810 de "mounstruosamente"; 1 350 de "mounstruosidad"; 1 340 de "moustrosidad". ☒

☞ Google: 35 100 000 resultados de "monstruo"; 28 000 000 de "monstruos"; 4 940 000 de "monstruosa"; 3 630 000 de "monstruoso"; 2 840 000 de "monstruosas"; 1 490 000 de "monstruosos"; 841 000 de "monstruosidades"; 442 000 de "monstruosidad"; 406 000 de "monstruosamente"; 19 300 de "monstruosismos"; 4 700 de "monstruosismo". ☑

292. *¿mous?, ¿mouse?, ¿mousse?*

La voz francesa *mousse*, pronunciada *mus* (que nada tiene que ver con el sustantivo inglés *mouse*, "ratón", pronunciado *máus*) se traduce como "espuma" y se aplica en cocina y repostería a un preparado con claras de huevo y otros ingredientes de los que resulta un platillo o un postre de consistencia espumosa o esponjosa. La Real Academia Española, tardígrada y omisa cuando no acelerada y laxa, no ha sabido incorporar a su diccionario la castellanización o españolización del término francés y, por ello, existe una gran confusión entre la espuma francesa (*mousse*) y el ratón inglés (*mouse*) en hablantes y escribientes que no encuentran diferencia entre la espuma y el ratón. Incluye únicamente la grafía original *mousse* (obviamente con cursivas) que despacha con seis malhumoradas palabras: "plato preparado con claras de huevo". Tan fácil que es decir y escribir "mus", aunque en español haya una acepción de "mus" para un juego de cartas (del vasco *mus* y éste del francés *mouche*, mosca). Sería lo correcto en términos de pronunciación y de significado, pero la RAE está en otras cosas y no en las que deberían importarle. Si se habla y se escribe de "*mouse* de chocolate" resulta obvio que estamos hablando y escribiendo de un ratón de chocolate y no de una espuma de chocolate. Si la Real Academia Española ya se hubiese ocupado de esto, el sustantivo masculino "mus" (del francés *mousse*) debería definirse como preparado de la cocina y la repostería francesas, "cuya base es la clara de huevo montada a punto de nieve, o la crema de leche batida, que le dan consistencia esponjosa o espumosa, y que puede ser salado o dulce". En lugar de perder el tiempo con "amigovios" y "papichulos", la RAE bien haría en auxiliar a los hablantes y escribientes a usar correctamente el idioma.

☞ Google: 575 000 resultados de "*mouse* de chocolate"; 401 00 de "*mouse* de leche"; 269 000 de "*mouse* de limón"; 236 000 de "*mouse* de vainilla"; 206 000 de "*mouse* de fresa". ☒

☞ Google: 3 420 resultados de "mous de chocolate"; 2 290 de "mous de limón"; 1 320 de "mous de fresa". ☒

☞ Google: 2 090 000 resultados de "*mousse* de vegetales"; 1 170 000 de "*mousse* de leche"; 1 080 000 de "*mousse* de fresa"; 1 050 000 de "*mousse* de vainilla"; 941 000 de "*mousse* de limón"; 773 000 de "*mousse* de verduras; 640 000 de "*mousse* de pescado"; 554 000 de "*mousse* de chocolate"; 387 000 de "*mousse* de bacalao". ☑

☞ Google: 566 000 resultados de "mus de leche"; 65 400 de "mus de chocolate"; 45 600 de "mus de limón"; 37 700 de "mus de vainilla"; 33 000 de "mus de fresa"; 17 900 de "mus de mango". ☑☑

293. *¿mundo mundial?*

Al igual que todos los sustantivos, el sustantivo masculino "mundo" (del latín *mundus*, y éste del griego *kósmos*) admite los más diversos calificativos: *absurdo, ajeno, ancho, bello, hermoso, horrendo, raro, violento*, etcétera, incluso *inmundo*. Pero si le aplicamos el adjetivo "mundial" resulta obvio que configuramos un pecado mortal de redundancia, por más que la fundación EFE-BBVA (que se enorgullece de ser asesorada por la RAE) responda lo siguiente a un lector que duda de que sea correcta la expresión "mundo mundial": "Esa expresión forma parte del habla coloquial y se usa como recurso humorístico para reforzar la idea que se expresa con 'mundo'. Se trata, pues, de una licencia literaria y como tal no puede considerarse incorrecta". ¡No es ninguna licencia *literaria*! ¡Es simplemente una barbaridad redundante! El sustantivo "mundo" tiene tres acepciones principales: "Conjunto de todo lo existente"; "conjunto de todos los seres humanos"; "sociedad humana". Ejemplos del propio DRAE: *Hoy lo valora el* ***mundo*** *entero; El* ***mundo*** *se rige por criterios económicos.* Otra acepción no menos importante es la siguiente: "Planeta del sistema solar donde habitan los seres humanos" (DRAE). Ejemplo: *Nuestro* ***mundo*** *parece ser único.* En cuanto a especificidades, el diccionario académico se refiere en su cuarta acepción a la "parte de la sociedad humana caracterizada por alguna cualidad o circunstancia común a todos sus individuos. *El* ***mundo cristiano, capitalista, de las finanzas***", y en una quinta acepción a la "parte determinada de la realidad o de alguna de sus manifestaciones. *El* ***mundo de las ideas, de la biología. El mundo animal***". El diminutivo, "mundillo", se aplica al "círculo de determinada clase de personas o en que se desenvuelve cierta persona" (DUE). Ejemplo de María Moliner: *En el* ***mundillo teatral*** *se habla de su retirada.* Se puede estar en "**el culo del mundo**" (un lugar geográfico muy apartado) o se puede afirmar que se está "**lejos del mundo**" para dar a entender que se está alejado del trato con la gente, en vida ermitaña, pero decir y escribir "mundo mundial" no es, como afirma la fundación EFE-BBVA, ni licencia literaria ni expresión coloquial con recurso humorístico, es simplemente una pendejada que se le ocurrió a alguien (seguramente en España) y que a medio mundo le dio por repetir como si se tratara de algo muy original. Bien podría firmarla Ricardo Arjona como contribución metafórica pedestre, fruto de la cursilería de las que suele hacer gala en su indigencia de letrista. El significado del adjetivo "mundial" (del latín tardío *mundiālis*) es muy claro: "perteneciente o relativo a todo el mundo". Ejemplo: *Su genio pronto alcanzó* ***fama mundial***. Si, como todo adjetivo, "mundial" modifica sustantivos (*deporte mundial, literatura mundial, talento mundial,* etcétera), es obvio que al único sustantivo que no puede modificar es a "mundo", su referente o su raíz, a riesgo de decir y escribir, como si cualquier cosa, "abismo abismal", "emoción emocional", "excepción excepcional", "fundamento fundamental", "hábito habitual", "universo universal" y demás mamarrachadas con las que aporreamos redundantemente el idioma y que no es de dudarse que se empleen "coloquialmente" en España, como dicen los de EFE y BBVA, pero que no son otra cosa que pendejismos.

Decir y escribir "mundo mundial" no obedece a ninguna licencia literaria ni mucho menos poética. Es una jalada que nació de ignorar que un adjetivo no puede calificar a un sustantivo de su misma familia. Se originó en España y de allá saltó, cual liebre, a los demás países hispanohablantes, que no suelen imitar con rapidez lo bueno, pero sí con celeridad cualquier idiotez. Basta con ver en que ámbitos se utiliza para saber que nada tiene que ver con retórica o poética. Es redundancia bruta de gente de la farándula, los espectáculos, la moda, la banalidad y los deportes. Que esta gente haya influido en otros ámbitos (incluidos los de la sociología, la economía y la política) habla muy mal de los sociólogos, los economistas y los políticos. Es algo así como decir o escribir "monolito de piedra" y quedarnos muy campantes. Su reino está en internet, pero ha extendido sus dominios a las publicaciones impresas. En el diario español *La Voz de Galicia* leemos el siguiente titular:

♀ "El derecho ambiental y la energía en el **mundo mundial**".

¿Dónde está, en esta frase, el "recurso humorístico para reforzar la idea" que invoca la Fundéu BBVA? ¡En ninguna parte! Era suficiente escribir, con corrección lingüística, gramatical e informativa:

☝ El derecho ambiental y la energía en el **mundo**. Y que no nos quieran tomar el pelo.

✐ He aquí otros ejemplos de este pendejismo redundante que tanto defienden los españoles con la imitación de muchos argentinos, chilenos, mexicanos, etcétera, que no suelen consultar el diccionario: "y no hay nada en el **mundo mundial** que ame más que estar contigo", "vamos a cambiar el **mundo mundial**", "las series que más se llevan en el **mundo mundial**", "pregunta que siempre te has hecho sobre el **mundo mundial**", "separatistas catalanes: enfadados con el **mundo mundial**", "la mejor mermelada en el **mundo mundial**", "las 10 ciudades con más tráfico en el **mundo mundial**", "los mejores discos en el **mundo mundial**", "viajes por el **mundo mundial**", "cuentos para el **mundo mundial**", "el mejor empleo en el **mundo mundial**", "el mejor editor de texto de todo el **mundo mundial**", "no tiene rival en el **mundo mundial**", "las selfies más extremas del **mundo mundial**", "los superpreguntones del **mundo mundial**", "el mejor video del **mundo mundial**", entre cientos de miles de esta *idiota idiotez*.

☞ Google: 2 990 000 resultados de "mundo mundial"; 2 530 000 de "del mundo mundial"; 1 590 000 de "el mundo mundial". ☒

294. *¿muso?*

Muchas personas no lo saben, o a veces se les olvida: en nuestro idioma no *todos* los sustantivos tienen un correspondiente masculino o femenino. El "dios" se opone o se complementa con la "diosa", el "escritor" con la "escritora", pero es obvio que la "cuenta" no es par del "cuento", que la "libra" no es par del "libro", que la "broma" no es par del "bromo". Así como el sustantivo "pitonisa" carece de masculino, dado que es derivado común del nombre propio "Pitonisa", que así se llamaba la sacerdotisa de Apolo que daba los oráculos en el templo de Delfos, sentada en el trípode, y que, por supuesto, era mujer, así también el sustantivo "musa" (del latín *musa*, y éste del griego *moûsa*) no posee masculino, pues el nombre proviene de "cada una de las nueve deidades que, según el mito, habitaban, presididas por Apolo, en el Parnaso o en el Helicón y protegían las ciencias y las artes liberales" (DRAE). Ejemplo: *Las **nueve musas** son Calíopoe, Terpsícore, Erato, Talía, Urania, Clío, Euterpe, Melpómene y Polimnia.* El diccionario académico añade otras cuatro acepciones de sentido figurado al sustantivo femenino común musa: "Inspiración del artista o escritor"; "ingenio poético propio y peculiar de cada poeta"; "poesía"; en plural: "ciencias y artes liberales, especialmente humanidades o poesía". Ejemplos: *Emily Dickinson obedeció siempre a su **musa**; La **musa** latina ha dado pródigos frutos; Las **musas** lo visitaron en la madrugada.* Ahora que se reivindica la llamada "paridad de género" (que en realidad tendría que ser paridad de sexo), paradójicamente, las artistas y las escritoras, aunque también los escritores, han creado el falso sustantivo masculino "muso", que oponen, por supuesto, al femenino "musa". Es un desbarre similar al de los hombres que inventaron el falso masculino "pitoniso" y un tanto parecido al dislate de los creadores del supuesto masculino "azafato" ya admitido vergonzosamente por el diccionario de la Real Academia Española. (Nunca hubo "azafatos"; las azafatas eran siempre mujeres y, específicamente, las viudas nobles que cuidaban de las alhajas y vestidos de la reina, y que se llamaban "azafatas" por el azafate o cestillo que llevaban siempre en las manos mientras ayudaban a vestirse a la reina.) No hay "pitonisos", sino "adivinadores"; no hay "musos", sino "inspiradores". Con "pitonisos" y con "musos" se tuerce el idioma y se echan por la borda la lógica y la historia. El sustantivo "musa" es femenino porque las "musas" son mujeres y siempre lo fueron. Sor Juana Inés de la Cruz, Jane Austen, George Sand, Mary Shelley, Emily Dickinson, Edith Wharton, Anaïs Nin, Katherine Mansfield, Virginia Woolf, Gabriela Mistral, Rosario Castellanos, etcétera, al igual que otros grandes escritores y poetas, tuvieron siempre "musas", no "musos". Así como no hay "pitonisos", sino "adivinadores", y así como no debiera haber "azafatos", sino "asistentes de vuelo", insistir en la existencia de los "musos" es algo aun más extremo que creer en la existencia del monstruo del lago Ness. No es "muso", es "inspirador"; no son "musos", son "inspiradores". Hasta ahora, el DRAE no admite la existencia ni de los "musos" ni de los "pitonisos", pero dado que ya torció el rabo con los "azafatos" y con los "modistos", no sería extraño que en su próxima edición admitiera estos engendros.

Más allá de que pueda utilizarse con un sentido irónico o festivo, es decir burlesco ("tú serás la estrella de mi firmamento/ y yo seré el muso de tu inspiración") a sabiendas de la ironía (como en la estupenda canción de Julio Haro, intitulada precisamente "El muso", del grupo mexicano El Personal), el problema es que el término "muso" ha comenzado a emplearse ridículamente en serio, lo mismo en el habla que en publicaciones impresas. La cantante mexicana Carla Morrison escribe en serio y no sin cursilería lo siguiente:

☟ "Eres el **muso** de mis versos,/ esta conexión penetra el universo,/ mis besos conectan tus besos,/ las chispas de tu alma son mi complemento".

Si esto provoca el "muso" de sus versos, ¡así ha de estar el tal "muso"! Pero más allá de esto, la cantante debió escribir y cantar lo siguiente:

☝ Eres el **inspirador** de mis versos, etcétera.

✎ He aquí otros ejemplos de esta barbaridad: "digamos que te toca a ti sudar la gota gorda, mientras el **muso** se queda sentado", "¿qué le parece ser el **muso** de esta nueva generación?", "yo tengo mi **muso** inspirador", "recuerdo a mi **muso**", "ambos diseñadores consideran al joven cantante Justin Bieber como su **muso** particular" (¡y además lo presumen!), "indagar en aquella persona que constituyó su **muso**", "más de uno querría ser su **muso**", "gritando de rabia con la pistola en la mano que yo no era su **muso**", "Depp fue su **muso** en películas", "soy tu **muso**", "felicitaciones a ti y a tu **muso**", "cuando te canses de tu **muso** pásamelo", "tu **muso** tiene que sentirse feliz con esta dulzura de letras" y, peor aún, "mi **muso**, mi **hombre-musa**", etcétera. Es obligado que a ciertas personas no las visite la musa, sino el diccionario.

☞ Google: 36 200 resultados de "el muso"; 10 800 de "su muso"; 8 220 de "mi muso"; 1 320 de "tu muso". ☒

☞ Google: 119 000 000 de resultados de "musa"; 14 600 000 de "musas"; 463 000 de "la musa"; 441 000 de "una musa"; 440 000 de "las musas"; 392 000 de "su musa"; 384 000 de "mi musa". ☑

N

295. *nadie* no es lo mismo que *ninguno*

El término "nadie" es un pronombre indefinido que significa "ninguna persona", y sin embargo no es siempre equivalente de "ninguno" o de "ninguna" porque, como bien lo señala el DRAE, "no admite complementos partitivos", como en las siguientes expresiones erróneas: "**Nadie** de nosotros"; "**Nadie** de los presentes". Lo correcto, en estos casos, es utilizar el adjetivo indefinido "ninguno". Ejemplos: ***Ninguno** de nosotros; **Ninguno** de los presentes.* Basta con saber que el pronombre "nadie" no admite complementos partitivos para evitar dislates tan frecuentes como "**nadie** de nosotros" o "**nadie** de ustedes".

El problema es que incluso muchos escritores que ya triunfan y obtienen becas y premios ignoran esto. Así, una autora escribe lo siguiente:

☞ "**Nadie de tus amigos** se quiere, todos se odian".

Quiso escribir, en correcto español:

☞ **Ninguno de tus amigos** se quiere, etcétera.

✎ Más ejemplos de este dislate que, como un virus, afecta lo mismo a los hispanohablantes del ámbito inculto que del culto y que abunda en publicaciones impresas (especialmente en libros) y en internet: "**a nadie de nosotros** le va bien", "**nadie de nosotros** puede ser libre", "tal vez **nadie de nosotros** se puso a pensar qué vendría después", "**nadie de nosotros** presta atención", "**a nadie de tus amigos** les gusta esto", "tampoco defiendes **a nadie de tus amigos**", "ni la ciudad ni **nadie de tus amigos** se mostró piadoso", "no veo **a nadie de tus amigos** por aquí", "**a nadie de los presentes** le falta motivo", "**nadie de los presentes** le había visto la cara", "**nadie de los presentes** se lo creía", "lo que **nadie de los presentes** aquel día podía imaginar", "**nadie de los presentes** dudó", "no quiero matar **a nadie de ustedes**", "¿es que **nadie de ustedes** se va a apiadar de mí?", "**nadie de ustedes** sabría quién soy", "no llamemos **a nadie de ustedes**", "que **nadie de ustedes** llore por mí" (no lo haremos; no derramaremos ni una lágrima por él, pero la forma en que maltrata el idioma sí es para llorar) y, como siempre hay algo peor, "**nadie podemos** pecar de ingenuos, cándidos o naif" (tal dijo un político mexicano del Partido Acción Nacional, a la revisa *Proceso*, con una retorcida sintaxis e ignorancia total del idioma, pues bastaba con que hubiese dicho "**no podemos** pecar de ingenuos", y punto.

☞ Google: 720 000 resultados de "nadie de tus amigos"; 690 000 de "nadie de sus amigos"; 397 000 de "nadie de nosotros"; 394 000 de "nadie de sus hermanos"; 209 000 de "nadie de los presentes"; 192 000 de "nadie de ustedes"; 187 000 de "nadie de mis amigos". ☒

☞ Google: 658 000 resultados de "ninguno de nosotros"; 548 000 de "ninguno de sus amigos"; 525 000 de "ninguno de tus amigos"; 472 000 de "ninguno de los presentes"; 472 000 de "ninguno de ustedes"; 425 000 de "ninguno de sus hermanos"; 413 000 de "ninguno de mis amigos"; 310 000 de "ninguno de tus hermanos"; 279 000 de "ninguno de mis hermanos". ☑

296. *¿nexo de unión?*

¿Hay nexos que no sean de unión? La respuesta es no. Veamos por qué. El sustantivo masculino "nexo" (del latín *nexus*: "nudo"), significa "unión, lazo". Ejemplo: *La amistad es un* ***nexo*** *tan fino que se rompe con la mayor facilidad.* El verbo transitivo "unir" (del latín *unīre*) tiene tres acepciones principales en el diccionario académico: "Hacer que una cosa esté al lado de otra, o en contacto con ella formando un todo"; "mezclar o trabar algunas cosas entre sí, incorporándolas"; "atar o juntar una cosa con otra, física o moralmente". Ejemplo: *La conjunción copulativa "y" sirve para* ***unir*** *palabras o cláusulas en concepto afirmativo.* De ahí el sustantivo femenino "unión" (del latín tardío *unio, uniōnis*), que significa "acción y efecto de unir o unirse" (DRAE). Ejemplo: *En nuestro idioma, la conjunción copulativa "y" sirve de* ***unión*** *en palabras o cláusulas.* Justamente a la misma familia de "nexo" y de "unión" pertenece el sustantivo masculino "nudo" (del latín vulgar *nudus* y éste del latín *nodus*): "unión, lazo, vínculo". Ejemplo del DRAE: *El* ***nudo*** *del matrimonio.* Dicho lo anterior, queda claro que la expresión "nexo de unión" es redundante, puesto que los sustantivos "nexo" y "unión" (al igual que "nudo") son sinónimos. No hay nexo que no implique unión, y no hay unión que no constituya un nexo. Si se quiere ser enfático se puede decir y escribir "punto de unión", expresión correcta donde el sustantivo "punto" significa "centro", "foco", "vértice". La redundancia "nexo de unión" es muy española, pero en los demás países hispanohablantes la hemos adoptado gustosos.

Asombrosamente, esto lo ignoran incluso algunos lingüistas despistados que son capaces de llamar "nexos de unión" a las conjunciones. Y si los propios lingüistas cometen esta rebuznancia, no debe extrañarnos que quienes los imitan sean muchísimos, lo mismo en el habla que en publicaciones impresas y electrónicas. En los discursos de los políticos, escritos por discursistas y discurseros que fueron a la universidad, casi nunca faltan los "nexos de unión" (con el pueblo, con la sociedad, obviamente), y en los diarios los reporteros utilizan esta barrabasada como si se tratase de una gala de "estilo". En la sección deportiva del diario español *La Vanguardia* leemos el siguiente titular:

♀ "Kiko Femenía, el **nexo de unión** entre dos victorias históricas en el Camp Nou".

Quiso informar el diario, en buen español, lo siguiente:

☝ Kiko Femenía, el **nexo** entre dos victorias históricas en el Camp Nou o bien Kiko Femenía, el **punto de unión** entre dos victorias, etcétera.

✎ Lo que ocurre es que muchas personas saben el significado de "unión", pero ignoran el de "nexo". En la página de internet *El abuelo educa*, el tal abuelo asegura que "las Conjunciones sirven como **nexo de unión** en las oraciones compuestas". No sabe el abuelo que "nexo" y "unión" significan exactamente lo mismo. Y tampoco lo saben muchas personas, como lo podemos ver en los siguientes ejemplos: "el patrocinio como **nexo de unión**", "**nexo de unión** natural de mercados y culturas", "La Milagrosa es el **nexo de unión** del barrio del Molinillo", "el cartel como **nexo de unión** de Los Indignados", "la afición a las dos ruedas, **nexo de unión** entre Melilla y Marruecos", "la accesibilidad como **nexo de unión** entre la universidad y la sociedad", "la música como **nexo de unión** en una escuela para todas las edades", "**nexos de unión** entre el aprendizaje cooperativo y la enseñanza comprensiva", "Cospedal cree que tiene que servir para 'reactivar los **nexos de unión**' entre los estados miembros de la UE" (habrá querido decir sinceramente "reactivar los **necios** de unión"), "nuevos **nexos de unión** entre el aprendizaje y la memoria", "Gutiérrez busca **nexos de unión** con la UGT".

☞ Google: 451 000 resultados de "nexo de unión"; 229 000 de "un nexo de unión"; 145 000 de "el nexo de unión"; 71 000 de "nexos de unión". ☒

297. *¿Nóbel?, ¿nóbeles?*

El DRAE informa que Nobel (con la mayúscula de rigor) se denomina al "premio otorgado anualmente por la fundación sueca Alfred Nobel como reconocimiento de méritos excepcionales en diversas actividades" (sí, cómo no; por ejemplo albañilería, carpintería, corte y confección, ebanistería, encuadernación, ganchillo, herrería, plomería, etcétera). ¡Que no joda la RAE! Los premios denominados Nobel se entregan como reconocimiento a quienes han realizado obras destacadas y aportaciones excepcionales en literatura, física, química, medicina o fisiología y otras ramas del saber. Dice también que, sin la mayúscula, "nobel", es un sustantivo que se aplica a la "persona o institución galardonada con el Nobel". Dado que el DRAE es un diccionario que no desea meterse en temas de fonética, no se digna decir lo que le deja como tarea sucia al *Diccionario panhispánico de dudas*, en cuyas páginas leemos lo siguiente: "**Nobel**. 1. Nombre de los premios instituidos por el químico sueco Alfred Nobel. En su lengua de origen, el sueco, es palabra aguda [*nobél*], y así se recomienda pronunciarla en español, a pesar de que la pronunciación llana [*nóbel*] está muy extendida, incluso entre personas cultas. No debe confundirse gráficamente con el adjetivo *novel* (principiante). 2. Cuando se refiere al nombre del premio, se escribe con inicial mayúscula y es invariable en plural: *Los premios Nobel son los más prestigiosos del mundo*;

La ceremonia de entrega de los Nobel es muy vistosa. [Sí, cómo no; ¡hasta con fuegos artificiales!; más bien es una ceremonia solemne y hasta aburrida.] Cuando se refiere a la persona que lo ha recibido, se escribe con minúscula y hace el plural en *-es*: *Al congreso acudieron cinco nobeles*". Dos conclusiones son simples y no hay que darle vueltas al asunto: se debe decir y escribir "Nobel" (palabra aguda; con acento prosódico en la última sílaba, pues así se pronuncia en sueco ¡e incluso en inglés!) y se debe decir y escribir "nobeles" (palabra llana o grave con acento prosódico en la penúltima sílaba). Por eso es un disparate del habla escribir y pronunciar "N**ó**bel", y es un disparate del habla y de la escritura, decir y escribir "n**ó**beles" y, como es lógico, quien pronuncia "N**ó**bel" hace el plural esdrújulo: "n**ó**beles", con tilde en la antepenúltima sílaba.

Es un desbarre culto que se ha extendido a todos los demás ámbitos. (También los cultos comparten y reparten su ignorancia.) Los disparates "N**ó**bel" y "n**ó**beles" abundan en publicaciones impresas y, por supuesto, en internet. En el portal electrónico de Noticieros Televisa leemos el siguiente encabezado:

♀ "Japón y Canadá con físicos **nóbeles**".

Y la información da cuenta de que "el japonés Takaaki Kajita y el canadiense Arthur McDonald reciben el Premio Nobel de Física por el descubrimiento de la oscilación de neutrinos". Siendo así no son **nóbeles**, sino

☝ **nobeles.**

✎ Pero como la mayor parte de los hablantes y escribientes del español pronuncia "N**ó**bel" en lugar del correcto "N**o**bel" (incluso si no le impone tilde), supone que el plural es "nóbeles" y no "nobeles". Por supuesto, de Televisa cualquier disparate puede esperarse, pero lo cierto es que son muchos los que imitan el analfabetismo televisivo. He aquí otros ejemplos de estos desbarres: "Einstein solamente recibió un premio **Nóbel** en 1921", "el Premio **Nóbel** de Medicina en peligro", "una reunión de premios **nóbel**", "¿debió o no ganar Bob Dylan el **Nóbel** de Literatura?", "Bob Dylan finalmente aceptó el **Nóbel** de Literatura", "escándalo científico sacude a un **Nóbel** de medicina", "los **nóbeles** de medicina sentaron los pilares para el tratamiento de enfermedades parasitarias", "los 7 premios **nóbeles**", "Premios **Nóbeles** presentes en Mérida para la clausura del IYL2015", "¿Quiénes son nuestros **Nóbeles**?", "Semana de **Nóbeles**", "futuros premios **nóbeles**", "**Nóbeles** españoles", "**Nóbeles** por un día", "Premios **Nóbeles** de Física y Química", "los **nóbeles** de la paz", "cinco **nóbeles** buscando soluciones a la pobreza", "guerra entre **Nóbeles** de la Paz".

☞ Google: 561 000 resultados de "Nóbel"; 14 400 de "nóbeles". ☒

298. *¿non santa?, ¿non santo?*

La locución "non santo" es un latinajo, y el término "latinajo" tiene dos acepciones que se aplican perfectamente a dicha locución: "latín malo y macarrónico" y "voz o frase latina usada en castellano". Ejemplo: *A Fulano de Tal le encantan los **latinajos** aunque no sepa lo que significan.* Latín malo y macarrónico, mal escrito, es "non santo" (con su femenino "non santa") porque en buen latín se escribe *non sancto*, que se traduce literalmente al español como "no santo", es decir "impío". Proviene de la imploración latina *discerne causam meam de gente non sancta* [diferencia mi causa de la de gente impía], inicio del salmo 43, traducido del siguiente modo en la versión de Reina-Valera: "Júzgame, oh Dios, y defiende mi causa;/ Líbrame de gente impía, y del hombre engañoso e inicuo". El DRAE documenta que la locución latina *non sancto* es parte de nuestro idioma en las locuciones españolas "gente **non sancta**" y "lugar **non sancto**" (gente indecente y lugar inmoral), por lo que, en la escritura, no exige las *cursivas* que corresponden a las grafías en otro idioma. De hecho, el sustantivo masculino "sancta" (del latín tardío *sancta*: literalmente, "lo sagrado", "lo inviolable") está recogido en el diccionario académico con la siguiente acepción: "Parte anterior del tabernáculo erigido por orden de Dios en el desierto, y del templo de Jerusalén, separado por un velo de la interior o sanctasanctórum". Siendo así, el "sanctasanctórum" (del latín tardío *sancta sanctōrum*: literalmente "lo sagrado entre lo sagrado") es un sustantivo masculino con la siguiente acepción principal: "Parte interior y más sagrada del tabernáculo erigido en el desierto, y del templo de Jerusalén, separada del sancta por un velo". (Es un dislate escribir "santasantorum".) Posee también dos acepciones de carácter general y sentido figurado: "cosa que para una persona es de singularísimo aprecio" y "lugar muy reservado y misterioso" (DRAE). Ejemplo: *Éric Rohmer fue editor de la famosa revista* Cahiers du Cinéma, *considerada el **sanctasanctórum** del cine de autor.* Sea como fuere, en español o en latín, las expresiones "non santa" y "non santo" son incorrectas. Debe decirse y escribirse "non sancta" y "non sancto", locuciones adjetivales que equivalen a "indecente" o "inmoral", o bien decir y escribir en llano y buen español "no santa" y "no santo", pues hay que tomar en cuenta que el adverbio "non", con el significado de "no", está en desuso en nuestro idioma, y que se corre el riesgo de confundirlo con el adjetivo y sustantivo "non" que significa "impar" o "singular". Dígase y escríbase "indecente", "inmoral", "impío" y, si son más que irresistibles sus ridículas ganas de adornarse con el latín, diga y escriba, correctamente, "non sancta" y "non sancto".

☞ Google: 40 200 resultados de "non santa"; 17 600 de "non santos"; 13 300 de "non santo"; 6 920 de "non santas"; 2 760 de "sanctasantorum"; 1 450 de "santasantorum". ☒

☞ Google: 57 100 resultados de "non sancta"; 30 200 de "non sanctas"; 26 200 de "sanctasanctórum"; 18 200 de "non sanctos"; 10 400 de "non sancto". ☑

299. *¿norteado?, ¿nortear?, ¿nortearse?*

El diccionario académico define el verbo transitivo "nortear" del siguiente modo: "Marcar el rumbo guiándose por el norte". Esto será en España, pero no en México donde "nortear", como intransitivo, es "soplar viento fuerte desde el norte" (DRAE), pero también, como transitivo y pronominal ("nortear", "nortearse"), es "desorientar" y "desorientarse", acepción que omite la Real Academia Española. Si "nortear" y "nortearse" son sinónimos de "desorientar" y "desorientarse", obviamente resultan antónimos de "orientar" y "orientarse". En el diccionario académico el verbo transitivo "orientar" significa, en su principal acepción, "fijar la posición o dirección de algo respecto de un lugar, especialmente un punto cardinal". Ejemplo: ***Orientó** el timón hacia la costa.* Resulta claro que "orientar" deriva de "oriente". En su forma pronominal ("orientarse") significa "adquirir el conocimiento de dónde se está o el camino que se debe tomar guiándose por algo" (DUE). Ejemplo de María Moliner: *De noche **nos orientamos** por las estrellas.* En un sentido figurado significa "dirigir, guiar, mostrar a alguien el camino". Ejemplo de Moliner: *El profesor **orienta** a los alumnos en sus trabajos.* Antónimos de "orientar" y "orientarse" son "desorientar" (transitivo) y "desorientarse" (pronominal) con el siguiente significado en el DRAE: "Hacer que alguien pierda la orientación o el conocimiento de la posición que ocupa geográfica o topográficamente". Ejemplo: *En medio de la tormenta, el capitán **desorientó** la embarcación.* Una segunda acepción de este mismo verbo transitivo y pronominal es "confundir, ofuscar, extraviar" (DRAE). Ejemplo: *Es alguien completamente **desorientado**.* Y ésta es, con el matiz de perder el rumbo no sólo físico sino emocional, la acepción que tiene en México el verbo transitivo y pronominal "nortear", "nortearse" y el adjetivo participio "norteado". Ejemplos: ***Se norteó** por completo y no dio con el lugar; Anduvo de aquí para allá completamente **norteado**.* Es también el sentido exacto que se le da en la película mexicana *Norteado* (2009), de Rigoberto Perezcano, cuyo tema no es únicamente la migración hacia el norte de México (con destino a los Estados Unidos de América), sino también "lo que sucede cuando un ser humano pierde el rumbo y no sabe ni dónde está parado". He aquí algunos ejemplos de este uso que no registra el DRAE, pero que es del todo correcto: "totalmente **norteados**", "balseros **norteados**", "andaban bien **norteados**", "a lo mejor están **norteados**", "andan **norteados** los priistas", "cuando eres de provincia y estás **norteado**", "estoy comenzando y todavía estoy **norteado** o aturdido", "para dar ese paso ha de estar **norteado**", "estar **norteado** es estar perdido", "no hay que **nortearse**", "así que no hay manera de **nortearse**". Por ultracorrección se produce el dislate "**des**nortearse", como en "Se **desnorteó** tan sólo un momento". Lo correcto es *Se **norteó** tan sólo un momento.*

☞ Google: 301 000 resultados de "norteados"; 285 000 de "norteado"; 20 400 de "está norteado"; 2 200 de "estar norteado"; 1 710 de "nortearse". ☑

300. *¿nuevas novedades?, ¿novedades recientes?*

El sustantivo femenino "novedad" (del latín *novĭtas, novitātis*) tiene las siguientes acepciones en el diccionario académico: "Cualidad de nuevo"; "cosa nueva"; "artículo de moda (usado especialmente en plural)"; "cambio producido en algo"; "suceso reciente del que se da noticia"; "en la milicia, noticia que un inferior da a un superior acerca de lo sucedido en una unidad o en un puesto". Ejemplos: *Hubo pocas* ***novedades*** *literarias; Sin* ***novedad*** *en el frente*. El adjetivo "nuevo" (del latín *novus*) se aplica a lo "recién hecho o fabricado", a lo "que se percibe o se experimenta por primera vez" y a lo "distinto y diferente de lo que antes había o se tenía aprendido" (DRAE). Ejemplos: *Hubo pocas obras literarias* ***nuevas****; No hay nada* ***nuevo*** *bajo el sol*. De ahí también el adjetivo "novedoso": "que implica novedad". Ejemplo: *Hubo pocas obras* ***novedosas*** *en la literatura*. El adjetivo "reciente" (del latín *recens, recentis*) posee dos acepciones principales: "Nuevo, fresco o acabado de hacer" y "que ha sucedido hace poco" (DRAE). Ejemplo: *Pocas obras* ***recientes*** *son realmente buenas en la literatura*. Por todo lo anterior, las expresiones "nuevas novedades", "novedades recientes" y "recientes novedades", entre otras variantes, constituyen groseras redundancias, pues las novedades, por definición, son nuevas y son recientes.

Estos vicios redundantes son propios del periodismo, lo mismo impreso que electrónico, pero de ahí se extendieron a muchos otros ámbitos del idioma, especialmente el de la tecnología de información. Varios periódicos impresos y páginas de internet dieron la siguiente noticia:

♀ "Las **nuevas novedades** de Apple han salido al mercado".

¡Notición! A ver cuándo nos avisan que Apple ha hecho el lanzamiento de sus **viejas novedades**. Obviamente, lo que se quiso informar en buen español es que

☝ las **novedades** de Apple han salido al mercado.

✎ He aquí más ejemplos de esta torpeza del idioma: "Pókemon GO recibe **nuevas novedades**", "Apple presenta el iPhone 7 con **nuevas novedades** en el smartphone", "seis **nuevas novedades** de Horizon 6", "las **nuevas novedades** de Trek para 2017", "descubre las **nuevas novedades** del sistema 4GFlota", "todas las **novedades recientes**", "**novedades recientes** en redes sociales", "**novedades recientes** de Facebook", "las **recientes novedades** en video", "**recientes novedades** en materia tributaria", "**recientes novedades** en el ámbito de la seguridad social" y, como siempre hay algo peor, "aquí se pueden enterar sobre **las más nuevas novedades**".

☞ Google: 213 000 resultados de "nuevas novedades"; 59 900 de "novedades recientes"; 57 500 de "recientes novedades"; 4 730 de "más nuevas novedades"; 1 330 de "las más nuevas novedades". ☒

Ñ

301. *¿ñáñara?, ¿ñáñaras?*

En su edición de 2014 el DRAE define el término "ñáñara" como sustantivo femenino rural coloquial que se usa en Honduras con el significado de "pereza" o "flojedad". Puede ser. Pero si es hondureñismo coloquial y además rural, ¿cuántos hablantes y escribientes lo utilizarán como para dedicarle una entrada en el diccionario académico? Nadie sabe a ciencia cierta cuál es el criterio de la Real Academia Española, si es que tiene alguno, para incorporar al mamotreto términos tan marginales o minoritarios. Pero el caso es que "ñáñara", especialmente utilizado en plural ("ñáñaras"), es un sustantivo femenino que en México no significa "pereza". Se popularizó por medio de la televisión en los años setenta del siglo XX con los comediantes Enrique Cuenca y Eduardo Manzano ("Los Polivoces") que, entre otros personajes, caracterizaron a dos hermanos bastante idiotas ("Los Hermanos Lelos") que solían expresar lo siguiente, cuando algo los emocionaba o los asustaba: "¡Ay, hermano Lelo, hasta me dieron ñáñaras!". De este modo influyeron en los televidentes que pronto repitieron y usaron, en el contexto adecuado y en la situación oportuna, la expresión "sentir ñáñaras" o "tener ñáñaras". El sustantivo plural "ñáñaras" tuvo un amplísimo uso coloquial de época y ya no se utiliza tan profusamente en México, pero subsiste entre quienes aún recuerdan las expresiones y saben definir el término como "sentir malestares intestinales" y, menos eufemísticamente, "arrugársele a uno el culo" o "fruncírsele el ano" ante una gran tensión nerviosa o situaciones emotivas de angustia, temor o preocupación o bien ante una enorme sorpresa muy favorable. Había los que sentían "ñáñaras" cuando se sacaban la lotería, y los que las sentían cuando debían presentar un examen final sin haber estudiado, y a algunos les daban "ñáñaras" con sólo ver a los policías del famoso Negro Durazo, jefe policíaco del entonces Departamento del Distrito Federal, ¡y no era para menos!: este sujeto comandaba un cuerpo delincuencial más que policial que infundía enorme terror. Y cuando decimos que lo infundía es porque lo infundía en el fundillo. La experiencia de estar en las garras de este cuerpo policíaco-delincuencial era para "sentir ñáñaras", esto es para "cagarse de miedo". En términos médicos, las "ñáñaras" equivaldrían, aproximadamente, al tenesmo o al pujo: hacerse de a poquito y a cada rato. Con el sentido sarcástico que le dieron "Los Hermanos Lelos", la definición de "ñáñaras" sería "cosquillas, comezón, piquetes o punzadas en el culo", ya sean de miedo o por una intensa alegría. Ejemplos: *Se espantó tanto que hasta sintió* ***ñáñaras****; Le dio tanta felicidad que sintió* ***ñáñaras****; Refirió que hasta le dieron* ***ñáñaras*** *cuando se le acercó el Negro Durazo.* No es cierto que el término equivalga a la sensación de "mariposas en el estómago", como algunos dicen. Cuenca y Manzano, "Los Polivoces", extraordinarios comediantes, maestros de la ironía y la burla, estaban muy lejos de esa cursilería. En todo caso equivaldría a sensaciones viscerales más desapacibles, tales como cólicos o, dicho sea sin eufemismo, ganas de zurrarse, generalmente de miedo o por una tremenda impresión. Más poéticamente, si viene al caso decirlo así, el equivalente de "ñáñaras" es el "bandeo", con el significado que el escritor argentino Humberto Costantini hiciera famoso también en la década de los setenta del siglo anterior, entre escritores y lectores de literatura, en su libro del mismo título (*Bandeo*, 1975), en un relato en el cual uno de sus personajes explica, para mejor comprensión, "que el bandeo vendría a ser frenéticas hormigas en el culo, que vendría a ser una desazón, que vendría a ser una permanente e insaciable necesidad de". Lo cierto es que este significado de "ñáñaras" no está recogido en el DRAE, como tampoco lo está el significado coloquial para referirse en Cuba, en singular, a la "pequeña úlcera que se forma en la piel a consecuencia de la infección de una herida". Ejemplo: *Le ponían un pedazo de carne cruda sobre la* ***ñáñara*** *o llaga.* Sea como fuere, las más de las veces que aparece escrito este sustantivo femenino (especialmente en plural) corresponde al significado mexicano popularizado por "Los Polivoces" y no al supuesto hondureñismo coloquial y rural que incluye la despistada RAE en su diccionario. He aquí algunos ejemplos: "¡Ay, hermano Lelo, hasta me dieron **ñáñaras**!", "hasta me dieron **ñáñaras** de sólo pensarlo", "eso ha de haber sido una tortura, ya hasta me dieron **ñáñaras**", "me la imagino con su túnica negra: hasta me dieron **ñáñaras**", "sentí **ñáñaras** cuando corregí al secretario de Educación", "sentí **ñáñaras** en el occipucio" (léase: "sentí **ñáñaras en el culo**", pero esto es redundante), "historias vergonzosas que dan **ñáñaras** en el culo" (otra expresión redundante), "¡hasta sentí **ñáñaras** en el asterisco!" (frase también redundante), "da **ñáñaras** a los empresarios la creación del nuevo Ifetel", "¿sienten ya las **ñáñaras**?" y, más drásticamente, "siento **ñáñaras** con eñe de ñonga".

☞ Google: 15 700 resultados de "ñáñaras"; 5 050 de "dan ñáñaras"; 4 550 de "da ñáñaras"; 2 410 de "me dieron ñáñaras"; 1 550 de "sentí ñáñaras". ☑

302. *¿ñonga?*

Los académicos de Madrid incluyen en el DRAE el adjetivo y sustantivo "ñongo" (femenino, "ñonga"), como despectivo coloquial que se usa en Cuba para referirse a una persona indiscreta o que obra sin discreción. En una segunda acepción aseguran que tiene uso coloquial en Venezuela con dos significados: "Dicho de una situación o de un asunto: inseguro, incierto, lleno de dificultades y obstáculos" y "dicho de una persona: demasiado sensible, delicada o refinada, o que quiere aparentar serlo". Sea como fuere, así como no es lo mismo "pingo" que "pinga", tampoco es lo mismo "ñongo" que "ñonga", al menos en México. Pero la definición de "ñonga", en la acepción mexicana, no está incluida en el DRAE, pese a tener este vulgarismo mucha más difusión que los usos coloquiales de Cuba y Venezuela. El sustantivo femenino "ñonga" es un término malsonante que significa "pene", "verga", órgano sexual del hombre. Ejemplo: *Si quieres; si no, ¡vete a la **ñonga**!* Su difusión en México pertenece al ámbito popular preferentemente juvenil, especialmente de las ciudades. "¡Vete a la ñonga!" equivale a "¡Vete a la verga!", es decir "¡lárgate!", "¡no estés molestando!" Es obvio que la Real Academia Española no hace bien su trabajo: no investiga y, además, demuestra una enorme pereza, una gran "ñáñara", para decirlo con el presunto hondureñismo coloquial y rural que incluye en su mamotreto. Dado que destina una entrada en su diccionario para un término tan marginal como ese hondureñismo, más las acepciones coloquiales de Cuba y Venezuela para "ñongo" y "ñonga", ¿cuál sería el motivo para no incluir en las páginas del DRAE el americanismo "ñonga" para referirse al pene? ¡Su ñáñara, simplemente, es decir su flojedad, su pereza! Lo cierto es que, al igual que el mexicanismo "ñáñaras", el término "ñonga" con el significado de "pene" o "verga" tiene un uso mucho más amplio que las formas coloquiales de Cuba y Venezuela. No quiere decir esto que en el DRAE deban incluirse todos los términos locales (sería absurdo suponer que deben estar, por ejemplo, "armaño" y "gamborimbo"), pero es una gran incongruencia incluir muchos términos del todo minoritarios y omitir otros más difundidos y utilizados, como son los casos de "ñáñaras" y "ñonga". Quien tenga curiosidad, recurra al buscador de Google y comprobará que el mayor número de resultados de "ñonga" corresponde al sustantivo malsonante. He aquí algunos ejemplos de este uso en México y otros países de América: "**Ñonga** es el apellido del famoso Larry K.", "¡hijos de la **ñonga**!", "¡ya valiste **ñonga**!", "se llama Lupita Nyong'o, no Lupito **Ñonga**", "La **ñonga**" (canción y obra teatral), "¡te va a llevar la **ñonga**!", "¡la **ñonga**, qué!", "¡váyanse todos a la **ñonga**!", "la **ñonga** parladora", "¡soy una **ñonga**!", "¡ahi les va la **ñonga**!", "lanza rayos y centellas contra las **ñongas**", etcétera. Un significado muchísimo muy restringido es el de "ñonga", aplicado en Colombia, al menos por una empresa de madera ecológica, a la leña del café. Leemos en internet: "La materia prima de nuestro producto proviene de la **ñonga** de café... Lastimosamente muchos cafetaleros al terminar la vida útil de la **ñonga** de café la cortan para dejarla como basura biodegradable o la queman". ¿Ñonga de café? En todo caso, del cafeto. Y si se trata de leña (o leño) tiene bastante sentido que se le llame "ñonga" al pene, pues entre sus múltiples e imaginativos sinónimos ("bálano", "camote", "carajo", "chile", "cipote", "corneta", "falo", "fierro", "garrote", "macana", "malanga", "mandarria", "mango", "mástil", "minga", "nabo", "pájaro", "palo", "penca", "picha", "pichula", "pija", "pinga", "pistola", "pito", "polla", "poronga", "porra", "rabo", "reata", "tolete", "tranca", "trozo", "vara", "vástago", "verga", "virote", etcétera) está también el de leño. Y nada puede ser más eficazmente metafórico del acto de la cópula que "echar un leño al fuego".

☞ Google: 56 700 resultados de "ñonga"; 27 500 de "la ñonga"; 4 550 de "una ñonga"; 2 590 de "ñongas"; 2 570 de "mi ñonga"; 1 860 de "pura ñonga". ☑

O

303. ***¿oasis del desierto?, ¿oasis en el desierto?, ¿oasis en medio del desierto?***

Con estas tres expresiones se comete el dislate de la redundancia. Si la gente frecuentara el diccionario sabría de inmediato por qué. Veamos. El sustantivo masculino "oasis" (del francés *oasis*, y éste del griego *óasis*) tiene la siguiente acepción en el diccionario académico: "Sitio con vegetación y a veces con manantiales, que se encuentra aislado en los desiertos arenosos de África y Asia". En realidad, ¡no únicamente en los desiertos de África y Asia! La gente que hace el DRAE vive en la luna. ¿Y qué de los otros desiertos que no se localizan en África y Asia? María Moliner, en el DUE, les corrige la plana a los pasmarotes de la RAE. Define "oasis" del modo más preciso: "Sitio con vegetación y con agua, aislado en medio de un desierto", y punto. Ejemplo: *Los **oasis** son como islas verdes en el Sahara.* Una segunda acepción en el DRAE, de carácter general y con sentido figurado, es la siguiente: "Tregua, descanso, refugio en las penalidades o contratiempos de la vida". Ejemplo: *Aquel momento fue un **oasis** en su dura existencia.* En esto coincide Moliner, pero añade otra acepción, también del sentido figurado, que a la holgazana RAE se le pasa (como se le pasan muchas cosas): "Lugar o ambiente de reposo y de bienestar en medio de otro que no lo es". Ejemplo: *Aquella pequeña habitación era un **oasis** en la desordenada casa.* Por todo lo anterior, es una cruda redundancia decir y escribir "oasis del desierto", "oasis en el desierto" y "oasis en medio del desierto" (es tanto como decir "archipiélago de islas"), pues todos los oasis están en el desierto y es innecesario reiterarlo cuando, por definición, el término "oasis" ya contiene en sí mismo al sustantivo "desierto". Lo correcto es decir y escribir *Un **oasis en el Sahara***, que se vuelve redundancia cuando se dice y escribe *Un **oasis en el desierto del Sahara***. Si es "oasis" pertenece irrefutablemente al "desierto". Tampoco es válido argüir que la reiteración tiene el propósito hacer una distinción entre la acepción específica y el sentido figurado, pues lo mismo en el sentido figurado el término "oasis" tiene la misma connotación que en el caso específico. Así como es redundante decir y escribir *Encontró un **oasis en el desierto***, lo es también decir y escribir *Aquel momento de su vida fue como un **oasis en el desierto***.

Se trata de gruesas redundancias que cometen los autores más galardonados y más leídos de la actualidad, autores cuasianalfabetos que ha encumbrado cierta industria editorial a la que sólo le importa vender libros aunque deforme a los lectores. Es natural que los lectores que encuentran en los libros de sus autores favoritos las expresiones "oasis del desierto", "oasis en el desierto" y "oasis en medio del desierto" crean que son correctas y las imiten. En las páginas de internet abundan estas redundancias y lo mismo ocurre en las publicaciones impresas. Un reseñador de una novela de Mariam Petrosjan escribe lo siguiente:

♀ "*La casa de los otros* es un libro cuya narración te sumerge de lleno en un **oasis en mitad del desierto** que no sabes muy bien cómo ha llegado ahí".

Tan sencillo que es decir y escribir, correctamente, que la narración de dicho libro es tan grata (si así lo fuera):

♂ que nos transporta a un **oasis.**

✎ He aquí más ejemplos de esta barrabasada redundante: "Un **oasis en el desierto**", "Cuatro Ciénegas: **oasis en el desierto**", "un **oasis en el desierto** de Atacama" (basta con decir "un oasis en Atacama"), "increíble **oasis en el desierto** del Sahara" (basta con decir "increíble oasis en el Sahara"), "precioso **oasis en el desierto** de Gobi" (basta con decir "precioso oasis en Gobi"), "eres un **oasis en el desierto** de mi soledad" (esta cursilería puede ser menos horrible si se dice simplemente "eres un oasis en mi soledad"), "**oasis en medio del desierto**", "un **oasis en medio del desierto** del Sahara", "en Coahuila existe un místico **oasis en medio del desierto**", "un **oasis en mitad del desierto**" y, como siempre hay algo peor, "Arrecifes de coral, en busca de los **oasis del desierto marino**" (encabezado del diario mexicano *Milenio Jalisco*).

☞ Google: 252 000 resultados de "oasis en el desierto"; 153 000 de "un oasis en el desierto"; 136 000 de "oasis del desierto"; 71 100 de "oasis en medio del desierto"; 46 900 de "un oasis en medio del desierto"; 16 100 de "oasis en mitad del desierto"; 13 500 de "un oasis del desierto"; 9 190 de "un oasis en mitad del desierto". ☒

304. *¿oblícuo?, ¿oléico?, ¿protéico?*

¿Por qué escribir "oblícuo", "oléico" y "protéico" (con tilde innecesaria)" si no hay otra manera de leer estas palabras que como llanas o graves (con acento prosódico en la penúltima sílaba) terminadas en vocal? Obviamente, por desconocimiento de las reglas ortográficas y de acentuación. En los tres casos, se trata de palabras trisílabas: o-bli-cuo, o-lei-co, pro-tei-co. La tilde en ellas se convierte en falta ortográfica, pues sólo sería necesaria para romper un diptongo que, en estas palabras, no procede romper. Funciona, por ejemplo, para "proteínico" (palabra esdrújula justamente por la ruptura del diptongo "ei" con la tilde en la "í"), pero no para "prot**ei**co" (palabra llana o grave, que conserva el diptongo). Son muchas las personas que, ignorantes de las reglas ortográficas y de acentuación, no saben escribir "oblicuo", "oleico" y "proteico", y son las mismas que tampoco saben escribir "diarreico", "heroico" y "jesuita", dado que escriben "diarréico", "heróico" y "jesuíta". En prácticamente todas estas palabras, la tilde es un desbarre del ámbito culto, lo cual quiere decir que muchas personas de alta escolarización ignoran las reglas ortográficas. Para muestra, un botón: en el suplemento *El Cultural* del diario español *El Mundo* leemos el siguiente título de un poema de Du Fu: "El vuelo **oblícuo** de las golondrinas". Por otra parte, en un libro de química se nos informa acerca del "ácido **oléico**". Y en otro libro, éste de generalidades médico-quirúrgicas, leemos acerca de "la síntesis **protéica**". En un texto para educación superior, el autor se refiere al "síndrome **diarréico** agudo". Una librería anuncia la novela "*El desafío* ***heróico***". Y, por último, hay un interesantísimo ensayo de Jean Meyer cuyo título una revista académica echa a perder del siguiente modo "La 'maquinación **jesuíta**' en el imaginario ruso", ello a pesar de que, en el cuerpo del texto, el autor escribe siempre, correctamente, "jesuita".

☞ Google: 2 440 000 resultados (sólo en español) de "jesuítas"; 1 850 000 de "heróica"; 1 710 000 (sólo en español) de "jesuíta"; 1 090 000 de "heróico"; 613 000 de "protéica"; 535 000 de "protéico"; 404 000 de "heróicos"; 398 000 de "heróicas"; 377 000 de "protéicas"; 260 000 de "protéicos"; 236 000 de "oléico"; 75 900 de "diarréicas"; 53 000 de "oblícuos"; 41 700 de "diarréica"; 40 400 de "oblícuo"; 39 800 de "oblícua"; 26 600 de "heróicamente"; 19 700 de "oblícuas"; 17 300 de "diarréico"; 17 200 de "diarréicos"; 5 690 de "oléicos". ☒

305. *obsceno* no es lo mismo que *repulsivo*

A decir de María Moliner, el adjetivo "obsceno" (del latín *obscēnus*) se aplica a lo que presenta o sugiere maliciosa y groseramente cosas relacionadas con el sexo. En el DRAE es definido del siguiente modo: "Impúdico, torpe, ofensivo al pudor". Ejemplo: *Se llevó la mano a los huevos haciendo un ademán* ***obsceno***. De ahí el adjetivo "obscenidad" (del latín *obscenĭtas, obscenitātis*): "característica de obsceno" y "cosa obscena". Ejemplo: *Su* ***obscenidad*** *mereció la reprobación del público*. Sus sinónimos son muchísimos, unos más exactos que otros; entre ellos: "procaz", "escabroso", "sicalíptico", "lúbrico", "impúdico", "indecoroso" y, por supuesto, "pornográfico". Otro ejemplo: *El futbolista fue multado por hacer un gesto* ***obsceno*** *frente a la tribuna*. ¿Qué es exactamente lo que hizo el futbolista para que las autoridades deportivas consideraran ese gesto como "obsceno" y le impusieran una multa de 12 mil dólares? Les mostró a los aficionados su dedo medio en señal de "¡que les den por culo!". La malicia sexual en dicho gesto es más que evidente y puede considerarse obscena. Pero no debe confundirse "obsceno" con los adjetivos "repulsivo", "escandaloso" o "repugnante", como ya con mucha frecuencia se hace en los medios impresos y en internet, y especialmente por periodistas, analistas, sociólogos, economistas, politólogos y líderes de opinión. El adjetivo "obsceno" está circunscrito al ámbito sexual, y nada tiene que ver con otros contextos. El siguiente ejemplo es del *Diccionario panhispánico de dudas* que, por cierto, no desautoriza este uso: *Sabía que no vivíamos en un mundo equitativo, pero* *ignoraba que el desequilibrio fuera tan* ***obsceno***. Según el *Panhispánico*, este uso tal vez sea influencia del inglés. Quitémosle el *tal vez*; se trata sin duda de un anglicismo. En inglés, el adjetivo *obscene* significa grosero o indecente, y en español el adjetivo "indecente" remite a algo indecoroso, vituperable o vergonzoso. Pero, en cualquier caso, llamémosle "obsceno" a lo que es "obsceno" y se desarrolla, exclusivamente, en el ámbito de la sexualidad, y a todo lo demás que nos parezca "vituperable", "grosero", "indecente", "escandaloso", "censurable", "vergonzoso", etcétera, califiquémoslo como corresponde. ¿Para qué decir que algo es "obsceno" si en realidad nada tiene que ver con la "obscenidad", es decir con la lascivia? Un político paraguayo afirmó que "la pobreza extrema es una realidad **obscena**". No es verdad: se trata de una realidad escandalosa, repulsiva, vituperable y vergonzosa, pero de ningún modo "obscena", pues lo obsceno es consustancial, como ya vimos, a ciertos matices ofensivos o impúdicos del sexo y la sexualidad. He aquí algunos ejemplos del mal uso (siempre en el ámbito culto) de este adjetivo: "el ansia de sangre de los hombres había alimentado una **guerra obscena**", "la **guerra, obscena** y cruel", "murió en aquella **guerra obscena**" (en la que, desde las trincheras, seguramente se mostraban los rivales higas y peinetas), "se convirtió en una **guerra obscena** del poder", "la guerra es **obscena**, escandalosa, y retransmitida por televisión mucho más" (escandalosa, sí; obscena, no), "este **mundo obsceno**, que fascina", "este **mundo obsceno** y absurdo", "peligrosa **realidad obscena**", "en esta **realidad obscena** y descarada", "es la imagen de la **realidad obscena**", "**política obscena** y violencia económica en Tenerife", "reprobamos en todos los casos la **política obscena**", "hacer frente a una **política obscena**", etcétera. En México, lo más parecido a "una política obscena" es la diputada Carmen Salinas quien, en septiembre de 2015, tuiteó lo siguiente junto a una fotografía en la que se le ve mostrando el dedo medio en señal de "¡jódanse!" a quienes impugnaron su designación como diputada priista: "Por mí se pueden meter sus firmas por el trasero o por donde más les quepa, mijitos, yo estoy respaldada por mi partido (PRI)". ¿Así o más obscena?

☞ Google: 15 900 resultados de "guerra obscena"; 5 740 de "mundo obsceno"; 1 220 de "realidad obscena"; 1 000 de "política obscena". ☒

306. *¿obstruccionar?*

"Obstruccionar" es un falso verbo en español. Pariente del también bastardo "aperturar". Es absurdo darles cabida en nuestra lengua a estos terminajos si tenemos los correctos verbos "obstruir" y "abrir". El verbo transitivo "obstruir" (del latín *obstruĕre*) tiene dos acepciones principales de acuerdo con el DRAE: "Estorbar el paso, cerrar un conducto o camino"; "impedir la acción". Ejemplo: *Fueron detenidos varios manifestantes por* ***obstruir*** *el paso en una carretera federal.* También tiene uso pronominal ("obstruirse"): "Dicho de un agujero, una grieta, un conducto, etc.: cerrarse o taparse" (DRAE). Ejemplo: *Murió asfixiado al* ***obstruirse*** *su tráquea.* De ahí el sustantivo femenino "obstrucción": "acción y efecto de obstruir u obstruirse". Ejemplo: *La* ***obstrucción*** *en su tráquea produjo la asfixia.* De ahí también el adjetivo "obstructor": "que obstruye". Ejemplo: *El objeto* ***obstructor*** *fue un trozo de alimento muy grande.* Ningún sentido tiene emplear el falso verbo "obstruccionar". Digamos y escribamos "obstruir".

Este desbarre tiene su reino en internet, pero extiende sus dominios a las publicaciones impresas. En el portal electrónico de la Cámara de Diputados de México, leemos que un preclaro diputado argumentó lo siguiente:

♀ "se estarían **obstruccionando** recursos jurídicos a los que tenemos derecho, los cuales estarían en juego en los tribunales extranjeros".

Sí, así hablan los diputados. No hay que sorprendernos. Y muchos de ellos hablan nada más porque tienen boca, diría el viejito. Quiso decir el "legislador" que

☝ es indebida la **obstrucción** de recursos jurídicos o, en todo caso, no se deben **obstruir** recursos jurídicos.

✎ He aquí más ejemplos de esta barrabasada: "no hay derecho a **obstruccionar**", "sin **obstruccionar** la penetración de la luz", "**obstruccionar** la aprobación de los convenios", "**obstruccionar** la suerte y arruinar la salud y el alma" (¡cuánta profundidad filosófica!), "**obstruccionar** la labor del gobierno", "organizar la información sin impedir la creatividad y sin **obstruccionar** el pensamiento" (¡pues qué creativos y qué pensadores!), "la campaña **obstrucciona** los salones", "avión militar se accidenta y **obstrucciona** el tráfico en Luanda", "cuando algo **obstrucciona** la respiración suenan las señales de alarma" (pero nadie las oye porque tienen **obstruccionados** los oídos), "la cual **obstrucciona** el flujo de la sangre al corazón", etcétera.

☞ Google: 7 390 resultados de "obstruccionar"; 2 430 de "obstrucciona"; 1 560 de "obstruccionó"; 1 250 de "obstruccionando". ☒

307. *ofender* no es lo mismo que *atacar*

Los locutores y cronistas deportivos ofenden el idioma cuando dicen que un equipo "ofende" a otro simplemente porque sus delanteros "atacan" para conseguir goles o puntos. El verbo transitivo "ofender" (del latín *offendĕre*) tiene únicamente dos acepciones en el diccionario académico: "Humillar o herir el amor propio o la dignidad de alguien, o ponerlo en evidencia con palabras o con hechos" e "ir en contra de lo que se tiene comúnmente por bueno, correcto o agradable". Ejemplos: ***Lo ofendió*** *públicamente con términos muy soeces; Su palabras y acciones* ***ofenden*** *el buen gusto.* En su uso pronominal ("ofenderse"), significa "sentirse humillado o herido en el amor propio o la dignidad" (DRAE). Ejemplo: ***Se ofendió*** *por un malentendido.* Sinónimo de "ofender" es "insultar" (del latín *insultāre*: literalmente, "saltar contra"): "ofender a alguien provocándolo e irritándolo con palabras o acciones" (DRAE). Ejemplo: ***Lo insultó** públicamente con términos muy soeces.* Pero "ofender" no es sinónimo natural de "atacar" (del italiano *attacare [battaglia]*: "comenzar [la batalla]"), verbo transitivo cuya principal acepción es "acometer, embestir con ánimo de causar daño", y que posee una acepción específica para el caso que nos ocupa: "Dicho de un competidor o de un equipo: en algunos deportes y juegos, tomar la iniciativa para ganar al adversario" (DRAE). Ejemplos: *Es un equipo que **ataca** constantemente; **Atacar** incesantemente fue la clave de la victoria del Madrid.* En el medio deportivo y, especialmente en el futbol, muchos hablantes y escribientes suponen obtusamente que "ofender" es el antónimo natural de "defender" (del latín *defendĕre*), verbo transitivo que tiene las siguientes acepciones en el diccionario académico: "Amparar, librar, proteger"; "mantener, conservar, sostener algo contra el dictamen ajeno"; "vedar prohibir"; "impedir, estorbar"; "abogar, alegar en favor de alguien". Aunque lo parezca, no es así. Es obvio que un equipo "ataca" (toma la iniciativa), no "ofende"; es obvio que sus defensas, "defienden" (impiden o estorban las acciones del adversario) y que sus delanteros (que pertenecen a la línea "ofensiva", como en cualquier batalla), "acometen", pero no necesariamente "ofenden", aunque haya algunos muy cochinos que, además de atacar, ofenden. En los deportes, un jugador "ofensivo" no es el que insulta, muerde o escupe a su adversario, sino el que "acomete al enemigo". El "ofensor", dicen los cronistas, como sinónimo de delantero o de jugador que ataca. Pero no, "ofensor" es adjetivo y sustantivo que tiene únicamente un preciso significado: "que ofende". Siendo así, el jugador que ofende durante un partido de futbol, sea por caso, es aquel que escupe, muerde, le hace señas obscenas, le mienta la madre y le dice que le den por culo a su contrario, y que bien merece, por supuesto, ser expulsado del juego. El sustantivo femenino "ofensa" (del latín *offensa*) denota la "acción y efecto de ofender". Pero, ¡por el amor de Dios!, una ofensa no es el gol que logra un equipo habiendo vencido a la defensiva del otro, sino el insulto que ese jugador profirió digamos contra el portero al llamarlo "pendejo de mierda". Para echar a perder más las cosas y confundir a los hispanohablantes, el mamotreto de la Real Academia Española, al definir las locuciones verbales "estar a la defensiva" o "ponerse a la defensiva", ofrece el siguiente desatino asnal: "Ponerse en estado de defenderse, sin querer acometer ni ofender al enemigo". ¡Coño, Darío, "ponerse en estado de defenderse" es una cacofonía (o más bien cacafonía), y la acotación "ni ofender" está de más y es una burrada; era suficiente con decir: "sin querer acometer (o atacar) al enemigo"! No cabe duda de que son los académicos los que aprenden de los cronistas deportivos, porque es obvio que éstos no consultan el diccionario. Nunca será lo mismo un jugador de futbol que ataca muy bien que uno que ofende muy bien. Este último insultará, escupirá, morderá, le mentará la madre a los rivales, se cagará en la madre del árbitro, etcétera, pero es obvio que no es un modelo de futbolista, así sea el mejor delantero del mundo.

En el periodismo deportivo de la radio, la televisión e internet es frecuente escuchar este disparate (con la anuencia de la RAE y las academias hermanas), y también es muy fácil encontrarlo, en la escritura, en las publicaciones impresas: especialmente en las revistas y en las secciones deportivas de los diarios. Jaime Ordiales, un ex futbolista mexicano, hoy director técnico, declaró lo siguiente en el portal electrónico de su equipo:

♡ "Tenemos que mejorar en varios aspectos, en el aspecto físico, de repente nos empezamos a tirar para atrás, creo que dejamos de **atacar y ofender al rival**".

El verbo "ofender" está de más. De hecho era suficiente con decir:

☝ creo que dejamos de **atacar al rival.**

✎ ¿Para qué ofender al rival si con atacarlo es suficiente y, además, así se evitan sanciones? He aquí otros ejemplos de esta tontería jumental: "la propuesta de ambos equipos es **ofender al rival**" (cochinos ambos), "buscó salir con pelota controlada para gradualmente comenzar a **ofender al rival**", "los queretanos se dieron cuenta que podían **ofender al rival**" (calculadores y ventajosos, además de todo), "por momentos se muestra mezquino al momento de **ofender al rival**" (¡vaya paradoja!), "Lobos BUAP prosiguió con su tarea de **ofender al rival**", "pese a los esfuerzos de los locales para intentar **ofender al rival**", "un hombre con agallas siempre decidido a **ofender al rival**" (¿y esto es admirable?), "se mostraron con ímpetu para **ofender al rival**", "no fueron contundentes a la hora de **ofender al rival**" (les faltaron escupitajos, rodillazos, mentadas de madre y otras lindezas), "ambos equipos buscaron **ofender al rival** con prontitud", "mantuvo una estrategia de **ofender al rival** y su agresividad le dio frutos", "suele aprovechar espacios y balones largos para **ofender al rival**" (por si fuera poco, los "balones largos" han dejado de ser balones y son salchichas inflables), "trataron de **ofender al rival** desde el pitazo inicial del árbitro", "Isijara fue el jugador que más intentó **ofender al rival**, a través de jugadas por la banda" (cuando iba por la banda seguramente le decía al rival que se cagaba en su madre). Hay que ser brutos de veras para no saber diferenciar entre "atacar" y "ofender". Pero si ni los miembros de la Real Academia Española distinguen entre una cosa y otra, es de esperarse que no lo haga nadie en el ámbito deportivo.

☞ Google: 9 070 resultados de "ofender al rival". ☒

308. *¿ofrecer la oferta?*

El sustantivo femenino "oferta" tiene su origen en el latín *offerre* que significa, literalmente, "ofrecer", verbo transitivo que posee, entre otras, las siguientes acepciones en el DRAE: "Comprometerse a dar, hacer o decir algo"; "presentar y dar voluntariamente algo"; "manifestar y poner patente algo para que todos lo vean". Ejemplo: ***Ofreció*** *un gran concierto*. De ahí el sustantivo masculino "ofrecimiento": "acción y efecto de ofrecer u ofrecerse". Ejemplo: *Su* ***ofrecimiento*** *era tan ventajoso que nadie podía rechazarlo*. El sustantivo "oferta" tiene las siguientes acepciones en el diccionario académico: "Promesa que se hace de dar, cumplir o ejecutar algo; don que se presenta a alguien para que lo acepte; propuesta para contratar; puesta a la venta de un determinado producto; puesta a la venta de un determinado producto rebajado de precio; producto rebajado de precio; conjunto de bienes o mercancías que se presentan en el mercado con un precio concreto y en un momento determinado". Ejemplo: *Su* ***oferta*** *era tan ventajosa que nadie podía rechazarla*. De ahí el verbo transitivo "ofertar", literalmente "ofrecer" y cuya definición general es la siguiente: "En una promoción de ventas, ofrecer durante tiempo limitado algún producto en condiciones ventajosas para el comprador" (DRAE). Ejemplo: *El producto que* ***ofertaron*** *era tan bueno que muy pronto se agotó*. Siendo así, resulta indudable que "ofrecer la oferta" es una gruesa redundancia, prácticamente similar a "ofertar la oferta" si hubiera alguien tan bruto (¡y ya vimos que sí lo hay!) capaz de decir y escribir semejante disparate.

Esta rebuznancia es propia del ámbito comercial y su reino está en internet, pero no es extraño encontrarla en publicaciones impresas (diarios y revistas) en temas de economía y mercado. En el portal electrónico de Microsoft, en España, leemos la siguiente barbaridad dentro de una nota de prensa:

☞ "El partner de Microsoft, Aitana, es ya el primer partner español en **ofrecer la oferta** completa de soluciones de Microsoft disponibles 'en la nube'".

Además de anglicistas y con una sintaxis digna de garrote (en español, la voz inglesa *partner* se traduce como "socio" o "asociado"), los españoles que redactaron esta atrocidad idiomática se dan vuelo con la rebuznancia. En buen castellano debieron (porque no pudieron ni quisieron) decir lo siguiente:

☞ "Aitana, compañía asociada a Microsoft, es la primera en España en **ofertar** todas las soluciones de Microsoft disponibles en la nube".

✎ Otros ejemplos de esta gruesa barbaridad redundante: "el comercio deportivo de Gros se une para **ofrecer la oferta** comercial más completa del sector de Gipuzkoa", "podremos **ofrecer la oferta** de Navidad", "queremos **ofrecer la oferta** de seguro que realmente necesitan", "lo más simple y justo siempre hubiera sido **ofrecer la oferta** de 2x1", "para **ofrecer la oferta** más completa del fútbol nacional e internacional", "están **ofreciendo la oferta**, pero no a todos", "**ofreciendo la oferta** más amplia de toda su historia", "estarán **ofreciendo la oferta** especial", "PMC Acapulco **ofreció la oferta** educativa" (si así lo dicen, habrá que imaginar la extraordinaria educación que proporcionan), "**ofreció la oferta** más barata en el concurso", "**ofreció la oferta** más ventajosa" y, como siempre hay algo peor, "la empresa que **ofertó la oferta** más baja es Constructora Salfa".

☞ Google: 391 000 resultados de "ofreciendo la oferta"; 379 000 de "ofrecer la oferta"; 329 000 de "ofreció la oferta"; 60 800 de "ofrecieron la oferta"; 49 600 de "ofrecer las ofertas". ☒

309. *¿ojalá Dios quiera?, ¿ojalá que Dios quiera?*

"Ojalá" (siempre con tilde en la última sílaba, pues esto es lo correcto) es una interjección del español que proviene del árabe hispánico *law šá Iláh* que se traduce, literalmente, como "si Dios quiere" y que "denota vivo deseo de que suceda algo" (DRAE). Ejemplos: ***Ojalá*** *llegue temprano*; ***Ojalá*** *que llegue con bien.* Aunque María Moliner registra, en su *Diccionario de uso del español,* la forma esdrújula ("ójala"), se trata, obviamente, de un error, pues no es lo mismo "ala" que "Alá": en el primer caso, "extremidad que sirve para volar"; en el segundo, "Dios". El disparate no sólo está en decir y escribir "ójala" sino también, y sobre todo, en la redundancia al decir y escribir "**ojalá Dios** quiera", "**ojalá Dios** lo quiera" u "**ojalá que Dios** lo quiera", pues con decir y escribir "ojalá" ya está implícito y expresado el sentido literal de "si Dios quiere" o "si Dios lo quiere".

Se trata de un desbarre lo mismo culto que inculto. Y abunda en publicaciones impresas y en internet. En la sección deportiva del diario colombiano *El Heraldo* un jugador de futbol declaró lo siguiente para el encabezado de la nota:

♡ "Édinzon Tolosa: **Ojalá Dios quiera** y le anote al DIM".

Quiso decir el futbolista:

☝ **Ojalá** le anote al DIM.

✎ He aquí otros ejemplos de este desbarre redundante: "**ojalá Dios quiera** más adelante", "**ojalá Dios quiera** pronto volvamos a vernos", "**ojalá Dios quiera** que nos veamos otra vez", "**ojalá Dios quiera** se me dé un gol en este partido", "**ojalá Dios quiera** sigamos creciendo", "**ojalá Dios quiera** que me guarde los goles para la final", "**ojalá que Dios quiera** que te recuperes rápido", "**ojalá que Dios quiera** que no sea nada grave", "**ojalá que Dios no quiera** que les pase eso" y, como siempre hay algo peor, "**ojalá y Dios no lo quiera** no nos pase lo mismo que a Venezuela".

☞ Google: 104 000 resultados de "ojalá que Dios no quiera"; 88 000 de "ojalá que Dios quiera"; 53 700 de "ojalá Dios quiera"; 8 870 de "ojalá y Dios no lo quiera"; 4 950 de "ojalá Dios no quiera"; 4 110 de "ojalá Dios lo quiera"; 3 970 de "ojalá Dios no lo quiera". ☒

310. *¿ojos inyectados?, ¿ojos inyectados de sangre?, ¿ojos inyectados en sangre?*

Si queremos tener una idea aproximada de qué tan malo es un escritor, basta con ver sus lugares comunes (más allá de que sea multipremiado en España o en América). Por ejemplo, "blanco como la nieve", "negra noche", "pálida muerte", "gélido invierno", "frío glacial", "calor abrasador", "sol inclemente", "volarse la tapa de los sesos" (¿o de los esos?), "viento frío y helado" (sí, así), "destello agónico", "atmósfera enrarecida", "mirada asesina", "agilidad felina", "miedo paralizante", "sien plateada", "a punta de pistola", etcétera. Y sin duda será pésimo si hallamos en su escritura el peor lugar común: "ojos inyectados de sangre", con su variante "ojos inyectados en sangre" y su acortamiento "ojos inyectados". Si encontramos cosas como éstas en un libro, más vale no seguir leyendo. Y, como siempre puede haber cosas peores, si encontramos en un libro una frase como la siguiente (que en efecto está en un libro) deberíamos pedir que nos devuelvan el dinero que pagamos por él: "Su **penetrante mirada inyectada en sangre** me hizo pensar que podía ser peligroso preguntar". Ahora resulta que no sólo son los ojos los que están inyectados en sangre o de sangre, sino también la mirada misma, es decir, si nos atenemos a la definición del DRAE de este sustantivo femenino, la "acción y efecto de mirar" y el "modo de mirar o la expresión en los ojos". Otro autor escribe: "Caminaba con los puños apretados y el **mirar inyectado en sangre**". ¿Consultarán los escritores y los traductores, por mera curiosidad, el diccionario de la lengua en la que escriben? "Ojos inyectados de sangre" es una expresión absurda. Aunque María Moliner se refiere al adjetivo "inyectado" (participio del verbo "inyectar") y acepta que "se aplica a los ojos cuando el globo está enrojecido por la afluencia de sangre" (DUE), lo correcto, en todo caso, es decir que se trata de "ojos rojos", "ojos enrojecidos" o bien "enrojecimiento de ojos", pues el verbo transitivo "inyectar" tiene dos acepciones principales en el DRAE (y ninguna de ellas corresponde a la condición de los ojos con enrojecimiento): "Introducir a presión un gas, un líquido o una masa fluida en el interior de un cuerpo o de una cavidad"; "introducir en el cuerpo, mediante una aguja unida a una jeringuilla, un líquido o una disolución de un medicamento". Ejemplo: *Inyectar **concreto** es uno de los mejores métodos para frenar hundimientos; Científicos trabajan en dispositivo para **inyectar** medicamentos sin usar agujas.* De ahí el sustantivo femenino "inyección" (del latín *iniectio, iniectiōnis*): "acción y efecto de inyectar" y "fluido inyectado". Ejemplos: *Le aplicaron una **inyección** de relajante muscular; **Inyección** de concreto hidráulico por medio de tuberías.* Por todo esto, no dejan de ser disparates (así tengan un sentido figurado) las expresiones "ojos inyectados" (a menos que se les aplique una inyección), "ojos inyectados de sangre" y "ojos inyectados en sangre". Estas expresiones se originaron en el ámbito médico y clínico y, concretamente, en la oftalmología. Pero ni siquiera se trata, exactamente, de una "inyección" o "irrigación" desproporcionada de sangre en los ojos, sino más bien de "irritación" ocular. La Clínica Dam, de Madrid, en su portal de internet, se refiere a "**ojos inyectados en sangre**, inyección esclerótica e inyección conjuntival", pero precisa que "el enrojecimiento de los ojos se debe a la presencia de vasos sanguíneos hinchados y dilatados, lo cual provoca que la superficie ocular luzca roja o **inyectada en sangre**". De esto se trata en realidad. El *Diccionario enciclopédico de las ciencias médicas* ni siquiera se refiere a estos términos, y al definir el verbo "inyectar" lo hace con mucha precisión: "del latín *injicere, injectus*: echar dentro, introducir en:

como un líquido dentro de la piel, tejido subcutáneo, músculo, vasos sanguíneos, conducto vertebral o cualquier cavidad del cuerpo". Únicamente hay "ojos inyectados" cuando a éstos se les aplica una "inyección", y una de las más grandes idioteces médicas consistiría en inyectarles sangre.

Como ya advertimos, se trata un cliché del que abusan los malos escritores (y los pésimos traductores) en los libros, y los pésimos cronistas, en publicaciones impresas y en internet. Un autor (que no es ni Balzac ni Tolstói ni Chéjov ni Flaubert ni Dostoievski) escribe lo previsible:

☞ "Los **ojos inyectados de sangre** la miraron fijamente".

Si los ojos realmente estuvieran inyectados de sangre no podrían mirar fijamente (*elemental, mi querido Watson*). Lo cierto es que se trata simplemente de

☞ **ojos enrojecidos.**

✎ Más ejemplos de esta barrabasada que muchos defenderán como gran recurso literario: "los **ojos inyectados de sangre** y la presión arterial alta", "cómo deshacerse de unos **ojos inyectados en sangre**", "remedios caseros para los **ojos inyectados de sangre**", "ese viejo de **ojos inyectados**", "una ira cansada ardió en sus **ojos inyectados en sangre**", "los había fulminado con sus **ojos inyectados en sangre**", "mordiendo a todo el mundo y con los **ojos inyectados en sangre**", "con cuchillos en la mano y los **ojos inyectados en sangre**", "el rictus de dolor y la **mirada inyectada en sangre**", "su implorante **mirada inyectada en sangre**", "su penetrante **mirada inyectada en sangre**", "se encontró con su propia **mirada inyectada en sangre**", "las señaló sin piedad con la **mirada inyectada en sangre**".

☞ Google: 194 000 resultados de "ojos inyectados"; 136 000 de "ojos inyectados de sangre"; 41 400 de "ojos inyectados en sangre"; 6 310 de "ojo inyectado"; 4 960 de "ojo inyectado en sangre"; 3 950 de "mirada inyectada"; 1 970 de "ojo inyectado de sangre"; 1 840 de "mirada inyectada en sangre"; 1 000 de "mirada inyectada de sangre". ☒

311. *¿omelet?, ¿omelette?, ¿omelet de huevo?*

La Real Academia Española, muy atareada en incorporar en su diccionario zarandajas como "amigovio", "papichulo" y otras pendejadas (es decir, tonterías o "cosas de poca importancia"), no incluye en su mamotreto ni el original francés *omelette* ni su lógica castellanización "omelet" (que en inglés también se escribe *omelet*). En francés, *omelette* es un sustantivo femenino que se traduce, literalmente, como "tortilla", pero que es, en particular, una tortilla de huevo y hierbas finas con ciertas características en el doblez o enrollamiento. Es la también llamada "tortilla francesa" que no se parece a la "tortilla española" ni mucho menos a la tortilla mexicana. Es simple y sencillamente otra cosa: una *omelette*. Término utilizado en todo el mundo, probablemente en España sólo se le conozca como "tortilla francesa" ("tortilla hecha solo con huevo", DRAE), pues únicamente ocupa siete palabras de acotación en la entrada "tortilla" del mamotreto académico. Además, dicha definición es falsa o, por lo menos incompleta, pues la *omelette*, o el "omelet" (en español la tendencia es darle género masculino), no está hecha únicamente de huevo, sino que puede llevar otros ingredientes y, en general, lleva hierbas finas. Que los españoles no digan ni escriban "omelet", sino "tortilla francesa" (para distinguirla de su "tortilla": la "tortilla española") no les da derecho a eliminar del *Diccionario de la lengua española* un término tan necesario para muchísima gente que dice y escribe "el omelet" o "la omelet". En conclusión, es del todo correcto escribir en español, aunque no lo registre el DRAE, el término "omelet" (sin necesidad de ponerlo en cursivas) que se pronuncia tal como está escrito: palabra aguda terminada en "t". Lo que es un disparate redundante es decir y escribir "omelet de huevo", pues cualquier "omelet" es de huevo. Su plural es "omelets", pues en español los sustantivos en singular terminados en "t" forman su plural añadiéndoles "s". Ejemplos: *argot, argots*; *chat, chats*; *déficit, déficits*; *hábitat, hábitats*; *robot, robots*; *test, tests*, etcétera.

☞ Google: 94 100 resultados de "omelette de huevo"; 45 600 de "omelet de huevo". ☒
☞ Google: 26 900 000 resultados de "*omelette*". ☑
☞ Google: 14 800 000 resultados de "omelet". ☑☑

312. *¿omnibús?, ¿omnibuses?*

Las palabras compuestas con el sufijo "-bus" cuando éste es acortamiento del sustantivo masculino "autobús" ("vehículo automóvil de transporte público y trayecto fijo que se emplea habitualmente en el servicio urbano", DRAE) son todas agudas, es decir llevan acento en la última sílaba, como *aero**bús***, *auto**bús***, *biblio**bús***, *electro**bús***, *ferro**bús***, *micro**bús***, *mini**bús***, *trole**bús***, *turi**bús***, etcétera, y todas componen sus plurales con la terminación "-es" (*aerobuses, autobuses, bibliobuses, electrobuses, ferrobuses, microbuses, minibuses, trolebuses, turibuses*), con la excepción, paradójica, del término que es raíz de todas ellas: "ómnibus" (del francés *omnibus*, y éste del latín *omnĭbus*: "para todos"), que el diccionario académico define de la siguiente manera: "Vehículo de transporte colectivo para trasladar personas, generalmente dentro de las poblaciones". Ejemplo: *El **ómnibus** que abordaron salió con veinte minutos de retraso.* Se trata de una palabra esdrújula (con tilde en la antepenúltima sílaba) y, además, es invariable, pues se dice y se escribe "**el** ómnibus", para el singular, y "**los** ómnibus", para el plural. Ejemplo: *Les dijeron que todos **los ómnibus** estaban saliendo con retraso.* Siendo así, constituyen dislates decir y escribir "omni**bús**" (como palabra aguda) y "**ó**mnibus**es**" y "**o**mnibus**es**" (pluralizando la palabra con la terminación "es"). En francés se pronuncia, aproximadamente, *omnibiú*, y en inglés, *omnibás*. Pero en español resulta evidente que no es una palabra aguda sino esdrújula.

Muchos hispanohablantes ignoran esto y aplican a "ómnibus" las características fonéticas y gráficas pertenecientes a la familia del "autobús" y sus derivados. Podemos constatarlo en internet y en buena parte de las publicaciones impresas. En el portal electrónico de la librería y distribuidora mexicana Educal se anuncia el libro:

♀ "***Omnibús*** *de poesía mexicana*, de Gabriel Zaid".

Pero el título correcto del libro de Gabriel Zaid es:

☝ ***Ómnibus*** *de poesía mexicana*, y ello es perfectamente legible en la cubierta.

✎ He aquí más ejemplos de este dislate: "**Omnibús** Cristóbal Colón", "**omnibús** de dos pisos", "estación de **omnibús** de Piamonte", "**omnibús** causa accidente con cuatro personas fallecidas", "**Omnibús** Santander Mediterráneo", "creen que incendio de **omnibús** pudo ser intencional", "los recorridos de los **ómnibuses** tenían dos paradas", "aparecieron para explotar los **ómnibuses**", "del tranvía a los **ómnibuses**", "habilitación y registro de los **ómnibuses**", "terminal de **ómnibuses**", "podrán llegar al centro del evento en **ómnibuses**", "historia de los camiones y **omnibuses**", "sus aventuras en los **omnibuses**", "nostálgicos amantes de los **omnibuses**", "los dueños de los **omnibuses**", "el traqueteo de los **omnibuses**".

☞ Google: 959 000 resultados de "omnibuses"; 63 100 de "omnibús"; 38 200 de "ómnibuses". ☒

313. *¿ONGs?, ¿ONG's?*

En la *Ortografía básica de la lengua española* (de la RAE) leemos lo siguiente: "Las siglas que corresponden a expresiones nominales comunes, y no a nombres propios, pueden usarse para aludir a varios referentes. En esos casos, aunque en la lengua oral las siglas tienden a tomar marca de plural [*oenejés* = 'organizaciones no gubernamentales'], se recomienda mantenerlas invariables en la escritura, procurando en lo posible, para evidenciar su uso en plural, que vayan acompañadas de algún determinante que así lo indique: *las* ONG". En consecuencia, no es correcto, en español, añadir una "s" minúscula al final de la sigla, ni tampoco una "s" precedida de apóstrofo, como en "las ONG**s**" o "las ONG**'s**", pues esto es calco del inglés. Simplemente se dice y se escribe "las ONG", cuyo deletreo es "las oenegé" e incluso "las oenegés", y que se "desata" o se sobreentiende como "las organizaciones no gubernamentales". Así de simple. Deben tomarlo muy en cuenta en el ámbito académico y en el periodismo. Los hispanohablantes, como este mismo adjetivo y sustantivo ya lo indica, hablamos y escribimos en español, no en inglés y, siendo así, nuestra sigla para "**O**rganización **N**o **G**ubernamental", lo mismo en singular que en plural, es ONG, equivalente a NGO (**N**on-**G**overnmental **O**rganization) en inglés. En el portal electrónico de

Universia que, como su nombre lo indica, es de universitarios y para universitarios, leemos el siguiente titular: "Breve Historia de las ONG's", y en el diario mexicano *El Norte* sus editores nos regalan el siguiente encabezado: "Anuncian ONGs Coalición Anticorrupción". Ya el hecho mismo de las mayúsculas iniciales en palabras comunes delata un vicio anglicista, el cual se refuerza con la "s" final (con apóstrofo y sin él) al final de las siglas.

☞ Google: 14 500 000 resultados de "ONGs"; 2 890 000 de "ONG's". ☒
☞ Google: 565 000 resultados de "las ONG". ☑

314. *¿optimizar al máximo?*

El verbo transitivo "optimizar" (también "optimar") ya contiene en sí carácter superlativo, pues su raíz es el adjetivo "óptimo" (del latín *optĭmus*), cuyo significado es "sumamente bueno, que no puede ser mejor" (DRAE). Ejemplo: *Esto no sólo es bueno, sino* ***óptimo***. Por ello, el verbo "optimizar" tiene la siguiente definición en el diccionario académico: "Buscar la mejor manera de realizar una actividad". Ejemplo: *Es indispensable* ***optimizar*** *los mecanismos del control de calidad*. Pero, por todo lo dicho, ya no es posible ir más allá de lo "óptimo", puesto que lo "óptimo" es lo mejor entre lo mejor, es lo "excelente" ("que sobresale por sus óptimas cualidades"), es el techo que se puede alcanzar en lo bueno, el grado máximo; de modo que resulta redundante decir y escribir "optimizar al máximo", tanto como es redundancia decir, por ejemplo, "más excelente" o "más óptimo", ya que después de lo "excelente" o de lo "óptimo" no existe un grado mayor de potencia o perfección. Para ejemplificarlo, coloquialmente, la intensidad o potencia sería, gradualmente, "bueno", "mejor", "muy bueno", "buenísimo" y "óptimo" o "excelente". Todo grado de intensidad o potencia que se añada a "óptimo" o a "excelente" constituirá una redundancia. Y es el caso de "optimizar al máximo", pues "optimizar" (u "optimar") ya implica alcanzar el "máximo" (del latín *maxĭmus*), adjetivo que significa "más grande que cualquier otro en su especie" y, como sustantivo masculino, "límite superior o extremo a que puede llegar algo". Ejemplo: *Alcanzó su* ***máximo*** *rendimiento*. De ahí el verbo transitivo "maximizar" que el DRAE define del siguiente modo: "Hacer o intentar que algo alcance su máximo rendimiento". Ejemplo: *Es indispensable* ***maximizar*** *los mecanismos de control de calidad*. Del mismo modo que es una tontería redundante, además de ridícula, decir y escribir "más mejor" ("que gane el **más mejor**", "cada vez **más mejor**", "el **más mejor** del mundo", etcétera), asimismo es otra torpe redundancia decir y escribir "optimizar al máximo".

Pero si "más mejor" es una redundancia del ámbito inculto de la lengua, "optimizar al máximo" es una barrabasada redundante de la tecnocracia, el ámbito empresarial, la academia y el gobierno, ámbitos en los que a cada momento se dice y se escribe que algo "se optimizó al máximo" o que se debe "optimizar al máximo". Por supuesto, abunda en el periodismo y otras publicaciones impresas, y tiene su reino en el habla burocrática, en la jerga de economistas, en el campo de la informática y, como es lógico, en internet. En el libro español *Planificación estratégica como método de gestión pública* leemos lo siguiente:

☞ "**Optimizar al máximo** los recursos propios evitando el alquiler de locales ajenos al patrimonio inmobiliario de la administración central".

En buen español, sin redundancia, lo que los autores de este libro debieron decir y escribir es que

☞ se recomienda **optimizar** el uso de los recursos propios.

✎ Otros ejemplos de esta barbaridad redundante: "**optimizar al máximo** conversión y recurrencia", "**optimizar al máximo** el rendimiento", "como **optimizar al máximo** tus campañas de marketing", "**optimizar al máximo** tu PC", "cómo **optimizar al máximo** tus aptitudes de liderazgo" (sí, líderes analfabetos), "consejos para **optimizar al máximo** la fuerza a la hora de entrenar", "Linares pidió **optimizar al máximo** los recursos municipales", "cómo **optimizar al máximo** el espacio", "**optimizando al máximo** su funcionamiento", "**optimizando al máximo** nuestra nutrición" y, como siempre hay algo peor, he aquí esta joya archirredundante: "**optimizar al máximo la excelencia** de servicio".

☞ Google: 4 240 000 resultados de "más mejor"; 354 000 de "optimizar al máximo"; 28 100 de "optimizando al máximo"; 20 700 de "optimiza al máximo"; 8 130 "optimizan al máximo"; 1 490 de "optimizó al máximo". ☒

315. *¿orgullosa de su celulitis?*

Una enorme cantidad de gente que se dedica al chisme, las modas y los espectáculos no sabe usar el idioma. Entre ella está la del ambiente periodístico, ya sea en publicaciones impresas o en medios audiovisuales. A esta gente de pronto le dio por publicar fotografías de los famosos y, especialmente de las famosas, mostrando sus defectos físicos, con el encabezado o el pie de imagen "orgullosa de su celulitis". Es como si alguien pudiese estar orgulloso de su estrabismo u orgulloso de ser tartamudo. Una cosa es aceptarse como se es y otra muy distinta es mostrar orgullo por cosas que, de manera natural, no se vinculan al orgullo. Veamos por qué. El sustantivo masculino "orgullo" (del catalán *orgull*) significa "arrogancia, vanidad, exceso de estimación propia, que a veces es disimulable por nacer de causas nobles y virtuosas" (DRAE). Ejemplos: *Siente un gran* ***orgullo*** *de su modesto origen*; *Presume con* ***orgullo*** *sus influencias*; *Participó en la Marcha del* ***Orgullo*** *Gay*. De ahí el adjetivo y sustantivo "orgulloso" ("que tiene orgullo") y el adverbio "orgullosamente" ("con orgullo"). Ejemplos:

*Lleva muy **orgullosamente** su modesto origen; **Orgulloso**, presume sus influencias.* Dado que los sinónimos de "orgullo" son "arrogancia" y "vanidad", resulta claro que la gente es capaz de sentir orgullo y estar orgullosa incluso de sus crímenes y sus fechorías, no ya digamos de sus delitos penados o no. Pero lo cierto es que nadie puede tener "vanidad" o "arrogancia" por estar bizco, por ser tartamudo, por ser patizambo o por tener celulitis, defectos o padecimientos de la naturaleza humana con los que se hubiera deseado no nacer o no padecerlos y que, en no pocos casos, se busca corregir o suprimir. Insistimos: una cosa es asumir con naturalidad lo que se es, y no sentirse menos que los otros, y otra muy distinta es envanecerse por ello, pues el sustantivo femenino "vanidad" (del latín *vanĭtas, vanitātis*) significa "arrogancia, presunción, envanecimiento" (DRAE). ¡A ver quién se envanece por un tumor en el rostro!

La ignorancia de los significados del sustantivo "orgullo" y el adjetivo "orgulloso" es lo que lleva a tantas personas bárbaras del ámbito de los espectáculos y los chismes a producir barrabasadas que, por desgracia, los demás imitan. Las páginas de internet y las secciones de espectáculos de los diarios impresos y digitales están llenas del presunto orgullo celulítico. En la sección de espectáculos del portal electrónico de Radio Mitre (Argentina), leemos el siguiente titular:

☞ "Ivana Nadal, **orgullosa de su celulitis**".

¡Pero qué orgullosa ni qué ojo de hacha! La modelo y presentadora de televisión puso el siguiente mensaje junto a su fotografía ("al natural", como dicen los de Radio Mitre): "Me despido de Pinamar mostrándome como soy. ¿Celulitis? Sí. Y mucho esfuerzo para tratar de eliminarla." Entonces no es que se muestre orgullosa de estar celulítica, sino que se muestra como es, sin complejos, pero a la vez afirma que trata de eliminar esa condición. Lo correcto es informar, entonces, que

☞ Ivana Nadal **no se avergüenza de su celulitis**. (Pero, por supuesto, tampoco se envanece por ella. Desea no tenerla, y se esfuerza en eliminarla. Es algo muy diferente de lo que informa el bárbaro titular de Radio Mitre.)

✎ He aquí otros ejemplos de esta burrada, transcritos todos ellos de las secciones de espectáculos de los diarios impresos y de las páginas de internet: "la modelo Ashley Graham, **orgullosa de su celulitis**", "Lena Dunhan, contenta y **orgullosa de su celulitis**", "instructora de fitness está **orgullosa de su celulitis**", "Denise Bidot, la modelo **orgullosa de su celulitis**", "Valentina Lizcano está **orgullosa de su celulitis**", "Britney Spears, **orgullosa de su celulitis**", "modelo peruana **orgullosa de su celulitis**", "actriz venezolana se mostró **orgullosa de su celulitis**", "Jessica Alba está **orgullosa de su celulitis**", "Kim Kardashian declara estar **orgullosa de su celulitis**", "Anabel Pantoja explota y se declara **orgullosa de su celulitis**", etcétera. Sí, muy orgullosas de sus celulitis todas ellas. Será por esto que lo ocultan con maquillaje en las piernas, las nalgas y el abdomen, y por supuesto con el retoque fotográfico, además de que gastan una fortuna en tratamientos para eliminar este trastorno del tejido subcutáneo que no es otra cosa que una inflamación de los tejidos conectivos celulares y que, en general, todas las mujeres, incluso jóvenes, padecen en mayor o menor medida.

☞ Google: 19 200 resultados de "orgullosa de su celulitis". ☒

316. *¿outfit?*

En español, el sustantivo inglés *outfit* (que se pronuncia, aproximadamente, *autfit*) se traduce como "equipo" o "juego" y, tratándose de vestimenta, tiene el significado específico de "conjunto". En español, el sustantivo masculino "conjunto" (del latín *coniunctus*) tiene, entre otras acepciones, la siguiente: "Juego de vestir femenino hecho generalmente con tejido de punto y compuesto de jersey y chaqueta, o también de otras prendas" (DRAE). Mucho mejor, más precisa y más sintética, es la definición de María Moliner: "Juego de dos o más prendas de vestir". Ejemplo: *Vistió un* ***conjunto*** *de chaqueta y pantalón.* Esa jalada del DRAE que se refiere al tejido de punto compuesto de jersey y chaqueta es la definición de la tatarabuelita de alguno de los académicos madrileños. En términos de vestimenta, especialmente pero no exclusivamente femenina, un conjunto es el juego de dos o más prendas de vestir, como atinadamente lo define Moliner. El disparate frecuente en nuestro idioma es que, pese a tener el sustantivo "conjunto", los anglófilos de la moda y los espectáculos se refieren al "outfit" y a los "oufits" llenándose la boca de un mal inglés y de un pésimo español.

Internet es el paraíso de este anglicismo idiota que pasó del habla al español escrito y que se ha ido extendiendo a publicaciones impresas, especialmente a diarios y revistas. En la revista *Quién* leemos lo siguiente:

☟ "Al llegar a Cannes, Kim lució un **outfit** muy distinto a los que usa".

Los redactores de esta revista que se avergüenza del idioma español no quisieron escribir, de manera correcta, que

☝ Kim Kardashian vistió un **conjunto** muy distinto a los que suele usar. (Seguramente era muy distinto porque incluía ropa interior.)

✎ Pero, en fin, esta publicación no es la única que se avergüenza de utilizar el español y se vanagloria con anglicismos innecesarios. He aquí otros ejemplos de esta payasada que encontramos en diversas publicaciones impresas y por supuesto en internet: "un **outfit** ideal para salir con amigas", "elige un **outfit** para cada boda", "cómo armarte un **outfit** de lluvia moderno y elegante", "cómo combinar prendas básicas para un **outfit** de 10", "Beyonce cantó con un **outfit** roto", "Rihanna con un **outfit** muy cómodo", "el **outfit** perfecto para cada ocasión", "el **outfit** estelar de Andrea Francisco", "los mejores **outfits** casuales", "los mejores **outfits** de Coachella", "los mejores **outfits** de pantalones cortos", etcétera.

☞ Google: 626 000 resultados de "un outfit"; 572 000 de "el outfit"; 506 000 de "los outfits"; 392 000 de "outfits casuales"; 125 000 de "los mejores outfits"; 83 500 de "oufits de verano"; 61 600 de "el outfit perfecto"; 60 900 de "oufits de invierno"; 55 700 de "outfit de diseño"; 49 700 de "oufits de primavera"; 49 700 de "outfits de otoño"; 31 100 de "un outfit perfecto"; 27 000 de "outfits juveniles"; 25 100 de "outfits para hombres"; 16 000 de "outfits elegantes". ☒

317. *óvulo* no es lo mismo que *lóbulo*

Hay quienes creen que tienen un "óvulo", esto es un "huevito", en la oreja. No saben que lo que tienen es un "lóbulo", es decir una "perilla", que así se llama a la parte inferior de la oreja, ese apéndice o sobrante de tejido cuya característica es que carece de cartílago: la parte de la oreja que suele perforarse para portar en ella aretes y pendientes. (Por cierto que la prehistórica RAE define del siguiente modo, en su mamotreto, el sustantivo "arete": "Arillo de metal casi siempre precioso, que como adorno llevan algunas mujeres atravesado en el lóbulo de cada una de las orejas". ¡De metal, dice, casi siempre precioso, y sólo portado por algunas mujeres! ¿Y cómo define el sustantivo "pendiente"? "Arete con adorno colgante o sin él". ¡Vaya, vaya! ¿No será más bien al revés? "Arete" es el arillo, zarcillo, broche o broquelillo que se coloca, generalmente, en el lóbulo perforado de la oreja, ¡y no sólo de la oreja de las mujeres; hasta los académicos podrían portarlo!, y "pendiente" es el aro, la arracada y todo tipo de arete con adorno colgante, pues deberían saber los académicos de Madrid y sus hermanastros de América y Filipinas que "pendiente" es lo que "pende", es decir ¡que cuelga! La ignorancia de la RAE es aterradora y, al mismo tiempo, conmovedora.) "Lóbulo", no "óvulo", ni, peor aún, "ovulo", pues el sustantivo masculino "óvulo" (del latín científico *ovulum*, diminutivo de *ovum*: "huevo") define particularmente a la célula sexual o gameto femenino. La falta de ortoepía conduce a la falta de ortografía: de "**e lóbulo**" se pasa a "**el óvulo**".

Es una barrabasada de internet, pero también en las publicaciones impresas hay quienes creen que tienen "óvulos" en las orejas. En *Una vida de amor*, un libro español que circula en versión digital, leemos lo siguiente:

♀ "es fenomenal le susurraba al oído mientras que no dejaba de besarle en el cuello y en el **óvulo de la oreja**".

En realidad, el autor quiso escribir:

☝ no dejaba de besarle en el cuello y en el **lóbulo de la oreja**.

✎ He aquí más ejemplos de este dislate: "quiero hacerme un piercing en el **óvulo de la oreja**", "perforan el **óvulo de la oreja**", "donde jugueteo con el **óvulo de la oreja**", "tiene el **óvulo de la oreja** roto", "lleva un pendiente brillante en el **óvulo de la oreja** izquierda", "quiere perforarse el **óvulo de la oreja**", "es un lunar que tiene justo en el **óvulo de la oreja**", "perforaciones en el **óvulo de la oreja**", "me salió una costra en el **ovulo de la oreja**", "un pequeño mordisco en el **óvulo de la oreja**", etcétera.

☞ Google: 4 840 resultados de "óvulo de la oreja"; 3 650 de "el óvulo de la oreja"; 3 530 de "en el óvulo de la oreja". ☒

P

318. *pájaro* no es lo mismo que *ave*

Un "pájaro" es un ave, pero no todas las aves son "pájaros". Refiriéndose a una imponente águila calva con la que posaron dos supuestos cazadores, *Yahoo Noticias* hace una dizque crónica en la cual leemos lo siguiente: "Más tarde, los Fletcher soltaron al pájaro, que se fue volando". ¿Quién puede llamar "pájaro" a un águila? Los ignorantes de internet, a pesar de que en internet hay muchísimos textos sobre la clasificación de las aves que demuestran, perfectamente, por qué un águila no es un pájaro, como tampoco son pájaros el avestruz, el buitre, el cóndor, el guajolote, el pavo, la gallina, etcétera, y sí lo son, en cambio, el canario, el cenzontle, el gorrión, el tordo, el zorzal, entre otros miles. En su definición el diccionario académico explica que el sustantivo "pájaro" proviene del latín vulgar *passar* ("pájaro"), y éste del latín *passer, passĕris* ("gorrión"). De ahí que este sustantivo se aplique al "ave, especialmente si es pequeña". Ejemplo: *En la jaula tenía varios canarios y otros* ***pájaros*** *cantores.* En cambio, el sustantivo ave (del latín *avis*) posee la definición general siguiente en el DRAE: "Animal vertebrado, ovíparo, de respiración pulmonar y sangre de temperatura constante, pico córneo, cuerpo cubierto de plumas, con dos patas y dos alas aptas por lo común para el vuelo, y que, en estado embrionario, tiene amnios y alantoides". Ejemplo: *El buitre es un* ***ave de rapiña****; el guajolote es un* ***ave de corral****.*

Confundir "pájaro" con "ave" es muy común entre personas que, más allá de su escolarización o preparación profesional, no suelen usar la lógica. La lógica debe indicarnos, como ya advertimos, que todos los pájaros (término específico) son aves (término general), pero no todas las aves son pájaros. Esta torpeza es abundante en internet y nada extraña en publicaciones impresas. En el libraco español *Nostradamus camino hacia el Apocalipsis*, de Manuel Sánchez, leemos esta bárbara traducción:

♡ "Para Dios, **el águila es un pájaro fecundo** de vida larga como **pájaro sin igual** y a imagen del sumo sol".

No. Una cosa es creer en Nostradamus y otra muy distinta traducirlo con las patas. En realidad, lo que se quiere decir es que

☝ **el águila es un ave** fecunda, majestuosa, sin igual, etcétera.

✎ No rebajemos a la imponente águila dándole el inadecuado nombre de "pájaro". Es un ave esplendorosa asociada a los ritos y mitos sagrados. He aquí otros ejemplos de esta torpeza descomunal: "**el águila es un pájaro** solar", "**el águila es un pájaro** sagrado", "**el águila es un pájaro** muy especial", "**el águila es un pájaro** que vuela rápidamente", "**el águila es un pájaro** carnívoro", "**el águila es un pájaro** majestuoso" (al que le quitamos lo majestuoso llamándolo "pájaro"), "**el águila es un pájaro** mensajero de Dios", "**el águila es un pájaro** del aire", "**el águila es un pájaro** lleno de simbolismo", "**el cóndor es un pájaro** que suele presentar las plumas de colores oscuros" (llamar pájaro al majestuoso cóndor es no tener idea de nada), "**el cóndor es un pájaro** que Dios ha puesto en la tierra", "**el cóndor es un pájaro** grande" (¡ajá!), "**el cóndor es un pájaro** negro" (¡que simpleza!), "**el cóndor es un pájaro** muy grande que vuela rápido" (¡si hasta parece que esta definición la escribió un académico madrileño!), "**el avestruz es un pájaro** vertebrado" (quien escribe esto es porque cree que hay pájaros invertebrados), "**el avestruz es un pájaro** del desierto" (únicamente con muy poco seso y ninguna noción de las dimensiones alguien puede llamar pájaro a un ave de casi doscientos kilogramos de peso); "**el avestruz es un pájaro** malvado" (el avestruz piensa que quien escribió esto es un solípedo bellaco), "**el buitre es un pájaro** de mal agüero", "**el buitre es un pájaro** carroñero", "**el buitre es un pájaro** que come carroña", etcétera.

☞ Google: 89 200 resultados de "el águila es un pájaro"; 56 600 de "el cóndor es un pájaro"; 2 140 de "el avestruz es un pájaro"; 1 760 de "el buitre es un pájaro". ☒

319. *¿pantuflo?, ¿pantunfla?, ¿patufla?, ¿patunfla?*

El sustantivo femenino "pantufla" (del francés *pantoufle*) es definido por el diccionario de la Real Academia Española en el masculino "pantuflo", en los siguientes términos: "Calzado, especie de chinela o zapato sin orejas ni talón, que para mayor comodidad se usa en casa". ¿Por qué demonios el DRAE dirige a los lectores del femenino "pantufla" al masculino "pantuflo" que es donde lo define? Muy simple: porque así se usa en España, en masculino, aunque el uso femenino sea el mayoritario en todo el ámbito de los países hispanohablantes. Pero, además, en francés, el sustantivo *pantoufle* es femenino porque significa "zapatilla". En toda la América hispanohablante "pantufla" es un sustantivo femenino, siguiendo la raíz del francés, pero como en España lo hicieron masculino ("pantuflo"), el DRAE se olvida del uso mayoritario o de lo que los lingüistas llaman "lo que marca la tendencia" y, nacionalistamente, le da el avión a "pantufla" y define el término en la entrada correspondiente a "pantuflo". ¿No que muy "panhispánicos" los académicos de Madrid? De hecho bastaría con una sola entrada en el DRAE: "**pantufla, flo**", y sanseacabó. Si los españoles usan "pantuflos" y no "pantuflas" muy su cuento, pero cientos de millones de hispanohablantes americanos usamos "pantuflas" y no "pantuflos" como para desdeñar el uso femenino enviándolo sin más al masculino. Esto en cuanto a la torpeza de los académicos madrileños y de sus hermanastros de América que no dicen ni pío. En cuanto a los hablantes y escribientes, debe señalarse que son barbarismos decir y escribir "**pantun**fla", "**patun**fla" y "**patu**fla", este último seguramente derivado de "pata". Como es obvio, el buen uso y el mal uso de las grafías se dan sobre todo en el plural, pues quienes poseen dos pies no se conforman con una "pantufla" ni con un "pantuflo", aunque hay que admitir que algunos que tienen cuatro extremidades inferiores, en lugar de dos, lo mismo dicen y escriben "pantunfla", "patunfla" y "patufla" que "pantunflas", "patunflas" y "patuflas".

Son barbarismos del ámbito inculto de la lengua, ampliamente extendidos en internet y en publicaciones impresas. En el semanario mexicano *Estilo DF* leemos el siguiente encabezado:

☞ "¡Adele sorprende al salir en **pantunflas** a la calle!"

¡Pues sí que sorprende! Más aún si salió a la calle en **pantunflas** y no en

☞ **pantuflas**, que es lo correcto, más allá de las ridiculeces de la tal Adele.

✎ He aquí otros ejemplos de estos barbarismos: "**pantunflas** y chanclas bizarras", "**pantunflas** de algodón", "**pantunflas** y sandalias", "**pantunflas** en Amazon", "**pantunflas** para dama", "**pantufla** para hombre marca Nautica", "**pantunfla** de niña", "**patunflas** de piel de conejo", "**patunflas** para después del baño", "**patuflas** y **patuflitas**", "babuchas y **patuflas** Hello Kitty", "se levantó, se puso la bata y las **patuflas** y comenzó a correr".

☞ Google: 868 000 resultados de "pantunflas"; 119 000 de "pantunfla"; 8 700 de "patunflas"; 5 970 de "patuflas". ☒

☞ Google: 9 900 000 resultados de "pantuflas"; 1 160 000 de "pantufla"; 53 500 de "pantuflo"; 26 400 de "pantuflos". ☑

320. *¿paradógico?, ¿protejer?*

Si el sustantivo "paradoja" lleva una jota en su grafía, ¿por qué derivar de él un falso y feo adjetivo como "paradógico"? Por falta de lógica. El sustantivo femenino "paradoja" (del latín *paradoxa*) significa "hecho o expresión aparentemente contrarios a la lógica", o bien, en retórica, "empleo de expresiones o frases que encierran una aparente contradicción entre sí" (DRAE). Ejemplos: *Es una **paradoja** que, siendo tan rico sea tan miserable*; *La **paradoja** del avaro: pobre, en medio de sus riquezas*. De ahí el adjetivo "paradójico": "que incluye paradoja o que usa de ella". Ejemplo: *Es **paradójico** que, siendo tan rico, sea un miserable*. Pero dado que el sustantivo correcto es "parado**j**a" (y no "parado**g**a"), es una barrabasada paradójica escribir "paradó**g**igo", como lo hacen muchas personas de buen nivel escolar cuya paradoja es no saber usar el idioma, a pesar de su preparación académica. Quienes cometen este desbarre quizá tengan en mente el adjetivo "pedagó**g**ico", pero "pedagó**g**ico" deriva de "pedago**g**ía", mientras que "paradó**j**ico" deriva de "parado**j**a". Si se emplea el pensamiento lógico (que no "ló**j**ico") puede eliminarse para siempre este desbarre. En cuanto al falso verbo "protejer", éste es también producto de la falta de lógica. El verbo correcto es "proteger" (del latín *protegĕre*), transitivo y pronominal, cuyo significado es "resguardar a una persona, animal o cosa de un perjuicio o peligro, poniéndole algo encima, rodeándolo, etc." También, "amparar, favorecer, defender a alguien o algo" (DRAE). Ejemplo: *Es indispensable* ***proteger*** *a los niños.* Pero como se trata de un verbo irregular, cuyo modelo de conjugación es "coger", presenta variaciones en la terminación de la primera persona del singular del presente de indicativo (*yo protejo*), lo mismo que en las terminaciones de todo el presente de subjuntivo: *que yo proteja, que tú protejas, que él proteja, que nosotros protejamos, que ustedes protejan, que ellos protejan.* Exactamente las mismas variaciones que presenta el verbo "coger": *yo cojo*, pero *tú coges, él coge, nosotros cogemos, ustedes cogen, ellos cogen*; *yo protejo*, pero *tú proteges, él protege, nosotros protegemos, ustedes protegen, ellos protegen.* Y, en el presente de subjuntivo, *que yo coja, que tú cojas, que él coja, que nosotros cojamos, que ustedes cojan, que ellos cojan.* ¿Cuál es la lógica? La más simple y llana: nadie dice "cogo" ni "protego" y tampoco nadie dirá "cogas" ni "protegas". La forma correcta del verbo en infinitivo es "proteger", y la "j" de la primera persona del singular del presente de indicativo y de todo el presente de subjuntivo es característica de su forma irregular que toma del modelo "coger". Que no nos cojan descuidados; protejámonos con un buen diccionario: en nuestro idioma no existen los verbos "cojer" ni "protejer".

El término "paradógico" es un desbarre del ámbito culto de la lengua, pues su origen ("paradoja") es erudito. En cambio, el barbarismo "protejer" (al igual que "cojer") nació en el ámbito inculto de la lengua, aunque ya se haya extendido a ambientes profesionales. Ambos son frecuentes en publicaciones impresas (especialmente en el periodismo) y, por supuesto, en internet. Un columnista estelar del diario mexicano *Milenio* escribe:

♀ "Por **paradógico** que parezca, en quienes perpetraron los horripilantes crímenes en París también puede descubrirse miedo".

Es obvio que no se trata de un teclazo. En el teclado, la "g" y la "j" tienen en medio la "h". El columnista cree de veras que "paradójico" se escribe con "g". Pero quiso escribir:

☝ **paradójico.**

✎ En el diario chileno *La Tercera*, un columnista que se presenta como "ingeniero mutante" escribe lo siguiente: "es necesario **protejer** a los estudiantes y trabajadores de esas entidades". Sí, habrá que protegerlos, a fin de que no aprendan a escribir "protejer". He aquí otros ejemplos de estos desbarres ocasionados por la falta de lógica: "aunque parezca **paradógico**, a veces es necesario perder para ganar" (pues hay que perder la pena e ir al diccionario), "un pensamiento filosófico y **paradógico**", "lo **paradógico** de la inteligencia artificial", "el riesgo de desarrollo: un supuesto **paradógico**", "es bastante **paradógico** aunque en general está aceptado", "lógica **paradógica**" (en todo caso, para completar el dislate: "lójica paradógica"), "la felicidad **paradógica**", "la **paradógica** belleza de Tianjin", "la **paradógica** fuerza de la Alemania de Merkel", "las reformas a medias originan situaciones que son **paradógicas**", "expresiones **paradógicas**", "tres teoremas bastante **paradógicos**", "rasgos antiéticos o **paradógicos** de una personalidad creativa", "elementos en apariencia antagónicos y hasta **paradógicos**", "cómo **protejer** a nuestros hijos", "cómo **protejer** tu auto", "consejos para **protejer** a los niños en internet", "ayúdanos a **protejer** esta especie en peligro de extinción", "denuncian a Peña Nieto ante PGR por **protejer** a OHL" (a éste lo denuncian como le corresponde: con faltas de ortografía), "Errejón pide que se limite a Iglesias para **protejer** a Podemos de la fusión con IU" (si hasta parece que así lo dijo Errejón: con falta de ortografía; distinto sería si se apellidara Erregón), "**protejer** al trabajador mediante un justo salario", "cómo **protejer** a las selvas tropicales de la deforestación", "Distrito premia a escolares por **protejer** y cuidar sus instituciones", "Jornada Educar para **Protejer**" (claro: de otro modo sería **G**ornada Educar para Prote**g**er), etcétera.

☞ Google: 8 070 000 resultados de "cojer"; 729 000 de "protejer"; 29 700 de "paradógico"; 11 600 de "paradógica"; 3 060 de "paradógicas"; 2 430 de "paradógicos". ☒

321. *¿paralepípedo?*

Es verdad que la palabra "paralelepípedo" es una de las más feas de nuestro idioma, pero aun si la acortamos no disminuimos su fealdad y lo único que logramos es un barbarismo: "paralepípedo". El sustantivo masculino "paralelepípedo" (del latín tardío *parallelepipĕdum*, y éste del griego *parallēlepípedon*), significa, en geometría, "sólido limitado por seis paralelogramos, cuyas caras opuestas son iguales y paralelas". Ejemplo: *Un* ***paralelepípedo*** *es un poliedro de seis caras*. En cuanto al sustantivo masculino "paralelogramo" (palabra mucho más amable), proviene también del latín tardío *parallelogrammum*, y éste del griego *parallēlógrammon*, y significa "cuadrilátero cuyos lados opuestos son paralelos entre sí". Ejemplo: *Los lados opuestos de un* ***paralelogramo*** *son paralelos; por eso nunca se intersectan*. El adjetivo "paralelo" (del latín *parallēlus*, y éste del griego *parállēlos*) tiene la siguiente definición en el DRAE: "Dicho de dos o más líneas o superficies: que al ser equidistantes entre sí, por más que se prolonguen nunca pueden encontrarse". Ejemplo: *Los rieles del tren corren en* ***paralelo***. Todo lo anterior para decir que, por muy fea que nos parezca la palabra "paralelepípedo", ésta es la grafía correcta. Decir y escribir "paralepípedo" es incurrir en un barbarismo.

No son pocas las personas que cometen este error. Las páginas de internet están llenas de "paralepípedos", sobre todo en las comunicaciones de los estudiantes, y a veces hasta en las de los profesores. No faltan tampoco las publicaciones impresas con este yerro, incluidos libros. En un libro de texto de matemáticas para la formación del profesorado de educación secundaria, publicado en Barcelona por el Ministerio de Educación de España, leemos lo siguiente:

♀ "Nos resulta más o menos familiar trabajar con el cálculo de las medidas de algunas figuras como el cubo o el **paralepípedo**; pero tenemos verdaderas dificultades para calcular el volumen de otras figuras".

Lo correcto es:

♂ algunas figuras como el cubo o el **paralelepípedo**, etcétera.

✎ Y si esto ocurre en libros de texto destinados a la formación del profesorado, es obvio que ocurra en el habla y en la escritura del estudiantado. He aquí otros ejemplos de este dislate: "proceso para la realización de un **paralepípedo**", "volumen máximo de **paralepípedo** contenido en un elipsoide", "espesar original del **paralepípedo** de arena", "oscilaciones de un corcho en forma de **paralepípedo**", "presenta un cuerpo en forma de **paralepípedo**", "los sólidos **paralepípedos**", "**paralepípedos** y paralelogramos", "prismas **paralepípedos** de igual altura", "pesados **paralepípedos** de líneas rotundas", etcétera.

☞ Google: 22 500 resultados de "paralepípedos"; 11 200 de "paralepípedo". ☒

☞ Google: 483 000 resultados de "paralelepípedo"; 427 000 de "paralelepípedos". ☑

322. *¿partitura de música?, ¿partitura musical?*

El sustantivo femenino "partitura" (del italiano *partitura*) significa "texto de una composición musical correspondiente a cada uno de los instrumentos que la ejecutan" (DRAE). Ejemplos: *La* ***partitura*** *original de la Sinfonía Número 2 Resurrección de Mahler se convirtió en la más cara del mundo en una subasta de Sotheby's; Las simetrías matemáticas en las* ***partituras***. Por definición, toda partitura es de música o musical y, siendo así, resultan groseras redundancias las expresiones "partitura de música" y "partitura musical". Se trata, obviamente, de redundancias del ámbito culto de la lengua; cometidas por personas con cierta formación cultural e incluso alta escolarización, pero que no tienen la costumbre de visitar el diccionario.

Las páginas de internet y las publicaciones impresas están llenas de estas gruesas redundancias, que no sólo aparecen en diarios y revistas, sino también en libros. En España, un portal de internet especializado ofrece:

♀ "libros y **partituras de música** para estudiantes de conservatorio o escuelas de música".

Así, hasta retorcer al máximo la sintaxis redundante. Era suficiente con escribir:

♂ libros y **partituras** para estudiantes de música, y sanseacabó.

✎ He aquí otros ejemplos de esta barrabasada redundante: "**partituras de música** mexicana" (¿y por qué no "partituras de obras mexicanas"?), "**partituras de música** clásica" (mucho mejor, y sin redundancia, "partituras de obra clásica"), "**partituras de música** coral" (mucho mejor, "partituras de obra coral"), "**partituras de música** mexicana para cuarteto de cuerdas" (tan fácil que es decir "partituras de composiciones mexicanas para cuarteto de cuerdas"), "**partituras de música** mexicana para voz y piano" (basta con decir "partituras mexicanas para voz y piano"), "**partituras de música** popular" (¿y por qué no, mucho mejor, "partituras de composiciones populares"?), "**partituras de música** para videojuegos", "base de datos electrónica de **partituras de música**", "pentagramas para componer **partituras musicales**", "sistema de reconocimiento de **partituras musicales**", "editor de **partituras musicales**", "elementos del pentagrama de una **partitura musical**" y, como siempre hay algo peor, "cómo aprender a leer **música en partituras musicales**" y "las claves **musicales de la partitura musical**".

☞ Google: 1 340 000 resultados de "partitura de música"; 369 000 de "partituras de música"; 357 000 de "partituras musicales"; 214 000 de "partitura musical". ☒

323. *¿patana?*

Aunque el diccionario de la RAE no lo admita, el sustantivo y adjetivo "patán" tiene su femenino, "patana", pues es absurdo que tal nombre, que deriva de "pata" (o de "pie") sólo sea aplicado al varón. Es cierto que se usa mucho más en masculino, ya que existen en el mundo muchísimos "patanes", pero también, entre las mujeres, hay "patanas" (y no "matanas", por cierto). El sustantivo y adjetivo "patán" tiene las siguientes dos acepciones, inexactas, en el DRAE: "Aldeano o rústico" y "hombre zafio y tosco". No, precisamente. El "patán" no es necesariamente el aldeano o rústico, ni sólo el hombre zafio y tosco; es, con énfasis, el individuo grosero, no sólo de malos modos y malos tratos, sino especialmente descortés, ordinario y soez. Un patán es un cabrón o, mejor aún, un hijo de la chingada. Ejemplo: *Donald Trump es un **patán***. A lo soez se agrega lo abusivo y la inclinación al ultraje. Pero, puesto que estamos refiriéndonos a individuos, el término no excluye a las mujeres. Hay "patanas" lo mismo que "patanes". Por ejemplo, en España, acerca de la alcaldesa de Berga, Marta Venturós, acusada y detenida por delitos electorales, un internauta comenta: "Esta tipa es **una patana**". Y no lo dice especialmente porque sea rústica o aldeana ni porque sea zafia o tosca, sino por sus malos modos y por sus acciones que el internauta reprueba. Que hay "patanas" y no sólo "patanes" lo demuestra el buen uso de la lengua, más allá de que la Real Academia Española no lo admita, como en los siguientes ejemplos tomados de publicaciones impresas y de internet: "Gwyneth Paltrow admite que era una **patana**", "Amanda era, sin lugar a dudas, una **patana**", "la dueña es una **patana**", "la recepcionista es una **patana** y grosera", "la tal Sara es una **patana**", "puede haberse graduado, pero para mí es una **patana**", "jamás va a pensar que si ha terminado con un **patán** es porque ella es una **patana**", "la supervisora es una **patana** que no sabe tratar al público", "la gerente general es una **patana**", "esta tipa es una **patana** en persona", "las mujeres españolas son unas **patanas** también", "las recepcionistas son unas **patanas**". Por cierto, en la República Dominicana le llaman "patana" al camión carguero, tráiler o tractocamión. ¿Será, acaso, porque estos vehículos son conducidos por "patanes"?

☞ Google: 101 000 resultados de "una patana"; 16 300 de "es una patana". ☑

324. *¿pay?, ¿pie?*

Si en inglés el sustantivo *pie* se pronuncia *pai*, pero significa pastel o tarta, ¿por qué insistimos en decir y escribir "pay" y "pie" para referirnos al pastel o a la tarta? En español, el término "pay" no tiene significado alguno, mientras que "pie" nada tiene que ver con pastel o con tarta. Una idiota película estadounidense lleva por título *American Pie*, y en español no se les ocurrió traducirla como *Pastel (o tarta) estadounidense*, sino que la dejaron simplemente con su título original en inglés. Igual hubieran podido traducirla como *Pastelito* o *Pastelillo americano* o algo parecido, pues el título de la película hace alusión a la canción *American Pie* (1972), *Pastelito americano*, un tanto enigmática o sarcástica, y algo absurda en su letra, del estadounidense Don McLean. La RAE, que no se entera de nada, no ha sido capaz de establecer el término en español, que bien podría ser "pai" y no "pay", puesto que "pay" en inglés se pronuncia *pei* y significa pago o pagar. En tanto, una gran cantidad de hablantes y escribientes sigue utilizando "pay" y "pie" para referirse a la tarta o al pastel (o a la torta, como dicen los españoles y muchos sudamericanos). En vez de andar presumiendo inclusiones de zarandajas en el mamotreto, bien harían los académicos de Madrid y sus hermanastros de América y Filipinas en ponerse a trabajar en serio para evitar que nuestro idioma se siga llenando de anglicismos idiotas, y ahí donde ya no hay remedio, justamente porque la RAE no hizo su trabajo, castellanizar lo que sea necesario, pero no ignorar el problema como si no existiera.

☞ Google: 831 000 resultados de "pay de queso"; 757 000 de "pie de limón"; 745 000 de "pay de limón"; 709 000 de "pie de manzana"; 670 000 de "pay de manzana"; 669 000 de "pie de queso"; 543 000 de "receta de pie"; 439 000 de "receta de pay". ☒

325. *¿pedazo de artista?, ¿pedazo de futbolista?*

Los medios de información de los ámbitos del espectáculo y los deportes son especialistas en hacer trizas el idioma. De la mayor parte de estos medios manan barbaridades como de una fuente inagotable. Y en estos medios hay cosas que se dicen y se escriben que bien podrían ser causales de horca y garrote. En el futbol, por ejemplo, eso de "perder la verticalidad" (para decir que el matalón se cayó), eso de "restan tantos minutos" (para decir que falta equis tiempo para que termine el partido), eso de "especular con el esférico" (para decir que se está ante un juego de carácter defensivo), eso del "control desequilibrante con el balón" (para decir que alguien juega bien), eso de "negociar un tiro de esquina" (como sinónimo de conseguir), eso de "definir frente a la portería" (para decir que se metió un gol), eso y muchas otras cosas más de los filósofos del micrófono y narradores y cronistas que se las gastan dando patadas al idioma. En una crónica madrileña leemos esta joya de redacción hermética distribuida por las agencias: "Miguel Ángel Moyá mandó en largo; Raphael Varane y Sergio Ramos erraron en los saltos y el balón quedó franco para Mandzukic, quien ajustó el balón al palo de Casillas y desató el delirio en el estadio". Escribir peor no se puede, salvo cuando se llama "pedazo de futbolista" al que se desea calificar como "gran futbolista" o "jugador muy dotado" para el futbol. Es un uso jergal de España que los serviles repetidores de América han ido extendiendo en el idioma, como si fuese algo muy digno de imitarse, pese a que se trata de un disparate de la peor ralea española. En castellano, el sustantivo masculino "pedazo" (del latín *pitaccĭum*: "colgajo, trozo de cuero") significa "fragmento", "parte o porción de algo que se separa del todo" y "cualquier parte de un todo físico o moral" (DRAE). Ejemplo: *La casa era tan vieja que se caía a* ***pedazos***. Está también la expresión "pedazo de bruto" la cual, a decir del DRAE, se usa "para reforzar el significado del adjetivo o del sustantivo al que antecede". Ejemplo: *No esperes que Fulano haga las cosas bien: ¡es un* ***pedazo de bruto****!* Lo que no informa el DRAE es que este uso lleva implícito, siempre, un matiz negativo, denostador, y jamás admirativo o elogioso: el bruto es tan bruto que no llega siquiera a bruto entero: es apenas una porción, una fracción insignificante de bruto o, con apego a la etimología latina, un colgajo de bruto. Similar es el sentido de las expresiones ofensivas "pedazo de mierda" y "pedazo de imbécil". María Moliner, en el DUE, informa lo que los académicos de Madrid y sus hermanastros de América y Filipinas ignoran en este uso. Precisa: "Seguido de 'de' y un nombre calificativo, se usa en expresiones despectivas dirigidas a una persona, como 'pedazo de alcornoque', 'pedazo de animal', etc.". En México y en otros países de América equivale a "pedazo de pendejo". No hay que confundir este uso coloquial con otro bastante parecido pero con un significado muy diferente u opuesto, como "pedazo de mi alma" que María Moliner define del siguiente modo en el DUE: "Expresión patética de cariño empleada especialmente por madres dirigiéndose o refiriéndose a sus hijos". Ejemplo: *Pero,* ***pedazo de mi alma****, no llores más*. Añade Moliner: "Puede también emplearse con tono de ligero disgusto, dirigida a cualquier persona". Ejemplo: *Pero,* ***pedazo de mi alma****, ¿no comprendes que eso no está bien?* Utilizado más ampliamente, por enamorados, amantes y, por supuesto, las madres mismas en relación con sus hijos, están las variantes "pedazo de mi corazón", "pedazo de mi vida", "pedazo de mi ser", "pedazo de mis entrañas", "pedazo de mí", todas ellas con el sentido de "parte de mí". Ejemplos: *Te amo,* ***pedazo de mi corazón****; Te idolatro,* ***pedazo de mi vida****;* ***Pedazo de mí****, no puedo vivir sin tu presencia.* Pero en España a los maltratadores del idioma de los ámbitos del espectáculo y los deportes (y muy especialmente del futbol) les dio por las expresiones (que ellos creen lisonjeras, encomiásticas y aduladoras) "pedazo de artista", "pedazo de cantante", "pedazo de futbolista", "pedazo de tenista", etcétera. No se puede ser más bruto en esto. Así, en internet no falta el pedazo de bruto que asegura que "Plácido Domingo es un **pedazo** de tenor", queriendo decir con ello que es un inconmensurable cantante. Esta moda española revela un gran desconocimiento de la semántica y, por desgracia, se ha ido extendiendo a los demás países hispanohablantes, y al rato se dirá que Platón fue "un **pedazo** de filósofo". No sería de extrañar, pues son muchísimos los españoles que hoy se refieren a alguien como "¡qué **pedazo** de ser humano!", en tono que pretende ser enaltecedor. Que no jodan. Semánticamente, se trata de lo contrario: el sentido lógico de "pedazo" (como en "pedazo de bruto", "pedazo de animal" y "pedazo de pendejo") siempre es denostador, nunca admirativo, y lo es porque un "pedazo" es un jirón, un fragmento, una porción, un residuo, una parte de un todo, el resto de algo. Siendo así, un "pedazo de ser humano" y, con frecuencia, un "pobre pedazo de ser humano" es aquel que está en la ruina, en la decadencia, al margen o en la inopia de la humanidad. En un libro de Ana María del Río leemos la correcta aplicación del término: "La tía Masiel no reacciona. Ni siquiera tirita. Parece **un pedazo de ser humano**". ¿Por qué parece un pedazo de ser humano? Porque está enferma y en los huesos. Ello tiene sentido, ¿pero cómo entender, lógicamente, la siguiente frase en la traducción española del best seller *Boardwalk Empire* (Suma de Letras)?: "Era un **pedazo de político**, a pesar de ser maricón". Se trata de una idiotez no sólo por el "a pesar de", sino especialmente porque lo de "pedazo de político" tendría que entenderse como un insulto y no como un elogio, más aún si comparamos la frase con otra también de una traducción española, la del libro *Bloody Miami* (Anagrama) de Tom Wolfe, que dice así: "Quiere matar a un policía y no es más que un **pedazo de maricón**, un saco de ciento cincuenta kilos lleno de mierda". ¿Por qué "pedazo de político" tendría que ser elogioso, en tanto que "pedazo de maricón" tiene que leerse como insulto? ¿Y si se dijera "era un **pedazo de maricón**, a pesar de ser político", qué deberíamos entender? Si "pedazo de político" es elogioso, ¿por qué no tendría que serlo "pedazo de maricón"? Ray Loriga, escritor y cineasta madrileño utiliza también la expresión "pedazo de maricón" en su novela *Lo peor de todo* (Alfaguara) y no parece que su propósito sea laudatorio. Escribe: "Eso es lo que quieres, **pedazo de maricón**". Todos estos malentendidos provienen de la ignorancia enfática y ponderativa que, con típica falta de ortoepía española, dizque "agitanada", lleva a exclamar barbaridades como "¡Qué **peaso** (o **peazo**) de cantaor!", que deriva en cosas como

"¡Qué **peaso** (o **peazo**) de hembra!" y "¡Qué **peaso** (o **peazo**) de mujer!". Da la impresión de que en España y en Argentina el sustantivo "pedazo" se utiliza como sinónimo de "grande", "gigante", "enorme" o "grandioso" y llegan al extremo de quitarle el recto sentido denostador a la expresión "pedazo de animal", como en el siguiente titular de la revista *Tiempo de San Juan*: "**¡Qué pedazo de animal! El perro** de los Messi no para de crecer". Quienes utilizan el término "pedazo" con este más que equívoco énfasis lingüístico ponderativo, enemigo de la semántica, necesitan saber que dicho sustantivo masculino sólo adquiere sentido cuando se le da un valor aumentativo con el prefijo "-azo", como en "perrazo", de "perro". Y en tal caso, legítimamente podrían exclamar, no sin orgullo digestivo, español sea por caso: *¡Hostias, tío,* ***qué pedazos*** *me tiré anoche después de la fabada!*

Como ya dijimos, los ámbitos en los que más se usa este tipo de pendejismo son el de los espectáculos y los deportes. Abunda en las publicaciones impresas y por supuesto en la radio, la televisión e internet. El comentarista mexicano de deportes de Televisión Azteca, Luis García, ex futbolista, agachupinado, dijo con mucho garbo, y con la impostación que le caracteriza, refiriéndose a Rafael Nadal:

"¡Qué **pedazo** de tenista!".

Quiso decir, en buen español:

¡qué **extraordinario** tenista!

Y ahí tenemos a otros más, con donaire, expresándose así para, según ellos, ensalzar y celebrar a tenistas, futbolistas, cantantes, toreros, boxeadores, actores, etcétera. He aquí algunos ejemplos, tomados todos ellos del periodismo impreso y digital: "**Que pedazo de ser humano** es Keylor Navas", "un **pedazo de ser humano** valioso", "hasta la vista amigo, maestro, torerazo, **pedazo de ser humano**", "**qué pedazo de artista**", "¿y a este **pedazo de artista** de dónde lo sacaron?", "Alejandro Sanz, **qué pedazo de artista**", "Selena Gómez: **¡qué pedazo de mujer!**", "por Dios, **qué pedazo de mujer**", "me tiene enamorado: **¡qué pedazo de mujer!**", "Eduardo Gómez, **pedazo de actor**", "Paul Newman, un **pedazo de actor**", "ese **pedazo de actor** al que todos añoramos", "**qué peaso de hembra**", "**¡qué pedazo de gol** nos regaló Tecatito ante Leicester City", "**¡qué pedazo de gol** de Messi", "es un **pedazo de futbolista**" (¿lo habrán oído o únicamente lo habrán olido?), "Mosquera es un **pedazo de futbolista**", "que nadie se olvide que Figo fue un **pedazo de futbolista**", "un **pedazo de torero**", "ese es un **pedazo de torero**" (¿y por qué no un torerazo?), "López Simón, un **pedazo de torero**", "Nishikori es un **pedazo de tenista**", "eso sí, **pedazo de tenista**" y, como siempre hay algo peor, "**qué pedazos de borrachos**" (seguramente, insoportables en su pestilencia).

Google: 1 950 000 resultados de "pedazo de ser humano"; 1 580 000 de "un pedazo de ser humano"; 357 000 de "pedazo de artista"; 158 000 de "¡qué pedazo de ser humano!"; 103 000 de "¡qué pedazo de mujer!"; 67 600 de "pedazo de actor"; 40 100 de "pedazo de político";

20 400 de "¡qué peaso de hembra!"; 18 100 de "¡qué pedazo de rabo!"; 14 500 de "¡qué pedazo de verga!"; 13 900 de "¡qué pedazo de gol!"; 13 700 de "pedazo de futbolista"; 12 600 de "¡qué pedazo de hembra!"; 11 900 de "pedazo de torero"; 10 600 de "pedazos de hembras"; 10 400 de "¡qué pedazo de hombre!"; 10 400 de "pedazo de tenista"; 8 960 de "¡qué pedazo de pija!"; 7 400 de "pedazos de futbolistas"; 4 720 de "¡qué pedazo de futbolista!"; 3 650 de "¡qué pedazo de crack"; 2 790 de "¡qué pedazo de cantante!"; 1 000 de "pedazos de tenistas". ☒

☞ Google: 491 000 resultados de "pedazo de mierda"; 233 000 de "pedazo de animal"; 56 700 de "pedazo de idiota"; 46 800 de "pedazo de imbécil"; 30 800 de "pedazo de bestia"; 30 100 de "pedazo de burro"; 29 300 de "¡qué pedazo de mierda!"; 24 200 de "pedazo de pendejo"; 13 200 de "pedazo de bruto"; 6 640 de "pedazo de sinvergüenza"; 6 110 de "¡qué pedazo de pendejo!"; 6 080 de "pedazo de alcornoque"; 4 410 de "¡qué pedazo de animal!"; 2 930 de "¡qué pedazo de bestia!"; 2 730 de "¡qué pedazo de idiota!"; 2 420 de "pedazo de cretino"; 2 180 de "¡qué pedazo de imbécil!". ☑

☞ Google: 376 000 resultados de "pedazo de mí"; 332 000 de "pedazo de mi vida"; 329 000 de "pedazo de mi corazón"; 319 000 de "pedazo de mi alma"; 297 000 de "pedazo de mi ser"; 33 600 de "pedazo de mis entrañas". ☑

326. *¿pederastía?, ¿pedofilía?*

¿Qué tiene que ver la tía con la pederastia? Vaya uno a saber, pero, en español, "pederastía" es un dislate; lo correcto es "pederastia" (del griego *paiderastía*), sustantivo femenino que María Moliner define como "práctica del pederasta (que comete abusos deshonestos con un niño)", pues "pederasta" (del griego *paiderastés*) es un sustantivo masculino que se aplica, a decir de Moliner, al "hombre que comete abuso deshonesto con un niño" (DUE). Hay un problema con estas definiciones: resultan ambiguas. El pederasta no es exclusivamente un varón; puede ser una mujer, y ambos, por separado o a la vez, son pederastas si, como mayores de edad, cometen abusos sexuales contra menores de edad, en general. Ejemplos: *Profesor acusado de* ***pederastia*** *abusó de sus alumnas; Profesora acusada de* ***pederastia*** *tuvo relaciones sexuales con alumnos adolescentes.* El DRAE es menos ambiguo y define "pederasta" en los siguiente términos: "Dicho de una persona: que incurre en pederastia". Pero el problema con el DRAE es que define equivocadamente, en su primera acepción, el sustantivo "pederastia". Leemos en el DRAE: "Inclinación erótica hacia los niños". Sí, indudablemente, pero es más exacta la que pone como segunda acepción: "Abuso sexual cometido con niños". Como tal, la "inclinación erótica hacia los niños" se llama "pedofilia" (del griego *paidós*, niño, y *-filia*, atracción), sustantivo femenino que el propio DRAE define así: "Atracción erótica o sexual que una persona adulta siente hacia niños o adolescentes". No es que la pedofilia sea perdonable, pero, en cuanto a significados y matices, es mucho más grave la pederastia, porque la atracción erótica o sexual de una persona adulta hacia menores puede no llevarse a la práctica delictiva. Jurídicamente, todos los pederastas son pedófilos, pero no todos los pedófilos son pederastas, pues algunos de ellos no llevan a cabo la acción delictiva de la práctica sexual con un menor. Ejemplo: *Tanto la* ***pederastia*** *como la* ***pedofilia*** *son patologías y perversiones, pero la peor de ellas es la* ***pederastia***. ¿Por qué? Porque pedófilo fue, sin duda, Lewis Carroll, por la evidente atracción erótica que manifiesta hacia las niñas (entre ellas a la que usó como modelo para *Alicia en el país de las maravillas*) a las que fotografiaba en poses inocentes no exentas de sensualidad, pero se descarta que haya sido un pederasta, pues no hay evidencias de que haya cometido abusos sexuales. Pederastas son, en cambio, la mujer y el hombre adultos que abusan sexualmente de menores. La diferencia está en la mayor o menor gravedad de las acciones, pero en cualquiera de los casos hay una psicopatología que, en la práctica, causa perjuicios psíquicos o físicos (y a veces ambos) a las víctimas. Pero se debe decir y escribir "pederastia" y no "pederastía", del mismo modo que es "pedofilia" y no "pedofilía", otro desbarre del habla y la escritura.

Los dislates "pederastía" y "pedofilía" pertenecen al ámbito culto de la lengua. Personas de gran preparación dicen y escriben "pederastía" y "pedofilía" con gran seguridad y aplomo, y uno tiene derecho a sospechar que jamás han consultado un diccionario. Es frecuente en el habla y en internet, pero también en publicaciones impresas. En el diario mexicano *El Economista* leemos el siguiente encabezado:

♀ "Murió Josef Wesolowski, nuncio acusado de **pederastía**".

No dudamos que lo hayan acusado de "pederastía", pero lo correcto es informar que este sujeto que murió fue condenado a colgar los hábitos y sometido en el Vaticano, por instrucciones del Papa Francisco, al primer juicio penal por abuso sexual a menores. Entonces lo que cometió fue, sin duda alguna:

☝ "**pederastia**".

✎ He aquí otros ejemplos de este dislate culto: "ex sacerdote preso por **pederastía**", "**pederastía** y buenas costumbres", "denuncian más de mil casos de **pederastía** de 2012 a 2015 en Bélgica", "**pederastía** delito inexistente en Querétaro", "apoyo a las víctimas de la **pederastía**", "acusan de **pederastía** a profesor", "el tesorero del Vaticano encubrió casos de **pederastía** en Australia", "el perverso mundo de la pedofilia y **pederastía**", "pide Papa valentía para combatir **pederastía**", "el delito de **pederastía** no debe prescribir", "el debate sobre el origen de la **pedofilía**", "investigación sobre **pedofilía** en el futbol inglés", "polémica dimisión por encubrir **pedofilía**", "canadiense acusado de **pedofilía** podría quedar en libertad".

☞ Google: 67 300 resultados de "pederastía"; 9 970 de "pedofilía". ☒

☞ Google: 4 000 000 de resultados de "pederastia"; 819 000 de "pedofilia". ☑

327. *¿pensaba dentro de mi cabeza?, ¿pensé para mis adentros?*

Es válida la locución "pensar en voz alta", para referirse a verbalizar alguna idea repentina. Ejemplo: *Se me ocurre que podemos ir mañana; estoy* ***pensando en voz alta.*** Pero ¿se puede pensar fuera de la cabeza? Hay gente que supone que sí, y debe ser porque no usa la cabeza para pensar, sino que piensa con otras partes de su cuerpo, por ejemplo con los pies que están dentro de sus zapatos. Cuando la gente dice o escribe "pensaba dentro de mi cabeza" o "pensé para mis adentros", ¿qué demonios quiere dar a entender? Estamos ante groseras redundancias que algunos querrían dignificar dándoles categoría pleonástica por su intención retórica o enfática. Lo cierto es que son barbaridades, y es muy fácil demostrar por qué. El verbo transitivo "pensar" (del latín *pensāre*) tiene la siguiente acepción principal: "Formar o combinar ideas o juicios en la mente" (DRAE). Ejemplo: ***Pensó*** *que lo peor estaba por llegar.* La segunda acepción del verbo confirma la primera: "Examinar mentalmente algo con atención para formar un juicio". Ejemplo: ***Piensa*** *bien lo que dices.* En ambos casos queda perfectamente claro que la acción de pensar está dentro de la persona, puesto que la "mente" ("potencia intelectual del alma", "designio, pensamiento, propósito, voluntad") y lo "mental" (perteneciente o relativo a la mente) se alojan en el cerebro que, a su vez, está "dentro de la cabeza"; de tal forma que no se puede pensar si no es con el cerebro o, para decirlo prosaicamente, dentro de la cabeza o en los adentros. La tercera acepción del verbo transitivo "pensar" no desmiente, sino que confirma esto: "Opinar algo acerca de una persona o cosa" (DRAE). Ejemplo: ***Pienso*** *que los académicos de Madrid deberían dedicarse a otra cosa.* En este caso, el pensamiento o el juicio, que se forma en la mente por supuesto (dentro de la cabeza), se externa o exterioriza por medio de una opinión verbal o escrita. En su carácter intransitivo, el verbo "pensar" significa "formar en la mente un juicio u opinión sobre algo", y éste es el ejemplo que ofrece el DRAE: *No* ***pienses*** *más en este asunto.* Visto y dicho todo lo anterior, es obvio que las frases "pensaba dentro de mi cabeza", "pensé para mis adentros" y, peor aún, "recordé para mis adentros", con otras variantes también ridículas, son viciosamente redundantes incluso en los escritores.

Se trata de desbarres más bien cultos, de quienes suponen que se adornan, estilísticamente, con semejantes expresiones. Son vicios sobre todo del habla, pero también aparecen con frecuencia en el español escrito, lo mismo en publicaciones impresas que en internet. En una novela de autoayuda leemos lo siguiente:

☟ "Cuando se empezaba a relajar para quedarse dormida le dejé de hablar, pero seguía pensando (sólo pensando) los buenos deseos que tenía para ella. Así que **pensaba dentro de mi cabeza**: que descanses".

Si la narradora todo el tiempo estaba pensando, y así lo enfatiza, en la segunda frase era suficiente decir:

☝ Así que **pensé**: que descanses.

✎ Diferente, como ya advertimos, es la perfecta locución "pensar en voz alta" que significa expresar algo que se ha pensado repentinamente y que requiere un análisis o una revisión, pues se trata de un pensamiento sin mayor elaboración, solamente expresado a manera de provisionalidad ante un problema. Ejemplo del escritor estadounidense Ralph Waldo Emerson: "Un amigo es una persona con la que se puede **pensar en voz alta**". En cambio, en el caso de la expresión "pensé para mis adentros" (o "pensaba para mis adentros"), se trata también de otra barbaridad, pues siempre se piensa para los adentros, aunque luego se externen o exterioricen los pensamientos. En el libro *Ángeles entre nosotros* leemos lo siguiente: "Puse una mano sobre el portabebés mientras buscaba las llaves y **pensé para mis adentros**: 'No lo pongas en el reborde. Sabes que es peligroso'". La tontería está en no distinguir entre el pleonasmo retórico (que suele ser frase hecha o expresión coloquial) "dije (o hablé) para mis adentros" y la bruta redundancia "pensé (o recordé) para mis adentros". ¡Nadie piensa ni recuerda para sus afueras, por Dios! Lo correcto, en relación con el ejemplo anterior, hubiera sido escribir: "mientras buscaba las llaves, **dije para mis adentros**", etcétera. Esta redundancia pleonástica, con intencionalidad retórica, está por ejemplo en el Eclesiastés y pertenece a la llamada redundancia hebrea. En una traducción del Eclesiastés (1:16) leemos: "**Me dije para mis adentros**: Tengo una sabiduría grande y extensa". Por supuesto, este pasaje está mucho mejor traducido en la versión de Reina-Valera: "**Hablé yo en mi corazón**, diciendo: He aquí que yo me he engrandecido". Ya hemos visto también que hay quienes dicen y escriben "**recordé para mis adentros**"; de donde se infiere que hay gente capaz de recordar para sus afueras. He aquí algunos ejemplos de estas barbaridades redundantes: "magia del impulso, **pensó para sus adentros**", "después **pensó para sus adentros**", "**pensó para sus adentros** y recordó algunas marometas", "Leo **pensó para sus adentros**", "y **pensé para mis adentros**", "qué inquietante, **pensé para mis adentros**", "oyendo aquello **pensé para mis adentros**", "yo **recordé para mis adentros** el cuento de Blancanieves", "**recordé para mis adentros** lo que decía", "**recordé para mis adentros** la plegaria", "di en el blanco, **pensaba dentro de mi cabeza**", "no podía contener lo que **pensaba dentro de mi cabeza**", "era lo que yo **pensaba dentro de mi cabeza**", "yo sólo **pensé dentro de mi cabeza**", "a ver si ella acepta, **pensé dentro de mi cabeza**", "y **pensé dentro de mi cabeza**: puede haber peligro", "estoy seguro que lo **piensa dentro de su cabeza**", "llegar a saber qué siente o **piensa dentro de su cabeza**".

☞ Google: 38 300 de "pensó para sus adentros"; 31 100 de "pensé para mis adentros"; 9 600 de "pensaba para mis adentros"; 9 590 de "pienso para mis adentros"; 6 050 de "pensaba para sus adentros"; 5 730 de "pensar para mis adentros"; 3 720 de "pensar para sus adentros"; 3 360 de "pensaba dentro de mi cabeza"; 1 990 de "pensé dentro de mi cabeza"; 1 360 de "piensa dentro de su cabeza". ☒

☞ Google: 492 000 resultados de "pensar en voz alta"; 184 000 de "pensé en voz alta"; 166 000 de "pensó en voz alta"; 47 000 de "decir para sus adentros"; 29 300 de "dijo para sus adentros"; 29 100 resultados de "dije para mis adentros"; 20 800 de "diciendo para sus adentros"; 10 400 de "hablando para sus adentros"; 9 400 de "habla para sus adentros"; 7 250 de "hablaba para sus adentros"; 6 390 de "habló para sus adentros"; 6 250 de "diciendo para mis adentros"; 5 860 de "hablo para mis adentros"; 5 120 de "hablando para mis adentros"; 3 530 de "hablé para mis adentros"; 3 030 de "hablaba para mis adentros"; 1 840 de "diría para sus adentros". ☑

328. *¿percución?, ¿persecusión?, ¿persuación?*

Los términos "percución", "persecusión" y "persuación" son dislates en vez de los correctos sustantivos "percusión", "persecución" y "persuasión". Son cometidos no únicamente por personas de baja escolaridad, sino incluso por profesionistas que no tienen por costumbre consultar el diccionario. El sustantivo femenino "percusión" (del latín *percussio, percussiōnis*) significa "acción y efecto de percutir" (del latín *percutĕre*: "golpear"), verbo transitivo que significa "golpear algo, generalmente de manera repetida" (DRAE). Ejemplos: *Los tambores son instrumentos de* ***percusión****; Se puso a* ***percutir*** *el tambor*. De ahí el sustantivo "percusionista": "músico que toca instrumentos de percusión". Ejemplo: *Es el* ***percusionista*** *de la banda*. El sustantivo femenino "persecución" (del latín *persecutio, persecutiōnis*) significa "acción y efecto de perseguir" (del latín *persĕqui*), verbo transitivo que, entre otras, tiene las siguientes acepciones: "Seguir a quien va huyendo, con ánimo de alcanzarle" y "tratar de conseguir o alcanzar algo" (DRAE). Ejemplos: *Se inició la* ***persecución*** *del asaltante; No cejó en su propósito de* ***perseguir*** *una mejor vida*. De ahí el adjetivo y sustantivo "perseguidor": "que persigue". Ejemplo: *Dejó atrás a su* ***perseguidor*** *y huyó*. El sustantivo femenino "persuasión" (del latín *persuasio, persuasiōnis*) significa "acción y efecto de persuadir" (del latín *persuadĕre*): "Inducir, mover, obligar a alguien con razones a creer o hacer algo" (DRAE). Ejemplos: *No tuvo éxito en su propósito de* ***persuasión****; No consiguió, con ningún argumento,* ***persuadir*** *al necio*. De ahí el adjetivo "persuasivo" (del latín *persuasivus*): "que tiene fuerza y eficacia para persuadir". Ejemplo: *Ernesto fue lo suficientemente* ***persuasivo*** *y logró convencer al más renuente*. "Percutir" (no confundir con "percudir": "ensuciar"), "perseguir" y "persuadir" son verbos cuyos infinitivos terminan en "ir", pero cuyas específicas desinencias son distintas en los tres casos: "-tir", "-guir" y "-dir". La lectura y la relectura frecuentes de buenos libros nos familiarizan sin duda con las formas correctas de los sustantivos derivados de estos verbos, ya sea que se escriban con "c" o con "s" en su última sílaba. Pero debe saberse que, con un par de excepciones entre las que no se encuentra "persuadir", los verbos terminados en "-dir" forman sustantivos que llevan "s" en la última sílaba: *disuasión*, de *disua****dir****; persuasión*, de *persua****dir****; evasión*, de *eva****dir****; invasión*, de *inva****dir****; agresión*, de *agre****dir****; transgresión*, de *transgre****dir****; decisión*, de *deci****dir****; colusión*, de *colu****dir****; confusión*, de *confun****dir*** y, como ya dijimos, "persuasión", de "persua**dir**". Son excepciones, *medición*, de *me****dir***, y *expedición*, de *expe****dir***. En el caso de los verbos terminados en "-guir" (como "perseguir"), los sustantivos derivados llevan siempre "c" en la última sílaba: *consecución*, de *conseguir*; *prosecución*, de *proseguir*; *distinción*, de *distinguir*; *extinción*, de *extinguir*. Finalmente, los verbos terminados en "-tir" (como "percutir") forman sustantivos derivados que pueden llevar "c" o "s" en su última sílaba: *repetición*, de *repetir*; *competición*, de *competir*; *repartición*, de *repartir*; *impartición*, de *impartir*; *deglución*, de *deglutir*; *admisión*, de *admitir*; *emisión*, de *emitir*; *dimisión*, de *dimitir*; *omisión*, de *omitir*; *transmisión*, de *transmitir*; *disensión*, de *disentir*; *repercusión*, de *repercutir*; *discusión*, de *discutir*. Por supuesto, si la gente leyera más, y consultara con frecuencia el diccionario, no cometería los dislates de escribir "percución", "persecusión" y "persuación".

☞ Google: 454 000 resultados de "persecusión"; 343 000 de "persuación"; 83 100 de "persecusiones"; 37 500 de "percución"; 28 400 de "percuciones"; 4 330 de "persuaciones". ☒

329. *¿perfectamente bien?*

Alguien consulta por internet a la RAE acerca del sustantivo masculino "azafato" y la RAE le responde que "la forma 'azafato' es el masculino **perfectamente bien** formado del femenino 'azafata'". Sí, así escriben en la RAE, en el departamento de #RAEconsultas: con las patas, y no precisamente de las azafatas. Y ello no sólo porque insistan en su torpe masculino "azafato", sino porque en apenas doce palabras la RAE da clases de redundancia. Así, según los orientadores de la RAE, "la forma" es el masculino "formado" y, lo peor, "perfectamente bien". Una cosa es que, de manera coloquial y, por tanto, popular, se utilice esta expresión redundante (algunos dirán que pleonástica), y otra cosa es que la rectora académica del buen uso del idioma responda a sus consultantes con la rebuznancia "perfectamente bien". ¡Vaya manera de "orientar" al hispanohablante! Veamos. El adjetivo "perfecto" (del latín *perfectus*) se aplica a lo "que tiene el mayor grado posible de bondad o excelencia en su línea" y a lo "que posee el grado máximo de una determinada cualidad o defecto" (DRAE). Ejemplos: *Realizó un toreo* ***perfecto***; *Ernesto es un* ***perfecto*** *caballero*; *Enrique es un* ***perfecto*** *pendejo*. De ahí el adverbio "perfectamente": "de manera perfecta". Ejemplo: *Realizó su faena* ***perfectamente***. Si el adjetivo "perfecto" se aplica a lo que tiene el más alto grado de bondad (de bien, de bueno) o de excelencia (superior calidad), resulta claro que lo perfecto es lo más bueno o lo que reúne el mayor bien, y si el adverbio "perfectamente" significa "de manera perfecta", es absurdo que a lo perfecto y a lo que está dicho o hecho perfectamente se le agregue el sustantivo o el adverbio "bien" (del latín *bene*), pues como sustantivo significa lo siguiente: "Aquello que en sí mismo tiene el complemento de la perfección en su propio género", y como adverbio corresponde a "perfecta o acertadamente, de buena manera". Ejemplos: *Fue un toreo* ***bien*** *realizado*;

Ernesto se conduce siempre ***bien***. Dicho todo lo anterior, es una barrabasada redundante decir y escribir "perfectamente bien", aunque se argumente énfasis deliberado y aunque sea uso corriente de la propia RAE, pues, como ya vimos, "perfecto" y "bien" son términos casi equivalentes. Es admisible decir y escribir *Me siento* ***muy bien***, pero no "Me siento **perfectamente bien**". Habrá incluso quienes digan "Me siento **perfectamente mal**", y este oxímoron involuntario, que equivale a un sinsentido, sólo reafirma el uso equivocado, por redundante, de la expresión "perfectamente bien".

"Perfectamente bien" es una barrabasada redundante muy extendida en nuestro idioma. Y si se utiliza con donaire y brío en la Real Academia Española, no debe extrañarnos en absoluto que los periodistas y demás comunicadores la empleen con el mismo entusiasmo. Del habla pasó a la escritura, y hoy está lo mismo en internet que en las publicaciones impresas. En el diario mexicano *Milenio*, un comentarista de la sección de espectáculos afirma que cierto libro:

♀ "está **perfectamente bien** escrito".

Simplemente debió afirmar que

☝ está **bien** escrito, **muy bien** escrito o **perfectamente** escrito.

✐ He aquí más ejemplos de esta redundancia que no podemos reprochar con dureza al común si hasta la Real Academia Española la utiliza (sin que ello quiera decir que sea dispensable): "lo oigo **perfectamente bien**", "estuviste **perfectamente bien**", "Messi está **perfectamente bien**" (para sus admiradores debe ser un alivio que no esté perfectamente mal), "las cosas van a salir bien, **perfectamente bien**", "Juan Gabriel se sentía **perfectamente bien**" (pero lo cierto es que estaba perfectamente mal), "Carmena está **perfectamente bien**" (los que están perfectamente mal son los madrileños, a quienes gobierna), "Aznar cumplió su labor **perfectamente bien**" (lo cual quiere decir que dejó a los españoles perfectamente mal), "me encuentro **perfectamente bien** en México" (aleluya), "mi juventud ya se fue y lo llevo **perfectamente bien**" (cuando una actriz como Cameron Diaz declara algo así es porque lleva el asunto perfectamente mal), "no tengo cáncer; estoy **perfectamente bien** de salud: Peña Nieto" (a consecuencia de ello, los que estamos perfectamente mal de salud somos sus desgobernados), "todo está **perfectamente bien**" (léase: todo está perfectamente mal), "**perfectamente bien** contestado" (no, lo correcto es "bien o muy bien contestado"), "lo que dices está **perfectamente bien** dicho", "él contestó que lo tenía **perfectamente bien** pensado" y, como siempre hay algo peor, "se escucha **perfectamente bien mejor**".

☞ Google: 475 000 resultados de "perfectamente bien". ☒

330. *personalidad* no es lo mismo que *característica*, *cualidad* o *peculiaridad*

¿Tienen "personalidad" las ventanas? Según una reportera de un programa cultural, sí. "Cada ventana de este edificio —dijo en la televisión mexicana— tiene su propia personalidad". ¡Zas! Pero el término "personalidad" deriva de "persona" y son las personas las únicas que pueden tener "personalidad". Ni siquiera los animales, aunque los tecnócratas y gente de la autoayuda crean que sí, porque ya hablan hoy de la "personalidad animal". Será en todo caso "la animalidad de ciertas personas" que no suelen consultar el diccionario. El sustantivo femenino "persona" designa al "individuo de la especie humana" (DRAE). Ejemplo: *Es una* ***persona*** *muy ocupada.* Como es obvio, el sustantivo femenino "personalidad" (del latín *personalĭtas, personalitātis*) se refiere, en todas sus acepciones, a la "persona". He aquí tres de ellas: "Diferencia individual que constituye a cada persona y la distingue de otra"; "conjunto de características o cualidades originales que destacan en algunas personas"; "conjunto de cualidades que constituyen a la persona o sujeto inteligente". Queda claro, entonces, que ni las cosas ni los animales ni los árboles tienen "personalidad", puesto que no son "personas". La "personalidad" es propia de los seres humanos y, por tanto, es una burrada decir y escribir "la personalidad de las ventanas", "la personalidad de los gatos", "la personalidad de mi perro", etcétera. Las cosas poseen "características" o "propiedades", en tanto que los animales tienen, en todo caso, "animalidad" (condición propia del animal), al igual que "peculiaridades", "conductas", "hábitos" e incluso "cualidades", pero de ningún modo "personalidad".

La tontería de atribuir "personalidad" a las cosas y a los animales es propia de quienes jamás han acudido al diccionario para saber las definiciones de los sustantivos "persona" y "personalidad". Sólo así se comprende que crean que su perro y su automóvil tienen "personalidad". Esta barrabasada se ha extendido a los más diversos ámbitos de la lengua hablada y escrita. Ya invadió las páginas de las publicaciones impresas, luego de sentar su reino en internet, y ello con gran beneplácito del periodismo y de quienes, en general, atribuyen personalidad incluso a su corbata. En una página de internet leemos el siguiente despropósito:

♀ "el carácter y **personalidad del perro salchicha** varía de un tipo a otro".

Quizá el carácter de este perro dependa de si es salchicha de pavo o salchicha de puerco, quizá tenga un carácter apacible o agresivo dependiendo de ello, pero lo que sin duda no tiene es "personalidad"; tendrá, en todo caso:

☝ **peculiaridad**, elemento que los humanos sí compartimos con los animales.

✎ He aquí otros ejemplos de esta barbaridad dicha y repetida por millones de personas poseedoras de una animalidad sobrecogedora: "el problema de la **personalidad de las cosas y los animales**" (¡pues sí que es un problema: ontológico y patológico!), "la **personalidad de las cosas** que se mueven" (los enfermos de realidad virtual confunden monitos con personas), "estudian la **personalidad de los animales**" (¡se llama conducta animal, no personalidad!), "la **personalidad de los animales** de compañía", "la **personalidad de los perros** condiciona su longevidad"

(¿no será, más bien, su "**perro**nalidad?), "la verdadera **personalidad de los perros y gatos**", "un **perro con mucha personalidad**", "era un **gato con mucha personalidad** y carisma" (hasta ganó las elecciones en su país), "Aura Verdejo, un **vino con personalidad** y expresión" (esto quiere decir que incluso habla), "un **vino con mucha personalidad**" (sí, mucha más personalidad que la de quien se lo bebe), "un **Volvo con mucha personalidad**", "el nuevo Honda Civic es un **coche con mucha personalidad**" (mucha gente cree que los coches son miembros de su familia), "yo lo veo un **coche con mucha personalidad**" (y el coche opinó: "yo veo al conductor con bastante animalidad: le hace falta abrir, al menos una vez en su vida, un diccionario").

☞ Google: 475 000 resultados de "personalidad de los animales"; 408 000 de "perro con mucha personalidad"; 207 000 de "personalidad de los perros"; 186 000 de "personalidad de los gatos"; 131 000 de "gato con mucha personalidad"; 39 700 de "personalidad del perro"; 39 600 de "coche con mucha personalidad"; 36 900 de "un vino con personalidad"; 36 000 de "personalidad del gato"; 16 500 "personalidad animal"; 10 600 de "un vino con mucha personalidad". ☒

331. *¿perspectiva a futuro?, ¿prospectiva a futuro?, ¿proyección a futuro?*

El sustantivo femenino "perspectiva" (del latín tardío *perpectīvus*) se refiere al "panorama que desde un punto determinado se presenta a la vista del espectador, especialmente cuando está lejano" (DRAE). Ejemplo: *Ya visto en **perspectiva**, el siglo XX fue estupendo*. Esto quiere decir que la perspectiva puede hacerse en relación con el pasado. Sin embargo, también posee una acepción relacionada con el futuro. Para el caso, en el DUE, María Moliner ofrece la siguiente acepción del sustantivo "perspectiva": "Desarrollo de un asunto o suceso favorables o desfavorables que se pueden prever para el futuro", y pone un ejemplo: *Es una carrera que ofrece buenas **perspectivas***. Siendo así, las expresiones "perspectiva a futuro" o "perspectivas futuras" poseen cierto grado tautológico, pues, si atendemos al contexto y a la lógica, es redundante decir y escribir, modificando el ejemplo de Moliner, "Es una carrera que ofrece buenas **perspectivas futuras**". Aunque la "perspectiva" puede hacerse hacia el pasado, hay casos en los que el contexto mismo nos da la idea de distancia en el tiempo, ya sea en relación con el pasado o con el porvenir. Diferentes y, en cierta forma, opuestos al sustantivo "perspectiva", son en cambio el adjetivo "prospectivo" y el sustantivo femenino "prospectiva". El adjetivo "prospectivo" (del latín tardío *prospectīvus*, derivado de *prospicĕre*: "mirar adelante, prever") denota "que se refiere al futuro", y el sustantivo "prospectiva" significa "conjunto de análisis y estudios realizados con el fin de explorar o de predecir el futuro en una determinada materia" (DRAE). Ejemplos: *Realizaron un estudio **prospectivo** sobre la agricultura mexicana; La **prospectiva** de la agricultura mexicana no es para nada optimista*. De ahí el sustantivo femenino "prospección" (del latín *prospectio, prospectiōnis*), una de cuyas acepciones es la siguiente: "exploración de posibilidades futuras basadas en indicios presentes" (DRAE). Ejemplo: *La **prospección** de los mercados indica que en la siguiente década se agravará la crisis agrícola.* Si, en cierto contexto, la expresión "perspectivas a futuro" puede resultar redundante, lo son de manera indudable y ridícula, más allá del contexto, las expresiones "prospectivas a futuro", "prospectivas futuras" y "prospección a futuro", pues, por definición, todas las prospectivas y prospecciones se refieren al futuro. He aquí dos ejemplos que muestran las redundancias: "La **prospectiva a futuro** de la agricultura mexicana no es para nada optimista"; "La **prospección a futuro** de los mercados indica que en la siguiente década se agravará la crisis agrícola". El adjetivo "futuro" (lo que está por venir) es consustancial a la prospección y a lo prospectivo. En cuanto al sustantivo femenino "proyección" (del latín *proiectio proiectiōnis*), "acción y efecto de proyectar", también se comete redundancia en el enunciado "proyección a futuro". ¿Se puede proyectar a pasado o, siquiera, a presente? La sola pregunta implica un absurdo, pues la acepción principal del verbo "proyectar" (del latín *proiectāre*, "arrojar") es "lanzar, dirigir hacia delante o a distancia". Ejemplo: ***Proyectó** una obra literaria muy ambiciosa que no pudo concluir.* No debemos olvidar que el sustantivo masculino "proyectil" (cuerpo arrojadizo) proviene del latín *proiicĕre*: "lanzar". Siendo así, nadie proyecta nada sino hacia el futuro o, dicho de otro modo: todo "proyecto" (designio o pensamiento de ejecutar algo) y toda "proyección" implícitamente son "hacia delante o a distancia", es decir, a futuro. Si modificamos el ejemplo anterior, tendremos una prueba fehaciente de redundancia: "**Proyectó a futuro** una obra literaria muy ambiciosa que no pudo concluir". Lo realmente extraordinario sería que un autor proyectara su obra literaria para desarrollarla y concluirla en el pasado. No hay que ser necios.

Las barrabasadas "prospectiva a futuro" y "proyección a futuro" y, en menor medida, "perspectiva a futuro", más sus plurales y variantes se abren camino cada vez más en nuestra lengua, provenientes del ámbito económico, la influencia del ambiente tecnocrático, la horrible retórica política de nuestro tiempo y la cada vez más laxa y predecible investigación profesional y académica no muy afecta a la consulta del diccionario. En el libro mexicano *Planeación urbana y regional*, uno de los coautores escribe lo siguiente:

☟ "La **prospectiva a futuro** de la planeación es aquella relativa a la práctica que abiertamente invita a examinar y a debatir los valores políticos y sociales".

Debió escribir correctamente:

☝ La **prospectiva** de la planeación, etcétera.

✎ He aquí más ejemplos de estos dislates redundantes muy académicos y muy de profesionistas y políticos: "buenas **perspectivas futuras** para el sector", "unas excelentes **perspectivas futuras**", "preparación que le asegurará excelentes **perspectivas futuras**" (si se las asegurará no será en el pasado, ¿verdad?), "**perspectivas futuras** de la administración", "el mercado de la robótica y las **perspectivas futuras**", "**perspectivas futuras** 2012-32, "**perspectivas futuras** en el siglo XXI" (¡es claro que no son perspectivas futuras en el siglo XVIII!), "su **proyección a futuro** es clara", "excelentes salarios y **proyección a futuro**" (¡qué bueno que no sea proyección a pasado porque entonces los salarios dejarían de ser excelentes!), "una profesión con **proyección a futuro**", "un inicio con **proyección a futuro**", "elije con criterio y con **proyección a futuro**", "uso de la **prospección a futuro**", "la arquitectura vernácula mexicana y su **prospección a futuro**", "toda maqueta es una **prospección a futuro**", "**prospección a futuro** de la industria turística", "es necesaria una mayor **prospectiva a futuro**", "la **prospectiva a futuro** marca avances", "la **prospectiva a futuro** y lo que debemos hacer", "naturaleza jurídica y **prospectiva a futuro**", "**prospectiva a futuro** de la comunicación", "esto nos da una mirada **prospectiva a futuro**", "**prospectivas futuras** de la situación energética mundial", "**prospectivas futuras** de la izquierda" (esto además de redundante es gracioso: la izquierda carece de futuro, a menos que por futuro entendamos los altos puestos y el enriquecimiento explicable de sus dirigentes), "**prospectivas futuras** de desarrollo académico e investigativo", "las **prospectivas futuras** que están ofreciendo las nuevas tecnologías", "escenarios de un **futuro prospectivo**: en 200 años" y, como siempre hay algo peor, "un **futuro prospectivo** para ser más estratégicos y creer **en el futuro**".

☞ Google: 137 000 resultados de "proyección a futuro"; 59 700 de "proyecciones a futuro". 5 120 de "prospectiva a futuro"; 3 900 de "prospección a futuro"; 1 980 de "prospectivas futuras"; 1 570 de "prospectiva futura"; 1 370 de "prospectivas a futuro"; 1 030 de "futuro prospectivo"; 1 000 de "prospecciones a futuro"; 1 000 de "prospecciones futuras". ☒

☞ Google: 420 000 resultados de "perspectivas futuras"; 101 000 de "perspectiva a futuro"; 75 200 de "perspectivas a futuro"; 72 800 de "perspectiva futura"; 18 300 de "futuras perspectivas"; 7 070 de "buenas perspectivas futuras"; 3 420 de "futura perspectiva"; 2 520 de "excelentes perspectivas futuras". ☒

332. *¿pesquiza?, ¿pezca?, ¿pezcado?, ¿pezcador?, ¿pezcar?, ¿pezquisa?*

Los términos "pesquiza", "pezca", "pezcado", "pezcador", "pezcar" y "pezquisa" son todos erróneos. Lo correcto es decir y escribir "pesca", "pescado", "pescador", "pescar" y "pesquisa". La "z" advenediza en todos los términos erróneos proviene, sin duda, de la influencia del sustantivo masculino "pez" (del latín *piscis*), que el DRAE define del siguiente modo: "Vertebrado acuático, de respiración branquial, generalmente con extremidades en forma de aleta, aptas para la locomoción y sustentación en el agua". Ejemplos: *Capturó un gran ejemplar de* ***pez*** *espada*; *Los* ***peces*** *tropicales poseen muy vistosos colores*. Pero debe saberse que, justamente por razones etimológicas, todos los derivados de esta acepción de "pez" llevan "s" y no "z", empezando por el sustantivo femenino "pesca": "acción y efecto de pescar" (del latín *piscāri*), verbo transitivo que significa "sacar o tratar de sacar del agua peces y otros animales útiles al hombre"

(DRAE). Ejemplos: *La **pesca** fue muy buena*; ***Pescar** ha sido siempre su oficio*. De ahí el sustantivo masculino "pescado" (del latín *piscātus*): "pez comestible sacado del agua por cualquiera de los procedimientos de pesca". Si el pez ya ha sido atrapado o capturado mediante los procedimientos de pesca, por definición se convierte en un "pescado". Ejemplo: *Me comí un **pescado** frito sabrosísimo*. De ahí el adjetivo y sustantivo "pescador" (del latín *piscātor, piscatōris*): "que pesca" y "persona que pesca por oficio o por afición" (DRAE). Ejemplo: *Hemingway era un **pescador** aficionado*. De ahí también los sustantivos "pescadería" ("sitio, puesto o tienda donde se vende pescado") y "pescadero" ("persona que vende pescado"). Ejemplo: *El **pescadero** llegó muy temprano y abrió su **pescadería***. De ahí también el sustantivo "pesquería", que el diccionario académico define del siguiente modo: "Trato o ejercicio de los pescadores"; "acción de pescar"; "sitio donde frecuentemente se pesca". Ejemplo: *Se dirigió a la **pesquería***. También, el adjetivo y sustantivo "pesquero" (del latín *piscarius*): "que pesca"; "perteneciente o relativo a la pesca" y "sitio donde frecuentemente se pesca" (DRAE). Ejemplos: *La industria **pesquera** es de las más prósperas en España*; *Por el temporal, naufragó un barco **pesquero***. De parecido origen es el sustantivo femenino "pesquisa", derivado de los desusados verbos "perquirir" (del latín *perquirĕre*) y "pesquerir" ("investigar, buscar algo con cuidado y diligencia") que dieron el actual "pesquisar" ("hacer pesquisa de algo"). Este sustantivo tiene la siguiente acepción en el DRAE: "Información o indagación que se hace de algo para averiguar la realidad de ello o sus circunstancias". Se usa sobre todo en plural. Ejemplo: *Todo apunta a su culpabilidad, de acuerdo con las **pesquisas***.

En el ámbito inculto de la lengua suelen emplearse todos estos términos con una "z" advenediza. Ello se ha extendido al periodismo y al ambiente empresarial donde si se hacen algunas pesquisas podremos darnos cuenta de que hay mucha gente desafecta al diccionario. Internet es el paraíso de estos desbarres que tampoco son infrecuentes en las publicaciones impresas. En un portal electrónico mexicano, *Re@lidad Oaxaca*, leemos el siguiente encabezado:

☹ "Sector pesquero exige creación de Secretaría de Acuicultura y **Pezca**".

Quiso informarse que el sector pesquero en Oaxaca:

☺ exige la creación de la Secretaría de Acuicultura y **Pesca**.

✎ He aquí más ejemplos de estos disparates: "**pezca** del día", "caza y **pezca** en Uzbekistan", "la **pezca** en el Ecuador", "se realizará octava edición del torneo de **pezca** de pez vela", "la **pezca** en el lago de Baikal", "**pezcado** asado a la sal", "filete de **pezcado** en salsa de chipotle", "**pezcado** con pimentón ahumado", "cómo **pezcar** con la mano", "vendo caña de **pezcar** y riel", "elaboración de cañas para **pezcar**", "Restaurante Bar El **Pezcador** en Madrid", "tiburón desgarra brazo a **pezcador**", "Restaurante **Pezcadores**, Arequipa", "Club de **Pezcadores** y Cazadores

Unidos", "**Pezcados** y Mariscos de Colombia", "tipos de **pezcados**", "la **pezquisa** médica", "una **pezquisa** no razonable", "peritos realizaban las **pezquisas** en el lugar de los hechos".

☞ Google: 281 000 resultados de "pezca"; 109 000 de "pezcado"; 32 000 de "pezcar"; 63 800 de "pezquiza"; 16 700 de "pezcador"; 15 200 de "pezcadores"; 12 200 de "pezcados"; 1 920 de "pezquisa"; 1 040 de "pezquisas"; 1 000 de "pezquizas". ☒

☞ Google: 71 900 000 resultados de "pesquisas"; 390 000 000 de "pesquisa"; 137 000 000 de "pesca"; 45 700 000 de "pescado"; 23 500 000 de "pescador"; 15 500 000 de "pescar". ☑

333. *¿pira de fuego?, ¿pira de llamas?*

¿Hay "piras" que no sean de fuego? Sí, las hay, pero con algunos significados muy marginales y poco utilizados: en heráldica, "punta del escudo" (pero justamente porque la punta de los escudos parece una hoguera o una llamarada), y en la jerga o el caló, "huida, fuga". De ahí el verbo "pirar", irse, y en un sentido festivo o burlesco morir. Ejemplo: *Ya piró* (para referirse a alguien que falleció). Sin embargo, el sustantivo femenino "pira" (del latín *pyra* y del griego *pyrá*) tiene un significado amplio, "hoguera", y otro muy preciso: "hoguera en que antiguamente se quemaban los cuerpos de los difuntos y las víctimas de los sacrificios". En este sentido, una "pira" siempre es de fuego, pues en español el elemento compositivo "piro-" es un prefijo que significa "fuego". De ahí los sustantivos femeninos "**piro**manía" ("tendencia patológica a la provocación de incendios") y "**piro**tecnia" ("técnica de la fabricación y utilización de materiales explosivos o fuegos artificiales", DRAE), y los adjetivos "**piró**mano" ("persona que padece piromanía") y "**piro**técnico" ("perteneciente o relativo a la pirotecnia"). También "**piro**electricidad", "**piro**grabado" y "**piro**latría". Ejemplo: *Hay quienes dicen que Teófilo, patriarca de Alejandría, es el patrón de los* ***pirómanos****, pues a él se le culpa del incendio de la Gran Biblioteca de Alejandría en el siglo* IV. Para el caso, una "pira" siempre es de fuego; por lo tanto, decir y escribir "pira de fuego" y su variante "pira de llamas" son muy torpes redundancias. Una "pira" no es otra cosa que una "hoguera" pues este último sustantivo (del latín *focaria*) significa "fuego hecho al aire libre con materias combustibles que levantan mucha llama" (DRAE). Es suficiente decir y escribir "pira" para referirse a una hoguera; agregar que es "de fuego" o "de llamas" es tan torpe como decir y escribir que "la hemorragia es de sangre".

Se trata de un disparate culto, frecuente en publicaciones impresas (incluso en libros de autores famosos) y en internet. En una novela leemos lo siguiente:

☟ "A lo lejos, una **pira de fuego** emitía un lúgubre brillo junto al muro".

Quiso decir y escribir el autor (o en este caso el traductor) que

☝ "a lo lejos, una **pira** emitía un lúgubre brillo junto al muro".

✎ He aquí otros ejemplos de esta barbaridad a la que son adictos muchos escritores: "arrojó a su hijo a la **pira de fuego**" (redundancia bíblica hebrea), "sometido a la **pira de fuego**", "levantamiento de la **pira de fuego**", "una enorme **pira de fuego**", "arrojándose a una **pira de fuego**", "**piras de fuego** se propagan", "**piras de fuego** en el horizonte", "**piras de fuego** de pozos petroleros", "ardía una hermosa **pira de llamas**", "una **pira de llamas** ascendió hasta las nubes" (no es para tanto, que no exagere), "la nave fue una **pira de llamas**", "la **pira de llamas** en la que se había convertido su cuerpo".

☞ Google: 23 900 resultados de "pira de fuego"; 6 290 de "piras de fuego"; 6 070 de "pira de llamas". ☒

334. *¿plaga desagradable?, ¿plagado de buenas ideas?*

¿Hay plagas agradables? Obviamente, no, ya que el sustantivo femenino "plaga" (del latín *plaga*: "golpe, herida") tiene siempre un sentido negativo. Y aunque el DRAE asegure, en una de sus acepciones, que "plaga" es la "abundancia de algo nocivo, y, por extensión, de lo que no lo es", esta definición es un disparate más de la Real Academia Española, pues no advierte siquiera que, al definir el adjetivo "plagado", únicamente admite la siguiente acepción: "herido o castigado". Siendo así, la expresión "plaga desagradable" es una viciosa redundancia, pues no hay plagas que resulten agradables, a menos que nos contagiemos del virus pleonástico que, históricamente, azota a España y por el cual hasta María Moliner, en el DUE, afirma que "plaga", en la lengua informal, significa "abundancia de cualquier cosa, aunque no sea nociva". He aquí su ejemplo: *Hemos tenido este verano una* ***plaga de melones***. ¡Muy española esa plaga y muy español ese disparate! Lo lógico y correcto sería decir y escribir que *A los melones les cayó una* ***plaga*** *este verano y se perdió la cosecha*. Lo malo de pensar mal es que se usa inadecuadamente el idioma. Es el caso también de la expresión "plagada o plagado de buenas ideas". ¿Puede haber algo **plagado de buenas ideas**? No, por supuesto. El verbo "plagar" (del latín tardío *plagāre*: "golpear, zurrar") significa "llenar o cubrir a alguien o algo de una cosa generalmente nociva o no conveniente" (DRAE). La acotación "generalmente" es innecesaria, pues toda plaga y toda acción de plagar son siempre nocivas o no convenientes. Ejemplo del DUE: *Nuestro campamento* ***se plagó de ratas***. A menos que piensen los académicos de Madrid que si decimos que el diccionario de la RAE está plagado de burradas, esto constituya un elogio, lo correcto es decir que un libro está plagado de erratas o de tonterías, pero no de buenas ideas. Las erratas y las tonterías equivalen a las heridas o a los golpes a los que se refiere la etimología latina *plagāre*, no así a las buenas ideas que representan algo positivo. Aun en un sentido figurado, el verbo "plagar" y el adjetivo "plagado" únicamente admiten relaciones de carácter negativo: ***Plagado*** *de violencia*, pero no por supuesto "**Plagado** de amor"; ***Plagado*** *de odio*, pero de ningún modo "**Plagado** de esperanza". Hay que evitar las tautologías, pero también los sinsentidos. No debe utilizarse el adjetivo "plagado" como sinónimo de "lleno", del mismo modo que es disparate confundir el sustantivo "plaga" ("enfermedad, peste, calamidad, daño") con la simple "abundancia". El verbo "plagar" no equivale únicamente a "llenar", sino a "llenar de algo nocivo".

☞ Google: 163 000 resultados de "plagado de amor"; 128 000 de "plagado de esperanza"; 107 000 de "plagado de estrellas"; 52 500 de "plagado de sabiduría"; 10 200 de "plagado de buenas ideas"; 8 070 de "plagada de buenas ideas". 4 710 de "plaga desagradable"; 2 460 de "desagradables plagas"; 1 270 de "desagradable plaga"; 1 200 de "plagas desagradables. ☒

☞ Google: 183 000 resultados de "plagado de odio"; 145 000 de "plagado de violencia"; 134 000 de "plagado de mierda"; 49 400 de "plagado de ladrones"; 15 800 de "plagado de ratas"; 12 100 de "plagado de erratas"; 9 640 de "plagada de erratas"; 8 440 de "plagada de ratas"; 5 780 de "plagado de pendejos". ☑

335. plurales de las vocales y de la afirmación y negación

Los plurales de las vocales (*a, e, i, o, u*) se forman añadiéndoles la terminación "-es". Así, se debe decir y escribir *las **aes**, las **ees**, las **íes**, las **oes*** y *las **úes***. En el caso de la "e", se admite la terminación "-s", para decir y escribir "las **es**", incluso de mayor aceptación que "las **ees**". Lo incorrecto es decir y escribir "las **as**", "las **is**", "las **os**" y "las **us**". Siguiendo esta misma regla, los plurales correctos de los adverbios de afirmación ("sí") y negación ("no"), cuando se emplean como sustantivos, son *los **síes*** y *los **noes***, y no "los **sis**" ni "los **nos**". Todo es muy simple si tenemos en cuenta la regla de añadir la terminación "-es", con la excepción ya mencionada. Abundan las personas que ignoran esta regla y que, por ello, suelen errar en la pluralización tanto de las vocales como de los adverbios de afirmación y negación en calidad de sustantivos. Prueba de ello son los siguientes ejemplos, tomados de internet y de algunas publicaciones impresas: "hay que poner el punto sobre las **is**", "yo digo las **us** y las **is** como quiero y ya" (a necio nadie ha de ganarle), "a mí me enseñaron a decir las **os**" (¡cuánta pena por él!), "las **as** siempre me salen chuecas", "los **sis** y los **nos** en el referéndum de Grecia", etcétera. Leandro Fernández de Moratín es autor de una célebre comedia en la que utilizó el adverbio "sí" en calidad de sustantivo: *El **sí** de las niñas*. En caso de haberlo utilizado en plural, con entera seguridad hubiese escrito *Los **síes** de las niñas*, pero no, por supuesto, *Los **sis** de las niñas*.

☞ Google: 178 000 resultados de "las íes"; 74 900 de "las es"; 44 500 de "las úes"; 30 900 de "las aes"; 29 000 de "los síes"; 17 000 de "los noes"; 8 240 de "las oes". ☑

336. plurales de los sustantivos terminados en "er" y en "d"

En español, todos los plurales de los sustantivos terminados en "er" y en "d" se forman agregando "es" al final. De *deber, deberes*; de *líder, líderes*; de *mujer, mujeres*; de *placer, placeres*; de *prócer, próceres*; de *púber, púberes*; de *saber, saberes*; de *alud, aludes*; de *ataúd, ataúdes*; de *igualdad, igualdades*; de *lid, lides*; de *talud, taludes*; de *vid, vides*; etcétera. Para los sustantivos terminados en "er" no hay excepción alguna en español, pues la voz inglesa *thriller* (película o narración de intriga y suspense) no está castellanizada o españolizada y en nuestro idioma siempre se escribirá en cursivas para denotar que es una voz extranjera. Para los sustantivos terminados en "d" tampoco hay excepción, pero sí, en un caso, cierta variación morfológica: de *lord, lores* y no "**lordes**", y en relación con el sustantivo *lied* (voz alemana que define una canción característica del Romanticismo alemán), su plural es *lieder*, también en alemán, por la sencilla razón de que este sustantivo no se castellaniza y se distingue escribiéndolo en *cursivas*. Por tanto, yerran las personas cuando con ciertos sustantivos terminados en "er", sobre todo de origen inglés, forman los plurales añadiendo tan sólo una "s" al singular o manteniendo el sustantivo en singular precedido del artículo en plural. Es erróneo decir y escribir "**folders**" en lugar de "fóldere**s**", "**gangsters**" en lugar de "gángstere**s**", "**trailers**" en lugar de "tráilere**s**", "**váters**" en lugar de "vátere**s**", y también lo es decir y escribir "**los folder**", "**los gangster**", "**los trailer**" y "**los váter**". Peor aún decir o escribir **ganster** y **gansters**, porque la raíz de esta palabra inglesa es el sustantivo *gang*: "banda, pandilla". Desde el momento mismo en que un término extranjero se castellaniza o españoliza, lo correcto es aplicar las reglas gramaticales y ortográficas correspondientes a nuestro idioma y no las del idioma del cual procede el préstamo.

Muchas personas dicen y escriben "folders", "gangsters" o "gansters", "trailers" y "váters" o "wáters", y estos usos erróneos abundan en publicaciones impresas y en internet, independientemente del nivel cultural de quienes utilizan dichos términos. En el diario mexicano *Milenio Jalisco* leemos el siguiente encabezado:

☞ "Chocan dos **tráilers** en la pista Lagos-Guadalajara".

En nuestro idioma, lo correcto es:

☝ Chocan dos **tráileres** en la autopista Lagos-Guadalajara.

✎ He aquí más ejemplos de estos usos incorrectos frecuentes tanto en publicaciones impresas como en internet: "**trailers** de lujo", "mi vida son los **trailers**", "**trailers** de películas que no te puedes perder", "todos los **trailers** de las nuevas series", "todos los **trailers** de *Star Wars*", "se libra de chocar con unos **trailers**", "películas que son arruinadas por sus **trailers**", "2015 y sus **trailers**", "los **trailer** son mi pasión", "los 10 **gangsters** más famosos de la historia", "los **gangsters** también lloran", "los **gangsters** de Chicago", "unos **gangsters** de la mafia", "los **gangster** más famosos", "el rap de Los **Gansters**", "ver los **folders**", "los **folders** y carpetas de trabajo", "cambia el diseño de los **folder**", "los **váter** con bidet y calefacción", "los **váters** públicos", "unos **váters** asquerosos".

☞ Google: 799 000 resultados de "los trailers"; 145 000 de "los gangsters"; 114 000 de "los gansters"; 44 600 de "los gangster"; 35 000 de "los folders"; 32 800 de "los ganster"; 27 400 de "sus trailers"; 11 500 de "unos gangsters"; 9 030 de "unos trailers"; 4 670 de "los folder"; 3 350 de "los váter"; 2 420 de "mis trailers"; 2 400 de "los váters". ☒

337. plurales de los sustantivos terminados en "it"

En español, los plurales de los sustantivos terminados en "it" se forman agregando "s" al final. De *accésit, accésits*; de *bit, bits*; de *cenit, cenits*; de *déficit, déficits*; de *íncipit, íncipits*; de *superávit, superávits*. Con excepción de bit (proveniente del inglés y acrónimo informático de ***binary digit***), en general, se trata de términos eruditos, provenientes del latín, muy escasos en nuestro idioma. Pero es un error habitual formar sus plurales o bien agregando "es" al final de cada uno de ellos, o manteniendo su forma singular pero precediéndolos del artículo en plural. Esto último más que lo primero. Durante muchos años estos términos latinos fueron invariables, pero lo correcto hoy es formar los plurales añadiendo una "s" final.

El error se da incluso en publicaciones cultas, producto de que fueron traducidas o escritas hace varios años, como es el caso del libro *La educación en la ciudad*, de Paulo Freire, donde el traductor entrega a los lectores la siguiente construcción como título de uno de los capítulos:

☟ "Los **déficit** de la educación brasileña".

Quiso decir y escribir el traductor:

☝ los **déficits** de la educación brasileña.

✎ Podríamos suponer que se trata de una errata, pero sabemos que no lo es cuando esta construcción aparece lo mismo como encabezado de página que en el índice y se repite en muchas ocasiones a lo largo de la exposición del autor. Ejemplo: "Es imposible atacar uno de **esos déficit** sin despertar la conciencia del otro". O bien: "No puede entenderse mecánicamente la relación entre **estos déficit**". Resulta obvio que en publicaciones recientes no se trata de erratas, sino de dislates muy comunes entre personas cultas. He aquí otros ejemplos de estos yerros, lo mismo en publicaciones impresas que en internet: "la persistencia de **los déficit** públicos", "**los déficit** fiscales", "**los déficit** de cuenta corriente", "el aumento de **los déficit**", "**los déficit** del sector externo", "**estos déficit** impactan el funcionamiento", "**estos déficit** persistentes", "**estos déficit** tienen referentes", "financiar **esos déficit**", "la suma de **esos déficit**", "diferencias en **los superávit** gemelos", "**los superávit** fiscales", "utilización de **los superávit**", "**los superávit** en otros países", "**estos superávit** disminuyeron", "mantener **estos superávit**", "impacto de **esos superávit**", "consigue uno de **los accésit**", "**los accésit** en los premios".

☞ Google: 296 000 resultados de "los déficit"; 35 100 de "los superávit"; 14 900 de "los accésit"; 13 800 de "estos déficit"; 4 990 de "esos déficit"; 1 280 de "estos superávit"; 1 210 de "esos superávit". ☒

☞ Google: 430 000 resultados de "los déficits"; 34 900 de "estos déficits"; 32 900 de "los superávits"; 16 900 de "esos déficits"; 11 300 de "los accésits"; 3 430 de "estos superávits". ☑

338. *¿poder ser posible?*

La construcción viciosa "poder ser posible", con todas sus variantes de conjugación, es una redundancia mayúscula. Habrá quien la perdone, a su vez perdonándosela, atribuyéndole virtudes pleonásticas de retórica enfática, pero lo cierto es que es absolutamente absurda. Veamos por qué. El verbo transitivo "poder" (del latín vulgar *potēre*) tiene las siguientes acepciones principales: "tener expedita la facultad o potencia de hacer algo" y "tener facilidad, tiempo o lugar de hacer algo" (DRAE). Ejemplos: ***Puedo*** *lograrlo;* ***Podré*** *vencerlo con facilidad.* De ahí el sustantivo masculino "poderío": "facultad de hacer o impedir algo". Ejemplo: *Tiene el* ***poderío*** *para lograrlo.* Por otra parte, el adjetivo "posible" (del latín *possibĭlis*) tiene dos acepciones principales: "que puede ser o suceder" y "que se puede ejecutar" (DRAE). Como sustantivo equivale a "posibilidad": "aptitud o facultad para hacer o no hacer algo". Ejemplos: *Es* ***posible*** *lograrlo; Es* ***posible*** *vencerlo con facilidad; Tengo la* ***posibilidad*** *de derrotarlo fácilmente.* Siendo así, resulta obvio el carácter viciosamente redundante o viciosamente pleonástico (según se quiera) de expresiones como "puede ser posible", "no puede ser posible", "podrá ser posible", "no podrá ser posible", "podría ser posible", "no podría ser posible", "poder ser posible", "no poder ser posible", "podía ser posible", "no podía ser posible", "pudo ser posible" y "no pudo ser posible", pues, como ya vimos "poder" y "posible" tienen, en ciertos casos (como los ejemplificados), carácter equivalente. Muy distinto es decir y escribir las expresiones coloquiales "puede que" o "puede ser" que equivalen a "es posible que". Ejemplos: ***Puede*** *que venga;* ***Puede*** *ser que venga.*

Las redundancias aquí analizadas y ejemplificadas pertenecen al uso coloquial de la lengua, pero se han ido extendiendo a la escritura lo mismo en publicaciones impresas que en internet, y no son exclusividad del español inculto: personas con alta escolaridad y una cultura media las utilizan despreocupadamente. En la edición mexicana de la revista *Forbes* leemos el siguiente encabezado:

☟ "**Puede ser posible** que Grecia salga de zona euro: Lagarde".

Pero lo que en realidad dijo la directora del Fondo Monetario Internacional, según lo leemos en sus declaraciones textuales, es lo siguiente:

☝ La salida de Grecia de la zona euro **es posible**.

✐ Y lo más adecuado hubiera sido decir y escribir que "la salida de Grecia de la zona euro **es probable**", pues de ser posible, ¡desde luego que es posible!, como son posibles muchas cosas (¡justamente porque no son imposibles!), pero en este caso se trata, más bien, de una probabilidad. He aquí más ejemplos de la redundancia pleonástica "poder ser posible" y sus ridículas variantes: "la pelea **puede ser posible**", "ahora **puede ser posible**", "leer la mente **puede ser posible**", "ya **no puede ser posible**", "**no puede ser posible** que estemos aquí", "la vida humana **podría ser posible** en tres nuevos planetas", "criar gallinas en tu jardín **podría ser posible**", "viajar a Marte **podrá ser posible** dentro de 15 años", "ser invisible **podrá ser posible**", "esto **no podrá ser posible**", "algo que finalmente **no podrá ser posible**", "no iba a **poder ser posible**", "siempre pensamos que **podía ser posible**"; "no siempre va a **poder ser posible**", "este éxito **no podría ser posible** sin ustedes", "esto **pudo ser posible**", "cómo **pudo ser posible** esto", "**no pudo ser posible** sin el compromiso de todos".

☞ Google: 910 000 resultados de "poder ser posible"; 794 000 de "no podrá ser posible"; 560 000 de "puede ser posible"; 556 000 de "no puede ser posible"; 471 000 de "podría ser posible"; 374 000 de "podrá ser posible"; 346 000 de "podía ser posible"; 259 000 de "no podía ser posible"; 239 000 de "no podría ser posible"; 221 000 de "no poder ser posible"; 186 000 de "pudo ser posible"; 110 000 de "no pudo ser posible". ☒

339. *¿poeta?, ¿poetisa?*

Así como hay "aedas" hay "aedos", así como hay "analfabetas" hay "analfabetos", "autodidactas" y "autodidactos", "prostitutas" y "prostitutos", "retrógradas" y "retrógrados", "soldadas" y "soldados", "histriones" e "histrionisas", "profetas" y "profetisas", "sacerdotes" y "sacerdotisas", porque, en su gran mayoría, a cada adjetivo y sustantivo masculino se opone un adjetivo y sustantivo femenino, ya sea por desinencia o bien por artículo, en el caso de los términos que se utilizan lo mismo para el masculino que para el femenino, como en "el modista" y "la modista" (que no, por cierto, *el modisto*, pues no decimos *el artisto*, sino "el artista" y "la artista"). La derivación de profeta-profetisa y sacerdote-sacerdotisa es exactamente la que rige a "poeta" y "poetisa", que no es el caso de "pitonisa" porque este sustantivo carece de forma masculina, pues se refiere específicamente a una mujer: la sacerdotisa de Apolo, que daba los oráculos en el templo de Delfos sentada en el trípode y que, por extensión, se aplica siempre a la adivinadora, encantadora o hechicera. Siendo un oficio únicamente femenino, que parte de una figura mitológica femenina y un personaje legendario femenino, no hay "pitonisos" por supuesto; en todo caso, son adivinos. El DRAE admite y precisa que "para el femenino se usa también la forma *poeta*", pero privilegia el término "poetisa" (del francés medieval *poétisse*). María Moliner, al definir el sustantivo "poeta" (del latín *poēta*), dice: "Persona que compone poesía". Siendo así no distingue el sexo. Pero acota que "poetisa" (del latín *poetissa*) es la "forma femenina de 'poeta'". En el *Clave*, *diccionario de uso del español actual*, en la entrada "poeta", hay también una acotación: "Aunque su femenino es *poetisa, poeta* se usa mucho como sustantivo de género común: *el poeta, la poeta*". En los últimos tiempos, las poetisas han venido rechazando el término femenino que les corresponde por su oficio; esto por considerar que "poetisa" tiene un estigma de cursilería o ridiculez debido a tantas "poetisas" que "poetisan" (así, con falta de ortografía, y ausencia de talento), en lugar de "poetizar" como es lo correcto. Así lo entienden y así lo dicen porque en la historia de la poesía, desde el siglo XIX, cierto tipo de "poetisas" se dieron más bien a la recitación y a la afectación. Siguiendo este criterio, pareciera que "poetisa" (para la mujer) equivale al "poetastro" (para el hombre). Es decir, "mala poeta" y "mal poeta". Pero se olvida que también existen las "poetastras" que es el sustantivo femenino para las malas poetisas, tal como lo define la RAE. En el *Libro de estilo* del diario español *El País* se hace énfasis en lo siguiente: a pesar de que la Academia admite también "la poeta", poetisa es el "femenino correcto de *poeta*". Y en su *Diccionario de usos y dudas del español actual*, José Martínez de Sousa, define el término "poeta" como "hombre que compone poesías" y a él le opone el sustantivo "poetisa" como "mujer que compone poesías". Acto seguido afirma: "No se entiende por qué esta forma es rechazada precisamente por las mujeres que escriben poesía, algunas de las cuales tienden a decir de sí que son *poetas*. El peligro que se corre con estas decisiones es que dentro de un tiempo a alguien se le ocurra convertir *poeta* masculino en *poeto*... Ya se ha dado con una pareja como *modista/modisto*". En su *Repertorio de disparates*, Pedro Gringoire señala lo siguiente: "Se pretexta que la voz *poetisa* ha adquirido un matiz peyorativo, pero si así fuera lo que habría que hacer es dignificar el término y no eliminarlo. Lo cierto es que ni *poetisa* ni *poeta* implican calidad. Por su etimología (griego *poieo*, 'hacer'), el *poeta* y la *poetisa* son los autores de obras poéticas, buenas o malas, y hay tantos malos poetas cuanto malas poetisas. Y si la Academia define que poeta es el que tiene las facultades necesarias para componer obras poéticas, así define también a la poetisa. No hay razón, pues, en el uso de un vocablo masculino aplicado a persona del sexo femenino. Eso es incurrir en machismo gramatical". Sea como fuere, muchas mujeres que escriben poesía hoy revindican, para sí, el término "poeta" como sustantivo de género común. En México, quizá la última gran poetisa que reivindicó el sustantivo femenino como identidad de su oficio fue Rosario Castellanos, quien en su poema "Pequeña crónica" escribe: "Virgen a los treinta años ¡y poetisa!". Pero aun asumiendo dicho sustantivo no dejó de ironizar al respecto, en relación con las poetisas típicas de Hispanoamérica. Sentenció y explicó: "No soy más que una poetisa ('poetisastra' o 'poetastrisa', proponía Mejía Sánchez como alternativas) que escribe ¡también! sobre el amor. ¡Manes de Delmira Agustini, de Juana de Ibarbourou, de Alfonsina Storni, estaos quedos! No es precisamente lo mismo. No quisiera yo resignarme a que fuera lo mismo".

☞ Google: 477 000 resultados de "la poeta"; 117 000 de "las poetas". ☑
☞ Google: 3 870 000 resultados de "poetisa"; 409 000 de "poetisas". ☑☑

340. *¿polenda?, ¿de polendas?*

Aunque algunos lo consideren un americanismo, lo cierto es que el término "polenda" y la locución "de polendas" son barbarismos. Lo correcto es "polenta" (del latín *polenta*: "torta de harina"), sustantivo femenino que el diccionario académico define como "gachas de harina de maíz"; y sustantivo y adjetivo que, en sentido coloquial, significa "fuerza, empuje, potencia" y "de excelente calidad". Estas dos últimas acepciones no están incluidas en el DUE. En tanto, en el *Diccionario de los usos correctos del español*, leemos que "en la Argentina, es común el sintagma **tener mucha polenta**, 'tener bríos, fuerza'". En el *Diccionario breve de mexicanismos*, Guido Gómez de Silva recoge la locución "de muchas **polendas**", que define con los sinónimos "ostentoso", "presumido". Yerra Gómez de Silva tanto en la grafía como en el significado: lo correcto es "polenta" y "de muchas polentas" (de mucho brío, de mucha potencia y de excelencia) que, en México y en Perú, por faltas de ortoepía y de ortografía, los cronistas del futbol y, en general los comentaristas y redactores del ámbito deportivo, convirtieron en el barbarismo "de muchas **polendas**". Es verdad que algunos escritores mexicanos escriben "polendas" y le dan el sentido de "jactancia", "presunción", "ínfulas" (vanidad pretenciosa), pero quién sabe qué quiere decir Fernando del Paso en su novela *José Trigo* cuando se refiere a "enredaderas de muchas campanillas, con **flores de muchas polendas**". Francisco J. Santamaría no lo incluye en su *Diccionario general de americanismos*, y ni siquiera aparece en las páginas del muy laxo (por decir lo menos) *Diccionario panhispánico de dudas*. En conclusión, lo correcto es "polenta", como en el siguiente ejemplo del habla argentina: *Podés tener mucha* ***polenta****, pero si vas demasiado rápido no haces mucho negocio*. En plural, en una página de internet, un aficionado sudamericano del futbol usa con corrección el término: *Este equipo merece ganar la Copa Libertadores; es un equipo de* ***polentas*** *en todas las canchas donde ha jugado*.

El término "polenda" no es un barbarismo exclusivo de México, pero sí muy presente en nuestro país, donde a cada momento lo repiten los cronistas y redactores deportivos, especialmente del futbol. No hay tales "polendas", son "polentas". La grafía correcta de "Polenda" únicamente existe como apellido en los nombres propios de personas y deriva del topónimo "Cabañas de Polendos", municipio de España en la provincia de Segovia, comunidad autónoma de Castilla y León. En México, lo repiten los loros de la radio, la televisión y las secciones deportivas de los diarios y revistas de futbol que lo que jamás hacen es abrir un diccionario. Por eso confunden las "polentas" con sus "polainas", y han extendido su ignorancia a los demás ámbitos de la lengua hablada y escrita. En el diario mexicano *El Regional de Sonora*, un columnista escribe lo siguiente:

☹ "el abogado **de polenda** José Óscar González Astorga".

¿Qué quiso decir el señor con esto? ¡Quién sabe qué imagine! Lo cierto es que no habrá querido calificar de "ostentoso", "presumido", "jactancioso" o "presuntuoso" al tal abogado. Pero si lo que quiso fue enfatizar su excelencia o tesón debió escribir:

☺ el abogado **de polenta.**

✎ Otro barbero, en el diario mexicano *El Sol de San Juan del Río*, llama "diputado **de polenda**" a un tal Felipe Enríquez. Con toda seguridad, por el contexto, no quiso decirle "diputado presumido", con lo cual confirmamos que Guido Gómez de Silva erró en la grafía y en el significado del término. He aquí más ejemplos de este barbarismo: "que en el campo muestre que es **rival de polenda**", "el equipo tiene que ser **de polenda**", "un **competidor de polenda**", "con **rivales de polenda**", "un hombre perspicaz, un **político de polenda**", "Diez Canseco fue un **rival de polendas**", "un **cuentista de polendas**", "un **rival político de polendas**", "una **directora de polendas**", "**tahúres de polendas**", "**historiadores de polendas**", "una **dama de muchas polendas**", "dos **ricos de muchas polendas**", "un **encuentro de muchas polendas**", "una serie internacional **de muchas polendas**", "un **candidato de muchas polendas**".

☞ Google: 17 200 resultados de "polenda"; 14 700 de "polendas"; 13 200 de "de polendas". ☒

☞ Google: 25 700 000 resultados de "polenta"; 169 000 de "Polendos" (nombre propio); 127 000 de "polentas"; 6 960 de "mucha polenta"; 5 620 de "de polentas"; 1 060 de "de mucha polenta". ☑

341. *polizonte* no es lo mismo que *polizón*

Barbarismo de periodistas y de escritores es decir y escribir "polizonte" en lugar de "polizón". Aunque crean que es lo mismo, nada tiene que ver una cosa con otra. "Polizonte" es un sustantivo masculino despectivo cuyo significado es "agente de policía". Su plural es "polizontes". Ejemplos: *Nos detuvo un* ***polizonte****; Nos persiguieron unos* ***polizontes*** *y escapamos por los pelos.* En cambio, "polizón" (del francés *polisson*: "vagabundo, ladrón") es un sustantivo masculino que tiene dos acepciones en el DRAE: "Persona que se embarca clandestinamente" y "persona ociosa y sin destino, que anda de corrillo en corrillo". Su plural es "polizones". Ejemplos: *Viajó de* ***polizón*** *en un barco de la marina mercante; Atrapan a dos* ***polizones*** *al llegar a Italia.* Periodistas y escritores, especialmente, confunden al "polizón" con el "polizonte" y a los "polizones" con los "polizontes", lo cual revela que no suelen asomarse al diccionario.

Siendo barbarismos cultos, los hallamos en libros de literatura y en informaciones periodísticas; en las páginas de internet y en publicaciones impresas. En el libro uruguayo *Nuevo salvajismo*, de Walter Biurrun, leemos lo siguiente acerca de un personaje:

☹ "Se fue de **polizonte** en el Vapor de la Carrera".

No. En realidad:
☝ se fue de **polizón**.

✐ He aquí otros ejemplos de este dislate de gente culta que jamás consulta el diccionario porque cree que ya lo sabe todo: "buscando la manera de subir como **polizonte**", "muere hombre que viajaba como **polizonte**", "viajaron como **polizontes** en embarcaciones de carga comercial", "cruzar el país como **polizontes** indocumentados", "se fue como **polizonte** en un barco de pasajeros", "se fue de **polizonte** en un barco a Estados Unidos", "se fue de **polizonte** en un barco de matrícula inglesa", "se fue de **polizonte** en un autobús y se bajó en Valencia", "muchas veces se fue de **polizonte**", "se fue de **polizonte** en la bodega de un avión", "acabada la guerra, se fue de **polizonte** a los Estados Unidos", "se fue de **polizonte** en un barco de pescado y llegó a Madagascar", "viaja de **polizonte** en un avión", "viaja de **polizonte** en un buque", "joven palestino viaja de **polizonte** a Egipto", "se ha embarcado como **polizonte** entre la tripulación", "muere **polizonte** al caer de tren de aterrizaje", "muere **polizonte** ahogado", "se fueron de **polizontes** en los vapores", "**polizontes** detenidos en naves que transitan por aguas del territorio nacional", "arrestaron a tres **polizontes** de origen colombiano que viajaban en la embarcación".

☞ Google: 8 360 resultados de "como polizontes"; 4 640 de "como polizonte"; 3 240 de "se fue de polizonte"; 1 790 de "viaja de polizonte". ☒

☞ Google: 266 000 resultados de "polizón"; 161 000 de "polizones". ☑

342. *preguntémosle* no es lo mismo que *preguntémosles*

La forma verbal "preguntémos**le**" es singular, en tanto que la forma "preguntémos**les**" es plural. Es muy fácil distinguir esto porque lo revela el pronombre personal enclítico: "le", para el singular; "les", para el plural. El verbo, en cambio, se mantiene inalterable: "preguntemos"; *preguntemos a él* (singular), que se resuelve en "preguntémos**le**"; *preguntemos a ellos* (plural), que se resuelve en "preguntémos**les**". Ejemplos: ***Preguntémosle a un niño*** *si sabe la diferencia entre singular y plural;* ***Preguntémosles a los niños*** *si saben la diferencia entre singular y plural.* Lo cierto es que muchísimos hablantes y escribientes del español, incluso cultos, no saben distinguir el singular del plural con verbos donde el pronombre personal se usa de forma enclítica (unido o fusionado a la conjugación del verbo).

Se trata de un desbarre por ultracorrección, producto de una falta de lógica gramatical. En una colaboración periodística de mi autoría, leo con mortificación lo siguiente:

☟ "**preguntémosle a los niños** (y a muchos maestros) cuál es la diferencia entre un verso y un poema".

Al leer esto me mortifico porque me parece un desliz, un torpe solecismo (que así se llama al error cometido contra las normas del idioma): en este caso a la inconcordancia no en género sino en número gramatical. Me lo reprocho, pero también me queda la duda. Entonces voy a mi archivo electrónico y compruebo que escribí lo siguiente:

☝ **preguntémosles a los niños** (y a muchos maestros) cuál es la diferencia entre un verso y un poema.

✎ Compruebo también, aunque esto sea muy poco consuelo para mí, que quienes revisaron mi original electrónico lo "corrigieron" y le cambiaron, absurdamente, "preguntémos**les**" por "preguntémos**le**". En la lengua española, y en cualquier otro idioma, no únicamente hay que conocer la gramática y la ortografía, sino también la lógica gramatical, y especialmente en el español debemos saber, por encima de todo, que siempre debe existir concordancia en número y género: singular con singular y plural con plural; femenino con femenino y masculino con masculino. Es ley; no criterio. Es la forma segura de evitar solecismos. He aquí otros ejemplos de este disparate de la ultracorrección: "**preguntémosle a todos** ellos si el gobierno cumplió", "**preguntémosle a todos** aquellos criminales", "**preguntémosle a todos** los niños", "**preguntémosle a ellos** a ver qué piensan", "**preguntémosle a ellos** cuáles son sus necesidades", "**preguntémosle a ellos** que son unos expertos en el tema", "**preguntémosle a ellas** en lugar de afirmar", "**preguntémosle a ellas** qué prefieren", etcétera.

☞ Google: 55 400 resultados de "preguntémosle a todos"; 23 500 de "preguntémosle a ellos"; 13 700 de "preguntémosle a los padres"; 11 600 de "preguntémosle a esos"; 8 310 de "preguntémosle a ellas". ☒

☞ Google: 11 800 resultados de "preguntémosles"; 3 170 de "preguntémosles a los"; 1 280 de "preguntémosles a los niños"; 1 100 de "preguntémosles a ellos". ☑

343. *¿preve?, ¿prevee?, ¿preveen?, ¿preven?*

El verbo transitivo "prever" (del latín *praevidēre*) tiene tres acepciones en el diccionario académico: "Ver con anticipación"; "conocer, conjeturar por algunas señales o indicios lo que ha de suceder"; "disponer o preparar medios contra futuras contingencias". Ejemplo: ***Se prevén*** *conflictos durante el proceso electoral.* Se conjuga exactamente como el verbo "ver", pues "prever" está formado por el prefijo "pre-" (antes) más el verbo "ver", es decir *ver antes* o *ver con anticipación.* No debe confundirse su forma con el verbo transitivo "proveer" (del latín *providēre*), que significa "preparar, reunir lo necesario para un fin" (DRAE). Ejemplo: ***Se provee*** *de alimentos a los damnificados.* Por todo lo anterior, son incorrecciones las formas "prevee" y "preveen", pues no corresponden a la conjugación del verbo "prever", cuyo presente de indicativo es el siguiente: *yo preveo, tú prevés, él prevé, nosotros prevemos, ustedes prevén, ellos prevén.* Y así como el participio, irregular, del verbo "ver" es "visto", del mismo modo el participio, también irregular, del verbo "prever" es "previsto". Errores abundantes se producen, igualmente, cuando se escribe "preve" y "preven", sin las necesarias tildes que les corresponden a estas palabras agudas a fin de leer, correctamente, "prevé" y "prevén". En el caso de "ve" y "ven" no son necesarias dichas tildes porque se trata de monosílabos, pero resultan indispensables en las palabras bisílabas "prevé" y "prevén". En la cuarta de forros de la edición española del libro *Mujeres y libros* (Seix Barral), de Stefan Bollmann, leemos lo siguiente: "Todo comienza hace unos trescientos años. La fiebre de la lectura alcanza a las mujeres. Los hombres se burlan, después **preven** el desastre". No, no **preven** (palabra llana o grave), sino que **prevén** (palabra aguda). En conclusión, las formas "preve", "prevee", "preveen" y "preven" son todas erróneas; las formas correctas son "prevé" y "prevén".

Puesto que el verbo "prever" es de uso exclusivamente culto, los disparates que se cometen con sus conjugaciones pertenecen también a los ámbitos letrado e ilustrado. Es frecuente entre los académicos, escritores y periodistas. En el portal electrónico *Universia España* leemos el siguiente titular:

☟ "**Se prevee** un nuevo modelo de gestión para las universidades canarias".

Quiso informar Universia España, en buen castellano, que

☝ **Se prevé** un nuevo modelo de gestión para las universidades canarias.

✎ He aquí más ejemplos de este desbarre culto y académico: "el ministro Klimkin no **preve** la agravación de las relaciones con Alemania", "SMN **preve** lluvias de fuertes a intensas", "**preve** jabón antienvejecimiento", "**preven** que arrendamiento de autos crezca 20% en México", "**preven** que se triplicará la producción de litio en cinco años", "**preven** para mañana mejora en las condiciones de clima", "**se prevee** una gran demanda de ácido húmico", "economista estadounidense **prevee** un bajo crecimiento económico", "**se prevee** que el mercado mundial de queso supere 25 millones de toneladas", "**preveen** que en febrero volverán a subir precios de gasolinas", "**se preveen** acciones en la industria de autopartes por la revisión del TLCAN", "**preveen** una inflación de casi 2% para enero y febrero" y, como siempre hay algo peor, "mexicanos inventan panes que **preve** la diabetes".

☞ Google: 4 890 000 resultados de "preve"; 4 590 000 de "preven"; 563 000 de "prevee"; 249 000 de "se prevee"; 184 000 de "preveen"; 132 000 de "se preve"; 73 000 de "se preven"; 60 700 de "se preveen". ☒

☞ Google: 27 400 000 resultados de "prevé"; 8 240 000 de "prevén". ☑

344. *¿primer ministra?, ¿primer mujer?, ¿primer vez?*

El término "primer" es el apócope (supresión de algún sonido al final de un vocablo) del adjetivo "primero" que el DRAE define del siguiente modo: "dicho de una persona o de una cosa: que precede a las demás de su especie en orden, tiempo, lugar, situación, clase o jerarquía". El diccionario académico ofrece algunos ejemplos acedos ("potro de primer bocado", "primer caballerizo del rey", "primer espada"), pero en ningún momento precisa lo que sí acota perfectamente María Moliner en su *Diccionario de uso del español*: "usado delante de un nombre masculino". Esta falta de precisión del DRAE tiene que ver seguramente con la vetusta naturaleza de su ejemplo "primer espada", aunque en este caso se parta de un equívoco, pues "espada" es un sustantivo femenino si se refiere al arma blanca, pero no necesariamente cuando designa a la "persona diestra en el manejo de la espada", quien por lo general era un varón y, por tanto, el adjetivo apocopado "primer" se aplicaba a un sustantivo masculino: "el espada". En remotos tiempos, cuando efectivamente se usaban las espadas, se denominaba "primer espada" al principal que se encargaba de portar dicha arma en los regimientos o en el cuerpo de guardias del monarca. Todas estas jaladas les encantan a los académicos de Madrid. Creen que siguen viviendo en el siglo XV. Lo cierto es que el término "primer", apócope de "primero", debe usarse para modificar exclusivamente sustantivos masculinos. Ejemplo: *El **primer tiempo***, pero no "La **primer vez**". Tampoco "La **primer dama**", sino *La **primera dama***. ¿Es que acaso decimos y escribimos "La **primer varón**"? Nuestro idioma exige la concordancia de género y número; por tanto, los adjetivos que no son invariables en género modifican a los sustantivos masculinos o femeninos, según sea el caso. Ejemplos: *La **primera guerra***, *La **primera ministra***, *La **primera obra***, *La **primera película***, *La **primera semana***, *La **primera vez***, pero no "La **primer guerra**", "La **primer ministra**", "La **primer obra**", "La **primer película**", "La **primer semana**", "La **primer vez**", formas estas últimas disparatas de hablar y escribir, pues "guerra", "ministra" "obra", "película", "semana" y "vez" son sustantivos femeninos aquí y en Aragón, en Buenos Aires y en Caracas, y en cualquier lugar donde se hable y se escriba, con propiedad, el español. Lo que no acierta a decir el DRAE, lo dice el lexicógrafo José Martínez de Sousa en su *Diccionario de usos y dudas del español actual*. Señala que "primer", apócope de "primero", "se usa ante sustantivo masculino, aunque se interponga otro adjetivo". Y ofrece estos ejemplos: *El **primer amigo***, *El **primer gran amigo***. Para despejar dudas, explica: "Antiguamente la forma apocopada se antepuso a sustantivo femenino, *la primer vez*, pero actualmente este es un uso incorrecto". La Real Academia Española, encargada de *limpiar, fijar y dar esplendor* a nuestro idioma, se hace la desentendida, y en lugar de prestar auxilio a los hablantes y escribientes a fin de que hablen y escriban mejor, los pierde y los confunde.

Es cierto que, hace mucho tiempo, escritores importantes (Calderón de la Barca, Benito Pérez Galdós, Emilia Pardo Bazán, etcétera) usaron el apócope "primer" con nombres femeninos, tal como lo consigna Manuel Seco en su *Diccionario de dudas y dificultades de la lengua española* ("aquella primer nave", "la primer palabra", "la primer señal"), "pero no es uso normal", aclara el lexicógrafo. En resumen, el adjetivo apocopado "primer" debe acompañar exclusivamente a sustantivos masculinos y punto, aunque todavía haya publicaciones impresas y hablantes y escribientes del español que sigan disparatando con este término aplicado a sustantivos femeninos. En el diario mexicano *El Financiero* leemos la siguiente información:

♀ "La **primer ministro** de Asuntos Exteriores de India, Sushma Swaraj, declaró".

Por supuesto que no. Debió informar el diario que

☝ la **primera ministra** de Asuntos Exteriores de la India, etcétera.

✎ Justamente ahora que son mayores las exigencias de reivindicación social de la mujer, debe señalarse (incluso a las mujeres) que los sustantivos y adjetivos femeninos son los que les corresponden a sus funciones o condición: son ministras y no ministros, son presidentas y no presidentes, son abogadas y no abogados y, siendo así, es obvio que son "primeras" y no "primeros" en el entendido de que el apócope "primer" tiene carácter masculino. Y si ya "primer ministra" es una barrabasada, todavía peor es "**la** prim**er** ministr**o**" (con un artículo determinado, en femenino, acompañando a dos términos masculinos). En 2011, la entonces presidenta de Argentina, Cristina Fernández, dijo lo siguiente en un discurso: "Tengo el honor de ser **la primera mujer** reelecta del país". Debió decir "la **primera presidenta** reelecta" de Argentina. Pero en el portal electrónico *Colombia.com* le atribuyeron lo siguiente: "Tengo el honor de ser **la primer presidenta** reelecta: Cristina Fernández". Esto no fue lo que dijo ella, sino lo que los ignorantes redactores de *Colombia.com* le hicieron decir, y todo porque estos redactores no distinguen un término femenino de uno masculino. He aquí otros disparates similares: "da inicio la **primer semana** nacional de salud", "**primer semana** de cine japonés", "**primer semana** de la liga del norte", "culmina con éxito la **primer semana** de campamento en Corea", "arranca la **primer semana** nacional de vacunación", "la **primer mujer** de Adán", "Hillary Clinton, la **primer mujer** en lograr la nominación presidencial", "la **primer mujer** futbolista" (¿y por qué carajos no "la primera futbolista" y punto?), "la **primer astronauta**", "es la **primer vez** que pregunto", "la **primer vez** que tiene una relación sexual", "la **primer ministro** de Dinamarca", "la **primer ministro** de Australia", "la **Primer Guerra** Mundial", "la **primer película** filmada del mundo", "la **primer película** del cine mudo", "la **Primer Dama** Michelle Obama".

☞ Google: 812 000 resultados de "primer vez"; 382 000 de "primer semana"; 343 000 de "primer red"; 272 000 de "la primer semana"; 268 000 de "primer vacuna"; 187 000 de "primer mujer"; 120 000 de "la primer mujer"; 116 000 de "primer película"; 110 000 de "la primer vez"; 91 200 de "la primer vacuna"; 78 800 de "la primer película"; 65 800 de "primer fotografía"; 53 800 de "primer ministra"; 53 200 de "primer guerra"; 38 400 de "la primer guerra"; 26 300 de "la primer ministra"; 25 400 de "la primer red"; 22 000 de "primer computadora"; 15 100 de "primer unidad"; 12 400 de "primer ley"; 12 300 de "la primer computadora"; 12 200 de "primer dama"; 11 100 de "primer universidad"; 9 990 de "la primer fotografía"; 9 590 de "la primer unidad"; 8 020 de "la primer universidad"; 7 940 de "la primer ley"; 4 950 de "la primer dama". ☒

345. *¿primeros pinitos?*

El sustantivo "pinito" (diminutivo del adjetivo "pino": "muy derecho"; no confundir con el sustantivo "pino": "árbol") se aplica a "cada uno de los primeros pasos que da el niño o el convaleciente" (DRAE). Se usa especialmente en plural. Ejemplos: *Al año, para gozo de sus padres, la niña hizo sus* ***pinitos****; Dos semanas después de la operación, con mucho esfuerzo, el enfermo pudo hacer sus* ***pinitos****.* Una segunda acepción, general, se aplica a los "primeros pasos que se dan en algún arte o ciencia" (DRAE). Ejemplo: *Es un joven poeta que está haciendo sus* ***pinitos****.* En muchos países de América, incluido México, el sustantivo diminutivo "pinito" fue deformado en "pinino", usado especialmente en plural. Barbarismo, en un principio, ya tiene la legitimidad del DRAE. Ejemplos: *A los 13 meses de edad, el pequeño hizo sus* ***pininos****; El joven pintor está haciendo sus* ***pininos****.* El mayor desbarre no está, sin embargo, en decir y escribir "pininos" en lugar de "pinitos", sino en pecar de redundancia cuando decimos y escribimos "primeros pinitos" y "primeros pininos". El sustantivo "pinito" y su plural ya contienen el significado de "primer paso" y "primeros pasos". Entonces es redundante darles el calificativo de "primeros" a los "pinitos" (o bien a los "pininos").

Es un desbarre del habla y de la escritura, tanto en el ámbito culto como en el ámbito inculto de la lengua. Los escritores mismos, de gran solvencia intelectual, suelen desbarrar en esto. Tal es el caso del autor español del libro *Escritores a la greña*, en cuyas páginas leemos lo siguiente:

☟ "recibió apoyo de él en sus **primeros pinitos** literarios".

Era suficiente con escribir que Luis Cernuda:

☝ recibió apoyo de Pedro Salinas en sus **pinitos** literarios.

✎ Si son "pinitos" (o "pininos") invariablemente son los primeros pasos. He aquí otros ejemplos de esta redundancia: "los **primeros pinitos** en la lectura con el Método Montessori", "haz tus **primeros pinitos** con HTML5", "mis **primeros pinitos** en las redes sociales", "los **primeros pinitos** de Pogba hablando en español", "Victoria Beckham hace sus **primeros pinitos** en el mundo de la belleza", "Martín Casillas hace sus **primeros pinitos** como chef", "**primeros pinitos** en periodismo", "los **primeros pinitos** de Eric al piano", "los **primeros pinitos** en una cocina profesional", "hizo sus **primeros pininos** como actor", "mi bebecito está en sus **primeros pininos**", "venía haciendo sus **primeros pininos** radiales", "hace sus **primeros pininos** en el arte", "**primeros pininos** con mi cámara". Y conste que sólo unos poquísimos mortales (que se pueden contar con los dedos) creen que también existen los "segundos pinitos" y los "segundos pininos".

☞ Google: 148 000 resultados de "primeros pinitos"; 66 900 de "sus primeros pinitos"; 43 600 de "primeros pininos"; 36 400 de "mis primeros pinitos"; 16 000 de "sus primeros pininos"; 8 410 de "mis primeros pininos". ☒

346. *¿principio básico?, ¿principio elemental?, ¿principio fundamental? ¿principio principal?, ¿protagonista principal?, ¿protagonista secundario?*

En el diccionario académico el sustantivo masculino "principio" (del latín *principium*) tiene, entre otras, las siguientes acepciones: "Primer instante del ser de algo"; "punto que se considera como primero en una extensión o en una cosa"; "base, origen, razón fundamental sobre la cual se procede discurriendo en cualquier materia"; "causa, origen de algo"; "cada una de las primeras proposiciones o verdades fundamentales por donde se empiezan a estudiar las ciencias o las artes"; "norma o idea fundamental que rige el pensamiento o la conducta (úsase mucho en plural)". Ejemplos: *En el **principio** fue el verbo; Los **principios** de la ciencia matemática; Estos son mis **principios**; si no le gustan tengo otros.* Dado que el término "principio" lleva en sí mismo el sentido de "básico" ("que tiene carácter de base o constituye un elemento fundamental de algo"), "elemental" ("fundamental, primordial"), "fundamental" ("que sirve de fundamento o es lo principal en algo") y, por supuesto, "principal" ("esencial o fundamental, por oposición a *accesorio*"), resulta evidente que las expresiones "principio básico", "principio elemental", "principio fundamental" y "principio principal" son groseras redundancias, pues, por definición, no hay principio que no sea básico, elemental, fundamental y, desde luego, principal. Muy distinto, y correcto, es decir y escribir "concepto básico", "concepto elemental", "concepto fundamental" y "concepto principal" o bien "precepto básico", "precepto elemental", "precepto fundamental" y "precepto principal", pues un "concepto" es la "idea que concibe o forma el entendimiento" y un "precepto" es "cada una de las instrucciones o reglas que se dan o establecen para el conocimiento o manejo de un arte o facultad" (DRAE). Ejemplos: *Los **conceptos básicos** de las matemáticas; Los **preceptos fundamentales** de la física.* Por otra parte, si el adjetivo "principal" (del latín *principālis*) significa también "dicho de una persona o de una cosa: que tiene el primer lugar en estimación o importancia y se antepone o prefiere a otras" (DRAE), en tanto que el sustantivo "protagonista" (del griego *prōtagōnistḗs*) significa "en una obra teatral, literaria o cinematográfica, personaje principal de la acción" y "persona o cosa que en un suceso cualquiera desempeña la parte principal" (DRAE), es evidente que decir y escribir "protagonista principal" es otra torpe redundancia, pues, por definición, no hay protagonista que no sea principal. Ejemplo: *Don Quijote es el **protagonista** de* El ingenioso hidalgo. Pero en una obra puede haber más de un protagonista, y ya sean dos, tres o más se les puede denominar también "coprotagonistas". Ejemplo: *Don Quijote y Sancho Panza son los **protagonistas** (o **coprotagonistas**) de* El ingenioso hidalgo. Pero, si como es obvio, Don Quijote, como personaje, es más relevante que Sancho Panza en el *Quijote*, de Cervantes, bien podemos precisar que *El **personaje más importante** (o el **personaje central**) en* El ingenioso hidalgo *es Don Quijote.* Pero decir y escribir "protagonista principal" es una barrabasada redundante, de la misma manera que es un sinsentido el oxímoron involuntario en las construcciones "protagonista secundario" o "protagonista secundaria". Por definición, no hay protagonista que pueda estar en segundo término, pues todo "protagonista" o "coprotagonista" desempeña la acción o la parte principal en algo.

Estas redundancias son propias el ámbito culto de la lengua. Infestan las páginas de internet, pero también las de las publicaciones impresas. Académicos, críticos, escritores, historiadores, periodistas y otros profesionales las usan con la mayor soltura que puede dar la ignorancia y la fea costumbre de no consultar el diccionario. En la página de la ONU leemos lo siguiente:

"La justicia social es un **principio fundamental** para la convivencia pacífica y próspera, dentro y entre las naciones".

En buen español, sin redundancia, debió escribirse que la justicia social es:

un **principio** para la convivencia, o bien un **precepto fundamental** para la convivencia.

En un libro que pretende enseñar a escribir (*El arte de escribir cuentos: apuntes para una didáctica de la narrativa breve*), el autor se refiere al "protagonista principal" o "personaje central", e increíblemente también al "protagonista secundario". No. El personaje central es el "protagonista" y punto, y el "personaje secundario" es esto y nada más, incluso puede ser el más importante de los personajes secundarios, pero no más que eso. En el diario español *El Mundo* leemos lo siguiente: "En la investigación sobre los Pujol participaron dos comisarios, José Manuel Villarejo y Marcelino Martín Blas, **principales protagonistas** ahora de la guerra policial". Es suficiente decir y escribir "protagonistas". He aquí otros ejemplos de estas barrabasadas redundantes y estos sinsentidos: "la inclusión como **principio básico** de equidad", "la moral como **principio básico**", "este simple razonamiento constituye el **principio básico**", "el **principio fundamental** de la justicia distributiva", "la neutralidad como **principio fundamental** de la Cruz Roja", "el respeto se considera el **principio fundamental** para una convivencia fructífera", "los diez **principios elementales** del emprendedor ético", "conocerse mejor, **principio elemental** de colaboración", "el **principio principal** que hay que tener en cuenta", "la tolerancia debe tener como **principio principal** el respeto individual", "Trump se erige como **protagonista principal**", "Maradona como **protagonista principal**", "Oscar al **protagonista principal**", "Gigi Hadid será la **principal protagonista**", "el pueblo, **principal protagonista**", "Alberto Contador, **principal protagonista**", "Vin Diesel como **protagonista secundario**", "un **protagonista secundario** que encierra un gran secreto", "ni siquiera como una **protagonista secundaria**" y, como siempre hay algo peor, "el **primer protagonista secundario** es Ray" y "**principio principal** del modelo **médico de la Medicina**".

Google: 557 000 resultados de "principio básico"; 556 000 de "principios básicos"; 535 000 de "principio fundamental"; 497 000 de "protagonista principal"; 490 000 de "principales protagonistas"; 478 000 de "principal protagonista"; 470 000 de "principios fundamentales";

345 000 de "protagonistas principales"; 195 000 de "principios elementales"; 112 000 de "principio elemental"; 22 700 de "principio principal"; 10 900 de "principios principales"; 8 080 de "protagonista secundario"; 5 820 de "protagonista secundaria". ☒

347. *prístino* no es lo mismo que *transparente*

Hay que acabar de una vez por todas con el dislate culto de atribuir al adjetivo "prístino" (del latín *pristĭnus*) el falso significado de "claro" o "transparente" en oposición a "opaco" u "obscuro". Nada de esto significa "prístino". Su significado exacto es "antiguo, primero, primitivo, original" (DRAE). Su más preciso sinónimo es "primigenio" (primero en el tiempo). María Moliner lo enfatiza así en el DUE: "Tal como lo tenía la cosa de que se trata cuando nació, fue creada o apareció". Ejemplo de Moliner: *En su* ***prístina*** *blancura*. Seguramente, por asociar la blancura (es decir, el carácter inmaculado: sin mancha) a lo "prístino", muchas personas cultas y muchísimos escritores enemigos del diccionario suponen que "prístino" es sinónimo de "claro", "cristalino" y "transparente" y, por supuesto, no suelen utilizar los adjetivos "claro", "cristalino" y "transparente" en su escritura, sino el más exquisito "prístino", pero sin saber a ciencia cierta lo que están diciendo y escribiendo.

Esta barrabasada es frecuente en libros impresos y en textos líricos que pueden leerse en internet. Un escritor dice lo siguiente en un artículo que quiere ser un alegato contra la opacidad del gobierno:

☟ "comunicar **prístina y contundentemente** a los ciudadanos qué se hace con su dinero".

Sí, claro, no podríamos estar en desacuerdo en que los gobiernos informen a los ciudadanos qué se hace con sus contribuciones, pero no "prístina" y ni siquiera "contundentemente" ("contundir" significa "golpear o magullar a alguien", aunque un argumento pueda ser "contundente" en sentido figurado), sino hacerlo:

☝ **clara y convincentemente.**

✎ Ya dijimos que es un disparate de escritores y gente culta que, como cree que lo sabe todo, nunca abre un diccionario. He aquí otros ejemplos de esta barbaridad: "aguas cristalinas: las **aguas prístinas**", "unas hermosas playas de **aguas prístinas**", "Huatulco, 36 playas de **aguas prístinas**" (muy prístinas han de ser si los bañistas se orinan en ellas), "allí se dijo la **verdad prístina**", "portadores de una **verdad prístina**", "**escritura prístina** y exacta", "con un **estilo prístino**, claro y preciso", "camiseta **azul prístino**" (¡azul primigenio!), "el cielo ya era de un **azul prístino**" (¿ya era?), "esas son **cuentas prístinas** y certeras", "**cuentas prístinas** de sus gastos", "la gobernabilidad corporativa debe rendir **cuentas prístinas**", "fue una bofetada de **información prístina**", "el derecho les otorgará una **información prístina**", "dotar a nuestros clientes de **información prístina** y fidedigna", "**información prístina** y objetiva".

☞ Google: 23 600 resultados de "aguas prístinas"; 3 040 de "verdad prístina"; 1 100 de "estilo prístino"; 1 000 de "azul prístino". ☒

348. *profesía* no es lo mismo que *profecía*

El sustantivo femenino "profecía" (del latín tardío *prophetīa*, y éste del griego *prophēteía*) tiene, entre otras, las siguientes acepciones en el DRAE: "Don sobrenatural que consiste en conocer por inspiración divina las cosas distantes o futuras"; "don sobrenatural para pronunciar oráculos en nombre y por inspiración de Dios"; "predicción hecha en virtud de son sobrenatural". Ejemplos: *Tenía el don de la **profecía**; Las **profecías** de Nostradamus.* De ahí el sustantivo "profeta" (del latín *prophēta*, y éste del griego *prophētés*): "persona que posee el don de la profecía". Su forma femenina es "profetisa". Ejemplos: *Así habló el **profeta**; Hulda, la **profetisa**.* De ahí el verbo transitivo "profetizar" (del latín tardío *prophetizāre*): "Anunciar o predecir las cosas distantes o futuras, en virtud del don de profecía" y "conjeturar o hacer juicios del éxito de algo por ciertas señales que se han observado o por cálculos hechos previamente" (DRAE). Ejemplos: ***Profetizó** grandes calamidades; **Profetizan** una mayor crisis global.* De ahí también el adjetivo "profético" (del latín tardío *prophetĭcus*, y éste del griego *prophētikós*): "perteneciente o relativo a la profecía o al profeta". Ejemplo: *Los libros **proféticos** mayores de la Biblia son los de Isaías, Jeremías, Ezequiel, Daniel y el de las Lamentaciones.* Muchos escribientes del español suelen usar el dislate "profesía" en vez del término correcto "profecía". Esto quizá por confusión de homofonía con el verbo "profesar" ("tener o mostrar un sentimiento o una actitud hacia alguien o algo" y "enseñar una ciencia o un arte") y con el adjetivo y sustantivo "profeso" (del latín *professus*): "que ha profesado". Ejemplos: ***Profesa** el arte de la música; **Profesan** su fe abiertamente.* Lo cierto es que el término "profesía" (con "s") carece de todo significado en nuestro idioma.

Es un desbarre no exclusivo del ámbito inculto de la lengua, pues también suelen cometerlo personas de alta escolaridad y cultura media. Las páginas de internet están llenas de "profesías", lo mismo que las publicaciones impresas, en particular los libros y revistas. En el diario *El Heraldo*, de Honduras, leemos el siguiente titular:

☟ "La **profesía** cumplida de Fidel Castro".

Y, en el sumario, leemos que Castro profetizó lo siguiente: "Estados Unidos dialogará con Cuba cuando tenga un presidente negro y haya un Papa latinoamericano". Fue más bien una ironía, un sarcasmo, más que una predicción, pero en todo caso, si tuvo don profético, entonces fue:

☝ **profecía**.

✎ He aquí más ejemplos de este desbarre: "la escalofriante **profesía** de Nostradamus para Donald Trump", "la **profesía** de Daniel", "Rusia en la **profesía** bíblica", "presente, pasado y

profesía", "la **profesía** de la isla de Robinson Crusoe", "la **profesía** de San Malaquías", "la **profesía** de Romanov", "las 13 **profesías** mayas", "las **profesías** del número 666", "el cumplimiento de las **profesías**", "**profesías** y maldiciones".

☞ Google: 55 600 resultados de "profesía"; 31 200 de "profesías". ☒

349. *¿prohibe?, ¿prohíbido?*

¿Por qué la gente escribe "prohibe" en lugar del correcto "prohíbe", pero también "prohíbido" en lugar del correcto "prohibido"? Es un misterio o, más exactamente, "un caso para La Araña". El verbo transitivo "prohibir" (del latín *prohibēre*) significa "vedar o impedir el uso o la ejecución de algo" (DRAE). Ejemplo: *Se **prohíbe** el paso; Está **prohibido** fumar en los aviones.* El presente de indicativo de este verbo se conjuga de la siguiente manera: *yo prohíbo, tú prohíbes, el prohíbe, nosotros prohibimos, ustedes prohíben, ellos prohíben.* El presente de subjuntivo tiene esta conjugación: *que yo prohíba, que tú prohíbas, que el prohíba, que nosotros prohibamos, que ustedes prohíban, que ellos prohíban.* Quiere esto decir que, con la excepción de la primera persona del plural, en ambos tiempos y modos, las conjugaciones exigen tilde en la "í" para pronunciarlas como palabras trisílabas y no como bisílabas: *pro-hí-be, pro-hí-bas,* pero no *prohi-be* ni *prohi-bas.* La "h" intermedia no rompe el diptongo "oi"; esta ruptura hay que hacerla mediante la tilde. Pero el participio es *prohi-bi-do* (tres sílabas) y no *pro-hí-bi-do* (cuatro sílabas), en tanto que las formas imperativas son *prohíbe* (tú), *prohíba* (él), *prohíban* (ustedes) y *prohíban* (ellos), pero de ningún modo *prohibe, prohiba* y *prohiban.*

A causa de no consultar el diccionario, en general las personas no saben conjugar el verbo "prohibir". Lo mismo en el ámbito inculto que en el ambiente culto de la lengua, tanto en el habla como en la escritura, la ignorancia en la conjugación de este verbo es amplísima. En el diario mexicano *Milenio* leemos el siguiente encabezado:

♀ "Los Tigres del Norte llevan al Auditorio '**temas prohíbidos**'".

Quiso escribir el redactor o quien le puso encabezado a nota tan transcendente que

☝ Los Tigres del Norte llevarán al Auditorio **temas prohibidos**.

✎ Pero la verdad es que ni siquiera son *temas prohibidos*, sino simplemente canciones (corridos) sobre narcotráfico, que tienen cierto estigma oficial, pero que si se motejan de "prohibidos" (es decir, de vedados o censurados) se vuelven más famosos y se gana más dinero con sus interpretaciones. El tema del narcotráfico se ha convertido en un gran negocio no sólo para cantantes, sino también para escritores y artistas gráficos y plásticos. Por otra parte, en el diario mexicano *Vanguardia*, de Saltillo, Coahuila, leemos este encabezado: "**Prohiben** usar el Samsung Galaxy Note 7 en aviones". En realidad no lo "prohiben", sino que lo "prohíben". He aquí más ejemplos desastrosos de este verbo que pocos saben conjugar: "Francia **prohibe** los castigos físicos a niños", "Marruecos **prohibe** la fabricación y venta del burka", "San Francisco **prohibe** la venta de botellas plásticas", "Kim Jong-un **prohibe** la Navidad", "piloto **prohibe** a sus pasajeros discutir sobre Trump en el avión", "**prohiben** en Francia el uso de vasos y platos de plástico", "**prohiben** los globos de cantoya en Ciudad Valles", "**prohiben** corridas de toros en Michoacán", "**prohíbido** fumar", "escándalo por el video **prohíbido** de una policía de Buenos Aires", "amor **prohíbido**", "alimentos **prohíbidos**", "**prohíbidos** los camiones pesados en zonas con aglomeración".

☞ Google: 4 500 000 resultados de "prohibe"; 1 490 000 de "prohiben"; 437 000 de "prohiba"; 212 000 de "prohiban"; 117 000 de "prohíbida"; 77 500 de "prohíbido"; 17 500 de "prohibas"; 12 700 de "prohíbidos"; 10 200 de "prohíbidas". ☒

☞ Google: 47 600 000 resultados de "prohibido"; 32 300 000 de "prohibida"; 12 300 000 de "prohíbe"; 8 700 000 de "prohibidos"; 6 920 000 de "prohibidas"; 3 440 000 de "prohíben"; 1 130 000 de "prohíba"; 488 000 de "prohíban". ☑

350. *¿puño abierto?, ¿puño cerrado?*

No hay puños abiertos ni puños cerrados, lo que hay es, simplemente, puños. La mano abierta es esto mismo: "mano abierta"; la mano cerrada es, además, un "puño". Pero si abrimos la mano, ésta deja de ser "puño". Es cuestión de lógica elemental. El sustantivo masculino "puño" (del latín *pugnus*) significa "mano cerrada" (DRAE). Ejemplo: *Lo golpeó con el puño*. El sustantivo femenino "mano" (del latín *manus*) significa "parte del cuerpo humano unida a la extremidad del antebrazo y que comprende desde la muñeca inclusive hasta la punta de los dedos" (DRAE). Ejemplo: *Tenía unas **manos** rudas de campesino*. Al cerrar la mano y al apretar u oprimir los dedos entre sí se forma el "puño". De ahí los sustantivos masculinos "puñetazo" (aumentativo de "puñete") y "puñete" (diminutivo de puño), que significan golpe dado con el puño, es decir con la mano cerrada. Ejemplos: *Le pegó un **puñete***; *Le dio un **puñetazo***. De ahí también el sustantivo femenino coloquial y malsonante "puñeta": masturbación, especialmente en el varón, ya que para el efecto debe "empuñar" el pene. El verbo transitivo "empuñar" significa precisamente "asir algo por el puño o con el puño". Ejemplos: ***Empuñó** la navaja*; *No alcanzó a **empuñar** la pistola*. Por todo lo anterior, queda claro que los términos "puño abierto" y "puño cerrado" son dislates producto de la falta de lógica y del desconocimiento del idioma. El "puño" equivale a la mano cerrada, por lo cual decir y escribir "puño cerrado" es una ridícula redundancia, y es imposible que haya "puño abierto" (que es un sinsentido idiomático), pues en el momento de abrir la mano el "puño" desaparece y lo que reaparece es la mano. Comprender esto no debería ser un problema para nadie, pero muchísimas personas no saben usar la lógica o padecen ya de una incurable contaminación de redundancias y sinsentidos que impide que la usen.

Estos disparates están en los más diversos ámbitos de la lengua. No son exclusivos del español inculto. Incluso personas con formación cultural y estudios profesionales, entre ellos no pocos escritores, hablan y escriben de "puños abiertos" y "puños cerrados". Internet es el paraíso de estos desbarres, pero extiende su dominio a las publicaciones impresas, especialmente en el periodismo y la literatura. El gran poeta Rafael Alberti, cuando retornó a España después de un largo exilio, declaró lo siguiente (sin que en este caso pudiera valerle licencia poética ninguna), según lo consigna el diario español *El País*:

♀ "Me fui con el **puño cerrado** y vuelvo con la mano abierta".

Pudo haber dicho, con intensidad, pero sin redundancia:

☝ Me fui **apretando (o crispando) el puño** y vuelvo con la mano abierta.

✎ En un artículo de homenaje a Baldomero Sanín Cano, la poetisa chilena Gabriela Mistral escribió lo siguiente: "él ha querido sembrar a **puño abierto**". Pues no. Aquí tampoco vale la licencia poética. No hay "puño abierto"; hay "mano abierta". He aquí otros ejemplos de estos dislates cometidos por personas menos insignes que Alberti y la Mistral: "tu personalidad según el **puño cerrado**", "con el brazo en alto y con el **puño cerrado**" (bastaba decir "con el puño en alto"), "la Hermandad del **Puño Cerrado**" (ha de ser una hermandad de bobos), "el **puño cerrado** ha sido siempre símbolo de todas las izquierdas" (que, en general, nunca han sabido distinguir entre una mano abierta y una cerrada), "el **puño cerrado** de Podemos" (he aquí un ejemplo de lo anterior), "el **puño cerrado** con dignidad", "somos **puños cerrados**", "escribir con los **puños cerrados** y sonriendo", "tengo los **puños cerrados**" (¿no serán más bien errados?), "la lucha a **puño abierto**" (ha de ser a cachetadas), "cómo dibujar un **puño abierto**", "murió luego de una pelea a **puño abierto** en un parque" y, como siempre hay algo peor, "cuando hablo de un **puño abierto** deberías entender que tienes que tener el **puño cerrado**, pero no has de **abrirlo**" (he aquí la profundísima sabiduría de un tal Osho).

☞ Google: 337 000 resultados de "puño cerrado"; 147 000 de "puños cerrados"; 27 000 de "puño abierto"; 4 820 de "puños abiertos". ☒

351. *¿putón?*

Contra toda lógica gramatical, en España llaman "putón" no a un hombre sino a una mujer y, en particular, a una "mujer de comportamiento promiscuo y de indumentaria provocativa" (DRAE), es decir no a un "tío" sino a una "tía". ¡Y el diccionario académico no registra un femenino para el término, a pesar de que este localismo español sea minoritario en nuestro idioma! Resulta obvio que el sustantivo masculino "putón" (¡mucho ojo: masculino, no femenino!) deriva del sustantivo malsonante "puto" que equivale a "prostituto" en una de sus acepciones. Pero según los académicos de Madrid, "putón" es "aumentativo de *puta*". Es una tontería académica, una aberración o, mejor dicho, una aburración. El aumentativo de "puta" (como sinónimo de "prostituta") es, en todo caso, el femenino del sustantivo "putón", o sea "putona", del mismo modo que "cabrón" (tal como lo define el mismo DRAE) es "aumentativo de *cabro*" (ojo: no aumentativo de "cabra", sino de "cabro"), de donde deriva el aumentativo femenino "cabrona". Dicho lo cual, la lógica del idioma prescribe que esa "mujer de comportamiento promiscuo y de indumentaria provocativa" (¡la definición tiene un tufo de haberla dictado a la RAE el general Francisco Franco!) sea "putona" (femenino) y no "putón" (masculino). En nuestro idioma, el sufijo "-on", para el aumentativo, es privativo para el masculino, en tanto que el sufijo "-ona" es exigencia genérica del femenino, como de *bocón, bocona*; de *buscón, buscona*; de *culón, culona*; de *hocicón, hocicona*; de *nalgón, nalgona*; de *rabón, rabona*. Que no nos quiera tomar el pelo la RAE. En España construyeron un aumentativo anómalo en masculino ¡para aplicarlo al femenino! Ejemplo: *Les presento... al* ***putón*** *de mi prima Carlota* (en una canción de Joaquín Sabina). Es muy su cuento y muy su uso, pero que no tuerzan ni retuerzan la lógica para tratar de justificar su barbarismo. En casi todos los países de Hispanoamérica, a una mujer de conductas sexuales laxas y libres (y, ojo, no necesariamente prostituta) no se le moteja con un aumentativo masculino ("putón"), sino con el correspondiente femenino: "putona". Es lo que exige la concordancia en género y en número en nuestro idioma, como en "esa mujer tiene fama de **putona**", "mi prima la **putona**", "tiene dos amigas **putonas**", "eran muy **putonas**". Por ello, en el caso del hombre, es decir del varón, en Hispanoamérica se le moteja con el aumentativo correspondiente en masculino ("putón"), como en "ese no es puto, sino **putón**", "dos amigos muy **putones**". Contraviniendo las leyes de la concordancia de género, para los españoles, cierto tipo de mujer es un "putón"; para los hispanoamericanos, con entera lógica gramatical, es una "putona", porque "putón" es sustantivo masculino y en América se aplica, como debe ser, al varón. Basta ver los resultados de uso en internet para probar que el anómalo "putón" español es restringidísimo comparado con el perfecto "putona" de Hispanoamérica.

☞ Google: 209 000 resultados de "putón"; 109 000 de "putones". ☑

☞ Google: 3 680 000 resultados de "putona"; 661 000 de "putonas". ☑☑

Q

352. *quezadilla* no es lo mismo que *quesadilla*

El término "quezadilla" es un disparate de la escritura en lugar del correcto "quesadilla", sustantivo femenino que en el diccionario académico tiene las siguientes acepciones: "Cierto género de pastel, compuesto de queso y masa", "cierta especie de dulce, hecho a modo de pastelillo, relleno del almíbar, conserva u otro manjar" y, para el caso de México, "tortilla de maíz rellena de queso u otros ingredientes que se come caliente". Esta última definición es de risa loca. En realidad, la "quesadilla" mexicana, como bien la define Guido Gómez de Silva en su *Diccionario breve de mexicanismos*, es la "tortilla de maíz doblada por la mitad y rellena comúnmente de queso (a veces de otros alimentos; por ejemplo, papa, picadillo, chorizo, hongos, chicharrón, flor de calabaza, huitlacoche) y calentada". Ejemplo: *Pedí dos* ***quesadillas*** *de queso, una de chicharrón y otra de champiñones*. Indudablemente, este sustantivo deriva de "queso" (del latín *caseus*), sustantivo masculino que el DRAE define del siguiente modo: "Producto obtenido por maduración de la cuajada de la leche con características propias para cada uno de los tipos según su origen o método de fabricación". Ejemplo: *Entre mis* ***quesos*** *preferidos están el manchego y el azul francés*. En el caso de México, independientemente de que la "quesadilla" no lleve "queso", se denomina así al alimento descrito por Gómez de Silva. Con frecuencia lleva queso y, además, otros ingredientes. Lo importante es saber que se escribe "quesadilla" (puesto que su raíz es "queso") y no "quezadilla", con una "z" advenediza e indigesta.

Este desbarre, "quezadilla", es propio del ámbito popular del español en México, pero ya se ha extendido incluso al ambiente culto del idioma. Las páginas de internet y de las publicaciones impresas están llenas de "quezadillas", es decir de falsas quesadillas. Un internauta asegura que

♀ "Las flautas y **quezadillas** Fumanchú son una tradición en Zitácuaro, ¡deliciosas!"

Le creemos, pero han de ser deliciosas porque son:

☝ **quesadillas.**

✎ Si fueran "quezadillas" seguramente llevarían "sezos", "quezos" y "huezos". He aquí algunos ejemplos de este desbarre: "Don **Quezadillas** & Tacos Food Truck", "**Quezadillas** de Queso La Riquísima", "**Quezadillas** y Pozole La Rayón", "**Quezadillas** de Villa Ahumada", "**Quezadillas** El Palmar", "**Quezadillas** de Doña Pelos", "**quezadillas** de huitlacoche", "receta de **quezadilla** salvadoreña", "Festival Regional de la **Quezadilla**", "receta de **quezadilla** de arroz", "receta de **quezadilla** de Guatemala", "la tradición de la **quezadilla**", etcétera.

☞ Google: 43 900 resultados de "quezadillas"; 26 500 de "quezadilla". ☒

☞ Google: 17 700 000 resultados de "quesadillas"; 16 800 000 de "quesadilla". ☑

353. *quiché* no es lo mismo que *quiche*

La voz francesa *quiche* (pronunciada, aproximadamente, *quish*) ya está castellanizada como "quiche" (sustantivo masculino o femenino) e incluida en el diccionario académico con el siguiente significado: "Pastel hecho con una base de pasta sobre la que se pone una mezcla de huevos, leche y otros ingredientes y se cuece al horno". Ejemplo: *Pedí un* ***quiche*** *de espinacas que estuvo realmente delicioso.* No debemos confundir este galicismo (que tiene su origen en el alemán *Kuchen*) con el adjetivo y sustantivo "quiché" (del maya *o k'iche'*: "tierra de muchos árboles") acerca del cual el DRAE ofrece las siguientes acepciones: "Dicho de una persona: de un numeroso grupo étnico indígena, de origen maya, que puebla varios departamentos del occidente de Guatemala"; "perteneciente o relativo a los quichés"; "perteneciente o relativo al quiché (lengua)"; "lengua maya que hablan los quichés". Ejemplos: *Los* ***quichés*** *constituyen el grupo indígena más numeroso de Guatemala; La lengua* ***quiché*** *tiene más de un millón de hablantes nativos.* Una tilde de más o una de menos hacen la diferencia. "Quiche" es palabra llana o grave (su acento prosódico recae en la penúltima sílaba), en tanto que "quiché" es palabra aguda (con tilde en la última sílaba). No denominemos un alimento con el sustantivo que corresponde a una persona.

En los ámbitos de la cocina y la gastronomía este desbarre es habitual. Las páginas de internet y de las publicaciones impresas están llenas de "quichés" que en realidad son "quiches". En un portal electrónico de cocina vegetariana se ofrece la receta de

☟ "**quiché** de **verduras vegana**".

Ya el hecho de que sea de verduras implica "veganismo", pues el adjetivo "vegano" proviene del inglés *vegan*, de *vegetable* (hortalizas y verduras), pero además de la redundancia está el desbarre de la tilde en "quiché"; obviamente se trata de un

☝ **quiche de verduras**, y punto.

✎ He aquí más ejemplos de este dislate: "**quiché** de pollo con champiñones", "mini **quiché** de pollo", "**quichés** de pollo a la cerveza", "**quiché** de verduras con mayonesa de curry", "receta de **quiché** de verduras", "recetas de **quiché** de champiñones", "**quiché** de espinacas y queso", "**quiché** de espinacas y atún", "**quiché** de jamón y queso", "deliciosos **quichés** y tartas", "sabrosos **quichés** y sándwiches", "ricos **quichés** individuales", "ricos **quichés** de berenjena".

☞ Google: 633 000 resultados de "quiché de pollo"; 530 000 de "quiché de verduras"; 505 000 de "quiché de espinacas"; 375 000 de "quiché de jamón"; 339 000 de "quiché de champiñones"; 98 000 de "quichés de pollo"; 53 400 de "quiché de jamón y queso"; 2 590 de "ricos quichés"; 2 470 de "deliciosos quichés"; 1 250 de "sabrosos quichés". ☒

☞ Google: 40 700 000 resultados de "quiche"; 12 900 000 de "quiches". ☑

354. *quién* no es lo mismo que *cuál* o *qué*

El pronombre "quién" tiene un uso exclusivamente personal. María Moliner es enfática al respecto: "Es el único pronombre interrogativo aplicable a personas". Por ello es un disparate utilizarlo en lugar de "cuál" o "qué", aplicable a cosas. Lo que pasa es que el futbol enloquece a tal grado a las personas que, ya desquiciadas, creen que un equipo es lo mismo que una persona, y más aún tratándose de uno que representa a un país. Así, muchos preguntan: "¿**Quién** es el mejor equipo?", "¿**quién** es la mejor selección?", ¿**quién** es el mejor país?". Lo correcto es "¿**cuál** es el mejor equipo?", "¿**cuál** es la mejor selección?", "¿**cuál** es el mejor país?". Simplemente debe saberse, a la hora de formular preguntas como éstas, que el pronombre interrogativo "quién" es exclusivo para personas, y un equipo de futbol, aunque esté constituido por personas con nombres y apellidos, es una cosa (algo "que tiene entidad, ya sea corporal o espiritual, natural o artificial, concreta, abstracta o virtual", DRAE). Siendo así, podemos preguntar: "¿**Quién** es el mejor jugador?", porque en la respuesta, como corresponde a la característica de la pregunta, habrá de referirse a una persona.

En diarios impresos y en portales deportivos de internet leemos insistentemente esta pregunta:

☟ "¿**Quién** es el mejor **equipo** o **quiénes** son los mejores **equipos** de la historia?"

Lo que quieren preguntar, correctamente en español, los especialistas de ESPN Deportes y otros medios es lo siguiente:

☝ ¿**Cuál** es el mejor **equipo** o **cuáles** son los mejores **equipos** de la historia?

✎ Y como siempre puede ser peor, preguntan también: "¿**Cuál** es el mejor jugador?". Lo correcto es preguntar "¿**quién** es el mejor jugador?", porque se trata de una persona y no de una cosa. Pero que en el ámbito de los deportes aprendan a hablar y a escribir correctamente en español es esperar, sin duda, un imposible. He aquí más ejemplos de estos disparates: "¿**quién** es la mejor selección del Premundial?", ¿**quién** es la mejor selección de la historia del futbol?", "¿**quién** es la mejor selección del mundo?", "¿**quién** es el mejor equipo de México?", "La Volpe habla sobre **quién** es el mejor equipo de México", "¿**quién** es el mejor equipo de Europa en la actualidad?", "¿**quién** es el mejor país del mundo?", "¿**quién** es el mejor país sudamericano?", "¿**quién** es el mejor país europeo?", "¿**cuál** es el mejor jugador de fútbol de la historia?".

☞ Google: 264 000 resultados de "¿cuál es el mejor jugador?"; 253 000 de "¿quién es la mejor selección?"; 241 000 de "¿quién es el mejor equipo?"; 45 000 de "¿quién es el mejor país?"; 9 590 de "¿quién es el peor equipo?". ☒

☞ Google: 324 000 resultados de "¿quién es el mejor jugador?"; 279 000 de "¿cuál es el mejor equipo?"; 247 000 de "¿cuál es la mejor selección?"; 107 000 de "¿cuál es el mejor país?"; 13 900 de "¿cuál es el peor país?". ☑

355. *¿quimera imposible?*

¿Existen las quimeras posibles? Especialmente los españoles creen que sí. Pero se trata de otra ridícula redundancia. Veamos por qué. El sustantivo femenino "quimera" (del latín *chimaera*, y éste del griego *chímaira*) tiene el siguiente significado en su primera acepción: "En la mitología clásica, monstruo imaginario que vomitaba llamas y tenía cabeza de león, vientre de cabra y cola de dragón" (DRAE). Ejemplo: *La **Quimera** fue derrotada por Belerofonte con la ayuda de Pegaso.* En su segunda acepción, más amplia y con sentido figurado, el sustantivo "quimera" significa, según lo define el diccionario académico, "aquello que se propone la imaginación como posible o verdadero, no siéndolo". María Moliner ofrece una definición más precisa: "Cosa agradable que se piensa como posible no siéndolo en realidad". Ejemplos: *La paz es una **quimera**; Sus deseos son sólo **quimeras**.* Siendo así, por definición, todas las quimeras son imposibles y resulta redundante decir y escribir "quimera imposible", de la misma manera que es un sinsentido decir y escribir "quimera posible". Si es quimera es imposible y no hay que darle más vueltas al asunto.

Uno de los máximos y más veloces disparadores de burradas y disparates en lengua castellana es Mariano Rajoy, impresentable individuo cuasianalfabeto que preside el gobierno español. Todos los medios informativos impresos y electrónicos recogieron (quitados de la pena) la siguiente advertencia dirigida al gobierno catalán en relación con el referéndum del 1 de octubre de 2017:

☹ "Saben que este referéndum ya no se puede celebrar. Nunca fue legal ni legítimo. Ahora no es más que una **quimera imposible**".

Quiso decir simplemente Rajoy que el referéndum catalán:

☺ no es más que una **quimera** y punto. Y ni siquiera vienen a cuento el "ya no", el "nunca" y el "ahora" que hacen de su discurso un galimatías. Pero así habla y discursea en cadena nacional este señor.

✎ No deja de ser paradójico que otro español, muy conocido él, y en las antípodas de Rajoy, crea también que hay **quimeras posibles** puesto que supone necesario contraponerlas a las "quimeras imposibles". Se trata del cantautor Joaquín Sabina, quien escribe y canta lo siguiente en su composición "Cuando me hablan del destino": "Tenía palco en el Colón./ Manejaba un convertible./ No escatimaba propinas./ Las **quimeras imposibles**/ de otros eran mi rutina./ No había nacido la mina/ que me dijera que no". He aquí algunos ejemplos más de esta bruta redundancia, casi todos ellos españoles: "como una **quimera imposible**", "¿una **quimera**

imposible?", "**quimera imposible** prohibir difusión de noticias", "el canal interoceánico es una **quimera imposible**", "la seguridad total es una **quimera imposible**", "la inmortalidad física una **quimera imposible**", "contra las **quimeras imposibles**", "el idealista enfrentado a **quimeras imposibles**", "persiguiendo sin cesar **quimeras imposibles**", "los osados que sueñan con las **quimeras imposibles**", etcétera.

☞ Google: 45 300 resultados de "quimera imposible"; 40 300 de "una quimera imposible"; 39 000 de "es una quimera imposible"; 7 800 de "quimeras imposibles"; 2 560 de "no es más que una quimera imposible"; 2 550 de "la quimera imposible"; 2 380 de "las quimeras imposibles". ☒

356. *¿quizá?, ¿quizás?*

Tanto "quizá" como "quizás" son formas correctas de este adverbio que "denota la posibilidad de que ocurra o sea cierto lo que se expresa" (DRAE). Ejemplos: ***Quizá** nada de eso es verdad; **Quizás** alguien te quiso tomar el pelo.* El diccionario académico no hace distinción entre una y otra forma, y María Moliner, en su *Diccionario de uso del español,* tan sólo dice que "quizás" es una variante de "quizá". En su *Diccionario de dudas y dificultades de la lengua española,* Manuel Seco sentencia que "es tan correcto decir *quizás* como *quizá*. Pero los escritores prefieren en general esta última forma, que es la etimológica". Lo curioso es que la etimología a la que se refiere Seco es tan simple como lo siguiente: "quizá" y "quizás" son deformaciones de *qui sabe*: "quién sabe". Por lo demás, "quizá" y "quizás" pueden sustituirse con la locución adverbial "tal vez", pues significan exactamente lo mismo: posibilidad de que ocurra o sea cierto lo que se expresa. Lo que no advierten ni el DRAE ni Moliner ni Seco es una minucia que, sin embargo, tiene un cierto valor estético en el estilo literario (en el supuesto de que los escritores tengan alguna noción de esto, porque en muchos casos no saben ni dónde poner el punto). A esta minucia se refiere el *Libro de estilo* del diario español *El País,* del siguiente modo: "**Quizá** o **quizás**. Ambas fórmulas son igualmente válidas, si bien etimológicamente es más correcta la primera de ellas. Su uso queda al criterio del autor, pero se recomienda escribir 'quizás' delante de vocal: ***Quizás a** alguien le importaba* (para evitar la cacofonía *quizá **a** alguien*)". La recomendación es del todo razonable y podría incluso convertirse en norma. Por eufonía, la forma "quizá" resulta mucho mejor delante de consonante. Ejemplo: ***Quizá la** Real Academia Española nos entregue algún día un diccionario decente* (recordemos que "quizá" equivale a "quién sabe"). Con este mismo principio de eufonía, la forma "quizás" resulta conveniente delante de vocal. Ejemplo: ***Quizás algún** día la Real Academia Española nos entregue un diccionario decente.*

Pero hoy la noción de eufonía ("sonoridad agradable que resulta de la acertada combinación de los elementos acústicos de las palabras", DRAE) no es cosa que interese demasiado a los escritores y traductores. Incluso los que ganan premios internacionales escriben de la forma más inarmónica. En una novela traducida leemos la siguiente frase:

☟ "quizá a alguien que odiara".

Tan fácil que era escribir:

☝ **tal vez a alguien** que odiara o **quizás a alguien** que odiara.

✐ Únicamente de la construcción cacofónica "quizá a alguien" tenemos los siguientes ejemplos tomados todos ellos de libros: "**quizá a** sí mismo, **quizá a alguien**", "una perspectiva que **quizá a alguien** le parezca", "**quizá a alguien** se le ocurrió alguna vez", "**quizá a alguien** a quien se le ha recetado", "pero **quizá a alguien** no le interesaba", "pero **quizá a alguien** le pueda interesar", "**quizá a alguien** le sirva", "**quizá a alguien** le desconcierte", "**quizá a alguien** le ayude", etcétera.

☞ Google: 74 100 000 resultados de "quizás"; 47 000 000 de "quizá". ☑

R

357. *ralladura* no es lo mismo que *rayadura*

Los verbos transitivos "rallar" y "rayar" son homófonos en las regiones de habla española donde no se diferencian los sonidos de la "ll" y la "y". Por supuesto, sus significados, al igual que sus etimologías, son diferentes. "Rallar" (del latín *rallum*, de *radĕre*: "raer") significa, en su acepción principal, "desmenuzar algo restregándolo con el rallador". Ejemplo: ***Ralló** el queso sobre la ensalada*. En su acepción coloquial significa "molestar, fastidiar con importunidad y pesantez" (DRAE). Ejemplo muy mexicano: *Le **ralló** la madre*, que significa *Le **mentó** la madre*. El sustantivo masculino "rallador" es el utensilio de cocina que se usa justamente para "rallar", es decir para desmenuzar el pan, el queso, los vegetales, etcétera. Ejemplo: *Buscó sin éxito, en la cocina, el **rallador***. De ahí el sustantivo femenino "ralladura" para el cual el diccionario académico ofrece las siguientes acepciones: "Surco que deja el rallo [o rallador] en la parte por donde ha pasado"; "surco menudo"; "lo que queda rallado". Ejemplo: *Le puso al postre **ralladuras** de coco*. "Rayar", en cambio, del latín *radiāre* ("despedir rayos") significa lo siguiente, de acuerdo con el DRAE: "Hacer o tirar rayas"; "tachar lo manuscrito o impreso, con una o varias rayas"; "subrayar"; "estropear o deteriorar una superficie lisa o pulida con rayas o incisiones". Ejemplos: ***Rayó** lo que había escrito*; *Por descuido, **rayó** la superficie del escritorio con el abrecartas*. De ahí el sustantivo femenino "rayadura" que el diccionario académico define como "conjunto de rayas que se hacen o se forman en una superficie cualquiera". Ejemplo: *Su escrito estaba lleno de **rayaduras** y tachones*. Es obvio que las pijamas pueden ser de "rayas", pero no de "rallas"; de ahí que el título *El niño del pijama de **rallas*** sea un tontería de quienes no saben distinguir entre "rallar" y "rayar". Lo correcto es *El niño del pijama de **rayas***. Más abundante es la otra torpeza de decir y escribir "la **rayadura** de limón", "las **rayaduras** de queso", "queso **rayado**", "**rayar** la zanahoria", "**rayar** el queso", "**rayar** el limón", etcétera. Obviamente se trata de *la **ralladura** de limón, las **ralladuras** de queso, queso **rallado**, **rallar** la zanahoria, **rallar** el queso, **rallar** el limón*, etcétera.

Podría pensarse que este desbarre es exclusivo del ámbito inculto de la lengua, pero no es así. Lo cometen profesionistas muy distinguidos, y tiene su reino en el periodismo. En el diario mexicano *La Jornada* leemos, en grandes caracteres, el encabezado:

♀ "**Rayadura** de limón" (término que se repite a lo largo del texto).

Se quiso escribir:
☝ **ralladura** de limón.

✎ He aquí otros ejemplos de este desbarre que es consecuencia de no consultar el diccionario: "le añades **rayadura** de queso", "frutos secos y **rayadura** de queso", "dos tazas de queso **rayado**", "calabacín, gamba y **rayadura** de limón", "le añadimos las **rayaduras** de limón", "camarones empanizados con **rayadura** de coco", "se incorpora la **rayadura** de zanahoria", "**rayar** el queso parmesano", "**rayar** el limón sobre los alimentos", "**rayar** la zanahoria y mezclarla con el aceite".

☞ Google: 684 000 resultados de "rayadura de queso"; 492 000 de "queso rayado"; 73 600 de "rayadura de limón"; 65 200 de "rayadura de coco"; 43 200 de "rayar el queso"; 38 400 de "rayar el limón"; 28 800 de "rayadura de zanahoria"; 6 800 de "rayar la zanahoria"; 5 560 de "rayaduras de limón"; 1 970 de "rayaduras de coco"; 1 620 de "rayaduras de queso". ☒

358. *¿re bueno?, ¿requete bien?, ¿rete famoso?*

Los elementos compositivos "re-", "requete-" y "rete-" son prefijos que significan repetición o reiteración y, en una palabra, cumplen la función de dar mayor intensidad al término que modifican, pero en todo los casos deben ir unidos a dicho término para producir una grafía simple, como en "rebueno", "requetebién" y "retefamoso". Constituyen errores escribirlos en dos palabras: "re bueno", "requete bien" y "rete famoso". El prefijo "re-" denota repetición o intensificación, como en "**re**construir" o en "**re**seco". Ejemplos: ***Reconstruyó** su casa*; *Tenía la piel **reseca***. También los prefijos "requete-" y "rete-" denotan intensificación. Ejemplos: *Eso está **requetebién***; *Ya te hiciste **retefamoso***. Especialmente estos dos últimos son sinónimos del elemento compositivo "archi-" que, "con adjetivos, se emplea en lenguaje coloquial y significa muy" (DRAE). Ejemplos: *Se hizo **archifamoso***; *Eso es **archisabido***. Lo importante es saber que, en todos los casos, estos prefijos o elementos compositivos deben ir, sin excepción, ligados o fusionados a los términos que modifican, y que incluso no requieren de guión intermedio. En la traducción española que Juan López-Morillas hace de *La muerte de Ivan Ilich*, de Tolstói, leemos: "Y aunque los nuevos ingresos, como siempre sucede, les venían un poquitín cortos (cosa de quinientos rublos) todo iba **requetebién**". Tal es la forma correcta de utilizar éste y los otros prefijos de intensificación ya mencionados: "rebién", "retebién", "archiconocido".

☞ Google: 565 000 resultados de "re bien"; 529 000 de "re buena"; 494 000 de "re bueno"; 237 000 de "re buenas"; 27 000 de "requete bien"; 9 830 de "rete bien"; 7 740 de "re sabrosa"; 7 680 de "requete bueno"; 5 820 de "archi famoso"; 4 220 de "requete buenas"; 3 790 de "rete bueno"; 2 080 de "rete buena"; 1 910 de "archi sabido". ☒

☞ Google: 210 000 resultados de "rebuena"; 166 000 de "rebueno"; 51 300 de "archifamoso"; 51 100 de "requetebién"; 50 700 de "rebuenas"; 38 400 de "rebién"; 18 600 de "archisabido"; 17 200 de "requetebuenas"; 16 200 de "requetebuena"; 14 700 de "requetebueno"; 3 340 de "resabrosa"; 3 050 de "retebueno"; 1 450 de "retebién"; 1 210 de "retebuena"; 1 000 de "retebuenas". ☑

359. *¿rebaño de leones?, ¿rebaño de lobos?*

Si la gente consultara con frecuencia el diccionario de la lengua española, sabría perfectamente por qué razón no se debe aplicar el sustantivo "rebaño" a ciertas especies animales como los leones y los lobos. El sustantivo masculino "rebaño" tiene tres acepciones en el DRAE: "Hato grande de ganado, especialmente del lanar"; "congregación de los fieles respecto de sus pastores espirituales"; "conjunto de personas que se mueven gregariamente o se dejan dirigir en sus opiniones, gustos, etc.". Ejemplos: *Los perros consiguieron reunir el* ***rebaño de ovejas****; Afirmó que él no sería parte del* ***rebaño de borregos*** *del* PRI. Si el término rebaño se aplica al "hato grande de ganado", cabe preguntar si los leones y los lobos entran en la categoría de "ganado", y lo que encontramos en la acepción principal del sustantivo masculino "ganado" es lo siguiente: "Conjunto de bestias que se apacientan y andan juntas" (DRAE). Ejemplo del propio DRAE: ***Ganado*** *ovino, cabrío, vacuno.* El verbo transitivo "apacentar" significa "dar pasto a los ganados". La siguiente pregunta es decisiva: ¿Se apacienta, se da pasto a los leones y a los lobos? La sencilla y precisa respuesta es no. En consecuencia, no existen los rebaños de leones ni los rebaños de lobos (ni tampoco los de hienas o tigres y otros carnívoros salvajes). Al colectivo de leones y lobos se les denomina "manada" en la segunda acepción que da para este caso el DRAE: "Conjunto de ciertos animales de una misma especie que andan reunidos". Ejemplo del mismo DRAE: ***Manada*** *de pavos, de lobos.* Y, por cierto, "manada" también puede aplicarse al "hato o rebaño pequeño de ganado que está al cuidado de un pastor" (DRAE), pero, por definición, una "manada" puede ser de ganado, al igual que un rebaño, pero un rebaño jamás podrá ser de leones y lobos, animales a los que no se apacienta. ¡A ver quién es el valiente que lleve a pastar a una manada de leones!

En algunos casos, incluso insignes, las expresiones "rebaño de leones" y "rebaño de lobos" posee un sentido irónico o paradójico (como licencia poética) en la literatura (López de Ayala, Bécquer, Sarmiento), pero, en general, es una tontería producto de la ignorancia denominar "rebaño" al conjunto de leones y lobos, la cual se ha ido extendiendo en los diversos ámbitos del español por la mala influencia de científicos, naturalistas y redactores y relatores de programas televisivos de la vida salvaje. Es abundante en internet, pero no escasea en publicaciones impresas, lo mismo en diarios y revistas que en libros (algunos de estos de "creación literaria). En el diario español *El País* se recoge la declaración de un corredor que participó en una competencia mundial de atletismo:

☹ "¡Qué carrera más perra! ¡Qué codazos! ¡Parecía un **rebaño de leones!**", dijo entre asustado y extasiado por su éxito".

En realidad quiso decir:

☺ **manada de leones.**

✎ Lo mismo que este atleta español, son muchas las personas que suponen que los leones y los lobos se reúnen en rebaños y les gusta mucho comer pasto. He aquí otros ejemplos: "creía que era un **rebaño de leones**", "tenemos el primer **rebaño de leones blancos** en el mundo", "hambriento como **rebaño de leones**", "un **rebaño de leones** dirigidos por el rey de la manada", "se diría que eran un **rebaño de leones** puestos a asaltar y devorar", "el **rebaño de lobos marinos** del Uruguay", "como **rebaño de lobos marinos** en playa desierta", "a menudo se compara a las orcas a una manada de leones o a **un rebaño de lobos**", "hay un **rebaño de lobos** que espera verme caer presa".

☞ Google: 47 500 resultados de "rebaños de lobos"; 16 900 de "rebaño de leones"; 10 900 de "rebaños de leones"; 9 110 de "rebaños de lobos"; 1 420 de "rebaño de lobos marinos". ☒

360. *recepcionar* no es lo mismo que *recibir*

Dicen los locutores del futbol que *Fulano* ***recepcionó*** *el balón*. ¡Por supuesto que no! Lo que hizo fue recibir el balón. Según el DRAE, existe un uso regional del verbo "recepcionar" en Argentina, Nicaragua, Perú y Uruguay, pero sólo con el siguiente sentido: "Dicho de un aparato de radio y de televisión: recibir las ondas de transmisión". Ejemplo: ***Recepcionó*** *la señal de onda corta*. Para todo lo demás, lo correcto es "recibir" y "receptar". El verbo transitivo "recibir" (del latín *recipĕre*) significa, en su primera acepción, "dicho de una persona: tomar lo que le dan o le envían" (DRAE). Ejemplo: ***Recibió*** *el balón*. Su sinónimo es el verbo transitivo "receptar" (del latín *receptāre*): "recibir, acoger". Ejemplo: ***Receptó*** *la pelota e inmediatamente la lanzó a la primera base*. Por supuesto, "receptar" es algo pedante, si se puede decir y escribir, en perfecto y llano español, "recibir". Pero los locutores, cronistas y comentaristas del futbol no se cansan de patear el idioma, y hablan y escriben del bárbaro "recepcionar" con gran donaire.

Es propio del habla, en las transmisiones radiofónicas y televisivas, del futbol, pero también ya no es raro hallarlo en las publicaciones impresas y, por supuesto, en internet, siempre en relación con el futbol y con otros deportes como el futbol americano, el beisbol y el basquetbol. En un portal electrónico peruano dedicado al futbol leemos lo siguiente:

☹ "El tanto de la victoria vino de Renato Tapia a los 78 minutos de juego tras **recepcionar el balón** y disparar magníficamente, desde un ángulo difícil en el techo de la red".

En realidad, lo que hizo Renato Tapia fue:
☝ **recibir el balón.**

✎ He aquí otros ejemplos de este uso bárbaro de la lengua: "el jugador consigue **recepcionar el balón**", "la forma de ir a **recepcionar el balón**", "falló a la hora de **recepcionar el balón**", "pasar y **recepcionar la pelota**", "tendrá la misión de recepcionar **la pelota**", "**recepciona el balón** y controla", "**recepcionó el balón** con la pierna derecha", "**recepcionó el balón**, trasladó y sacó un centro al área" (¡qué maravilla!), "Xavi **recepciona la pelota** pero no puede armar el disparo" (¡armar el disparo!), "es el que mejor **recepciona la pelota**", "no logra **recepcionar el esférico**", "se notó poco preciso a la hora de **recepcionar el esférico**".

☞ Google: 2 460 de "recepcionar el balón"; 1 760 de "recepcionar la pelota"; 1 550 de "recepcionó el balón"; 1 400 de "recepciona el balón"; 1 150 de "recepciona la pelota"; 1 000 de "recepcionar el esférico". ☒

361. *¿regímen?, ¿régimenes?, ¿resúmen?, ¿resumenes?, ¿volúmen?, ¿volumenes?*

¿Por qué insisten los escribientes del español en tildar como palabra llana o grave el sustantivo esdrújulo "**ré**gimen" (así: "regímen") y luego en convertir en palabra sobreesdrújula el plural "regímenes" (así: "**ré**gimenes")? Por la misma razón que tildan innecesariamente las palabras llanas o graves "re**su**men" y "vo**lu**men" (así: "res**ú**men", "vol**ú**men") y se olvidan de tildar sus plurales esdrújulos "res**ú**menes" y "vol**ú**menes" (así: "resu**m**enes", "vol**u**menes"). Es porque ignoran las reglas de la acentuación y la ortografía. "Régimen" (del latín *regĭmen*) significa "sistema político por el que se rige una nación", y es palabra esdrújula que, en consecuencia, debe llevar tilde en la antepenúltima sílaba. Su plural, "regímenes", es también palabra esdrújula, de ahí el desplazamiento de la tilde a la antepenúltima sílaba. "Resumen" (acción y efecto de resumir, esto es de reducir o abreviar) es palabra llana o grave terminada en "n"; su acento prosódico cae en la penúltima sílaba, pero, por regla, no requiere tilde. Su plural "resúmenes", en cambio, es palabra esdrújula y, por tanto, exige tilde en la antepenúltima sílaba. "Volumen" (del latín *volūmen*: rollo de un manuscrito, tomo, libro, objeto enrollado) es también palabra llana o grave terminada en "n", y la regla es muy precisa al respecto: las palabras llanas (aquellas cuyo relieve en la pronunciación cae en la penúltima sílaba) no llevan tilde cuando terminan en "n" o "s" (no precedidas de otra consonante) o en vocal. Son los mismos casos de un numeroso grupo de palabras, entre ellas *abdomen, aborigen, cacumen, cardumen, cerumen, crimen, dictamen, examen, germen, gravamen, gluten, imagen, joven, liquen, margen, numen, orden, origen, polen, semen, virgen*, etcétera, también palabras llanas o graves terminadas en "n", pero no es el caso de "régimen" que aunque tiene terminación en "n" es palabra esdrújula al igual que su plural, "regímenes". Entre los profesionistas incluso con posgrados es común tildar "dictamen, "examen", "imagen", "joven", "margen", "orden", "origen", etcétera, al igual que "resumen" y "volumen", produciendo los siguientes adefesios escritos: dict**á**men, "ex**á**men", "im**á**gen", "**jó**ven", "m**á**rgen", "**ó**rden", "or**í**gen", "res**ú**men", "vol**ú**men" y, ya de una vez, "reg**í**men". El plural "volúmenes" debe llevar tilde porque se trata de una palabra esdrújula, pero las mismas personas que le ponen tilde a los singulares "res**ú**men", "vol**ú**men" y los demás cometen también la atrocidad de no tildar sus plurales (así: "res**u**menes", "vol**u**menes"), faltas ortográficas también, pues sin la correspondiente tilde en la antepenúltima sílaba es imposible que estas palabras puedan leerse como esdrújulas. Millones de profesionistas ignoran las reglas ortográficas y, especialmente, no saben poner acentos escritos. Los imponen arbitrariamente en palabras que no los necesitan, y los omiten en otras que ortográficamente los exigen.

☞ Google: 2 670 000 resultados de "volumenes"; 2 000 000 de "resumenes"; 1 920 000 de "volúmen"; 1 670 000 de "resúmen"; 96 800 de "régimenes"; 95 500 de "regímen". ☒

362. *¿registración?*

El término "registración" es un anglicismo de lo más idiota. Innecesario en nuestra lengua, puesto que tenemos, para el caso, los perfectos sustantivos "inscripción" y "registro". Se trata de una de las peores barrabasadas, porque es un burdo calco de la voz inglesa *registration*, que en español se traduce, justamente, como "registro" o "inscripción", y cuyo sinónimo en inglés es *enrolment* o *enrollment*: "alistamiento", "matriculación", "inscripción" y, por supuesto, "registro". Si tenemos en español todas estas palabras, ¿por qué demonios derivar el bárbaro "registración" del inglés *registration*? Por brutos, por ignorantes, pero, peor aún, también por anglófilos patéticos; por vergonzosa sumisión y por alarmante vocación de colonizados. La burrada anglicista "registración" ha sido a tal grado invasiva en nuestro idioma que en algunos países hispanohablantes ya existen, oficialmente, por ejemplo, direcciones y departamentos de registración. La dirección y el departamento deben ser, en español, de registro o de inscripción; incluso de reclutamiento, si fuese el caso, ¡pero no de "registración"! El verbo transitivo "registrar" tiene, entre otras, las siguientes acepciones: "Inscribir en una oficina determinados documentos públicos, instancias, etc." e "inscribir con fines jurídicos o comerciales la firma de determinadas personas, o una marca comercial" (DRAE). Ejemplo: ***Registró** su automóvil en el Padrón Público*. En su uso pronominal ("registrarse") significa "presentarse en algún lugar, oficina, etc."; "matricularse" (DRAE). Ejemplo: ***Se registró** en el servicio militar nacional*. El sustantivo masculino "registro" (del latín medieval *regestum*, y éste del latín tardío *regesta, regestōrum*: "registros, memorias") es, además de la "acción de registrar", el "padrón o matrícula", el "protocolo del notario o registrador", el "lugar u oficina donde se registra" y "en las diversas dependencias de la administración pública, departamento especial donde se entrega, anota y registra la documentación referente a ellas" (DRAE). Ejemplo: *Acudió al **Registro** Público de la Propiedad*. Como ya dijimos, uno de sus sinónimos es el sustantivo femenino "inscripción", del verbo transitivo y pronominal "inscribir", "inscribirse" (del latín *inscribĕre*). Ejemplo: ***Se inscribió** en el servicio militar nacional*. Por todo lo anterior, mandemos al demonio el anglicismo "registración" (aún no admitido por la RAE, pero que bien podría estar en su mamotreto junto con "amigovios" y "papichulos"). No lo necesitamos, aunque en algunos países (como en Argentina) estén locos por él.

Esta burrada abunda en publicaciones impresas y en internet, porque también es abundante en las denominaciones oficiales de la burocracia y en la jerga de la academia, para vergüenza de los profesionistas que presumen mucho de saber inglés, pero ignoran alarmantemente el español y no son capaces de abrir un diccionario. De la Municipalidad de Rosario, en Argentina, es la:

♡ "**Dirección de Registración** e Inspección de Comercio e Industria".

En buen español tendría que denominarse:

☝ **Dirección de Registro** e Inspección de Comercio e Industria.

✎ He aquí más ejemplos de este anglicismo más que vergonzoso: "**registración** de operaciones de compraventa", "**registración** para nuevos estudiantes", "**registración** para los seguros médicos", "nuevos formularios para solicitar **registración**", "**registración** y matriculación de usuarios", "obtén el código de **registración**", "cómo realizar una campaña para **registración** de votantes", "**registración** para nuevos pacientes", "Dirección de **Registración** de la Actividad Económica Local", "tramitadas a través de la Dirección de **Registración** Dominial", "Dirección de **Registración** y Administración Contable", "Departamento de **Registración** y Control", "Departamento de **Registración** Patrimonial", "Departamento de **Registración** y Publicidad", "Dirección de **Registraciones** Especiales", "Departamento de **Registraciones** y Archivo", "cómo se realizan las **registraciones** contables", "las **registraciones** contables y su valor probatorio", "almacenar electrónicamente las **registraciones**" y, como siempre hay algo peor, "he introducido la clave de **registración** en la ventana de **registro**" (¡pues muchas felicidades!).

☞ Google: 6 350 000 resultados de "registración"; 437 000 de "Dirección de Registración"; 218 000 de "registraciones"; 179 000 de "departamento de registración"; 7 760 de "Dirección de Registraciones"; 5 720 de "Departamento de Registraciones". ☒

363. *¿reiterar de nuevo?, ¿reiterar nuevamente?, ¿reiterar otra vez?, ¿volver a reiterar?, ¿volver a repetir?*

Si "volver a repetir" es redundante, a pesar de tener muy buena propaganda académica en México, además de amplísimo uso en España y en muchos países de América, "reiterar de nuevo" y "volver a reiterar" son aun más espeluznantes. En cierto grupo de palabras compuestas, el prefijo "re-" (del latín *re-*) tiene carácter "iterativo" (adjetivo, del latín *iteratīvus*: "que se repite") e indica y significa, precisamente, "repetición" (esto es valor iterativo), pues el verbo transitivo "iterar" (del latín *iterāre*) equivale a "repetir", como en los casos de los verbos "**re**ciclar" ("someter un material usado a un proceso para que se pueda volver a utilizar"), "**re**comprar" ("volver a tener la propiedad de lo que se ha vendido anteriormente"), "**re**construir" ("volver a construir"), "**re**cuperar" ("volver a tomar o adquirir lo que antes se tenía"), "**re**hacer" ("volver a hacer lo que se había deshecho"), y "**re**plantear" ("volver a plantear un problema o asunto"), entre otros. El verbo transitivo y pronominal "reiterar", "reiterarse" (del latín *reiterāre*) tiene un sentido más enfático que "repetir" por la ya mencionada raíz *iterāre*. Significa "volver a decir o hacer algo" (DRAE) o pedir exactamente lo que ya se había pedido antes. Ejemplo: *Espero que no sea necesario* ***reiterártelo***. El verbo transitivo y pronominal "**re**petir", "**re**petirse" (del latín *repetĕre*) es prácticamente su gemelo, pues significa "volver a hacer lo que se había hecho, o decir lo que se había dicho" (DRAE). Ejemplo: *Espero que no sea necesario* ***repetírtelo***. En latín es una palabra compuesta: del prefijo iterativo *re-* más *petĕre* ("pedir"). Por ello, el sustantivo femenino "**re**petición" denota la acción y efecto de repetir o repetirse. En su portal electrónico, la Academia Mexicana de la Lengua (AML) afirma, sofísticamente, que "si se pregunta por primera vez por lo dicho por nuestro interlocutor, la forma correcta es *¿me lo puedes repetir?* En cambio, si se pregunta una segunda, tercera o cuarta vez la misma información, se puede decir *¿me lo puedes volver a repetir?*". Los expertos de la AML olvidan que, en el DRAE, el verbo intransitivo "volver", en su acepción 23, significa "repetir o reiterar lo que antes se ha hecho". Ejemplos del diccionario académico: *Volver a entrar, volver a empezar*. Siendo así, lo que autoriza la AML se puede traducir en las siguientes expresiones: "**Volver a volver** a decir **de nuevo una vez más**" o "**Volver a volver** a hacer **de nuevo una vez más**" y en consecuencia daría por bueno el chascarrillo "**Otra vez te lo vuelvo a repetir de nuevo una vez más**". Tal parece que en la AML tampoco consultan el graciosísimo *Diccionario panhispánico de dudas*, del que la AML es coautora y en cuyas páginas leemos lo siguiente en relación con la fórmula **volver a** + infinitivo: "Perífrasis que indica la repetición de la acción expresada por el infinitivo". Ejemplo del propio *Panhispánico*: *Cuando lo sepultaron volví a soñar con el*. Pero inmediatamente, el *Panhispánico* sentencia: "Debe evitarse su empleo redundante con verbos que ya expresan repetición, como *recaer, recomenzar, rehacer*, etc." Y con mayor razón, agregaríamos, con verbos como "**re**petir" y "**re**iterar", iterativos por excelencia. Si partiéramos de lo que dice la AML para el caso de "volver a repetir", ello significa que también es correcto decir "volver a reiterar" en los casos de la segunda, tercera o cuarta "reiteración". Pero lo cierto es que tanto "volver a repetir" como "volver a reiterar" son expresiones evidentemente redundantes. Basta con decir y escribir "repetir" y "reiterar" para tener la idea completa y precisa de la acción, no importando cuántas veces se "repita" o se "reitere" una cosa.

Las llamadas academias hermanas de la lengua española siguen a pie juntillas los mandatos redundantes de la RAE y pueden llegar a ser más madrileñas que Madrid, y siendo así es probable que muy pronto tengamos en los diccionarios académicos los verbos tartamudos "**rerrepetir**" y "**rerreiterar**", "**rerrerrepetir**" y "**rerrerreiterar**", pues es así como pueden traducirse el "volver a repetir" y el "volver a reiterar", en una segunda, tercera o cuarta vez de la reiteración. Por culpa de tan malos consejos la gente dice y escribe alegremente los dislates redundantes "volver a repetir" y "volver a reiterar" y hasta se dan el lujo de agregarles las expresiones "de nuevo", "otra vez" y "una vez más". Si los insignes, ilustres y regios académicos así hablan y escriben, no tiene por qué extrañarnos que los demás hispanohablantes, simples peatones y plebeyos, los imiten o piensen que es correcto imitarlos (¿o **re**imitarlos?). En internet y en las publicaciones impresas son frecuentes estas formas viciosas del idioma. En el *Diario de León*, en España (el reino por excelencia de la redundancia), leemos el siguiente encabezado:

☞ "Sarkozy viajará a Sudamérica para dar las gracias y **volver a reiterar** su oferta a las FARC".

Según la lógica de la AML, Sarkozy primero lo dijo, luego lo reiteró y después lo volvió a reiterar (o sea, lo "**rerreiteró**" y quizá hasta lo "**rerrerreiteró**"). Dejémonos de vaciladas. Seamos serios. En realidad, en buen español, el *Diario de León* debió informar que

☞ Sarkozy viajará a Sudamérica para dar las gracias y **reiterar** su oferta a las FARC. (Incluso si hubiese **reiterado su oferta** cincuenta veces o más, la forma correcta es "reiterar", y punto.)

✎ He aquí otros ejemplos de estas redundancias que se pretenden justificar con cómicos sofismas: "no se va a **volver a repetir** la situación: Pedro Sánchez", "es un hecho histórico que no se va a **volver a repetir**: Macri", "la idea es **volver a repetir** el calendario"; "para los que estaban distraídos **vuelvo a repetir** la información", "se los **vuelvo a repetir**", "te lo digo y te lo repito y te lo **vuelvo a repetir**", "la historia **se vuelve a repetir**", "la historia de los derbis **se vuelve a repetir**", "**volví a repetir** un montón de veces", "**vuelvo a reiterar** lo dicho", "lo **vuelvo a reiterar** ahora", "**vuelvo a reiterar** que sería una inmensa alegría", "le **vuelvo a reiterar** eso", "la comisión **volvió a reiterar** esta solicitud", "**volvió a reiterar** su inocencia", "**volvió a reiterar** su rechazo", "**volvió a reiterar** que no dirigirá la selección", "**volvió a reiterar** el clima de inestabilidad emocional", "le **volvió a reiterar** su negativa", "quiero aprovechar esta ocasión para **volver a reiterar**", "**volver a reiterar** nuestro profundo rechazo", "**volver a reiterar** la petición", "**volver**

a reiterar nuestro reconocimiento", "**volver a reiterar** lo que hemos discutido", "de ahí la necesidad de **volver a reiterar** sus principios", "pueblo venezolano **vuelve a reiterar** apoyo al diálogo", "**vuelve a reiterar** el precio de su oferta", "**vuelve a reiterar** la negativa", "**vuelven a reiterar** recomendaciones" y, como siempre hay algo peor, "conocí a un chico y **volví a repetir lo mismo**" (lo extraño es que hubiese repetido algo distinto), "**vuelvo a reiterarlo de nuevo**", "perdón por **volver a reiterar de nuevo** esta idea" y "**lo que ya he dicho otras veces, vuelvo a reiterarlo una vez más**".

☞ Google: 627 000 resultados de "volver a repetir"; 542 000 de "vuelve a repetir"; 493 000 de "vuelvo a repetir"; 219 000 de "volví a repetir"; 93 300 de "volver a reiterar"; 89 500 de "volvió a reiterar"; 82 700 de "vuelvo a reiterar; 65 700 de "vuelve a reiterar"; 62 000 de "vuelven a reiterar"; 42 900 de "reiteró de nuevo"; 34 600 de "reitera una vez más"; 33 600 de "lo reiteró una vez más"; 29 900 de "vuelve a repetir de nuevo"; 23 800 de "reitero nuevamente"; 15 400 de "reiterar nuevamente"; 8 750 de "se reitera nuevamente"; 6 180 de "reiterar de nuevo"; 5 650 de "volver a reiterarlo"; 5 420 de "vuelvo a reiterarlo"; 4 130 de "volvió a reiterarlo"; 3 810 de "reitero otra vez"; 2 950 de "le reitero nuevamente"; 2 710 de "reiterarlo una vez más"; 2 560 de "vuelve a reiterarlo"; 2 450 de "le reitero de nuevo"; 2 260 de "les reitero nuevamente"; 1 300 de "te reitero nuevamente"; 1 040 de "te reitero de nuevo". ☒

364. *resilencia* no es lo mismo que *resiliencia*

El término "resilencia" es barbarismo culto de "resiliencia" (del inglés *resilience*, y éste derivado del latín *resiliens, resilientis*, participio presente activo de *resilīre*: "saltar hacia atrás, rebotar, replegarse"), sustantivo femenino con dos acepciones en el DRAE: "Capacidad de adaptación de un ser vivo frente a un agente perturbador o un estado o situación adversos" y "capacidad de un material, mecanismo o sistema para recuperar su estado inicial cuando ha cesado la perturbación a la que había estado sometido". Ejemplos: *Su **resiliencia** lo ha llevado a mejorar notablemente*; *Es un material con enorme grado de **resiliencia***. Siendo un término científico del ámbito culto, y muy especialmente de la física y la psicología, el barbarismo "resilencia" (como si fuese una repetición de "silenciar") es propio de personas ilustradas o de alta escolaridad que, sin embargo, no suelen consultar el diccionario.

Es un dislate que abunda en internet, pero también en publicaciones impresas especializadas en psicología y medicina, así como en textos relacionados con la industria de los metales y la madera. En México, la Librería Gandhi, anuncia en su portal el libro:

♀ "***Resilencia** tanatológica*".

En realidad quiere anunciar el volumen:

☝ ***Resiliencia** tanatológica*, tal como aparece, perfectamente escrito, en la portada.

✐ Sugerimos añadir algo a la muy creativa campaña publicitaria de esta librería: "Si dices y escribes **resilencia** es porque te hace falta un diccionario". He aquí otros pocos ejemplos de este barbarismo culto de amplio espectro: "**resilencia** en la vida actual", "resistencia y **resilencia**", "desarrollando la **resilencia**", "Trascendiendo con **Resilencia** y Dignidad, A. C.", "importancia del estado emocional y la **resilencia**", "**resilencia** en la empresa", "los niños y la **resilencia**", "la **resilencia** ante enfermedades crónicas", "la **resilencia** como un asunto humano", "**resilencia** en niños hospitalizados", "**resilencia** en los negocios".

☞ Google: 447 000 resultados de "resilencia"; 73 100 de "la resilencia". ☒

365. *revelarse* no es lo mismo que *rebelarse*

"Rebelar" y "revelar", "rebelarse" y "revelarse" son términos homófonos (con sonidos iguales, pero con significados diferentes). "Rebelar" (del latín *rebellāre*) es un verbo transitivo que significa "sublevar, levantar a alguien haciendo que falte a la obediencia debida" (DRAE), y en su uso pronominal ("rebelarse") significa "sublevarse o bien oponer resistencia". Ejemplos: *Un comandante* ***rebeló*** *a la tropa; El comandante* ***se rebeló*** *contra el general.* De ahí el sustantivo femenino "rebelión" (del latín *rebellio, rebelliōnis*): "acción y efecto de rebelarse". Ejemplo: *Un alto mando dirigió la* ***rebelión***. De ahí el adjetivo y sustantivo "rebelde": "que se rebela, que se subleva". Ejemplo: *El comandante* ***rebelde*** *fue detenido sometido a juicio sumario.* "Revelar", en cambio, es otra cosa. Es un verbo transitivo y pronominal (del latín *revelāre*) que significa "descubrir o manifestar lo ignorado o secreto" (DRAE). Ejemplo: *Le* ***reveló*** *sus intenciones.* De acuerdo con el diccionario académico significa también "proporcionar indicios o certidumbre de algo"; "hacer visible la imagen impresa en la placa o película fotográfica"; "dicho de Dios: manifestar a los hombres lo futuro u oculto". Ejemplos: ***Revelaron*** *pistas de los asaltantes;* ***Revelaron*** *las fotografías del viaje; El creador* ***les reveló*** *su destino.* De ahí el sustantivo femenino "revelación" (del latín *revelatio, revelatiōnis*): "acción y efecto de revelar" y "manifestación de una verdad secreta u oculta" (DRAE). Ejemplo: *Súbitamente le llegó la* ***revelación***. Es habitual que los hispanohablantes confundan los significados de los verbos pronominales "rebelarse" y "revelarse" y, en especial, que le atribuyan a "revelarse" el significado de "rebelarse". Se trata de un dislate propio de quienes suponen que la ortografía no sirve para nada y que da lo mismo escribir "revólver" que "revolver". Justamente por esto dicen y escriben que "se revelan", cuando en realidad "se rebelan".

Las páginas de internet están llenas de este dislate que también abunda en publicaciones impresas. En un blog, un internauta español afirma:

☹ "Me **revelé** contra todo".

Sí, claro, hasta contra la ortografía y la semántica. Pero quiso escribir, en realidad:

☺ me **rebelé** contra todo.

✐ He aquí otros ejemplos de este dislate tan frecuente en personas que quieren dar a entender que son "rebeldes", pero que no saben expresarlo: "porque **me revelé** en gran manera", "**me revelé**, le detestaba", "por eso **me revelé**", "**me revelé** negándome a ingerir la más pequeña pizca de alimento", "¡hoy **me revelé** y no cociné!", "durante mucho tiempo **me revelé** contra este concepto", "al principio **me revelé** y no quería decir ni el nombre del nuevo colegio", "**me revelé** durante años a pertenecer al gremio", "hay que **revelarse**", "si hay que **revelarse** hay que empezar por algo", "hay que **revelarse** ante una jerarquía claramente establecida", "hay que **revelarse** y luchar contra ello", "**nos revelamos** contra Peña Nieto" (al cabo que sólo él les va a entender lo que quieren decir), "¡**nos revelamos** contra las responsabilidades!" (sí, pero primero aprendan a escribir), "**nos revelamos** contra lo que no nos gusta" (consultar el diccionario, por ejemplo), "la verdad es que nosotros **nos revelamos** contra una dureza inhumana" (la verdad es que otros, en cambio, nos rebelamos o nos sublevamos contra el pésimo uso del idioma), "sí, **nos revelamos** contra Atenas" (y contra la ortografía).

☞ Google: 101 000 resultados de "me revelé"; 14 500 de "hay que revelarse"; 4 100 de "nos revelamos contra". ☒

366. *¿rio?*

Según la Real Academia Española, en su nueva *Ortografía* (2012), la tercera persona del singular del pretérito perfecto simple de indicativo del verbo "reír" (celebrar con risa algo) es "rio" y no "rió". Esta es otra jalada de la RAE. Según el "razonamiento lógico" de los académicos de Madrid, una vocal cerrada átona, como la "i", seguida de una vocal abierta, como la "o", constituyen un diptongo y, en consecuencia, forman una misma sílaba. En consecuencia, dicen, "rio" es monosílabo y, dado que los monosílabos no llevan tilde (con excepción de los que requieren acento diacrítico), la tercera persona del singular del pretérito perfecto simple de indicativo del verbo "reír" ("rió") no debe llevar acento ortográfico: "rio". Es la misma "lógica" que aplica para "lio" (tercera persona del singular del pretérito perfecto simple de indicativo del verbo "liar"), en vez del correcto "lió", y para el sustantivo masculino "guion", ¡que considera también monosílabos! Es una testarudez, por decir lo menos. Ampliamente conocidas son las faltas de ortoepía de muchísimos españoles que dicen "el Aleti", "el Madrí", "Plamplona", "apeído" (en lugar de "apellido"), "cocreta" (en lugar de "croqueta"), entre otras barbaridades. Lo que pretende universalizar la RAE es la desastrosa fonética española. En buen español, ni "guión" ni "rió" ni "lió" son monosílabos. Se pronuncian, correctamente, en dos tiempos, esto es en dos sílabas: *gui-ón, ri-ó, li-ó*; por tanto, deben escribirse con las reglas que corresponden a las palabras agudas bisílabas, y la tilde es indispensable para conseguir el hiato. No le hagamos caso a la RAE en sus despropósitos. Lo correcto es "rió", lo correcto es "guión", lo correcto es "lió", con tilde en la "ó". Que a los españoles les cueste trabajo hablar y escribir su propio idioma, esto no nos debe llevar a imitarlos, aunque lo establezcan, bárbaramente, en sus manuales ortográficos. No debemos obedecer lo que constituye un despropósito. Algún día se les ocurrirá que el infinitivo "reír" tampoco debe llevar tilde ¡porque ellos lo pronuncian como un monosílabo!

☞ Google: 8 190 000 resultados de "guion"; 444 000 de "se rio"; 80 600 de "se lio"; 36 100 de "ella rio". ☒

☞ Google: 20 200 000 resultados de "guión"; 445 000 de "se rió"; 263 000 de "se lió"; 44 100 de "ella rió". ☑

367. *¿risa?, ¿sonrisa?, ¿sonrisa en el rostro?, ¿sonrisa en la boca?, ¿sonrisa en la cara?, ¿sonrisa en los labios?*

No es lo mismo "risa" que "sonrisa". Reír no es lo mismo que sonreír. El verbo intransitivo y pronominal "reír", "reírse" (del latín *ridēre*) significa "manifestar regocijo mediante determinados movimientos del rostro, acompañados frecuentemente por sacudidas del cuerpo y emisión de peculiares sonidos inarticulados". Ejemplo: *Más vale **reír** que llorar.* El verbo intransitivo y pronominal "sonreír", "sonreírse" (del latín *subridēre*) significa "reírse un poco o levemente, sin ruido". Ejemplo: ***Sonreír** ante la vida es la mejor manera de no angustiarse demasiado.* Resulta obvio que "sonreír" tiene un sentido menos enfático que "reír", en especial porque "sonreír" es algo que se realiza sin emitir ruido. Por ello, el sustantivo femenino "risa" (del latín *risus*) es, además del "movimiento de la boca y otras partes del rostro, que demuestra alegría", la "voz o sonido que acompaña a la risa" (DRAE). Ejemplo: *Su **risa** estridente era contagiosa.* De ahí el sustantivo femenino "risotada" que el diccionario académico define como "carcajada, risa estrepitosa y descompuesta". Ejemplo: *Su broma, de muy mal gusto, fue acompañada de una **risotada**.* En cambio, el sustantivo femenino "sonrisa" es la acción y efecto de "sonreír", esto es de reír levemente y sin ruido. La diferencia básica entre la "risa" y la "sonrisa" es que la primera va acompañada de ruido, en tanto que la segunda es silenciosa. Por ello es un disparate decir y escribir que alguien "sonrió estridentemente" o que "tuvo una sonrisa escandalosa o ruidosa", expresiones que contienen un oxímoron involuntario y disparatado, pues esto no es sonreír, sino reír. A esta ignorancia de la diferencia que hay entre "risa" y "sonrisa", muchas personas añaden la redundancia de referirse a la "sonrisa en el rostro", "sonrisa en la boca", "sonrisa en la cara" y "sonrisa en los labios". ¿Y dónde demonios se puede tener la sonrisa si no es en el rostro, la boca, la cara o los labios? ¿Acaso en el ombligo, en la nuca, en la espalda? Basta con decir y escribir que alguien *Llegó con una amplia **sonrisa***, en lugar de decir y escribir redundantemente que "Llegó con una amplia **sonrisa en la cara**". Lo realmente sorprendente sería que el sujeto de nuestro ejemplo hubiese llegado con una amplia sonrisa en la nuca. De alguien se puede decir y escribir que sonrió de oreja a oreja, pero no que sonrió con las orejas.

Tanto el no saber la diferencia entre "risa" y "sonrisa", entre "reír" y "sonreír", como el vicio redundante de la "sonrisa en el rostro" y sus variantes son habituales en personas que jamás consultan el diccionario. Incluso muchos escritores se dan vuelo con esto. Las publicaciones impresas y las páginas de internet están repletas estos dislates. En el libro *La última sombra del imperio* (Editorial Grijalbo), de Pedro J. Fernández, leemos lo siguiente:

☟ "Carlota **soltó una sonrisa estridente**".

Quiso escribir el autor que su personaje:

☝ **soltó una carcajada (o una risa estridente).**

✎ La Editorial Planeta anuncia el libro *La mirada interior*, de Alfonso Ruiz Soto, con una breve descripción que comienza así: "Un libro que asombra y hace pensar **con una sonrisa en los labios**". Esto para distinguirlo de otros libros que, quizá, nos hagan pensar con una sonrisa no en los labios sino en el occipucio. Muy habituales en el habla y en la escritura del español de España, este vicio redundante de la sonrisa y la risa en la cara o en los labios, más la torpeza de confundir risa con sonrisa se han extendido ya en todos los países hispanohablantes de América. He aquí unos ejemplos de estas barrabasadas, que aparecen especialmente en textos literarios: "se le dibujó una **sonrisa en la cara**", "siempre con una **sonrisa en la cara**" (es que no ha hallado el modo de tener la sonrisa en otra parte del cuerpo), "a la mañana siguiente me desperté aún con la **sonrisa en la cara**" (¡vaya, qué novedad!), "una **sonrisa en la cara** y una canción en el corazón" (eso sí, a cursi nadie le gana), "provocó una genuina **sonrisa en el rostro** de su madre", "me miraba con una amplia **sonrisa en el rostro**", "ella se apoyó en el dintel con una **sonrisa en el rostro**", "Antonio Skármeta: Escribo con una **sonrisa en los labios**" (¡felicidades; hay quienes escriben con una sonrisa en las patas!), "una artista con la **sonrisa en los labios**", "te recuerdo con una **sonrisa en los labios**", "lo que obviamente provocó una **estruendosa sonrisa**", "la respuesta fue una **estruendosa sonrisa**", "terminando con una **atronadora sonrisa**", "de fondo se escuchaba la **atronadora sonrisa** de Chaltier", "el periodismo se hacía eco con una **estentórea sonrisa**", "la **estentórea sonrisa** de Caspar Gutman", "su voz aflautada, su falda plisada y la **estentórea sonrisa**", "se derritió ella con una **sonrisa escandalosa**", "extraño tu mirada, tu **sonrisa escandalosa**", "una **sonrisa escandalosa** llenó el valle", "ese chico enérgico de **potente sonrisa**", "le regaló una **estridente sonrisa**", "lanzó al cabo una **estridente sonrisa**"; "detrás de su **ruidosa sonrisa**", "consiguió apagar para siempre su **ruidosa sonrisa**", "para después soltar una **ruidosa sonrisa**", "Wilson se sonrió irónicamente, con una **ruidosa sonrisa** en el silencio de la noche" (¡éste es estilo literario, no jaladas!), "creo que mi cara se ha hinchado como un globo y ha explotado con una **sonrisa ruidosa**", "la **sonrisa ruidosa** de los inocentes" y, como siempre hay algo peor, "me relajé un poco al escuchar su **ensordecedora sonrisa**

que resonó por toda la sala llamando la atención de los presentes" (¿sabrá este mortal el significado de "relajarse"?).

☞ Google: 661 000 resultados de "sonrisas en la cara"; 558 000 de "sonrisa en la cara"; 547 000 de "sonrisas en la boca"; 502 000 de "sonrisa en la boca"; 475 000 de "sonrisa en el rostro"; 462 000 de "sonrisa en los labios"; 431 000 de "sonrisas en los labios"; 49 900 de "sonrisas en los rostros"; 1 290 de "sonrisa escandalosa"; 1 110 de "sonrisa estridente"; 1 000 de "potente sonrisa"; 1 000 de "estridente sonrisa" y cientos de "escandalosa sonrisa", "estruendosa sonrisa", "sonrisa atronadora", "sonrisa estentórea" y "sonrisa ruidosa". ☒

368. *¿rocho?, ¿ruc?*

Muy poca gente, con excepción de los académicos de Madrid y, quizá, de sus hermanastros de América y Filipinas, conoce el "ave rocho" (en el buscador de Google hay apenas ¡58 resultados!). Son pocos también los que conocen el "ave ruc" (379 resultados en Google). En cambio, muchísimos más han oído hablar y han leído acerca del "ave roc" o "ave Roc", pero los académicos de Madrid ni por enterados. Ellos siguen empeñados en su jalada del "ave rocho" y el "ave ruc". En la entrada del DRAE correspondiente al sustantivo "ruc" (del árabe *ruhh*, y éste del persa *roh*) los académicos nos regresan a "rocho", y ahí nos dicen que confrontemos su entrada "ruc", y definen el sustantivo masculino "rocho" como "ave fabulosa a la cual se atribuye desmesurado tamaño y extraordinaria fuerza". En *El libro de los seres imaginarios*, Jorge Luis Borges, quien dijo que el idioma español es arduo especialmente para los españoles, se refiere al "ave Roc" y no al "rocho" ni al "ruc" de los tardígrados académicos madrileños. Escribe: "El Roc es una magnificación del águila o del buitre, y hay quien ha pensado que un cóndor, extraviado en los mares de la China o del Indostán, lo sugirió a los árabes. Lane rechaza esta conjetura y considera que se trata, más bien, de una especie fabulosa de un género fabuloso, o de un sinónimo árabe del 'simurg'. El Roc debe su fama occidental a *Las mil y una noches*. Nuestros lectores recordarán que Simbad, abandonado por sus compañeros en una isla, divisó a lo lejos una enorme cúpula blanca y que al día siguiente una vasta nube le ocultó el sol. La cúpula era un huevo de Roc y la nube era el ave madre. Simbad, con el turbante, se ata a la enorme pata del Roc; éste alza el vuelo y lo deja en la cumbre de una montaña sin haberlo sentido. El narrador agrega que el Roc alimenta a sus crías con elefantes". Añade Borges: "En los *Viajes* de Marco Polo (III, 36) se lee: 'Los habitantes de la isla de Madagascar refieren que en determinada estación del año llega de las regiones australes una especie extraordinaria de pájaro, que llaman Roc. Su forma es parecida a la del águila, pero es incomparablemente mayor. El Roc es tan fuerte que puede levantar en sus garras a un elefante, volar con él por los aires y dejarlo caer desde lo alto para devorarlo después. Quienes han visto el Roc aseguran que las alas miden dieciséis pasos de punta a punta y que las plumas tienen ocho pasos de longitud'. Marco Polo agrega que unos enviados del Gran Khan llevaron una pluma de Roc a la China". Los académicos de Madrid padecen el síndrome del ombliguismo: únicamente ellos, y quizá sus colegas americanos menos despiertos han oído hablar del "rocho" y del "ruc", aves inventadas no por la prodigiosa imaginación de la mitología, sino por la deficiente cultura de quienes hacen un diccionario de la lengua española francamente chambón. En español, el ave se llama "roc" o "Roc", aunque no tenga entrada en el DRAE.

☞ Google: 46 600 resultados de "Roc" (mitología); 10 500 de "ave roc". ☑

369. *¿roomie?, ¿runners?*

El término *roomie*, del inglés, no es otra cosa que "huésped" en español y, más exactamente, compañero o compañera de habitación. Deriva de la voz inglesa *roomer* ("inquilino"), y ésta de *room* ("habitación, cuarto"). Pero ¿por qué decirlo y escribirlo en inglés si existe la perfecta traducción "compañero de cuarto", "compañera de cuarto"? Por la misma razón que decimos y escribimos *runner* en vez de "corredor": por ridículos y patéticos anglicistas. Por ello, cada vez es más frecuente escuchar, en nuestro idioma, las expresiones "un runner", "los runners", "muchos runners", "algunos runners" y otras más que se esmeran en el servil calco del inglés (*runner*) cuando en español se puede perfectamente decir "corredor" o "corredores". En español, el sustantivo "huésped" (del latín *hospes, hospĭtis*) se aplica a la "persona alojada en casa ajena", o bien en cualquier establecimiento de hostelería, como un hotel o una posada. Ejemplo: *Tiene por* ***huésped****, en su casa, a un estudiante de intercambio*. Es sinónimo del sustantivo "inquilino" (del latín *inquilīnus*), que el diccionario académico define del siguiente modo: "Persona que ha tomado una casa o parte de ella en alquiler para habitarla". Ejemplo: *Tiene dos* ***inquilinos*** *en su casa*. Con frecuencia, dos o más huéspedes o inquilinos comparten una misma habitación o un mismo departamento, sin haber entre ellos más que una relación de amistad y, particularmente, de conveniencia para pagar conjuntamente el alquiler o la renta; son, por tanto, "compañeros" o "compañeras" de "cuarto" o de "habitación". En la lengua inglesa, a este mutualismo se le denomina *roomie*, que en español se traduce como "compañero de cuarto", "de piso" o "de departamento", pero que los afectados de extranjerismo dicen y escriben "roomie", en español, como anglicismo crudo. Es el mismo caso de "runner", en inglés "corredor", sustantivo éste que el diccionario académico define del siguiente modo: "persona que corre en competiciones deportivas" y, como adjetivo, aplicado a alguien o algo "que corre mucho". Ejemplo: *Únicamente dos* ***corredores*** *no llegaron a la meta*. Pero, a cambio, tenemos aberraciones idiomáticas como las siguientes: *Una nueva propuesta para los* ***runners****; La red social preferida de los* ***runners****; Me gusta la* *disciplina de los runners.* Se podría argumentar que el sustantivo "corredor" se aplica lo mismo en los ámbitos de la economía que de las aseguradoras, la arquitectura y en las apuestas, entre otros, pero seamos serios, para ello existen los adjetivos y complementos, además de los contextos, para decir y escribir "corredor de bolsa", "corredor de seguros", "corredor de apuestas", "corredor de la casa", etcétera. En español, un "corredor" es alguien que corre mucho lo mismo que la persona que corre en competiciones deportivas. Y, en conclusión, "roomie" y "runner" son anglicismos torpes que debemos desterrar de nuestro idioma. Dígase y escríbase "compañero de cuarto", "compañera de departamento", "corredor", "corredores" y sanseacabó.

Las publicaciones impresas y, en ellas, especialmente las del periodismo, así como las páginas de internet, están llenas de "roomies" y "runners". Ya constituyen una peste en nuestro idioma. En el diario mexicano *El Economista* leemos el siguiente encabezado:

☟ "Las ventajas y desventajas de la vida con un **roomie**".

En buen español, el diario debió informar acerca de

☝ Las ventajas y desventajas de la vida con un **compañero de cuarto (o de departamento)**.

✎ Para no ser menos, en el diario español *El Economista* leemos el siguiente titular: "Las ocho lesiones más comunes entre los **runners**". ¡Qué gilipollez! ¿Por qué no, hasta por simple contexto, "Las ocho lesiones más comunes entre los **corredores**"? He aquí más ejemplos de estos ridículos anglicismos, del todo innecesarios en la lengua española: "los diez mandamientos de los **roomies**", "el boom de los **roomies** en la Ciudad de México", "tener **roomies** después de los treinta", "los problemas de vivir con **roomies**", "ventajas de vivir con **roomies**", "los cinco errores más comunes que cometen los **runners**", "los **runners** no se preparan para correr", "los seis mejores ejercicios para **runners** principiantes", "las lesiones más típicas en los **runners**", "un aliado indispensable para los **runners**", "los beneficios de la natación para los **runners**", etcétera.

☞ Google: 376 000 resultados de "un runner"; 219 000 de "los runners"; 66 300 de "el runner"; 28 800 de "mi roomie"; 9 370 de "un roomie"; 8 260 de "los roomies"; 3 850 de "son roomies"; 3 110 de "una roomie"; 2 820 de "las roomies". ☒

S

370. *sabías que* no es lo mismo que *¿sabías que?*

Ya es común que hablantes y escribientes ignoren el uso de los signos de interrogación y, por ello, no sepan distinguir entre una expresión afirmativa y otra interrogativa. No es lo mismo decir y escribir ***Sabías que*** *no era verdad*, a decir y escribir ***¿Sabías que*** *no era verdad?* En el primer caso se afirma; en el segundo se pregunta. Tampoco es lo mismo ***Sabías qué*** *no era verdad* y ***¿Sabías qué*** *no era verdad?* En el primer caso se afirma que, entre las cosas verdaderas, el sujeto podía distinguir algo que no era cierto; en el segundo, se le pregunta a dicho sujeto si acaso sabía que, entre lo verdadero, había algo que no era cierto.

Cuando hablantes y escribientes no saben si afirman o interrogan, cualquier tipo de equívoco es posible. Esto se hace más evidente en internet, pero se ha extendido gravemente en las publicaciones impresas. En el portal electrónico oficial del Gobierno del Estado de Chiapas, en México, hay una sección que lleva el siguiente título:

♡ **"Sabías que…".**

Pero en realidad debería intitularse:

☝ **¿Sabías que…?**

✎ La razón es muy simple. Como en todos los casos, con esta fórmula, la pregunta es retórica, pues no se espera respuesta, sino que después de la frase interrogativa "¿sabías que…?" se revela algo al lector o interlocutor. Éste es el caso. *¿Sabías que…? El jaguar negro es el felino más grande de América. ¿Sabías que…? El Museo del Cocodrilo es único en su tipo en el mundo.* Obviamente se da por supuesto que el lector o interlocutor no sabía esto y, luego de la pregunta, se le informa. Si decimos simplemente "sabías que…", damos por sentado que el interlocutor o lector no lo ignoraba. Tal es el caso. *Sabías que… El jaguar negro es el felino más grande América. Sabías que… El Museo del Cocodrilo es único en su tipo en el mundo.* Qué difícil es para mucha gente entender los matices de su idioma que todos los días usa, pero que en gran medida usa mal. Millones de personas ignoran la diferencia entre afirmar y preguntar en español. Eso sí, se mueren de ganas por aprender inglés o bien presumen muy orondos de saberlo a la perfección, aunque en realidad no sepan emplear correctamente ni su lengua materna ni la otra.

☞ Google: 12 800 000 de "sabías que…" y "¿sabías que…?

371. *salivar* no es lo mismo que *escupir*

En Argentina, especialmente, aunque también en otros países de Sudamérica, se comete el dislate de decir y escribir "salivar" cuando en realidad lo que se quiere decir y escribir es "escupir". Se trata de un dislate regional, pero como se usa mucho en el ámbito deportivo y, muy en particular, en el futbol (¡tenía que ser el futbol!), ya ha comenzado a extenderse, más allá de Sudamérica, entre los futboleros de la radio, la televisión, la internet y el periodismo impreso. En el DRAE, el verbo intransitivo "salivar" (del latín *salivāre*) posee la muy precisa acepción de "producir saliva". Ejemplo: ***Salivó** con sólo imaginar ese delicioso platillo.* En el DUE, María Moliner, a la acepción de "segregar saliva", añade el inexacto sinónimo "escupir", con la también inexacta generalización de que su uso está en Hispanoamérica. Ya hemos dicho que no es así. Se trata de un regionalismo sudamericano, que no deja de ser un dislate. El verbo intransitivo "escupir" (del latín *exconspuĕre*) tiene como principal acepción "arrojar saliva por la boca" (DRAE). Ejemplo del diccionario académico: ***Escupir** en el suelo.* Como transitivo significa "arrojar de la boca algo como escupiendo". Ejemplo del DRAE: ***Escupir** sangre.* El verbo transitivo "arrojar" no es sinónimo de "producir". El significado de éste es "crear, elaborar, fabricar"; el significado de aquél es "echar", "impeler algo, de modo que recorra una distancia, movido por el impulso que ha recibido" (DRAE). Ejemplos: *La saliva **se produce** en las glándulas salivares; **Le arrojó** saliva al rostro.* El sustantivo masculino "escupitajo" significa "porción de saliva, flema u otra sustancia que se expele de una vez". Ejemplo: *Le lanzó un **escupitajo** al rostro.* Sinónimo de éste es "salivazo", cuyo significado es "saliva que se escupe de una vez". Ejemplo: *Le lanzó un **salivazo** al rostro.* Y parientes mayores, y más marranos, de "salivazo" y "escupitajo" son "esputo", "gargajo" y "flema". Bien le va a quien le lanzan al rostro un "escupitajo" o un simple "salivazo", pues resulta mucho peor recibir un "esputo", un "gargajo" o una sanguinolenta o verdosa "flema". Por todo lo anterior, es un dislate decir y escribir "salivar" en vez del correcto "escupir". Sabemos, perfectamente, que los bebés y las vacas "babean" (derraman la "baba": "saliva espesa y abundante"), "salivan", porque no saben o no pueden "escupir". Este verbo, "escupir", se cumple o se realiza únicamente cuando la saliva y cosas peores se expelen, se lanzan, en alguna dirección, movidas por el impulso de los músculos bucales y faciales. Los argentinos conjugan el verbo "salivar" como si de "escupir" se tratara. No hay que imitarlos.

En las publicaciones deportivas, impresas y electrónicas ya es frecuente encontrar este dislate. Así, en una nota de *Yahoo Deportes*, el redactor Fabián Induti escribe lo siguiente:

♀ "Como si fuera poco Jorge Benítez, por entonces técnico de Boca, **salivó** a Bautista cuando este fue expulsado".

Quiso escribir Induti, en buen español, que

☝ el tal Benítez **escupió** a Bautista, o le lanzó un **salivazo**.

✎ He aquí más ejemplos de esta barrabasada, todos ellos transcritos de las informaciones futboleras: "el hincha que **salivó** a Riquelme no podrá ir más a la cancha" (que se quede en su casa a escupir la pantalla del televisor), "Lamela **salivó** a su rival" (si además de todo así se apellida, entendemos por qué lo "salivó"), "Leo **salivó** a su rival" "uno de ellos **salivó** a la Pulga", "el belga Fellaini **salivó** a Sergio Agüero" (¿no sería, más bien, el belga Fellatio?), "Neymar **salivó** a Meza, defensor rival" (es que un compañero le dijo: "saliva a Meza"), "el técnico de Boca **salivó** a Bautista" (claro, por la boca), "Conmebol no sancionará a Pérez por **salivar** a Martínez" (al cabo que, en el futbol, los escupitajos son saludos de camaradas), "suspendido un año por **salivar** a un árbitro", "furioso, encaró al árbitro y **lo salivó**", "**lo salivó** y le espetó que le transmitiría la gripe porcina" (el muy puerco, que en realidad no le espetó sino que lo esputó), "más de un parcial danubiano **lo salivó** en la cara" (esto es pensamiento metafísico), "los barras locales **lo salivaron**", "**lo salivaron** desde la galería" (es que era una galería de puercos), "Luis Suárez defiende a Messi **salivado** por hinchas argentinos", "Messi fue agredido verbalmente y **salivado** por hinchas de River".

☞ Google: 5 330 resultados de "salivó a"; 1 780 de "por salivar"; 1 380 de "salivado por"; 1 000 de "lo salivó". ☒

372. *¿satín?*

Hay una razón para que muchos hispanohablantes digan y escriban "satín" cuando en realidad lo que quieren decir y escribir es "satén". La razón es que del sustantivo masculino "satén" (del francés *satin*, pronunciado, aproximadamente, *satá*), que significa "tejido parecido al raso" (DRAE), deriva el adjetivo "satinado": "semejante al satén" y que, como informa María Moliner en el DUE, "se aplica especialmente al papel que tiene brillo". Ejemplos: *Llevaba un vestido de* ***satén***; *La superficie era* ***satinada***. "Satinado" es participio del verbo transitivo "satinar" (del francés *satiner*), definido del siguiente modo en el DUE: "Dar brillo al papel o a la tela por medio de la presión". De ahí el sustantivo femenino "satinadora", que se aplica a la "máquina que se utiliza para satinar el papel" (DUE). Ejemplo: *Pasaron el papel por una* ***satinadora***. A diferencia del tacaño DRAE, que se despacha al "satén" en cuatro palabras, María Moliner en el DUE es más orientadora en su definición: "Tela de seda o algodón, semejante al raso en el brillo y aspecto liso y uniforme, pero de inferior calidad; se emplea mucho para forros". Se le conoce también como "raso de algodón". La voz francesa *satin* deriva del latín *seta* ("seda" o "cerda"), pero en español la grafía correcta para esta tela es "satén", ya que "satín" es un sustantivo masculino que significa "madera americana semejante al nogal" (DRAE). No deja de ser extraño que la voz francesa *satin* en lugar de ingresar al español como un galicismo crudo se haya transformado en "satén". Sea como fuere, la única grafía aceptada en español para referirse a esta tela es "satén" y no "satín".

El uso de la grafía incorrecta es abundante incluso entre escritores, lo mismo en publicaciones impresas que en internet. En una biografía sobre Leonardo Da Vinci, publicada en España, leemos lo siguiente en una nota al pie:

☹ "Vemos que se encargó para Ippolita Stindarda un vestido de **satín** azul, para Cornelia Columba un vestido (una camorra) de **satín** color paja; para Lucrecia Barrilla, un vestido de **satín** blanco; para Laura Macedonia, un vestido de **satín** 'leonado claro'; para Fiora de Spina, un vestido de **satín** 'birettino'".

En todos los casos, el autor debió escribir:

☺ **satén.**

✎ He aquí más ejemplos de este yerro muy común: "cómo limpiar un vestido de **satín**", "vestido de **satín** con finos bordados", "vestido de **satín** sin mangas", "vestidos de **satín** estampados", "vestidos de **satín** largos", "me encanta la ropa de **satín**", "me encantaron los zapatos de **satín**", "características de la tela de **satín**", "pantalón de **satín** negro", "falda de **satín** plisada", "blusa de **satín** con encaje", "llevaba puesta una camisa de **satín**", "camisa de **satín** azul marino", "sacos de **satín** a la medida", "lo despojó del chaleco de **satín**", "abrigo con forro de **satín**", "hermosa pijama de **satín**", "elegantes corbatas de **satín**", "tanga de **satín** negra".

☞ Google: 792 000 resultados de "ropa de satín"; 304 000 de "vestido de satín"; 258 000 de "vestidos de satín"; 110 000 de "zapatos de satín"; 103 000 de "tela de satín"; 90 500 de "pantalón de satín"; 75 200 de "falda de satín"; 52 600 de "blusa de satín"; 41 000 de "camisa de satín"; 29 200 de "sacos de satín"; 25 900 de "faldas de satín"; 23 300 de "blusas de satín"; 17 400 de "saco de satín"; 16 200 de "pantalones de satín"; 15 900 de "chaleco de satín"; 12 100 de forro de satín"; 12 000 de "pijama de satín"; 12 000 de "zapato de satín"; 11 600 de "corbatas de satín"; 10 200 de "tanga de satín". ☒

☞ Google: 20 000 000 de resultados de "satén". ☑

373. *¿sauz?, ¿saúz?*

Quizá en España "sauz" sea monosílabo y, por ello, no se tilde, pero en México definitivamente no decimos "sauz" (palabra monosílaba con diptongo no disuelto, pronunciada en una sola emisión de voz), sino "saúz" (palabra aguda, bisílaba, que debe llevar tilde, como la llevan "maíz" y "raíz", para disolver el diptongo: *ma-íz, ra-íz, sa-úz*). El ejemplo resulta muy claro en la poesía. Escribe José Juan Tablada en su inolvidable poema: "Tierno **saúz**/ casi oro, casi ámbar,/ casi luz...". Si, en este poema, el sustantivo "saúz" fuese monosílabo ("sauz"), en vez de palabra bisílaba, se perdería la rima consonante que el poeta realiza con el sustantivo "luz". El sustantivo masculino "sauz" (sin tilde en el DRAE) es variante de "sauce" (del latín *salix, salĭcis*): "árbol de la familia de las salicáceas, que crece hasta veinte metros de altura [...], común en las orillas de los ríos". Ejemplos: *En el patio de su casa plantó un* ***sauz****; Había un solitario* ***sauce*** *llorón; El* ***sauce*** *y la palma se mecen con calma.* En su *Diccionario de aztequismos*, Cecilio A. Robelo, al definir el "ahuejote", escribe: "De *atl*, agua, y *huexotl*, saúz: 'Saúz del agua'. Árbol semejante al saúz, que crece a la orilla de los ríos, o cerca de los manantiales de agua". Robelo, como todo mexicano, dice y escribe "sa**ú**z", nunca "sa**u**z". Dado que el DRAE no es un diccionario que se ocupe de la fonética, debe entenderse que quien escribe "sauz" (palabra monosílaba, sin tilde, con la grafía legitimada de la RAE) no puede pretender que leamos "saúz" (palabra bisílaba, aguda, con tilde en la última sílaba). Pero si lo que desea es decir *sa-úz* (en dos sílabas) debe, por fuerza, escribir "saúz". Así de simple. En México, la mayor parte de la gente pronuncia *sa-úz*, aunque escriba "sauz". Por ello, es necesario actualizar la ortografía de esta palabra, y tildarla como corresponde a la palabra bisílaba y aguda que es, pues decenas de millones de personas pronuncian *sa-úz*, en dos sílabas, como para que la Real Academia Española se enterque en su "sauz".

☞ Google: 1 230 000 resultados de "sauz"; 392 000 de "El Sauz". ☑

☞ Google: 422 000 resultados de "saúz". ☑ ☑

374. *¿sex appeal?, ¿sex-appeal?, ¿sexie?, ¿sexy?*

En inglés, el sustantivo compuesto *sex appeal* (pronunciado, aproximadamente, *seksapil*) significa "poder de atracción física y sexual de una persona". Ejemplo: *Tenía un magnetismo especial, un indudable* ***"sex appeal"***. Se escribe en cursivas porque es voz inglesa y el DRAE aún no lo incorpora con su adaptación gráfica "sexapil" que propone el *Diccionario panhispánico de dudas*, que es el hermano menor del DRAE, al que le encargan las tareas sucias de llevar y traer recaditos. Ejemplo: *Tenía un magnetismo especial, un indudable* ***sexapil***. En cambio, el DRAE ya admite, castellanizado, el adjetivo y sustantivo "sexi" (del inglés *sexy*: "atractivo, erótico, provocativo"), con la siguiente definición: "Que tiene atractivo físico y sexual". Ejemplo: *Con ese vestido se veía muy* ***sexi***. En realidad, el préstamo "sexi" ni siquiera era indispensable, pues en español tenemos los adjetivos "excitante", "incitante", "seductor", "sensual", "provocativo" y "voluptuoso", entre otros. Ejemplos: *Con ese vestido se veía muy* ***excitante****; Con ese vestido se veía muy* ***provocativa****; Con ese vestido se veía muy* ***sensual***. También en inglés a la "atracción sexual" se le denomina *sexiness* (que se pronuncia *séksinis* o *séksines*), con lo cual hay al menos, para un mismo significado, tres términos emparentados en este idioma con sólo algunos leves matices en su acepción dependiendo ello de los contextos en que se utilicen. Sea como fuere, lo que no tiene sentido es seguir utilizando en español la grafía inglesa *sexy* (que se pronuncia *seksi*) y que, por ser extranjerismo, debe escribirse siempre en *cursivas*. Si ya tenemos la representación gráfica castellanizada o españolizada "sexi", con su plural "sexis", debe evitarse la grafía inglesa. Pero peor aún es escribir "sexi**e**" y "sexi**es**", deformaciones en español del superlativo inglés *sexiest*: "el más sexi", "lo más sexi", "la más atractiva", "la más excitante", "la más sensual", "la más sexi", etcétera. Dejémonos de jaladas: si no deseamos escribir los perfectos y antiguos términos "excitante", "incitante", "seductor", "sensual", "provocativo", "voluptuoso", etcétera, escribamos al menos, en buen español, "sexi" y "sexis", "incluso "sexapil", pero no "sex-appeal" ni "sexie" ni "sexies" ni "sexy" ni "sexys", pues ninguno de estos términos pertenece a nuestro idioma.

☞ Google: 963 000 resultados de "muy sexys"; 447 000 resultados de "muy sexy"; 131 000 de "muy sexies"; 52 600 de "su sex appeal"; 1 470 de "muy sexie". ☒

☞ Google: 163 000 000 de resultados de "sexi"; 14 900 000 de "sexis"; 58 400 de "sexapil". ☑

375. *¿shampoo?, ¿shampoos?*

Hay voces extranjeras que, independientemente de sus peculiaridades de pronunciación en su idioma original, ortográficamente entran al idioma español sin cambio alguno. Son los denominados préstamos lingüísticos textuales. Ejemplos: "aria" (del italiano *aria*), "chip" (del inglés *chip*), "*leitmotiv*" (del alemán *leitmotiv*), "peluche" (del francés *peluche*), "pop" (del inglés *pop*) y "soda" (del italiano *soda*). No es el caso del sustantivo masculino *shampoo*, palabra inglesa que, en español, se escribe y se pronuncia "champú": "sustancia jabonosa para lavar el pelo y el cuero cabelludo". Es cierto que las empresas fabricantes de este producto invariablemente ponen en los envases el nombre en inglés (*shampoo*), pero en los países de lengua española esto es absurdo, puesto que el término ya está castellanizado o españolizado: se debe decir y escribir "champú", cuyo plural es "champús". Leemos en un encabezado de la sección deportiva del diario mexicano *Milenio* que "Maicon fue baja por eyacular en **shampoo** de David Luiz". Más allá de las bromas estúpidas que se gasten los futbolistas (Maicon y Luiz son futbolistas brasileños), lo que no hay que hacer es eyacular anglicismos si tenemos palabras en español para expresar lo que deseamos. El término "champú" es el adecuado en español. Y lo que hizo el tal Maicon, si la información es fidedigna, fue masturbarse y arrojar su semen en el bote de champú del greñudo y ensortijado David Luiz, para que su cabello le quedara la mar de sedoso. O eso supuso el finísimo Maicon mientras se la jalaba a la salud de David Luiz.

☞ Google: 576 000 resultados de "el shampoo"; 425 000 de "un shampoo"; 78 500 de "tu shampoo"; 48 800 de "los shampoos"; 17 600 de "un buen shampoo"; 13 800 de "ese shampoo". ☒

☞ Google: 12 700 000 resultados de "champú"; 3 230 000 de "champús". ☑

376. signos de interrogación y exclamación: "licencias" innecesarias

La Real Academia Española establece lo siguiente: "Los signos de interrogación (¿?) y exclamación (¡!) son signos dobles cuya función principal es delimitar, respectivamente, las secuencias interrogativas y exclamativas directas: *¿Qué quieres?, ¡Qué nombre tan bonito!* Con esta función es incorrecto suprimir el signo de apertura por imitación de otras lenguas en las que únicamente se coloca el de cierre". Por ello es una torpeza y, en particular, una pésima imitación del inglés en nuestra lengua escribir, por ejemplo: *Qué haremos ahora?, Quién lo diría!* En México hay una sexagenaria revista que se llama *Siempre!*; en buen español tendría que llamarse *¡Siempre!*, más aún si tiene como subtítulo *Presencia de México*. Pero esto no debe sorprendernos, ya que en el ámbito más amplio de la lengua española el gran poeta chileno Pablo Neruda, militante marxista y estalinista, antiimperialista (en relación, claro, con Estados Unidos, no con la antigua URSS), escribió los signos de interrogación y exclamación a la usanza de la gramática y la ortografía inglesas: sin los signos respectivos de apertura, únicamente con los de cierre. Ejemplos de su poesía: "Quién despeña la rama de los vínculos?/ Quién otra vez sepulta los adioses?" Y, peor aún (cuando la interrogación es muy larga y el signo de cierre aparece siete versos después): "Quién apresó el relámpago del frío,/ y lo dejó en la altura encadenado,/ repartido en sus lágrimas glaciales,/ sacudido en sus rápidas espadas,/ golpeando sus estambres aguerridos,/ conducido en su cama de guerrero,/ sobresaltado en su final de roca?" Esto se complica aún más con la ausencia del signo exclamativo de apertura y cuando el de cierre aparece diez versos después del inicio de una frase que pretende ser exclamativa. Ejemplo tomado también de la poesía de Neruda: "A mí dadme las olas/ que sacuden/ el cuerpo cristalino/ de mi patria,/ dejadme al Este a ver cómo se eleva/ la majestad del mundo/ en un collar altivo de volcanes/ y a mis pies sólo el sello/ de la espuma,/ nieve del mar, eterna platería!". En español, son indispensables los signos interrogativos y exclamativos tanto de apertura como de cierre, a fin de saber en qué momento inicia y en qué momento concluye la inflexión de voz para pasar de un tono a otro. Llámese Pablo Neruda o llámese Juan Pérez, quien omite tales signos está cometiendo un error en el idioma español, aunque, en el caso del poeta, pueda llamarse "licencia" (innecesaria). Para el caso es lo mismo, por la dificultad que representa leer, en español, una expresión que no está escrita de acuerdo con el convencionalismo de nuestra gramática y nuestra ortografía. Caso parecido, en este tipo de licencias viciosas en español, es el que cometió el gran poeta, cuentista y ensayista argentino Jorge Luis Borges al usar, en muchos de sus poemas, mayúscula inicial en cada verso aunque no fuera después de punto y aparte. Se trata de una imitación de la escritura inglesa, como en el siguiente ejemplo, en uno de sus poemas: "No sé por qué en las tardes me acompaña/ **E**ste asesino que no he visto nunca./ Palermo era más bajo. El amarillo/ **P**aredón de la cárcel dominaba/ **A**rrabal y barrial. Por esa brava/ **R**egión anduvo el sórdido cuchillo". En nuestro idioma no hay razón alguna para usar mayúscula inicial en cada verso, a menos que sea después de punto y aparte o en un verso que comience con nombre propio. Llámese Jorge Luis Borges o llámese Pedro González, quien escribe de este modo comete un yerro en el idioma español, aunque lo denomine "licencia" (igualmente innecesaria). ¡Y ya sabemos cuántas licencias (inútiles) se tomó el gran poeta español Juan Ramón Jiménez con el uso de la jota: "antolojía", "elejía", "iconolojía", "jente", "surjir", etcétera! Caprichos, nada más; brincos para caer en el mismo sitio. Con las llamadas vanguardias literarias (lo gracioso de ellas es que dejan de ser vanguardias en cuanto transcurren unos pocos años, y pasan a ser antiguallas), a todo el mundo le dio por escribir sin usar las mayúsculas de rigor, todo en minúsculas (incluidos los nombres propios) y sin signos de puntuación. Ejemplo de un texto (poético) del uruguayo Mario Benedetti: "muy poco antes o muy poco después/ en brasil adolphe berk embajador de usa/ apoyaba qué raro el golpe contra vargas/ en honduras las inversiones yanquis/ ascendían a trescientos millones de dólares/ paraguay y uruguay en intrépido ay/ declaraban la guerra a alemania/ sin provocar por cierto grandes conmociones/ en chile allende era elegido senador/ y en haití los estudiantes iban a la huelga/ en martinica aimé cesaire el poeta/ pasaba a ser alcalde en fort de france". ¿Qué se ganó con esto para la comprensión o la intensidad del idioma? ¡Nada! ¡Absolutamente nada! Una licencia más es escribir el signo de los dos puntos (:) no al final del enunciado para llamar la atención acerca de lo que sigue (en relación estrecha con el texto precedente), sino al inicio de la unidad sintáctica inferior, como en el caso del poeta mexicano Efraín Bartolomé y de otros que lo han imitado. Ejemplo de la poesía de Bartolomé: "He olvidado las ciudades donde jamás estuviste conmigo/ : las ciudades donde ya no estaremos". "Amaneció/ : la Luna ocupa el lugar del sol [...]/ Las estatuas se inclinan a su paso/ mas las dulces muchachas no lo notan/ : van como mirando lejos". Pese a que en la escritura literaria y, especialmente, poética, sean frecuentes las "licencias" gramaticales y ortográficas (una "licencia poética" consiste, a decir del DRAE, en una "infracción de las leyes del lenguaje o del estilo que puede cometerse lícitamente en la poesía, por haberla autorizado el uso con aprobación de los doctos"), se trata en realidad de excepciones que, como ya vimos, no siempre resultan afortunadas. Lo cierto es que, pese a todo lo discutible de su pertinencia o eficacia, al margen de lo poético, en la lengua española debemos acatar (y no atacar) las reglas para una mejor comprensión, pues esto es fundamental en la comunicación del mensaje que se pretende transmitir.

Por ello es tonto que la publicidad y la propaganda, además de las personas en general, transgredan las reglas de la escritura en aras de llamar la atención, pero quebrantando la lógica del idioma. Así, en internet hay un portal salvadoreño de noticias, reseñas, títulos y elencos de películas que se llama:

☞ **"Ya Viste?"**

En correcto español, sin anglofilia, tendría que llamarse:

☞ **¿Ya viste?**

✎ Por lo visto, esto (el uso apropiado de la lengua) ya no les importa ni a las instituciones públicas encargadas de la educación. He aquí otros ejemplos de esta torpeza: "a que no sabías?", "a que no sabías!", "es verdad?", "no es verdad!", "no te creo!", "falso!".

☞ Google: 15 900 000 resultados de "sabías que?"; 529 000 de "ya viste?"; 518 000 de "a que no sabías?"; 516 000 de "a que no sabías!"; 459 000 de "oh por Dios!"; 433 000 de "no te creo!". ☒

377. *¿simposia?, ¿simposium?, ¿symposium?*

En español, el sustantivo "simposio" (del griego *sympósion*, "festín") significa, en definición del DRAE, "conferencia o reunión en que se examina o discute determinado tema". Mucho mejor es la definición de María Moliner en su *Diccionario de uso del español*: "banquete o reunión que celebraban los griegos en que se bebía, había generalmente acompañamiento de música y canto y se conversaba sobre alguna materia". (Sobre este significado resulta ilustrativo el diálogo de Platón intitulado *El banquete*.) Y acto seguido Moliner ofrece dos acepciones más a partir de este contexto: "reunión menos importante y numerosa que un congreso en que se tratan por personas especializadas diversos temas sobre una determinada cuestión" y "reunión de escritos sobre ciertas cuestión, de diversos autores". Ejemplo: *Se realizó un **simposio** internacional sobre educación*. Es un dislate culto decir y escribir "symposium" o "simposium" y, peor aún, utilizar para el plural el término latino *simposia*. Hablamos y escribimos en español, y el término correcto es "simposio" cuyo plural no es otro que "simposios". Quienes se creen más cultos entre los cultos, pero no suelen consultar los diccionarios (en parte porque suponen que todo lo saben) creen que decir y escribir "symposium", "simposium" y "simposia" hace más importantes o más lúcidos y lucidos sus, frecuentemente, abstrusos y aburridos "simposios". En realidad ni siquiera han tomado estas grafías del griego o del latín, sino del inglés. ¡Una vez más estamos ante un anglicismo!, pues *symposium* (con sus plurales *symposia* y *symposiums*) es la grafía del inglés. Desde 1960, en México, Ángel María Garibay recomendó: "digamos *simposio, simposios* y basta"; y desde 1961, en España, Manuel Seco insistió: "no hay necesidad de usar la grafía *symposium*". La arrogancia inculta de ciertos doctos que presumen de eruditos ("libros cultos doctoran ignorantes", sentenció Quevedo) extendió el uso de "simposium", "simposiums", "symposium", "symposiums" y "simposia" incluso entre los hablantes y escribientes de ámbitos incultos. No hay nada peor que "autoridades" indoctas cuya influencia impone usos bárbaros no sólo en la lengua. Toda esta familia de disparates abunda en publicaciones impresas y en internet, muy especialmente en el ámbito académico que es, por lo demás, uno de los medios más contaminados por cierto anglicismo asumido con estridente orgullo. Digamos y escribamos "simposio" y "simposios", y sanseacabó.

☞ Google: 2 060 000 resultados de "simposium"; 166 000 de "simposiums"; 60 300 de "el simposium"; 51 300 de "el symposium"; 44 200 de "simposia"; 15 200 de "los simposia"; 3 750 de "los simposiums"; 1 280 de "los symposia". ☒

☞ Google: 7 950 000 resultados de "simposio"; 938 000 de "simposios"; 471 000 de "el simposio"; 433 000 de "un simposio"; 73 000 de "los simposios". ☑

378. *¿sin fin?, ¿sin número?, ¿sin razón?, ¿sin sabor?, ¿sin sentido?, ¿sin vergüenza?*

Los sustantivos compuestos con el prefijo "sin-" ("privación o carencia") deben escribirse como un solo término, con grafía simple, como en *sinfín, sinnúmero, sinrazón, sinsabor, sinsentido, sinvergüenza,* etcétera. Por supuesto, únicamente si tienen función de sustantivos, ya que "sin" es también preposición (del latín *sine*) que, al modificar un término, por separado, denota carencia o falta de lo se nombra. No es lo mismo *Lo dijo **sin vergüenza*** que *Lo dijo el **sinvergüenza***. En el primer caso quien dice algo lo hace sin sentir vergüenza; en el segundo, lo que haya dicho el sujeto (que no sabemos qué fue) no es lo que más importa en el enunciado, sino el carácter de "sinvergüenza" (de pícaro, bribón, desfachatado, inmoral, etcétera) que tiene. "Sinvergüenza" es sustantivo, como lo son también "sinfín", "sinnúmero", "sinrazón", "sinsabor" y "sinsentido", con sus plurales "sinfines", "sinnúmeros", "sinrazones", "sinsabores", "sinsentidos" y "sinvergüenzas". Ejemplos: *Hizo un **sinfín** de tonterías; Cometió un **sinnúmero** de arbitrariedades; Es la mayor **sinrazón** que he escuchado; Vivió muchos **sinsabores**; A cada rato dice **sinsentidos**; Son unos **sinvergüenzas**.* En cuanto a los significados, "sinfín" equivale a "infinidad" ("gran números de cosas o personas"), sinónimo de "sinnúmero" ("número incalculable de personas o cosas"); "sinrazón" es la "acción hecha contra justicia y fuera de lo razonable o debido" (DRAE), un tanto parecido a "sinsentido", aunque con otro matiz: "cosa absurda y que no tiene explicación" (DRAE); y en cuanto a "sinsabor", su acepción más frecuente es la del sentido figurado: "pesar, desazón moral, pesadumbre" (DRAE). En conclusión, siempre que se utilicen estos términos como sustantivos compuestos deben escribirse en una sola palabra, esto es con grafía simple y sin necesidad alguna de guión intermedio. El término "sin" únicamente va separado cuando tiene función de preposición y no de prefijo, como en los siguientes ejemplos: *Me pareció un abismo **sin fin**; Era una casa **sin número**; Se molestó **sin razón** alguna; Era una sopa **sin sabor**; Se desplomó **sin sentido**; Confesó todo aquello **sin vergüenza**.*

Son muchos los hispanohablantes que no saben distinguir entre el uso preposicional de "sin" y el prefijo "sin-". Este dislate abunda en internet lo mismo que en publicaciones impresas, y lo cometen incluso personas de cultura media y de alta escolaridad. En el diario mexicano *El Economista* leemos lo siguiente en un sumario:

☟ "La inesperada elección de Donald Trump ha provocado un **sin número** de reacciones".

Debió informar el diario, con ortografía, que

☝ La inesperada elección de Donald Trump ha provocado un **sinnúmero** de reacciones.

✎ He aquí otros pocos ejemplos de estos abundantes desbarres: "un **sin número** de lagunas", "un **sin número** de actividades", "hay un **sin número** de pensamientos en mi cabeza" (que se preocupe cuando los innumerables pensamientos los tenga en los pies), "un **sin número** de beneficios", "un **sin fin** de cascadas", "un **sin fin** de actividades recreativas y culturales", "un **sin fin** de miradas", "el **sin sentido** de la vida", "el **sin sentido** de las cosas", "el **sin sentido** del racismo", "la **sin razón** de la fuerza", "volverá a instalarse la **sin razón**", "la era de la **sin razón**", "me quedó un **sin sabor** amargo" (entonces sí tenía sabor), "nos deja un **sin sabor** muy grande", "le queda a uno un **sin sabor**", "aprendiendo a ser un **sin vergüenza**", "eres un **sin vergüenza**", "un **sin vergüenza** político", "la vida sigue a pesar de esos **sin sabores**", "la vida te regala esos **sin sabores** y grandes alegrías".

☞ Google: 627 000 resultados de "un sin fin"; 573 000 de "un sin número"; 196 000 de "un sin sentido"; 182 000 de "el sin sentido"; 169 000 de "la sin razón"; 87 100 de "las sin vergüenzas"; 41 200 de "un sin sabor"; 33 800 de "un sin vergüenza"; 20 800 de "una sin razón"; 15 500 de "el sin sabor"; 10 100 de "los sin sabores"; 8 830 de "los sin sentidos"; 8 620 de "la sin vergüenza"; 6 770 de "los sin vergüenzas"; 5 330 de "las sin razones"; 3 550 de "muchos sin sabores"; 2 590 de "esos sin sabores". ☒

☞ Google: 6 960 000 resultados de "sinfín"; 2 500 000 de "sinnúmero"; 1 300 000 de "sinvergüenza"; 920 000 de "sinvergüenzas"; 976 000 de "sinsentido"; 717 000 de "sinsabores"; 577 000 de "sinrazón"; 262 000 de "sinfines"; 229 000 de "sinsabor"; 144 000 de "sinsentidos"; 122 000 de "sinrazones"; 12 700 de "sinnúmeros". ☑

379. *sirio* no es lo mismo que *cirio*

"Sirio" es un adjetivo que se aplica al "natural de Siria (país asiático)" así como a lo "perteneciente o relativo a Siria y a los sirios". Ejemplos: *El presidente **sirio** Bashar al-Assad fue reelegido en junio de 2014; Los **sirios** no aceptarán ningún dictado ni sucumbirán a ninguna presión externa.* "Cirio", en cambio, palabra homófona de "sirio", es un sustantivo masculino proveniente del latín *cereus* ("de cera") y con él se nombra a una vela de cera larga y gruesa, y entre todos los "cirios" el denominado "cirio pascual" es el que se bendice en la vigilia de pascua y arde en los oficios litúrgicos católicos del domingo de resurrección, en las honras fúnebres y en el rito del bautismo. Ejemplo: *El **cirio pascual** es el icono de Cristo resucitado.* Por la homofonía ya mencionada, no pocos escribientes atribuyen al adjetivo "sirio" las características del sustantivo "cirio", lo cual es un evidente barbarismo.

No únicamente en internet, sino también en publicaciones impresas (diarios, revistas, libros) asoma la nariz este barbarismo, ya sea en el ámbito culto o en el inculto. En el diario guatemalteco *Prensa Libre* leemos lo siguiente:

☹ "Esta noche se encenderá el **Sirio** Pascual, que tiene marcados los cuatro puntos cardinales y el emblema de Jesucristo: el Alfa y Omega, que significa *el que es y será*".

Quiso informar el diario que

☺ se encendería esa noche el **cirio** pascual, etcétera.

✎ En periódicos, revistas y libros impresos, al igual que en publicaciones electrónicas, este barbarismo es habitual. Unos pocos ejemplos reproducidos de diversos medios: "el Papa enciende el **sirio** pascual en el Vaticano", "procesión del fuego de Jesús con el **Sirio** Pascual", "se encendió el **sirio** pascual para iniciar la procesión", "en ese fuego se mete el **sirio** pascual que es el signo de Cristo resucitado", "se enciende el **sirio** pascual, el cual mide aproximadamente un metro y lo lleva el Diácono", "les pidió que encendieran los **sirios** pascuales", "los **sirios** deben ser de cera de abeja", "pusieron candelabros de bronce con **sirios** de parafina blanca".

☞ Google: 3 350 resultados de "sirio pascual". ☒

380. *¿socialité?, ¿socialité famosa?, ¿socialité rica?*

En inglés, el término *socialite* (obviamente, sin tilde) se pronuncia más o menos así: *sociolait*. Nada tiene que ver con "socialité" (con tilde) que es un idiotismo de quienes queriéndoselas dar de muy internacionales confunden el inglés con el francés, a pesar de que en francés no existe el término *socialité*. En francés, a una celebridad se le denomina *célébrité*, y en español el sustantivo femenino "celebridad" (del latín *celebrĭtas, celebritātis*), aplicado a un individuo, significa "persona famosa". Ejemplo: *Es un burro y apenas si puede tartajear su nombre, pero las redes sociales lo han convertido en toda una **celebridad**.* Estrictamente, en inglés *socialite* se traduce como "mundano", y que en los últimos años se utilice, internacionalmente, para referirse a una persona famosa o a una celebridad que lo es, particularmente, por sus relaciones sociales y su jerarquía económica, no exime de idiotez a quienes lo utilizan en el español pudiendo perfectamente decir o escribir "celebridad" o "famoso", además de que la tilde es una burrada porque en el inglés no hay tildes. ¿Lo saben, acaso, los anglófilos y gringófilos que se mueren de vergüenza si utilizan el español? Es obvio que no, en especial quienes pululan en la farándula y en el "periodismo" de espectáculos. Hoy ya se habla incluso de los "socialités" mexicanos y de la "socialité" mexicana, empleándose el femenino con el significado de gente adinerada o privilegiada: gente de la "alta sociedad" (*High Society*, en inglés), que lo único que tiene, evidentemente, es dinero. Son simplemente "famosos" o "personas famosas", cuya fama, muchas veces, es directamente proporcional a su falta de cultura: en tanto más incultos, más famosos, en una sociedad global que le da importancia a personas que, estrictamente, tienen una vida sin importancia, pero que obtienen fama gracias al dinero o dinero gracias a la fama, en una círculo vicioso de la vanidad y la banalidad.

En un portal de internet leemos lo siguiente:

☟ "Michelle Salas es una **socialité**, artista y blogger de moda mexicana".

Se trata en realidad de

☝ una **famosa** joven que es hija del **famoso** cantante Luis Miguel, y por ello es **famosa** hasta cierto punto, pues hasta en la fama hay niveles.

✎ He aquí otros ejemplos de esta barbaridad anglicista que no es ni inglés ni francés ni por supuesto español: "la **socialité** Kim Kardashian confiesa terrible enfermedad", "la **socialité** Iris Aftel visita Puerto Rico", "Monse es una **socialité** en Monterrey", Kylie Jenner, la **socialité** más sexy, joven e influyente", "la **socialité** Paris Hilton", "conocida **socialité** mexicana que destaca por su belleza en los ambientes más exclusivos" y, como siempre hay algo peor, no pueden faltar las peores redundancias: "la comparan con **famosa socialité**", "**famosa socialité** fue captada hoy en vergonzosa situación", "la **famosa socialité** Kim Kardashian", "**famosa socialité** se arrepiente de su tatuaje íntimo", "los paparazzi seguían a la **rica y famosa socialité**". Lo extraordinario, y por cierto lo más lastimero (es decir lo más digno de lástima), es que pudiese existir una "socialité" sin fama y sin dinero. ¡Menuda **socialité** habría de ser esa!

☞ Google: 965 000 resultados de "socialité"; 221 000 de "rica socialité"; 71 500 de "famosa socialité"; 69 000 de "socialités"; 3 510 de "socialité rica"; 2 990 de "socialité famosa"; 2 510 de "socialité mexicana". ☒

381. ¿*stablishment*?

En la lengua inglesa existen los sustantivos *stability* ("estabilidad"), *staff* ("personal"), *stand* ("puesto, sitio, posición") y *start* ("principio, comienzo"), pero no "stablishment", que ni es inglés ni es español, sino una rara jerga de académicos, políticos y politólogos que, extrañamente (aunque muchos de ellos lean y escriban en inglés), ignoran que, en la lengua inglesa, se dice y se escribe *establishment* (o *Establishment*, con mayúscula inicial) para referirse al grupo dominante de un Estado. De ahí el verbo transitivo *establish* ("establecer, fundar"). Por supuesto, ni *establishment* ni mucho *stablishment* pertenecen a nuestra lengua; la primera por pertenecer al idioma inglés, y la segunda por pertenecer simplemente a la ignorancia lo mismo del inglés que del español. Lo correcto en español es escribir "*establishment*", con las obligadas cursivas que destacan la pertenencia a otra lengua y que el DRAE recoge como voz inglesa y sustantivo masculino que significa "grupo de personas que ejerce el poder en un país, en una organización o en un ámbito determinado". Ejemplo: *Sus ideas fueron censuradas por el* **establishment** *político.*

Como advertimos, es un yerro frecuente entre profesionistas de los ámbitos político y económico, y se ha difundido profusamente a través del periodismo escrito. En el diario venezolano *El Universal* leemos el siguiente titular:

☟ "En Colombia ganó el ***stablishment***".

Quisieron informar en ese diario que

☝ En Colombia ganó el ***establishment***.

✎ He aquí más ejemplos de esta barbaridad culta y académica, tomados lo mismo de diarios, revistas y libros que de textos que inundan internet: "el ***stablishment*** ha tomado nota de nuestra independencia", "el ***stablishment*** académico", "cuál es el político que acabará con el ***stablishment*** de España", "al menos no ganó el ***stablishment***", "a verso limpio contra el ***stablishment***", "el ***stablishment*** de Whasington ha retomado el control", "el ***stablishment*** mexicano está agotado", "se opuso al ***stablishment*** cultural", "Hillary Clinton representaba el ***stablishment***".

☞ Google: 266 000 resultados de "stablishment"; 25 200 de "el stablishment". ☒

☞ Google: 1 610 000 000 de resultados de "*establishment*"; 365 000 de "el *establishment*". ☑

382. *¿supositorio en el culo?, ¿supositorio en el recto?, ¿supositorio rectal?, ¿supositorio uretral?, ¿supositorio vaginal?*

Según el diccionario de la Real Academia Española, el sustantivo masculino "supositorio" (del latín *suppositorium*) designa la "forma medicamentosa sólida que se introduce por vía rectal y se funde con el calor del cuerpo". Ejemplo: *Le aplicaron un* ***supositorio***. Dicho esto los académicos de Madrid quedan muy contentos, y todos tendríamos que entender que los supositorios, si lo son, se aplican exclusivamente en el ano, esto es en el ojo del culo del enfermo, no en la nariz ni en los oídos; pero María Moliner, en su *Diccionario de uso del español*, sabe algo que los académicos de Madrid ignoran por completo: que el "supositorio" no es un medicamento que se aplique exclusivamente por vía anal, sino también por las vías vaginal y uretral. Informa Moliner en el DUE: "**supositorio**. Porción de una sustancia medicamentosa preparada en forma adecuada que se introduce por el ano, la vagina o la uretra". Siendo así, hay supositorios rectales, vaginales y uretrales. Los académicos de Madrid viven en el limbo, y creen de veras que, cuando se habla o se escribe acerca de aplicar un supositorio, se debe entender por fuerza que tal objeto se inserta en el ano. No saben que un "supositorio" puede introducirse al cuerpo por otras dos vías. Eso de andar de picos pardos entre "amigovios" y "papichulos" no deja nada bueno a los académicos de Madrid y a sus hermanastros de América y Filipinas, pues debido a ello no se enteran de nada, es decir de nada que tenga que ver propiamente con la ciencia; en cambio, para los deportes, los espectáculos, la moda y los chismes ¡son buenísimos!

☞ Google: 14 700 resultados de "supositorios vaginales"; 12 900 de "supositorios anales"; 10 200 de "supositorio vaginal"; 7 490 de "supositorio rectal"; 5 850 de "supositorios rectales"; 4 280 de "supositorio anal"; 1 610 de "supositorio en el recto"; 1 400 de "supositorio uretral"; 1 340 de "supositorio en el culo"; 1 220 de "supositorio en el ano"; 1 000 de "supositorio en la uretra"; 1 000 de "supositorios uretrales". ☑

383. *¿suya de él?, ¿suya de ella?, ¿suya de usted?, ¿suyo de él?, ¿suyo de ella?, ¿suyo de usted?*

"¡Pero qué necesidad!", diría el clásico. ¿Qué sentido tienen la construcción redundantemente viciosa "suya de él" y sus variantes, si basta con decir "suya" o "de él"? Veamos. El adjetivo posesivo de tercera persona "suyo", "suya" (del latín *suus*, influido por *cuius*) significa, literalmente, "de él o de ella, de ellos o de ellas" (DRAE). Ejemplos del mismo DRAE: *No he traído mi coche, Javier prefiere que llevemos el* ***suyo***; *Me presentaron a unos amigos* ***suyos***. También equivale a "de usted o de ustedes". Ejemplo: *Mi equipaje es ligero; permítame que también lleve el* ***suyo***. Siendo así, "suya de él", "suyo de él", "suya de ella", "suyo de ella", "suya de usted", "suyo de usted", más sus formas en plural, son todas construcciones redundantes y ridículas. Basta con decir "suya", "suyas", "suyo" y "suyos". Se trata de vicios redundantes parecidos a "mas sin embargo" y a "pero sin embargo": la unión absurda de dos conjunciones adversativas que poseen el mismo significado, con las absurdas lecturas de "mas mas", "pero pero" y "sin embargo sin embargo". Si el adjetivo posesivo "suyo" significa "de él", al decir y escribir "suyo de él" es como dijéramos y escribiéramos "suyo suyo" o "de él de él".

Este tipo de redundancia se ha convertido en una peste en el habla y en la escritura, sea en el ámbito inculto de la lengua o en ambientes de cierta cultura y formación escolar. Es abundante tanto en internet como en publicaciones impresas. En la novela *Todo por ellas* (Alianza Editorial), del español Miguel Bayón, leemos lo siguiente:

☟ "Porque aquel asunto, por muy **suyo de él y de ella** que fuese, y serlo lo era, también era un asunto mío".

¡Vaya, y estos son los libros que ganan premios o quedan finalistas en los certámenes literarios! ¿A eso se le llama "estilo"? Hubiese podido escribir en buen español, sin redundancias ridículas:

☝ Porque aquel asunto, por muy **de ellos** que fuese, también era mío.

✎ He aquí más ejemplos de estas barbaridades redundantemente ridículas: "la vida no sería algo **suyo de él**", "su cuerpo no es **suyo-de-ella**, sino **suyo-de-él**", "el edificio neoyorkino conocido como AOL Time Warner es **suyo de él**", "es un festejo **suyo de él**", "con uno **suyo de ella**", "por supuesto el marido **suyo de ella**", "en el ensayo **suyo de ella**", "el día de su cumpleaños **suyo de ella**", "amiga **suya de ella** para colmo", "la culpa es **suya de ella**", "169 mil millones de dólares muy **suyos de ellos**" y, como siempre hay algo peor, "eres **mío de mí y no suyo de ella**" y "los muy **suyos de ellos mismos**".

☞ Google: 204 000 resultados de "suyos de ellos"; 161 000 de "suyo de ella"; 148 000 de "suyo de él"; 146 000 de "suyos de ella"; 140 000 de "suya de ella"; 113 000 de "suya de él"; 108 000 se "suyo de ella"; 93 500 de "suyas de ellos"; 69 700 de "suyas de ella"; 66 200 de "suyas de ellas"; 65 500 de "suyos de él"; 35 500 de "suyas de él". ☒

T

384. *tañir* no es lo mismo que *tañer*

"Tañer" (del latín *tangĕre*, "tocar") es un verbo transitivo e irregular. Significa "tocar un instrumento musical de percusión o de cuerda, en especial una campana" (DRAE). Ejemplo: *Escuchaban, a lo lejos, el* ***tañer*** *de los tambores*. La pregunta que debemos hacer a la Real Academia Española, a partir de su definición, es la siguiente: ¿Es la campana un instrumento musical? En el DRAE esto no se precisa. Ahí leemos que "campana" es el "instrumento metálico, generalmente en forma de copa invertida, que suena al ser golpeado por un badajo o por un martillo exterior". En el DUE, María Moliner define la "campana" como el "instrumento sonoro constituido por una pieza hueca, en general de bronce, de forma aproximadamente troncocónica, dentro de la cual cuelga un macillo que la golpea al cambiarla de posición". Que sea un instrumento sonoro no implica, necesariamente, que sea musical. Y la campana, más allá de lo que diga el DRAE, no lo es, o no lo es especialmente. La acepción principal del adjetivo "sonoro" (del latín *sonōrus*) es "que suena o puede sonar", y en segunda acepción "que suena bien, o que suena mucho y agradablemente". Y, por cierto, la campana no siempre suena agradablemente. Al sonido de la campana que "toca a muerto" (es decir, que llama a oficios religiosos de difunto) se le aplica el verbo intransitivo "doblar". Ejemplo clásico de la literatura: *Nunca preguntes por quién* ***doblan*** *las campanas;* ***doblan*** *por ti* (John Donne). La inexactitud en la definición que da el DRAE al verbo "tañer" está en la acotación "en especial una campana" luego de informar que "tañer" es "tocar un instrumento musical de percusión o de cuerda". Seamos serios: en definitiva, no especialmente una campana, pues a la persona que tiene por oficio tocar las campanas se le llama "campanero", en tanto que un "tañedor" es la "persona que tañe un instrumento musical" (DRAE). Ejemplos: ***Campanero*** *que se levanta tarde no es* ***campanero***; *El* ***tañedor*** *de la flauta era un virtuoso*. El sustantivo masculino "tañido" es la acción y efecto de "tañer". Ejemplo: *El* ***tañido*** *de una flauta*. Todo esto en cuanto a la imprecisión del DRAE, pero también hay que señalar el barbarismo de no pocos hispanohablantes que suponen que existe el verbo "tañir". No hay tal: el verbo es "tañer", de carácter irregular, cuyo presente de indicativo se conjuga de la siguiente manera: *yo taño, tú tañes, él tañe, nosotros tañemos, ustedes tañen, ellos tañen*. La primera persona del pretérito perfecto simple es *yo tañí*, en tanto que el infinitivo es "tañer". La forma "tañir" es simplemente un barbarismo; del ámbito culto, por cierto.

Siendo dislate del español culto, lo que revela es que muchas personas de alta escolarización están peleadas con el diccionario: no lo abren ni por asomo. Es frecuente lo mismo en internet que en publicaciones impresas. Incluso escritores ignoran que el verbo "tañir" no existe o que sólo existe en sus cabezas. En el diario español ABC *de Sevilla* leemos el siguiente sumario:

☞ "A las ocho de la tarde, como en todo el orbe católico, el **tañir** de la Giralda y otros campanarios, han despedido a Benedicto XVI".

En primer lugar no hay "ocho de la tarde", hay *ocho de la noche*; en segundo lugar, el ABC *de Sevilla* quiso referirse, con corrección idiomática, al

☞ **tañer** de la Giralda y otros campanarios para despedir a Benedicto XVI.

✎ En el libro *Textos recobrados (1931-1955)*, de Jorge Luis Borges, leemos acerca de "los valerosos sacerdotes belgas que se negaron a **tañir** las campanas cuando Amberes cayó". Es un error, por supuesto. Pero también gente menos insigne lo comete. He aquí otros ejemplos: "extraño el **tañir** de las campanas de mi iglesia", "Puebla, al **tañir** de las campanas", "cuando se oiga el **tañir** de las campanas", "el ambiguo **tañir** de las campanas", "se oye aún el **tañir** de las campanas que fundió Fray Luis Beltrán", "se oye a la distancia el **tañir** de una campana", "el **tañir** de campana rubricó la tradicional ceremonia", "tomaron la torre de San Francisco e hicieron **tañir** las campanas", "al **tañir** una cuerda, ésta vibra", "jugaba al ajedrez y sabía **tañir** y trovar", "el escenario para **tañir** los acordes de Satanás", "se les ve **tañir** una lira", "¿será el **tañir** del manantial sonoro golpeando entre los riscos de las sierras?", "el **tañir** de los sonidos ancestrales", "oigo **tañir** su flautín", "hizo **tañir** la flauta", "¿qué imaginabas al **tañir** la lira?", "**tañir** el laúd cual demiurgo", "además, sé cantar y **tañir** el laúd", "hay que ver lo que saben las arpías, cómo **tañir** el arpa, por ejemplo", "de ellos he aprendido a **tañir** el arpa".

☞ Google: 21 400 resultados de "tañir". ☒

385. *¿tijera?, ¿tijeras?*

Aunque se usa indistintamente en singular y en plural, debe saberse que "tijeras" es el plural de "tijera", sustantivo femenino que el DRAE define del siguiente modo: "Instrumento compuesto de dos hojas de acero, a manera de cuchillas de un solo filo, y por lo común con un ojo para meter los dedos al remate de cada mango, las cuales pueden girar alrededor de un eje que las traba, para cortar, al cerrarlas, lo que se pone entre ellas". Ejemplo: *Bombero sin manguera es como jardinero sin* ***tijera***. Se utiliza más en plural que en singular con el mismo significado. Pero habrá que tomar en cuenta que se puede caer en graciosas confusiones, pues si nos referimos a varios de estos objetos resulta necesario decir y escribir "las tijeras", "unas tijeras", "otras tijeras", "muchas tijeras"; en cambio, si sólo se trata de un objeto, es indispensable decir y escribir, con entera precisión, "la tijera", "una tijera", "otra tijera", "esa tijera". He aquí un ejemplo de confusión cómica: "Tráete las tijeras", le dice el jefe a su ayudante. Se suben a la camioneta y, una hora después, cuando ya han llegado a su destino, le indica: "Descarga las tijeras". El ayudante, presto a mostrar su eficiencia y prontitud, se lleva la mano al bolsillo y dice: "Aquí están", y le muestra una sola tijera. "¡Si serás pendejo!", grita el otro, y añade: "¡Te dije que trajeras las tijeras, no una pinche tijera!". Este uso es similar al de "pinzas" y "tenazas", sustantivos femeninos cuyos singulares son "pinza" y "tenaza". La forma pluralizada que se ha impuesto en nuestro idioma proviene sin duda de que son herramientas compuestas de dos partes simétricas. Lo que se olvida es que una cuchilla o un brazo de cualquiera de estos instrumentos no constituyen por sí solos una tijera, una pinza, una tenaza. La tijera sólo existe con un mecanismo de dos cuchillas, y la pinza lo mismo que la tenaza sólo son posibles con mecanismos de dos brazos opuestos. No hay tijera ni pinza ni tenaza, si el par de piezas no se ensambla a fin de oponerse. Dicho de otro modo: la mitad de una tijera no se puede llamar tijera (en todo caso, media tijera), aunque la gente denomine "tijeras" a la "tijera" por su característica doble. Esta forma de pluralizar los sustantivos de instrumentos formados por un par de piezas nació sin duda de un barbarismo coloquial, y con el tiempo se fue imponiendo en todos los ámbitos de la lengua. No debe sorprendernos: hay quienes llaman "espaldas" a la "espalda" y "narices" a la "nariz". Ejemplos: *Lo cargó sobre sus* ***espaldas****; Se sonó ruidosamente las* ***narices****.* En realidad, cada persona normal tiene una sola "nariz" compuesta por dos orificios (izquierdo y derecho), que forma parte del aparato respiratorio. A cada uno de estos orificios nasales se le llama "narina". Una persona normal posee una nariz compuesta por dos narinas, aunque suela emplearse el plural "narices" para referirse al singular "nariz", como en la locución verbal coloquial *Lo dejaron con un palmo de* ***narices****.* En cuanto al sustantivo "espalda" hay que decir que ésta se compone, en la parte superior, de dos omóplatos: el izquierdo y el derecho, y tiene su raíz en el latín tardío *spathŭla* ("espátula, omóplato"), diminutivo de *spatha*, literalmente, "pala". Coloquialmente, cada palita se considera una "espalda", aunque estrictamente, en una persona, la espalda sea una sola, en cuya parte superior se ubican dos omóplatos o espátulas. (Y, sin embargo, nadie habla de tener "cerebros", sino "cerebro", a pesar de que el cerebro se compone de dos partes: el hemisferio izquierdo y el hemisferio derecho.) Con tan larga historia, ya no es posible revertir estos usos pluralizados. Pero si queremos utilizar el idioma con propiedad semántica y con propósito estético, sobre todo en la escritura, bien estaría precisar. Es lógico que se hable y se escriba en plural de "las tetas" y "los huevos", pues cada persona, normalmente, según sea su sexo, posee un par de ellas o de ellos. Y aun así, si a alguien le duele una sola teta, no le dirá al médico "me duelen las tetas", sino "me duele una teta" o "tengo dolor en la teta izquierda"; y, en el caso de los varones, si hay dolor perfectamente localizado en un testículo, no le dirá al médico "me duelen los huevos", sino "me duele un huevo". "¿Sólo uno?", le preguntará el médico. Y el paciente podría responder: "Sí, sólo el derecho". Es curioso que, en la lucha libre, espectáculo popular por excelencia, se diga, casi siempre, a propósito de una llave que se aplica con las dos piernas que se oponen en mecanismo de estrangulación, que *Fulano de Tal aplicó* ***una tijera*** *al cuello de su oponente y lo venció*; así, en singular, y no "unas tijeras". ¿Por qué? Porque, como es lógico, a lo largo del combate es probable que le haya aplicado esta llave más de una vez; es decir, le aplicó varias tijeras. En cuanto al sustantivo "espalda", ahí mismo en la lucha libre, es más frecuente que se diga y se escriba "con **la espalda** en la lona" que "con **las espaldas** en la lona". Ejemplo: *Mantuvo a su rival con* ***la espalda*** *en la lona y el réferi contó hasta tres y lo declaró victorioso.* De hecho, forzar al rival a que tenga la espalda plana sobre la lona durante tres segundos es una de las maneras de derrotarlo, pero justamente se requiere que la espalda esté completamente asentada en la lona; si sólo es un lado de la espalda, el réferi no iniciará el conteo. ¿Qué indica esto? Que en el ámbito popular puede haber a veces un mejor empleo de la lógica que el que se da en el ambiente culto.

☞ Google: 80 400 000 resultados de "espalda"; 61 100 000 de "nariz"; 26 900 000 de "tijeras"; 26 600 000 de "pinza"; 25 900 000 de "pinzas"; 18 500 000 de "espaldas"; 15 900 000 de "tijera"; 6 820 000 de "narices"; 2 150 000 de "tenazas"; 1 490 000 de "tenaza". ☑

386. *¿todas y todos?, ¿todos y todas?*

El denominado "lenguaje de inclusión" suele prestarse a comicidades involuntarias, producto del abuso de lo políticamente correcto. El idioma se torna caricaturesco cuando, por ejemplo, en un programa de radio de la cadena MVS, en México, un académico invitado, de quien no dudamos ni de su inteligencia ni de su capacidad profesional, se refiere a ¡"los humanos y las humanas"!, con lo cual supera, para siempre, el "chiquillos y chiquillas" de Vicente Fox. Asimismo, en un programa televisivo de reflexión, también en México, el conductor va saludando y presentando a cada uno de sus invitados (cuatro en total: dos mujeres y dos varones), todos ellos universitarios y analistas políticos, y al tocarle el turno a uno de los varones éste dice, con engolamiento y estudiada cortesía teatral: "Muy buenas noches tengan **todos y todas**". Los "todos", en este caso, son dos, y las "todas", también dos. ¿Todos y todas? Es un absurdo; una contravención al sentido común. Nunca el idioma español había sido tan equívoco como ahora, cuando en aras de un presunto "lenguaje no sexista", "no discriminador", "con perspectiva de género" y políticamente correcto, se olvida el buen uso de la gramática (es decir la forma) y se pierde de vista la semántica (es decir, el significado). Decir "todos y todas" es quedar bien con la política, pero quedar muy mal con la lógica. Veamos por qué. El pronombre indefinido masculino plural "todos" (del latín *totus*: "todo entero") significa literalmente "todas las personas" (DRAE). Ejemplo del diccionario académico: *La limpieza de la ciudad nos concierne a* ***todos***. El pronombre "todos" es genérico y abarca, justamente, la "totalidad", esto es el conjunto de todas las personas, sin que quepa la excepción. Lo que el analista políticamente correcto debió decir en buen español es lo siguiente: *Muy buenas noches a* ***todos***, y punto. No quiere decir esto que se dé las buenas noches a los varones y se excluya de esta cortesía a las mujeres. ¡Claro que no! "Todos" son "todos", independientemente del sexo de las personas. Por supuesto, el pronombre admite la forma femenina plural, "todas", y se aplica para la especificidad. Ejemplo: *Muy buenas noches a* ***todas***, si quien habla (ya sea un varón o una mujer) tiene únicamente interlocutoras. En este caso, el pronombre "todas" abarca al conjunto de mujeres, sin excluir a ninguna. No olvidemos que en nuestro idioma el uso genérico del masculino "sirve para designar la *clase*" o, dicho de otro modo, "a todos los individuos de la especie, sin distinción de sexos" (RAE). Ejemplo: *El* ***hombre*** *de Neandertal es una especie extinta*. Es una ingenuidad, y un desconocimiento del idioma, creer, a partir de este enunciado, que los neandertales eran únicamente varones. Otro ejemplo: ***Todos los docentes*** *deberán entregar al* ***alumno*** *el programa del curso*. ¿Deberían entender "las docentes" que esta obligación no les corresponde a ellas, sino únicamente a los varones, quienes a, su vez, interpretarían que el programa del curso que se les exige entregar es sólo para los "alumnos" pero no para las "alumnas"? Seamos serios. Sólo torciendo la lógica y la economía del idioma, indispensables para la efectiva y clara comunicación, alguien entenderá que cuando se habla de obligaciones de los "ciudadanos", eso no le toca porque, en su caso, es "ciudadana". La falta de comprensión cabal del idioma, a partir de la demagogia política, conduce a idioteces extremas como las de Nicolás Maduro, que en uno de sus discursos expresó tonante, para exaltar el nacionalismo "bolivariano" en Venezuela: "¡Hoy tenemos **millones y millonas** de Bolívar!". Este uso absurdo del desdoblamiento y duplicación del género, para supuestamente combatir el sexismo, lleva también al impresentable Maduro a referirse a "los **liceos y liceas** del país". Pero Maduro no está solo: en el diario mexicano *Milenio* leemos que "Luis Reséndiz Álvarez es una de **cientas** de personas". Es una atrocidad que atenta contra la lógica del idioma, y que se ha enquistado en la política, ¡la universidad! y la burocracia, incluso entre personas aparentemente inteligentes que, por lo visto, nunca han leído las obras de las grandes autoras feministas. Julia Kristeva, en *Lo femenino y lo sagrado*, jamás hubiese escrito lo siguiente: "Muchos de nosotros **y muchas de nosotras**, siempre en esta tribu de los europeos **y las europeas** y más específicamente de los franceses **y de las francesas** que es actualmente la mía, hemos elegido, frente a la religión de los padres **y las madres**, otra 'religión': la del ateísmo comunista". Julia Kristeva no usaría nunca esta duplicación ridícula del género gramatical, pues conoce perfectamente la lógica del idioma, al igual que la conocían Simone de Beauvoir y Susan Sontag, por sólo mencionar dos nombres ilustres. Seamos serios **y serias**, inteligentes (**e inteligentas**, diría Maduro), y evitemos estas ridículas atrocidades. En octubre de 2017, la Academia Francesa calificó como una "aberración" el uso del denominado "lenguaje inclusivo" al cual denominó "peligro mortal para el idioma". En Francia, al igual que en España y en otros países, la ignorancia sin orillas y la falta de lógica han llevado incluso a los manuales escolares un supuesto lenguaje "no sexista" que recurre a la alteración de la ortografía de sustantivos a los que se agrega, en los plurales, un sufijo femenino. Con buenas razones, la Academia Francesa advierte y pregunta lo siguiente: "Si ya es difícil aprender una lengua, ¿qué sucederá si en su uso se añaden los sufijos alterados?". Muy buena pregunta lo mismo para el francés que para el español.

☞ Google: 671 000 resultados de "todos y todas"; 478 000 de "todas y todos". ☒
☞ Google: 2 630 000 000 de resultados de "todos"; 1 520 000 000 de "todas". ☑

387. *¿topless?*

En español se escribe "toples" y no "topless". Nos referimos al adjetivo que significa "con el torso desnudo". *Topless* es voz inglesa y su castellanización y adaptación gráfica en nuestro idioma es "toples" (con una sola "s" final). En el DRAE, este sustantivo femenino tiene dos acepciones: "Desnudo femenino de cintura para arriba" y "bar o local donde trabajan mujeres desnudas de cintura para arriba". Ejemplo: *El **toples** de Penélope Cruz en Córcega*. Nada tiene que hacer en español la doble "s". Puesto que el término ya está castellanizado o españolizado, dígase y escríbase "toples", y punto.

Un amplio sector de la prensa, especialmente el de los espectáculos, no suele consultar el diccionario. Por ello ignora que la grafía correcta en español es "toples" y no "topless". En el diario mexicano *24 Horas* leemos el siguiente encabezado:

☞ "En **topless**, Monica Bellucci realiza sensual escena con Gael García".

En buen español, el diario debió informar que Monica Bellucci hizo sensual escena ☝ en **toples**.

✎ Unos pocos ejemplos de este yerro: "modelo camina por calles de Londres en **topless**", "insólito operativo policial por tres mujeres en **topless**" (a la autoridad le preocupan mucho más las tetas que los criminales), "famosas en **topless**", "Bella Hadid en **topless** para Vogue", "peluquera ofrecía servicio en **topless**" (hasta que la policía de Colorado la detuvo; ¡ah, cómo son hipócritas los gringos!), "las fotos de Kate Middleton en **topless**", "protestan en **topless**", "los mejores hoteles para estar en **topless**", "marchan en **topless** a favor de la igualdad", "Jimena Barón en **topless**", etcétera.

☞ Google: 980 000 resultados de "en topless"; 457 000 de "el topless"; 45 900 de "hizo topless". ☒

☞ Google: 12 200 000 resultados de "toples". ☑

388. *¿tráfico ilegal de drogas?, ¿tráfico ilegal de órganos?, ¿trata ilegal?*

¿Existe el tráfico legal de drogas? ¿Existe el tráfico legal de órganos [humanos]? ¿Existe la trata legal de mujeres? Por definición, no. Las expresiones "tráfico de drogas", "tráfico de órganos" y "trata de mujeres" ya contienen de suyo el sentido de "ilegalidad", sustantivo femenino que designa lo que no es legal, lo que está fuera de la ley. Decir y escribir "tráfico ilegal de drogas", "tráfico ilegal de órganos", "trata ilegal de mujeres" y, peor aún (¡siempre hay algo peor!), "tráfico ilegal de drogas prohibidas", es como suponer que puede existir un "tráfico legal de influencias" en contraposición a un "tráfico ilegal de influencias". Lo correcto es, simple y llanamente, "tráfico de influencias" que ya contiene, implícitamente, el sentido de "ilegalidad". El verbo intransitivo "traficar" (del italiano *trafficare*, y éste del latín *transfigicāre*: "cambiar de sitio") tiene dos acepciones: "comerciar, negociar con el dinero y las mercancías" y "hacer negocios no lícitos". Esta última es la que se ha impuesto en el habla y en la escritura de manera general. Ejemplo: *Fue detenido por* ***traficar*** *con anfetaminas*. Obviamente, el detenido estaba cometiendo un acto fuera de la ley. De ahí el adjetivo y sustantivo "traficante" que se aplica al "que trafica o hace negocios, especialmente de forma no lícita". Ejemplo: *El* ***traficante*** *opuso resistencia e intercambió disparos con la policía*. De ahí también el sustantivo masculino "tráfico" (del italiano *traffico*), "acción de traficar", que tiene al menos tres acepciones virtuosas o al menos neutras: "circulación de vehículos"; "movimiento o tránsito de personas, mercancías, etc., por cualquier medio de transporte"; y, en informática, "flujo de datos a través de la red" (DRAE). Ejemplos: *El* ***tráfico*** *en la ciudad era un caos; Los monitores de red sirven para conocer el* ***tráfico*** *de datos*. Adicionalmente, este sustantivo tiene, de acuerdo con el DRAE, dos acepciones específicas: "tráfico de drogas" y "tráfico de influencias". La primera se refiere al "delito que consiste en cultivar o elaborar drogas tóxicas y comerciar con ellas sin los controles legales"; la segunda configura el "delito que comete quien, prevaliéndose de su posición, induce a una autoridad o a un funcionario a adoptar una resolución en beneficio propio o de un tercero". Ejemplos: *El* ***tráfico de drogas*** *es uno de los delitos que se incrementó en México; Mediante el* ***tráfico de influencias*** *publicó su libro en la editorial más importante del Estado*. Es el mismo caso de "tráfico de órganos [humanos]", que no registra el DRAE, pero que es el delito que consiste en comerciar con órganos humanos (extraídos de personas sanas a las que se les mutila y, a veces, asesina), para efecto de ser transplantados en enfermos que pueden pagar grandes sumas de dinero a los delincuentes. Ejemplo: *El* ***tráfico de órganos*** *es un problema de* *suma gravedad en todo el mundo.* Del mismo modo, tenemos el "tráfico de especies [animales] en peligro de extinción", que muchos profesionistas (biólogos, naturistas, activistas universitarios, etcétera) enuncian, redundantemente, como "**tráfico ilegal de especies en peligro de extinción**". Ejemplo: "Brasil es uno de los países más amenazados por el **tráfico ilegal de especies en peligro de extinción**". Caso distinto es el del "tráfico de personas" que no necesariamente es "ilegal", dado que, como ya vimos, la segunda acepción virtuosa o neutra del sustantivo masculino "tráfico" es la que corresponde al "movimiento o tránsito de personas, mercancías, etc., por cualquier medio de transporte". Para efectos de la precisión, en este caso específico sí debe distinguirse entre "tráfico de personas" y "tráfico ilegal de personas", lo que se ha solucionado con el sustantivo femenino "trata" cuyo significado es el siguiente: "tráfico que consiste en vender seres humanos como esclavos" (DRAE). De ahí "trata de mujeres" y "trata de niñas" que configuran el delito de traficar con mujeres adultas y menores de edad destinadas a la explotación sexual. Ejemplos: *La **trata de mujeres** y especialmente **de menores** se ha convertido en uno de los negocios con más ganancias económicas para el crimen organizado a nivel mundial.* Siendo así, tampoco es correcto decir y escribir "trata ilegal de mujeres", "trata ilegal de niñas", "trata ilegal de menores", etcétera, pues la "trata" es, por definición, "ilegal". Y, si como ya sabemos entonces, "tráfico" y "trata" poseen sentido implícito de "ilegalidad", resulta redundante unir estos sustantivos al adjetivo "ilegal" (contrario a la ley). Basta con decir y escribir "tráfico de drogas", "tráfico de órganos", "trata de mujeres", "trata de niñas", "trata de menores", etcétera.

Estas redundancias son abundantes en el ámbito de la sociología y el periodismo. Profesionistas de gran solidez académica también suelen utilizarlas con enorme descuido. Se han extendido en todo el idioma español por culpa de los medios de información y, especialmente, de internet. Las publicaciones impresas (diarios, libros y revistas) están llenas también de estas barbaridades que resultan de la ausencia de lógica y de la nula consulta del diccionario de la lengua. En el libro *La lucha contra las drogas y la proyección militar de Estados Unidos*, de Theo Roncken, leemos lo siguiente:

☟ "Al precisar la estrategia de la Iniciativa Regional Andina (IRA), el general del Comando Sur, Peter Pace, dijo que 'las amenazas más grandes a la democracia, la estabilidad regional y la prosperidad en América Latina y el Caribe son la migración ilegal, el tráfico de armas, el crimen y la corrupción, y el **tráfico ilegal de drogas**'".

Probablemente el general Pace tenga noticias frescas sobre el **tráfico legal de drogas** y por ello siente la necesidad de precisar y diferenciar; lo cierto es que, si no estamos ante un error del traductor, el general debió referirse simplemente al

☝ **tráfico de drogas**.

✎ He aquí otros ejemplos de estas redundancias ya muy extendidas en nuestro idioma en todos los niveles: "el **tráfico ilegal de drogas** ha alcanzado niveles de récord en muchos países", "salud pública y **tráfico ilegal de drogas**", "el **tráfico ilegal de drogas** siempre ha mostrado una rápida adaptabilidad", "usos y patrones del **tráfico ilegal de drogas**", "el **tráfico ilegal de drogas** lleva consigo asesinato, extorsión, secuestro y un largo etcétera", "aumentó el **tráfico ilegal de cocaína**", "organización criminal dedicada al **tráfico ilegal de cocaína**", "el 10% de los trasplantes que se realizan en el mundo proceden del **tráfico ilegal de órganos**", "incansable, el trabajo para combatir el **tráfico ilegal de órganos**", "**tráfico ilegal de órganos**: especulando con la vida", "cómo operan las redes de **tráfico ilegal de órganos**", "Veracruz, ruta de **tráfico ilegal de especies en peligro de extinción**", "Profepa intensificará operativos para combatir el **tráfico ilegal de especies en peligro de extinción**", "aumenta en México el **tráfico ilegal de animales en peligro de extinción**", "combatir la **trata ilegal de personas**", "la **trata ilegal de personas** involucra engaño y maltrato", "la **trata ilegal de personas** en México", "aumenta la **trata ilegal de mujeres y niñas** para la prostitución", "**trata ilegal de mujeres** con fines de explotación sexual", "familias afectadas por la **trata ilegal de niños**", "ginecóloga obstetra operaba una red de **trata ilegal de recién nacidos**".

☞ Google: 148 000 resultados de "tráfico ilegal de drogas"; 122 000 de "tráfico ilegal de especies"; 107 000 de "tráfico ilegal de animales"; 98 400 de "tráfico ilegal de cocaína"; 58 300 de "tráfico ilegal de droga"; 38 300 de "tráfico ilegal de órganos"; 24 500 de "tráfico ilegal de especies en peligro de extinción"; 16 500 de "tráfico ilegal de animales en peligro de extinción"; 11 500 de "tráfico ilegal de especies en extinción"; 7 390 de "trata ilegal de niños"; 7 180 de "trata ilegal de mujeres"; 6 030 de "tráfico ilegal de órganos humanos"; 4 570 de "trata ilegal de menores"; 2 530 de "trata ilegal de personas"; 2 500 de "traficar drogas ilegales". ☒

389. *¿tragahumo?, ¿tragahumos?*

El término coloquial "tragahúmo" es un neologismo para referirse a los bomberos: los "tragahúmo". Es el término preferido de funcionarios y periodistas cursis que, en un arranque de bajo lirismo, dicen y escriben "tragahumo" o "tragahumos" en lugar de utilizar el perfecto sustantivo "bombero", sustantivo masculino y femenino que significa "persona que tiene por oficio extinguir incendios y prestar ayuda en otros siniestros" (DRAE). Ejemplo: *Los **bomberos** trabajaron durante diez horas para sofocar el incendio.* En lugar de esto, los cursis periodistas dicen o escriben: "Los **tragahumo** trabajaron durante diez horas para sofocar el incendio". El problema es que las más de las veces, estos líricos ramplones ignoran las reglas de la ortografía y la acentuación, tal como en el ejemplo anterior. No saben que, en cualquier palabra, la "h" intermedia no rompe el diptongo y que, por lo mismo, exige la tilde para realizar el hiato (secuencia de dos vocales que se pronuncian en sílabas distintas), como en "ahínco", "ahíto", "ahúma", "ahúman", "ahúmo", "bohío", "búho", "mohín", "sahúma", "tahúr", "truhán", "vahído", etcétera. "Tragahúmo" es término compuesto (de "tragar": "comer, absorber" + "humo", mezcla de gases producida por combustión), y se trata de una palabra llana o grave de cuatro sílabas, y que, por ser tal, exige la tilde en la penúltima: *tra-ga-hú-mo*, "traga**hú**mo" y no "traga**hu**mo". No es término que esté recogido en el DRAE, pero dado que es ampliamente utilizado en el periodismo escrito y audiovisual es necesario que se escriba al menos siguiendo las reglas de nuestro idioma.

Especialmente los periodistas, cuando dan una noticia sobre la labor de los bomberos, y los funcionarios, cuando escriben discursos floridos en homenaje a los bomberos, se dan vuelo con el cursi terminajo "tragahumos" (mucho más digno es el también coloquial sustantivo coloquial compuesto "apagafuegos"), obviamente sin tilde y con plena ignorancia de las reglas ortográficas y de acentuación. En el mexicano *Diario de Xalapa*, leemos lo siguiente:

☟ "Los **tragahumo** realizan su colecta de fin de año sobre el bulevar Xalapa-Coatepec".

Quiso informar el diario que

☝ los **bomberos** realizan su colecta, o dicho con su cursilería coloquial, pero escrito en buen español, los **tragahúmo** realizan su colecta, etcétera.

✎ He aquí otros ejemplos de esta barrabasada periodística que no se conforma con ser una cursilería: "espectacular simulacro de los **tragahumo**", "los **tragahumo** de Hermosillo", "el alcalde Víctor Estrada agasaja a los **tragahumo**", "en total desamparo los **tragahumo** de Mocorito", "reconoce Abud la entrega y el valor de los **tragahumo**", "Carlos Contreras festejó a los **tragahumo** de la ciudad", "siempre han apoyado las actividades de los **tragahumo**", "los **tragahumo** acudieron ante el incendio", "transmiten muerte de **tragahumo**", "agradecen a **tragahumos** por su loable labor", "preparan festejos para los **tragahumos**", "oportuna respuesta de los **tragahumos**", etcétera. Ya que tan coloquiales somos para denominar a los bomberos, ¿por qué no denominar a las altos funcionarios los "tragaerarios"? Sería lo justo.

☞ Google: 29 300 resultados de "tragahumo"; 22 200 de "los tragahumo"; 19 200 de "tragahumos"; 12 200 de "los tragahumos". ☒

☞ Google: 1 310 de "tragahúmo"; 166 de "tragahúmos". ☑

☞ Google: 169 000 resultados de "apagafuegos". ☑

390. *¿transeunte?*

Al igual que palabras como "pecíolo", "período" y "policíaco" que poseen las variantes sin tilde "peciolo", "periodo" y "policiaco", perfectamente admitidas por la Real Academia Española, el adjetivo y sustantivo "transeúnte" (del latín *transiens, transeuntis*: "pasar, ir de un lugar a otro"), se aplica a quien "transita o pasa por un lugar" y tiene, en su uso práctico, tanto fonético como ortográfico, la variante sin tilde "transeunte". Ejemplo: *Conductor ebrio arrolla con su vehículo a varios* ***transeúntes***; pero, igual, *Conductor ebrio arrolla con su vehículo a varios* ***transeuntes***. Si la Real Academia Española hiciera bien su trabajo, en lugar de perder el tiempo con "amigovios" y "papichulos", ya hubiese admitido, desde hace años, esta variante sin tilde que no representa falta de ortoepía, sino perfecta adecuación del uso llano del sonido en nuestro idioma. La mayor parte de las personas pronuncia "transeunte" (en tres sílabas) y no "transeúnte" (en cuatro sílabas); así: *tran-seun-te*, y no *tran-se-ún-te*, sin que el término pierda su carácter de palabra llana o grave. La lógica del uso se ha ido imponiendo sobre la forma erudita, sin que haya en ello pecado alguno. Pocos son los que pronuncian "transeúnte", aunque así lo escriban, pues este "únte" al final de la palabra suena hoy como afectación más que como signo de corrección. Lo cierto es que, en tanto el DRAE no admita la variante sin tilde, seguirá siendo falta ortográfica no tildar "transe**ú**nte" y "transe**ú**ntes", más allá de que muchísimas personas digan y escriban "transeunte" y "transeuntes".

☞ Google: 1 420 000 resultados de "transeuntes"; 794 000 de "transeunte". ☑

☞ Google: 3 340 000 resultados de "transeúntes"; 1 270 000 de "transeúnte". ☑ ☑

391. *transgénero* no es lo mismo que *transexual*

El término "transgénero" no está incluido, afortunadamente, en el mamotreto de la Real Academia Española. Esto es sorprendente si tomamos en cuenta el número de barbaridades que sí se incluyen en dicho armatoste. Lo cierto es que "transgénero" es un disparate. Lo correcto es "transexual", pues sólo existen dos sexos: varón y mujer. En el caso del género, éste no es de las personas, sino de las palabras: masculino y femenino. No lo olvidemos: sexo tienen las personas; género, las palabras. Por lo que se lucha y se trabaja es por la "igualdad sexual" que equivocadamente (desde la mismísima ONU) se denomina "igualdad de género". En su valioso libro *El nuevo dardo en la palabra*, Fernando Lázaro Carreter pone los puntos sobre las íes: "Un ánimo reivindicativo mueve a muchos y, sobre todo, a muchas a arrebatar al masculino gramatical la posibilidad, común a tantas lenguas, de que, en los seres sexuados, funcione despreocupado del sexo, y designe conjunta o indiferentemente al varón y a la mujer, al macho y a la hembra. ¿Preguntarán a alguien si tiene *hijos* o preferirán *hijo/s o/e hija/s*?" En términos inversos, ¿será necesario reivindicar a los "jirafos" para sacarlos del común de las "jirafas"? Se trata de un error y, peor aún, de un disparate. Hay que insistir en esto cuantas veces sea necesario: el elemento compositivo "trans-" (o "tras-") significa, literalmente, "al otro lado de", como en "transformar" y "trasladar": "cambiar de forma" y "pasar al otro lado", respectivamente. Sea por medios quirúrgicos y tratamientos hormonales o sea exclusivamente porque una persona adopte las conductas y las características que, originalmente, no lo determinaban, legal y socialmente, como hombre o como mujer, dicha persona transforma su "sexo", no su "género". Pasa de ser hombre a ser mujer o de ser mujer a ser hombre. Las palabras tienen género (masculino o femenino); las personas tienen sexo (varón o mujer). En todos los casos de esta transformación, así sea sólo de las conductas y las características aparentes y no de los órganos genitales, la persona es "transexual" (pues cambia de sexo), no "transgénero", puesto que las personas carecen de "género", más allá de lo que diga o deje de decir la ONU.

Este disparate ha ido adquiriendo carácter de "normalidad" en el uso extensivo de los más diversos ámbitos, especialmente el periodístico y académico, lo mismo en internet que en publicaciones impresas. Pero, en el idioma, la precisión es indispensable, y resulta absurdo por demás utilizar un término equívoco cuando se tiene otro de indudable exactitud. En el diario mexicano *Milenio* leemos el siguiente encabezado:

☞ "*National Geographic* dedica su portada a **niña transgénero**".

Y el error no puede ser más evidente, si en el sumario de la misma noticia se precisa lo siguiente:

☞ "Avery Jackson, una **niña transexual** de nueve años, aparecerá en la portada de *National Geographic* de enero, titulada 'La revolución de género'". Por supuesto esto último (el título del número de la revista) es una pésima traducción al español. El número de la revista lleva por título "*Gender Revolution*", pero esto en español debe traducirse como "*Revolución sexual*" y no "**La revolución de género**", que es otro gran disparate.

✎ He aquí más ejemplos de este dislate que debemos cargar a la cuenta de la ONU: "las 10 señales de un niño **transgénero**", "10 controversiales niños **transgénero**", "cómo respetar a una persona **transgénero**" (¿cómo respetarla?, ¡pues igual que se respeta o se debe respetar a cualquier persona!), "cinco erróneos mitos sobre los niños y niñas **transgénero**" (uno de estos mitos es llamarlos "transgénero" cuando en realidad son "transexuales"), "Jalisco se niega a reconocer a 400 personas **transgénero**" (en cambio las autoridades jaliscienses bien que se reconocen como "autoridades"), "se manifiestan contra alumna **transgénero**", "asesinan a Alessa Flores, mujer **transgénero** y activista", "niña **transgénero** sorprende al mundo en portada de Nat Geo" (no sorprende al mundo esta niña transexual; los únicos sorprendidos son los hipócritas y discriminadores), "cobertura de salud para **transgéneros**", "10 historias de **transgéneros**", "demuestran que **transgéneros** no tienen trastorno mental" (por supuesto que no tienen trastorno mental los transexuales; es más fácil que lo tengan las personas que se autodenominan "normales", tres de cuyas características son la discriminación, el odio y el fanatismo), "terapia hormonal en personas **transgéneros**", "**transgéneros** musulmanas desafían la discriminación en Indonesia".

☞ Google: 3 380 000 resultados de "transgénero"; 254 000 de "transgéneros". ☒

☞ Google: 35 700 000 resultados de "transexual"; 15 700 000 de "transexuales". ☑

392. *¿tranza?, ¿tranzar?*

Aunque algunos lingüistas y lexicógrafos acepten, como mexicanismos, los términos "tranza" y "tranzar", se trata de grafías incorrectas. Los americanismos correspondientes son "transa" y "transar" (y no son exclusivos mexicanismos porque también se usan al menos en Argentina y Uruguay), y resultan del acortamiento, con deformación semántica incluida, de "transacción" (del latín tardío *transactio, transactiōnis*), sustantivo femenino que significa lo mismo "acción y efecto de transigir" que "trato, convenio, negocio" (DRAE). Ejemplo: *Realizó una* ***transacción*** *ventajosa*. El verbo transitivo e intransitivo "transigir" (del latín *transigĕre*) posee dos acepciones en el diccionario académico: "Consentir en parte con lo que no se cree justo, razonable o verdadero a fin de acabar con una diferencia" y "ajustar algún punto dudoso o litigioso, conviniendo las parte voluntariamente en algún medio que componga y parta la diferencia de la disputa". Ejemplo: *Aunque quedó inconforme con el acuerdo, se vio obligado a* ***transigir***. A la "transigencia" (sustantivo femenino), que es aquello que se hace o se acepta "transigiendo", es decir aceptando, de mal modo o con resignación, lo que no se desea (sobre todo porque resulta en provecho de autoridades, políticos, abogados, empresarios abusones y cualquier otra persona de mucha labia y poder), en México, lo mismo que en Argentina y en Uruguay, se le denomina coloquialmente "transa" (adjetivo y sustantivo que significa "tramposo, estafador y embustero"; "embuste, trampa, estafa, engaño"): acción cuyo fin es torcer la ley, o pasársela por el arco del triunfo, para cometer engaño, abuso, estafa y robo. De ahí que haya tanto funcionario "transa", tanto político "transa", tanto abogado "transa" y, en general, tanta gente "transa" que, si uno se apendeja, lo "transan". Ejemplos: *Ese pinche diputado es bien* ***transa*** *el cabrón*; *Hay una* ***transa*** *en la venta de las empresas del gobierno y hay políticos involucrados*. El DRAE admite el adjetivo y el sustantivo "transa", pero no incluye el verbo transitivo "transar", cuyo significado es engañar o apendejar a alguien para robarle mediante estafa. Y esto puede ser en perjuicio de una persona o de todo un país. Ejemplos: *Ese cabrón* ***me transó*** *descaradamente*; *Los políticos sólo se dedican a* ***transar***. Como sustantivo femenino, "transa" tiene su sinónimo más aproximado en "componenda" (del latín medieval *componenda*, cantidad que percibía la Iglesia por ciertas bulas y licencias, y éste del latín *componendus*, "que ha de ser concertado", gerundivo de *componĕre*, "concertar, acordar"), cuyo significado principal no puede ser más revelador: "Arreglo o transacción censurable o de carácter inmoral". Ejemplo: *Como no me presté a sus* ***componendas***, *el jefe me despidió*. Por todo lo dicho las grafías correctas de estos americanismos son "transa" y "transar", y sus formas incorrectas "tranza" y "tranzar".

☞ Google: 1 990 000 resultados de "tranza"; 808 000 de "tranzar". ☒

☞ Google: 12 600 000 resultados de "transa"; 6 460 000 de "transar". ☑

393. *tripartita* es adjetivo femenino

Del mismo modo que "automotriz" es la forma femenina del adjetivo masculino "automotor", "tripartita" es la forma femenina del adjetivo masculino "tripartito" (del latín *tripartītus*): "Dividido en tres partes, órdenes o clases, o formado por ellas" (DRAE). Ejemplos: *El Tratado de Libre Comercio de América del Norte (TLCAN) es* ***tripartito****, porque involucra a Canadá, Estados Unidos y México*; *Las negociaciones del TLCAN son* ***tripartitas***. En el primer ejemplo, el sustantivo masculino "tratado" coincide en género y en número con el adjetivo "tripartito"; en el segundo, el sustantivo "negociaciones" coincide también, en género y en número, con el adjetivo "tripartitas". Por ello es un error hablar y escribir, por ejemplo, de "un **acuerdo** comercial **tripartita**", pues "acuerdo" es sustantivo masculino" y no puede ser modificado por un adjetivo femenino ("tripartita"). Lo correcto es "un **acuerdo** comercial **tripartito**". Su sinónimo es "trilateral" que se usa lo mismo para el masculino que para el femenino, pero que, incongruentemente, no está incluido en el DRAE en cuyas páginas sí aparece el adjetivo "bilateral" ("perteneciente o relativo a los dos lados, partes o aspectos que se consideran"). Ejemplos: *Los acuerdos del TLCAN son* ***trilaterales***; *La renegociación del TLCAN debe ser* ***trilateral***.

En el ámbito profesional y académico es frecuente el error de usar el adjetivo femenino "tripartita" para modificar, impropiamente, sustantivos masculinos. Las publicaciones periódicas, los libros y los textos de economía y política están llenos de este disparate culto. En el portal electrónico de MVS Noticias, de México, leemos el siguiente encabezado:

♀ "Renegociación del TLC debe ser un **acuerdo tripartita**: Videgaray".

Si así lo dijo el funcionario mexicano, hay que regresarlo a la escuela primaria, pero también es probable que quienes deben regresar a la escuela primaria sean los responsables del encabezado de la noticia. Dicho encabezado debió decir lo siguiente, en forma correcta:

☝ Renegociación del TLC debe ser un **acuerdo tripartito**: Videgaray.

✎ He aquí otros ejemplos de este desbarre culto, tomados todos ellos de periódicos, revistas e incluso libros: "**acuerdo tripartita** para fortalecer a las comunidades y pueblos", "**acuerdo tripartita** de residencia profesional", "el TLC no constituye realmente un **acuerdo tripartita**" (por supuesto que no: constituye realmente un acuerdo tripartito), "se alista **acuerdo tripartita** para mejoras laborales", "se firma **convenio tripartita** entre México, EUA y Canadá", "**convenio tripartita** fortalecerá sistema educativo", "Gobernación firma **convenio tripartita** para regular el tránsito", "la UAT remitió al Ejecutivo el formato del **convenio tripartita**", "negociación del **tratado**

tripartita", "identificar y destacar lo bueno que ha arrojado el **tratado tripartita**", "firma del **Tratado Tripartita** Argentina, Brasil y Paraguay", "se calcula que las renegociaciones del **tratado tripartita** podrían iniciar a finales de junio o principios de julio".

☞ Google: 16 300 resultados de "acuerdo tripartita"; 5 720 de "convenio tripartita"; 1 370 de "tratado tripartita". ☒

☞ Google: 61 000 resultados de "acuerdo tripartito"; 45 300 de "convenio tripartito"; 3 710 de "tratado tripartito". ☑

394. *tripie* no es lo mismo que *tripié*

Debería saberse que, por regla ortográfica y de acentuación, toda palabra aguda terminada en vocal debe llevar tilde, sin excepción ninguna. Los monosílabos no constituyen excepción a esta regla porque, estrictamente, las palabras monosilábicas no son ni agudas ni llanas. La tilde en los monosílabos se denomina diacrítica (literalmente, "que distingue"), y se utiliza a fin de diferenciar, en la escritura, ciertas palabras de igual forma pero de distinto valor, opuestas entre sí, siendo una de ellas átona (sin acento) y otra tónica (con tilde), como en "tu" (adjetivo posesivo) y "tú" (pronombre personal). Ejemplos: ***Tu** libro es una mierda*; ***Tú** bien harías en callarte que los tuyos no los escribió Balzac*. Debería saberse, también, que los monosílabos (siempre átonos), cuando pasan a formar parte de palabras compuestas agudas u oxítonas, deben llevar forzosamente la tilde en la última sílaba, si se trata de vocablos terminados en "n" o en "s" no precedidas de otra consonante, o en vocal, como en "bus" y "autobús"; "pan" y "ganapán"; "pie" y "tripié". Esta es la explicación del porqué la palabra bisílaba "tripié", sustantivo masculino que equivale a "trípode" o "armazón de tres pies", debe llevar tilde. Ejemplo: *Colocó la cámara fotográfica en un **tripié***; pero no "Colocó la cámara fotográfica en un **tripie**", pues en este último caso "tripie" es palabra llana o grave, con acento prosódico en la penúltima sílaba, y, en consecuencia, tendría que pronunciarse *trípie* y no "tripié". Son muchísimos los hispanohablantes que escriben "tripie" y "tripies" (aunque pronuncien "tripié" y "tripiés") por ignorancia de las reglas de acentuación. El reino de este dislate está, como es obvio, en internet, pero extiende sus dominios en el periodismo impreso. En el diario mexicano *Excélsior* se informa que la cantante Adele regañó, públicamente, en Verona, Italia, a una admiradora que grababa el concierto. El redactor escribió:

♀ "Mientras hizo una pausa para platicar con los asistentes, la cantante señaló a una mujer en el público que incluso llevó un **tripie** para filmar todo el evento: 'Quiero decirle a esta mujer, ¿podrías dejar de filmarme con esa cámara? Porque estoy aquí en la vida real. Puedes disfrutarlo en la vida real. ¿Puedes quitar el **tripie** también? Esto no es un DVD, es un show en vivo que deberías disfrutar'".

Más allá de que el regaño lo merezca quien lo recibió, y que jamás lo olvide, especialmente por grabar y por admirar a cantantes payasos, el redactor de la información debió escribir correctamente que

☝ la cantante señaló a una mujer en el público que incluso llevó un **tripié**, amonestándola del siguiente modo: "¿Puedes quitar el **tripié** también?"

✎ He aquí más ejemplos de este dislate frecuente especialmente en México: "**tripie** para bafles", "uso de **tripie** fotográfico", "corona de flores con **tripie**", "adaptador de **tripie** para tus smartphones", "entregamos el **tripie** el mismo día", "así es como se hace un **tripie**", "cómo hacer un **tripie** para iluminación", "**tripies** de rescate para espacios reducidos", "soportes y **tripies** para bafles y micrófonos", "**tripies** para espacios confinados".

☞ Google: 1 010 000 resultados de "tripie"; 231 000 de "tripies". ☒

☞ Google: 176 000 resultados de "tipié"; 62 000 de "tripiés". ☑

U

395. *uretero* no es lo mismo que *uréter*

Aunque hasta los médicos digan y escriban "uretero", este término no está incluido en el diccionario de la RAE. Lo correcto es "uréter" (del griego *ourētḗr*), sustantivo masculino que designa a "cada uno de los conductos por donde desciende la orina desde los riñones a la vejiga". Ejemplo: *Un cálculo renal le obstruyó un* ***uréter***. Su plural es "uréteres" y no "ureteros". Ejemplo: *Ambos* ***uréteres*** *quedaron obstruidos y fue necesaria la cirugía.* La deformación "uretero" se originó en el propio ámbito médico y hoy son muchos los profesionales de la medicina que se refieren a los "ureteros" y no a los "uréteres". En este dislate no podemos culpar a la lengua inglesa, porque en inglés se escribe *ureter*.

Las páginas de internet y de los libros especializados están llenos de "ureteros". En el segundo volumen del libro *Bases anatomopatológicas de la enfermedad quirúrgica*, leemos lo siguiente:

☞ "El **uretero** del riñón inferior cruza la línea media". Y no una sino varias veces, en sólo una página se escribe acerca del "**uretero** ectópico" y el "**uretero** duplicado".

Quisieron decir y escribir los autores:

☞ **uréter, uréter** ectópico y **uréter** duplicado.

✎ He aquí otros ejemplos de este dislate profesional: "obstrucción en el **uretero** izquierdo", "el **uretero** contralateral", "cuando el **uretero** llega a la vejiga", "dilatación hidroneumática del **uretero**", "corregir una estenosis en el **uretero** izquierdo", "los **ureteros** son conductos musculares", "la lesión de los **ureteros**", "atrapamiento de los **ureteros**".

☞ Google: 207 000 resultados de "uretero"; 12 300 de "ureteros". ☒

396. *¿uso indebido de documento falso?*

¿Se puede hacer debido uso de documento falso? La lógica y la ley nos dicen que no: nos indican, claramente, que el uso que hagamos de cualquier documento falso es indebido, ilegal. Por ello es redundante decir y escribir "uso indebido de documento falso". Veamos por qué. El sustantivo masculino "uso" (del latín *usus*) indica la acción de "usar", verbo transitivo que significa "hacer servir una cosa para algo" (DRAE). Ejemplo: *En el colegio prohibieron el* ***uso*** *de minifaldas por considerarlo indecoroso.* El adjetivo "indebido" tiene, entre otros significados, el de "ilícito" (no permitido legal o moralmente). Ejemplo: *El **uso de documento falso** está tipificado como un acto **ilícito**.* El sustantivo masculino "documento" (del latín *documentum*) designa al "escrito en que constan datos fidedignos o susceptibles de ser empleados como tales para probar algo" (DRAE). Ejemplo: *Como **documento** de identidad exhibió su pasaporte.* De ahí el término, en derecho, "documento auténtico": "el que está autorizado o legalizado", al cual se opone su antónimo "documento falso", pues si el adjetivo "legal" (del latín *legālis*) significa "prescrito por ley y conforme a ella", su opuesto "falso" (del latín *falsus*) es un adjetivo que el diccionario académico define del siguiente modo en la acepción correspondiente: "Dicho de una cosa: que se hace imitando otra que es legítima o auténtica, normalmente con intención delictiva". Ejemplo: *Fue detenido en el aeropuerto por uso de pasaporte **falso**.* Queda claro, entonces, que la expresión "uso indebido de documento falso" es un barrabasada redundante, utilizada especialmente en los ámbitos del derecho. No hay modo de hacer "uso debido" o "debido uso" de documento falso. Basta con decir "uso de documento falso". Seguramente, el equívoco se origina en la correcta expresión "**uso indebido de documento**", con la cual se indica que se hace mal uso (con fines ilícitos) de un documento perfectamente legal o autorizado, pero el añadir el adjetivo "falso" a esta correcta expresión, con el fin de diferenciar aquel ilícito del otro que consiste en utilizar "documentos falsos", más que configurar un delito configura una burda redundancia.

En internet y en no pocas publicaciones impresas aparece este dislate en boca de profesionistas del derecho. En el diario mexicano *La Jornada*, el entonces procurador de justicia del Distrito Federal (Rodolfo Félix Cárdenas) declaró lo siguiente:

♀ "En cuanto a la investigación de **uso indebido de documento falso** y falsedad de declaración, son hechos que se investigan conjuntamente".

Del mismo modo que es una barrabasada decir y escribir "**indebida falsedad** de declaración" (pues no hay manera de que una declaración falsa sea legítima), lo es también decir y escribir "uso indebido de documento falso". Debió referirse el funcionario a

☝ "la investigación de **uso de documento falso** y falsedad de declaración".

✎ Si hubiese un **uso debido** o **debido uso de documento falso**, la ley no serviría para nada. He aquí otros ejemplos de esta redundancia leguleya: "detienen a abogado en San Juan por **uso indebido de documentos falsos**", "encarcelada por **uso indebido de documentos falsos**", "asegurado por **uso indebido de documentos falsos**", "acusados por el delito de **uso indebido de documentos falsos**", "acusados por los delitos de estafa agravada y **uso indebido de documentos falsos**", "el tribunal desestimó el delito de **uso indebido de documento falso**", "fue acusado de fraude, falsificación y **uso indebido de documento falso**", "fue capturado por el delito de **uso indebido de documento falso**".

☞ Google: 24 600 resultados de "uso indebido de documentos falsos"; 4 030 de "uso indebido de documento falso". ☒

397. *¿utopía cumplida?, ¿utopía imposible?, ¿utopía inalcanzable?, ¿utopía irrealizable?; ¿utopía posible?, ¿utopía realizable?*

La definición que da el DRAE para el sustantivo femenino "utopía" (del latín moderno *Utopia*, "isla imaginaria con un sistema político, social y legal perfecto, descrita por Tomás Moro en 1516", y éste del griego *ou*, no, y *tópos*, lugar, y el latín *ia*: "el no lugar" o "el lugar inexistente") es de una torpeza escalofriante. Estas son sus dos acepciones: "Plan, proyecto, doctrina o sistema deseables que parecen de muy difícil realización" y "representación imaginativa de una sociedad futura de características favorecedoras del bien humano". No es verdad que "utopía" signifique sistema *de muy difícil realización*, sino más bien sistema *de realización imposible*. La etimología no miente. Por ello, María Moliner en el DUE dice lo correcto: "**utopía**. Nombre de un libro de Tomás Moro, que ha pasado a designar cualquier idea o plan muy halagüeño o muy bueno, pero irrealizable". Su equivalente más exacto es el sustantivo femenino "ilusión" (del latín *illusio, illusiōnis*): "Concepto, imagen o representación sin verdadera realidad, sugeridos por la imaginación o causados por engaño de los sentidos" (DRAE). Ejemplo: *La **utopía** de un mundo perfecto no es otra cosa más que eso: una **ilusión***. Es explicable que la Real Academia Española sea tan torpe al definir el término "utopía", dado que es igual de torpe al definir el adjetivo y sustantivo "imposible", del latín *impossibĭlis*: literalmente, "no posible", pues a esta exacta acepción ("no posible"), el DRAE añade una segunda que es disparatada: "Sumamente difícil", y hasta pone un ejemplo: *Pedir eso es pedir un **imposible***. Es falso que lo imposible sea lo sumamente difícil. Otra vez, la etimología no miente, y otra vez María Moliner exhibe las limitaciones filológicas, lingüísticas, lexicográficas y lógicas del DRAE. Leemos en el DUE: "**imposible**. Adjetivo y sustantivo. No posible. Se dice de lo que no se puede hacer o conseguir: *Es **imposible** levantar esta piedra [o hacérselo comprender]*. Tiene significado más enérgico que 'no poder'. Cosa imposible de hacer: *Eso que me pides es un **imposible***. Cosa imposible de conseguir: *No pidas **imposibles***". La necia RAE supone que la utopía se puede alcanzar, aunque parezca "de muy difícil realización", porque también supone que lo "imposible" se consigue aunque sea "sumamente difícil". El lenguaje y las ilusiones de la autoayuda ("no hay imposibles", "todo es posible", "no hay cosa que no se pueda alcanzar") les ha reblandecido el coco a los académicos madrileños y a sus hermanastros de América y Filipinas. Sólo así se entiende que supongan que hay utopías alcanzables o posibles, aunque de muy difícil realización, e imposibles que pueden conseguirse aunque ello sea sumamente difícil. "Utopía" es igual a no realizable; "imposible" es igual a no posible. Si la utopía fuese posible, si se pudiese cumplir, dejaría de inmediato de ser utopía o, dicho de otro modo: todo aquello que es posible o realizable no puede ser utópico sino factible (adjetivo, del latín *factibĭlis*): "que se puede hacer". Por definición lógica, como bien lo entiende María Moliner, lo utópico es lo imposible o irrealizable en un sentido absoluto. Si la utopía es lo inalcanzable e irrealizable, y lo imposible es, simplemente, lo no posible, las expresiones "utopía imposible", "utopía inalcanzable" y "utopía irrealizable" son gruesas redundancias, aunque la Real Academia Española rebuzne lo contrario. Del mismo modo, las expresiones "utopía alcanzable", "utopía cumplida" y "utopía realizable" constituyen evidentes sinsentidos, palmarios absurdos. ¿Puede llamarse, acaso, "utopía alcanzada", "utopía cumplida" o "utopía realizada" a un sistema de gobierno como el socialismo soviético estalinista? No, por cierto. No se trató de una "utopía cumplida" (expresión que constituye un oxímoron involuntario, porque las utopías nunca se cumplen), sino de una pesadilla del poder totalitario que dijo perseguir la igualdad de los ciudadanos y a quienes realmente persiguió, encarceló y asesinó fue a los ciudadanos mismos. La utopía no fue el régimen socialista, que se instaló en Rusia, convertida en la URSS; la utopía es, y sigue siendo, la igualdad de los ciudadanos que (más allá de desearla, soñarla y anhelarla) nunca se alcanzará. La igualdad entre todos los seres humanos es, estrictamente, el "no lugar", lo no realizable, lo inalcanzable. Las "utopías" son sueños, dice George Steiner, y es importante seguir soñando, porque lo que se cumple no es la "utopía", sino lo único posible en las orillas de lo utópico, lo que nos mejora aun sabiendo que nunca se conseguirá la "perfección". He aquí precisamente la utopía: el no lugar, lo inalcanzable: lo "perfecto".

Por culpa de la RAE, los profesionistas e incluso los escritores llenan las páginas de internet y de las publicaciones impresas de "utopías imposibles", "utopías inalcanzables" y "utopías irrealizables", como si las hubiese alcanzables, posibles y realizables. En el libro *Homenaje a la Constitución Española: XXV aniversario* leemos lo siguiente:

♀ "El Magistrado Emilio Berlanga, en el X Congreso Nacional de Jueces para la democracia, señaló que el control por los Tribunales de los actos de la Administración se ha convertido en una **utopía inalcanzable**".

Lo dicho: una buena parte de los españoles, al igual que el magistrado Berlanga, cree de veras que hay utopías alcanzables, y la Real Academia Española los arropa en su ignorancia. Lo que el magistrado debió decir, en buen español, sin tautología, sin redundancia, es que

☝ "el control por los Tribunales de los actos de la Administración se ha convertido en una **utopía**", y punto.

✎ He aquí más ejemplos de estos disparates redundantes, y de sus contrarios los sinsentidos, que con tanto salero y donaire usan los españoles y otros hispanohablantes al cobijo de la

RAE: "Fidel y la revolución: la **utopía imposible**", "México, la **utopía imposible**", "el libre mercado es una **utopía imposible**", "detrás de la **utopía imposible**", "el acceso a la vivienda, una **utopía inalcanzable**", "pobreza cero: ¿una **utopía inalcanzable**?", "libertad de prensa: una **utopía inalcanzable**", "es ciertamente una **utopía inalcanzable**", "Montoro: nuestras promesas no son **utopías inalcanzables**" (es decir, ¡son utopías alcanzables!), "meras **utopías inalcanzables**", "no debemos plantear **utopías inalcanzables**" (planteemos, entonces, ¡utopías alcanzables!), "la economía solidaria no es una **utopía irrealizable**", "la idea del nuevo capitalismo es una **utopía irrealizable**", "Fidel Castro dice que el socialismo fue un sueño, una **utopía irrealizable**" (es que él creyó que era una utopía realizable), "que nunca más haya **utopías irrealizables**" (sí, señor, que se realicen todas), "contra las **utopías irrealizables** de inexpertos reformistas" (y contra las utopías realizables de inexpertos en lógica), "no malgastar el tiempo en **utopías irrealizables**" (gastémoslo mejor en ¡utopías realizables!), "otro mundo es posible: la **utopía realizable**", "desarrollo sostenible: **utopía realizable**", "economía del bien común: la **utopía realizable**", "la **utopía cumplida**".

☞ Google: 47 000 de "utopía posible"; 39 000 resultados de "utopía inalcanzable"; 10 100 de "utopía realizable"; 9 380 de utopías irrealizables"; 8 820 de "utopía irrealizable"; 7 670 de "utopía imposible"; 5 470 de "utopías posibles"; 2 010 de "utopías inalcanzables"; 1 640 de "utopías imposibles"; 1 610 de "utopía alcanzable"; 1 000 de "utopía cumplida". ☒

V

398. *varón* no es lo mismo que *barón*

"Varón" es un sustantivo masculino (del latín *varo, varonis*: "fuerte, esforzado") que designa al hombre y, en general, a la persona de sexo masculino. Su antónimo no es "varona" (mujer varonil), sino "mujer". Ejemplo: *Tiene tres hijos: dos* ***varones*** *y una* ***mujer***. De ahí el adjetivo "varonil": "propio del varón o perteneciente o relativo a él". Ejemplo: *Su porte* ***varonil*** *contrastaba con su voz afeminada.* "Barón", en cambio, es un sustantivo que se aplica a la persona "con un título nobiliario inmediatamente inferior al de vizconde". Ejemplo: *Charles Louis de Secondat, Señor de la Bréde y* ***Barón*** *de Montesquieu es el autor de las* Cartas persas. Su femenino es "baronesa". En un sentido figurado y muy rebuscado, que es el que más se utiliza en el español actual, se le dice "barón" a la persona que tiene gran influencia, poder y control en un partido político, una institución y, con mayor frecuencia, una organización criminal. Ejemplo: *Los* ***barones*** *de la droga en Colombia crearon un imperio de impunidad.* Más allá de la cursilería de llamar "barón" a un hampón, el disparate es atribuir las características varoniles a la baronía, es decir confundir a los "barones" con los "varones", idiotez propia de los medios de información sean impresos o electrónicos, en donde también les ha dado por usar, como sinónimo o equivalente de "barón", el sustantivo "zar" (emperador de Rusia). Ejemplo: *Pablo Escobar Gaviria, el* ***zar*** *de la droga.* Se trata, obviamente, de ridiculeces de periodistas, sociólogos, politólogos y escritores que se las quieren dar de cultos. Los narcotraficantes, ni son "barones" ni son "zares", son simplemente "jefes" o "cabecillas". Al Capone fue un jefe de la mafia estadounidense. Decir que fue "barón" o "zar" es una tontería de gacetilleros.

Independientemente del carácter ridículo de estas malas maneras de informar, abundan los periódicos y las revistas, los libros y las páginas de internet cuyos redactores no saben distinguir entre un "varón" y un "barón". Un libro y una serie de televisión llevan por título:

☟ "*Joaquín El Chapo Guzmán: El* ***Varón*** *de la Droga*".

Desde el punto de vista editorial, el título juega deliberadamente con el equívoco ("varón" en el sentido de "hombre" de la droga"), pero se trata en realidad de un disparate que proviene de la ignorancia del idioma en los ámbitos delincuenciales de Colombia y otros países de América donde lo que se quiere decir es:

☝ ***barón*** *de la droga*, por el poder que ejerce el narcotraficante y no por su varonía o masculinidad.

✎ He aquí más ejemplos de este disparate que es ignorancia léxica: "*El* ***Varón*** *de la Droga* es una serie acerca de la vida de El Chapo", "este sujeto es considerado **Varón** de la Droga por la gran cantidad de droga que sacaba", "fregados estamos sin los **varones** de las drogas", "primeras inversiones de los **varones** de las drogas", "tenían que pedir permiso a los **varones** de las drogas", "nuevos **varones** de la droga están presionando", "se trata de **varones** de la droga", "**varones** de la droga mexicanos", "ligada a los **varones** de la droga", "es una de las damas de los **varones** de la droga", etcétera.

☞ Google: 131 000 resultados de "varones de la droga"; 64 000 de "los varones de la droga"; 64 500 de "de los varones de la droga"; 60 600 de "con los varones de la droga"; 52 400 de "varón de la droga"; 29 600 de "el varón de las drogas"; 21 400 de "el varón de la droga". ☒

399. *¿vaso con agua?*

Lo normal es pedir "un vaso **de** agua", pero hay mucha gente que, por ultracorrección, pide "un vaso **con** agua". La ultracorrección pertenece por lo general al ámbito culto del idioma, aunque también se produzca en el ámbito inculto, como decir y escribir el disparate "bacalado" en vez del correcto "bacalao". Con seguridad, la expresión "vaso **con** agua" es una ultracorrección culta. Quien utiliza esta forma afectada desea enfatizar, pedantemente, que lo que contiene o debe contener el vaso es "agua", pero que la materia de la cual está hecho dicho recipiente no es "agua". Esta forma torcida de pensar es en realidad un sofisma (argumento falso con apariencia de verdad), fruto de la ignorancia de quien se asume muy enterado. Lo que ignora el sofista es que la preposición "de" (del latín *de*) no sólo denota la materia de que está hecho algo (ejemplo: *Un vaso* ***de cristal***), sino también lo contenido en algo (ejemplos: *Un vaso* ***de agua***; *Un plato* ***de sopa***). La ultracorrección culta es casi invariablemente muestra de pedantería, autosuficiencia, arrogancia y cursilería, entre otras desgracias. En el caso de la expresión "vaso **con agua**", el sofista supone que todos somos pendejos, menos él. Asombrosamente, no sabe que, al mismo tiempo, un vaso puede ser **de cristal** (por la materia de que está hecho) y a la vez **de agua** (por su contenido). ¿Acaso se dice y se escribe una "copa **con** vino", un "bote **con** leche" o una "caja **con** huevo"? Habrá sin duda pedantes que así lo digan, pero lo normal, en el buen hablar y el buen escribir, de manera sencilla y concreta, es referirnos a una "copa **de** vino", un "bote **de** leche" y una "caja **de** huevo". Lo otro es afectación y ridiculez, aunque lo diga o lo escriba el más sabio entre los sabios. Hay quienes se atreven incluso a corregir públicamente a quien pide en un restaurante "un vaso **de agua**". El pedante aclara: "vaso **con agua**, mi hermano, **con agua**". Y acto seguido dirá que "un vaso **de agua**" es aquel que está hecho de hielo. La idiotez se contagia. Por ello, evitemos imitar a tales especímenes. Aunque insistan una y otra vez en la diferencia de "un vaso **con** agua" y "un vaso **de** agua", no hay tal diferencia: ambos contienen agua y pueden ser de cristal, plástico, aluminio, etcétera (en cuanto a la materia de que estén hechos). La única diferencia no está en el vaso, sino en el hablante o escribiente. No quiere decir tampoco que "vaso **con** agua" sea un disparate, sino que por lo general, con el sentido de ultracorrección, es una pedantería.

☞ Google: 485 000 resultados de "vaso con agua"; 330 000 de "vasos con agua". ☑

☞ Google: 523 000 resultados de "vasos de agua"; 427 000 de "vaso de agua". ☑☑

400. *¿vaso vascular?, ¿vasos vasculares?*

Entre las diversas acepciones del sustantivo masculino "vaso" (del latín *vasum*) están las siguientes: en botánica, "conducto por el que circula en el vegetal la savia o el látex", y en fisiología, "conducto por el que circula la sangre o la linfa" (DRAE). Ejemplos: *La savia circula a través de los* ***vasos de las plantas*** *cuyo tejido de conducción son el xilema y el floema; Los* ***vasos sanguíneos*** *son de tres tipos: arterias, venas y capilares.* El adjetivo "vascular" (del latín científico *vascularis,* y éste del latín *vascŭlum*: "vaso pequeño"), significa en botánica y zoología, lo "perteneciente o relativo a los vasos de las plantas y de los animales" (DRAE). Ejemplo: *El sistema* ***vascular*** *de las plantas recoge agua y nutrientes del suelo; El sistema* ***vascular*** *sanguíneo y linfático de los vertebrados transporta y distribuye nutrientes y oxígeno.* (Y, por cierto, nada tiene que ver con "bascular", del francés *basculer,* verbo intransitivo que significa, de acuerdo con el DRAE, "moverse un cuerpo de un lado a otro girando sobre un eje vertical".) Dicho lo anterior, el adjetivo "vascular" se aplica a los "vasos", como en el sustantivo femenino "vasculitis" ("inflamación de los vasos sanguíneos o linfáticos"), el adjetivo "vasculoso" ("que tiene vasos por los que circula la sangre o la savia") y el sustantivo femenino "vasectomía" ("operación quirúrgica de un vaso o conducto, en especial los del aparato genital masculino"). Siendo así, es una redundancia decir y escribir "vaso vascular" y su plural, pues todo lo que sea "vascular" corresponde justamente al vaso o a los vasos, sean vegetales, sanguíneos o linfáticos.

La gente suele ignorar que el adjetivo "vascular" deriva del sustantivo "vaso" y, como no suele consultar el diccionario, comete la redundancia de decir y escribir "vaso vascular" y "vasos vasculares". Se trata de vicios redundantes cultos, puesto que el término "vascular" es de origen erudito. Aparecen lo mismo en internet que en publicaciones impresas. En el libro *Principios de medicina interna,* de Harrison, con decenas de ediciones, que es texto obligatorio en universidades, obviamente en la carrera de medicina, leemos lo siguiente:

♀ "Con frecuencia los **vasos vasculares** están afectados".

El autor, el traductor y el editor quisieron decir y escribir que

♂ con frecuencia los **vasos sanguíneos** están afectados.

✐ Lo cierto es que, con mayor frecuencia, autores, traductores y editores están afectados de ignorancia en la lengua española y afectan con ello a los lectores. Todos los futuros médicos que estudian en el libro de Harrison están seguros que "vasos vasculares" es una expresión correcta, aunque sea una horrible rebuznancia. He aquí otros ejemplos de esta torpeza: "calibre del **vaso vascular**", "lesión de **vaso vascular** mayor", "ruptura de un **vaso vascular**", "detener la pérdida de sangre de un **vaso vascular** lesionado", "**vaso vascular** de la planta", "poseen **vasos vasculares**", "**vasos vasculares** humanos", "**vasos vasculares** y linfáticos", "colapso de los **vasos vasculares**" y, como siempre hay algo peor: "impedir la formación de colonias de microorganismos y obstrucciones del sistema **vasovascular**".

☞ Google: 3 110 resultados de "vasos vasculares"; 2 720 de "vaso vascular". ☒

401. *venimos* no es lo mismo que *vinimos*

El verbo intransitivo "venir" (del latín *venīre*) significa "caminar, moverse o llegar a donde está quien habla". Por sus características morfológicas es un verbo irregular, pues en su conjugación presenta variaciones tanto en la raíz como en las terminaciones, con excepción del pretérito imperfecto y el pretérito pluscuamperfecto de indicativo que conservan la regularidad: *yo venía, tú venías, él venía, nosotros veníamos, ustedes venían, ellos venían; yo había venido, tú habías venido, el había venido, nosotros habíamos venido, ustedes habían venido, ellos habían venido*. La raíz "ven-" cambia a "vin-" en el pretérito perfecto simple de indicativo, el pretérito imperfecto y el futuro simple de subjuntivo, y en la segunda y tercera personas del singular y la tercera persona del plural del presente de indicativo. La conjugación "venimos" pertenece al presente de indicativo, de la primera persona del plural. Ejemplo: *Hoy* ***venimos*** *a decirles que estamos felices en su compañía*. En cambio, "vinimos" es la conjugación de la primera persona del plural del pretérito perfecto simple de indicativo. Ejemplo: ***Vinimos*** *ayer pero no las encontramos*. Aunque la diferencia parezca muy sutil, es importante: "venimos" se da en el ahora; "vinimos" corresponde al pasado. Ambas formas son correctas en la medida en que las usemos de acuerdo con los tiempos que deseamos conjugar. Así, es incorrecto decir y escribir "**Venimos** el año pasado"; lo correcto es ***Vinimos*** *el año pasado*. Con esta misma lógica, lo correcto es decir y escribir *Ahora* ***venimos*** *nuevamente*, en lugar del incorrecto "Ahora **vinimos** nuevamente". En gran medida, la diferencia la impone el contexto y, por supuesto, el tiempo. Si nos referimos al "año pasado", esto es pretérito; si nos referimos al "ahora", esto es presente.

Muchas personas no consiguen distinguir esta diferencia en gran parte porque desconocen las irregularidades del verbo "venir". Hay quienes incluso creen que "vinimos" es una forma incorrecta o coloquial del verbo. Nada de esto. La forma correcta del pretérito perfecto simple de indicativo, en la primera persona del plural, es "vinimos", y no "venimos" que, como ya hemos dicho, corresponde a la primera persona del plural del presente de indicativo. En el portal electrónico de la Presidencia de la República de Colombia encontramos el siguiente encabezado que reproduce una declaración del presidente colombiano Juan Manuel Santos Calderón:

♀ "**Hoy vinimos** a ratificar nuestro compromiso con el Pacífico colombiano".

Si el presidente de Colombia dijo eso, exactamente, es necesario que sus asesores y quienes le redactan sus discursos vayan a la gramática y al diccionario. El adverbio "hoy" corresponde al tiempo presente; por tanto debió decir:

☝ **Hoy venimos** a ratificar nuestro compromiso, etcétera.

✎ En sentido contrario, en el diario mexicano *El Universal*, en la sección de espectáculos, una actriz cubana declaró: "**Venimos el año pasado** a la firma de autógrafos". Si fue el año pasado, el verbo exige la conjugación en pretérito. Debió decir: "**Vinimos el año pasado** a la firma de autógrafos". He aquí otros ejemplos de estos desbarres: "**hoy vinimos** a la sala de ceremonia", "**hoy vinimos** a visitarlos", "**hoy vinimos** al centro comercial", "**hoy vinimos** a masterizar", "**hoy vinimos** por la dudas", "**venimos hace años** y siempre es genial", "nosotros **venimos hace años** y fuimos muy cuidadosos", "**hace años que venimos** aquí", "**ahora vinimos** a vivir a Kenia", "**ahora vinimos** a verte a ti", "con ese espíritu **vinimos hoy**", "le voy a decir por qué **vinimos hoy** a verlo", "**venimos el año pasado** y ahora empezamos una gira", "**venimos el año pasado** y nunca nos quiso atender" y, como siempre hay algo peor, "**venimos el año pasado o el anteaño pasado** acá".

☞ Google: 64 100 resultados de "venimos hace años"; 23 300 de "hoy vinimos"; 6 080 de "ahora vinimos"; 5 330 de "vinimos hoy"; 3 820 de "venimos el año pasado"; 1 970 de "venimos hace muchos años"; 1 940 de "ayer venimos"; 1 840 de "vinimos ahora"; 1 550 de "venimos hace dos años"; 1 080 de "venimos ayer". ☒

☞ Google: 45 000 resultados de "venimos hoy"; 8 630 de "venimos ahora"; 4 180 de "vinimos el año pasado"; 3 290 de "vinimos ayer"; 1 430 de "vinimos hace dos años"; 1 060 de "vinimos hace años". ☑

402. *veras, verás* y *veráz* no son lo mismo que *veraz*

Por regla ortográfica, las palabras agudas terminadas en "az" no llevan tilde, nunca. Basta con saber esto para no cometer yerros. Pero mucha gente ni se entera. Por ello le pone tilde a "veraz" (*veráz*) y es capaz de ponérselo a "audaz" (*audáz*), "capaz" (*capáz*), capataz (*capatáz*), etcétera, y todo el tiempo se confunde con los términos "veras", "verás" y "veraz". Pongamos las cosas en claro. El término "veras" (del latín *veras*, acusativo plural femenino de *verus*, "verdadero") es un sustantivo femenino que significa "realidad, verdad en lo que se dice o hace" (DRAE). Ejemplo: *Entre bromas y **veras** te llamó pendejo.* Se usa en la locución adjetival o adverbial "de veras". Ejemplo: *¿**De veras** me llamó pendejo?* Por otra parte, el término "verás" corresponde a la segunda persona del singular del futuro simple de indicativo del verbo "ver": *tú verás*. Ejemplo: *Ya tú* ***verás*** *qué hacer, pero* ***de veras*** *te llamó pendejo*. Finalmente, el termino "veraz" (del latín *verax, verācis*) es un adjetivo que el DRAE define del siguiente modo: "Que dice, usa o profesa siempre la verdad". Ejemplo: *Lo que te digo es* ***veraz:*** *te aseguro* ***de veras*** *que te llamó pendejo; ya tú* ***verás*** *qué hacer*. De ahí el sustantivo femenino "veracidad" (del latín medieval *veracitas, veracitatis*): "cualidad de veraz". Ejemplo: *Si eso que me dices es* ***veraz,*** *ya* ***verás*** *quién es el pendejo* ***de veras:*** *con toda* ***veracidad*** *haré que se trague sus palabras*. Si después de este chisme tan sabroso la gente sigue sin entender la diferencia entre "veras", "verás" y "veraz", entonces ya todo está perdido para ella.

Confiemos en que estos ejemplos tengan utilidad para algunos de los que suelen cometer barrabasadas con estos términos lo mismo en internet que en las publicaciones impresas. En la revista *Norte*, de Argentina, leemos el siguiente encabezado:

☞ "El gobernador admitió no tener información **veráz**".

Mucho menos **veraz** será su información si se guía por los redactores de dicha revista que debieron escribir:

☞ **veraz** (sin tilde, como corresponde a todas las palabras en español terminadas en "az").

✎ Un internauta le dice a otro: "Espero informacion **veras** y exacta". Es obvio que no sabe que existen las tildes ni para qué sirven. Pero lo que quiso decir y escribir es que espera "información **veraz**". Otro internauta le escribe a un compinche: "Simplemente te lo digo y **ya tu veraz** que haces". Tampoco tiene amistad con las tildes, pero independientemente de ello, lo que realmente quiso decir es "ya **tú verás** qué hacer". He aquí más ejemplos de estas barrabasadas de supina ignorancia gramatical y lingüística: "un intelectual de izquierdas lúcido y **veráz**", "nuestro vino mexicano de expresión **veráz**", "sindicalizados esperan informe **veráz** del alcalde", "sólo información **veráz**", "información **veras** y objetiva", "información **verás** y confiable", "difundir información **verás**", "Ya lo **veraz**, de Madona", "lo voy a lograr, ya lo **veraz**", "se va a poner bien, ya lo **veraz**", "tú **veraz** si así te sirve", "ni una lágrima tú **veraz**", "nada como el periodismo **verás** y valiente", "no logra hacer un periodismo **verás**".

☞ Google: 87 400 resultados de "veráz"; 16 000 de "información veras"; 10 900 de "información veráz"; 7 340 de "ya lo veraz"; 6 680 de "tú veraz"; 5 320 de "periodismo verás"; 3 050 de "comunicación verás". ☒

403. verbos reflexivos en pasado con pronombre enclítico: acentuación

Los verbos reflexivos son aquellos en los que la acción del sujeto recae sobre él mismo, y en su conjugación se incluye al menos, invariablemente, un pronombre reflexivo (*me, te, se, lo, los, la, las, le, les, nos*). Ejemplo: *Esa noche, Teresa* ***se acostó*** *temprano*. En las formas verbales con pronombres enclíticos, la RAE establece que habrá de aplicárseles las normas ortográficas sin excepción. Ejemplo: *Esa noche, Teresa **acostose** temprano*. En el primer ejemplo, la conjugación "acost**ó**" (tercera persona del singular del pretérito perfecto simple de indicativo) debe llevar tilde porque se trata de una palabra aguda terminada en vocal; en el segundo, la conjugación "acost**ose**" no debe llevar tilde porque la forma átona del pronombre ("se") convierte la palabra en llana o grave y, siendo así, la regla indica que las palabras llanas o graves terminadas en vocal (a, e, i, o, u) o en las consonantes "n" o "s" (no precedidas de otra consonante) no se acentúan gráficamente. Es un error, por tanto, tildar las conjugaciones verbales con pronombres enclíticos en palabras llanas o graves. Diferente es el caso de las conjugaciones con pronombres enclíticos que forman palabras esdrújulas o sobreesdrújulas. Ejemplos: *Decí**melo** de una vez* (palabra esdrújula, con voseo); *Mejor díga**selo** usted* (palabra sobreesdrújula). En estos casos, las tildes son indispensables por tratarse justamente de palabras esdrújulas y sobreesdrújulas. Es frecuente que las personas tilden las palabras llanas o graves producto de las conjugaciones del pretérito perfecto simple de indicativo con pronombre enclítico. Parten de un error muy extendido: suponen que si *acost**ó**, cambi**ó**, lav**ó**, torn**ó**, volvi**ó***, etcétera, llevan tilde, las formas con pronombre enclítico *acost**ose**, cambi**ose**, lav**ose**, torn**ose**, volvi**ose***, etcétera, deben también llevarla y así producen los dislates ortográficos "acost**ó**se", "cambi**ó**se", "lav**ó**se", "torn**ó**se", "volvi**ó**se", etcétera. Olvidan, o no saben, que las palabras llanas o graves terminadas en "n", "s" o vocal no deben llevar tilde, ya que su acento es prosódico y, además, no hay otra forma de pronunciar estas palabras sino como llanas o graves, se tilden o no. Por tanto, ponerles tilde es un barbarismo de la escritura y torpeza de personas cultas. Es verdad que en no pocos casos es reminiscencia del español antiguo, pero también es cierto que hoy se utiliza inadvertidamente en los ámbitos cultos de la lengua, entre escritores, traductores y otros profesionales de la palabra escrita.

Siendo estas formas propias de la escritura y no del habla, los dislates son propios de los escritos literarios y académicos. En el diario español *El Comercio* leemos el siguiente encabezado:

☞ "El que buscó publicidad para las fiestas **volvióse** loco y acabó en el club de alterne".

Dado que "volviose" es palabra llana o grave terminada en vocal, la forma "volvióse" (con tilde) es un disparate escrito. El diario debió informar que el sujeto:

☞ **volviose** loco y acabó en el club de alterne.

✎ Otros ejemplos de estos desbarres escritos frecuentes en la literatura, la academia y el periodismo: "de nuevo **volvióse** a su morada", "**volvióse** muy gozosa a dar de mamar al recién nacido", "luego **volvióse** a aquel hocico hinchado", "la abuela **volvióse** hacia sus mayordomos", "comió, bebió y **volvióse** a dormir", "**tornóse** en mariposa", "**tornóse** en rosa espléndida la herida", "el negro cielo **tornóse** blanco", "**acostóse** después en el mullido lecho", "**acostóse** plácidamente", "**lavóse** el rostro, las manos y los pies", "**lavóse** con todo cuidado", "**cambióse** de bar y ambiente para acabar bien la noche", "**cambióse** de traje y salió".

☞ Google: 101 000 resultados de "volvióse"; 37 600 de "tornóse"; 14 600 de "acostóse"; 7 990 de "lavóse"; 7 000 de "cambióse". ☒

404. verbos terminados en "uar"

Los verbos terminados en "uar" se conjugan de acuerdo con dos modelos: por un lado, **actuar** (*yo actúo, tú actúas, vos actuás, él actúa; que yo actúe, que tú actúes, que él actúe*), y por otro, **averiguar** (*yo averiguo, tú averiguas, vos averiguás, él averigua; que yo averigüe, que tú averigües, que él averigüe*). Con el modelo de **actuar** se conjugan, por ejemplo, *acentuar, atenuar, avaluar, continuar, descontinuar, desvirtuar, devaluar, efectuar, evaluar, exceptuar, fluctuar, graduar, insinuar, menstruar, puntuar, tatuar* y *usufructuar*. Con el modelo de **averiguar** se conjugan, entre otros, *aguar, amortiguar, apaciguar, atestiguar, desaguar, fraguar, menguar* y *santiguar*. Hay tres casos en los cuales se admite el doble modelo de conjugación; se trata de **adecuar** (*yo adecúo o adecuo, tú adecúas o adecuas, vos adecuás, él adecúa o adecua; que yo adecúe o adecue, que tú adecúes o adecues, que él adecúe o adecue*), **evacuar** (*yo evacúo o evacuo, tú evacúas o evacuas, vos evacuás, él evacúa o evacua; que yo evacúe o evacue, que tú evacúes o evacues, que él evacúe o evacue*) y **licuar** (*yo licúo o licuo, tú licúas o licuas, vos licuás, él licúa o licua; que yo licúe o licue, que tú licúes o licues, que él licúe o licue*). Ambas formas de conjugación son correctas, aunque hablantes y escribientes presenten dudas especialmente en el presente de indicativo y en el presente de subjuntivo de los singulares, así como en los imperativos. Estas dobles conjugaciones se fueron imponiendo con el uso diario del idioma. Pero aparte de estos verbos ("adecuar", "evacuar" y "licuar"), todos los demás terminados en "uar" deben conjugarse con su respectivo modelo: ya sea "actuar" o "averiguar".

☞ Google: 236 000 resultados de "evacuo"; 177 000 de "licuo"; 55 600 de "adecuo"; 45 900 de "licúo"; 7 220 de "adecúo"; 5 850 de "evacúo". ☑

405. *¿verificar la falsedad?, ¿verificar la veracidad?, ¿verificar la verdad?*

Como ya sabemos, el sustantivo femenino "veracidad" significa "cualidad de veraz", y "veraz" es un adjetivo cuyo significado es "que dice, usa o profesa siempre la verdad". El sustantivo femenino "verdad" (del latín *verĭtas, veritātis*) significa, entre otras cosas, "juicio o proposición que no se puede negar racionalmente" (DRAE). De ahí también el adjetivo "verídico" (del latín *veridĭcus*): "que dice verdad o que incluye verdad". Ejemplo: *No sabía si la información era verídica*. De esta misma familia etimológica es el verbo transitivo "verificar" (del latín tardío *verificāre*), que el diccionario académico define del siguiente modo: "Comprobar o examinar la verdad de algo". Ejemplo: *Antes que cualquier cosa se dispuso a **verificar** la información*. De ahí el sustantivo femenino "verificación": "acción de verificar o comprobar la verdad". Ejemplo: *Hecha la **verificación**, publicó la noticia con entera confianza*. Por todo lo anterior, decir y escribir las frases "verificar la veracidad" y "verificar la verdad" constituyen dos muy difundidas y gruesas redundancias, pues "verificar", "veracidad" y "verdad" son términos emparentados, casi equivalentes. Sinónimos de "verificar" son "comprobar", "confirmar" y "constatar". El verbo transitivo "comprobar" (del latín *comprobāre*) significa "confirmar la veracidad o exactitud de algo" (DRAE). Ejemplo: *Lo primero que hizo fue **comprobar** lo que le informaron*. El verbo transitivo "confirmar" (del latín *confirmāre*) significa "corroborar la verdad, certeza o el grado de probabilidad de algo" (DRAE). Ejemplo: *Lo primero que hizo fue **confirmar** la información*. El verbo transitivo "constatar" (del francés *constater*) significa "comprobar un hecho, establecer su veracidad o dar constancia de él" (DRAE). Ejemplo: *Lo primero que hizo fue **constatar** la información*. En cuanto al sustantivo femenino "falsedad" (del latín *falsĭtas, falsitātis*), significa "falta de verdad o autenticidad" (DRAE). Ejemplo: *Sospechó por un momento que en la información había **falsedad***. De ahí el adjetivo "falso" (del latín *falsus*): "incierto y contrario a la verdad". Ejemplo: *Sospechó por un momento que la información era **falsa***. Por lo anterior, si con los enunciados "verificar la veracidad" y "verificar la verdad" se consuma el pecado de redundancia, con las expresiones "verificar la falsedad" y "verificar la mentira" se cae en el sinsentido, pues el sustantivo femenino "mentira" es el antónimo de "verdad" o, expresado en términos del diccionario académico: "cosa que no es verdad". Ejemplo: *Temió por un momento que la información contuviera una **mentira***. El término "mentira verdadera" es únicamente una licencia poética; estrictamente, no hay *mentiras verdaderas* del mismo modo que no hay *verdades falsas o mentirosas*. Y debemos hacer énfasis en el hecho de que las definiciones de los verbos "verificar", "comprobar", "confirmar" y "constatar" en todos los casos se refieren a corroborar la verdad y no por cierto a corroborar la mentira. Por una simple razón: si algo no es verdadero, en consecuencia es falso. En otros casos, se dice y se escribe "auténtica veracidad", pero esto es como decir y escribir otra burrada: "verdad verdadera", pues el adjetivo "auténtico" (del latín tardío *authentĭcus*, y éste del griego *authentikós*), se aplica a lo "acreditado como cierto y verdadero" (DRAE). Ejemplo: *La información era **auténtica***. En consecuencia, los adjetivos "veraz" y "auténtico" son sinónimos. Si algo es auténtico, es veraz, y viceversa.

La pésima costumbre de no consultar el diccionario y dar las cosas por sabidas produce, esto sí, auténticas barrabasadas. "Verificar la falsedad", "verificar la veracidad", "verificar la verdad" y "auténtica veracidad", más sus variantes ("verificar lo falso", "verificar lo verdadero", "veracidad auténtica", etcétera), son rebuznancias muy extendidas lo mismo en el español inculto que en el ámbito culto de la lengua, y especialmente pertenecen más a este ámbito, entre profesionistas. En el periodismo y en la investigación profesional, se dan vuelo con ellas, tanto en publicaciones impresas como electrónicas. En el *Diccionario de economía* (edición colombiana), de Gustavo Hernández Mangones, leemos lo siguiente:

"**Control interno**: Conjunto de métodos y procedimientos coordinados que adoptan las dependencias y entidades para salvaguardar sus recursos, **verificar la veracidad de la información financiera** y promover la eficiencia de operación y el cumplimiento de las políticas establecidas".

En buen español (sin redundancia), el autor debió escribir:

para salvaguardar sus recursos, **verificar la información financiera** y promover la eficiencia, etcétera.

En un portal electrónico se pretende orientar a los internautas en el artículo "¿Cómo **verificar la verdad de la información** de internet?". En buen español, lo correcto es "¿Cómo **verificar la información** de internet?". En el diario colombiano *Hoy*, leemos que "la autoridad procedió a **verificar la falsedad** de los documentos". Lo cierto es que dicha autoridad "procedió a **revisar** los documentos", y en esta acción de revisarlos (es decir, en la "revisión") pudo saber que eran falsos. He aquí más ejemplos de estas gruesas redundancias y el no menos grosero sinsentido: "Google te ayuda a **verificar la veracidad** de las noticias", "crean algoritmo para **verificar la veracidad** de artículos en Wikipedia", "Facebook pide a usuarios **verificar la veracidad** de las publicaciones", "cómo **verificar la veracidad** de los mensajes en redes sociales", "el comunicador tiene el deber de **verificar la veracidad** de la información que va a divulgar" (también tiene el deber de consultar el diccionario, aunque sea de vez en cuando), "**verificar la veracidad** de los datos declarados", "¿alguien **verifica la veracidad**?" (sí, el rey de la redundancia), "la comunidad internacional anuncia sanciones mientras **verifica la veracidad** de la amenaza", "**verificar la verdad** en Televisa" (esto no sólo es redundancia, sino también chascarrillo), "**verificar la verdad** de lo que decimos", "no se puede **verificar la verdad** de una afirmación", "su búsqueda de la **auténtica veracidad**", "ciertos resultados carecen de **auténtica veracidad**", "indispensable que exista una **auténtica veracidad**" y, como siempre hay algo peor, "uno de los tantos temas que me preocupan es el de **verificar la verdad o falsedad de las afirmaciones** que hacen los diarios". En este último ejemplo, en buen español basta con decir y escribir: "uno de los tantos temas que me preocupan es el de **verificar las afirmaciones** que hacen los diarios", y punto.

Google: 597 000 resultados de "verificar la veracidad"; 494 000 de "verifica la veracidad"; 316 000 de "verificar la verdad"; 204 000 de "verifica la verdad"; 118 000 de "verificar la falsedad"; 70 700 de "verificar la mentira"; 69 500 de "verificando la veracidad"; 55 200 de "verificando la verdad"; 25 300 de "verifican la verdad"; 18 800 de "verifica la falsedad"; 18 300 de "verificó la veracidad"; 8 010 de "verifican la veracidad"; 4 840 de "verifican la veracidad"; 2 490 de "verifican la falsedad"; 1 990 de "auténtica veracidad". ☒

406. *¿vigente campeón?, ¿vigente en la actualidad?*

El adjetivo "vigente" (del latín *vigens, vigentis*) es definido del siguiente modo por el diccionario académico: "Dicho de una ley, de una ordenanza, de un estilo o de una costumbre: que está en vigor y observancia". Ejemplo: *De acuerdo con la ley* ***vigente****, es un delito espiar la vida privada.* Por ello, ¿qué puede tener de "vigente" el que un equipo deportivo sea campeón o que una mujer haya sido coronada reina de la belleza? ¿Qué vigor y observancia pueden tener? Las expresiones "campeón vigente" o "vigente Miss Universo" no son otra cosa que disparates. Y disparate es también la expresión "vigente en la actualidad", pues el sustantivo femenino "actualidad" significa "tiempo presente" (DRAE). Ejemplo: *El seleccionado alemán de futbol es el campeón en la* ***actualidad****.* Decir y escribir "vigente en la actualidad" es, además de un sinsentido (cuando no se refiere a una ley u ordenanza), un vicio redundante en caso de referirse a una ley, ordenanza o costumbre que se encuentra en vigor. En conclusión, el adjetivo "vigente" es propio del ámbito jurídico y legal o bien de la costumbre que suele hacerse ley, aplicado cuando una disposición está en vigor u observancia. Para todo lo demás, el adjetivo adecuado no es "vigente, sino "actual", cuyo significado es, de acuerdo con el diccionario académico, "dicho del tiempo en que se está: presente". Ejemplo: *El seleccionado alemán de futbol es el* ***actual*** *campeón.* Basta saber esta diferencia para ya no cometer más la redundancia "vigente en la actualidad" (tratándose de leyes o disposiciones en vigor) ni el sinsentido "campeón vigente" (refiriéndose a cosas y asuntos que nada tienen que ver con lo legal, lo jurídico y la costumbre).

Estos disparates abundan en el habla y en la escritura y pertenecen en especial al ámbito culto del nuestro idioma. Tienen su paraíso en el periodismo impreso y en las páginas de internet. En el diario español *El País* una columnista se refiere a

☠ "la aplicación estricta de la **ley vigente en la actualidad**".

¡Ni modo que se trate de la ley vigente del siglo XVI! (que lo más probable es que no esté vigente). Quiso referirse, en buen español, sin redundancia, a

☝ la aplicación estricta de la **ley vigente**, y punto.

✎ Por otra parte, aunque la Fundéu BBVA, de la agencia noticiosa española EFE (asesorada por la RAE), asegure en su buscador urgente de dudas que lo correcto es decir y escribir "actual campeón" y no "vigente campeón", y ofrezca todos los argumentos para ello, en su portal electrónico esta misma agencia noticiosa cuelga el siguiente encabezado referido al baloncesto: "El Real Madrid, **vigente campeón**, recibe a un Iberostar Tenerife líder", y además lo repite en el cuerpo de la nota. Parece claro que ni los de la Agencia EFE consultan su buscador urgente de dudas. He aquí más ejemplos de estas torpezas, ya sean por sinsentido o por redundancia: "el **vigente campeón** es el Real Madrid", "el City visita al **vigente campeón**", "eliminado el **vigente campeón**", "enfrentará Argentina al **vigente campeón**", "Necaxa eliminó al **campeón vigente**", "dio la sorpresa al vencer al **campeón vigente**", "el **campeón vigente** recibe al Cerro Porteño", "con el beneplácito del **presidente vigente**", "en su calidad de **presidente vigente**", "el **vigente presidente** de la Comisión Europea", "reformistas votaron en bloque por el **vigente presidente**", "la **vigente Miss Universo**", "falta poco para conocer el nombre de la ganadora que sucederá en el trono a la **vigente Miss Universo**", "esta será la primera vez en 15 años que la **Miss Universo vigente** pise suelo peruano", "es la segunda ocasión que una **Miss Universo vigente** visita la ciudad", "la **ley vigente en la actualidad** revela un cambio", "la **ley vigente en la actualidad** fue más allá todavía", "el cuerpo principal de la **ley vigente en la actualidad**" y, como siempre hay algo peor, "Nishikori es el **actual campeón vigente** del ATP".

☞ Google: 538 000 resultados de "vigente en la actualidad"; 447 000 de "vigente campeón"; 202 000 de "campeón vigente"; 73 400 de "ley vigente en la actualidad"; 14 600 de "el actual campeón vigente"; 7 020 de "presidente vigente"; 6 850 de "vigente presidente"; 1 890 de "campeón vigente en la actualidad"; 1 500 de "la vigente Miss Universo". ☒

407. *¿vigorexia?*

Se atribuye al médico estadounidense Harrison Pope la invención del neologismo inglés *bigorexia*, a partir del adjetivo en inglés *big* ("grande") y el sustantivo griego *orexía* ("apetito, deseo"), literalmente "gran apetito" o "deseo desenfrenado", para designar la patología o trastorno de comportamiento compulsivo que se caracteriza por la obsesión de realizar excesivo ejercicio físico, frecuentemente complementado con la ingesta o la inyección de sustancias, a fin de conseguir un cuerpo sumamente musculoso. Pero a quien se le haya ocurrido trasladar al español este neologismo inglés como "vigorexia" (con "v" en lugar de "b") habría que designarlo como el más bruto adaptador de neologismos en la lengua española: alguien que, seguramente, no suele consultar los diccionarios ni conoce las raíces o etimologías de las palabras. Denominada también "dismorfia muscular" o "anorexia inversa" (otra idiotez), el burdo neologismo "vigorexia" (que no está aún legitimado por el DRAE, pero que bien podría estarlo próximamente) se ha ido abriendo camino en nuestro idioma entre quienes jamás se preguntan por el sentido de lo que están diciendo o escribiendo, incluidos los médicos y las autoridades de las instituciones de salud. Es obvio que los adaptadores de este terminajo partieron del sustantivo masculino en español "vigor" (del latín *vigor, vigōris*) que es definido por el DRAE como "fuerza o actividad notable de las cosas animadas o inanimadas". Ejemplo: *El buey es un animal de gran* ***vigor***. De ahí el adjetivo "vigoroso": "que tiene vigor". Ejemplo: *El buey es un animal* ***vigoroso***. Y es obvio, también, que al sustantivo "vigor", los burdos adaptadores le añadieron el sufijo

"-orexia" (del griego *orexía*: "apetito, deseo"), para conseguir el compuesto "vigorexia" que, según esto, tendría que leerse y entenderse con el sentido de "apetito de vigor" o "deseo de vigor". Pero esto es una burrada. En español un término compuesto como "vigorexia", de acuerdo con el orden de los términos, que es como leemos y formamos los compuestos en español, se leería más bien como "vigoroso apetito" o "vigoroso deseo". Suponer que "vigorexia" puede leerse como "apetito de vigor" o "deseo de vigor" es "pensar" (y no mucho por cierto) en inglés. Veamos por qué. En español, el sustantivo femenino "anorexia" (del griego *anorexía*: "inapetencia") significa "pérdida anormal del apetito", y es una palabra compuesta del prefijo "a-" o "an-" (del griego *á* o *án*) que "denota privación o negación" (como en *acromático*, **sin** color; ***anorgasmia***, **sin** orgasmo, y ***ateo***, **sin** dios) y el elemento compositivo "-orexia" (del latín *orexía*: "apetencia"): literalmente "**sin** apetencia", "**sin** apetito", "**sin** deseo". En el ámbito médico, "anorexia" se usa para nombrar el "síndrome de rechazo de la alimentación por un estado mental de miedo a engordar, que puede tener graves consecuencias patológicas" (DRAE). Ejemplo: *Son alarmantes los casos de las adolescentes que padecen* ***anorexia***. De ahí el adjetivo y sustantivo "anoréxico": perteneciente o relativo a la anorexia, y dicho de una persona: que padece anorexia. Ejemplo: *Las adolescentes* ***anoréxicas*** *tienen un grave problema de salud*. Por todo lo dicho, "vigorexia" es un término no sólo inexacto, sino ajeno a nuestra gramática, tal como lo sería también el anglicismo crudo *bigorexia* de Pope, que tampoco dice mucho de lo que desea significar, pues "gran apetito" o "deseo desenfrenado" puede aplicarse a cualquier cosa, puesto que no alude, en ningún momento, al sustantivo "músculo" (del latín *muscŭlus*) y que el DRAE define como "órgano compuesto principalmente de fibras contráctiles". Por lo demás, *el gran apetito o deseo desenfrenado en el ejercicio físico* no tiene el objetivo de *engordar*, sino de fortalecer y aumentar los músculos. Siendo así, lo que desea definir el neologismo en inglés no es a un tragón ni a un gran comilón, sino a un "musculoso": "dicho de una persona: que tiene los músculos muy abultados y visibles". De hecho, el neologismo *bigorexia* es prácticamente sinónimo de "bulimia" (antónimo de "anorexia"), del griego *boulimía*, "muy hambriento" y, literalmente, "con hambre de buey", pues es un compuesto griego de *boûs* (buey) y *limós* (hambre): "gana insaciable de comer", y que designa al "síndrome de deseo compulsivo de comer, con provocación de vómitos y consecuencias patológicas" (DRAE). Ejemplo: *Tiene un severo padecimiento de* ***bulimia***. De ahí el adjetivo y sustantivo "bulímico": perteneciente o relativo a la bulimia, y dicho de una persona: que padece bulimia. Ejemplo del DRAE: *Era depresiva y* ***bulímica***. Si lo que aumenta, con la obsesión compulsiva de hacer ejercicio físico, es la musculatura, es obvio que estamos hablando de una "musculopatía", en donde el sufijo "-patía" (del latín *-pathīa*, "sufrir") es un elemento compositivo que significa "afección" o "dolencia", como en "ludo**patía**" ("adicción patológica a los juegos electrónicos o de azar") o "psico**patía**" ("enfermedad mental que altera la conducta social del individuo"). Por supuesto, el término "musculopatía" ("síndrome del deseo compulsivo de hacer ejercicio físico para aumentar excesivamente la masa muscular") no está recogido en ningún diccionario, pero es mucho mejor, y tiene más sentido, que *bigorexia* y "vigorexia". ¿Qué gana nuestro idioma con el mal formado neologismo "vigorexia"? No gana absolutamente nada. Es equívoco, es un mal término compuesto y, por si fuera poco, con él no se dice claramente lo que se desea significar.

☞ Google: 325 000 resultados de "vigorexia". ☒
☞ Google: 16 000 resultados de "dismorfia muscular". ☑

408. *¿violencia de género?*

En el constructo (término jergal de sociólogos) o construcción teórica para comprender el problema de la violencia contra las mujeres, la expresión "violencia de género" constituye en los diversos idiomas un concepto universal. Sin embargo, como bien explica Fernando Lázaro Carreter, "hablar de *violencia de género* parece demasiada sumisión a los dictados de la ONU, autora de tantos desmanes lingüísticos. Por supuesto, y para que conste, creo que esa violencia debe ser duramente perseguida, pero con otro nombre. En realidad, es una *violencia de superioridad*, sea sexual, física, de poder o de otras clases". Le asiste toda la razón al lexicógrafo español. Cuando se habla de "violencia de género", invariablemente la expresión se refiere a la violencia ejercida por los hombres contra las mujeres y, con mayor amplitud, también contra los gays y las lesbianas. Pero se olvida que también hay mujeres que cometen violencia contra los varones (por supuesto, en menor proporción) y también contra otras mujeres y contra personas homosexuales y transexuales, y (por tratarse se una mujer quien ejerce tal violencia) casi nadie le llama a ello "violencia de género", ni siquiera en los ministerios públicos. Lo cierto es que el término "violencia de género" para referirse al maltrato físico o psicológico que sufren especialmente las mujeres, los homosexuales y los transexuales por el hecho de serlo, difícilmente desaparecerá de nuestro idioma, aunque resulte equívoco por carecer de precisión. Ya lo hemos adoptado irremediablemente pero, en nuestro idioma, se trata de una inexactitud. Lo que tenemos no es "violencia de género", sino violencia contra las mujeres y los homosexuales. No nos cansaremos de decirlo: Estrictamente en español, el término "género" no es equivalente de "sexo". Las palabras tienen género (gramatical): masculino o femenino. Las personas tienen sexo: hombre o mujer. Incluso en el caso de los "transexuales", como el nombre compuesto ya lo indica ("trans-" + "sexual"), las personas cambian de sexo, no de género (su género, en todo caso, es el género humano). El adjetivo y sustantivo "transexual" tiene el siguiente significado en el diccionario académico: "Dicho de una persona: que mediante tratamiento hormonal e intervención quirúrgica adquiere los caracteres sexuales del sexo opuesto". En inglés, las expresiones *violence of gender, gender-based violence, gender violence* y *gendered violence* se refieren a la violencia ejercida por los hombres sobre las mujeres, y el concepto se aprobó en 1995, en Pekín, por y para todos los países miembros de la ONU, paradójicamente *violentando* a las lenguas que, como el español, distinguen perfectamente entre "género" y "sexo". En inglés, en cambio, el término *gender* designa lo mismo "género" que "sexo", además de que, como precisa Fernando Lázaro Carreter, "en rigor, los nombres en inglés carecen de género gramatical". Por supuesto, hay quienes en inglés precisan este concepto en la perfecta expresión *violence against women*, que en español tiene también una muy exacta traducción: "violencia contra las mujeres". Esto es lo correcto, pero su uso es minoritario en inglés, y francamente marginal en español. En conclusión, tendremos que resignarnos y acostumbrarnos a vivir con ello, pero que conste que, en español, una cosa es el "género" y otra muy distinta el "sexo" y que, por lo tanto, en atención a la verdad y a la claridad idiomática bien estaría decir y escribir "violencia contra la mujer", "violencia contra las mujeres" o, en el peor de los casos", "violencia por razón de sexo", entendido el sustantivo femenino "razón" en la acepción de "motivo" o "causa" (DRAE). Ejemplo: *La* ***violencia por razón de sexo*** *y todas las formas de acoso y explotación sexual, incluidas las que son resultado de prejuicios culturales, resultan incompatibles con la dignidad y el valor de la persona y deben ser erradicadas.* Esta última expresión ("violencia por razón de sexo") aunque mucho más minoritaria en su uso, tiene la ventaja de poder aplicarse no sólo a la violencia que se comete contra las mujeres sino también contra los homosexuales y transexuales por el hecho de serlo.

☞ Google: 14 600 000 resultados de "violencia de género".

☞ Google: 42 000 000 de resultados de "*gender-based violence*"; 546 000 de "*gender violence*".

☞ Google: 20 100 000 resultados de "*violence against women*". ☑

☞ Google: 469 000 resultados de "violencia contra la mujer"; 443 000 de "violencia contra las mujeres"; 21 100 de "violencia por razón de sexo". ☑

409. *¿viralización?, ¿viralizar?, ¿viralizarse?*

Los neologismos y préstamos indispensables en un idioma surgen de la necesidad de nombrar una realidad inédita. Todas las palabras extranjeras que, adoptadas y adaptadas, han enriquecido a la lengua española provienen de este principio. Si no hay en nuestro idioma un término para designar algo nuevo, se vuelve necesario importarlo. Estos son los casos del sustantivo "viralización" y del verbo "viralizar" que, absurdamente, no admite el mamotreto de la Real Academia Española, a pesar de que, en español, existe el adjetivo "viral" ("perteneciente o relativo a los virus"). Si en el DRAE la segunda acepción correspondiente al sustantivo "virus" se refiere al ámbito informático ("programa introducido subrepticiamente en la memoria de una computadora que, al activarse, afecta a su funcionamiento, destruyendo total o parcialmente la información almacenada"), ¿cuál es la razón para no admitir este sustantivo y este verbo transitivo y pronominal que se utilizan ampliamente (¡viralmente!) en el contexto específico de la informática? "Viralización" es tan válido como "infección" y "propagación", y "viralizar" y "viralizarse" son tan válidos como "infectar" e "infectarse" o "contagiar" y "contagiarse". Ejemplo: *Las imágenes **se viralizaron** inmediatamente.* "Viralizarse" es hacerse algo viral, a manera de contagio y multiplicación. Y, muy específicamente, en internet, es compartir algo que al ser visto, comentado y reenviado por muchas personas se propaga exponencialmente. De ahí también el sustantivo femenino "viralización": acción y efecto de viralizar o viralizarse. Luis Novo, en su blog *Match Marketing*, ofrece una definición bastante precisa del verbo: "Viralizar es dar a una unidad de información la capacidad de reproducirse de forma exponencial. Esto es, emulando a los virus, que el contenido tenga la capacidad de reproducirse "solo". Sin más publicidad ni promoción que el boca a boca [...] Y puede ocurrir con cualquier tipo de contenido: imagen, audio, video o texto". Añade Novo: "Dos casos de viralización son el video del rapero surcoreano Psy y la historia de Bridget Hughes "la chica del gorro"; el primero con 897 180 285 reproducciones es el video más visto de la historia de YouTube y el post de la segunda ha sido compartido 224 000 veces y tiene 11 000 comentarios". La RAE es lenta para las cosas importantes, y pronta y muy dispuesta para las tonterías. Rápidamente metió en su mamotreto "amigovio" y "papichulo" y luego se echó a dormir con la satisfacción del deber cumplido. Pero su incongruencia es tan grande que en la misma edición de su diccionario en cuyas páginas incluyó "tuit", "tuitear", "tuiteo" y "tuitero", dejó de incluir "viralización", "viralizar" y "viralizarse". Eso sí, no se le olvidó incluir el sustantivo malsonante "cagaprisas" ("persona impaciente, que siempre tiene prisa") y el adjetivo y adverbio coloquiales "chupi" ("muy bueno o estupendo"; "muy bien o estupendamente"), nada más porque se usan mucho en España.

☞ Google: 2 320 000 resultados de "viraliza"; 954 000 de "viralizó"; 706 000 de "se viralizó"; 658 000 de "viralizar"; 480 000 de "se viraliza"; 271 000 de "viralizan"; 205 000 de "viralización"; 158 000 de "se viralizaron"; 97 300 de "viralizarse"; 88 500 de "se viralizan". ☑

410. *¿virreyna?, ¿virreynal?, ¿virreynato?*

Del mismo modo que la forma femenina de "rey" es "reina" y no "reyna", asimismo se escribe "virreina" y no "virreyna", y en consecuencia los derivados de "virrey" son "virreinal" y "virreinato", pero de ningún modo "virreynal" y "virreynato". En el español moderno, la terminación "y" de los masculinos "rey" y "virrey" se convierte en "i" en los femeninos ("reina" y "virreina"). Desde luego, hay que tomar en cuenta que el femenino de "rey" se ha convertido en nombre propio y apellido con la grafía "Reyna" (hay más de cuarenta millones de resultados en Google), pero tratándose del sustantivo común esta forma es errónea, del mismo modo que lo es "virreyna", "virreynal" y "virreynato". En los textos del español antiguo estos términos eran frecuentes, pero hay que desterrarlos del español moderno: lo correcto es "virreina", "virreinal" y "virreinato".

Aunque parezca sorprendente, no son pocas las personas (especialmente profesionistas) que continúan utilizando las formas anacrónicas. En el Estado de México se realiza, por ejemplo, el:

☞ "Festival **Virreynal** en Zinacantepec".

¿Por qué el anacronismo? Por ignorancia. Lo correcto hoy es:

☞ Festival **Virreinal**.

✎ Hay hoteles, centros de cultura, museos, plazas y calles y avenidas que llevan por nombre "Virreynal", y la mayor parte de los resultados en el buscador de Google no pertenecen a documentos antiguos, sino a textos modernos escritos por quienes no conocen las reglas ortográficas y gramaticales del español. He aquí algunos ejemplos: "arte y cultura en el **virreynato**", "5 inventos de la época del **virreynato**", "todo sobre el **virreynato**", "la vida en el **virreynato**", "Hotel **Virreynal**", "Suites **Virreynal**", "Plaza **Virreynal**", "salón **Virreynal**", "arquitectura **virreynal**", "galas de la riqueza **virreynal**", "la teatralidad del barroco **virreynal**", "Veterinaria La **Virreyna**", "Restaurante Mesón **Virreyna**", "La **Virreyna**, Vestidos de Novia".

☞ Google: 144 000 resultados de "virreynato"; 117 000 de "virreyna"; 77 200 de "virreynal". ☒

411. *¿volar por los aires?*

Aunque muy usada, y legitimada académicamente, la locución "volar por los aires" es redundante en extremo. Veamos por qué. El verbo intransitivo "volar" (del latín *volāre*) significa "ir o moverse por el aire" (DRAE). Ejemplo: *Desde el acantilado vimos* ***volar*** *las aves*. Es obvio que "volar" es una acción que siempre se realiza en el aire o por los aires y, en consecuencia, resulta ridículo decir y escribir que "El automóvil volcó, salió disparado y **voló por los aires**", aunque el verbo "volar" admita también la acepción de "hacer saltar algo con violencia" (DRAE). Diferente es, en cambio, la locución "saltar por los aires" que significa salir disparada alguna cosa o bien "destrozar, hacer pedazos alguna cosa mediante una sustancia explosiva" (DUE) y, en sentido figurado, destruir algo de una manera extrema, como cuando Marx escribe: *Una clase que hará* ***saltar por los aires*** *todo el antiguo orden social*. Una de las acepciones del verbo intransitivo "saltar" es, dicho de una cosa, "romperse o quebrantarse violentamente" (DRAE); en otras palabras, "hacerse añicos". La locución "volar por los aires" es propia de la redundancia española. Los españoles dirán que es pleonástica en el mejor sentido, pero lo adecuado es decir y escribir "saltar por los aires", lo mismo de manera literal que figuradamente. Lo lógico, sin redundancia, es decir que *El automóvil **saltó por los aires*** y no que "El automóvil **voló por los aires**".

☞ Google: 165 000 resultados de "volar por los aires". ☒
☞ Google: 144 000 resultados de "saltar por los aires". ☑

412. *¿volca?, ¿volque?, ¿volquen?, ¿volques?*

Una cosa es que la vuelques y otra que la cagues. Y la cagamos cuando decimos y escribimos "volca" en lugar de "vuelca", "volque" en lugar de "vuelque", "volquen" en lugar de "vuelquen" y "volques" en lugar de "vuelques", pues el verbo "volcar" es irregular y su presente de indicativo se conjuga así: *yo vuelco, tú vuelcas, él vuelca, nosotros volcamos, ustedes vuelvan, ellos vuelcan*, y no como cree mucha gente: "yo **volco**", "tú **volcas**", "él **volca**", "ustedes **volcan**", "ellos **volcan**", en tanto que el presente de subjuntivo se conjuga de la siguiente manera: *que yo vuelque, que tú vuelques, que él vuelque, que nosotros volquemos, que ustedes vuelquen, que ellos vuelquen*, y no, como muchos dicen y escriben, "que yo **volque**", "que tú **volques**", "que él **volque**", "que ustedes **volquen**" "que ellos **volquen**". Es cierto que el pretérito perfecto simple de indicativo es "volcó" (palabra aguda), pero en español no existe la palabra llana "volco". El verbo transitivo y pronominal "volcar", "volcarse", se conjuga como "contar", y así como no se dice "c**o**ntas" sino "c**ue**ntas", de la misma manera se dice "**vu**elcas" y no "v**o**lcas"; "c**ue**ntes" y no "c**o**ntes". Proviene del latín *volvicare*: "rodar, voltear". Ejemplo: ***Vuelca** un automóvil, pero su conductor sale ileso.*

Las formas incorrectas de este verbo son predilectas en el periodismo de nota roja, en especial el que se ocupa de los accidentes de tránsito. Son frecuentes lo mismo en internet que en publicaciones impresas. En un portal electrónico de noticias de República Dominicana leemos el siguiente encabezado:

♀ "Camión **se volca** en la 27 con Churchill y provoca gran tapón".

Quisieron decir y escribir los redactores que

♂ Camión **se vuelca**, etcétera.

✎ He aquí más ejemplos de estos dislates de personas que se **volcan** y **revolcan** y que igual confunden lo que cuelga con lo que **colga**: "la población **se volca** a las calles", "conductor **se volca** por el bulevar Lola Beltrán" (afortunadamente, el conductor no iba en su automóvil; nada más le dio por volcarse y revolcarse en el bulevar), "**se volca** camión en plena Avenida 31 de La

Habana", "camión **se volca** y se estrella contra un poste", "autobús **se volca** en la entrada a la playa", "**se volca** camión de reses", "brasileños **se volcan** a las urnas", "venezolanos **se volcan** a las calles", "las redes sociales **se volcan** en felicitaciones", "**se volcan** policías en su patrulla", "estas masas **se volcan** de cariño hacia el cantante", "camión **volca** en autopista de Occidente", "camión **volca** y muere uno de sus ocupantes", "tráiler patina y **se volca** en la carretera 57", "tráiler **volca** en la carretera a Tecali", "conductor ebrio **volca** en la carretera Durango-Parral", "carambola provoca que **se volque** un camión", "provocar que **se volque** cualquier vehículo", "evitar que **se volque** el coche", "no **te volques** en el comunismo", "lo mejor es que **te volques** del lado bueno", "que el viento sople y **te volques** para un lado", "politóloga descarta que indecisos **se volquen**".

☞ Google: 14 800 resultados de "se volca"; 6 960 de "camión volca"; 4 550 de "se volcan"; 4 250 de "que se volque"; 3 520 de "volca en la carretera"; 1 030 de "se volquen". ☒

413. *¿wag?, ¿wags?*

Una vez más el colonizado ambiente del futbol hace de las suyas e imita la jalada "WAG", WAGs", "wag" o "wags" para referirse a las novias o esposas (generalmente modelos, cantantes o actrices) de los futbolistas famosos. Según leemos en una página de internet, especializada en estas tonterías, "los tabloides británicos acuñaron el término WAGs (W*ives and Girlfriends*) para referirse a las mujeres y novias de futbolistas. La palabra se popularizó durante la Copa Mundial de Futbol de 2006 en Alemania y desde entonces es habitual en los medios de comunicación que se dedican al entretenimiento (y al deporte)". No como abreviatura, sino como término común, en inglés "wag" (pronunciado *waeg*, más o menos) es lo mismo sustantivo que verbo. Como sustantivo puede significar "meneo", "coleada" o "coletazo" (además de "guasón" o "bromista"); como verbo significa "mover", "agitar" o "menear". Tal parece que a las llamadas "WAGs" (novias y esposas de futbolistas y otros deportistas famosos) dicho sustantivo y dicho verbo les quedan a la perfección, puesto que se esmeran en llamar la atención justamente con el meneo. Pero dejémonos de tonterías. Ni "wag" ni "wags" ni "WAGs" pertenecen al idioma español. Es una abreviatura del inglés calcada servilmente por los cronistas de deportes y espectáculos, que por sus muchos complejos son los máximos corruptores de la lengua española. La esposa de un futbolista, la novia de un basquetbolista, la esposa o novia de un corredor de autos o de cualquier deportista famoso es simplemente esto, en español, esposa o novia. Hay que ser y estar tontos de veras para usar, en español, esta abreviatura extranjera muy utilizada por anglosajones tan zafios como los zafios hispanohablantes que los imitan (especialmente en el periodismo deportivo y de espectáculos), como en los siguientes ejemplos: "Sara Carbonero desata los celos de las **WAGs** del Oporto", "el clásico de las **WAGS** lo gana el Barça", "las fotos más calientes de las **Wags** en bikini", "las **WAGs** más atractivas del clásico Barcelona-Real Madrid", "las **Wags** más sexys", "descubre las **WAGs** de la Fórmula 1", "las **WAGs** de las Selección Colombia brillan con luz propia", "las **WAGs** más sexys del tenis".

☞ Google: 208 000 resultados de "las wags"; 34 100 de "las WAGs del Real Madrid"; 23 600 de "las WAGs de la Copa América"; 21 400 de "una wag"; 11 800 de "wags de moda"; 6 420 de "wags más bellas"; 5 900 de "las WAGs del Barça"; 5 490 de "wags más sexys"; 4 660 de "las wags de la Eurocopa"; 1 790 de "las WAGs del Barcelona"; 1 290 de "bella wag". ☒

414. *¿water polo?*

En español, la expresión inglesa *water polo* (de *water*, "agua", y *polo*, "pelota") se escribe como una sola palabra: "waterpolo", y puesto que ésta es su castellanización o españolización no requiere de *cursivas*. Es un sustantivo masculino que el DRAE define del siguiente modo: "Juego practicado en una piscina entre dos equipos de siete jugadores cada uno, que consiste en introducir el balón con la mano en la portería contraria mientras se nada". Como se da cuenta el lector, esta definición parece escrita por un aprendiz de la lengua española. Mucho mejor es la de María Moliner en el DUE: "Deporte acuático que se practica en una piscina con dos porterías, en el que dos equipos tratan de introducir una pelota en la portería contraria". Ejemplo: *En **waterpolo**, la selección española derrotó 10-9 a Estados Unidos*. De ahí el sustantivo derivado "waterpolista": "persona que practica el waterpolo". Ejemplo: *Los **waterpolistas** de Croacia celebraron su victoria ante Italia.*

Al "waterpolo" se le conoce también como "polo acuático". Ejemplo: *Comienzan las competencias de **polo acuático** en los Juegos Olímpicos*. Pero escribir en español "water polo" (con la misma representación gráfica del inglés) es erróneo, y dado que el término "waterpolo" (con grafía simple) ya forma parte de nuestro idioma, es innecesario escribirlo con *cursivas*. Por otra parte, no debe escribirse con mayúscula inicial ("Waterpolo" y, peor aún, "Water Polo"), pues es una palabra común y no un nombre propio. En internet y en las publicaciones impresas abunda la errónea escritura de este término (especialmente en el periodismo). En el diario colombiano *El Tiempo* leemos acerca del

☞ "triunfo de la selección de **Water polo**".

Quiso informar el diario, en correcto español, sobre el

☞ triunfo de la selección de **waterpolo**.

✎ He aquí otros ejemplos de este error: "equipo femenino de **Water Polo**", "Laura López, jugadora de **Water Polo**", "campeonatos europeos de **Water Polo**", "juego de **Water Polo**", "regalos de **Water Polo**", "jugadores de **water polo**", "debut del equipo español en **water-polo**", "medalla de oro en **Water Polo** Varonil", "Argentina se impone en **water polo**", "**Water Polo** en Río 2016", "cómo se juega el **water polo**", "el **water polo** femenino y los fallos de vestuario" y, como siempre hay algo peor, "los jóvenes hacían partidos de **waterpolo en el agua**" (del libro *No hay silencio que no termine*, de Ingrid Betancourt). ¡Lo realmente extraordinario es que el waterpolo se jugara en las dunas del Sahara! Dado que "waterpolo" es nombre compuesto, de *water*, "agua", y *polo*, "pelota", si en vez de una pelota se jugara con un pollo, se podría llamar "waterpollo" (en inglés *water chicken*) pero seguiría jugándose en el agua.

☞ Google: 197 000 resultados de "de water polo"; 26 100 de "en water polo"; 7 490 de "el water polo"; 5 990 de "selección de water polo". ☒

415. *¿western?*

En español el término "wéstern" es una palabra llana o grave terminada en "n" pero precedida de otra consonante ("r"); por tanto debe llevar tilde. El sustantivo masculino "wéstern" es un calco del inglés *western*, y ya está admitido por la Real Academia Española que lo define en su diccionario del siguiente modo: "Género de películas del Lejano Oeste" y "Película del Lejano Oeste". Zonzos, los académicos, no precisan que el "Lejano Oeste" al que se refieren lo es de los Estados Unidos de América, en el siglo XIX, llamado también "Salvaje Oeste", "Antiguo Oeste" y "Viejo Oeste" (en inglés *Far West*). Dado que el punto cardinal "oeste" se denomina también "occidente" y "poniente" (poniente porque es *donde se pone el sol*, en contraposición a "este", "oriente" o "levante", que es *donde se levanta el sol*), igual podría hablarse de un "lejano oeste" o un "lejano occidente" en otra geografía. Pero más allá de esto, hay que insistir en que, al castellanizarse o españolizarse, el sustantivo "wéstern" exige ineludiblemente la tilde en la penúltima sílaba. Por tanto, es un yerro ortográfico no imponérsela, del mismo modo que es un yerro ortográfico escribir la palabra con mayúscula inicia ("Western"), pues se trata de un sustantivo común. Otro yerro habitual es creer que se trata de un término invariable, lo mismo para el singular que para el plural ("el Western", "los Western"); en realidad, su plural es "wésterns".

Muchas personas que no conocen las reglas ortográficas y de acentuación, suponen que pueden escribir la palabra exactamente como en inglés. El término es un préstamo, pero debe adaptarse a las normas de nuestro idioma, y una de las normas del español establece que las palabras llanas o graves terminadas en "n" o "s" precedidas de otra consonante llevan forzosamente tilde, como en "bíce**ps**", como en "wéste**rn**". En internet, en un portal dedicado al cine, leemos el siguiente encabezado:

♀ "Los 50 mejores **Western** de la historia".

Lo correcto en español es:

☝ Los 50 mejores **wésterns** de la historia (con minúsculas, con tilde y con la "s" final que corresponde al plural).

✎ He aquí otros ejemplos de esta palabra que, cuando peor se escribe, se cometen al mismo tiempo tres yerros en su representación gráfica (como en el caso anterior): "el **western** no empieza ni acaba con John Wayne", "el **western** es un género clásico americano", "el **Western** es cine en estado puro", "el **Western** es el género de los géneros", "vuelven **los Western** al cine", "los 15 actores más famosos de **los western**", "**los western** y las historias reales", "**Western** español completo", "un **western** español", "Mario Almada, icono del **Western** mexicano", "maratón de **Western** mexicano", "**los Western** mexicanos", "**los** mejores **Western** de todos los tiempos", "**los** mejores **Western**, según los hermanos Coen".

☞ Google: 375 000 resultados de "el western"; 45 800 de "los Western"; 22 400 de "western español"; 6 640 de "western mexicano"; 3 860 de "los mejores Western". ☒

X

416. *xerigrafía* no es lo mismo que *serigrafía*

Existe un procedimiento llamado "xerografía" (se pronuncia *serografía*), pero nada tiene que ver con la "serigrafía"; de ahí que sea un disparate escribir "xerigrafía". En español, el elemento compositivo "xero-" (del griego *xero-*) significa "seco", y se utiliza como prefijo en términos como "xerocopia" ("copia fotográfica obtenida por medio de la xerografía"), "xerocopiar" ("reproducir en copia xerográfica") y "xerografiar" ("reproducir textos o imágenes por medio de la xerografía"). El término "xerografía" es un sustantivo femenino que significa lo siguiente: "Procedimiento electrostático que, utilizando conjuntamente la fotoconductividad y la atracción eléctrica, concentra polvo colorante en las zonas negras o grises de una imagen registrada por la cámara oscura en una placa especial. La imagen con el polvo colorante adherido pasa a un papel donde se fija mediante la acción del calor o de ciertos vapores" (DRAE). Se denomina también así a la fotocopia obtenida por este medio. Ejemplo: *Sistema de impresión por xerografía*. "Serigrafía", en cambio, del francés *sérigraphie*, y éste del latín *serĭcum* (seda) y el francés *graphie* (-grafía), es un sustantivo femenino que el diccionario académico define del siguiente modo: "Procedimiento de estampación mediante estarcido a través de un tejido, originalmente seda". También se usa para denominar a la "estampa obtenida mediante serigrafía". Ejemplo: *Impresiones en serigrafía*. De ahí el verbo "serigrafiar" ("imprimir mediante serigrafía"), el sustantivo masculino "serigrafiado" ("acción y efecto de serigrafiar"), el adjetivo "serigráfico" ("perteneciente o relativo a la serigrafía"), y el sustantivo "serigrafista" ("especialista en serigrafía"). Por cierto, no debe confundirse el verbo "estarcir" ("propio de la serigrafía") con el verbo "esparcir". El verbo transitivo "esparcir" (del latín *spargĕre*) tiene tres acepciones en el diccionario académico: "Extender lo que está junto o amontonado"; "divulgar, publicar, extender una noticia"; "divertir, desahogar, recrear". En cambio, el verbo transitivo "estarcir" (del latín *extergēre*: "enjugar, limpiar") significa "estampar dibujos, letras o números haciendo pasar el color, con un instrumento adecuado, a través de los recortes efectuados en una chapa" (DRAE). De ahí que se llame "estarcido" a la acción de estarcir y al dibujo que resulta de estarcir. Precisado todo lo anterior, es un barbarismo confundir la "serigrafía" con la "xerografía" y más bárbaro es aún denominarla "xerigrafía", término éste que carece de significado en español.

Se trata de un barbarismo que encontramos especialmente en internet, pero no es extraño en publicaciones impresas. En el libro *La Celestina: V Centenario (1499-1999)*, que recoge las Actas del Congreso Internacional que se realizó en España, publicado por las Ediciones de la Universidad de Castilla-La Mancha, se reproduce el programa de actividades donde leemos lo siguiente:

☟ "Presentación de la edición de *La Celestina*, con ilustraciones de Teo Puebla, patrocinada por el Ayuntamiento de la Puebla de Montalbán. Los congresistas fueron obsequiados con un ejemplar de la edición 'popular' de esta obra y una **xerigrafía** numerada y firmada por Teo Puebla".

En realidad, lo que obsequiaron a los congresistas fue:

☝ una **serigrafía** numerada y firmada por Teo Puebla.

✎ He aquí otros ejemplos de este barbarismo de la escritura: "cartel en **xerigrafía** para camisetas de niños", "antigua **xerigrafía**", "talleres de pintura, **xerigrafía** y grabado", "¿qué es la **xerigrafía**?" (la xerigrafía no existe, lo que existe es la serigrafía), "póster clásico hecho en **xerigrafía**", "Escher es un artista que se consagró en el arte de los grabados y la **xerigrafía**", "ha disfrutado de becas de pintura y **xerigrafía**", "se trataba de una **xerigrafía**", "técnicas de grabado y **xerigrafía**".

☞ Google: 5 640 resultados de "xerigrafía". ☒

☞ Google: 8 230 000 resultados de "serigrafía"; 32 800 de "xerografía". ☑

Y

417. *¿yo en lo personal?, ¿yo personalmente?*

El pronombre personal "yo" (del latín vulgar *eo*, y éste del latín *ego*) es la "forma que, en nominativo, designa a la persona que habla o escribe" (DRAE). Ejemplo del diccionario académico: ***Yo estoy** muy tranquila*. Estrictamente, puede muy bien prescindirse de él, dado que la conjugación del verbo (en primera persona del singular) lo contiene implícitamente. Ejemplo: ***Estoy** muy tranquila*. El "yo" eliminado en este caso no altera en absoluto el sentido del enunciado, pues en el primer ejemplo su única función es enfática, es decir retórica. Para el significado, da lo mismo decir ***Yo estoy** muy tranquila* que ***Estoy** muy tranquila*. Esta especie de redundancia menor se agrava en la locución "yo en lo personal" y en su variante "yo personalmente". Son redundancias gruesas, pues el adjetivo "personal" indica lo "propio o particular de la persona" y el adverbio "personalmente" significa "en persona o por sí mismo" (DRAE). Aunque no deje de ser una construcción relativamente redundante, es admisible decir y escribir ***En lo personal (o personalmente) opino** que Donald Trump es un imbécil* porque bien podría decirse, sin tantas vueltas, ***Opino** que Donald Trump es un imbécil*, pero es inadmisible, por absolutamente redundante, decir y escribir ***Yo en lo personal (o yo personalmente) opino** que Donald Trump es un imbécil*. Si quien opina tal cosa lo hace "en lo personal" o "personalmente", el "yo" (que es la forma que designa a la persona que habla o escribe) está de más, es innecesario, es absurdamente reiterativo. Incluso decir y escribir "yo opino", "yo pienso" o "yo creo" lo es también, pues la persona y el tiempo verbal determinan invariablemente al sujeto que realiza la acción. Por ello, es suficiente con decir "opino", "pienso", "creo". (El "yo" está implícito.) Si decimos o escribimos ***Opino** que Donald Trump es un imbécil*, nada añade a este perfecto enunciado decir y escribir "yo" y, peor aún, "en lo personal" o "personalmente". Si lo "opino", resulta obvio que lo "opino" yo, desde mi persona, y en ello no puede haber confusión.

Estos vicios de redundancia son abundantes en nuestra lengua, y si bien en sus formas simples con el pronombre más la conjugación de la primera persona del singular de un determinado verbo ("yo opino", "yo pienso", "yo creo", "yo sugiero", "yo estimo", etcétera) constituyen pecados menores, en sus formas más elaboradas resultan redundancias inaceptables: son los casos de "yo en lo personal" y "yo personalmente", pues el "yo" ya implica la "persona" o la acción "personal". Las páginas de internet y las publicaciones impresas están ahítas de estas rebuznancias lo mismo en el ámbito inculto que en el ambiente culto de nuestra lengua. Los profesionistas son muy afectos a ellas. En el periódico argentino *Página 12*, un cineasta que adaptó una obra de Adolfo Bioy Casares dice lo siguiente durante una entrevista:

♡ "En la Argentina no hay tanta cultura de la reencarnación y **yo personalmente no creo** en eso".

En buen español debió decir:

☝ **no creo** en la reencarnación, y punto.

✎ Más ejemplos de estas tristes redundancias: "**yo personalmente** creo", "**yo personalmente** decidí", "**yo personalmente** pienso que gané", "**yo personalmente** lo viví", "**yo personalmente** tuve una mala experiencia", "**yo en lo personal** prefiero no hacerlo", "**yo en lo personal** estoy muy contento", "**yo en lo personal** no votaría por Trump", "**yo en lo personal** no tengo interés", "**yo en lo personal** no lo haría porque nadie de mi familia lo acostumbra" y, como siempre hay algo peor, "**yo en lo personal** no lo haría porque eso no es **valorarse uno mismo**".

☞ Google: 704 000 resultados de "yo personalmente"; 549 000 de "yo en lo personal"; 116 000 de "yo personalmente creo"; 5 130 de "yo en lo personal opino". ☒

Z

418. *¿zapotecos?*

Así como no existen los "aztecos", de esta misma manera no existen los "zapotecos". Existen los "zapotecas". Se puede hablar y escribir del "zapoteco", como lengua, e incluso del "pueblo zapoteco" (como genérico), pero no de los "zapotecos" como integrantes de la cultura "zapoteca". Del mismo modo que Cuauhtémoc fue el último rey "azteca" y no el último rey "azteco", igualmente Andrés Henestrosa fue indio zapoteca y no "zapoteco", aunque hablara el "zapoteco" como idioma originario. Existen los tlaxcaltecas, pero no los "tlaxcaltecos"; los "toltecas", mas no así los "toltecos", y en el caso de los "mayos" (del norte de México), éstos nada tienen que ver con los "mayas" (del sureste del país). En conclusión, si nos referimos a los miembros de la cultura "zapoteca" (de los estados mexicanos de Oaxaca, Guerrero y Puebla), éstos siempre serán "los zapotecas" y nunca "los zapotecos". El DRAE, por cierto, no incluye en sus páginas este adjetivo y sustantivo. En cambio sí se refiere a los "mixtecos". Incluye cuatro acepciones del adjetivo y sustantivo "mixteco" (del náhuatl *mixtécatl*: "habitante del país de las nubes"): "Dicho de una persona: de un pueblo amerindio que hoy habita en los estados mexicanos de Oaxaca, Guerrero y Puebla"; "perteneciente o relativo a los mixtecos"; "perteneciente o relativo al mixteco (lengua)"; "lengua amerindia que hablan los mixtecos". En el *Diccionario del náhuatl en el español de México* leemos que "mixteco" es el "habitante de Mixtecapan o región de los que habitan entre las nubes", en tanto que "zapoteco" es "abreviación de *binni zá*, 'gente de las nubes', y del náhuatl *pochtécatl*, 'comerciante'". Ahora bien, si en este mismo diccionario, al definir el adjetivo y sustantivo "azteca", se informa que es compuesto del acortamiento *az-* (de *Aztlán*) más el sufijo *-técatl*, gentilicio: literalmente, "habitante del pueblo de Aztlán", tiene mucho sentido que el nombre náhuatl *tzapotécatl* signifique "habitante del pueblo del Zapote". Sea como fuere, lo que resulta claro es que la terminación "a" y no la terminación "o" es el uso correcto para "azteca", "olmeca", "tlaxcalteca", "tolteca" y, por supuesto, "zapoteca", en caso de referirnos (con adjetivo o con sustantivo) a quienes pertenecen o pertenecieron a las culturas azteca, olmeca, tlaxcalteca, tolteca y zapoteca.

Sin embargo, ya es frecuente escuchar y leer "zapoteco" en vez de "zapoteca", cuando alguien se refiere a una persona perteneciente a la lengua y la cultura "zapotecas". Se trata de un error, en gran medida por analogía con "mixteco". Incluso antropólogos, arqueólogos, etnólogos, historiadores, sociólogos y otros profesionistas hablan y escriben de los "zapotecos". Es un error muy difundido en internet, pero también en las publicaciones impresas. En el diario mexicano *El Universal* leemos el siguiente encabezado:

☟ "**Zapotecos** mantenían lazos más allá de la muerte".

Con corrección, el encabezado debió decir:

☝ **Los zapotecas** mantenían lazos más allá de la muerte.

✎ He aquí otros ejemplos de este yerro cada vez más difundido: "el arte de los **zapotecos**", "la voz de los **zapotecos**", "una deidad viva entre los **zapotecos**", "el territorio de los **zapotecos**", "autonomía de los **zapotecos**", "la tradición oral de los **zapotecos**".

☞ Google: 209 000 resultados de "zapotecos"; 45 000 de "los zapotecos". ☒

☞ Google: 452 000 resultados de "zapotecas"; 62 400 de "los zapotecas". ☑

419. *¿zig zag?, ¿zig-zag?*

El sustantivo masculino "zigzag" es un sólo término y, por ello, no debe escribirse en dos palabras ni requiere tampoco de guión intermedio. "Zig zag" y "zig-zag" son grafías erróneas para este sustantivo cuyo origen es el francés *zigzag* y cuyo significado es el siguiente: "Línea que en su desarrollo forma ángulos alternativos, entrantes y salientes" (DRAE). Ejemplos del diccionario académico: *El relámpago dibujó un* ***zigzag*** *en el cielo; Un camino en* ***zigzag****; Moverse en* ***zigzag***. De ahí el adjetivo "zigzagueante" ("que zigzaguea"; "que no sigue un camino derecho para alcanzar un objetivo y alterna distintas opciones"). Ejemplo del DRAE: *Una trayectoria política* ***zigzagueante***. De ahí también el verbo intransitivo "zigzaguear": "serpentear, andar en zigzag", y el sustantivo masculino "zigzagueo": "acción y efecto de zigzaguear". Ejemplo: ***Zigzagueaba*** *con su automóvil por la carretera, y este* ***zigzagueo*** *delató que conducía ebrio.*

Aunque son frecuentes en la escritura las formas "zig zag" y "zig-zag", éstas deben evitarse, pues en español los sustantivos comunes se representan gráficamente en una sola palabra, con grafía simple, y éste es el caso de "zigzag". Quienes dividen el término en dos partes, ya sea con el nexo de un guión ("zig-zag") o sin él ("zig zag") cometen un error ortográfico. Escríbase "zigzag", y punto, y en plural, "zigzags". En el libro *Lectura super rápida* (sic), leemos acerca del:

☟ "movimiento de los ojos en **zig zag**", y se agrega que "el lector hábil realiza un suave y rítmico movimiento de los ojos en **zig zag**".

Hay razones suficientes para desconfiar de un libro (¡sobre lectura!) mal escrito desde su título (lo correcto es superrápida", no "super rápida") y cuyos editores en español no saben escribir el correcto sustantivo:

☝ **zigzag**.

✐ Más ejemplos de este yerro ortográfico: "cómo hacer una costura en **zig zag**", "beneficios de caminar y correr en **zig zag**", "el camino en **zig zag**", "trazos en **zig zag**", "el cerebro y las liebres se mueven en **zig zag**", "muestreo en **zig-zag**", "regates en **zig-zag**", "puntadas en **zig-zag**", "realizaremos movimientos en **zig-zag**", etcétera.

☞ Google: 548 000 resultados de "en zig zag"; 509 000 de "zig zags". ☒

☞ Google: 3 300 000 resultados de "zigzags"; 538 000 de "en zigzag". ☑

420. *¿zombie?, ¿zombies?*

Si hablamos y escribimos en español, en nuestra lengua debemos decir y escribir "zombi" y "zombis", y no "zombie" ni "zombies" que son voces inglesas que corresponden a lo que en el idioma inglés también se denomina *walking dead* (muertos vivientes). El sustantivo "zombi" (del criollo de Haití *zombi*, quizá voz de origen africano occidental) significa, de acuerdo con el DRAE, "persona que se supone muerta y reanimada por arte de brujería con el fin de dominar su voluntad". Es propio del culto vudú, relacionado histórica y socialmente con el esclavismo. Ejemplos: *Se cree que el **zombi** es un muerto retornado a la vida por un hechicero*; *De acuerdo con esta creencia, los **zombis** obedecen, como autómatas, las órdenes de quien los regresó a la vida*. Como adjetivo, "zombi" significa "atontado, que se comporta como un autómata" (DRAE). Ejemplo: *Era un **zombi** de tan atolondrado que se veía*. Cabe señalar el parecido de la voz haitiana *zombi* con el término cubano yoruba *fumbi*, que significa "espíritu", y con el término *nzambi*, en kikongo, una de las lenguas originarias de la República del Congo, que significa "espíritu de una persona muerta". La voz criolla haitiana *zombi* ("el que regresó de la muerte") pasó al español de manera literal, como un préstamo crudo, y es absurdo recurrir al inglés para nombrar lo que en español también es "zombi". Por otra parte los llamados "zombies" en inglés ni siquiera son equivalentes de los "zombis" del rito vudú: poseen todo un culto reelaborado de ficción especialmente entre los cinéfilos y televidentes, con seres que, por momento, rayan en el ridículo: se han vuelto estereotipos de los videojuegos, el cine, la televisión, la literatura y la mercantilista cultura de masas y son caricaturas que ya no espantan ni a la abuelita. Más allá de esto, digamos y escribamos "zombi", cuyo plural es "zombis", y no "zombie" ni "zombies".

Estos abundantes anglicismos rebosan las páginas de internet y se han incrustado con necedad en las publicaciones impresas, lo mismo en diarios que en libros y en revistas. El pochismo es contagioso. Lo cierto es que en cualquier parte del mundo hispanohablante se aparecen los "zombies". Incluso en el portal electrónico de Universia España (¡de universitarios para universitarios!) leemos el siguiente titular:

☟ "Los **zombies** también están en Internet".

Debieron escribir estos universitarios españoles anglicistas que

☝ los **zombis** también están en internet.

✐ He aquí unos pocos ejemplos de este abundante anglicismo del todo innecesario por supuesto: "la llamada de los **zombies**", "los **zombies** están de regreso", "los **zombies** se apoderan de la Ciudad de México", "un **zombie** a la intemperie", "memorias de un **zombie** adolescente", "me están convirtiendo en un **zombie**", "soy un **zombie** con ansias de carne humana", "soy un **zombie** sin ti", "las 50 mejores películas de **zombies**", "los mejores libros de **zombies**", "las mejores historias de **zombies**", "una joven mata a su amigo porque creía que era un **zombie**", "las mejores series de **zombies**", "5 señales que confirman que eres un **zombie**" (la primera, que seas un idiota), "cuentos de **zombies** para niños", "5 **zombies** reales captados en cámara" (sí, claro, en la cámara de diputados), "nos persiguen unos **zombies**" (son los mismos diputados) "reportan ataque zombie en México" (otra vez, los diputados al ataque), "los **pejezombies** contra los peñabots" (éste es un clásico), "manual de supervivencia para **zombies** en México", "los mejores relatos de **zombies**", "las mejores novelas de **zombies**" (sí, claro, escritas por zombis controlados por las editoriales), "7 famosos que parecen **zombies**", "esos **zombies** que somos" (somos es mucha gente), "estos **zombies** sí que enganchan", "6 puntos que te ayudarán a descubrir qué tan **Pejezombie** eres".

☞ Google: 835 000 resultados de "los zombies"; 511 000 de "un zombie"; 355 000 de "películas de zombies"; 231 000 de "soy un zombie"; 104 000 de "libros de zombies"; 103 000 de "historias de zombies"; 84 400 de "era un zombie"; 83 000 de "series de zombies"; 61 100 de "eres un zombie"; 53 700 de "cuentos de zombies"; 35 800 de "zombies reales"; 34 300 de "unos zombies"; 31 500 de "zombie en México"; 19 800 de "estos zombies"; 19 500 de "pejezombies"; 18 400 de "zombies en México"; 17 000 de "relatos de zombies"; 16 700 de "novelas de zombies"; 16 100 de "parecen zombies"; 14 600 de "esos zombies"; 10 800 de "pejezombie". ☒

421. *¿zoom politikon?*

Una cosa es *zoom* y otra muy distinta *zoon*. En inglés, *zoom* (que se pronuncia *zum*) es enfocar en primer plano o abrir el objetivo focal. Nada tiene que ver con *zoon* (que se pronuncia *zoon*), término griego que significa animal. *Zoon politikon*, frase de Aristóteles, quiere decir que el hombre es un animal político. En cambio "zoom politikón" (*zum politikon*) sería algo así como abrir el objetivo de la política, si pudiera tener algún sentido este disparate. Se podría argumentar que se trata simplemente de una errata en los textos. Pero más bien es un error, producto del hábito de no consultar el diccionario cuando se escribe esta expresión erudita. En español, "zoo-" y "-zoo" son elementos compositivos que significan "animal" y que se usan lo mismo como prefijos que como sufijos. Ejemplos: "**zoo**logía" ("ciencia que trata de los animales") y "proto**zoo**" ("organismo de una sola célula o constituido por una colonia de células iguales entre sí").

Con seguridad, cuando leemos la expresión "zoom politikon" no se trata de una errata, sino de un evidente error de quien no sabe que "animal" en griego se dice y se escribe "zoo" o "zoon", pero nunca "zoom", que por supuesto no es griego, sino inglés, y no significa "animal". Muchos académicos se tropiezan con esta piedra. No deja de ser gracioso que en un libro (*El falso progresismo*), su autor censure la incultura política, y, muy serio, escribe lo siguiente:

☞ "La Política nos atañe a todos como una segunda piel. ***Zoom politikon***, animal político, denominó Aristóteles al ser humano, por la importancia que tienen los asuntos públicos en el conjunto de la sociedad".

Quiso decir el autor:

☞ ***zoon politikon***, que es lo que realmente escribió Aristóteles (el filósofo griego, y no por cierto el magnate griego Aristóteles Sócrates Onassis).

✎ En otro libro, *La política para principiantes*, su autor escribe: "Aristóteles definió [la política] como la ciencia para la obtención del bien común, dada la dimensión social del hombre que es, ante todo, ***zoom politikon***, o animal social". Y en otro libro, *Manual de historia constitucional argentina*, leemos: "El hombre tiene un fin último que cumplir, y no adscribe su vida al Estado, donde como ***zoom politikon***, logra únicamente su bien temporal". Tal parece que en la industria editorial ya no existen los correctores. He aquí otros ejemplos de este disparate: "las concepciones sociopolíticas de un aristotélico ***zoom politikon***", "para Aristóteles el hombre era un ***zoom politikon***", "Aristóteles definió al hombre como un 'animal social' (***zoom politikon***)", "fue un ***zoom politikon*** por excelencia", "el ***zoom politikon*** de Aristóteles", "el ***zoom politikon*** se desenvuelve dentro de un determinado contexto social".

☞ Google: 6 240 resultados de "zoom politikon". ☒

422. *zotehuela* no es lo mismo que *azotehuela*

El término "zotehuela" (y, peor aún, "sotehuela") es un disparate de "azotehuela", sustantivo femenino que es un mexicanismo y que la RAE no incluye en su mamotreto. El *Diccionario del español usual en México* lo define, muy atinadamente, del siguiente modo: "Pequeña terraza o patio interior de una casa o departamento, construido generalmente para que entre luz y aire a los cuartos interiores, y que se aprovecha para algunos servicios, como el lavado de ropa, el almacenamiento de utensilios, etc.". De este mismo diccionario es el ejemplo: *La cubeta está en la* ***azotehuela***. Resulta obvio que el sustantivo "azotehuela" es diminutivo del sustantivo femenino "azotea" (del árabe hispánico *assutáyha*, que ya en sí mismo es diminutivo del árabe clásico *sáth*, terraza): "cubierta más o menos llana de un edificio dispuesta para distintos fines" (DRAE). En conclusión, "azotehuela" equivaldría a "terracita", pero es un barbarismo eliminarle la "a" inicial y decir y escribir "zotehuela" o "sotehuela" y, peor aún, "zotebuela" y "sotebuela", puesto que es derivado de "azotea". Las incorrecciones "zotehuela", "sotehuela", "zotebuela" y "sotebuela" (que esperemos no convierta en mexicanismos la Academia Mexicana de la Lengua, como cuando acepta "ajuarear" en vez del correcto "ajuarar"), provienen del ámbito inculto y de la falta de ortoepía, es decir de la ausencia de correcta pronunciación, especialmente cuando el sustantivo va acompañado por artículo, como en "la azotehuela" y "una azotehuela", que la mayor parte de los hablantes descuidados pronuncian no con hiato (*la-azotehuela, una-azotehuela*), sino con sinalefa (*lazotehuela, unazotehuela*). Obviamente, estos mismos hablantes descuidados mantienen las incorrecciones en los plurales acompañados de artículos, como en "las zotehuelas", "unas zotehuelas", en vez de "las azotehuelas" y "unas azotehuelas". Y para quienes dicen y escriben "zotebuela" y "sotebuela" que los perdone su abuela, porque nosotros no.

Son barbarismos muy comunes que se han extendido incluso en el habla y en la escritura cultas. Abundan en las publicaciones impresas (en diarios y en libros) y en internet, pero aún más en el habla. En el diario *Excélsior* leemos el siguiente encabezado:

♡ "Mujer halla pitón de dos metros en la **zotehuela** de su casa".

Debió informar el diario que

♢ una mujer halló una serpiente pitón en la **azotehuela** de su casa.

✎ Extremos del barbarismo son las pronunciaciones y representaciones gráficas "sotebuela" y "zotebuela", pero esto sí es, de plano, ya no tener abuela. He aquí otros ejemplos de estos horrorosos palabros, tomados todos ellos de publicaciones impresas (incluidos libros muy exitosos) y de internet: "eran blancos, aunque el plomo de los tanques de gas de la **zotehuela** los hacía verse grises", "Pico se trepaba victorioso sobre el remate de alguno de los tanques de gas que por parejas afeaban todo el perímetro de la **zotehuela**", "cuando la vi entrar me puse delante de mis gallos, que revoloteaban por la **zotehuela**", "la magia vespertina de la **zotehuela**", "la **zotehuela** es demasiado chica para contener tinacos", "La **Zotehuela**" y, como siempre hay algo peor, "encontraron casi 13 perros más en la **zotehuela**" (diario mexicano *El Universal*). Habría que preguntarnos en este último caso por qué la acotación de "casi 13 perros": ¿sería acaso porque encontraron doce más la mitad de otro? (¡es todo un misterio sin resolver!).

☞ Google: 415 000 resultados de "zotehuela"; 37 600 de sotehuela"; 37 000 de "zotehuelas"; 11 400 de "la zotehuela"; 4 930 de "una zotehuela"; 3 750 de "sotebuela"; 1 550 de "zotebuela". ☒

☞ Google: 19 400 resultados de "azotehuela"; 1 650 de "azotehuelas". ☑

423. @ no es lo mismo que *a* ni que *o*

La arroba (@) no forma parte del alfabeto español. Por ello resulta absurdo e impráctico querer darle la equivalencia de vocal ("a" y "o" simultáneamente) lo mismo para el femenino que para el masculino. He aquí un ejemplo de este dislate: "L@s amig@s del Grupo A de la Escuela Primaria López Rayón l@s invitam@s a compartir con nosotr@s este domingo. Esperamos que asistan tod@s". Se trata de un disparate de quienes, con el noble propósito de hacer patente la igualdad de sexos (que no de género), introducen en el español algo que nada tiene que ver con nuestro alfabeto y que, además, es imposible de leer de acuerdo con la fonética española. En junio de 2014 el ex director de la Real Academia Española, el filólogo Víctor García de la Concha, quien ha admitido que "hablamos un español zarrapastroso" (aunque sin mencionar que, en parte, esto se debe a los muchos desatinos de la propia RAE), puntualizó que puesto que la arroba (@) no forma parte del alfabeto español es una tontería utilizarla, en la escritura, para supuestamente "abarcar" a la vez el género masculino y el género femenino en nuestro idioma. Los hablantes y escribientes que cometen esta torpeza revelan una enorme ignorancia: no saben que el "sexo" es exclusivo de las personas, en tanto que el "género" únicamente corresponde a las palabras. Habrá que insistir en esto: *las personas no tienen género, poseen sexo*. Pretender que la @ remedia, en la escritura, el inexistente "lenguaje sexista" es, por lo menos, una ingenuidad que acaba socavando aún más los cimientos del idioma español con esta ocurrencia y con la duplicación del masculino y el femenino, en enunciados absurdos, que arrasan con la lógica, la gramática y la economía de nuestra lengua. García de la Concha lo ha dicho muy bien: "Es un desvarío sexista multiplicar 'los alumnos y las alumnas', 'las chicas y los chicos', etc., simplemente porque el masculino puede actuar, y actúa, como término no marcado, cuando decimos 'los alumnos salieron al recreo', donde se indica que todos los alumnos, sin distinción de sexo [ya que no de género], han salido al recreo. En síntesis, no confundamos sexo y género". En su *Manual de diseño editorial*, Jorge de Buen explica lo pertinente sobre este signo: "**Arroba** (@), del árabe *ar-rub'* (la cuarta parte del quintal). Aparentemente, se originó en la escritura uncial [de una pulgada], durante el siglo VI o VII, como abreviatura de la preposición latina *ad*. Revivió entre los siglos XII y XIII y luego fue adoptado como abreviatura de *arroba* entre los comerciantes españoles. Apareció hace pocos años en la informática dentro de las llamadas 'hojas de cálculo' (Visicalc, Lotus 123) y, recientemente, en internet, para las direcciones de correo electrónico". Como medida de peso, una "arroba" (cuarta parte), equivale a 12 kilogramos, aproximadamente. En un viejo libro cubano de agricultura (1841) leemos lo siguiente: "una arroba de arroz sembrada en buena tierra produce doscientas arrobas". El verbo "arrobar" tiene dos acepciones muy diferentes: una, ya casi desusada, "pesar o medir por arrobas", y otra del todo vigente: "embelesar". Esta última proviene de "robar": "quitar, arrebatar, hurtar"; en este caso, "robar el corazón o el alma": *arrobar*. Ejemplo: *Su belleza lo* ***arrobó*** *de inmediato*. En conclusión, no debe utilizarse el signo de la arroba (@) con el propósito de construir un supuesto lenguaje de igualdad, introduciendo en nuestro idioma un signo que no pertenece al alfabeto y que, por lo mismo, no hay manera de leer con un sonido determinado. Las páginas de internet están ahítas de expresiones como la siguiente:

☟ "Trabaja con **nosotr@s**. Procesos de selección abiertos".

Lo correcto en español es:

☝ Trabaja con **nosotros**. Procesos de selección abiertos, pues en nuestro idioma "en los sustantivos que designan seres animados existe la posibilidad del uso genérico del masculino para designar la *clase*, esto es a todos los individuos de la especie, sin distinción de sexos: ***Todos los ciudadanos*** *mayores de edad tienen derecho a voto*" (RAE). En este sentido, es obvio que los términos "todos" y "ciudadanos" incluyen por supuesto a "todas" y a las "ciudadanas". No hay que confundirnos con esto, por más que trabajemos y participemos en la construcción de una sociedad igualitaria. Lo malo es que incluso instituciones educativas tan importantes como la Universidad Nacional Autónoma de México (UNAM) ya utilicen este recurso, oficialmente, como lo podemos ver en la página publicitaria publicada en la cuarta de forros de la revista *Proceso* (8 de octubre de 2017), donde leemos lo siguiente en grandes caracteres superpuestos a una fotografía: "Nuestr@s Brigadistas. UNAM. La Universidad de la Nación". De hecho, en la fotografía principal únicamente se aprecian, perfectamente, brigadistas varones, por lo cual también se superpuso a esa imagen, y en primer plano, otra fotografía (además, "intervenida") de una brigadista (claramente se observa que es mujer) que camina, de espaldas, y que lleva en la cabeza un flotante casco protector (por arte de la magia del *photoshop*) con el logotipo (también superpuesto) de la UNAM. Lo lógico, lo correcto, idiomática y gráficamente, hubiese sido que se publicara una fotografía en la que se distinguieran claramente hombres y mujeres trabajando juntos, con el abarcador mensaje: "Nuestros brigadistas", pues el término "brigadista" ("integrante de una brigada") es un sustantivo que (al igual que *analista, artista, dentista, deportista, economista, novelista, oficinista, pianista, socorrista,* etcétera) se usa lo mismo para el masculino que para el femenino. Pero la discutible e impráctica "corrección política" socava, cada vez más, la lógica del idioma. Y, lo peor de todo: sin ninguna utilidad. Incluso gente de gran solvencia intelectual, con el mismo propósito de reivindicar el denominado "lenguaje de inclusión", utiliza en la lengua escrita, en lugar de la arroba (@) la grafía "x", vigesimoquinta letra de nuestro abecedario. Para el caso, aunque la equis pertenezca al alfabeto del español, con ella se comete el mismo disparate lingüístico que cuando se usa la arroba, como en el siguiente ejemplo de una investigadora muy importante en México: "Muchxs de estxs trabajadorxs sexuales son extorsionadxs". ¿Cómo leer esto? Es imposible. Si lo que se desea es abarcar, sin equívocos, a los hombres y a las mujeres, el idioma español posee la capacidad expresiva para hacerlo. La ilegible frase del ejemplo anterior puede perfectamente formularse del siguiente modo: *Muchas de estas personas dedicadas al trabajo sexual son extorsionadas*. Así de claro, pero a causa de una extrema corrección política, la ausencia de lógica en el uso del idioma se está convirtiendo, cada vez más, en una incurable epidemia.

✎ He aquí otros ejemplos de esta escritura que no beneficia en nada ni a la lengua española ni a las mujeres: "Juega con nosotr@s", "detrás de nosotr@s", "recicla con nosotr@s", "estimad@s compañer@s", "que "tod@s sea tod@s".

☞ Google: 15 100 000 resultados de "tod@s"; 2 190 000 de "amig@s"; 776 000 de "nosotr@s"; 615 000 de "compañer@s". ☒

OBRAS CONSULTADAS Y CITADAS

Agencia EFE, *Diccionario de español urgente*, Ediciones SM, Madrid, 2000.

Albaigès, Josep M., *Diccionario de palabras afines*, Espasa Calpe, Madrid, 2001.

Alsina, Ramón, *Todos los verbos castellanos conjugados*, segunda edición, Teide, México, 1984.

Aub, Max, *Diarios 1967-1972*, edición, estudio introductorio y notas de Manuel Aznar Soler, Consejo Nacional para la Cultura y las Artes, México, 2003.

Becerra, Marcos E., *Rectificaciones i adiciones al Diccionario de la Real Academia Española*, tercera edición, México, Secretaría de Educación Pública, 1984.

Bioy Casares, Adolfo, *Borges*, Destino, Barcelona, 2006.

Blecua, José Manuel (director), *Diccionario general de sinónimos y antónimos de la lengua española*, Biblograf, Barcelona, 1999.

Bosque, Ignacio y Manuel Pérez Fernández, *Diccionario inverso de la lengua española*, Gredos, Madrid, 1987.

Buitrago, Alberto y J. Agustín Torijano, *Diccionario del origen de las palabras*, Espasa Calpe, Madrid, 1998.

Carnicer, Ramón, *Sobre ortografía española*, Visor Libros, Madrid, 1992.

Carreter, Fernando Lázaro, *El dardo en la palabra*, Galaxia Gutenberg / Círculo de Lectores, Barcelona, 1998.

________, *El nuevo dardo en la palabra*, Aguilar, Madrid, 2003.

Cervantes Saavedra, Miguel de, *Don Quijote de la Mancha*, segunda edición, edición de Florencio Sevilla Arroyo, Castalia, Madrid, 2002.

Catherine Clément y Julia Kristeva, *Lo femenino y lo sagrado*, traducción de Maribel García Sánchez, Cátedra / Universitat de València / Instituto de la Mujer, Madrid, 2000.

Corripio, Fernando, *Gran diccionario de sinónimos, voces afines e incorrecciones*, tercera edición, Bruguera, Barcelona, 1979.

________, *Diccionario de ideas afines*, séptima edición, Herder, Barcelona, 2000.

De Lucas, Carmen, *Diccionario de dudas*, Edaf, Madrid, 1994.

Del Hoyo, Arturo, *Diccionario de palabras y frases extranjeras en el español moderno*, Aguilar, Madrid, 1990; tercera edición corregida y aumentada: Santillana, Madrid, 2002.

Deneb, León, *Diccionario de equívocos*, Biblioteca Nueva, Madrid, 1997.

Diccionario de sinónimos y antónimos, Santillana, Madrid, 2000.

Diccionario de dificultades de la lengua española, Santillana, Madrid, 2002.

Diccionario enciclopédico de las ciencias médicas, McGraw-Hill, México, 1985.

Diccionario general de la lengua española, segunda edición, Biblograf, Barcelona, 2002.

Diccionario ilustrado latino-español, español-latino, décima edición, Biblograf, Barcelona, 1973.

Eco, Umberto, *De la estupidez a la locura. Cómo vivir en un mundo sin rumbo*, traducción de Helena Lozano Miralles y Maria Pons Irazazábal, Lumen, México, 2016.

El País, Libro de estilo, decimosexta edición, Ediciones El País, Madrid, 2002; vigesimosegunda edición, Aguilar, México, 2014.

Fernández, Fernando, *Contra la fotografía de paisaje*, Libros Magenta / Consejo Nacional para la Cultura y las Artes, México, 2014.

Fundación del Español Urgente, *Compendio ilustrado y azaroso de todo lo que siempre quiso saber sobre la lengua española*, Debate, México, 2014.

Garibay, Ángel María, *En torno al español hablado en México*, estudio introductorio, selección y notas de Pilar Máynez Vidal, Universidad Nacional Autónoma de México, México, 1997.

Gómez de Silva, Guido, *Breve diccionario etimológico de la lengua española*, quinta reimpresión, El Colegio de México / Fondo de Cultura Económica, México, 1996.

________, *Diccionario internacional de literatura y gramática*, Fondo de Cultura Económica, México, 1999.

________, *Diccionario breve de mexicanismos*, Academia Mexicana / Fondo de Cultura Económica, México, 2001.

Góngora, Luis de, *Antología poética*, edición, introducción y notas de Ana Suárez Miramón, RBA Ediciones, Barcelona, 1994.

Gran diccionario Larousse español-inglés, english-spanish, décima sexta reimpresión, Larousse, México, 2002.

Grijelmo, Álex, *El estilo del periodista*, Taurus, Madrid, 1997.

Gringoire, Pedro, *Repertorio de disparates*, tercera edición aumentada, Drago, México, 1982.

Locke, John, *Del abuso de las palabras*, traducción de Martín Schifino, Taurus, México, 2014.

Marcos González, Blanca y Covadonga Llorente Vigil, *Los verbos españoles*, tercera edición, Ediciones del Colegio de España, Salamanca, 1999.

Martínez de Sousa, José, *Diccionario de tipografía y del libro*, cuarta edición, Paraninfo, Madrid, 1995.

________, *Diccionario de usos y dudas del español actual*, Biblograf, Barcelona, 1996.

Moliner, María, *Diccionario de uso del español*, segunda edición, Gredos, Madrid, 1999.

Montemayor, Carlos (coordinador), *Diccionario del náhuatl en el español de México*, UNAM, México, 2007.

Moreno de Alba, José G., *Minucias del lenguaje*, Fondo de Cultura Económica, México, 1992.

—, *Nuevas minucias del lenguaje*, Fondo de Cultura Económica, México, 1996.

Muchnik, Mario, *Lo peor no son los autores. Autobiografía editorial 1966-1997*, tercera edición, del Taller de Marcio Muchnik, Madrid, 1999.

Olsen de Serrano Redonnet, María Luisa, y Alicia María Zorrilla de Rodríguez, *Diccionario de los usos correctos del español*, segunda edición, Ángel Estrada y Compañía, Buenos Aires, 1997.

Ortiz de Burgos, José, *Diccionario italiano-español, spagnoulo-italiano*, décima séptima edición, Ediciones Hymsa, Barcelona, 1979.

Quevedo, Francisco de, *Obra completas, I, Poesía original*, edición, introducción, bibliografía y notas de José Manuel Blecua, tercera edición, Planeta, Barcelona, 1971.

Ramos Alicia, y Ana Serradilla, *Diccionario del español coloquial*, Akal, Madrid, 2000.

Real Academia Española, *Diccionario de la lengua española*, vigésima primera edición, Espasa Calpe, Madrid, 1992.

________, *Diccionario de la lengua española*, vigésima segunda edición, Espasa Calpe, Madrid, 2001.

________, *Diccionario de la lengua española*, vigesimotercera edición, Espasa Libros / Editorial Planeta Mexicana, 2014.

________, *Ortografía de la lengua española*, edición revisada por las Academias de la Lengua Española, Espasa Calpe, Madrid, 1999.

Real Academia Española y Asociación de Academias de la Lengua Española, *Diccionario panhispánico de dudas*, Santillana, Bogotá, 2005.

________, *Ortografía básica de la lengua española*, Espasa, México, 2012.

Riemen, Rob, *Para combatir esta era. Consideraciones urgentes sobre el fascismo y el humanismo*, traducción de Romeo Tello A., Taurus, México, 2017.

Robelo, Cecilio A., *Diccionario de aztequismos*, tercera edición considerablemente aumentada, Librería Navarro, México, s/f, *c.* 1950.

Santamaría, Francisco J., *Diccionario general de americanismos*, tres volúmenes, segunda edición, Gobierno del Estado de Tabasco, Villahermosa, 1988.

Santamaría, Andrés *et al.*, *Diccionario de incorrecciones, particularidades y curiosidades del lenguaje*, quinta edición actualizada y ampliada, Paraninfo, Madrid, 1989.

Seco, Manuel, *Diccionario de dudas y dificultades de la lengua española*, octava edición, Aguilar, Madrid, 1982, y novena edición renovada, Espasa Calpe, Madrid, 1991.

Siméon, Rémi, *Diccionario de la lengua náhuatl o mexicana*, traducción de Josefina Oliva de Coll, segunda edición, México, Siglo XXI, 1981.

Suazo Pascual, Guillermo, *Abecedario de dichos y frases hechas*, Edaf, Madrid, 1999.

Tello, Antonio, *Gran diccionario erótico de voces de España e Hispanoamérica*, Ediciones Temas de Hoy, Madrid, 1992.

Zaid, Gabriel, *El secreto de la fama*, Lumen, México, 2009.

ÍNDICE ALFABÉTICO DE VOCES, EXPRESIONES Y TEMAS

[Se distinguen en *cursivas* las formas incorrectas]

E

T

W

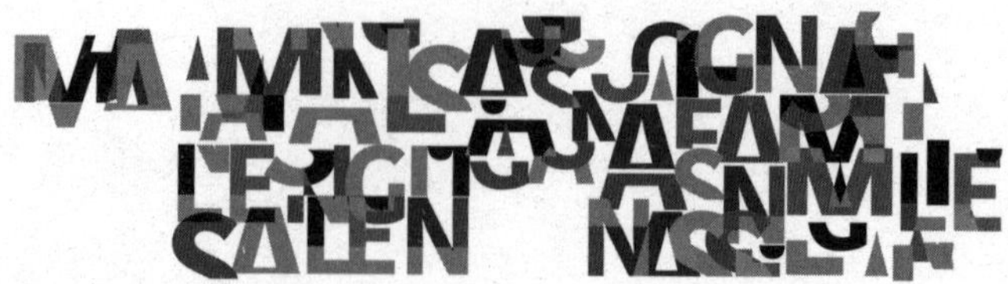

Esta obra se imprimió y encuadernó
en el mes de marzo de 2018,
en los talleres de Impregráfica Digital, S.A. de C.V.,
Calle España 385, Col. San Nicolás Tolentino,
C.P. 09850, Iztapalapa, Ciudad de México.